治安管理处罚法应用手册

配套规定与典型案例

法律出版社法律应用中心 编

法律出版社
LAW PRESS·CHINA
——北京——

图书在版编目（CIP）数据

治安管理处罚法应用手册：配套规定与典型案例／法律出版社法律应用中心编. -- 北京：法律出版社，2025. -- ISBN 978 - 7 - 5244 - 0515 - 3

Ⅰ. D922.145

中国国家版本馆 CIP 数据核字第 2025M6C887 号

治安管理处罚法应用手册：
配套规定与典型案例
ZHIAN GUANLI CHUFA FA YINGYONG SHOUCE：
PEITAO GUIDING YU DIANXING ANLI

法律出版社 编
法律应用中心

责任编辑 朱海波 杨雨晴
装帧设计 臧晓飞

出版发行 法律出版社	开本 A5
编辑统筹 法律应用出版分社	印张 18.875　字数 600 千
责任校对 张 颖	版本 2025 年 7 月第 1 版
责任印制 刘晓伟	印次 2025 年 7 月第 1 次印刷
经　　销 新华书店	印刷 固安华明印业有限公司

地址：北京市丰台区莲花池西里 7 号（100073）
网址：www.lawpress.com.cn　　　　　　销售电话：010 - 83938349
投稿邮箱：info@ lawpress.com.cn　　　　客服电话：010 - 83938350
举报盗版邮箱：jbwq@ lawpress.com.cn　　咨询电话：010 - 63939796
版权所有·侵权必究

书号：ISBN 978 - 7 - 5244 - 0515 - 3　　　　　定价：60.00 元
凡购买本社图书，如有印装错误，我社负责退换。电话：010 - 83938349

目 录

中华人民共和国治安管理处罚法(2025年6月27日修订) ………… 1

一、综　合

中华人民共和国人民警察法(2012年10月26日修正) ………… 29
中华人民共和国行政处罚法(2021年1月22日修订) ………… 37
中华人民共和国刑法(节录)(2023年12月29日修正) ………… 51
全国人民代表大会常务委员会关于加强社会治安综合治理的决定
　(1991年3月2日) ………… 117
健全落实社会治安综合治理领导责任制规定(2016年2月27日) … 119
关于加强社会治安防控体系建设的意见(2015年4月13日) … 125
公安机关执行《中华人民共和国治安管理处罚法》有关问题的解释
　(2006年1月23日) ………… 132
公安机关执行《中华人民共和国治安管理处罚法》有关问题的解释
　(二)(2007年1月8日) ………… 137
拘留所条例(2012年2月23日) ………… 140
公安部关于森林公安机关执行《中华人民共和国治安管理处罚法》
　有关问题的批复(2008年1月10日) ………… 144
公安部关于如何执行《治安管理处罚法》第十八条规定问题的批复
　(2010年8月3日) ………… 145
深化治安管理"放管服"改革便民利民6项措施(2018年11月29
　日) ………… 145
公安机关治安调解工作规范(2007年12月8日) ………… 147

二、处罚的种类和适用

违反公安行政管理行为的名称及其适用意见(节录)(2020年8月6日) ……………………………………………………………… 153
公安机关对部分违反治安管理行为实施处罚的裁量指导意见(2018年6月5日) ……………………………………………………… 195

三、违反治安管理的行为和处罚

(一)扰乱公共秩序的行为和处罚

中华人民共和国军事设施保护法(节录)(2021年6月10日修订) …… 235
国家教育考试违规处理办法(节录)(2012年1月5日修正) ………… 240
营业性演出管理条例(节录)(2020年11月29日修订) ……………… 243
大型群众性活动安全管理条例(2007年9月14日) …………………… 247
文化和旅游部、公安部关于进一步加强大型营业性演出活动规范管理促进演出市场健康有序发展的通知(2023年9月12日) ……… 252
最高人民法院、最高人民检察院关于办理组织、利用邪教组织破坏法律实施等刑事案件适用法律若干问题的解释(2017年1月25日) ……………………………………………………………………… 256
中华人民共和国无线电管理条例(节录)(2016年11月11日修订) …… 260
无人驾驶航空器飞行管理暂行条例(节录)(2023年5月31日) …… 262
禁止传销条例(2005年8月23日) …………………………………… 272
国务院办公厅对《禁止传销条例》中传销查处认定部门解释的函(2007年6月6日) ……………………………………………………… 276
最高人民法院、最高人民检察院、公安部关于办理组织领导传销活动刑事案件适用法律若干问题的意见(2013年11月14日) …… 277
中华人民共和国英雄烈士保护法(节录)(2018年4月27日) ……… 280

(二)妨害公共安全的行为和处罚

中华人民共和国消防法(节录)(2021年4月29日修正) …………… 282
中华人民共和国枪支管理法(2015年4月24日修正) ……………… 287
烟花爆竹安全管理条例(2016年2月6日修订) ……………………… 295

民用爆炸物品安全管理条例(2014年7月29日修订) ………… 304
危险化学品安全管理条例(节录)(2013年12月7日修订) …… 315
易制爆危险化学品治安管理办法(2019年7月6日) ………… 325
铁路安全管理条例(节录)(2013年8月17日) ………………… 331
城市轨道交通运营管理规定(节录)(2018年5月21日) ……… 342
公安部对部分刀具实行管制的暂行规定(1983年3月12日) … 343
最高人民法院、最高人民检察院、公安部关于依法惩治妨害公共交
　通工具安全驾驶违法犯罪行为的指导意见(2019年1月8日) … 345
公安部关于办理赌博违法案件适用法律若干问题的通知(2005年5
　月25日) ……………………………………………………… 348

(三)侵犯人身权利、财产权利的行为和处罚
公安机关办理伤害案件规定(2005年12月27日) …………… 350
公安部关于严格依法办理侮辱诽谤案件的通知(2009年4月3日) …… 356

(四)妨害社会管理的行为和处罚
中华人民共和国集会游行示威法(2009年8月27日修正) …… 359
中华人民共和国集会游行示威法实施条例(2011年1月8日修订)
　……………………………………………………………… 364
公安部关于公民申请个人集会游行示威如何处置的批复(2007年
　12月14日) …………………………………………………… 370
中华人民共和国传染病防治法(节录)(2025年4月30日修订) … 371
中华人民共和国突发事件应对法(节录)(2024年6月28日修订) … 378
旅馆业治安管理办法(2022年3月29日修订) ………………… 384
租赁房屋治安管理规定(1995年3月6日) …………………… 386
娱乐场所管理条例(2020年11月29日修订) ………………… 388
娱乐场所治安管理办法(2008年6月3日) …………………… 397
互联网上网服务营业场所管理条例(2024年12月6日修订) … 403
废旧金属收购业治安管理办法(2023年7月20日修订) ……… 411
沿海船舶边防治安管理规定(2000年2月15日) ……………… 413
公安部关于公安边防海警根据《沿海船舶边防治安管理规定》处二
　百元以下罚款或者警告能否适用当场处罚程序问题的批复(2008
　年9月28日) ………………………………………………… 418
全国人民代表大会常务委员会关于严禁卖淫嫖娼的决定(2009年8

公安部关于对同性之间以钱财为媒介的性行为定性处理问题的批复(2001年2月28日) ·················· 421

公安部关于以钱财为媒介尚未发生性行为或发生性行为尚未给付钱财如何定性问题的批复(2003年9月24日) ·········· 421

公安部关于对出售带有淫秽内容的文物的行为可否予以治安管理处罚问题的批复(2010年5月22日) ··················· 422

公安部关于办理赌博违法案件适用法律若干问题的通知(2005年5月25日) ······································· 422

最高人民法院、最高人民检察院、公安部关于办理网络赌博犯罪案件适用法律若干问题的意见(2010年8月31日) ········ 425

中华人民共和国禁毒法(节录)(2007年12月29日) ······ 428

保安服务管理条例(2022年3月29日修订) ··············· 436

公安机关实施保安服务管理条例办法(2016年1月14日修正) ··· 445

公安机关执行保安服务管理条例若干问题的解释(2010年9月16日) ······································· 456

公安机关监督检查企业事业单位内部治安保卫工作规定(2007年6月16日) ··································· 458

四、执法程序

公安机关办理行政案件程序规定(2020年8月6日修正) ······ 463

公安机关受理行政执法机关移送涉嫌犯罪案件规定(2016年6月16日) ······································· 512

最高人民检察院关于推进行政执法与刑事司法衔接工作的规定(2021年9月6日) ·································· 514

公安机关涉案财物管理若干规定(2015年7月22日) ······· 517

五、执法监督

国务院办公厅关于全面推行行政执法公示制度执法全过程记录制度重大执法决定法制审核制度的指导意见(2018年12月5日) ······ 525

公安机关现场执法视音频记录工作规定(2016年6月14日) …… 533
公安机关异地办案协作"六个严禁"(2020年6月3日) …… 536
最高人民法院、最高人民检察院、公安部、司法部关于未成年人犯罪
　记录封存的实施办法(2022年5月24日) …… 537
公安机关督察条例(2011年8月31日修订) …… 542
公安机关人民警察纪律条令(2010年4月21日) …… 545
监察部、人力资源和社会保障部、公安部关于适用《公安机关人民警
　察纪律条令》第六条有关问题的通知(2011年3月1日) …… 550
公安机关人民警察执法过错责任追究规定(2016年1月14日) …… 553
公安机关领导责任追究规定(2016年3月17日) …… 557
公安机关执法公开规定(2018年8月23日) …… 560

六、典 型 案 例

1. 最高人民法院指导案例186号:龚品文等组织、领导、参加黑社会
　性质组织案 …… 567
2. 最高人民法院发布七起依法惩治网络暴力违法犯罪典型案例之
　五:汤某某、何某网上"骂战"被行政处罚案 …… 572
3. 最高人民法院发布九起行政诉讼附带审查规范性文件典型案例
　之二:方才女诉浙江省淳安县公安局治安管理行政处罚案 …… 573
4. 任某明诉江西省南昌市公安局西湖分局治安行政处罚案 …… 575
5. 张某诉山东省桓台县公安局行政处罚案 …… 577
6. 郭某兰诉宾阳县公安局行政处罚案 …… 580
7. 刘某侵害方志敏烈士名誉权公益诉讼案 …… 582
8. 邓某某组织未成年人进行违反治安管理活动案 …… 585
9. 丁某诉上海铁路公安局上海公安处、上海铁路公安局行政处罚及
　行政复议案 …… 587
10. 曾某龙诉淄博市公安局临淄分局、淄博市临淄区人民政府行政
　处罚及行政复议案 …… 589
11. 周某某袭警案 …… 593
12. 最高人民检察院检例第173号:惩治组织未成年人进行违反治
　安管理活动犯罪综合司法保护案 …… 595

中华人民共和国治安管理处罚法

（2005年8月28日第十届全国人民代表大会常务委员会第十七次会议通过 根据2012年10月26日第十一届全国人民代表大会常务委员会第二十九次会议《关于修改〈中华人民共和国治安管理处罚法〉的决定》修正 2025年6月27日第十四届全国人民代表大会常务委员会第十六次会议修订）

目 录

第一章 总 则
第二章 处罚的种类和适用
第三章 违反治安管理的行为和处罚
　第一节 扰乱公共秩序的行为和处罚
　第二节 妨害公共安全的行为和处罚
　第三节 侵犯人身权利、财产权利的行为和处罚
　第四节 妨害社会管理的行为和处罚
第四章 处罚程序
　第一节 调 查
　第二节 决 定
　第三节 执 行
第五章 执法监督
第六章 附 则

第一章 总 则

第一条 为了维护社会治安秩序，保障公共安全，保护公民、法人和其他组织的合法权益，规范和保障公安机关及其人民警察依法履行治安管理职责，根据宪法，制定本法。

第二条 治安管理工作坚持中国共产党的领导，坚持综合治理。

各级人民政府应当加强社会治安综合治理，采取有效措施，预防和化

解社会矛盾纠纷,增进社会和谐,维护社会稳定。

第三条 扰乱公共秩序,妨害公共安全,侵犯人身权利、财产权利,妨害社会管理,具有社会危害性,依照《中华人民共和国刑法》的规定构成犯罪的,依法追究刑事责任;尚不够刑事处罚的,由公安机关依照本法给予治安管理处罚。

第四条 治安管理处罚的程序,适用本法的规定;本法没有规定的,适用《中华人民共和国行政处罚法》、《中华人民共和国行政强制法》的有关规定。

第五条 在中华人民共和国领域内发生的违反治安管理行为,除法律有特别规定的外,适用本法。

在中华人民共和国船舶和航空器内发生的违反治安管理行为,除法律有特别规定的外,适用本法。

在外国船舶和航空器内发生的违反治安管理行为,依照中华人民共和国缔结或者参加的国际条约,中华人民共和国行使管辖权的,适用本法。

第六条 治安管理处罚必须以事实为依据,与违反治安管理的事实、性质、情节以及社会危害程度相当。

实施治安管理处罚,应当公开、公正,尊重和保障人权,保护公民的人格尊严。

办理治安案件应当坚持教育与处罚相结合的原则,充分释法说理,教育公民、法人或者其他组织自觉守法。

第七条 国务院公安部门负责全国的治安管理工作。县级以上地方各级人民政府公安机关负责本行政区域内的治安管理工作。

治安案件的管辖由国务院公安部门规定。

第八条 违反治安管理行为对他人造成损害的,除依照本法给予治安管理处罚外,行为人或者其监护人还应当依法承担民事责任。

违反治安管理行为构成犯罪,应依法追究刑事责任的,不得以治安管理处罚代替刑事处罚。

第九条 对于因民间纠纷引起的打架斗殴或者损毁他人财物等违反治安管理行为,情节较轻的,公安机关可以调解处理。

调解处理治安案件,应当查明事实,并遵循合法、公正、自愿、及时的原则,注重教育和疏导,促进化解矛盾纠纷。

经公安机关调解,当事人达成协议的,不予处罚。经调解未达成协议或者达成协议后不履行的,公安机关应当依照本法的规定对违反治安管理行为作出处理,并告知当事人可以就民事争议依法向人民法院提起民事诉讼。

对属于第一款规定的调解范围的治安案件,公安机关作出处理决定前,当事人自行和解或者经人民调解委员会调解达成协议并履行,书面申请经公安机关认可的,不予处罚。

第二章 处罚的种类和适用

第十条 治安管理处罚的种类分为:
(一)警告;
(二)罚款;
(三)行政拘留;
(四)吊销公安机关发放的许可证件。
对违反治安管理的外国人,可以附加适用限期出境或者驱逐出境。

第十一条 办理治安案件所查获的毒品、淫秽物品等违禁品,赌具、赌资,吸食、注射毒品的用具以及直接用于实施违反治安管理行为的本人所有的工具,应当收缴,按照规定处理。

违反治安管理所得的财物,追缴退还被侵害人;没有被侵害人的,登记造册,公开拍卖或者按照国家有关规定处理,所得款项上缴国库。

第十二条 已满十四周岁不满十八周岁的人违反治安管理的,从轻或者减轻处罚;不满十四周岁的人违反治安管理的,不予处罚,但是应当责令其监护人严加管教。

第十三条 精神病人、智力残疾人在不能辨认或者不能控制自己行为的时候违反治安管理的,不予处罚,但是应当责令其监护人加强看护管理和治疗。间歇性的精神病人在精神正常的时候违反治安管理的,应当给予处罚。尚未完全丧失辨认或者控制自己行为能力的精神病人、智力残疾人违反治安管理的,应当给予处罚,但是可以从轻或者减轻处罚。

第十四条 盲人或者又聋又哑的人违反治安管理的,可以从轻、减轻或者不予处罚。

第十五条 醉酒的人违反治安管理的,应当给予处罚。

醉酒的人在醉酒状态中,对本人有危险或者对他人的人身、财产或者公共安全有威胁的,应当对其采取保护性措施约束至酒醒。

第十六条 有两种以上违反治安管理行为的,分别决定,合并执行处罚。行政拘留处罚合并执行的,最长不超过二十日。

第十七条 共同违反治安管理的,根据行为人在违反治安管理行为中所起的作用,分别处罚。

教唆、胁迫、诱骗他人违反治安管理的,按照其教唆、胁迫、诱骗的行为处罚。

第十八条 单位违反治安管理的,对其直接负责的主管人员和其他直接责任人员依照本法的规定处罚。其他法律、行政法规对同一行为规定给予单位处罚的,依照其规定处罚。

第十九条 为了免受正在进行的不法侵害而采取的制止行为,造成损害的,不属于违反治安管理行为,不受处罚;制止行为明显超过必要限度,造成较大损害的,依法给予处罚,但是应当减轻处罚;情节较轻的,不予处罚。

第二十条 违反治安管理有下列情形之一的,从轻、减轻或者不予处罚:

(一)情节轻微的;

(二)主动消除或者减轻违法后果的;

(三)取得被侵害人谅解的;

(四)出于他人胁迫或者诱骗的;

(五)主动投案,向公安机关如实陈述自己的违法行为的;

(六)有立功表现的。

第二十一条 违反治安管理行为人自愿向公安机关如实陈述自己的违法行为,承认违法事实,愿意接受处罚的,可以依法从宽处理。

第二十二条 违反治安管理有下列情形之一的,从重处罚:

(一)有较严重后果的;

(二)教唆、胁迫、诱骗他人违反治安管理的;

(三)对报案人、控告人、举报人、证人打击报复的;

(四)一年以内曾受过治安管理处罚的。

第二十三条 违反治安管理行为人有下列情形之一,依照本法应当给予行政拘留处罚的,不执行行政拘留处罚:

(一)已满十四周岁不满十六周岁的;

(二)已满十六周岁不满十八周岁,初次违反治安管理的;

(三)七十周岁以上的;

(四)怀孕或者哺乳自己不满一周岁婴儿的。

前款第一项、第二项、第三项规定的行为人违反治安管理情节严重、影响恶劣的,或者第一项、第三项规定的行为人在一年以内二次以上违反治安管理的,不受前款规定的限制。

第二十四条　对依照本法第十二条规定不予处罚或者依照本法第二十三条规定不执行行政拘留处罚的未成年人,公安机关依照《中华人民共和国预防未成年人犯罪法》的规定采取相应矫治教育等措施。

第二十五条　违反治安管理行为在六个月以内没有被公安机关发现的,不再处罚。

前款规定的期限,从违反治安管理行为发生之日起计算;违反治安管理行为有连续或者继续状态的,从行为终了之日起计算。

第三章　违反治安管理的行为和处罚

第一节　扰乱公共秩序的行为和处罚

第二十六条　有下列行为之一的,处警告或者五百元以下罚款;情节较重的,处五日以上十日以下拘留,可以并处一千元以下罚款:

(一)扰乱机关、团体、企业、事业单位秩序,致使工作、生产、营业、医疗、教学、科研不能正常进行,尚未造成严重损失的;

(二)扰乱车站、港口、码头、机场、商场、公园、展览馆或者其他公共场所秩序的;

(三)扰乱公共汽车、电车、城市轨道交通车辆、火车、船舶、航空器或者其他公共交通工具上的秩序的;

(四)非法拦截或者强登、扒乘机动车、船舶、航空器以及其他交通工具,影响交通工具正常行驶的;

(五)破坏依法进行的选举秩序的。

聚众实施前款行为的,对首要分子处十日以上十五日以下拘留,可以并处二千元以下罚款。

第二十七条　在法律、行政法规规定的国家考试中,有下列行为之一,扰乱考试秩序的,处违法所得一倍以上五倍以下罚款,没有违法所得或者违法所得不足一千元的,处一千元以上三千元以下罚款;情节较重的,处五日以上十五日以下拘留：

（一）组织作弊的；

（二）为他人组织作弊提供作弊器材或者其他帮助的；

（三）为实施考试作弊行为，向他人非法出售、提供考试试题、答案的；

（四）代替他人或者让他人代替自己参加考试的。

第二十八条 有下列行为之一，扰乱体育、文化等大型群众性活动秩序的，处警告或者五百元以下罚款；情节严重的，处五日以上十日以下拘留，可以并处一千元以下罚款：

（一）强行进入场内的；

（二）违反规定，在场内燃放烟花爆竹或者其他物品的；

（三）展示侮辱性标语、条幅等物品的；

（四）围攻裁判员、运动员或者其他工作人员的；

（五）向场内投掷杂物，不听制止的；

（六）扰乱大型群众性活动秩序的其他行为。

因扰乱体育比赛、文艺演出活动秩序被处以拘留处罚的，可以同时责令其六个月至一年以内不得进入体育场馆、演出场馆观看同类比赛、演出；违反规定进入体育场馆、演出场馆的，强行带离现场，可以处五日以下拘留或者一千元以下罚款。

第二十九条 有下列行为之一的，处五日以上十日以下拘留，可以并处一千元以下罚款；情节较轻的，处五日以下拘留或者一千元以下罚款：

（一）故意散布谣言，谎报险情、疫情、灾情、警情或者以其他方法故意扰乱公共秩序的；

（二）投放虚假的爆炸性、毒害性、放射性、腐蚀性物质或者传染病病原体等危险物质扰乱公共秩序的；

（三）扬言实施放火、爆炸、投放危险物质等危害公共安全犯罪行为扰乱公共秩序的。

第三十条 有下列行为之一的，处五日以上十日以下拘留或者一千元以下罚款；情节较重的，处十日以上十五日以下拘留，可以并处二千元以下罚款：

（一）结伙斗殴或者随意殴打他人的；

（二）追逐、拦截他人的；

（三）强拿硬要或者任意损毁、占用公私财物的；

（四）其他无故侵扰他人、扰乱社会秩序的寻衅滋事行为。

第三十一条 有下列行为之一的,处十日以上十五日以下拘留,可以并处二千元以下罚款;情节较轻的,处五日以上十日以下拘留,可以并处一千元以下罚款:

（一）组织、教唆、胁迫、诱骗、煽动他人从事邪教活动、会道门活动、非法的宗教活动或者利用邪教组织、会道门、迷信活动,扰乱社会秩序、损害他人身体健康的;

（二）冒用宗教、气功名义进行扰乱社会秩序、损害他人身体健康活动的;

（三）制作、传播宣扬邪教、会道门内容的物品、信息、资料的。

第三十二条 违反国家规定,有下列行为之一的,处五日以上十日以下拘留;情节严重的,处十日以上十五日以下拘留:

（一）故意干扰无线电业务正常进行的;

（二）对正常运行的无线电台（站）产生有害干扰,经有关主管部门指出后,拒不采取有效措施消除的;

（三）未经批准设置无线电广播电台、通信基站等无线电台（站）的,或者非法使用、占用无线电频率,从事违法活动的。

第三十三条 有下列行为之一,造成危害的,处五日以下拘留;情节较重的,处五日以上十五日以下拘留:

（一）违反国家规定,侵入计算机信息系统或者采用其他技术手段,获取计算机信息系统中存储、处理或者传输的数据,或者对计算机信息系统实施非法控制的;

（二）违反国家规定,对计算机信息系统功能进行删除、修改、增加、干扰的;

（三）违反国家规定,对计算机信息系统中存储、处理、传输的数据和应用程序进行删除、修改、增加的;

（四）故意制作、传播计算机病毒等破坏性程序的;

（五）提供专门用于侵入、非法控制计算机信息系统的程序、工具,或者明知他人实施侵入、非法控制计算机信息系统的违法犯罪行为而为其提供程序、工具的。

第三十四条 组织、领导传销活动的,处十日以上十五日以下拘留;情节较轻的,处五日以上十日以下拘留。

胁迫、诱骗他人参加传销活动的,处五日以上十日以下拘留;情节较重的,处十日以上十五日以下拘留。

第三十五条 有下列行为之一的,处五日以上十日以下拘留或者一千元以上三千元以下罚款;情节较重的,处十日以上十五日以下拘留,可以并处五千元以下罚款:

(一)在国家举行庆祝、纪念、缅怀、公祭等重要活动的场所及周边管控区域,故意从事与活动主题和氛围相违背的行为,不听劝阻,造成不良社会影响的;

(二)在英雄烈士纪念设施保护范围内从事有损纪念英雄烈士环境和氛围的活动,不听劝阻的,或者侵占、破坏、污损英雄烈士纪念设施的;

(三)以侮辱、诽谤或者其他方式侵害英雄烈士的姓名、肖像、名誉、荣誉,损害社会公共利益的;

(四)亵渎、否定英雄烈士事迹和精神,或者制作、传播、散布宣扬、美化侵略战争、侵略行为的言论或者图片、音视频等物品,扰乱公共秩序的;

(五)在公共场所或者强制他人在公共场所穿着、佩戴宣扬、美化侵略战争、侵略行为的服饰、标志,不听劝阻,造成不良社会影响的。

第二节 妨害公共安全的行为和处罚

第三十六条 违反国家规定,制造、买卖、储存、运输、邮寄、携带、使用、提供、处置爆炸性、毒害性、放射性、腐蚀性物质或者传染病病原体等危险物质的,处十日以上十五日以下拘留;情节较轻的,处五日以上十日以下拘留。

第三十七条 爆炸性、毒害性、放射性、腐蚀性物质或者传染病病原体等危险物质被盗、被抢或者丢失,未按规定报告的,处五日以下拘留;故意隐瞒不报的,处五日以上十日以下拘留。

第三十八条 非法携带枪支、弹药或者弩、匕首等国家规定的管制器具的,处五日以下拘留,可以并处一千元以下罚款;情节较轻的,处警告或者五百元以下罚款。

非法携带枪支、弹药或者弩、匕首等国家规定的管制器具进入公共场所或者公共交通工具的,处五日以上十日以下拘留,可以并处一千元以下罚款。

第三十九条 有下列行为之一的,处十日以上十五日以下拘留;情

较轻的,处五日以下拘留:

(一)盗窃、损毁油气管道设施、电力电信设施、广播电视设施、水利工程设施、公共供水设施、公路及附属设施或者水文监测、测量、气象测报、生态环境监测、地质监测、地震监测等公共设施,危及公共安全的;

(二)移动、损毁国家边境的界碑、界桩以及其他边境标志、边境设施或者领土、领海基点标志设施的;

(三)非法进行影响国(边)界线走向的活动或者修建有碍国(边)境管理的设施的。

第四十条　盗窃、损坏、擅自移动使用中的航空设施,或者强行进入航空器驾驶舱的,处十日以上十五日以下拘留。

在使用中的航空器上使用可能影响导航系统正常功能的器具、工具,不听劝阻的,处五日以下拘留或者一千元以下罚款。

盗窃、损坏、擅自移动使用中的其他公共交通工具设施、设备,或者以抢控驾驶操纵装置、拉扯、殴打驾驶人员等方式,干扰公共交通工具正常行驶的,处五日以下拘留或者一千元以下罚款;情节较重的,处五日以上十日以下拘留。

第四十一条　有下列行为之一的,处五日以上十日以下拘留,可以并处一千元以下罚款;情节较轻的,处五日以下拘留或者一千元以下罚款:

(一)盗窃、损毁、擅自移动铁路、城市轨道交通设施、设备、机车车辆配件或者安全标志的;

(二)在铁路、城市轨道交通线路上放置障碍物,或者故意向列车投掷物品的;

(三)在铁路、城市轨道交通线路、桥梁、隧道、涵洞处挖掘坑穴、采石取沙的;

(四)在铁路、城市轨道交通线路上私设道口或者平交过道的。

第四十二条　擅自进入铁路、城市轨道交通防护网或者火车、城市轨道交通列车来临时在铁路、城市轨道交通线路上行走坐卧,抢越铁路、城市轨道,影响行车安全的,处警告或者五百元以下罚款。

第四十三条　有下列行为之一的,处五日以下拘留或者一千元以下罚款;情节严重的,处十日以上十五日以下拘留,可以并处一千元以下罚款:

(一)未经批准,安装、使用电网的,或者安装、使用电网不符合安全规定的;

（二）在车辆、行人通行的地方施工，对沟井坎穴不设覆盖物、防围和警示标志的，或者故意损毁、移动覆盖物、防围和警示标志的；

（三）盗窃、损毁路面井盖、照明等公共设施的；

（四）违反有关法律法规规定，升放携带明火的升空物体，有发生火灾事故危险，不听劝阻的；

（五）从建筑物或者其他高空抛掷物品，有危害他人人身安全、公私财产安全或者公共安全危险的。

第四十四条　举办体育、文化等大型群众性活动，违反有关规定，有发生安全事故危险，经公安机关责令改正而拒不改正或者无法改正的，责令停止活动，立即疏散；对其直接负责的主管人员和其他直接责任人员处五日以上十日以下拘留，并处一千元以上三千元以下罚款；情节较重的，处十日以上十五日以下拘留，并处三千元以上五千元以下罚款，可以同时责令六个月至一年以内不得举办大型群众性活动。

第四十五条　旅馆、饭店、影剧院、娱乐场、体育场馆、展览馆或者其他供社会公众活动的场所违反安全规定，致使该场所有发生安全事故危险，经公安机关责令改正而拒不改正的，对其直接负责的主管人员和其他直接责任人员处五日以下拘留；情节较重的，处五日以上十日以下拘留。

第四十六条　违反有关法律法规关于飞行空域管理规定，飞行民用无人驾驶航空器、航空运动器材，或者升放无人驾驶自由气球、系留气球等升空物体，情节较重的，处五日以上十日以下拘留。

飞行、升放前款规定的物体非法穿越国（边）境的，处十日以上十五日以下拘留。

第三节　侵犯人身权利、财产权利的行为和处罚

第四十七条　有下列行为之一的，处十日以上十五日以下拘留，并处一千元以上二千元以下罚款；情节较轻的，处五日以上十日以下拘留，并处一千元以下罚款：

（一）组织、胁迫、诱骗不满十六周岁的人或者残疾人进行恐怖、残忍表演的；

（二）以暴力、威胁或者其他手段强迫他人劳动的；

（三）非法限制他人人身自由、非法侵入他人住宅或者非法搜查他人身体的。

第四十八条　组织、胁迫未成年人在不适宜未成年人活动的经营场所从事陪酒、陪唱等有偿陪侍活动的,处十日以上十五日以下拘留,并处五千元以下罚款;情节较轻的,处五日以下拘留或者五千元以下罚款。

第四十九条　胁迫、诱骗或者利用他人乞讨的,处十日以上十五日以下拘留,可以并处二千元以下罚款。

反复纠缠、强行讨要或者以其他滋扰他人的方式乞讨的,处五日以下拘留或者警告。

第五十条　有下列行为之一的,处五日以下拘留或者一千元以下罚款;情节较重的,处五日以上十日以下拘留,可以并处一千元以下罚款:

（一）写恐吓信或者以其他方法威胁他人人身安全的;

（二）公然侮辱他人或者捏造事实诽谤他人的;

（三）捏造事实诬告陷害他人,企图使他人受到刑事追究或者受到治安管理处罚的;

（四）对证人及其近亲属进行威胁、侮辱、殴打或者打击报复的;

（五）多次发送淫秽、侮辱、恐吓等信息或者采取滋扰、纠缠、跟踪等方法,干扰他人正常生活的;

（六）偷窥、偷拍、窃听、散布他人隐私的。

有前款第五项规定的滋扰、纠缠、跟踪行为的,除依照前款规定给予处罚外,经公安机关负责人批准,可以责令其一定期限内禁止接触被侵害人。对违反禁止接触规定的,处五日以上十日以下拘留,可以并处一千元以下罚款。

第五十一条　殴打他人的,或者故意伤害他人身体的,处五日以上十日以下拘留,并处五百元以上一千元以下罚款;情节较轻的,处五日以下拘留或者一千元以下罚款。

有下列情形之一的,处十日以上十五日以下拘留,并处一千元以上二千元以下罚款:

（一）结伙殴打、伤害他人的;

（二）殴打、伤害残疾人、孕妇、不满十四周岁的人或者七十周岁以上的人的;

（三）多次殴打、伤害他人或者一次殴打、伤害多人的。

第五十二条　猥亵他人的,处五日以上十日以下拘留;猥亵精神病人、智力残疾人、不满十四周岁的人或者有其他严重情节的,处十日以上十五日以下拘留。

在公共场所故意裸露身体隐私部位的,处警告或者五百元以下罚款;情节恶劣的,处五日以上十日以下拘留。

第五十三条 有下列行为之一的,处五日以下拘留或者警告;情节较重的,处五日以上十日以下拘留,可以并处一千元以下罚款:

(一)虐待家庭成员,被虐待人或者其监护人要求处理的;

(二)对未成年人、老年人、患病的人、残疾人等负有监护、看护职责的人虐待被监护、看护的人的;

(三)遗弃没有独立生活能力的被扶养人的。

第五十四条 强买强卖商品,强迫他人提供服务或者强迫他人接受服务的,处五日以上十日以下拘留,并处三千元以上五千元以下罚款;情节较轻的,处五日以下拘留或者一千元以下罚款。

第五十五条 煽动民族仇恨、民族歧视,或者在出版物、信息网络中刊载民族歧视、侮辱内容的,处十日以上十五日以下拘留,可以并处三千元以下罚款;情节较轻的,处五日以下拘留或者三千元以下罚款。

第五十六条 违反国家有关规定,向他人出售或者提供个人信息的,处十日以上十五日以下拘留;情节较轻的,处五日以下拘留。

窃取或者以其他方法非法获取个人信息的,依照前款的规定处罚。

第五十七条 冒领、隐匿、毁弃、倒卖、私自开拆或者非法检查他人邮件、快件的,处警告或者一千元以下罚款;情节较重的,处五日以上十日以下拘留。

第五十八条 盗窃、诈骗、哄抢、抢夺或者敲诈勒索的,处五日以上十日以下拘留或者二千元以下罚款;情节较重的,处十日以上十五日以下拘留,可以并处三千元以下罚款。

第五十九条 故意损毁公私财物的,处五日以下拘留或者一千元以下罚款;情节较重的,处五日以上十日以下拘留,可以并处三千元以下罚款。

第六十条 以殴打、侮辱、恐吓等方式实施学生欺凌,违反治安管理的,公安机关应当依照本法、《中华人民共和国预防未成年人犯罪法》的规定,给予治安管理处罚、采取相应矫治教育等措施。

学校违反有关法律法规规定,明知发生严重的学生欺凌或者明知发生其他侵害未成年学生的犯罪,不按规定报告或者处置的,责令改正,对其直接负责的主管人员和其他直接责任人员,建议有关部门依法予以处分。

第四节 妨害社会管理的行为和处罚

第六十一条 有下列行为之一的,处警告或者五百元以下罚款;情节严重的,处五日以上十日以下拘留,可以并处一千元以下罚款:
(一)拒不执行人民政府在紧急状态情况下依法发布的决定、命令的;
(二)阻碍国家机关工作人员依法执行职务的;
(三)阻碍执行紧急任务的消防车、救护车、工程抢险车、警车或者执行上述紧急任务的专用船舶通行的;
(四)强行冲闯公安机关设置的警戒带、警戒区或者检查点的。
阻碍人民警察依法执行职务的,从重处罚。

第六十二条 冒充国家机关工作人员招摇撞骗的,处十日以上十五日以下拘留,可以并处一千元以下罚款;情节较轻的,处五日以上十日以下拘留。
冒充军警人员招摇撞骗的,从重处罚。
盗用、冒用个人、组织的身份、名义或者以其他虚假身份招摇撞骗的,处五日以下拘留或者一千元以下罚款;情节较重的,处五日以上十日以下拘留,可以并处一千元以下罚款。

第六十三条 有下列行为之一的,处十日以上十五日以下拘留,可以并处五千元以下罚款;情节较轻的,处五日以上十日以下拘留,可以并处三千元以下罚款:
(一)伪造、变造或者买卖国家机关、人民团体、企业、事业单位或者其他组织的公文、证件、证明文件、印章的;
(二)出租、出借国家机关、人民团体、企业、事业单位或者其他组织的公文、证件、证明文件、印章供他人非法使用的;
(三)买卖或者使用伪造、变造的国家机关、人民团体、企业、事业单位或者其他组织的公文、证件、证明文件、印章的;
(四)伪造、变造或者倒卖车票、船票、航空客票、文艺演出票、体育比赛入场券或者其他有价票证、凭证的;
(五)伪造、变造船舶户牌,买卖或者使用伪造、变造的船舶户牌,或者涂改船舶发动机号码的。

第六十四条 船舶擅自进入、停靠国家禁止、限制进入的水域或者岛屿的,对船舶负责人及有关责任人员处一千元以上二千元以下罚款;情节严重的,处五日以下拘留,可以并处二千元以下罚款。

第六十五条 有下列行为之一的,处十日以上十五日以下拘留,可以并处五千元以下罚款;情节较轻的,处五日以上十日以下拘留或者一千元以上三千元以下罚款:

(一)违反国家规定,未经注册登记,以社会团体、基金会、社会服务机构等社会组织名义进行活动,被取缔后,仍进行活动的;

(二)被依法撤销登记或者吊销登记证书的社会团体、基金会、社会服务机构等社会组织,仍以原社会组织名义进行活动的;

(三)未经许可,擅自经营按照国家规定需要由公安机关许可的行业的。

有前款第三项行为的,予以取缔。被取缔一年以内又实施的,处十日以上十五日以下拘留,并处三千元以上五千元以下罚款。

取得公安机关许可的经营者,违反国家有关管理规定,情节严重的,公安机关可以吊销许可证件。

第六十六条 煽动、策划非法集会、游行、示威,不听劝阻的,处十日以上十五日以下拘留。

第六十七条 从事旅馆业经营活动不按规定登记住宿人员姓名、有效身份证件种类和号码等信息的,或者为身份不明、拒绝登记身份信息的人提供住宿服务的,对其直接负责的主管人员和其他直接责任人员处五百元以上一千元以下罚款;情节较轻的,处警告或者五百元以下罚款。

实施前款行为,妨害反恐怖主义工作进行,违反《中华人民共和国反恐怖主义法》规定的,依照其规定处罚。

从事旅馆业经营活动有下列行为之一的,对其直接负责的主管人员和其他直接责任人员处一千元以上三千元以下罚款;情节严重的,处五日以下拘留,可以并处三千元以上五千元以下罚款:

(一)明知住宿人员违反规定将危险物质带入住宿区域,不予制止的;

(二)明知住宿人员是犯罪嫌疑人员或者被公安机关通缉的人员,不向公安机关报告的;

(三)明知住宿人员利用旅馆实施犯罪活动,不向公安机关报告的。

第六十八条 房屋出租人将房屋出租给身份不明、拒绝登记身份信息的人的,或者不按规定登记承租人姓名、有效身份证件种类和号码等信息的,处五百元以上一千元以下罚款;情节较轻的,处警告或者五百元以下罚款。

房屋出租人明知承租人利用出租房屋实施犯罪活动,不向公安机关报告的,处一千元以上三千元以下罚款;情节严重的,处五日以下拘留,可以并处三千元以上五千元以下罚款。

第六十九条 娱乐场所和公章刻制、机动车修理、报废机动车回收行业经营者违反法律法规关于要求登记信息的规定,不登记信息的,处警告;拒不改正或者造成后果的,对其直接负责的主管人员和其他直接责任人员处五日以下拘留或者三千元以下罚款。

第七十条 非法安装、使用、提供窃听、窃照专用器材的,处五日以下拘留或者一千元以上三千元以下罚款;情节较重的,处五日以上十日以下拘留,并处三千元以上五千元以下罚款。

第七十一条 有下列行为之一的,处一千元以上三千元以下罚款;情节严重的,处五日以上十日以下拘留,并处一千元以上三千元以下罚款:

(一)典当业工作人员承接典当的物品,不查验有关证明、不履行登记手续的,或者违反国家规定对明知是违法犯罪嫌疑人、赃物而不向公安机关报告的;

(二)违反国家规定,收购铁路、油田、供电、电信、矿山、水利、测量和城市公用设施等废旧专用器材的;

(三)收购公安机关通报寻查的赃物或者有赃物嫌疑的物品的;

(四)收购国家禁止收购的其他物品的。

第七十二条 有下列行为之一的,处五日以上十日以下拘留,可以并处一千元以下罚款;情节较轻的,处警告或者一千元以下罚款:

(一)隐藏、转移、变卖、擅自使用或者损毁行政执法机关依法扣押、查封、冻结、扣留、先行登记保存的财物的;

(二)伪造、隐匿、毁灭证据或者提供虚假证言、谎报案情,影响行政执法机关依法办案的;

(三)明知是赃物而窝藏、转移或者代为销售的;

(四)被依法执行管制、剥夺政治权利或者在缓刑、暂予监外执行中的罪犯或者被依法采取刑事强制措施的人,有违反法律、行政法规或者国务院有关部门的监督管理规定的行为的。

第七十三条 有下列行为之一的,处警告或者一千元以下罚款;情节较重的,处五日以上十日以下拘留,可以并处一千元以下罚款:

（一）违反人民法院刑事判决中的禁止令或者职业禁止决定的；

（二）拒不执行公安机关依照《中华人民共和国反家庭暴力法》《中华人民共和国妇女权益保障法》出具的禁止家庭暴力告诫书、禁止性骚扰告诫书的；

（三）违反监察机关在监察工作中、司法机关在刑事诉讼中依法采取的禁止接触证人、鉴定人、被害人及其近亲属保护措施的。

第七十四条　依法被关押的违法行为人脱逃的，处十日以上十五日以下拘留；情节较轻的，处五日以上十日以下拘留。

第七十五条　有下列行为之一的，处警告或者五百元以下罚款；情节较重的，处五日以上十日以下拘留，并处五百元以上一千元以下罚款：

（一）刻划、涂污或者以其他方式故意损坏国家保护的文物、名胜古迹的；

（二）违反国家规定，在文物保护单位附近进行爆破、钻探、挖掘等活动，危及文物安全的。

第七十六条　有下列行为之一的，处一千元以上二千元以下罚款；情节严重的，处十日以上十五日以下拘留，可以并处二千元以下罚款：

（一）偷开他人机动车的；

（二）未取得驾驶证驾驶或者偷开他人航空器、机动船舶的。

第七十七条　有下列行为之一的，处五日以上十日以下拘留；情节严重的，处十日以上十五日以下拘留，可以并处二千元以下罚款：

（一）故意破坏、污损他人坟墓或者毁坏、丢弃他人尸骨、骨灰的；

（二）在公共场所停放尸体或者因停放尸体影响他人正常生活、工作秩序，不听劝阻的。

第七十八条　卖淫、嫖娼的，处十日以上十五日以下拘留，可以并处五千元以下罚款；情节较轻的，处五日以下拘留或者一千元以下罚款。

在公共场所拉客招嫖的，处五日以下拘留或者一千元以下罚款。

第七十九条　引诱、容留、介绍他人卖淫的，处十日以上十五日以下拘留，可以并处五千元以下罚款；情节较轻的，处五日以下拘留或者一千元以上二千元以下罚款。

第八十条　制作、运输、复制、出售、出租淫秽的书刊、图片、影片、音像制品等淫秽物品或者利用信息网络、电话以及其他通讯工具传播淫秽信息的，处十日以上十五日以下拘留，可以并处五千元以下罚款；情节较轻的，处五日以下拘留或者一千元以上三千元以下罚款。

前款规定的淫秽物品或者淫秽信息中涉及未成年人的,从重处罚。

第八十一条 有下列行为之一的,处十日以上十五日以下拘留,并处一千元以上二千元以下罚款:

(一)组织播放淫秽音像的;

(二)组织或者进行淫秽表演的;

(三)参与聚众淫乱活动的。

明知他人从事前款活动,为其提供条件的,依照前款的规定处罚。

组织未成年人从事第一款活动的,从重处罚。

第八十二条 以营利为目的,为赌博提供条件的,或者参与赌博赌资较大的,处五日以下拘留或者一千元以下罚款;情节严重的,处十日以上十五日以下拘留,并处一千元以上五千元以下罚款。

第八十三条 有下列行为之一的,处十日以上十五日以下拘留,可以并处五千元以下罚款;情节较轻的,处五日以下拘留或者一千元以下罚款:

(一)非法种植罂粟不满五百株或者其他少量毒品原植物的;

(二)非法买卖、运输、携带、持有少量未经灭活的罂粟等毒品原植物种子或者幼苗的;

(三)非法运输、买卖、储存、使用少量罂粟壳的。

有前款第一项行为,在成熟前自行铲除的,不予处罚。

第八十四条 有下列行为之一的,处十日以上十五日以下拘留,可以并处三千元以下罚款;情节较轻的,处五日以下拘留或者一千元以下罚款:

(一)非法持有鸦片不满二百克、海洛因或者甲基苯丙胺不满十克或者其他少量毒品的;

(二)向他人提供毒品的;

(三)吸食、注射毒品的;

(四)胁迫、欺骗医务人员开具麻醉药品、精神药品的。

聚众、组织吸食、注射毒品的,对首要分子、组织者依照前款的规定从重处罚。

吸食、注射毒品的,可以同时责令其六个月至一年以内不得进入娱乐场所、不得擅自接触涉及毒品违法犯罪人员。违反规定的,处五日以下拘留或者一千元以下罚款。

第八十五条 引诱、教唆、欺骗或者强迫他人吸食、注射毒品的,处十日以上十五日以下拘留，并处一千元以上五千元以下罚款。

容留他人吸食、注射毒品或者介绍买卖毒品的，处十日以上十五日以下拘留，可以并处三千元以下罚款；情节较轻的，处五日以下拘留或者一千元以下罚款。

第八十六条　违反国家规定，非法生产、经营、购买、运输用于制造毒品的原料、配剂的，处十日以上十五日以下拘留；情节较轻的，处五日以上十日以下拘留。

第八十七条　旅馆业、饮食服务业、文化娱乐业、出租汽车业等单位的人员，在公安机关查处吸毒、赌博、卖淫、嫖娼活动时，为违法犯罪行为人通风报信的，或者以其他方式为上述活动提供条件的，处十日以上十五日以下拘留；情节较轻的，处五日以下拘留或者一千元以上二千元以下罚款。

第八十八条　违反关于社会生活噪声污染防治的法律法规规定，产生社会生活噪声，经基层群众性自治组织、业主委员会、物业服务人、有关部门依法劝阻、调解和处理未能制止，继续干扰他人正常生活、工作和学习的，处五日以下拘留或者一千元以下罚款；情节严重的，处五日以上十日以下拘留，可以并处一千元以下罚款。

第八十九条　饲养动物，干扰他人正常生活的，处警告；警告后不改正的，或者放任动物恐吓他人的，处一千元以下罚款。

违反有关法律、法规、规章规定，出售、饲养烈性犬等危险动物的，处警告；警告后不改正的，或者致使动物伤害他人的，处五日以下拘留或者一千元以下罚款；情节较重的，处五日以上十日以下拘留。

未对动物采取安全措施，致使动物伤害他人的，处一千元以下罚款；情节较重的，处五日以上十日以下拘留。

驱使动物伤害他人的，依照本法第五十一条的规定处罚。

第四章　处　罚　程　序

第一节　调　　查

第九十条　公安机关对报案、控告、举报或者违反治安管理行为人主动投案，以及其他国家机关移送的违反治安管理案件，应当立即立案并进行调查；认为不属于违反治安管理行为的，应当告知报案人、控告人、举报人、投案人，并说明理由。

第九十一条 公安机关及其人民警察对治安案件的调查,应当依法进行。严禁刑讯逼供或者采用威胁、引诱、欺骗等非法手段收集证据。

以非法手段收集的证据不得作为处罚的根据。

第九十二条 公安机关办理治安案件,有权向有关单位和个人收集、调取证据。有关单位和个人应当如实提供证据。

公安机关向有关单位和个人收集、调取证据时,应当告知其必须如实提供证据,以及伪造、隐匿、毁灭证据或者提供虚假证言应当承担的法律责任。

第九十三条 在办理刑事案件过程中以及其他执法办案机关在移送案件前依法收集的物证、书证、视听资料、电子数据等证据材料,可以作为治安案件的证据使用。

第九十四条 公安机关及其人民警察在办理治安案件时,对涉及的国家秘密、商业秘密、个人隐私或者个人信息,应当予以保密。

第九十五条 人民警察在办理治安案件过程中,遇有下列情形之一的,应当回避;违反治安管理行为人、被侵害人或者其法定代理人也有权要求他们回避:

(一)是本案当事人或者当事人的近亲属的;

(二)本人或者其近亲属与本案有利害关系的;

(三)与本案当事人有其他关系,可能影响案件公正处理的。

人民警察的回避,由其所属的公安机关决定;公安机关负责人的回避,由上一级公安机关决定。

第九十六条 需要传唤违反治安管理行为人接受调查的,经公安机关办案部门负责人批准,使用传唤证传唤。对现场发现的违反治安管理行为人,人民警察经出示人民警察证,可以口头传唤,但应当在询问笔录中注明。

公安机关应当将传唤的原因和依据告知被传唤人。对无正当理由不接受传唤或者逃避传唤的人,经公安机关办案部门负责人批准,可以强制传唤。

第九十七条 对违反治安管理行为人,公安机关传唤后应当及时询问查证,询问查证的时间不得超过八小时;涉案人数众多、违反治安管理行为人身份不明的,询问查证的时间不得超过十二小时;情况复杂,依照本法规定可能适用行政拘留处罚的,询问查证的时间不得超过二十四小时。在执法办案场所询问违反治安管理行为人,应当全程同步录音录像。

公安机关应当及时将传唤的原因和处所通知被传唤人家属。

询问查证期间,公安机关应当保证违反治安管理行为人的饮食、必要的休息时间等正当需求。

第九十八条 询问笔录应当交被询问人核对;对没有阅读能力的,应当向其宣读。记载有遗漏或者差错,被询问人可以提出补充或者更正。被询问人确认笔录无误后,应当签名、盖章或者按指印,询问的人民警察也应当在笔录上签名。

被询问人要求就被询问事项自行提供书面材料的,应当准许;必要时,人民警察也可以要求被询问人自行书写。

询问不满十八周岁的违反治安管理行为人,应当通知其父母或者其他监护人到场;其父母或者其他监护人不能到场的,也可以通知其他成年亲属,所在学校、单位、居住地基层组织或者未成年人保护组织的代表等合适成年人到场,并将有关情况记录在案。确实无法通知或者通知后未到场的,应当在笔录中注明。

第九十九条 人民警察询问被侵害人或者其他证人,可以在现场进行,也可以到其所在单位、住处或者其提出的地点进行;必要时,也可以通知其到公安机关提供证言。

人民警察在公安机关以外询问被侵害人或者其他证人,应当出示人民警察证。

询问被侵害人或者其他证人,同时适用本法第九十八条的规定。

第一百条 违反治安管理行为人、被侵害人或者其他证人在异地的,公安机关可以委托异地公安机关代为询问,也可以通过公安机关的视频系统远程询问。

通过远程视频方式询问的,应当向被询问人宣读询问笔录,被询问人确认笔录无误后,询问的人民警察应当在笔录上注明。询问和宣读过程应当全程同步录音录像。

第一百零一条 询问聋哑的违反治安管理行为人、被侵害人或者其他证人,应当有通晓手语等交流方式的人提供帮助,并在笔录上注明。

询问不通晓当地通用的语言文字的违反治安管理行为人、被侵害人或者其他证人,应当配备翻译人员,并在笔录上注明。

第一百零二条 为了查明案件事实,确定违反治安管理行为人、被侵害人的某些特征、伤害情况或者生理状态,需要对其人身进行检查,提取或者采集肖像、指纹信息和血液、尿液等生物样本的,经公安机关办案部门负责人批准后进行。对已经提取、采集的信息或者样本,不得重复提取、采集。提取或者采集被侵害人的信息或者样本,应当征得被侵害人或者其监护人同意。

第一百零三条　公安机关对与违反治安管理行为有关的场所或者违反治安管理行为人的人身、物品可以进行检查。检查时,人民警察不得少于二人,并应当出示人民警察证。

对场所进行检查的,经县级以上人民政府公安机关负责人批准,使用检查证检查;对确有必要立即进行检查的,人民警察经出示人民警察证,可以当场检查,并应当全程同步录音录像。检查公民住所应当出示县级以上人民政府公安机关开具的检查证。

检查妇女的身体,应当由女性工作人员或者医师进行。

第一百零四条　检查的情况应当制作检查笔录,由检查人、被检查人和见证人签名、盖章或者按指印;被检查人不在场或者被检查人、见证人拒绝签名的,人民警察应当在笔录上注明。

第一百零五条　公安机关办理治安案件,对与案件有关的需要作为证据的物品,可以扣押;对被侵害人或者善意第三人合法占有的财产,不得扣押,应当予以登记,但是对其中与案件有关的必须鉴定的物品,可以扣押,鉴定后应当立即解除。对与案件无关的物品,不得扣押。

对扣押的物品,应当会同在场见证人和被扣押物品持有人查点清楚,当场开列清单一式二份,由调查人员、见证人和持有人签名或者盖章,一份交给持有人,另一份附卷备查。

实施扣押前应当报经公安机关负责人批准;因情况紧急或者物品价值不大,当场实施扣押的,人民警察应当及时向其所属公安机关负责人报告,并补办批准手续。公安机关负责人认为不应当扣押的,应当立即解除。当场实施扣押的,应当全程同步录音录像。

对扣押的物品,应当妥善保管,不得挪作他用;对不宜长期保存的物品,按照有关规定处理。经查明与案件无关或者经核实属于被侵害人或者他人合法财产的,应当登记后立即退还;满六个月无人对该财产主张权利或者无法查清权利人的,应当公开拍卖或者按照国家有关规定处理,所得款项上缴国库。

第一百零六条 为了查明案情，需要解决案件中有争议的专门性问题的，应当指派或者聘请具有专门知识的人员进行鉴定；鉴定人鉴定后，应当写出鉴定意见，并且签名。

第一百零七条 为了查明案情，人民警察可以让违反治安管理行为人、被侵害人和其他证人对与违反治安管理行为有关的场所、物品进行辨认，也可以让被侵害人、其他证人对违反治安管理行为人进行辨认，或者让违反治安管理行为人对其他违反治安管理行为人进行辨认。

辨认应当制作辨认笔录，由人民警察和辨认人签名、盖章或者按指印。

第一百零八条 公安机关进行询问、辨认、勘验，实施行政强制措施等调查取证工作时，人民警察不得少于二人。

公安机关在规范设置、严格管理的执法办案场所进行询问、扣押、辨认的，或者进行调解的，可以由一名人民警察进行。

依照前款规定由一名人民警察进行询问、扣押、辨认、调解的，应当全程同步录音录像。未按规定全程同步录音录像或者录音录像资料损毁、丢失的，相关证据不能作为处罚的根据。

第二节 决 定

第一百零九条 治安管理处罚由县级以上地方人民政府公安机关决定；其中警告、一千元以下的罚款，可以由公安派出所决定。

第一百一十条 对决定给予行政拘留处罚的人，在处罚前已经采取强制措施限制人身自由的时间，应当折抵。限制人身自由一日，折抵行政拘留一日。

第一百一十一条 公安机关查处治安案件，对没有本人陈述，但其他证据能够证明案件事实的，可以作出治安管理处罚决定。但是，只有本人陈述，没有其他证据证明的，不能作出治安管理处罚决定。

第一百一十二条 公安机关作出治安管理处罚决定前，应当告知违反治安管理行为人拟作出治安管理处罚的内容及事实、理由、依据，并告知违反治安管理行为人依法享有的权利。

违反治安管理行为人有权陈述和申辩。公安机关必须充分听取违反治安管理行为人的意见，对违反治安管理行为人提出的事实、理由和证据，应当进行复核；违反治安管理行为人提出的事实、理由或者证据成立的，公安机关应当采纳。

违反治安管理行为人不满十八周岁的,还应当依照前两款的规定告知未成年人的父母或者其他监护人,充分听取其意见。

公安机关不得因违反治安管理行为人的陈述、申辩而加重其处罚。

第一百一十三条　治安案件调查结束后,公安机关应当根据不同情况,分别作出以下处理:

(一)确有依法应当给予治安管理处罚的违法行为的,根据情节轻重及具体情况,作出处罚决定;

(二)依法不予处罚的,或者违法事实不能成立的,作出不予处罚决定;

(三)违法行为已涉嫌犯罪的,移送有关主管机关依法追究刑事责任;

(四)发现违反治安管理行为人有其他违法行为的,在对违反治安管理行为作出处罚决定的同时,通知或者移送有关主管机关处理。

对情节复杂或者重大违法行为给予治安管理处罚,公安机关负责人应当集体讨论决定。

第一百一十四条　有下列情形之一的,在公安机关作出治安管理处罚决定之前,应当由从事治安管理处罚决定法制审核的人员进行法制审核;未经法制审核或者审核未通过的,不得作出决定:

(一)涉及重大公共利益的;

(二)直接关系当事人或者第三人重大权益,经过听证程序的;

(三)案件情况疑难复杂、涉及多个法律关系的。

公安机关中初次从事治安管理处罚决定法制审核的人员,应当通过国家统一法律职业资格考试取得法律职业资格。

第一百一十五条　公安机关作出治安管理处罚决定的,应当制作治安管理处罚决定书。决定书应当载明下列内容:

(一)被处罚人的姓名、性别、年龄、身份证件的名称和号码、住址;

(二)违法事实和证据;

(三)处罚的种类和依据;

(四)处罚的执行方式和期限;

(五)对处罚决定不服,申请行政复议、提起行政诉讼的途径和期限;

(六)作出处罚决定的公安机关的名称和作出决定的日期。

决定书应当由作出处罚决定的公安机关加盖印章。

第一百一十六条　公安机关应当向被处罚人宣告治安管理处罚决定书,并当场交付被处罚人;无法当场向被处罚人宣告的,应当在二日以内送达被处罚人。决定给予行政拘留处罚的,应当及时通知被处罚人的家属。

有被侵害人的,公安机关应当将决定书送达被侵害人。

第一百一十七条 公安机关作出吊销许可证件、处四千元以上罚款的治安管理处罚决定或者采取责令停业整顿措施前,应当告知违反治安管理行为人有权要求举行听证;违反治安管理行为人要求听证的,公安机关应当及时依法举行听证。

对依照本法第二十三条第二款规定可能执行行政拘留的未成年人,公安机关应当告知未成年人和其监护人有权要求举行听证;未成年人和其监护人要求听证的,公安机关应当及时依法举行听证。对未成年人案件的听证不公开举行。

前两款规定以外的案情复杂或者具有重大社会影响的案件,违反治安管理行为人要求听证,公安机关认为必要的,应当及时依法举行听证。

公安机关不得因违反治安管理行为人要求听证而加重其处罚。

第一百一十八条 公安机关办理治安案件的期限,自立案之日起不得超过三十日;案情重大、复杂的,经上一级公安机关批准,可以延长三十日。期限延长以二次为限。公安派出所办理的案件需要延长期限的,由所属公安机关批准。

为了查明案情进行鉴定的期间、听证的期间,不计入办理治安案件的期限。

第一百一十九条 违反治安管理行为事实清楚,证据确凿,处警告或者五百元以下罚款的,可以当场作出治安管理处罚决定。

第一百二十条 当场作出治安管理处罚决定的,人民警察应当向违反治安管理行为人出示人民警察证,并填写处罚决定书。处罚决定书应当当场交付被处罚人;有被侵害人的,并应当将决定书送达被侵害人。

前款规定的处罚决定书,应当载明被处罚人的姓名、违法行为、处罚依据、罚款数额、时间、地点以及公安机关名称,并由经办的人民警察签名或者盖章。

适用当场处罚,被处罚人对拟作出治安管理处罚的内容及事实、理由、依据没有异议的,可以由一名人民警察作出治安管理处罚决定,并应当全程同步录音录像。

当场作出治安管理处罚决定的,经办的人民警察应当在二十四小时以内报所属公安机关备案。

第一百二十一条　被处罚人、被侵害人对公安机关依照本法规定作出的治安管理处罚决定，作出的收缴、追缴决定，或者采取的有关限制性、禁止性措施等不服的，可以依法申请行政复议或者提起行政诉讼。

第三节　执　　行

第一百二十二条　对被决定给予行政拘留处罚的人，由作出决定的公安机关送拘留所执行；执行期满，拘留所应当按时解除拘留，发给解除拘留证明书。

被决定给予行政拘留处罚的人在异地被抓获或者有其他有必要在异地拘留所执行情形的，经异地拘留所主管公安机关批准，可以在异地执行。

第一百二十三条　受到罚款处罚的人应当自收到处罚决定书之日起十五日以内，到指定的银行或者通过电子支付系统缴纳罚款。但是，有下列情形之一的，人民警察可以当场收缴罚款：

（一）被处二百元以下罚款，被处罚人对罚款无异议的；

（二）在边远、水上、交通不便地区，旅客列车上或者口岸，公安机关及其人民警察依照本法的规定作出罚款决定后，被处罚人到指定的银行或者通过电子支付系统缴纳罚款确有困难，经被处罚人提出的；

（三）被处罚人在当地没有固定住所，不当场收缴事后难以执行的。

第一百二十四条　人民警察当场收缴的罚款，应当自收缴罚款之日起二日以内，交至所属的公安机关；在水上、旅客列车上当场收缴的罚款，应当自抵岸或者到站之日起二日以内，交至所属的公安机关；公安机关应当自收到罚款之日起二日以内将罚款缴付指定的银行。

第一百二十五条　人民警察当场收缴罚款的，应当向被处罚人出具省级以上人民政府财政部门统一制发的专用票据；不出具统一制发的专用票据的，被处罚人有权拒绝缴纳罚款。

第一百二十六条　被处罚人不服行政拘留处罚决定，申请行政复议、提起行政诉讼的，遇有参加升学考试、子女出生或者近亲属病危、死亡等情形的，可以向公安机关提出暂缓执行行政拘留的申请。公安机关认为暂缓执行行政拘留不致发生社会危险的，由被处罚人或者其近亲属提出符合本法第一百二十七条规定条件的担保人，或者按每日行政拘留二百元的标准交纳保证金，行政拘留的处罚决定暂缓执行。

正在被执行行政拘留处罚的人遇有参加升学考试、子女出生或者近亲属病危、死亡等情形,被拘留人或者其近亲属申请出所的,由公安机关依照前款规定执行。被拘留人出所的时间不计入拘留期限。

第一百二十七条 担保人应当符合下列条件:

(一)与本案无牵连;

(二)享有政治权利,人身自由未受到限制;

(三)在当地有常住户口和固定住所;

(四)有能力履行担保义务。

第一百二十八条 担保人应当保证被担保人不逃避行政拘留处罚的执行。

担保人不履行担保义务,致使被担保人逃避行政拘留处罚的执行的,处三千元以下罚款。

第一百二十九条 被决定给予行政拘留处罚的人交纳保证金,暂缓行政拘留或者出所后,逃避行政拘留处罚的执行的,保证金予以没收并上缴国库,已经作出的行政拘留决定仍应执行。

第一百三十条 行政拘留的处罚决定被撤销,行政拘留处罚开始执行,或者出所后继续执行的,公安机关收取的保证金应当及时退还交纳人。

第五章 执法监督

第一百三十一条 公安机关及其人民警察应当依法、公正、严格、高效办理治安案件,文明执法,不得徇私舞弊、玩忽职守、滥用职权。

第一百三十二条 公安机关及其人民警察办理治安案件,禁止对违反治安管理行为人打骂、虐待或者侮辱。

第一百三十三条 公安机关及其人民警察办理治安案件,应当自觉接受社会和公民的监督。

公安机关及其人民警察办理治安案件,不严格执法或者有违法违纪行为的,任何单位和个人都有权向公安机关或者人民检察院、监察机关检举、控告;收到检举、控告的机关,应当依据职责及时处理。

第一百三十四条 公安机关作出治安管理处罚决定,发现被处罚人是公职人员,依照《中华人民共和国公职人员政务处分法》的规定需要给予政务处分的,应当依照有关规定及时通报监察机关等有关单位。

第一百三十五条 公安机关依法实施罚款处罚,应当依照有关法律、行政法规的规定,实行罚款决定与罚款收缴分离;收缴的罚款应当全部上缴国库,不得返还、变相返还,不得与经费保障挂钩。

第一百三十六条 违反治安管理的记录应当予以封存,不得向任何单位和个人提供或者公开,但有关国家机关为办案需要或者有关单位根据国家规定进行查询的除外。依法进行查询的单位,应当对被封存的违法记录的情况予以保密。

第一百三十七条 公安机关应当履行同步录音录像运行安全管理职责,完善技术措施,定期维护设施设备,保障录音录像设备运行连续、稳定、安全。

第一百三十八条 公安机关及其人民警察不得将在办理治安案件过程中获得的个人信息,依法提取、采集的相关信息、样本用于与治安管理、查处犯罪无关的用途,不得出售、提供给其他单位或者个人。

第一百三十九条 人民警察办理治安案件,有下列行为之一的,依法给予处分;构成犯罪的,依法追究刑事责任:

(一)刑讯逼供、体罚、打骂、虐待、侮辱他人的;

(二)超过询问查证的时间限制人身自由的;

(三)不执行罚款决定与罚款收缴分离制度或者不按规定将罚没的财物上缴国库或者依法处理的;

(四)私分、侵占、挪用、故意损毁所收缴、追缴、扣押的财物的;

(五)违反规定使用或者不及时返还被侵害人财物的;

(六)违反规定不及时退还保证金的;

(七)利用职务上的便利收受他人财物或者谋取其他利益的;

(八)当场收缴罚款不出具专用票据或者不如实填写罚款数额的;

(九)接到要求制止违反治安管理行为的报警后,不及时出警的;

(十)在查处违反治安管理活动时,为违法犯罪行为人通风报信的;

(十一)泄露办理治安案件过程中的工作秘密或者其他依法应当保密的信息的;

(十二)将在办理治安案件过程中获得的个人信息,依法提取、采集的相关信息、样本用于与治安管理、查处犯罪无关的用途,或者出售、提供给其他单位或者个人的;

(十三)剪接、删改、损毁、丢失办理治安案件的同步录音录像资料的;

(十四)有徇私舞弊、玩忽职守、滥用职权,不依法履行法定职责的其他情形的。

办理治安案件的公安机关有前款所列行为的,对负有责任的领导人员和直接责任人员,依法给予处分。

第一百四十条 公安机关及其人民警察违法行使职权,侵犯公民、法人和其他组织合法权益的,应当赔礼道歉;造成损害的,应当依法承担赔偿责任。

第六章 附 则

第一百四十一条 其他法律中规定由公安机关给予行政拘留处罚的,其处罚程序适用本法规定。

公安机关依照《中华人民共和国枪支管理法》、《民用爆炸物品安全管理条例》等直接关系公共安全和社会治安秩序的法律、行政法规实施处罚的,其处罚程序适用本法规定。

本法第三十二条、第三十四条、第四十六条、第五十六条规定给予行政拘留处罚,其他法律、行政法规同时规定给予罚款、没收违法所得、没收非法财物等其他行政处罚的行为,由相关主管部门依照相应规定处罚;需要给予行政拘留处罚的,由公安机关依照本法规定处理。

第一百四十二条 海警机构履行海上治安管理职责,行使本法规定的公安机关的职权,但是法律另有规定的除外。

第一百四十三条 本法所称以上、以下、以内,包括本数。

第一百四十四条 本法自 2026 年 1 月 1 日起施行。

一、综　合

中华人民共和国人民警察法

（1995年2月28日第八届全国人民代表大会常务委员会第十二次会议通过　根据2012年10月26日第十一届全国人民代表大会常务委员会第二十九次会议《关于修改〈中华人民共和国人民警察法〉的决定》修正）

目　录

第一章　总　则
第二章　职　权
第三章　义务和纪律
第四章　组织管理
第五章　警务保障
第六章　执法监督
第七章　法律责任
第八章　附　则

第一章　总　则

第一条　为了维护国家安全和社会治安秩序，保护公民的合法权益，加强人民警察的队伍建设，从严治警，提高人民警察的素质，保障人民警察依法行使职权，保障改革开放和社会主义现代化建设的顺利进行，根据宪法，制定本法。

第二条　人民警察的任务是维护国家安全，维护社会治安秩序，保护公民的人身安全、人身自由和合法财产，保护公共财产，预防、制止和惩治违法犯罪活动。

人民警察包括公安机关、国家安全机关、监狱、劳动教养管理机关的人民警察和人民法院、人民检察院的司法警察。

第三条 人民警察必须依靠人民的支持,保持同人民的密切联系,倾听人民的意见和建议,接受人民的监督,维护人民的利益,全心全意为人民服务。

第四条 人民警察必须以宪法和法律为活动准则,忠于职守,清正廉洁,纪律严明,服从命令,严格执法。

第五条 人民警察依法执行职务,受法律保护。

第二章 职　权

第六条 公安机关的人民警察按照职责分工,依法履行下列职责:

(一)预防、制止和侦查违法犯罪活动;

(二)维护社会治安秩序,制止危害社会治安秩序的行为;

(三)维护交通安全和交通秩序,处理交通事故;

(四)组织、实施消防工作,实行消防监督;

(五)管理枪支弹药、管制刀具和易燃易爆、剧毒、放射性等危险物品;

(六)对法律、法规规定的特种行业进行管理;

(七)警卫国家规定的特定人员,守卫重要的场所和设施;

(八)管理集会、游行、示威活动;

(九)管理户政、国籍、入境出境事务和外国人在中国境内居留、旅行的有关事务;

(十)维护国(边)境地区的治安秩序;

(十一)对被判处拘役、剥夺政治权利的罪犯执行刑罚;

(十二)监督管理计算机信息系统的安全保护工作;

(十三)指导和监督国家机关、社会团体、企业事业组织和重点建设工程的治安保卫工作,指导治安保卫委员会等群众性组织的治安防范工作;

(十四)法律、法规规定的其他职责。

第七条 公安机关的人民警察对违反治安管理或者其他公安行政管理法律、法规的个人或者组织,依法可以实施行政强制措施、行政处罚。

第八条 公安机关的人民警察对严重危害社会治安秩序或者威胁公共安全的人员,可以强行带离现场、依法予以拘留或者采取法律规定的其他措施。

第九条 为维护社会治安秩序,公安机关的人民警察对有违法犯罪嫌疑的人员,经出示相应证件,可以当场盘问、检查;经盘问、检查,有下列情形之一的,可以将其带至公安机关,经该公安机关批准,对其继续盘问:

(一)被指控有犯罪行为的;

(二)有现场作案嫌疑的;

(三)有作案嫌疑身份不明的;

(四)携带的物品有可能是赃物的。

对被盘问人的留置时间自带至公安机关之时起不超过二十四小时,在特殊情况下,经县级以上公安机关批准,可以延长至四十八小时,并应当留有盘问记录。对于批准继续盘问的,应当立即通知其家属或者其所在单位。对于不批准继续盘问的,应当立即释放被盘问人。

经继续盘问,公安机关认为对被盘问人需要依法采取拘留或者其他强制措施的,应当在前款规定的期间作出决定;在前款规定的期间不能作出上述决定的,应当立即释放被盘问人。

第十条 遇有拒捕、暴乱、越狱、抢夺枪支或者其他暴力行为的紧急情况,公安机关的人民警察依照国家有关规定可以使用武器。

第十一条 为制止严重违法犯罪活动的需要,公安机关的人民警察依照国家有关规定可以使用警械。

第十二条 为侦查犯罪活动的需要,公安机关的人民警察可以依法执行拘留、搜查、逮捕或者其他强制措施。

第十三条 公安机关的人民警察因履行职责的紧急需要,经出示相应证件,可以优先乘坐公共交通工具,遇交通阻碍时,优先通行。

公安机关因侦查犯罪的需要,必要时,按照国家有关规定,可以优先使用机关、团体、企业事业组织和个人的交通工具、通信工具、场地和建筑物,用后应当及时归还,并支付适当费用;造成损失的,应当赔偿。

第十四条 公安机关的人民警察对严重危害公共安全或者他人人身安全的精神病人,可以采取保护性约束措施。需要送往指定的单位、场所加以监护的,应当报请县级以上人民政府公安机关批准,并及时通知其监护人。

第十五条 县级以上人民政府公安机关,为预防和制止严重危害社会治安秩序的行为,可以在一定的区域和时间,限制人员、车辆的通行或者停留,必要时可以实行交通管制。

公安机关的人民警察依照前款规定,可以采取相应的交通管制措施。

第十六条 公安机关因侦查犯罪的需要,根据国家有关规定,经过严格的批准手续,可以采取技术侦察措施。

第十七条 县级以上人民政府公安机关,经上级公安机关和同级人民政府批准,对严重危害社会治安秩序的突发事件,可以根据情况实行现场管制。

公安机关的人民警察依照前款规定,可以采取必要手段强行驱散,并对拒不服从的人员强行带离现场或者立即予以拘留。

第十八条 国家安全机关、监狱、劳动教养管理机关的人民警察和人民法院、人民检察院的司法警察,分别依照有关法律、行政法规的规定履行职权。

第十九条 人民警察在非工作时间,遇有其职责范围内的紧急情况,应当履行职责。

第三章 义务和纪律

第二十条 人民警察必须做到:

(一)秉公执法,办事公道;

(二)模范遵守社会公德;

(三)礼貌待人,文明执勤;

(四)尊重人民群众的风俗习惯。

第二十一条 人民警察遇到公民人身、财产安全受到侵犯或者处于其他危难情形,应当立即救助;对公民提出解决纠纷的要求,应当给予帮助;对公民的报警案件,应当及时查处。

人民警察应当积极参加抢险救灾和社会公益工作。

第二十二条 人民警察不得有下列行为:

(一)散布有损国家声誉的言论,参加非法组织,参加旨在反对国家的集会、游行、示威等活动,参加罢工;

(二)泄露国家秘密、警务工作秘密;

(三)弄虚作假,隐瞒案情,包庇、纵容违法犯罪活动;

(四)刑讯逼供或者体罚、虐待人犯;

(五)非法剥夺、限制他人人身自由,非法搜查他人的身体、物品、住所或者场所;

(六)敲诈勒索或者索取、收受贿赂;
(七)殴打他人或者唆使他人打人;
(八)违法实施处罚或者收取费用;
(九)接受当事人及其代理人的请客送礼;
(十)从事营利性的经营活动或者受雇于任何个人或者组织;
(十一)玩忽职守,不履行法定义务;
(十二)其他违法乱纪的行为。

第二十三条 人民警察必须按照规定着装,佩带人民警察标志或者持有人民警察证件,保持警容严整,举止端庄。

第四章 组织管理

第二十四条 国家根据人民警察的工作性质、任务和特点,规定组织机构设置和职务序列。

第二十五条 人民警察依法实行警衔制度。

第二十六条 担任人民警察应当具备下列条件:
(一)年满十八岁的人民;
(二)拥护中华人民共和国宪法;
(三)有良好的政治、业务素质和良好的品行;
(四)身体健康;
(五)具有高中毕业以上文化程度;
(六)自愿从事人民警察工作。
有下列情形之一的,不得担任人民警察:
(一)曾因犯罪受过刑事处罚的;
(二)曾被开除公职的。

第二十七条 录用人民警察,必须按照国家规定,公开考试,严格考核,择优选用。

第二十八条 担任人民警察领导职务的人员,应当具备下列条件:
(一)具有法律专业知识;
(二)具有政法工作经验和一定的组织管理、指挥能力;
(三)具有大学专科以上学历;
(四)经人民警察院校培训,考试合格。

第二十九条 国家发展人民警察教育事业,对人民警察有计划地进行政治思想、法制、警察业务等教育培训。

第三十条　国家根据人民警察的工作性质、任务和特点,分别规定不同岗位的服务年限和不同职务的最高任职年龄。

第三十一条　人民警察个人或者集体在工作中表现突出,有显著成绩和特殊贡献的,给予奖励。奖励分为:嘉奖、三等功、二等功、一等功、授予荣誉称号。

对受奖励的人民警察,按照国家有关规定,可以提前晋升警衔,并给予一定的物质奖励。

第五章　警务保障

第三十二条　人民警察必须执行上级的决定和命令。

人民警察认为决定和命令有错误的,可以按照规定提出意见,但不得中止或者改变决定和命令的执行;提出的意见不被采纳时,必须服从决定和命令;执行决定和命令的后果由作出决定和命令的上级负责。

第三十三条　人民警察对超越法律、法规规定的人民警察职责范围的指令,有权拒绝执行,并同时向上级机关报告。

第三十四条　人民警察依法执行职务,公民和组织应当给予支持和协助。公民和组织协助人民警察依法执行职务的行为受法律保护。对协助人民警察执行职务有显著成绩的,给予表彰和奖励。

公民和组织因协助人民警察执行职务,造成人身伤亡或者财产损失的,应当按照国家有关规定给予抚恤或者补偿。

第三十五条　拒绝或者阻碍人民警察依法执行职务,有下列行为之一的,给予治安管理处罚:

(一)公然侮辱正在执行职务的人民警察的;

(二)阻碍人民警察调查取证的;

(三)拒绝或者阻碍人民警察执行追捕、搜查、救险等任务进入有关住所、场所的;

(四)对执行救人、救险、追捕、警卫等紧急任务的警车故意设置障碍的;

(五)有拒绝或者阻碍人民警察执行职务的其他行为的。

以暴力、威胁方法实施前款规定的行为,构成犯罪的,依法追究刑事责任。

第三十六条 人民警察的警用标志、制式服装和警械,由国务院公安部门统一监制,会同其他有关国家机关管理,其他个人和组织不得非法制造、贩卖。

人民警察的警用标志、制式服装、警械、证件为人民警察专用,其他个人和组织不得持有和使用。

违反前两款规定的,没收非法制造、贩卖、持有、使用的人民警察警用标志、制式服装、警械、证件,由公安机关处十五日以下拘留或者警告,可以并处违法所得五倍以下的罚款;构成犯罪的,依法追究刑事责任。

第三十七条 国家保障人民警察的经费。人民警察的经费,按照事权划分的原则,分别列入中央和地方的财政预算。

第三十八条 人民警察工作所必需的通讯、训练设施和交通、消防以及派出所、监管场所等基础设施建设,各级人民政府应当列入基本建设规划和城乡建设总体规划。

第三十九条 国家加强人民警察装备的现代化建设,努力推广、应用先进的科技成果。

第四十条 人民警察实行国家公务员的工资制度,并享受国家规定的警衔津贴和其他津贴、补贴以及保险福利待遇。

第四十一条 人民警察因公致残的,与因公致残的现役军人享受国家同样的抚恤和优待。

人民警察因公牺牲或者病故的,其家属与因公牺牲或者病故的现役军人家属享受国家同样的抚恤和优待。

第六章 执法监督

第四十二条 人民警察执行职务,依法接受人民检察院和行政监察机关的监督。

第四十三条 人民警察的上级机关对下级机关的执法活动进行监督,发现其作出的处理或者决定有错误的,应当予以撤销或者变更。

第四十四条 人民警察执行职务,必须自觉地接受社会和公民的监督。人民警察机关作出的与公众利益有直接有关的规定,应当向公众公布。

第四十五条 人民警察在办理治安案件过程中,遇有下列情形之一的,应当回避,当事人或者其法定代理人也有权要求他们回避:

（一）是本案的当事人或者是当事人的近亲属的；

（二）本人或者其近亲属与本案有利害关系的；

（三）与本案当事人有其他关系,可能影响案件公正处理的。

前款规定的回避,由有关的公安机关决定。

人民警察在办理刑事案件过程中的回避,适用刑事诉讼法的规定。

第四十六条 公民或者组织对人民警察的违法、违纪行为,有权向人民警察机关或者人民检察院、行政监察机关检举、控告。受理检举、控告的机关应当及时查处,并将查处结果告知检举人、控告人。

对依法检举、控告的公民或者组织,任何人不得压制和打击报复。

第四十七条 公安机关建立督察制度,对公安机关的人民警察执行法律、法规、遵守纪律的情况进行监督。

第七章 法律责任

第四十八条 人民警察有本法第二十二条所列行为之一的,应当给予行政处分；构成犯罪的,依法追究刑事责任。

行政处分分为：警告、记过、记大过、降级、撤职、开除。对受行政处分的人民警察,按照国家有关规定,可以降低警衔、取消警衔。

对违反纪律的人民警察,必要时可以对其采取停止执行职务、禁闭的措施。

第四十九条 人民警察违反规定使用武器、警械,构成犯罪的,依法追究刑事责任；尚不构成犯罪的,应当依法给予行政处分。

第五十条 人民警察在执行职务中,侵犯公民或者组织的合法权益造成损害的,应当依照《中华人民共和国国家赔偿法》和其他有关法律、法规的规定给予赔偿。

第八章 附 则

第五十一条 中国人民武装警察部队执行国家赋予的安全保卫任务。

第五十二条 本法自公布之日起施行。1957年6月25日公布的《中华人民共和国人民警察条例》同时废止。

中华人民共和国行政处罚法

（1996年3月17日第八届全国人民代表大会第四次会议通过　根据2009年8月27日第十一届全国人民代表大会常务委员会第十次会议《关于修改部分法律的决定》第一次修正　根据2017年9月1日第十二届全国人民代表大会常务委员会第二十九次会议《关于修改〈中华人民共和国法官法〉等八部法律的决定》第二次修正　2021年1月22日第十三届全国人民代表大会常务委员会第二十五次会议修订）

目　录

第一章　总　则
第二章　行政处罚的种类和设定
第三章　行政处罚的实施机关
第四章　行政处罚的管辖和适用
第五章　行政处罚的决定
　第一节　一般规定
　第二节　简易程序
　第三节　普通程序
　第四节　听证程序
第六章　行政处罚的执行
第七章　法律责任
第八章　附　则

第一章　总　则

第一条　为了规范行政处罚的设定和实施，保障和监督行政机关有效实施行政管理，维护公共利益和社会秩序，保护公民、法人或者其他组织的合法权益，根据宪法，制定本法。

第二条　行政处罚是指行政机关依法对违反行政管理秩序的公民、法人或者其他组织,以减损权益或者增加义务的方式予以惩戒的行为。

第三条 行政处罚的设定和实施,适用本法。

第四条 公民、法人或者其他组织违反行政管理秩序的行为,应当给予行政处罚的,依照本法由法律、法规、规章规定,并由行政机关依照本法规定的程序实施。

第五条 行政处罚遵循公正、公开的原则。

设定和实施行政处罚必须以事实为依据,与违法行为的事实、性质、情节以及社会危害程度相当。

对违法行为给予行政处罚的规定必须公布;未经公布的,不得作为行政处罚的依据。

第六条 实施行政处罚,纠正违法行为,应当坚持处罚与教育相结合,教育公民、法人或者其他组织自觉守法。

第七条 公民、法人或者其他组织对行政机关所给予的行政处罚,享有陈述权、申辩权;对行政处罚不服的,有权依法申请行政复议或者提起行政诉讼。

公民、法人或者其他组织因行政机关违法给予行政处罚受到损害的,有权依法提出赔偿要求。

第八条 公民、法人或者其他组织因违法行为受到行政处罚,其违法行为对他人造成损害的,应当依法承担民事责任。

违法行为构成犯罪,应当依法追究刑事责任的,不得以行政处罚代替刑事处罚。

第二章 行政处罚的种类和设定

第九条 行政处罚的种类:

(一)警告、通报批评;

(二)罚款、没收违法所得、没收非法财物;

(三)暂扣许可证件、降低资质等级、吊销许可证件;

(四)限制开展生产经营活动、责令停产停业、责令关闭、限制从业;

(五)行政拘留;

(六)法律、行政法规规定的其他行政处罚。

第十条 法律可以设定各种行政处罚。

限制人身自由的行政处罚,只能由法律设定。

第十一条 行政法规可以设定除限制人身自由以外的行政处罚。

法律对违法行为已经作出行政处罚规定,行政法规需要作出具体规定的,必须在法律规定的给予行政处罚的行为、种类和幅度的范围内规定。

法律对违法行为未作出行政处罚规定,行政法规为实施法律,可以补充设定行政处罚。拟补充设定行政处罚的,应当通过听证会、论证会等形式广泛听取意见,并向制定机关作出书面说明。行政法规报送备案时,应当说明补充设定行政处罚的情况。

第十二条 地方性法规可以设定除限制人身自由、吊销营业执照以外的行政处罚。

法律、行政法规对违法行为已经作出行政处罚规定,地方性法规需要作出具体规定的,必须在法律、行政法规规定的给予行政处罚的行为、种类和幅度的范围内规定。

法律、行政法规对违法行为未作出行政处罚规定,地方性法规为实施法律、行政法规,可以补充设定行政处罚。拟补充设定行政处罚的,应当通过听证会、论证会等形式广泛听取意见,并向制定机关作出书面说明。地方性法规报送备案时,应当说明补充设定行政处罚的情况。

第十三条 国务院部门规章可以在法律、行政法规规定的给予行政处罚的行为、种类和幅度的范围内作出具体规定。

尚未制定法律、行政法规的,国务院部门规章对违反行政管理秩序的行为,可以设定警告、通报批评或者一定数额罚款的行政处罚。罚款的限额由国务院规定。

第十四条 地方政府规章可以在法律、法规规定的给予行政处罚的行为、种类和幅度的范围内作出具体规定。

尚未制定法律、法规的,地方政府规章对违反行政管理秩序的行为,可以设定警告、通报批评或者一定数额罚款的行政处罚。罚款的限额由省、自治区、直辖市人民代表大会常务委员会规定。

第十五条 国务院部门和省、自治区、直辖市人民政府及其有关部门应当定期组织评估行政处罚的实施情况和必要性,对不适当的行政处罚事项及种类、罚款数额等,应当提出修改或者废止的建议。

第十六条 除法律、法规、规章外,其他规范性文件不得设定行政处罚。

第三章　行政处罚的实施机关

第十七条　行政处罚由具有行政处罚权的行政机关在法定职权范围内实施。

第十八条　国家在城市管理、市场监管、生态环境、文化市场、交通运输、应急管理、农业等领域推行建立综合行政执法制度,相对集中行政处罚权。

国务院或者省、自治区、直辖市人民政府可以决定一个行政机关行使有关行政机关的行政处罚权。

限制人身自由的行政处罚权只能由公安机关和法律规定的其他机关行使。

第十九条　法律、法规授权的具有管理公共事务职能的组织可以在法定授权范围内实施行政处罚。

第二十条　行政机关依照法律、法规、规章的规定,可以在其法定权限内书面委托符合本法第二十一条规定条件的组织实施行政处罚。行政机关不得委托其他组织或者个人实施行政处罚。

委托书应当载明委托的具体事项、权限、期限等内容。委托行政机关和受委托组织应当将委托书向社会公布。

委托行政机关对受委托组织实施行政处罚的行为应当负责监督,并对该行为的后果承担法律责任。

受委托组织在委托范围内,以委托行政机关名义实施行政处罚;不得再委托其他组织或者个人实施行政处罚。

第二十一条　受委托组织必须符合以下条件:

(一)依法成立并具有管理公共事务职能;

(二)有熟悉有关法律、法规、规章和业务并取得行政执法资格的工作人员;

(三)需要进行技术检查或者技术鉴定的,应当有条件组织进行相应的技术检查或者技术鉴定。

第四章　行政处罚的管辖和适用

第二十二条　行政处罚由违法行为发生地的行政机关管辖。法律、行政法规、部门规章另有规定的,从其规定。

第二十三条 行政处罚由县级以上地方人民政府具有行政处罚权的行政机关管辖。法律、行政法规另有规定的,从其规定。

第二十四条 省、自治区、直辖市根据当地实际情况,可以决定将基层管理迫切需要的县级人民政府部门的行政处罚权交由能够有效承接的乡镇人民政府、街道办事处行使,并定期组织评估。决定应当公布。

承接行政处罚权的乡镇人民政府、街道办事处应当加强执法能力建设,按照规定范围、依照法定程序实施行政处罚。

有关地方人民政府及其部门应当加强组织协调、业务指导、执法监督,建立健全行政处罚协调配合机制,完善评议、考核制度。

第二十五条 两个以上行政机关都有管辖权的,由最先立案的行政机关管辖。

对管辖发生争议的,应当协商解决,协商不成的,报请共同的上一级行政机关指定管辖;也可以直接由共同的上一级行政机关指定管辖。

第二十六条 行政机关因实施行政处罚的需要,可以向有关机关提出协助请求。协助事项属于被请求机关职权范围内的,应当依法予以协助。

第二十七条 违法行为涉嫌犯罪的,行政机关应当及时将案件移送司法机关,依法追究刑事责任。对依法不需要追究刑事责任或者免予刑事处罚,但应当给予行政处罚的,司法机关应当及时将案件移送有关行政机关。

行政处罚实施机关与司法机关之间应当加强协调配合,建立健全案件移送制度,加强证据材料移交、接收衔接,完善案件处理信息通报机制。

第二十八条 行政机关实施行政处罚时,应当责令当事人改正或者限期改正违法行为。

当事人有违法所得,除依法应当退赔的外,应当予以没收。违法所得是指实施违法行为所取得的款项。法律、行政法规、部门规章对违法所得的计算另有规定的,从其规定。

第二十九条 对当事人的同一个违法行为,不得给予两次以上罚款的行政处罚。同一个违法行为违反多个法律规范应当给予罚款处罚的,按照罚款数额高的规定处罚。

第三十条 不满十四周岁的未成年人有违法行为的,不予行政处罚,责令监护人加以管教;已满十四周岁不满十八周岁的未成年人有违法行为的,应当从轻或者减轻行政处罚。

第三十一条 精神病人、智力残疾人在不能辨认或者不能控制自己行为时有违法行为的,不予行政处罚,但应当责令其监护人严加看管和治疗。间歇性精神病人在精神正常时有违法行为的,应当给予行政处罚。尚未完全丧失辨认或者控制自己行为能力的精神病人、智力残疾人有违法行为的,可以从轻或者减轻行政处罚。

第三十二条 当事人有下列情形之一,应当从轻或者减轻行政处罚:
（一）主动消除或者减轻违法行为危害后果的;
（二）受他人胁迫或者诱骗实施违法行为的;
（三）主动供述行政机关尚未掌握的违法行为的;
（四）配合行政机关查处违法行为有立功表现的;
（五）法律、法规、规章规定其他应当从轻或者减轻行政处罚的。

第三十三条 违法行为轻微并及时改正,没有造成危害后果的,不予行政处罚。初次违法且危害后果轻微并及时改正的,可以不予行政处罚。

当事人有证据足以证明没有主观过错的,不予行政处罚。法律、行政法规另有规定的,从其规定。

对当事人的违法行为依法不予行政处罚的,行政机关应当对当事人进行教育。

第三十四条 行政机关可以依法制定行政处罚裁量基准,规范行使行政处罚裁量权。行政处罚裁量基准应当向社会公布。

第三十五条 违法行为构成犯罪,人民法院判处拘役或者有期徒刑时,行政机关已经给予当事人行政拘留的,应当依法折抵相应刑期。

违法行为构成犯罪,人民法院判处罚金时,行政机关已经给予当事人罚款的,应当折抵相应罚金;行政机关尚未给予当事人罚款的,不再给予罚款。

第三十六条 违法行为在二年内未被发现的,不再给予行政处罚;涉及公民生命健康安全、金融安全且有危害后果的,上述期限延长至五年。法律另有规定的除外。

前款规定的期限,从违法行为发生之日起计算;违法行为有连续或者继续状态的,从行为终了之日起计算。

第三十七条 实施行政处罚,适用违法行为发生时的法律、法规、规章的规定。但是,作出行政处罚决定时,法律、法规、规章已被修改或者废止,且新的规定处罚较轻或者不认为是违法的,适用新的规定。

第三十八条 行政处罚没有依据或者实施主体不具有行政主体资格的,行政处罚无效。

违反法定程序构成重大且明显违法的,行政处罚无效。

第五章 行政处罚的决定

第一节 一般规定

第三十九条 行政处罚的实施机关、立案依据、实施程序和救济渠道等信息应当公示。

第四十条 公民、法人或者其他组织违反行政管理秩序的行为,依法应当给予行政处罚的,行政机关必须查明事实;违法事实不清、证据不足的,不得给予行政处罚。

第四十一条 行政机关依照法律、行政法规规定利用电子技术监控设备收集、固定违法事实的,应当经过法制和技术审核,确保电子技术监控设备符合标准、设置合理、标志明显,设置地点应当向社会公布。

电子技术监控设备记录违法事实应当真实、清晰、完整、准确。行政机关应当审核记录内容是否符合要求;未经审核或者经审核不符合要求的,不得作为行政处罚的证据。

行政机关应当及时告知当事人违法事实,并采取信息化手段或者其他措施,为当事人查询、陈述和申辩提供便利。不得限制或者变相限制当事人享有的陈述权、申辩权。

第四十二条 行政处罚应当由具有行政执法资格的执法人员实施。执法人员不得少于两人,法律另有规定的除外。

执法人员应当文明执法,尊重和保护当事人合法权益。

第四十三条 执法人员与案件有直接利害关系或者有其他关系可能影响公正执法的,应当回避。

当事人认为执法人员与案件有直接利害关系或者有其他关系可能影响公正执法的,有权申请回避。

当事人提出回避申请的,行政机关应当依法审查,由行政机关负责人决定。决定作出之前,不停止调查。

第四十四条 行政机关在作出行政处罚决定之前,应当告知当事人拟作出的行政处罚内容及事实、理由、依据,并告知当事人依法享有的陈述、申辩、要求听证等权利。

第四十五条　当事人有权进行陈述和申辩。行政机关必须充分听取当事人的意见,对当事人提出的事实、理由和证据,应当进行复核;当事人提出的事实、理由或者证据成立的,行政机关应当采纳。

行政机关不得因当事人陈述、申辩而给予更重的处罚。

第四十六条　证据包括:

(一)书证;

(二)物证;

(三)视听资料;

(四)电子数据;

(五)证人证言;

(六)当事人的陈述;

(七)鉴定意见;

(八)勘验笔录、现场笔录。

证据必须经查证属实,方可作为认定案件事实的根据。

以非法手段取得的证据,不得作为认定案件事实的根据。

第四十七条　行政机关应当依法以文字、音像等形式,对行政处罚的启动、调查取证、审核、决定、送达、执行等进行全过程记录,归档保存。

第四十八条　具有一定社会影响的行政处罚决定应当依法公开。

公开的行政处罚决定被依法变更、撤销、确认违法或者确认无效的,行政机关应当在三日内撤回行政处罚决定信息并公开说明理由。

第四十九条　发生重大传染病疫情等突发事件,为了控制、减轻和消除突发事件引起的社会危害,行政机关对违反突发事件应对措施的行为,依法快速、从重处罚。

第五十条　行政机关及其工作人员对实施行政处罚过程中知悉的国家秘密、商业秘密或者个人隐私,应当依法予以保密。

第二节　简易程序

第五十一条　违法事实确凿并有法定依据,对公民处以二百元以下、对法人或者其他组织处以三千元以下罚款或者警告的行政处罚的,可以当场作出行政处罚决定。法律另有规定的,从其规定。

第五十二条　执法人员当场作出行政处罚决定的,应当向当事人出示执法证件,填写预定格式、编有号码的行政处罚决定书,并当场交付当事人。当事人拒绝签收的,应当在行政处罚决定书上注明。

前款规定的行政处罚决定书应当载明当事人的违法行为,行政处罚的种类和依据、罚款数额、时间、地点,申请行政复议、提起行政诉讼的途径和期限以及行政机关名称,并由执法人员签名或者盖章。

执法人员当场作出的行政处罚决定,应当报所属行政机关备案。

第五十三条　对当场作出的行政处罚决定,当事人应当依照本法第六十七条至第六十九条的规定履行。

第三节　普通程序

第五十四条　除本法第五十一条规定的可以当场作出的行政处罚外,行政机关发现公民、法人或者其他组织有依法应当给予行政处罚的行为的,必须全面、客观、公正地调查,收集有关证据;必要时,依照法律、法规的规定,可以进行检查。

符合立案标准的,行政机关应当及时立案。

第五十五条　执法人员在调查或者进行检查时,应当主动向当事人或者有关人员出示执法证件。当事人或者有关人员有权要求执法人员出示执法证件。执法人员不出示执法证件的,当事人或者有关人员有权拒绝接受调查或者检查。

当事人或者有关人员应当如实回答询问,并协助调查或者检查,不得拒绝或者阻挠。询问或者检查应当制作笔录。

第五十六条　行政机关在收集证据时,可以采取抽样取证的方法;在证据可能灭失或者以后难以取得的情况下,经行政机关负责人批准,可以先行登记保存,并应当在七日内及时作出处理决定,在此期间,当事人或者有关人员不得销毁或者转移证据。

第五十七条　调查终结,行政机关负责人应当对调查结果进行审查,根据不同情况,分别作出如下决定:

(一)确有应受行政处罚的违法行为的,根据情节轻重及具体情况,作出行政处罚决定;

(二)违法行为轻微,依法可以不予行政处罚的,不予行政处罚;

(三)违法事实不能成立的,不予行政处罚;

（四）违法行为涉嫌犯罪的，移送司法机关。

对情节复杂或者重大违法行为给予行政处罚，行政机关负责人应当集体讨论决定。

第五十八条 有下列情形之一，在行政机关负责人作出行政处罚的决定之前，应当由从事行政处罚决定法制审核的人员进行法制审核；未经法制审核或者审核未通过的，不得作出决定：

（一）涉及重大公共利益的；

（二）直接关系当事人或者第三人重大权益，经过听证程序的；

（三）案件情况疑难复杂、涉及多个法律关系的；

（四）法律、法规规定应当进行法制审核的其他情形。

行政机关中初次从事行政处罚决定法制审核的人员，应当通过国家统一法律职业资格考试取得法律职业资格。

第五十九条 行政机关依照本法第五十七条的规定给予行政处罚，应当制作行政处罚决定书。行政处罚决定书应当载明下列事项：

（一）当事人的姓名或者名称、地址；

（二）违反法律、法规、规章的事实和证据；

（三）行政处罚的种类和依据；

（四）行政处罚的履行方式和期限；

（五）申请行政复议、提起行政诉讼的途径和期限；

（六）作出行政处罚决定的行政机关名称和作出决定的日期。

行政处罚决定书必须盖有作出行政处罚决定的行政机关的印章。

第六十条 行政机关应当自行政处罚案件立案之日起九十日内作出行政处罚决定。法律、法规、规章另有规定的，从其规定。

第六十一条 行政处罚决定书应当在宣告后当场交付当事人；当事人不在场的，行政机关应当在七日内依照《中华人民共和国民事诉讼法》的有关规定，将行政处罚决定书送达当事人。

当事人同意并签订确认书的，行政机关可以采用传真、电子邮件等方式，将行政处罚决定书等送达当事人。

第六十二条 行政机关及其执法人员在作出行政处罚决定之前，未依照本法第四十四条、第四十五条的规定向当事人告知拟作出的行政处罚内容及事实、理由、依据，或者拒绝听取当事人的陈述、申辩，不得作出行政处罚决定；当事人明确放弃陈述或者申辩权利的除外。

第四节 听证程序

第六十三条 行政机关拟作出下列行政处罚决定,应当告知当事人有要求听证的权利,当事人要求听证的,行政机关应当组织听证:
(一)较大数额罚款;
(二)没收较大数额违法所得、没收较大价值非法财物;
(三)降低资质等级、吊销许可证件;
(四)责令停产停业、责令关闭、限制从业;
(五)其他较重的行政处罚;
(六)法律、法规、规章规定的其他情形。
当事人不承担行政机关组织听证的费用。

第六十四条 听证应当依照以下程序组织:
(一)当事人要求听证的,应当在行政机关告知后五日内提出;
(二)行政机关应当在举行听证的七日前,通知当事人及有关人员听证的时间、地点;
(三)除涉及国家秘密、商业秘密或者个人隐私依法予以保密外,听证公开举行;
(四)听证由行政机关指定的非本案调查人员主持;当事人认为主持人与本案有直接利害关系的,有权申请回避;
(五)当事人可以亲自参加听证,也可以委托一至二人代理;
(六)当事人及其代理人无正当理由拒不出席听证或者未经许可中途退出听证的,视为放弃听证权利,行政机关终止听证;
(七)举行听证时,调查人员提出当事人违法的事实、证据和行政处罚建议,当事人进行申辩和质证;
(八)听证应当制作笔录。笔录应当交当事人或者其代理人核对无误后签字或者盖章。当事人或者其代理人拒绝签字或者盖章的,由听证主持人在笔录中注明。

第六十五条 听证结束后,行政机关应当根据听证笔录,依照本法第五十七条的规定,作出决定。

第六章 行政处罚的执行

第六十六条 行政处罚决定依法作出后,当事人应当在行政处罚决定书载明的期限内,予以履行。

当事人确有经济困难,需要延期或者分期缴纳罚款的,经当事人申请和行政机关批准,可以暂缓或者分期缴纳。

第六十七条 作出罚款决定的行政机关应当与收缴罚款的机构分离。

除依照本法第六十八条、第六十九条的规定当场收缴的罚款外,作出行政处罚决定的行政机关及其执法人员不得自行收缴罚款。

当事人应当自收到行政处罚决定书之日起十五日内,到指定的银行或者通过电子支付系统缴纳罚款。银行应当收受罚款,并将罚款直接上缴国库。

第六十八条 依照本法第五十一条的规定当场作出行政处罚决定,有下列情形之一,执法人员可以当场收缴罚款:

(一)依法给予一百元以下罚款的;

(二)不当场收缴事后难以执行的。

第六十九条 在边远、水上、交通不便地区,行政机关及其执法人员依照本法第五十一条、第五十七条的规定作出罚款决定后,当事人到指定的银行或者通过电子支付系统缴纳罚款确有困难,经当事人提出,行政机关及其执法人员可以当场收缴罚款。

第七十条 行政机关及其执法人员当场收缴罚款的,必须向当事人出具国务院财政部门或者省、自治区、直辖市人民政府财政部门统一制发的专用票据;不出具财政部门统一制发的专用票据的,当事人有权拒绝缴纳罚款。

第七十一条 执法人员当场收缴的罚款,应当自收缴罚款之日起二日内,交至行政机关;在水上当场收缴的罚款,应当自抵岸之日起二日内交至行政机关;行政机关应当在二日内将罚款缴付指定的银行。

第七十二条 当事人逾期不履行行政处罚决定的,作出行政处罚决定的行政机关可以采取下列措施:

(一)到期不缴纳罚款的,每日按罚款数额的百分之三加处罚款,加处罚款的数额不得超出罚款的数额;

(二)根据法律规定,将查封、扣押的财物拍卖、依法处理或者将冻结的存款、汇款划拨抵缴罚款;

(三)根据法律规定,采取其他行政强制执行方式;

(四)依照《中华人民共和国行政强制法》的规定申请人民法院强制

执行。

行政机关批准延期、分期缴纳罚款的,申请人民法院强制执行的期限,自暂缓或者分期缴纳罚款期限结束之日起计算。

第七十三条 当事人对行政处罚决定不服,申请行政复议或者提起行政诉讼的,行政处罚不停止执行,法律另有规定的除外。

当事人对限制人身自由的行政处罚决定不服,申请行政复议或者提起行政诉讼的,可以向作出决定的机关提出暂缓执行申请。符合法律规定情形的,应当暂缓执行。

当事人申请行政复议或者提起行政诉讼的,加处罚款的数额在行政复议或者行政诉讼期间不予计算。

第七十四条 除依法应当予以销毁的物品外,依法没收的非法财物必须按照国家规定公开拍卖或者按照国家有关规定处理。

罚款、没收的违法所得或者没收非法财物拍卖的款项,必须全部上缴国库,任何行政机关或者个人不得以任何形式截留、私分或者变相私分。

罚款、没收的违法所得或者没收非法财物拍卖的款项,不得同作出行政处罚决定的行政机关及其工作人员的考核、考评直接或者变相挂钩。除依法应当退还、退赔的外,财政部门不得以任何形式向作出行政处罚决定的行政机关返还罚款、没收的违法所得或者没收非法财物拍卖的款项。

第七十五条 行政机关应当建立健全对行政处罚的监督制度。县级以上人民政府应当定期组织开展行政执法评议、考核,加强对行政处罚的监督检查,规范和保障行政处罚的实施。

行政机关实施行政处罚应当接受社会监督。公民、法人或者其他组织对行政机关实施行政处罚的行为,有权申诉或者检举;行政机关应当认真审查,发现有错误的,应当主动改正。

第七章 法律责任

第七十六条 行政机关实施行政处罚,有下列情形之一,由上级行政机关或者有关机关责令改正,对直接负责的主管人员和其他直接责任人员依法给予处分:

(一)没有法定的行政处罚依据的;

(二)擅自改变行政处罚种类、幅度的;

(三)违反法定的行政处罚程序的;

（四）违反本法第二十条关于委托处罚的规定的；

（五）执法人员未取得执法证件的。

行政机关对符合立案标准的案件不及时立案的，依照前款规定予以处理。

第七十七条 行政机关对当事人进行处罚不使用罚款、没收财物单据或者使用非法定部门制发的罚款、没收财物单据的，当事人有权拒绝，并有权予以检举，由上级行政机关或者有关机关对使用的非法单据予以收缴销毁，对直接负责的主管人员和其他直接责任人员依法给予处分。

第七十八条 行政机关违反本法第六十七条的规定自行收缴罚款的，财政部门违反本法第七十四条的规定向行政机关返还罚款、没收的违法所得或者拍卖款项的，由上级行政机关或者有关机关责令改正，对直接负责的主管人员和其他直接责任人员依法给予处分。

第七十九条 行政机关截留、私分或者变相私分罚款、没收的违法所得或者财物的，由财政部门或者有关机关予以追缴，对直接负责的主管人员和其他直接责任人员依法给予处分；情节严重构成犯罪的，依法追究刑事责任。

执法人员利用职务上的便利，索取或者收受他人财物，将收缴罚款据为己有，构成犯罪的，依法追究刑事责任；情节轻微不构成犯罪的，依法给予处分。

第八十条 行政机关使用或者损毁查封、扣押的财物，对当事人造成损失的，应当依法予以赔偿，对直接负责的主管人员和其他直接责任人员依法给予处分。

第八十一条 行政机关违法实施检查措施或者执行措施，给公民人身或者财产造成损害，给法人或者其他组织造成损失的，应当依法予以赔偿，对直接负责的主管人员和其他直接责任人员依法给予处分；情节严重构成犯罪的，依法追究刑事责任。

第八十二条 行政机关对应当依法移交司法机关追究刑事责任的案件不移交，以行政处罚代替刑事处罚，由上级行政机关或者有关机关责令改正，对直接负责的主管人员和其他直接责任人员依法给予处分；情节严重构成犯罪的，依法追究刑事责任。

第八十三条 行政机关对应当予以制止和处罚的违法行为不予制止、处罚，致使公民、法人或者其他组织的合法权益、公共利益和社会秩序遭受损害的,对直接负责的主管人员和其他直接责任人员依法给予处分;情节严重构成犯罪的,依法追究刑事责任。

第八章　附　　则

第八十四条　外国人、无国籍人、外国组织在中华人民共和国领域内有违法行为,应当给予行政处罚的,适用本法,法律另有规定的除外。

第八十五条　本法中"二日""三日""五日""七日"的规定是指工作日,不含法定节假日。

第八十六条　本法自 2021 年 7 月 15 日起施行。

中华人民共和国刑法(节录)

(1979 年 7 月 1 日第五届全国人民代表大会第二次会议通过　1997 年 3 月 14 日第八届全国人民代表大会第五次会议修订　根据 1998 年 12 月 29 日第九届全国人民代表大会常务委员会第六次会议通过的《全国人民代表大会常务委员会关于惩治骗购外汇、逃汇和非法买卖外汇犯罪的决定》、1999 年 12 月 25 日第九届全国人民代表大会常务委员会第十三次会议通过的《中华人民共和国刑法修正案》、2001 年 8 月 31 日第九届全国人民代表大会常务委员会第二十三次会议通过的《中华人民共和国刑法修正案(二)》、2001 年 12 月 29 日第九届全国人民代表大会常务委员会第二十五次会议通过的《中华人民共和国刑法修正案(三)》、2002 年 12 月 28 日第九届全国人民代表大会常务委员会第三十一次会议通过的《中华人民共和国刑法修正案(四)》、2005 年 2 月 28 日第十届全国人民代表大会常务委员会第十四次会议通过的《中华人民共和国刑法修正案(五)》、2006 年 6 月 29 日第十届全国人民代表大会常务委员会第二十二次会议通过的《中华人民共和国刑法修正案(六)》、2009 年 2 月 28 日第十一届全国人民代表大会常务委员会第七次会议通过的《中华人民共和国刑法修正案(七)》、2009 年 8 月 27 日第十一届全国人民代表大会常务委员会第十次会议通过的《全国人民代表大会常务委员会关于修改部分法律的决定》，2011年2月25日第十一届全国人民代表大会常务委员会第十九次会议通过的《中华人民共和国刑法修正案(八)》、2015年8月29日第十二届全国人民代表大会常务委员会第十六次会议通过的《中华人民共和国刑法修正案(九)》、2017年11月4日第十二届全国人民代表大会常务委员会第三十次会议通过的《中华人民共和国刑法修正案(十)》、2020年12月26日第十三届全国人民代表大会常务委员会第二十四次会议通过的《中华人民共和国刑法修正案(十一)》和2023年12月29日第十四届全国人民代表大会常务委员会第七次会议通过的《中华人民共和国刑法修正案(十二)》修正）

第二章 危害公共安全罪

第一百一十四条 【放火罪】【决水罪】【爆炸罪】【投放危险物质罪】【以危险方法危害公共安全罪】放火、决水、爆炸以及投放毒害性、放射性、传染病病原体等物质或者以其他危险方法危害公共安全，尚未造成严重后果的，处三年以上十年以下有期徒刑。

第一百一十五条 【放火罪】【决水罪】【爆炸罪】【投放危险物质罪】【以危险方法危害公共安全罪】放火、决水、爆炸以及投放毒害性、放射性、传染病病原体等物质或者以其他危险方法致人重伤、死亡或者使公私财产遭受重大损失的，处十年以上有期徒刑、无期徒刑或者死刑。

【失火罪】【过失决水罪】【过失爆炸罪】【过失投放危险物质罪】【过失以危险方法危害公共安全罪】过失犯前款罪的，处三年以上七年以下有期徒刑；情节较轻的，处三年以下有期徒刑或者拘役。

第一百一十六条 【破坏交通工具罪】破坏火车、汽车、电车、船只、航空器，足以使火车、汽车、电车、船只、航空器发生倾覆、毁坏危险，尚未造成严重后果的，处三年以上十年以下有期徒刑。

第一百一十七条 【破坏交通设施罪】破坏轨道、桥梁、隧道、公路、机场、航道、灯塔、标志或者进行其他破坏活动，足以使火车、汽车、电车、船只、航空器发生倾覆、毁坏危险，尚未造成严重后果的，处三年以上十年以下有期徒刑。

第一百一十八条 【破坏电力设备罪】【破坏易燃易爆设备罪】破坏电力、燃气或者其他易燃易爆设备,危害公共安全,尚未造成严重后果的,处三年以上十年以下有期徒刑。

第一百一十九条 【破坏交通工具罪】【破坏交通设施罪】【破坏电力设备罪】【破坏易燃易爆设备罪】破坏交通工具、交通设施、电力设备、燃气设备、易燃易爆设备,造成严重后果的,处十年以上有期徒刑、无期徒刑或者死刑。

【过失损坏交通工具罪】【过失损坏交通设施罪】【过失损坏电力设备罪】【过失损坏易燃易爆设备罪】过失犯前款罪的,处三年以上七年以下有期徒刑;情节较轻的,处三年以下有期徒刑或者拘役。

第一百二十条 【组织、领导、参加恐怖组织罪】组织、领导恐怖活动组织的,处十年以上有期徒刑或者无期徒刑,并处没收财产;积极参加的,处三年以上十年以下有期徒刑,并处罚金;其他参加的,处三年以下有期徒刑、拘役、管制或者剥夺政治权利,可以并处罚金。

犯前款罪并实施杀人、爆炸、绑架等犯罪的,依照数罪并罚的规定处罚。

第一百二十条之一 【帮助恐怖活动罪】资助恐怖活动组织、实施恐怖活动的个人的,或者资助恐怖活动培训的,处五年以下有期徒刑、拘役、管制或者剥夺政治权利,并处罚金;情节严重的,处五年以上有期徒刑,并处罚金或者没收财产。

为恐怖活动组织、实施恐怖活动或者恐怖活动培训招募、运送人员的,依照前款的规定处罚。

单位犯前两款罪的,对单位判处罚金,并对其直接负责的主管人员和其他直接责任人员,依照第一款的规定处罚。

第一百二十条之二 【准备实施恐怖活动罪】有下列情形之一的,处五年以下有期徒刑、拘役、管制或者剥夺政治权利,并处罚金;情节严重的,处五年以上有期徒刑,并处罚金或者没收财产:

(一)为实施恐怖活动准备凶器、危险物品或者其他工具的;

(二)组织恐怖活动培训或者积极参加恐怖活动培训的;

(三)为实施恐怖活动与境外恐怖活动组织或者人员联络的;

(四)为实施恐怖活动进行策划或者其他准备的。

有前款行为,同时构成其他犯罪的,依照处罚较重的规定定罪处罚。

第一百二十条之三 【宣扬恐怖主义、极端主义、煽动实施恐怖活动罪】以制作、散发宣扬恐怖主义、极端主义的图书、音频视频资料或者其他物品，或者通过讲授、发布信息等方式宣扬恐怖主义、极端主义的，或者煽动实施恐怖活动的，处五年以下有期徒刑、拘役、管制或者剥夺政治权利，并处罚金；情节严重的，处五年以上有期徒刑，并处罚金或者没收财产。

第一百二十条之四 【利用极端主义破坏法律实施罪】利用极端主义煽动、胁迫群众破坏国家法律确立的婚姻、司法、教育、社会管理等制度实施的，处三年以下有期徒刑、拘役或者管制，并处罚金；情节严重的，处三年以上七年以下有期徒刑，并处罚金；情节特别严重的，处七年以上有期徒刑，并处罚金或者没收财产。

第一百二十条之五 【强制穿戴宣扬恐怖主义、极端主义服饰、标志罪】以暴力、胁迫等方式强制他人在公共场所穿着、佩戴宣扬恐怖主义、极端主义服饰、标志的，处三年以下有期徒刑、拘役或者管制，并处罚金。

第一百二十条之六 【非法持有宣扬恐怖主义、极端主义物品罪】明知是宣扬恐怖主义、极端主义的图书、音频视频资料或者其他物品而非法持有，情节严重的，处三年以下有期徒刑、拘役或者管制，并处或者单处罚金。

第一百二十一条 【劫持航空器罪】以暴力、胁迫或者其他方法劫持航空器的，处十年以上有期徒刑或者无期徒刑；致人重伤、死亡或者使航空器遭受严重破坏的，处死刑。

第一百二十二条 【劫持船只、汽车罪】以暴力、胁迫或者其他方法劫持船只、汽车的，处五年以上十年以下有期徒刑；造成严重后果的，处十年以上有期徒刑或者无期徒刑。

第一百二十三条 【暴力危及飞行安全罪】对飞行中的航空器上的人员使用暴力，危及飞行安全，尚未造成严重后果的，处五年以下有期徒刑或者拘役；造成严重后果的，处五年以上有期徒刑。

第一百二十四条 【破坏广播电视设施、公用电信设施罪】破坏广播电视设施、公用电信设施，危害公共安全的，处三年以上七年以下有期徒刑；造成严重后果的，处七年以上有期徒刑。

【过失损坏广播电视设施、公用电信设施罪】过失犯前款罪的，处三年以上七年以下有期徒刑；情节较轻的，处三年以下有期徒刑或者拘役。

第一百二十五条 【非法制造、买卖、运输、邮寄、储存枪支、弹药、爆炸物罪】非法制造、买卖、运输、邮寄、储存枪支、弹药、爆炸物的，处三年以上十年以下有期徒刑;情节严重的,处十年以上有期徒刑、无期徒刑或者死刑。

【非法制造、买卖、运输、储存危险物质罪】非法制造、买卖、运输、储存毒害性、放射性、传染病病原体等物质,危害公共安全的,依照前款的规定处罚。

单位犯前两款罪的,对单位判处罚金,并对其直接负责的主管人员和其他直接责任人员,依照第一款的规定处罚。

第一百二十六条 【违规制造、销售枪支罪】依法被指定、确定的枪支制造企业、销售企业,违反枪支管理规定,有下列行为之一的,对单位判处罚金,并对其直接负责的主管人员和其他直接责任人员,处五年以下有期徒刑;情节严重的,处五年以上十年以下有期徒刑;情节特别严重的,处十年以上有期徒刑或者无期徒刑:

(一)以非法销售为目的,超过限额或者不按照规定的品种制造、配售枪支的;

(二)以非法销售为目的,制造无号、重号、假号的枪支的;

(三)非法销售枪支或者在境内销售为出口制造的枪支的。

第一百二十七条 【盗窃、抢夺枪支、弹药、爆炸物、危险物质罪】盗窃、抢夺枪支、弹药、爆炸物的,或者盗窃、抢夺毒害性、放射性、传染病病原体等物质,危害公共安全的,处三年以上十年以下有期徒刑;情节严重的,处十年以上有期徒刑、无期徒刑或者死刑。

【抢劫枪支、弹药、爆炸物、危险物质罪】【盗窃、抢夺枪支、弹药、爆炸物、危险物质罪】抢劫枪支、弹药、爆炸物的,或者抢劫毒害性、放射性、传染病病原体等物质,危害公共安全的,或者盗窃、抢夺国家机关、军警人员、民兵的枪支、弹药、爆炸物的,处十年以上有期徒刑、无期徒刑或者死刑。

第一百二十八条 【非法持有、私藏枪支、弹药罪】违反枪支管理规定,非法持有、私藏枪支、弹药的,处三年以下有期徒刑、拘役或者管制;情节严重的,处三年以上七年以下有期徒刑。

【非法出租、出借枪支罪】依法配备公务用枪的人员,非法出租、出借枪支的,依照前款的规定处罚。

【非法出租、出借枪支罪】依法配置枪支的人员,非法出租、出借枪支,造成严重后果的,依照第一款的规定处罚。

单位犯第二款、第三款罪的,对单位判处罚金,并对其直接负责的主管人员和其他直接责任人员,依照第一款的规定处罚。

第一百二十九条 【丢失枪支不报罪】依法配备公务用枪的人员,丢失枪支不及时报告,造成严重后果的,处三年以下有期徒刑或者拘役。

第一百三十条 【非法携带枪支、弹药、管制刀具、危险物品危及公共安全罪】非法携带枪支、弹药、管制刀具或者爆炸性、易燃性、放射性、毒害性、腐蚀性物品,进入公共场所或者公共交通工具,危及公共安全,情节严重的,处三年以下有期徒刑、拘役或者管制。

第一百三十一条 【重大飞行事故罪】航空人员违反规章制度,致使发生重大飞行事故,造成严重后果的,处三年以下有期徒刑或者拘役;造成飞机坠毁或者人员死亡的,处三年以上七年以下有期徒刑。

第一百三十二条 【铁路运营安全事故罪】铁路职工违反规章制度,致使发生铁路运营安全事故,造成严重后果的,处三年以下有期徒刑或者拘役;造成特别严重后果的,处三年以上七年以下有期徒刑。

第一百三十三条 【交通肇事罪】违反交通运输管理法规,因而发生重大事故,致人重伤、死亡或者使公私财产遭受重大损失的,处三年以下有期徒刑或者拘役;交通运输肇事后逃逸或者有其他特别恶劣情节的,处三年以上七年以下有期徒刑;因逃逸致人死亡的,处七年以上有期徒刑。

第一百三十三条之一 【危险驾驶罪】在道路上驾驶机动车,有下列情形之一的,处拘役,并处罚金:

(一)追逐竞驶,情节恶劣的;

(二)醉酒驾驶机动车的;

(三)从事校车业务或者旅客运输,严重超过额定乘员载客,或者严重超过规定时速行驶的;

(四)违反危险化学品安全管理规定运输危险化学品,危及公共安全的。

机动车所有人、管理人对前款第三项、第四项行为负有直接责任的,依照前款的规定处罚。

有前两款行为,同时构成其他犯罪的,依照处罚较重的规定定罪处罚。

第一百三十三条之二 【妨害安全驾驶罪】对行驶中的公共交通工具的驾驶人员使用暴力或者抢控驾驶操纵装置,干扰公共交通工具正常行驶,危及公共安全的,处一年以下有期徒刑、拘役或者管制,并处或者单处罚金。

前款规定的驾驶人员在行驶的公共交通工具上擅离职守,与他人互殴或者殴打他人,危及公共安全的,依照前款的规定处罚。

有前两款行为,同时构成其他犯罪的,依照处罚较重的规定定罪处罚。

第一百三十四条 【重大责任事故罪】在生产、作业中违反有关安全管理的规定,因而发生重大伤亡事故或者造成其他严重后果的,处三年以下有期徒刑或者拘役;情节特别恶劣的,处三年以上七年以下有期徒刑。

【强令、组织他人违章冒险作业罪】强令他人违章冒险作业,或者明知存在重大事故隐患而不排除,仍冒险组织作业,因而发生重大伤亡事故或者造成其他严重后果的,处五年以下有期徒刑或者拘役;情节特别恶劣的,处五年以上有期徒刑。

第一百三十四条之一 【危险作业罪】在生产、作业中违反有关安全管理的规定,有下列情形之一,具有发生重大伤亡事故或者其他严重后果的现实危险的,处一年以下有期徒刑、拘役或者管制:

(一)关闭、破坏直接关系生产安全的监控、报警、防护、救生设备、设施,或者篡改、隐瞒、销毁其相关数据、信息的;

(二)因存在重大事故隐患被依法责令停产停业、停止施工、停止使用有关设备、设施、场所或者立即采取排除危险的整改措施,而拒不执行的;

(三)涉及安全生产的事项未经依法批准或者许可,擅自从事矿山开采、金属冶炼、建筑施工,以及危险物品生产、经营、储存等高度危险的生产作业活动的。

第一百三十五条 【重大劳动安全事故罪】安全生产设施或者安全生产条件不符合国家规定,因而发生重大伤亡事故或者造成其他严重后果的,对直接负责的主管人员和其他直接责任人员,处三年以下有期徒刑或者拘役;情节特别恶劣的,处三年以上七年以下有期徒刑。

第一百三十五条之一 【大型群众性活动重大安全事故罪】举办大型群众性活动违反安全管理规定,因而发生重大伤亡事故或者造成其他严重后果的,对直接负责的主管人员和其他直接责任人员,处三年以下有期徒刑或者拘役;情节特别恶劣的,处三年以上七年以下有期徒刑。

第一百三十六条 【危险物品肇事罪】违反爆炸性、易燃性、放射性、毒害性、腐蚀性物品的管理规定,在生产、储存、运输、使用中发生重大事故,造成严重后果的,处三年以下有期徒刑或者拘役;后果特别严重的,处三年以上七年以下有期徒刑。

第一百三十七条 【工程重大安全事故罪】建设单位、设计单位、施工单位、工程监理单位违反国家规定,降低工程质量标准,造成重大安全事故的,对直接责任人员,处五年以下有期徒刑或者拘役,并处罚金;后果特别严重的,处五年以上十年以下有期徒刑,并处罚金。

第一百三十八条 【教育设施重大安全事故罪】明知校舍或者教育教学设施有危险,而不采取措施或者不及时报告,致使发生重大伤亡事故的,对直接责任人员,处三年以下有期徒刑或者拘役;后果特别严重的,处三年以上七年以下有期徒刑。

第一百三十九条 【消防责任事故罪】违反消防管理法规,经消防监督机构通知采取改正措施而拒绝执行,造成严重后果的,对直接责任人员,处三年以下有期徒刑或者拘役;后果特别严重的,处三年以上七年以下有期徒刑。

第一百三十九条之一 【不报、谎报安全事故罪】在安全事故发生后,负有报告职责的人员不报或者谎报事故情况,贻误事故抢救,情节严重的,处三年以下有期徒刑或者拘役;情节特别严重的,处三年以上七年以下有期徒刑。

第三章 破坏社会主义市场经济秩序罪

第一节 生产、销售伪劣商品罪

第一百四十条 【生产、销售伪劣产品罪】生产者、销售者在产品中掺杂、掺假,以假充真,以次充好或者以不合格产品冒充合格产品,销售金额五万元以上不满二十万元的,处二年以下有期徒刑或者拘役,并处或者单处销售金额百分之五十以上二倍以下罚金;销售金额二十万元以上不满五十万元的,处二年以上七年以下有期徒刑,并处销售金额百分之五十以上二倍以下罚金;销售金额五十万元以上不满二百万元的,处七年以上有期徒刑,并处销售金额百分之五十以上二倍以下罚金;销售金额二百万元以上的,处十五年有期徒刑或者无期徒刑,并处销售金额百分之五十以上二倍以下罚金或者没收财产。

第一百四十一条 【生产、销售、提供假药罪】生产、销售假药的,处三年以下有期徒刑或者拘役,并处罚金;对人体健康造成严重危害或者有其他严重情节的,处三年以上十年以下有期徒刑,并处罚金;致人死亡或者有其他特别严重情节的,处十年以上有期徒刑、无期徒刑或者死刑,并处罚金或者没收财产。

药品使用单位的人员明知是假药而提供给他人使用的,依照前款的规定处罚。

第一百四十二条 【生产、销售、提供劣药罪】生产、销售劣药,对人体健康造成严重危害的,处三年以上十年以下有期徒刑,并处罚金;后果特别严重的,处十年以上有期徒刑或者无期徒刑,并处罚金或者没收财产。

药品使用单位的人员明知是劣药而提供给他人使用的,依照前款的规定处罚。

第一百四十二条之一 【妨害药品管理罪】违反药品管理法规,有下列情形之一,足以严重危害人体健康的,处三年以下有期徒刑或者拘役,并处或者单处罚金;对人体健康造成严重危害或者有其他严重情节的,处三年以上七年以下有期徒刑,并处罚金:

(一)生产、销售国务院药品监督管理部门禁止使用的药品的;

(二)未取得药品相关批准证明文件生产、进口药品或者明知是上述药品而销售的;

(三)药品申请注册中提供虚假的证明、数据、资料、样品或者采取其他欺骗手段的;

(四)编造生产、检验记录的。

有前款行为,同时又构成本法第一百四十一条、第一百四十二条规定之罪或者其他犯罪的,依照处罚较重的规定定罪处罚。

第一百四十三条 【生产、销售不符合安全标准的食品罪】生产、销售不符合食品安全标准的食品,足以造成严重食物中毒事故或者其他严重食源性疾病的,处三年以下有期徒刑或者拘役,并处罚金;对人体健康造成严重危害或者有其他严重情节的,处三年以上七年以下有期徒刑,并处罚金;后果特别严重的,处七年以上有期徒刑或者无期徒刑,并处罚金或者没收财产。

第一百四十四条 【生产、销售有毒、有害食品罪】在生产、销售的食品中掺入有毒、有害的非食品原料的,或者销售明知掺有有毒、有害的非食品原料的食品的,处五年以下有期徒刑,并处罚金;对人体健康造成严重危害或者有其他严重情节的,处五年以上十年以下有期徒刑,并处罚金;致人死亡或者有其他特别严重情节的,依照本法第一百四十一条的规定处罚。

第一百四十五条 【生产、销售不符合标准的医用器材罪】生产不符合保障人体健康的国家标准、行业标准的医疗器械、医用卫生材料,或者销售明知是不符合保障人体健康的国家标准、行业标准的医疗器械、医用卫生材料,足以严重危害人体健康的,处三年以下有期徒刑或者拘役,并处销售金额百分之五十以上二倍以下罚金;对人体健康造成严重危害的,处三年以上十年以下有期徒刑,并处销售金额百分之五十以上二倍以下罚金;后果特别严重的,处十年以上有期徒刑或者无期徒刑,并处销售金额百分之五十以上二倍以下罚金或者没收财产。

第一百四十六条 【生产、销售不符合安全标准的产品罪】生产不符合保障人身、财产安全的国家标准、行业标准的电器、压力容器、易燃易爆产品或者其他不符合保障人身、财产安全的国家标准、行业标准的产品,或者销售明知是以上不符合保障人身、财产安全的国家标准、行业标准的产品,造成严重后果的,处五年以下有期徒刑,并处销售金额百分之五十以上二倍以下罚金;后果特别严重的,处五年以上有期徒刑,并处销售金额百分之五十以上二倍以下罚金。

第一百四十七条 【生产、销售伪劣农药、兽药、化肥、种子罪】生产假农药、假兽药、假化肥,销售明知是假的或者失去使用效能的农药、兽药、化肥、种子,或者生产者、销售者以不合格的农药、兽药、化肥、种子冒充合格的农药、兽药、化肥、种子,使生产遭受较大损失的,处三年以下有期徒刑或者拘役,并处或者单处销售金额百分之五十以上二倍以下罚金;使生产遭受重大损失的,处三年以上七年以下有期徒刑,并处销售金额百分之五十以上二倍以下罚金;使生产遭受特别重大损失的,处七年以上有期徒刑或者无期徒刑,并处销售金额百分之五十以上二倍以下罚金或者没收财产。

第一百四十八条 【生产、销售不符合卫生标准的化妆品罪】生产不符合卫生标准的化妆品,或者销售明知是不符合卫生标准的化妆品,造成严重后果的,处三年以下有期徒刑或者拘役,并处或者单处销售金额百分之五十以上二倍以下罚金。

第一百四十九条 【对生产、销售伪劣商品行为的法条适用原则】生产、销售本节第一百四十一条至第一百四十八条所列产品,不构成各该条规定的犯罪,但是销售金额在五万元以上的,依照本节第一百四十条的规定定罪处罚。

生产、销售本节第一百四十一条至第一百四十八条所列产品,构成各该条规定的犯罪,同时又构成本节第一百四十条规定之罪的,依照处罚较重的规定定罪处罚。

第一百五十条 【单位犯生产、销售伪劣商品罪的处罚规定】单位犯本节第一百四十条至第一百四十八条规定之罪的,对单位判处罚金,并对其直接负责的主管人员和其他直接责任人员,依照各该条的规定处罚。

第二节 走 私 罪

第一百五十一条 【走私武器、弹药罪】【走私核材料罪】【走私假币罪】走私武器、弹药、核材料或者伪造的货币的,处七年以上有期徒刑,并处罚金或者没收财产;情节特别严重的,处无期徒刑,并处没收财产;情节较轻的,处三年以上七年以下有期徒刑,并处罚金。

【走私文物罪】【走私贵重金属罪】【走私珍贵动物、珍贵动物制品罪】走私国家禁止出口的文物、黄金、白银和其他贵重金属或者国家禁止进出口的珍贵动物及其制品的,处五年以上十年以下有期徒刑,并处罚金;情节特别严重的,处十年以上有期徒刑或者无期徒刑,并处没收财产;情节较轻的,处五年以下有期徒刑,并处罚金。

【走私国家禁止进出口的货物、物品罪】走私珍稀植物及其制品等国家禁止进出口的其他货物、物品的,处五年以下有期徒刑或者拘役,并处或者单处罚金;情节严重的,处五年以上有期徒刑,并处罚金。

单位犯本条规定之罪的,对单位判处罚金,并对其直接负责的主管人员和其他直接责任人员,依照本条各款的规定处罚。

第一百五十二条 【走私淫秽物品罪】以牟利或者传播为目的,走私淫秽的影片、录像带、录音带、图片、书刊或者其他淫秽物品的,处三年以上十年以下有期徒刑,并处罚金;情节严重的,处十年以上有期徒刑或者无期徒刑,并处罚金或者没收财产;情节较轻的,处三年以下有期徒刑、拘役或者管制,并处罚金。

【走私废物罪】逃避海关监管将境外固体废物、液态废物和气态废物运输进境,情节严重的,处五年以下有期徒刑,并处或者单处罚金;情节特别严重的,处五年以上有期徒刑,并处罚金。

单位犯前两款罪的,对单位判处罚金,并对其直接负责的主管人员和其他直接责任人员,依照前两款的规定处罚。

第一百五十三条 【走私普通货物、物品罪】走私本法第一百五十一条、第一百五十二条、第三百四十七条规定以外的货物、物品的，根据情节轻重，分别依照下列规定处罚：

（一）走私货物、物品偷逃应缴税额较大或者一年内曾因走私被给予二次行政处罚后又走私的，处三年以下有期徒刑或者拘役，并处偷逃应缴税额一倍以上五倍以下罚金。

（二）走私货物、物品偷逃应缴税额巨大或者有其他严重情节的，处三年以上十年以下有期徒刑，并处偷逃应缴税额一倍以上五倍以下罚金。

（三）走私货物、物品偷逃应缴税额特别巨大或者有其他特别严重情节的，处十年以上有期徒刑或者无期徒刑，并处偷逃应缴税额一倍以上五倍以下罚金或者没收财产。

单位犯前款罪的，对单位判处罚金，并对其直接负责的主管人员和其他直接责任人员，处三年以下有期徒刑或者拘役；情节严重的，处三年以上十年以下有期徒刑；情节特别严重的，处十年以上有期徒刑。

对多次走私未经处理的，按照累计走私货物、物品的偷逃应缴税额处罚。

第一百五十四条　【特殊形式的走私普通货物、物品罪】下列走私行为，根据本节规定构成犯罪的，依照本法第一百五十三条的规定定罪处罚：

（一）未经海关许可并且未补缴应缴税额，擅自将批准进口的来料加工、来件装配、补偿贸易的原材料、零件、制成品、设备等保税货物，在境内销售牟利的；

（二）未经海关许可并且未补缴应缴税额，擅自将特定减税、免税进口的货物、物品，在境内销售牟利的。

第一百五十五条　【以走私罪论处的间接走私行为】下列行为，以走私罪论处，依照本节的有关规定处罚：

（一）直接向走私人非法收购国家禁止进口物品的，或者直接向走私人非法收购走私进口的其他货物、物品，数额较大的；

（二）在内海、领海、界河、界湖运输、收购、贩卖国家禁止进出口物品的，或者运输、收购、贩卖国家限制进出口货物、物品，数额较大，没有合法证明的。

第一百五十六条　【走私罪共犯】与走私罪犯通谋，为其提供贷款、资金、帐号、发票、证明，或者为其提供运输、保管、邮寄或者其他方便的，以走私罪的共犯论处。

第一百五十七条 【武装掩护走私、抗拒缉私的处罚规定】武装掩护走私的,依照本法第一百五十一条第一款的规定从重处罚。

以暴力、威胁方法抗拒缉私的,以走私罪和本法第二百七十七条规定的阻碍国家机关工作人员依法执行职务罪,依照数罪并罚的规定处罚。

第三节 妨害对公司、企业的管理秩序罪

第一百五十八条 【虚报注册资本罪】申请公司登记使用虚假证明文件或者采取其他欺诈手段虚报注册资本,欺骗公司登记主管部门,取得公司登记,虚报注册资本数额巨大、后果严重或者有其他严重情节的,处三年以下有期徒刑或者拘役,并处或者单处虚报注册资本金额百分之一以上百分之五以下罚金。

单位犯前款罪的,对单位判处罚金,并对其直接负责的主管人员和其他直接责任人员,处三年以下有期徒刑或者拘役。

第一百五十九条 【虚假出资、抽逃出资罪】公司发起人、股东违反公司法的规定未交付货币、实物或者未转移财产权,虚假出资,或者在公司成立后又抽逃其出资,数额巨大、后果严重或者有其他严重情节的,处五年以下有期徒刑或者拘役,并处或者单处虚假出资金额或者抽逃出资金额百分之二以上百分之十以下罚金。

单位犯前款罪的,对单位判处罚金,并对其直接负责的主管人员和其他直接责任人员,处五年以下有期徒刑或者拘役。

第一百六十条 【欺诈发行证券罪】在招股说明书、认股书、公司、企业债券募集办法等发行文件中隐瞒重要事实或者编造重大虚假内容,发行股票或者公司、企业债券、存托凭证或者国务院依法认定的其他证券,数额巨大、后果严重或者有其他严重情节的,处五年以下有期徒刑或者拘役,并处或者单处罚金;数额特别巨大、后果特别严重或者有其他特别严重情节的,处五年以上有期徒刑,并处罚金。

控股股东、实际控制人组织、指使实施前款行为的,处五年以下有期徒刑或者拘役,并处或者单处非法募集资金金额百分之二十以上一倍以下罚金;数额特别巨大、后果特别严重或者有其他特别严重情节的,处五年以上有期徒刑,并处非法募集资金金额百分之二十以上一倍以下罚金。

单位犯前两款罪的,对单位判处非法募集资金金额百分之二十以上一倍以下罚金,并对其直接负责的主管人员和其他直接责任人员,依照第一

款的规定处罚。

第一百六十一条 【违规披露、不披露重要信息罪】依法负有信息披露义务的公司、企业向股东和社会公众提供虚假的或者隐瞒重要事实的财务会计报告，或者对依法应当披露的其他重要信息不按照规定披露，严重损害股东或者其他人利益，或者有其他严重情节的，对其直接负责的主管人员和其他直接责任人员，处五年以下有期徒刑或者拘役，并处或者单处罚金；情节特别严重的，处五年以上十年以下有期徒刑，并处罚金。

前款规定的公司、企业的控股股东、实际控制人实施或者组织、指使实施前款行为的，或者隐瞒相关事项导致前款规定的情形发生的，依照前款的规定处罚。

犯前款罪的控股股东、实际控制人是单位的，对单位判处罚金，并对其直接负责的主管人员和其他直接责任人员，依照第一款的规定处罚。

第一百六十二条 【妨害清算罪】公司、企业进行清算时，隐匿财产，对资产负债表或者财产清单作虚伪记载或者在未清偿债务前分配公司、企业财产，严重损害债权人或者其他人利益的，对其直接负责的主管人员和其他直接责任人员，处五年以下有期徒刑或者拘役，并处或者单处二万元以上二十万元以下罚金。

第一百六十二条之一 【隐匿、故意销毁会计凭证、会计帐簿、财务会计报告罪】隐匿或者故意销毁依法应当保存的会计凭证、会计帐簿、财务会计报告，情节严重的，处五年以下有期徒刑或者拘役，并处或者单处二万元以上二十万元以下罚金。

单位犯前款罪的，对单位判处罚金，并对其直接负责的主管人员和其他直接责任人员，依照前款的规定处罚。

第一百六十二条之二 【虚假破产罪】公司、企业通过隐匿财产、承担虚构的债务或者以其他方法转移、处分财产，实施虚假破产，严重损害债权人或者其他人利益的，对其直接负责的主管人员和其他直接责任人员，处五年以下有期徒刑或者拘役，并处或者单处二万元以上二十万元以下罚金。

第一百六十三条 【非国家工作人员受贿罪】公司、企业或者其他单位的工作人员，利用职务上的便利，索取他人财物或者非法收受他人财物，为他人谋取利益，数额较大的，处三年以下有期徒刑或者拘役，并处罚金；数额巨大或者有其他严重情节的，处三年以上十年以下有期徒刑，并处罚金；

数额特别巨大或者有其他特别严重情节的,处十年以上有期徒刑或者无期徒刑,并处罚金。

公司、企业或者其他单位的工作人员在经济往来中,利用职务上的便利,违反国家规定,收受各种名义的回扣、手续费,归个人所有的,依照前款的规定处罚。

【受贿罪】国有公司、企业或者其他国有单位中从事公务的人员和国有公司、企业或者其他国有单位委派到非国有公司、企业以及其他单位从事公务的人员有前两款行为的,依照本法第三百八十五条、第三百八十六条的规定定罪处罚。

第一百六十四条 【对非国家工作人员行贿罪】为谋取不正当利益,给予公司、企业或者其他单位的工作人员以财物,数额较大的,处三年以下有期徒刑或者拘役,并处罚金;数额巨大的,处三年以上十年以下有期徒刑,并处罚金。

【对外国公职人员、国际公共组织官员行贿罪】为谋取不正当商业利益,给予外国公职人员或者国际公共组织官员以财物的,依照前款的规定处罚。

单位犯前两款罪的,对单位判处罚金,并对其直接负责的主管人员和其他直接责任人员,依照第一款的规定处罚。

行贿人在被追诉前主动交待行贿行为的,可以减轻处罚或者免除处罚。

第一百六十五条 【非法经营同类营业罪】国有公司、企业的董事、监事、高级管理人员,利用职务便利,自己经营或者为他人经营与其所任职公司、企业同类的营业,获取非法利益,数额巨大的,处三年以下有期徒刑或者拘役,并处或者单处罚金;数额特别巨大的,处三年以上七年以下有期徒刑,并处罚金。

其他公司、企业的董事、监事、高级管理人员违反法律、行政法规规定,实施前款行为,致使公司、企业利益遭受重大损失的,依照前款的规定处罚。

第一百六十六条 【为亲友非法牟利罪】国有公司、企业、事业单位的工作人员,利用职务便利,有下列情形之一,致使国家利益遭受重大损失的,处三年以下有期徒刑或者拘役,并处或者单处罚金;致使国家利益遭受特别重大损失的,处三年以上七年以下有期徒刑,并处罚金:

（一）将本单位的盈利业务交由自己的亲友进行经营的；

（二）以明显高于市场的价格从自己的亲友经营管理的单位采购商品、接受服务或者以明显低于市场的价格向自己的亲友经营管理的单位销售商品、提供服务的；

（三）从自己的亲友经营管理的单位采购、接受不合格商品、服务的。

其他公司、企业的工作人员违反法律、行政法规规定，实施前款行为，致使公司、企业利益遭受重大损失的，依照前款的规定处罚。

第一百六十七条 【签订、履行合同失职被骗罪】国有公司、企业、事业单位直接负责的主管人员，在签订、履行合同过程中，因严重不负责任被诈骗，致使国家利益遭受重大损失的，处三年以下有期徒刑或者拘役；致使国家利益遭受特别重大损失的，处三年以上七年以下有期徒刑。

第一百六十八条 【国有公司、企业、事业单位人员失职罪】【国有公司、企业、事业单位人员滥用职权罪】国有公司、企业的工作人员，由于严重不负责任或者滥用职权，造成国有公司、企业破产或者严重损失，致使国家利益遭受重大损失的，处三年以下有期徒刑或者拘役；致使国家利益遭受特别重大损失的，处三年以上七年以下有期徒刑。

国有事业单位的工作人员有前款行为，致使国家利益遭受重大损失的，依照前款的规定处罚。

国有公司、企业、事业单位的工作人员，徇私舞弊，犯前两款罪的，依照第一款的规定从重处罚。

第一百六十九条 【徇私舞弊低价折股、出售公司、企业资产罪】国有公司、企业或者其上级主管部门直接负责的主管人员，徇私舞弊，将国有资产低价折股或者低价出售，致使国家利益遭受重大损失的，处三年以下有期徒刑或者拘役；致使国家利益遭受特别重大损失的，处三年以上七年以下有期徒刑。

其他公司、企业直接负责的主管人员，徇私舞弊，将公司、企业资产低价折股或者低价出售，致使公司、企业利益遭受重大损失的，依照前款的规定处罚。

第一百六十九条之一 【背信损害上市公司利益罪】上市公司的董事、监事、高级管理人员违背对公司的忠实义务，利用职务便利，操纵上市公司从事下列行为之一，致使上市公司利益遭受重大损失的，处三年以下有期徒刑或者拘役，并处或者单处罚金；致使上市公司利益遭受特别重大损失

的,处三年以上七年以下有期徒刑,并处罚金:

(一)无偿向其他单位或者个人提供资金、商品、服务或者其他资产的;

(二)以明显不公平的条件,提供或者接受资金、商品、服务或者其他资产的;

(三)向明显不具有清偿能力的单位或者个人提供资金、商品、服务或者其他资产的;

(四)为明显不具有清偿能力的单位或者个人提供担保,或者无正当理由为其他单位或者个人提供担保的;

(五)无正当理由放弃债权、承担债务的;

(六)采用其他方式损害上市公司利益的。

上市公司的控股股东或者实际控制人,指使上市公司董事、监事、高级管理人员实施前款行为的,依照前款的规定处罚。

犯前款罪的上市公司的控股股东或者实际控制人是单位的,对单位判处罚金,并对其直接负责的主管人员和其他直接责任人员,依照第一款的规定处罚。

第四节 破坏金融管理秩序罪

第一百七十条 【伪造货币罪】伪造货币的,处三年以上十年以下有期徒刑,并处罚金;有下列情形之一的,处十年以上有期徒刑或者无期徒刑,并处罚金或者没收财产:

(一)伪造货币集团的首要分子;

(二)伪造货币数额特别巨大的;

(三)有其他特别严重情节的。

第一百七十一条 【出售、购买、运输假币罪】出售、购买伪造的货币或者明知是伪造的货币而运输,数额较大的,处三年以下有期徒刑或者拘役,并处二万元以上二十万元以下罚金;数额巨大的,处三年以上十年以下有期徒刑,并处五万元以上五十万元以下罚金;数额特别巨大的,处十年以上有期徒刑或者无期徒刑,并处五万元以上五十万元以下罚金或者没收财产。

【金融工作人员购买假币、以假币换取货币罪】银行或者其他金融机构的工作人员购买伪造的货币或者利用职务上的便利,以伪造的货币换取货币的,处三年以上十年以下有期徒刑,并处二万元以上二十万元以下罚金;

数额巨大或者有其他严重情节的,处十年以上有期徒刑或者无期徒刑,并处二万元以上二十万元以下罚金或者没收财产;情节较轻的,处三年以下有期徒刑或者拘役,并处或者单处一万元以上十万元以下罚金。

【伪造货币罪】伪造货币并出售或者运输伪造的货币的,依照本法第一百七十条的规定定罪从重处罚。

第一百七十二条 【持有、使用假币罪】明知是伪造的货币而持有、使用,数额较大的,处三年以下有期徒刑或者拘役,并处或者单处一万元以上十万元以下罚金;数额巨大的,处三年以上十年以下有期徒刑,并处二万元以上二十万元以下罚金;数额特别巨大的,处十年以上有期徒刑,并处五万元以上五十万元以下罚金或者没收财产。

第一百七十三条 【变造货币罪】变造货币,数额较大的,处三年以下有期徒刑或者拘役,并处或者单处一万元以上十万元以下罚金;数额巨大的,处三年以上十年以下有期徒刑,并处二万元以上二十万元以下罚金。

第一百七十四条 【擅自设立金融机构罪】未经国家有关主管部门批准,擅自设立商业银行、证券交易所、期货交易所、证券公司、期货经纪公司、保险公司或者其他金融机构的,处三年以下有期徒刑或者拘役,并处或者单处二万元以上二十万元以下罚金;情节严重的,处三年以上十年以下有期徒刑,并处五万元以上五十万元以下罚金。

【伪造、变造、转让金融机构经营许可证、批准文件罪】伪造、变造、转让商业银行、证券交易所、期货交易所、证券公司、期货经纪公司、保险公司或者其他金融机构的经营许可证或者批准文件的,依照前款的规定处罚。

单位犯前两款罪的,对单位判处罚金,并对其直接负责的主管人员和其他直接责任人员,依照第一款的规定处罚。

第一百七十五条 【高利转贷罪】以转贷牟利为目的,套取金融机构信贷资金高利转贷他人,违法所得数额较大的,处三年以下有期徒刑或者拘役,并处违法所得一倍以上五倍以下罚金;数额巨大的,处三年以上七年以下有期徒刑,并处违法所得一倍以上五倍以下罚金。

单位犯前款罪的,对单位判处罚金,并对其直接负责的主管人员和其他直接责任人员,处三年以下有期徒刑或者拘役。

第一百七十五条之一 【骗取贷款、票据承兑、金融票证罪】以欺骗手段取得银行或者其他金融机构贷款、票据承兑、信用证、保函等,给银行或者其他金融机构造成重大损失的,处三年以下有期徒刑或者拘役,并处或者单处罚金;给银行或者其他金融机构造成特别重大损失或者有其他特别严重情节的,处三年以上七年以下有期徒刑,并处罚金。

单位犯前款罪的,对单位判处罚金,并对其直接负责的主管人员和其他直接责任人员,依照前款的规定处罚。

第一百七十六条 【非法吸收公众存款罪】非法吸收公众存款或者变相吸收公众存款,扰乱金融秩序的,处三年以下有期徒刑或者拘役,并处或者单处罚金;数额巨大或者有其他严重情节的,处三年以上十年以下有期徒刑,并处罚金;数额特别巨大或者有其他特别严重情节的,处十年以上有期徒刑,并处罚金。

单位犯前款罪的,对单位判处罚金,并对其直接负责的主管人员和其他直接责任人员,依照前款的规定处罚。

有前两款行为,在提起公诉前积极退赃退赔,减少损害结果发生的,可以从轻或者减轻处罚。

第一百七十七条 【伪造、变造金融票证罪】有下列情形之一,伪造、变造金融票证的,处五年以下有期徒刑或者拘役,并处或者单处二万元以上二十万元以下罚金;情节严重的,处五年以上十年以下有期徒刑,并处五万元以上五十万元以下罚金;情节特别严重的,处十年以上有期徒刑或者无期徒刑,并处五万元以上五十万元以下罚金或者没收财产:

(一)伪造、变造汇票、本票、支票的;

(二)伪造、变造委托收款凭证、汇款凭证、银行存单等其他银行结算凭证的;

(三)伪造、变造信用证或者附随的单据、文件的;

(四)伪造信用卡的。

单位犯前款罪的,对单位判处罚金,并对其直接负责的主管人员和其他直接责任人员,依照前款的规定处罚。

第一百七十七条之一 【妨害信用卡管理罪】有下列情形之一,妨害信用卡管理的,处三年以下有期徒刑或者拘役,并处或者单处一万元以上十万元以下罚金;数量巨大或者有其他严重情节的,处三年以上十年以下有期徒刑,并处二万元以上二十万元以下罚金:

(一)明知是伪造的信用卡而持有、运输的,或者明知是伪造的空白信用卡而持有、运输,数量较大的;

(二)非法持有他人信用卡,数量较大的;

(三)使用虚假的身份证明骗领信用卡的;

(四)出售、购买、为他人提供伪造的信用卡或者以虚假的身份证明骗领的信用卡的。

【窃取、收买、非法提供信用卡信息罪】窃取、收买或者非法提供他人信用卡信息资料的,依照前款规定处罚。

银行或者其他金融机构的工作人员利用职务上的便利,犯第二款罪的,从重处罚。

第一百七十八条 【伪造、变造国家有价证券罪】伪造、变造国库券或者国家发行的其他有价证券,数额较大的,处三年以下有期徒刑或者拘役,并处或者单处二万元以上二十万元以下罚金;数额巨大的,处三年以上十年以下有期徒刑,并处五万元以上五十万元以下罚金;数额特别巨大的,处十年以上有期徒刑或者无期徒刑,并处五万元以上五十万元以下罚金或者没收财产。

【伪造、变造股票、公司、企业债券罪】伪造、变造股票或者公司、企业债券,数额较大的,处三年以下有期徒刑或者拘役,并处或者单处一万元以上十万元以下罚金;数额巨大的,处三年以上十年以下有期徒刑,并处二万元以上二十万元以下罚金。

单位犯前两款罪的,对单位判处罚金,并对其直接负责的主管人员和其他直接责任人员,依照前两款的规定处罚。

第一百七十九条 【擅自发行股票、公司、企业债券罪】未经国家有关主管部门批准,擅自发行股票或者公司、企业债券,数额巨大、后果严重或者有其他严重情节的,处五年以下有期徒刑或者拘役,并处或者单处非法募集资金金额百分之一以上百分之五以下罚金。

单位犯前款罪的,对单位判处罚金,并对其直接负责的主管人员和其他直接责任人员,处五年以下有期徒刑或者拘役。

第一百八十条 【内幕交易、泄露内幕信息罪】证券、期货交易内幕信息的知情人员或者非法获取证券、期货交易内幕信息的人员,在涉及证券的发行,证券、期货交易或者其他对证券、期货交易价格有重大影响的信息尚未公开前,买入或者卖出该证券,或者从事与该内幕信息有关的期货交易,或者泄露该信息,或者明示、暗示他人从事上述交易活动,情节严重的,处五年以下有期徒刑或者拘役,并处或者单处违法所得一倍以上五倍以下罚金;情节特别严重的,处五年以上十年以下有期徒刑,并处违法所得一倍以上五倍以下罚金。

单位犯前款罪的,对单位判处罚金,并对其直接负责的主管人员和其他直接责任人员,处五年以下有期徒刑或者拘役。

内幕信息、知情人员的范围,依照法律、行政法规的规定确定。

【利用未公开信息交易罪】证券交易所、期货交易所、证券公司、期货经纪公司、基金管理公司、商业银行、保险公司等金融机构的从业人员以及有关监管部门或者行业协会的工作人员,利用因职务便利获取的内幕信息以外的其他未公开的信息,违反规定,从事与该信息相关的证券、期货交易活动,或者明示、暗示他人从事相关交易活动,情节严重的,依照第一款的规定处罚。

第一百八十一条 【编造并传播证券、期货交易虚假信息罪】编造并且传播影响证券、期货交易的虚假信息,扰乱证券、期货交易市场,造成严重后果的,处五年以下有期徒刑或者拘役,并处或者单处一万元以上十万元以下罚金。

【诱骗投资者买卖证券、期货合约罪】证券交易所、期货交易所、证券公司、期货经纪公司的从业人员,证券业协会、期货业协会或者证券期货监督管理部门的工作人员,故意提供虚假信息或者伪造、变造、销毁交易记录,诱骗投资者买卖证券、期货合约,造成严重后果的,处五年以下有期徒刑或者拘役,并处或者单处一万元以上十万元以下罚金;情节特别恶劣的,处五年以上十年以下有期徒刑,并处二万元以上二十万元以下罚金。

单位犯前两款罪的,对单位判处罚金,并对其直接负责的主管人员和其他直接责任人员,处五年以下有期徒刑或者拘役。

第一百八十二条 【操纵证券、期货市场罪】有下列情形之一,操纵证券、期货市场,影响证券、期货交易价格或者证券、期货交易量,情节严重的,处五年以下有期徒刑或者拘役,并处或者单处罚金;情节特别严重的,处五年以上十年以下有期徒刑,并处罚金:

(一)单独或者合谋,集中资金优势、持股或者持仓优势或者利用信息优势联合或者连续买卖的;

(二)与他人串通,以事先约定的时间、价格和方式相互进行证券、期货交易的;

(三)在自己实际控制的帐户之间进行证券交易,或者以自己为交易对象,自买自卖期货合约的;

（四）不以成交为目的，频繁或者大量申报买入、卖出证券、期货合约并撤销申报的；

（五）利用虚假或者不确定的重大信息，诱导投资者进行证券、期货交易的；

（六）对证券、证券发行人、期货交易标的公开作出评价、预测或者投资建议，同时进行反向证券交易或者相关期货交易的；

（七）以其他方法操纵证券、期货市场的。

单位犯前款罪的，对单位判处罚金，并对其直接负责的主管人员和其他直接责任人员，依照前款的规定处罚。

第一百八十三条 【职务侵占罪】保险公司的工作人员利用职务上的便利，故意编造未曾发生的保险事故进行虚假理赔，骗取保险金归自己所有的，依照本法第二百七十一条的规定定罪处罚。

【贪污罪】国有保险公司工作人员和国有保险公司委派到非国有保险公司从事公务的人员有前款行为的，依照本法第三百八十二条、第三百八十三条的规定定罪处罚。

第一百八十四条 【非国家工作人员受贿罪】银行或者其他金融机构的工作人员在金融业务活动中索取他人财物或者非法收受他人财物，为他人谋取利益的，或者违反国家规定，收受各种名义的回扣、手续费，归个人所有的，依照本法第一百六十三条的规定定罪处罚。

【受贿罪】国有金融机构工作人员和国有金融机构委派到非国有金融机构从事公务的人员有前款行为的，依照本法第三百八十五条、第三百八十六条的规定定罪处罚。

第一百八十五条 【挪用资金罪】商业银行、证券交易所、期货交易所、证券公司、期货经纪公司、保险公司或者其他金融机构的工作人员利用职务上的便利，挪用本单位或者客户资金的，依照本法第二百七十二条的规定定罪处罚。

【挪用公款罪】国有商业银行、证券交易所、期货交易所、证券公司、期货经纪公司、保险公司或者其他国有金融机构的工作人员和国有商业银行、证券交易所、期货交易所、证券公司、期货经纪公司、保险公司或者其他国有金融机构委派到前款规定中的非国有机构从事公务的人员有前款行为的，依照本法第三百八十四条的规定定罪处罚。

第一百八十五条之一 【背信运用受托财产罪】商业银行、证券交易所、期货交易所、证券公司、期货经纪公司、保险公司或者其他金融机构,违背受托义务,擅自运用客户资金或者其他委托、信托的财产,情节严重的,对单位判处罚金,并对其直接负责的主管人员和其他直接责任人员,处三年以下有期徒刑或者拘役,并处三万元以上三十万元以下罚金;情节特别严重的,处三年以上十年以下有期徒刑,并处五万元以上五十万元以下罚金。

【违法运用资金罪】社会保障基金管理机构、住房公积金管理机构等公众资金管理机构,以及保险公司、保险资产管理公司、证券投资基金管理公司,违反国家规定运用资金的,对其直接负责的主管人员和其他直接责任人员,依照前款的规定处罚。

第一百八十六条 【违法发放贷款罪】银行或者其他金融机构的工作人员违反国家规定发放贷款,数额巨大或者造成重大损失的,处五年以下有期徒刑或者拘役,并处一万元以上十万元以下罚金;数额特别巨大或者造成特别重大损失的,处五年以上有期徒刑,并处二万元以上二十万元以下罚金。

银行或者其他金融机构的工作人员违反国家规定,向关系人发放贷款的,依照前款的规定从重处罚。

单位犯前两款罪的,对单位判处罚金,并对其直接负责的主管人员和其他直接责任人员,依照前两款的规定处罚。

关系人的范围,依照《中华人民共和国商业银行法》和有关金融法规确定。

第一百八十七条 【吸收客户资金不入帐罪】银行或者其他金融机构的工作人员吸收客户资金不入帐,数额巨大或者造成重大损失的,处五年以下有期徒刑或者拘役,并处二万元以上二十万元以下罚金;数额特别巨大或者造成特别重大损失的,处五年以上有期徒刑,并处五万元以上五十万元以下罚金。

单位犯前款罪的,对单位判处罚金,并对其直接负责的主管人员和其他直接责任人员,依照前款的规定处罚。

第一百八十八条 【违规出具金融票证罪】银行或者其他金融机构的工作人员违反规定,为他人出具信用证或者其他保函、票据、存单、资信证明,情节严重的,处五年以下有期徒刑或者拘役;情节特别严重的,处五年以上有期徒刑。

单位犯前款罪的,对单位判处罚金,并对其直接负责的主管人员和其他直接责任人员,依照前款的规定处罚。

第一百八十九条 【对违法票据承兑、付款、保证罪】银行或者其他金融机构的工作人员在票据业务中,对违反票据法规定的票据予以承兑、付款或者保证,造成重大损失的,处五年以下有期徒刑或者拘役;造成特别重大损失的,处五年以上有期徒刑。

单位犯前款罪的,对单位判处罚金,并对其直接负责的主管人员和其他直接责任人员,依照前款的规定处罚。

第一百九十条 【逃汇罪】公司、企业或者其他单位,违反国家规定,擅自将外汇存放境外,或者将境内的外汇非法转移到境外,数额较大的,对单位判处逃汇数额百分之五以上百分之三十以下罚金,并对其直接负责的主管人员和其他直接责任人员,处五年以下有期徒刑或者拘役;数额巨大或者有其他严重情节的,对单位判处逃汇数额百分之五以上百分之三十以下罚金,并对其直接负责的主管人员和其他直接责任人员,处五年以上有期徒刑。

第一百九十一条 【洗钱罪】为掩饰、隐瞒毒品犯罪、黑社会性质的组织犯罪、恐怖活动犯罪、走私犯罪、贪污贿赂犯罪、破坏金融管理秩序犯罪、金融诈骗犯罪的所得及其产生的收益的来源和性质,有下列行为之一的,没收实施以上犯罪的所得及其产生的收益,处五年以下有期徒刑或者拘役,并处或者单处罚金;情节严重的,处五年以上十年以下有期徒刑,并处罚金:

(一)提供资金帐户的;
(二)将财产转换为现金、金融票据、有价证券的;
(三)通过转帐或者其他支付结算方式转移资金的;
(四)跨境转移资产的;
(五)以其他方法掩饰、隐瞒犯罪所得及其收益的来源和性质的。

单位犯前款罪的,对单位判处罚金,并对其直接负责的主管人员和其他直接责任人员,依照前款的规定处罚。

第五节 金融诈骗罪

第一百九十二条 【集资诈骗罪】以非法占有为目的,使用诈骗方法非法集资,数额较大的,处三年以上七年以下有期徒刑,并处罚金;数额巨大或者有其他严重情节的,处七年以上有期徒刑或者无期徒刑,并处罚金或者没收财产。

单位犯前款罪的,对单位判处罚金,并对其直接负责的主管人员和其他直接责任人员,依照前款的规定处罚。

第一百九十三条 【贷款诈骗罪】有下列情形之一,以非法占有为目的,诈骗银行或者其他金融机构的贷款,数额较大的,处五年以下有期徒刑或者拘役,并处二万元以上二十万元以下罚金;数额巨大或者有其他严重情节的,处五年以上十年以下有期徒刑,并处五万元以上五十万元以下罚金;数额特别巨大或者有其他特别严重情节的,处十年以上有期徒刑或者无期徒刑,并处五万元以上五十万元以下罚金或者没收财产:

(一)编造引进资金、项目等虚假理由的;
(二)使用虚假的经济合同的;
(三)使用虚假的证明文件的;
(四)使用虚假的产权证明作担保或者超出抵押物价值重复担保的;
(五)以其他方法诈骗贷款的。

第一百九十四条 【票据诈骗罪】有下列情形之一,进行金融票据诈骗活动,数额较大的,处五年以下有期徒刑或者拘役,并处二万元以上二十万元以下罚金;数额巨大或者有其他严重情节的,处五年以上十年以下有期徒刑,并处五万元以上五十万元以下罚金;数额特别巨大或者有其他特别严重情节的,处十年以上有期徒刑或者无期徒刑,并处五万元以上五十万元以下罚金或者没收财产:

(一)明知是伪造、变造的汇票、本票、支票而使用的;
(二)明知是作废的汇票、本票、支票而使用的;
(三)冒用他人的汇票、本票、支票的;
(四)签发空头支票或者与其预留印鉴不符的支票,骗取财物的;
(五)汇票、本票的出票人签发无资金保证的汇票、本票或者在出票时作虚假记载,骗取财物的。

【金融凭证诈骗罪】使用伪造、变造的委托收款凭证、汇款凭证、银行存单等其他银行结算凭证的,依照前款的规定处罚。

第一百九十五条 【信用证诈骗罪】有下列情形之一,进行信用证诈骗活动的,处五年以下有期徒刑或者拘役,并处二万元以上二十万元以下罚金;数额巨大或者有其他严重情节的,处五年以上十年以下有期徒刑,并处五万元以上五十万元以下罚金;数额特别巨大或者有其他特别严重情节的,处十年以上有期徒刑或者无期徒刑,并处五万元以上五十万元以下罚金或者没收财产:

(一)使用伪造、变造的信用证或者附随的单据、文件的;

(二)使用作废的信用证的;

(三)骗取信用证的;

(四)以其他方法进行信用证诈骗活动的。

第一百九十六条 【信用卡诈骗罪】有下列情形之一,进行信用卡诈骗活动,数额较大的,处五年以下有期徒刑或者拘役,并处二万元以上二十万元以下罚金;数额巨大或者有其他严重情节的,处五年以上十年以下有期徒刑,并处五万元以上五十万元以下罚金;数额特别巨大或者有其他特别严重情节的,处十年以上有期徒刑或者无期徒刑,并处五万元以上五十万元以下罚金或者没收财产:

(一)使用伪造的信用卡,或者使用以虚假的身份证明骗领的信用卡的;

(二)使用作废的信用卡的;

(三)冒用他人信用卡的;

(四)恶意透支的。

前款所称恶意透支,是指持卡人以非法占有为目的,超过规定限额或者规定期限透支,并且经发卡银行催收后仍不归还的行为。

【盗窃罪】盗窃信用卡并使用的,依照本法第二百六十四条的规定定罪处罚。

第一百九十七条 【有价证券诈骗罪】使用伪造、变造的国库券或者国家发行的其他有价证券,进行诈骗活动,数额较大的,处五年以下有期徒刑或者拘役,并处二万元以上二十万元以下罚金;数额巨大或者有其他严重情节的,处五年以上十年以下有期徒刑,并处五万元以上五十万元以下罚金;数额特别巨大或者有其他特别严重情节的,处十年以上有期徒刑或者无期徒刑,并处五万元以上五十万元以下罚金或者没收财产。

第一百九十八条 【保险诈骗罪】有下列情形之一,进行保险诈骗活动,数额较大的,处五年以下有期徒刑或者拘役,并处一万元以上十万元以下罚金;数额巨大或者有其他严重情节的,处五年以上十年以下有期徒刑,并处二万元以上二十万元以下罚金;数额特别巨大或者有其他特别严重情

节的,处十年以上有期徒刑,并处二万元以上二十万元以下罚金或者没收财产:

(一)投保人故意虚构保险标的,骗取保险金的;

(二)投保人、被保险人或者受益人对发生的保险事故编造虚假的原因或者夸大损失的程度,骗取保险金的;

(三)投保人、被保险人或者受益人编造未曾发生的保险事故,骗取保险金的;

(四)投保人、被保险人故意造成财产损失的保险事故,骗取保险金的;

(五)投保人、受益人故意造成被保险人死亡、伤残或者疾病,骗取保险金的。

有前款第四项、第五项所列行为,同时构成其他犯罪的,依照数罪并罚的规定处罚。

单位犯第一款罪的,对单位判处罚金,并对其直接负责的主管人员和其他直接责任人员,处五年以下有期徒刑或者拘役;数额巨大或者有其他严重情节的,处五年以上十年以下有期徒刑;数额特别巨大或者有其他特别严重情节的,处十年以上有期徒刑。

保险事故的鉴定人、证明人、财产评估人故意提供虚假的证明文件,为他人诈骗提供条件的,以保险诈骗的共犯论处。

第一百九十九条 (删去)

第二百条 【单位犯金融诈骗罪的处罚规定】单位犯本节第一百九十四条、第一百九十五条规定之罪的,对单位判处罚金,并对其直接负责的主管人员和其他直接责任人员,处五年以下有期徒刑或者拘役,可以并处罚金;数额巨大或者有其他严重情节的,处五年以上十年以下有期徒刑,并处罚金;数额特别巨大或者有其他特别严重情节的,处十年以上有期徒刑或者无期徒刑,并处罚金。

第六节 危害税收征管罪

第二百零一条 【逃税罪】纳税人采取欺骗、隐瞒手段进行虚假纳税申报或者不申报,逃避缴纳税款数额较大并且占应纳税额百分之十以上的,处三年以下有期徒刑或者拘役,并处罚金;数额巨大并且占应纳税额百分之三十以上的,处三年以上七年以下有期徒刑,并处罚金。

扣缴义务人采取前款所列手段,不缴或者少缴已扣、已收税款,数额较大的,依照前款的规定处罚。

对多次实施前两款行为,未经处理的,按照累计数额计算。

有第一款行为,经税务机关依法下达追缴通知后,补缴应纳税款,缴纳滞纳金,已受行政处罚的,不予追究刑事责任;但是,五年内因逃避缴纳税款受过刑事处罚或者被税务机关给予二次以上行政处罚的除外。

第二百零二条 【抗税罪】以暴力、威胁方法拒不缴纳税款的,处三年以下有期徒刑或者拘役,并处拒缴税款一倍以上五倍以下罚金;情节严重的,处三年以上七年以下有期徒刑,并处拒缴税款一倍以上五倍以下罚金。

第二百零三条 【逃避追缴欠税罪】纳税人欠缴应纳税款,采取转移或者隐匿财产的手段,致使税务机关无法追缴欠缴的税款,数额在一万元以上不满十万元的,处三年以下有期徒刑或者拘役,并处或者单处欠缴税款一倍以上五倍以下罚金;数额在十万元以上的,处三年以上七年以下有期徒刑,并处欠缴税款一倍以上五倍以下罚金。

第二百零四条 【骗取出口退税罪】以假报出口或者其他欺骗手段,骗取国家出口退税款,数额较大的,处五年以下有期徒刑或者拘役,并处骗取税款一倍以上五倍以下罚金;数额巨大或者有其他严重情节的,处五年以上十年以下有期徒刑,并处骗取税款一倍以上五倍以下罚金;数额特别巨大或者有其他特别严重情节的,处十年以上有期徒刑或者无期徒刑,并处骗取税款一倍以上五倍以下罚金或者没收财产。

【逃税罪】纳税人缴纳税款后,采取前款规定的欺骗方法,骗取所缴纳的税款的,依照本法第二百零一条的规定定罪处罚;骗取税款超过所缴纳的税款部分,依照前款的规定处罚。

第二百零五条 【虚开增值税专用发票、用于骗取出口退税、抵扣税款发票罪】虚开增值税专用发票或者虚开用于骗取出口退税、抵扣税款的其他发票的,处三年以下有期徒刑或者拘役,并处二万元以上二十万元以下罚金;虚开的税款数额较大或者有其他严重情节的,处三年以上十年以下有期徒刑,并处五万元以上五十万元以下罚金;虚开的税款数额巨大或者有其他特别严重情节的,处十年以上有期徒刑或者无期徒刑,并处五万元以上五十万元以下罚金或者没收财产。

单位犯本条规定之罪的,对单位判处罚金,并对其直接负责的主管人员和其他直接责任人员,处三年以下有期徒刑或者拘役;虚开的税款数额较大或者有其他严重情节的,处三年以上十年以下有期徒刑;虚开的税款数额巨大或者有其他特别严重情节的,处十年以上有期徒刑或者无期徒刑。

虚开增值税专用发票或者虚开用于骗取出口退税、抵扣税款的其他发票,是指有为他人虚开、为自己虚开、让他人为自己虚开、介绍他人虚开行为之一的。

第二百零五条之一 【虚开发票罪】虚开本法第二百零五条规定以外的其他发票,情节严重的,处二年以下有期徒刑、拘役或者管制,并处罚金;情节特别严重的,处二年以上七年以下有期徒刑,并处罚金。

单位犯前款罪的,对单位判处罚金,并对其直接负责的主管人员和其他直接责任人员,依照前款的规定处罚。

第二百零六条 【伪造、出售伪造的增值税专用发票罪】伪造或者出售伪造的增值税专用发票的,处三年以下有期徒刑、拘役或者管制,并处二万元以上二十万元以下罚金;数量较大或者有其他严重情节的,处三年以上十年以下有期徒刑,并处五万元以上五十万元以下罚金;数量巨大或者有其他特别严重情节的,处十年以上有期徒刑或者无期徒刑,并处五万元以上五十万元以下罚金或者没收财产。

单位犯本条规定之罪的,对单位判处罚金,并对其直接负责的主管人员和其他直接责任人员,处三年以下有期徒刑、拘役或者管制;数量较大或者有其他严重情节的,处三年以上十年以下有期徒刑;数量巨大或者有其他特别严重情节的,处十年以上有期徒刑或者无期徒刑。

第二百零七条 【非法出售增值税专用发票罪】非法出售增值税专用发票的,处三年以下有期徒刑、拘役或者管制,并处二万元以上二十万元以下罚金;数量较大的,处三年以上十年以下有期徒刑,并处五万元以上五十万元以下罚金;数量巨大的,处十年以上有期徒刑或者无期徒刑,并处五万元以上五十万元以下罚金或者没收财产。

第二百零八条 【非法购买增值税专用发票、购买伪造的增值税专用发票罪】非法购买增值税专用发票或者购买伪造的增值税专用发票的,处五年以下有期徒刑或者拘役,并处或者单处二万元以上二十万元以下罚金。

【虚开增值税专用发票、用于骗取出口退税、抵扣税款发票罪】【伪造、出售伪造的增值税专用发票罪】【非法出售增值税专用发票罪】非法购买增值税专用发票或者购买伪造的增值税专用发票又虚开或者出售的,分别依照本法第二百零五条、第二百零六条、第二百零七条的规定定罪处罚。

第二百零九条 【非法制造、出售非法制造的用于骗取出口退税、抵扣税款发票罪】伪造、擅自制造或者出售伪造、擅自制造的可以用于骗取出口退税、抵扣税款的其他发票的，处三年以下有期徒刑、拘役或者管制，并处二万元以上二十万元以下罚金；数量巨大的，处三年以上七年以下有期徒刑，并处五万元以上五十万元以下罚金；数量特别巨大的，处七年以上有期徒刑，并处五万元以上五十万元以下罚金或者没收财产。

【非法制造、出售非法制造的发票罪】伪造、擅自制造或者出售伪造、擅自制造的前款规定以外的其他发票的，处二年以下有期徒刑、拘役或者管制，并处或者单处一万元以上五万元以下罚金；情节严重的，处二年以上七年以下有期徒刑，并处五万元以上五十万元以下罚金。

【非法出售用于骗取出口退税、抵扣税款发票罪】非法出售可以用于骗取出口退税、抵扣税款的其他发票的，依照第一款的规定处罚。

【非法出售发票罪】非法出售第三款规定以外的其他发票的，依照第二款的规定处罚。

第二百一十条 【盗窃罪】盗窃增值税专用发票或者可以用于骗取出口退税、抵扣税款的其他发票的，依照本法第二百六十四条的规定定罪处罚。

【诈骗罪】使用欺骗手段骗取增值税专用发票或者可以用于骗取出口退税、抵扣税款的其他发票的，依照本法第二百六十六条的规定定罪处罚。

第二百一十条之一 【持有伪造的发票罪】明知是伪造的发票而持有，数量较大的，处二年以下有期徒刑、拘役或者管制，并处罚金；数量巨大的，处二年以上七年以下有期徒刑，并处罚金。

单位犯前款罪的，对单位判处罚金，并对其直接负责的主管人员和其他直接责任人员，依照前款的规定处罚。

第二百一十一条 【单位犯危害税收征管罪的处罚规定】单位犯本节第二百零一条、第二百零三条、第二百零四条、第二百零七条、第二百零八条、第二百零九条规定之罪的，对单位判处罚金，并对其直接负责的主管人员和其他直接责任人员，依照各该条的规定处罚。

第二百一十二条 【税收征缴优先原则】犯本节第二百零一条至第二百零五条规定之罪，被判处罚金、没收财产的，在执行前，应当先由税务机关追缴税款和所骗取的出口退税款。

第七节 侵犯知识产权罪

第二百一十三条 【假冒注册商标罪】未经注册商标所有人许可,在同一种商品、服务上使用与其注册商标相同的商标,情节严重的,处三年以下有期徒刑,并处或者单处罚金;情节特别严重的,处三年以上十年以下有期徒刑,并处罚金。

第二百一十四条 【销售假冒注册商标的商品罪】销售明知是假冒注册商标的商品,违法所得数额较大或者有其他严重情节的,处三年以下有期徒刑,并处或者单处罚金;违法所得数额巨大或者有其他特别严重情节的,处三年以上十年以下有期徒刑,并处罚金。

第二百一十五条 【非法制造、销售非法制造的注册商标标识罪】伪造、擅自制造他人注册商标标识或者销售伪造、擅自制造的注册商标标识,情节严重的,处三年以下有期徒刑,并处或者单处罚金;情节特别严重的,处三年以上十年以下有期徒刑,并处罚金。

第二百一十六条 【假冒专利罪】假冒他人专利,情节严重的,处三年以下有期徒刑或者拘役,并处或者单处罚金。

第二百一十七条 【侵犯著作权罪】以营利为目的,有下列侵犯著作权或者与著作权有关的权利的情形之一,违法所得数额较大或者有其他严重情节的,处三年以下有期徒刑,并处或者单处罚金;违法所得数额巨大或者有其他特别严重情节的,处三年以上十年以下有期徒刑,并处罚金:

(一)未经著作权人许可,复制发行、通过信息网络向公众传播其文字作品、音乐、美术、视听作品、计算机软件及法律、行政法规规定的其他作品的;

(二)出版他人享有专有出版权的图书的;

(三)未经录音录像制作者许可,复制发行、通过信息网络向公众传播其制作的录音录像的;

(四)未经表演者许可,复制发行录有其表演的录音录像制品,或者通过信息网络向公众传播其表演的;

(五)制作、出售假冒他人署名的美术作品的;

(六)未经著作权人或者与著作权有关的权利人许可,故意避开或者破坏权利人为其作品、录音录像制品等采取的保护著作权或者与著作权有关的权利的技术措施的。

第二百一十八条 【销售侵权复制品罪】以营利为目的,销售明知是本法第二百一十七条规定的侵权复制品,违法所得数额巨大或者有其他严重情节的,处五年以下有期徒刑,并处或者单处罚金。

第二百一十九条 【侵犯商业秘密罪】有下列侵犯商业秘密行为之一,情节严重的,处三年以下有期徒刑,并处或者单处罚金;情节特别严重的,处三年以上十年以下有期徒刑,并处罚金:

(一)以盗窃、贿赂、欺诈、胁迫、电子侵入或者其他不正当手段获取权利人的商业秘密的;

(二)披露、使用或者允许他人使用以前项手段获取的权利人的商业秘密的;

(三)违反保密义务或者违反权利人有关保守商业秘密的要求,披露、使用或者允许他人使用其所掌握的商业秘密的。

明知前款所列行为,获取、披露、使用或者允许他人使用该商业秘密的,以侵犯商业秘密论。

本条所称权利人,是指商业秘密的所有人和经商业秘密所有人许可的商业秘密使用人。

第二百一十九条之一 【为境外窃取、刺探、收买、非法提供商业秘密罪】为境外的机构、组织、人员窃取、刺探、收买、非法提供商业秘密的,处五年以下有期徒刑,并处或者单处罚金;情节严重的,处五年以上有期徒刑,并处罚金。

第二百二十条 【单位犯侵犯知识产权罪的处罚规定】单位犯本节第二百一十三条至第二百一十九条之一规定之罪的,对单位判处罚金,并对其直接负责的主管人员和其他直接责任人员,依照本节各该条的规定处罚。

第八节 扰乱市场秩序罪

第二百二十一条 【损害商业信誉、商品声誉罪】捏造并散布虚伪事实,损害他人的商业信誉、商品声誉,给他人造成重大损失或者有其他严重情节的,处二年以下有期徒刑或者拘役,并处或者单处罚金。

第二百二十二条 【虚假广告罪】广告主、广告经营者、广告发布者违反国家规定,利用广告对商品或者服务作虚假宣传,情节严重的,处二年以下有期徒刑或者拘役,并处或者单处罚金。

第二百二十三条 【串通投标罪】投标人相互串通投标报价,损害招标人或者其他投标人利益,情节严重的,处三年以下有期徒刑或者拘役,并处或者单处罚金。

投标人与招标人串通投标,损害国家、集体、公民的合法利益的,依照前款的规定处罚。

第二百二十四条 【合同诈骗罪】有下列情形之一,以非法占有为目的,在签订、履行合同过程中,骗取对方当事人财物,数额较大的,处三年以下有期徒刑或者拘役,并处或者单处罚金;数额巨大或者有其他严重情节的,处三年以上十年以下有期徒刑,并处罚金;数额特别巨大或者有其他特别严重情节的,处十年以上有期徒刑或者无期徒刑,并处罚金或者没收财产:

(一)以虚构的单位或者冒用他人名义签订合同的;

(二)以伪造、变造、作废的票据或者其他虚假的产权证明作担保的;

(三)没有实际履行能力,以先履行小额合同或者部分履行合同的方法,诱骗对方当事人继续签订和履行合同的;

(四)收受对方当事人给付的货物、货款、预付款或者担保财产后逃匿的;

(五)以其他方法骗取对方当事人财物的。

第二百二十四条之一 【组织、领导传销活动罪】组织、领导以推销商品、提供服务等经营活动为名,要求参加者以缴纳费用或者购买商品、服务等方式获得加入资格,并按照一定顺序组成层级,直接或者间接以发展人员的数量作为计酬或者返利依据,引诱、胁迫参加者继续发展他人参加,骗取财物,扰乱经济社会秩序的传销活动的,处五年以下有期徒刑或者拘役,并处罚金;情节严重的,处五年以上有期徒刑,并处罚金。

第二百二十五条 【非法经营罪】违反国家规定,有下列非法经营行为之一,扰乱市场秩序,情节严重的,处五年以下有期徒刑或者拘役,并处或者单处违法所得一倍以上五倍以下罚金;情节特别严重的,处五年以上有期徒刑,并处违法所得一倍以上五倍以下罚金或者没收财产:

(一)未经许可经营法律、行政法规规定的专营、专卖物品或者其他限制买卖的物品的;

(二)买卖进出口许可证、进出口原产地证明以及其他法律、行政法规规定的经营许可证或者批准文件的;

(三)未经国家有关主管部门批准非法经营证券、期货、保险业务的,或者非法从事资金支付结算业务的;

(四)其他严重扰乱市场秩序的非法经营行为。

第二百二十六条 【强迫交易罪】以暴力、威胁手段,实施下列行为之一,情节严重的,处三年以下有期徒刑或者拘役,并处或者单处罚金;情节特别严重的,处三年以上七年以下有期徒刑,并处罚金:

(一)强买强卖商品的;

(二)强迫他人提供或者接受服务的;

(三)强迫他人参与或者退出投标、拍卖的;

(四)强迫他人转让或者收购公司、企业的股份、债券或者其他资产的;

(五)强迫他人参与或者退出特定的经营活动的。

第二百二十七条 【伪造、倒卖伪造的有价票证罪】伪造或者倒卖伪造的车票、船票、邮票或者其他有价票证,数额较大的,处二年以下有期徒刑、拘役或者管制,并处或者单处票证价额一倍以上五倍以下罚金;数额巨大的,处二年以上七年以下有期徒刑,并处票证价额一倍以上五倍以下罚金。

【倒卖车票、船票罪】倒卖车票、船票,情节严重的,处三年以下有期徒刑、拘役或者管制,并处或者单处票证价额一倍以上五倍以下罚金。

第二百二十八条 【非法转让、倒卖土地使用权罪】以牟利为目的,违反土地管理法规,非法转让、倒卖土地使用权,情节严重的,处三年以下有期徒刑或者拘役,并处或者单处非法转让、倒卖土地使用权价额百分之五以上百分之二十以下罚金;情节特别严重的,处三年以上七年以下有期徒刑,并处非法转让、倒卖土地使用权价额百分之五以上百分之二十以下罚金。

第二百二十九条 【提供虚假证明文件罪】承担资产评估、验资、验证、会计、审计、法律服务、保荐、安全评价、环境影响评价、环境监测等职责的中介组织的人员故意提供虚假证明文件,情节严重的,处五年以下有期徒刑或者拘役,并处罚金;有下列情形之一的,处五年以上十年以下有期徒刑,并处罚金:

(一)提供与证券发行相关的虚假的资产评估、会计、审计、法律服务、保荐等证明文件,情节特别严重的;

(二)提供与重大资产交易相关的虚假的资产评估、会计、审计等证明文件,情节特别严重的;

（三）在涉及公共安全的重大工程、项目中提供虚假的安全评价、环境影响评价等证明文件，致使公共财产、国家和人民利益遭受特别重大损失的。

【提供虚假证明文件罪】有前款行为，同时索取他人财物或者非法收受他人财物构成犯罪的，依照处罚较重的规定定罪处罚。

【出具证明文件重大失实罪】第一款规定的人员，严重不负责任，出具的证明文件有重大失实，造成严重后果的，处三年以下有期徒刑或者拘役，并处或者单处罚金。

第二百三十条　【逃避商检罪】违反进出口商品检验法的规定，逃避商品检验，将必须经商检机构检验的进口商品未报经检验而擅自销售、使用，或者将必须经商检机构检验的出口商品未报经检验合格而擅自出口，情节严重的，处三年以下有期徒刑或者拘役，并处或者单处罚金。

第二百三十一条　【单位犯扰乱市场秩序罪的处罚规定】单位犯本节第二百二十一条至第二百三十条规定之罪的，对单位判处罚金，并对其直接负责的主管人员和其他直接责任人员，依照本节各该条的规定处罚。

第四章　侵犯公民人身权利、民主权利罪

第二百三十二条　【故意杀人罪】故意杀人的，处死刑、无期徒刑或者十年以上有期徒刑；情节较轻的，处三年以上十年以下有期徒刑。

第二百三十三条　【过失致人死亡罪】过失致人死亡的，处三年以上七年以下有期徒刑；情节较轻的，处三年以下有期徒刑。本法另有规定的，依照规定。

第二百三十四条　【故意伤害罪】故意伤害他人身体的，处三年以下有期徒刑、拘役或者管制。

犯前款罪，致人重伤的，处三年以上十年以下有期徒刑；致人死亡或者以特别残忍手段致人重伤造成严重残疾的，处十年以上有期徒刑、无期徒刑或者死刑。本法另有规定的，依照规定。

第二百三十四条之一　【组织出卖人体器官罪】组织他人出卖人体器官的，处五年以下有期徒刑，并处罚金；情节严重的，处五年以上有期徒刑，并处罚金或者没收财产。

【故意伤害罪】【故意杀人罪】未经本人同意摘取其器官，或者摘取不满十八周岁的人的器官，或者强迫、欺骗他人捐献器官的，依照本法第二百

三十四条、第二百三十二条的规定定罪处罚。

【盗窃、侮辱、故意毁坏尸体、尸骨、骨灰罪】违背本人生前意愿摘取其尸体器官,或者本人生前未表示同意,违反国家规定,违背其近亲属意愿摘取其尸体器官的,依照本法第三百零二条的规定定罪处罚。

第二百三十五条 【过失致人重伤罪】过失伤害他人致人重伤的,处三年以下有期徒刑或者拘役。本法另有规定的,依照规定。

第二百三十六条 【强奸罪】以暴力、胁迫或者其他手段强奸妇女的,处三年以上十年以下有期徒刑。

奸淫不满十四周岁的幼女的,以强奸论,从重处罚。

强奸妇女、奸淫幼女,有下列情形之一的,处十年以上有期徒刑、无期徒刑或者死刑:

(一)强奸妇女、奸淫幼女情节恶劣的;

(二)强奸妇女、奸淫幼女多人的;

(三)在公共场所当众强奸妇女、奸淫幼女的;

(四)二人以上轮奸的;

(五)奸淫不满十周岁的幼女或者造成幼女伤害的;

(六)致使被害人重伤、死亡或者造成其他严重后果的。

第二百三十六条之一 【负有照护职责人员性侵罪】对已满十四周岁不满十六周岁的未成年女性负有监护、收养、看护、教育、医疗等特殊职责的人员,与该未成年女性发生性关系的,处三年以下有期徒刑;情节恶劣的,处三年以上十年以下有期徒刑。

有前款行为,同时又构成本法第二百三十六条规定之罪的,依照处罚较重的规定定罪处罚。

第二百三十七条 【强制猥亵、侮辱罪】以暴力、胁迫或者其他方法强制猥亵他人或者侮辱妇女的,处五年以下有期徒刑或者拘役。

聚众或者在公共场所当众犯前款罪的,或者有其他恶劣情节的,处五年以上有期徒刑。

【猥亵儿童罪】猥亵儿童的,处五年以下有期徒刑;有下列情形之一的,处五年以上有期徒刑:

(一)猥亵儿童多人或者多次的;

(二)聚众猥亵儿童的,或者在公共场所当众猥亵儿童,情节恶劣的;

(三)造成儿童伤害或者其他严重后果的;

（四）猥亵手段恶劣或者有其他恶劣情节的。

第二百三十八条 【非法拘禁罪】非法拘禁他人或者以其他方法非法剥夺他人人身自由的,处三年以下有期徒刑、拘役、管制或者剥夺政治权利。具有殴打、侮辱情节的,从重处罚。

【故意伤害罪】【故意杀人罪】犯前款罪,致人重伤的,处三年以上十年以下有期徒刑;致人死亡的,处十年以上有期徒刑。使用暴力致人伤残、死亡的,依照本法第二百三十四条、第二百三十二条的规定定罪处罚。

为索取债务非法扣押、拘禁他人的,依照前两款的规定处罚。

国家机关工作人员利用职权犯前三款罪的,依照前三款的规定从重处罚。

第二百三十九条 【绑架罪】以勒索财物为目的绑架他人的,或者绑架他人作为人质的,处十年以上有期徒刑或者无期徒刑,并处罚金或者没收财产;情节较轻的,处五年以上十年以下有期徒刑,并处罚金。

犯前款罪,杀害被绑架人的,或者故意伤害被绑架人,致人重伤、死亡的,处无期徒刑或者死刑,并处没收财产。

以勒索财物为目的偷盗婴幼儿的,依照前两款的规定处罚。

第二百四十条 【拐卖妇女、儿童罪】拐卖妇女、儿童的,处五年以上十年以下有期徒刑,并处罚金;有下列情形之一的,处十年以上有期徒刑或者无期徒刑,并处罚金或者没收财产;情节特别严重的,处死刑,并处没收财产：

（一）拐卖妇女、儿童集团的首要分子;

（二）拐卖妇女、儿童三人以上的;

（三）奸淫被拐卖的妇女的;

（四）诱骗、强迫被拐卖的妇女卖淫或者将被拐卖的妇女卖给他人迫使其卖淫的;

（五）以出卖为目的,使用暴力、胁迫或者麻醉方法绑架妇女、儿童的;

（六）以出卖为目的,偷盗婴幼儿的;

（七）造成被拐卖的妇女、儿童或者其亲属重伤、死亡或者其他严重后果的;

（八）将妇女、儿童卖往境外的。

拐卖妇女、儿童是指以出卖为目的,有拐骗、绑架、收买、贩卖、接送、中转妇女、儿童的行为之一的。

第二百四十一条 【收买被拐卖的妇女、儿童罪】收买被拐卖的妇女、儿童的,处三年以下有期徒刑、拘役或者管制。

【强奸罪】收买被拐卖的妇女,强行与其发生性关系的,依照本法第二百三十六条的规定定罪处罚。

收买被拐卖的妇女、儿童,非法剥夺、限制其人身自由或者有伤害、侮辱等犯罪行为的,依照本法的有关规定定罪处罚。

收买被拐卖的妇女、儿童,并有第二款、第三款规定的犯罪行为的,依照数罪并罚的规定处罚。

【拐卖妇女、儿童罪】收买被拐卖的妇女、儿童又出卖的,依照本法第二百四十条的规定定罪处罚。

收买被拐卖的妇女、儿童,对被买儿童没有虐待行为,不阻碍对其进行解救的,可以从轻处罚;按照被买妇女的意愿,不阻碍其返回原居住地的,可以从轻或者减轻处罚。

第二百四十二条 【妨害公务罪】以暴力、威胁方法阻碍国家机关工作人员解救被收买的妇女、儿童的,依照本法第二百七十七条的规定定罪处罚。

【聚众阻碍解救被收买的妇女、儿童罪】聚众阻碍国家机关工作人员解救被收买的妇女、儿童的首要分子,处五年以下有期徒刑或者拘役;其他参与者使用暴力、威胁方法的,依照前款的规定处罚。

第二百四十三条 【诬告陷害罪】捏造事实诬告陷害他人,意图使他人受刑事追究,情节严重的,处三年以下有期徒刑、拘役或者管制;造成严重后果的,处三年以上十年以下有期徒刑。

国家机关工作人员犯前款罪的,从重处罚。

不是有意诬陷,而是错告,或者检举失实的,不适用前两款的规定。

第二百四十四条 【强迫劳动罪】以暴力、威胁或者限制人身自由的方法强迫他人劳动的,处三年以下有期徒刑或者拘役,并处罚金;情节严重的,处三年以上十年以下有期徒刑,并处罚金。

明知他人实施前款行为,为其招募、运送人员或者有其他协助强迫他人劳动行为的,依照前款的规定处罚。

单位犯前两款罪的,对单位判处罚金,并对其直接负责的主管人员和其他直接责任人员,依照第一款的规定处罚。

第二百四十四条之一 【雇用童工从事危重劳动罪】违反劳动管理法

规,雇用未满十六周岁的未成年人从事超强度体力劳动的,或者从事高空、井下作业的,或者在爆炸性、易燃性、放射性、毒害性等危险环境下从事劳动,情节严重的,对直接责任人员,处三年以下有期徒刑或者拘役,并处罚金;情节特别严重的,处三年以上七年以下有期徒刑,并处罚金。

有前款行为,造成事故,又构成其他犯罪的,依照数罪并罚的规定处罚。

第二百四十五条 【非法搜查罪】【非法侵入住宅罪】非法搜查他人身体、住宅,或者非法侵入他人住宅的,处三年以下有期徒刑或者拘役。

司法工作人员滥用职权,犯前款罪的,从重处罚。

第二百四十六条 【侮辱罪】【诽谤罪】以暴力或者其他方法公然侮辱他人或者捏造事实诽谤他人,情节严重的,处三年以下有期徒刑、拘役、管制或者剥夺政治权利。

前款罪,告诉的才处理,但是严重危害社会秩序和国家利益的除外。

通过信息网络实施第一款规定的行为,被害人向人民法院告诉,但提供证据确有困难的,人民法院可以要求公安机关提供协助。

第二百四十七条 【刑讯逼供罪】【暴力取证罪】司法工作人员对犯罪嫌疑人、被告人实行刑讯逼供或者使用暴力逼取证人证言的,处三年以下有期徒刑或者拘役。致人伤残、死亡的,依照本法第二百三十四条、第二百三十二条的规定定罪从重处罚。

第二百四十八条 【虐待被监管人罪】监狱、拘留所、看守所等监管机构的监管人员对被监管人进行殴打或者体罚虐待,情节严重的,处三年以下有期徒刑或者拘役;情节特别严重的,处三年以上十年以下有期徒刑。致人伤残、死亡的,依照本法第二百三十四条、第二百三十二条的规定定罪从重处罚。

监管人员指使被监管人殴打或者体罚虐待其他被监管人的,依照前款的规定处罚。

第二百四十九条 【煽动民族仇恨、民族歧视罪】煽动民族仇恨、民族歧视,情节严重的,处三年以下有期徒刑、拘役、管制或者剥夺政治权利;情节特别严重的,处三年以上十年以下有期徒刑。

第二百五十条 【出版歧视、侮辱少数民族作品罪】在出版物中刊载歧视、侮辱少数民族的内容,情节恶劣,造成严重后果的,对直接责任人员,处三年以下有期徒刑、拘役或者管制。

第二百五十一条 【非法剥夺公民宗教信仰自由罪】【侵犯少数民族风俗习惯罪】国家机关工作人员非法剥夺公民的宗教信仰自由和侵犯少数民族风俗习惯,情节严重的,处二年以下有期徒刑或者拘役。

第二百五十二条 【侵犯通信自由罪】隐匿、毁弃或者非法开拆他人信件,侵犯公民通信自由权利,情节严重的,处一年以下有期徒刑或者拘役。

第二百五十三条 【私自开拆、隐匿、毁弃邮件、电报罪】邮政工作人员私自开拆或者隐匿、毁弃邮件、电报的,处二年以下有期徒刑或者拘役。

【盗窃罪】犯前款罪而窃取财物的,依照本法第二百六十四条的规定定罪从重处罚。

第二百五十三条之一 【侵犯公民个人信息罪】违反国家有关规定,向他人出售或者提供公民个人信息,情节严重的,处三年以下有期徒刑或者拘役,并处或者单处罚金;情节特别严重的,处三年以上七年以下有期徒刑,并处罚金。

违反国家有关规定,将在履行职责或者提供服务过程中获得的公民个人信息,出售或者提供给他人的,依照前款的规定从重处罚。

窃取或者以其他方法非法获取公民个人信息的,依照第一款的规定处罚。

单位犯前三款罪的,对单位判处罚金,并对其直接负责的主管人员和其他直接责任人员,依照各该款的规定处罚。

第二百五十四条 【报复陷害罪】国家机关工作人员滥用职权、假公济私,对控告人、申诉人、批评人、举报人实行报复陷害的,处二年以下有期徒刑或者拘役;情节严重的,处二年以上七年以下有期徒刑。

第二百五十五条 【打击报复会计、统计人员罪】公司、企业、事业单位、机关、团体的领导人,对依法履行职责、抵制违反会计法、统计法行为的会计、统计人员实行打击报复,情节恶劣的,处三年以下有期徒刑或者拘役。

第二百五十六条 【破坏选举罪】在选举各级人民代表大会代表和国家机关领导人员时,以暴力、威胁、欺骗、贿赂、伪造选举文件、虚报选举票数等手段破坏选举或者妨害选民和代表自由行使选举权和被选举权,情节严重的,处三年以下有期徒刑、拘役或者剥夺政治权利。

第二百五十七条 【暴力干涉婚姻自由罪】以暴力干涉他人婚姻自由的,处二年以下有期徒刑或者拘役。

犯前款罪,致使被害人死亡的,处二年以上七年以下有期徒刑。

第一款罪,告诉的才处理。

第二百五十八条 【重婚罪】有配偶而重婚的,或者明知他人有配偶而与之结婚的,处二年以下有期徒刑或者拘役。

第二百五十九条 【破坏军婚罪】明知是现役军人的配偶而与之同居或者结婚的,处三年以下有期徒刑或者拘役。

【强奸罪】利用职权、从属关系,以胁迫手段奸淫现役军人的妻子的,依照本法第二百三十六条的规定定罪处罚。

第二百六十条 【虐待罪】虐待家庭成员,情节恶劣的,处二年以下有期徒刑、拘役或者管制。

犯前款罪,致使被害人重伤、死亡的,处二年以上七年以下有期徒刑。

第一款罪,告诉的才处理,但被害人没有能力告诉,或者因受到强制、威吓无法告诉的除外。

第二百六十条之一 【虐待被监护、看护人罪】对未成年人、老年人、患病的人、残疾人等负有监护、看护职责的人虐待被监护、看护的人,情节恶劣的,处三年以下有期徒刑或者拘役。

单位犯前款罪的,对单位判处罚金,并对其直接负责的主管人员和其他直接责任人员,依照前款的规定处罚。

有第一款行为,同时构成其他犯罪的,依照处罚较重的规定定罪处罚。

第二百六十一条 【遗弃罪】对于年老、年幼、患病或者其他没有独立生活能力的人,负有扶养义务而拒绝扶养,情节恶劣的,处五年以下有期徒刑、拘役或者管制。

第二百六十二条 【拐骗儿童罪】拐骗不满十四周岁的未成年人,脱离家庭或者监护人的,处五年以下有期徒刑或者拘役。

第二百六十二条之一 【组织残疾人、儿童乞讨罪】以暴力、胁迫手段组织残疾人或者不满十四周岁的未成年人乞讨的,处三年以下有期徒刑或者拘役,并处罚金;情节严重的,处三年以上七年以下有期徒刑,并处罚金。

第二百六十二条之二 【组织未成年人进行违反治安管理活动罪】组织未成年人进行盗窃、诈骗、抢夺、敲诈勒索等违反治安管理活动的,处三年以下有期徒刑或者拘役,并处罚金;情节严重的,处三年以上七年以下有期徒刑,并处罚金。

第五章　侵犯财产罪

第二百六十三条　【抢劫罪】以暴力、胁迫或者其他方法抢劫公私财物的,处三年以上十年以下有期徒刑,并处罚金;有下列情形之一的,处十年以上有期徒刑、无期徒刑或者死刑,并处罚金或者没收财产:

(一)入户抢劫的;
(二)在公共交通工具上抢劫的;
(三)抢劫银行或者其他金融机构的;
(四)多次抢劫或者抢劫数额巨大的;
(五)抢劫致人重伤、死亡的;
(六)冒充军警人员抢劫的;
(七)持枪抢劫的;
(八)抢劫军用物资或者抢险、救灾、救济物资的。

第二百六十四条　【盗窃罪】盗窃公私财物,数额较大的,或者多次盗窃、入户盗窃、携带凶器盗窃、扒窃的,处三年以下有期徒刑、拘役或者管制,并处或者单处罚金;数额巨大或者有其他严重情节的,处三年以上十年以下有期徒刑,并处罚金;数额特别巨大或者有其他特别严重情节的,处十年以上有期徒刑或者无期徒刑,并处罚金或者没收财产。

第二百六十五条　【盗窃罪】以牟利为目的,盗接他人通信线路、复制他人电信码号或者明知是盗接、复制的电信设备、设施而使用的,依照本法第二百六十四条的规定定罪处罚。

第二百六十六条　【诈骗罪】诈骗公私财物,数额较大的,处三年以下有期徒刑、拘役或者管制,并处或者单处罚金;数额巨大或者有其他严重情节的,处三年以上十年以下有期徒刑,并处罚金;数额特别巨大或者有其他特别严重情节的,处十年以上有期徒刑或者无期徒刑,并处罚金或者没收财产。本法另有规定的,依照规定。

第二百六十七条　【抢夺罪】抢夺公私财物,数额较大的,或者多次抢夺的,处三年以下有期徒刑、拘役或者管制,并处或者单处罚金;数额巨大或者有其他严重情节的,处三年以上十年以下有期徒刑,并处罚金;数额特别巨大或者有其他特别严重情节的,处十年以上有期徒刑或者无期徒刑,并处罚金或者没收财产。

【抢劫罪】携带凶器抢夺的,依照本法第二百六十三条的规定定罪处罚。

第二百六十八条 【聚众哄抢罪】聚众哄抢公私财物,数额较大或者有其他严重情节的,对首要分子和积极参加的,处三年以下有期徒刑、拘役或者管制,并处罚金;数额巨大或者有其他特别严重情节的,处三年以上十年以下有期徒刑,并处罚金。

第二百六十九条 【抢劫罪】犯盗窃、诈骗、抢夺罪,为窝藏赃物、抗拒抓捕或者毁灭罪证而当场使用暴力或者以暴力相威胁的,依照本法第二百六十三条的规定定罪处罚。

第二百七十条 【侵占罪】将代为保管的他人财物非法占为己有,数额较大,拒不退还的,处二年以下有期徒刑、拘役或者罚金;数额巨大或者有其他严重情节的,处二年以上五年以下有期徒刑,并处罚金。

将他人的遗忘物或者埋藏物非法占为己有,数额较大,拒不交出的,依照前款的规定处罚。

本条罪,告诉的才处理。

第二百七十一条 【职务侵占罪】公司、企业或者其他单位的工作人员,利用职务上的便利,将本单位财物非法占为己有,数额较大的,处三年以下有期徒刑或者拘役,并处罚金;数额巨大的,处三年以上十年以下有期徒刑,并处罚金;数额特别巨大的,处十年以上有期徒刑或者无期徒刑,并处罚金。

【贪污罪】国有公司、企业或者其他国有单位中从事公务的人员和国有公司、企业或者其他国有单位委派到非国有公司、企业以及其他单位从事公务的人员有前款行为的,依照本法第三百八十二条、第三百八十三条的规定定罪处罚。

第二百七十二条 【挪用资金罪】公司、企业或者其他单位的工作人员,利用职务上的便利,挪用本单位资金归个人使用或者借贷给他人,数额较大、超过三个月未还的,或者虽未超过三个月,但数额较大、进行营利活动的,或者进行非法活动的,处三年以下有期徒刑或者拘役;挪用本单位资金数额巨大的,处三年以上七年以下有期徒刑;数额特别巨大的,处七年以上有期徒刑。

【挪用公款罪】国有公司、企业或者其他国有单位中从事公务的人员和国有公司、企业或者其他国有单位委派到非国有公司、企业以及其他单位从事公务的人员有前款行为的,依照本法第三百八十四条的规定定罪处罚。

有第一款行为,在提起公诉前将挪用的资金退还的,可以从轻或者减轻处罚。其中,犯罪较轻的,可以减轻或者免除处罚。

第二百七十三条 【挪用特定款物罪】挪用用于救灾、抢险、防汛、优抚、扶贫、移民、救济款物,情节严重,致使国家和人民群众利益遭受重大损害的,对直接责任人员,处三年以下有期徒刑或者拘役;情节特别严重的,处三年以上七年以下有期徒刑。

第二百七十四条 【敲诈勒索罪】敲诈勒索公私财物,数额较大或者多次敲诈勒索的,处三年以下有期徒刑、拘役或者管制,并处或者单处罚金;数额巨大或者有其他严重情节的,处三年以上十年以下有期徒刑,并处罚金;数额特别巨大或者有其他特别严重情节的,处十年以上有期徒刑,并处罚金。

第二百七十五条 【故意毁坏财物罪】故意毁坏公私财物,数额较大或者有其他严重情节的,处三年以下有期徒刑、拘役或者罚金;数额巨大或者有其他特别严重情节的,处三年以上七年以下有期徒刑。

第二百七十六条 【破坏生产经营罪】由于泄愤报复或者其他个人目的,毁坏机器设备、残害耕畜或者以其他方法破坏生产经营的,处三年以下有期徒刑、拘役或者管制;情节严重的,处三年以上七年以下有期徒刑。

第二百七十六条之一 【拒不支付劳动报酬罪】以转移财产、逃匿等方法逃避支付劳动者的劳动报酬或者有能力支付而不支付劳动者的劳动报酬,数额较大,经政府有关部门责令支付仍不支付的,处三年以下有期徒刑或者拘役,并处或者单处罚金;造成严重后果的,处三年以上七年以下有期徒刑,并处罚金。

单位犯前款罪的,对单位判处罚金,并对其直接负责的主管人员和其他直接责任人员,依照前款的规定处罚。

有前两款行为,尚未造成严重后果,在提起公诉前支付劳动者的劳动报酬,并依法承担相应赔偿责任的,可以减轻或者免除处罚。

第六章 妨害社会管理秩序罪

第一节 扰乱公共秩序罪

第二百七十七条 【妨害公务罪】以暴力、威胁方法阻碍国家机关工作人员依法执行职务的,处三年以下有期徒刑、拘役、管制或者罚金。

以暴力、威胁方法阻碍全国人民代表大会和地方各级人民代表大会代表依法执行代表职务的,依照前款的规定处罚。

在自然灾害和突发事件中,以暴力、威胁方法阻碍红十字会工作人员依法履行职责的,依照第一款的规定处罚。

故意阻碍国家安全机关、公安机关依法执行国家安全工作任务,未使用暴力、威胁方法,造成严重后果的,依照第一款的规定处罚。

【袭警罪】暴力袭击正在依法执行职务的人民警察的,处三年以下有期徒刑、拘役或者管制;使用枪支、管制刀具,或者以驾驶机动车撞击等手段,严重危及其人身安全的,处三年以上七年以下有期徒刑。

第二百七十八条 【煽动暴力抗拒法律实施罪】煽动群众暴力抗拒国家法律、行政法规实施的,处三年以下有期徒刑、拘役、管制或者剥夺政治权利;造成严重后果的,处三年以上七年以下有期徒刑。

第二百七十九条 【招摇撞骗罪】冒充国家机关工作人员招摇撞骗的,处三年以下有期徒刑、拘役、管制或者剥夺政治权利;情节严重的,处三年以上十年以下有期徒刑。

冒充人民警察招摇撞骗的,依照前款的规定从重处罚。

第二百八十条 【伪造、变造、买卖国家机关公文、证件、印章罪】【盗窃、抢夺、毁灭国家机关公文、证件、印章罪】伪造、变造、买卖或者盗窃、抢夺、毁灭国家机关的公文、证件、印章的,处三年以下有期徒刑、拘役、管制或者剥夺政治权利,并处罚金;情节严重的,处三年以上十年以下有期徒刑,并处罚金。

【伪造公司、企业、事业单位、人民团体印章罪】伪造公司、企业、事业单位、人民团体的印章的,处三年以下有期徒刑、拘役、管制或者剥夺政治权利,并处罚金。

【伪造、变造、买卖身份证件罪】伪造、变造、买卖居民身份证、护照、社会保障卡、驾驶证等依法可以用于证明身份的证件的,处三年以下有期徒刑、拘役、管制或者剥夺政治权利,并处罚金;情节严重的,处三年以上七年以下有期徒刑,并处罚金。

第二百八十条之一 【使用虚假身份证件、盗用身份证件罪】在依照国家规定应当提供身份证明的活动中,使用伪造、变造的或者盗用他人的居民身份证、护照、社会保障卡、驾驶证等依法可以用于证明身份的证件,情节严重的,处拘役或者管制,并处或者单处罚金。

有前款行为,同时构成其他犯罪的,依照处罚较重的规定定罪处罚。

第二百八十条之二 【冒名顶替罪】盗用、冒用他人身份,顶替他人取得的高等学历教育入学资格、公务员录用资格、就业安置待遇的,处三年以下有期徒刑、拘役或者管制,并处罚金。

组织、指使他人实施前款行为的,依照前款的规定从重处罚。

国家工作人员有前两款行为,又构成其他犯罪的,依照数罪并罚的规定处罚。

第二百八十一条 【非法生产、买卖警用装备罪】非法生产、买卖人民警察制式服装、车辆号牌等专用标志、警械,情节严重的,处三年以下有期徒刑、拘役或者管制,并处或者单处罚金。

单位犯前款罪的,对单位判处罚金,并对其直接负责的主管人员和其他直接责任人员,依照前款的规定处罚。

第二百八十二条 【非法获取国家秘密罪】以窃取、刺探、收买方法,非法获取国家秘密的,处三年以下有期徒刑、拘役、管制或者剥夺政治权利;情节严重的,处三年以上七年以下有期徒刑。

【非法持有国家绝密、机密文件、资料、物品罪】非法持有属于国家绝密、机密的文件、资料或者其他物品,拒不说明来源与用途的,处三年以下有期徒刑、拘役或者管制。

第二百八十三条 【非法生产、销售专用间谍器材、窃听、窃照专用器材罪】非法生产、销售专用间谍器材或者窃听、窃照专用器材的,处三年以下有期徒刑、拘役或者管制,并处或者单处罚金;情节严重的,处三年以上七年以下有期徒刑,并处罚金。

单位犯前款罪的,对单位判处罚金,并对其直接负责的主管人员和其他直接责任人员,依照前款的规定处罚。

第二百八十四条 【非法使用窃听、窃照专用器材罪】非法使用窃听、窃照专用器材,造成严重后果的,处二年以下有期徒刑、拘役或者管制。

第二百八十四条之一 【组织考试作弊罪】在法律规定的国家考试中,组织作弊的,处三年以下有期徒刑或者拘役,并处或者单处罚金;情节严重的,处三年以上七年以下有期徒刑,并处罚金。

【组织考试作弊罪】为他人实施前款犯罪提供作弊器材或者其他帮助的,依照前款的规定处罚。

【非法出售、提供试题、答案罪】为实施考试作弊行为,向他人非法出售或者提供第一款规定的考试的试题、答案的,依照第一款的规定处罚。

【代替考试罪】代替他人或者让他人代替自己参加第一款规定的考试的,处拘役或者管制,并处或者单处罚金。

第二百八十五条　【非法侵入计算机信息系统罪】违反国家规定,侵入国家事务、国防建设、尖端科学技术领域的计算机信息系统的,处三年以下有期徒刑或者拘役。

【非法获取计算机信息系统数据、非法控制计算机信息系统罪】违反国家规定,侵入前款规定以外的计算机信息系统或者采用其他技术手段,获取该计算机信息系统中存储、处理或者传输的数据,或者对该计算机信息系统实施非法控制,情节严重的,处三年以下有期徒刑或者拘役,并处或者单处罚金;情节特别严重的,处三年以上七年以下有期徒刑,并处罚金。

【提供侵入、非法控制计算机信息系统程序、工具罪】提供专门用于侵入、非法控制计算机信息系统的程序、工具,或者明知他人实施侵入、非法控制计算机信息系统的违法犯罪行为而为其提供程序、工具,情节严重的,依照前款的规定处罚。

单位犯前三款罪的,对单位判处罚金,并对其直接负责的主管人员和其他直接责任人员,依照各该款的规定处罚。

第二百八十六条　【破坏计算机信息系统罪】违反国家规定,对计算机信息系统功能进行删除、修改、增加、干扰,造成计算机信息系统不能正常运行,后果严重的,处五年以下有期徒刑或者拘役;后果特别严重的,处五年以上有期徒刑。

违反国家规定,对计算机信息系统中存储、处理或者传输的数据和应用程序进行删除、修改、增加的操作,后果严重的,依照前款的规定处罚。

故意制作、传播计算机病毒等破坏性程序,影响计算机系统正常运行,后果严重的,依照第一款的规定处罚。

单位犯前三款罪的,对单位判处罚金,并对其直接负责的主管人员和其他直接责任人员,依照第一款的规定处罚。

第二百八十六条之一　【拒不履行信息网络安全管理义务罪】网络服务提供者不履行法律、行政法规规定的信息网络安全管理义务,经监管部门责令采取改正措施而拒不改正,有下列情形之一的,处三年以下有期徒刑、拘役或者管制,并处或者单处罚金:

（一）致使违法信息大量传播的；

（二）致使用户信息泄露，造成严重后果的；

（三）致使刑事案件证据灭失，情节严重的；

（四）有其他严重情节的。

单位犯前款罪的，对单位判处罚金，并对其直接负责的主管人员和其他直接责任人员，依照前款的规定处罚。

有前两款行为，同时构成其他犯罪的，依照处罚较重的规定定罪处罚。

第二百八十七条　【利用计算机实施犯罪的提示性规定】利用计算机实施金融诈骗、盗窃、贪污、挪用公款、窃取国家秘密或者其他犯罪的，依照本法有关规定定罪处罚。

第二百八十七条之一　【非法利用信息网络罪】利用信息网络实施下列行为之一，情节严重的，处三年以下有期徒刑或者拘役，并处或者单处罚金：

（一）设立用于实施诈骗、传授犯罪方法、制作或者销售违禁物品、管制物品等违法犯罪活动的网站、通讯群组的；

（二）发布有关制作或者销售毒品、枪支、淫秽物品等违禁物品、管制物品或者其他违法犯罪信息的；

（三）为实施诈骗等违法犯罪活动发布信息的。

单位犯前款罪的，对单位判处罚金，并对其直接负责的主管人员和其他直接责任人员，依照第一款的规定处罚。

有前两款行为，同时构成其他犯罪的，依照处罚较重的规定定罪处罚。

第二百八十七条之二　【帮助信息网络犯罪活动罪】明知他人利用信息网络实施犯罪，为其犯罪提供互联网接入、服务器托管、网络存储、通讯传输等技术支持，或者提供广告推广、支付结算等帮助，情节严重的，处三年以下有期徒刑或者拘役，并处或者单处罚金。

单位犯前款罪的，对单位判处罚金，并对其直接负责的主管人员和其他直接责任人员，依照第一款的规定处罚。

有前两款行为，同时构成其他犯罪的，依照处罚较重的规定定罪处罚。

第二百八十八条　【扰乱无线电通讯管理秩序罪】违反国家规定，擅自设置、使用无线电台（站），或者擅自使用无线电频率，干扰无线电通讯秩序，情节严重的，处三年以下有期徒刑、拘役或者管制，并处或者单处罚金；情节特别严重的，处三年以上七年以下有期徒刑，并处罚金。

单位犯前款罪的,对单位判处罚金,并对其直接负责的主管人员和其他直接责任人员,依照前款的规定处罚。

第二百八十九条 【故意伤害罪】【故意杀人罪】【抢劫罪】聚众"打砸抢",致人伤残、死亡的,依照本法第二百三十四条、第二百三十二条的规定定罪处罚。毁坏或者抢走公私财物的,除判令退赔外,对首要分子,依照本法第二百六十三条的规定定罪处罚。

第二百九十条 【聚众扰乱社会秩序罪】聚众扰乱社会秩序,情节严重,致使工作、生产、营业和教学、科研、医疗无法进行,造成严重损失的,对首要分子,处三年以上七年以下有期徒刑;对其他积极参加的,处三年以下有期徒刑、拘役、管制或者剥夺政治权利。

【聚众冲击国家机关罪】聚众冲击国家机关,致使国家机关工作无法进行,造成严重损失的,对首要分子,处五年以上十年以下有期徒刑;对其他积极参加的,处五年以下有期徒刑、拘役、管制或者剥夺政治权利。

【扰乱国家机关工作秩序罪】多次扰乱国家机关工作秩序,经行政处罚后仍不改正,造成严重后果的,处三年以下有期徒刑、拘役或者管制。

【组织、资助非法聚集罪】多次组织、资助他人非法聚集,扰乱社会秩序,情节严重的,依照前款的规定处罚。

第二百九十一条 【聚众扰乱公共场所秩序、交通秩序罪】聚众扰乱车站、码头、民用航空站、商场、公园、影剧院、展览会、运动场或者其他公共场所秩序,聚众堵塞交通或者破坏交通秩序,抗拒、阻碍国家治安管理工作人员依法执行职务,情节严重的,对首要分子,处五年以下有期徒刑、拘役或者管制。

第二百九十一条之一 【投放虚假危险物质罪】【编造、故意传播虚假恐怖信息罪】投放虚假的爆炸性、毒害性、放射性、传染病病原体等物质,或者编造爆炸威胁、生化威胁、放射威胁等恐怖信息,或者明知是编造的恐怖信息而故意传播,严重扰乱社会秩序的,处五年以下有期徒刑、拘役或者管制;造成严重后果的,处五年以上有期徒刑。

【编造、故意传播虚假信息罪】编造虚假的险情、疫情、灾情、警情,在信息网络或者其他媒体上传播,或者明知是上述虚假信息,故意在信息网络或者其他媒体上传播,严重扰乱社会秩序的,处三年以下有期徒刑、拘役或者管制;造成严重后果的,处三年以上七年以下有期徒刑。

第二百九十一条之二 【高空抛物罪】从建筑物或者其他高空抛掷物

品,情节严重的,处一年以下有期徒刑、拘役或者管制,并处或者单处罚金。

有前款行为,同时构成其他犯罪的,依照处罚较重的规定定罪处罚。

第二百九十二条 【聚众斗殴罪】聚众斗殴的,对首要分子和其他积极参加的,处三年以下有期徒刑、拘役或者管制;有下列情形之一的,对首要分子和其他积极参加的,处三年以上十年以下有期徒刑:

(一)多次聚众斗殴的;

(二)聚众斗殴人数多,规模大,社会影响恶劣的;

(三)在公共场所或者交通要道聚众斗殴,造成社会秩序严重混乱的;

(四)持械聚众斗殴的。

【故意伤害罪】【故意杀人罪】聚众斗殴,致人重伤、死亡的,依照本法第二百三十四条、第二百三十二条的规定定罪处罚。

第二百九十三条 【寻衅滋事罪】有下列寻衅滋事行为之一,破坏社会秩序的,处五年以下有期徒刑、拘役或者管制:

(一)随意殴打他人,情节恶劣的;

(二)追逐、拦截、辱骂、恐吓他人,情节恶劣的;

(三)强拿硬要或者任意损毁、占用公私财物,情节严重的;

(四)在公共场所起哄闹事,造成公共场所秩序严重混乱的。

纠集他人多次实施前款行为,严重破坏社会秩序的,处五年以上十年以下有期徒刑,可以并处罚金。

第二百九十三条之一 【催收非法债务罪】有下列情形之一,催收高利放贷等产生的非法债务,情节严重的,处三年以下有期徒刑、拘役或者管制,并处或者单处罚金:

(一)使用暴力、胁迫方法的;

(二)限制他人人身自由或者侵入他人住宅的;

(三)恐吓、跟踪、骚扰他人的。

第二百九十四条 【组织、领导、参加黑社会性质组织罪】组织、领导黑社会性质的组织的,处七年以上有期徒刑,并处没收财产;积极参加的,处三年以上七年以下有期徒刑,可以并处罚金或者没收财产;其他参加的,处三年以下有期徒刑、拘役、管制或者剥夺政治权利,可以并处罚金。

【入境发展黑社会组织罪】境外的黑社会组织的人员到中华人民共和国境内发展组织成员的,处三年以上十年以下有期徒刑。

【包庇、纵容黑社会性质组织罪】国家机关工作人员包庇黑社会性质的组织,或者纵容黑社会性质的组织进行违法犯罪活动的,处五年以下有期徒刑;情节严重的,处五年以上有期徒刑。

犯前三款罪又有其他犯罪行为的,依照数罪并罚的规定处罚。

黑社会性质的组织应当同时具备以下特征:

(一)形成较稳定的犯罪组织,人数较多,有明确的组织者、领导者,骨干成员基本固定;

(二)有组织地通过违法犯罪活动或者其他手段获取经济利益,具有一定的经济实力,以支持该组织的活动;

(三)以暴力、威胁或者其他手段,有组织地多次进行违法犯罪活动,为非作恶,欺压、残害群众;

(四)通过实施违法犯罪活动,或者利用国家工作人员的包庇或者纵容,称霸一方,在一定区域或者行业内,形成非法控制或者重大影响,严重破坏经济、社会生活秩序。

第二百九十五条 **【传授犯罪方法罪】**传授犯罪方法的,处五年以下有期徒刑、拘役或者管制;情节严重的,处五年以上十年以下有期徒刑;情节特别严重的,处十年以上有期徒刑或者无期徒刑。

第二百九十六条 **【非法集会、游行、示威罪】**举行集会、游行、示威,未依照法律规定申请或者申请未获许可,或者未按照主管机关许可的起止时间、地点、路线进行,又拒不服从解散命令,严重破坏社会秩序的,对集会、游行、示威的负责人和直接责任人员,处五年以下有期徒刑、拘役、管制或者剥夺政治权利。

第二百九十七条 **【非法携带武器、管制刀具、爆炸物参加集会、游行、示威罪】**违反法律规定,携带武器、管制刀具或者爆炸物参加集会、游行、示威的,处三年以下有期徒刑、拘役、管制或者剥夺政治权利。

第二百九十八条 **【破坏集会、游行、示威罪】**扰乱、冲击或者以其他方法破坏依法举行的集会、游行、示威,造成公共秩序混乱的,处五年以下有期徒刑、拘役、管制或者剥夺政治权利。

第二百九十九条 **【侮辱国旗、国徽、国歌罪】**在公共场合,故意以焚烧、毁损、涂划、玷污、践踏等方式侮辱中华人民共和国国旗、国徽的,处三年以下有期徒刑、拘役、管制或者剥夺政治权利。

在公共场合,故意篡改中华人民共和国国歌歌词、曲谱,以歪曲、贬损方式奏唱国歌,或者以其他方式侮辱国歌,情节严重的,依照前款的规定处罚。

第二百九十九条之一 【侵害英雄烈士名誉、荣誉罪】侮辱、诽谤或者以其他方式侵害英雄烈士的名誉、荣誉,损害社会公共利益,情节严重的,处三年以下有期徒刑、拘役、管制或者剥夺政治权利。

第三百条 【组织、利用会道门、邪教组织、利用迷信破坏法律实施罪】组织、利用会道门、邪教组织或者利用迷信破坏国家法律、行政法规实施的,处三年以上七年以下有期徒刑,并处罚金;情节特别严重的,处七年以上有期徒刑或者无期徒刑,并处罚金或者没收财产;情节较轻的,处三年以下有期徒刑、拘役、管制或者剥夺政治权利,并处或者单处罚金。

【组织、利用会道门、邪教组织、利用迷信致人重伤、死亡罪】组织、利用会道门、邪教组织或者利用迷信蒙骗他人,致人重伤、死亡的,依照前款的规定处罚。

犯第一款罪又有奸淫妇女、诈骗财物等犯罪行为的,依照数罪并罚的规定处罚。

第三百零一条 【聚众淫乱罪】聚众进行淫乱活动的,对首要分子或者多次参加的,处五年以下有期徒刑、拘役或者管制。

【引诱未成年人聚众淫乱罪】引诱未成年人参加聚众淫乱活动的,依照前款的规定从重处罚。

第三百零二条 【盗窃、侮辱、故意毁坏尸体、尸骨、骨灰罪】盗窃、侮辱、故意毁坏尸体、尸骨、骨灰的,处三年以下有期徒刑、拘役或者管制。

第三百零三条 【赌博罪】以营利为目的,聚众赌博或者以赌博为业的,处三年以下有期徒刑、拘役或者管制,并处罚金。

【开设赌场罪】开设赌场的,处五年以下有期徒刑、拘役或者管制,并处罚金;情节严重的,处五年以上十年以下有期徒刑,并处罚金。

【组织参与国(境)外赌博罪】组织中华人民共和国公民参与国(境)外赌博,数额巨大或者有其他严重情节的,依照前款的规定处罚。

第三百零四条 【故意延误投递邮件罪】邮政工作人员严重不负责任,故意延误投递邮件,致使公共财产、国家和人民利益遭受重大损失的,处二年以下有期徒刑或者拘役。

第二节 妨害司法罪

第三百零五条 【伪证罪】在刑事诉讼中,证人、鉴定人、记录人、翻译人对与案件有重要关系的情节,故意作虚假证明、鉴定、记录、翻译,意图陷害他人或者隐匿罪证的,处三年以下有期徒刑或者拘役;情节严重的,处三年以上七年以下有期徒刑。

第三百零六条 【辩护人、诉讼代理人毁灭证据、伪造证据、妨害作证罪】在刑事诉讼中,辩护人、诉讼代理人毁灭、伪造证据,帮助当事人毁灭、伪造证据,威胁、引诱证人违背事实改变证言或者作伪证的,处三年以下有期徒刑或者拘役;情节严重的,处三年以上七年以下有期徒刑。

辩护人、诉讼代理人提供、出示、引用的证人证言或者其他证据失实,不是有意伪造的,不属于伪造证据。

第三百零七条 【妨害作证罪】以暴力、威胁、贿买等方法阻止证人作证或者指使他人作伪证的,处三年以下有期徒刑或者拘役;情节严重的,处三年以上七年以下有期徒刑。

【帮助毁灭、伪造证据罪】帮助当事人毁灭、伪造证据,情节严重的,处三年以下有期徒刑或者拘役。

司法工作人员犯前两款罪的,从重处罚。

第三百零七条之一 【虚假诉讼罪】以捏造的事实提起民事诉讼,妨害司法秩序或者严重侵害他人合法权益的,处三年以下有期徒刑、拘役或者管制,并处或者单处罚金;情节严重的,处三年以上七年以下有期徒刑,并处罚金。

单位犯前款罪的,对单位判处罚金,并对其直接负责的主管人员和其他直接责任人员,依照前款的规定处罚。

有第一款行为,非法占有他人财产或者逃避合法债务,又构成其他犯罪的,依照处罚较重的规定定罪从重处罚。

司法工作人员利用职权,与他人共同实施前三款行为的,从重处罚;同时构成其他犯罪的,依照处罚较重的规定定罪从重处罚。

第三百零八条 【打击报复证人罪】对证人进行打击报复的,处三年以下有期徒刑或者拘役;情节严重的,处三年以上七年以下有期徒刑。

第三百零八条之一 【泄露不应公开的案件信息罪】司法工作人员、辩护人、诉讼代理人或者其他诉讼参与人,泄露依法不公开审理的案件中不应当公开的信息,造成信息公开传播或者其他严重后果的,处三年以下有期徒刑、拘役或者管制,并处或者单处罚金。

【故意泄露国家秘密罪】【过失泄露国家秘密罪】有前款行为,泄露国家秘密的,依照本法第三百九十八条的规定定罪处罚。

【披露、报道不应公开的案件信息罪】公开披露、报道第一款规定的案件信息,情节严重的,依照第一款的规定处罚。

单位犯前款罪的,对单位判处罚金,并对其直接负责的主管人员和其他直接责任人员,依照第一款的规定处罚。

第三百零九条 【扰乱法庭秩序罪】有下列扰乱法庭秩序情形之一的,处三年以下有期徒刑、拘役、管制或者罚金:

(一)聚众哄闹、冲击法庭的;

(二)殴打司法工作人员或者诉讼参与人的;

(三)侮辱、诽谤、威胁司法工作人员或者诉讼参与人,不听法庭制止,严重扰乱法庭秩序的;

(四)有毁坏法庭设施,抢夺、损毁诉讼文书、证据等扰乱法庭秩序行为,情节严重的。

第三百一十条 【窝藏、包庇罪】明知是犯罪的人而为其提供隐藏处所、财物,帮助其逃匿或者作假证明包庇的,处三年以下有期徒刑、拘役或者管制;情节严重的,处三年以上十年以下有期徒刑。

犯前款罪,事前通谋的,以共同犯罪论处。

第三百一十一条 【拒绝提供间谍犯罪、恐怖主义犯罪、极端主义犯罪证据罪】明知他人有间谍犯罪或者恐怖主义、极端主义犯罪行为,在司法机关向其调查有关情况、收集有关证据时,拒绝提供,情节严重的,处三年以下有期徒刑、拘役或者管制。

第三百一十二条 【掩饰、隐瞒犯罪所得、犯罪所得收益罪】明知是犯罪所得及其产生的收益而予以窝藏、转移、收购、代为销售或者以其他方法掩饰、隐瞒的,处三年以下有期徒刑、拘役或者管制,并处或者单处罚金;情节严重的,处三年以上七年以下有期徒刑,并处罚金。

单位犯前款罪的,对单位判处罚金,并对其直接负责的主管人员和其他直接责任人员,依照前款的规定处罚。

第三百一十三条 【拒不执行判决、裁定罪】对人民法院的判决、裁定有能力执行而拒不执行,情节严重的,处三年以下有期徒刑、拘役或者罚金;情节特别严重的,处三年以上七年以下有期徒刑,并处罚金。

单位犯前款罪的,对单位判处罚金,并对其直接负责的主管人员和其他直接责任人员,依照前款的规定处罚。

第三百一十四条 【非法处置查封、扣押、冻结的财产罪】隐藏、转移、变卖、故意毁损已被司法机关查封、扣押、冻结的财产,情节严重的,处三年以下有期徒刑、拘役或者罚金。

第三百一十五条 【破坏监管秩序罪】依法被关押的罪犯,有下列破坏监管秩序行为之一,情节严重的,处三年以下有期徒刑:

(一)殴打监管人员的;

(二)组织其他被监管人破坏监管秩序的;

(三)聚众闹事,扰乱正常监管秩序的;

(四)殴打、体罚或者指使他人殴打、体罚其他被监管人的。

第三百一十六条 【脱逃罪】依法被关押的罪犯、被告人、犯罪嫌疑人脱逃的,处五年以下有期徒刑或者拘役。

【劫夺被押解人员罪】劫夺押解途中的罪犯、被告人、犯罪嫌疑人的,处三年以上七年以下有期徒刑;情节严重的,处七年以上有期徒刑。

第三百一十七条 【组织越狱罪】组织越狱的首要分子和积极参加的,处五年以上有期徒刑;其他参加的,处五年以下有期徒刑或者拘役。

【暴动越狱罪】【聚众持械劫狱罪】暴动越狱或者聚众持械劫狱的首要分子和积极参加的,处十年以上有期徒刑或者无期徒刑;情节特别严重的,处死刑;其他参加的,处三年以上十年以下有期徒刑。

第三节 妨害国(边)境管理罪

第三百一十八条 【组织他人偷越国(边)境罪】组织他人偷越国(边)境的,处二年以上七年以下有期徒刑,并处罚金;有下列情形之一的,处七年以上有期徒刑或者无期徒刑,并处罚金或者没收财产:

(一)组织他人偷越国(边)境集团的首要分子;

(二)多次组织他人偷越国(边)境或者组织他人偷越国(边)境人数众多的;

(三)造成被组织人重伤、死亡的;

(四)剥夺或者限制被组织人人身自由的;

(五)以暴力、威胁方法抗拒检查的;

(六)违法所得数额巨大的;

(七)有其他特别严重情节的。

犯前款罪,对被组织人有杀害、伤害、强奸、拐卖等犯罪行为,或者对检查人员有杀害、伤害等犯罪行为的,依照数罪并罚的规定处罚。

第三百一十九条 【骗取出境证件罪】以劳务输出、经贸往来或者其他名义,弄虚作假,骗取护照、签证等出境证件,为组织他人偷越国(边)境使用的,处三年以下有期徒刑,并处罚金;情节严重的,处三年以上十年以下有期徒刑,并处罚金。

单位犯前款罪的,对单位判处罚金,并对其直接负责的主管人员和其他直接责任人员,依照前款的规定处罚。

第三百二十条 【提供伪造、变造的出入境证件罪】【出售出入境证件罪】为他人提供伪造、变造的护照、签证等出入境证件,或者出售护照、签证等出入境证件的,处五年以下有期徒刑,并处罚金;情节严重的,处五年以上有期徒刑,并处罚金。

第三百二十一条 【运送他人偷越国(边)境罪】运送他人偷越国(边)境的,处五年以下有期徒刑、拘役或者管制,并处罚金;有下列情形之一的,处五年以上十年以下有期徒刑,并处罚金:

(一)多次实施运送行为或者运送人数众多的;

(二)所使用的船只、车辆等交通工具不具备必要的安全条件,足以造成严重后果的;

(三)违法所得数额巨大的;

(四)有其他特别严重情节的。

在运送他人偷越国(边)境中造成被运送人重伤、死亡,或者以暴力、威胁方法抗拒检查的,处七年以上有期徒刑,并处罚金。

犯前两款罪,对被运送人有杀害、伤害、强奸、拐卖等犯罪行为,或者对检查人员有杀害、伤害等犯罪行为的,依照数罪并罚的规定处罚。

第三百二十二条 【偷越国(边)境罪】违反国(边)境管理法规,偷越国(边)境,情节严重的,处一年以下有期徒刑、拘役或者管制,并处罚金;为参加恐怖活动组织、接受恐怖活动培训或者实施恐怖活动,偷越国(边)境的,处一年以上三年以下有期徒刑,并处罚金。

第三百二十三条 【破坏界碑、界桩罪】【破坏永久性测量标志罪】故意破坏国家边境的界碑、界桩或者永久性测量标志的,处三年以下有期徒刑或者拘役。

第四节　妨害文物管理罪

第三百二十四条　【故意损毁文物罪】故意损毁国家保护的珍贵文物或者被确定为全国重点文物保护单位、省级文物保护单位的文物的,处三年以下有期徒刑或者拘役,并处或者单处罚金;情节严重的,处三年以上十年以下有期徒刑,并处罚金。

【故意损毁名胜古迹罪】故意损毁国家保护的名胜古迹,情节严重的,处五年以下有期徒刑或者拘役,并处或者单处罚金。

【过失损毁文物罪】过失损毁国家保护的珍贵文物或者被确定为全国重点文物保护单位、省级文物保护单位的文物,造成严重后果的,处三年以下有期徒刑或者拘役。

第三百二十五条　【非法向外国人出售、赠送珍贵文物罪】违反文物保护法规,将收藏的国家禁止出口的珍贵文物私自出售或者私自赠送给外国人的,处五年以下有期徒刑或者拘役,可以并处罚金。

单位犯前款罪的,对单位判处罚金,并对其直接负责的主管人员和其他直接责任人员,依照前款的规定处罚。

第三百二十六条　【倒卖文物罪】以牟利为目的,倒卖国家禁止经营的文物,情节严重的,处五年以下有期徒刑或者拘役,并处罚金;情节特别严重的,处五年以上十年以下有期徒刑,并处罚金。

单位犯前款罪的,对单位判处罚金,并对其直接负责的主管人员和其他直接责任人员,依照前款的规定处罚。

第三百二十七条　【非法出售、私赠文物藏品罪】违反文物保护法规,国有博物馆、图书馆等单位将国家保护的文物藏品出售或者私自送给非国有单位或者个人的,对单位判处罚金,并对其直接负责的主管人员和其他直接责任人员,处三年以下有期徒刑或者拘役。

第三百二十八条　【盗掘古文化遗址、古墓葬罪】盗掘具有历史、艺术、科学价值的古文化遗址、古墓葬的,处三年以上十年以下有期徒刑,并处罚金;情节较轻的,处三年以下有期徒刑、拘役或者管制,并处罚金;有下列情形之一的,处十年以上有期徒刑或者无期徒刑,并处罚金或者没收财产:

(一)盗掘确定为全国重点文物保护单位和省级文物保护单位的古文化遗址、古墓葬的;

(二)盗掘古文化遗址、古墓葬集团的首要分子;

（三）多次盗掘古文化遗址、古墓葬的；

（四）盗掘古文化遗址、古墓葬，并盗窃珍贵文物或者造成珍贵文物严重破坏的。

【盗掘古人类化石、古脊椎动物化石罪】盗掘国家保护的具有科学价值的古人类化石和古脊椎动物化石的，依照前款的规定处罚。

第三百二十九条　【抢夺、窃取国有档案罪】抢夺、窃取国家所有的档案的，处五年以下有期徒刑或者拘役。

【擅自出卖、转让国有档案罪】违反档案法的规定，擅自出卖、转让国家所有的档案，情节严重的，处三年以下有期徒刑或者拘役。

有前两款行为，同时又构成本法规定的其他犯罪的，依照处罚较重的规定定罪处罚。

第五节　危害公共卫生罪

第三百三十条　【妨害传染病防治罪】违反传染病防治法的规定，有下列情形之一，引起甲类传染病以及依法确定采取甲类传染病预防、控制措施的传染病传播或者有传播严重危险的，处三年以下有期徒刑或者拘役；后果特别严重的，处三年以上七年以下有期徒刑：

（一）供水单位供应的饮用水不符合国家规定的卫生标准的；

（二）拒绝按照疾病预防控制机构提出的卫生要求，对传染病病原体污染的污水、污物、场所和物品进行消毒处理的；

（三）准许或者纵容传染病病人、病原携带者和疑似传染病病人从事国务院卫生行政部门规定禁止从事的易使该传染病扩散的工作的；

（四）出售、运输疫区中被传染病病原体污染或者可能被传染病病原体污染的物品，未进行消毒处理的；

（五）拒绝执行县级以上人民政府、疾病预防控制机构依照传染病防治法提出的预防、控制措施的。

单位犯前款罪的，对单位判处罚金，并对其直接负责的主管人员和其他直接责任人员，依照前款的规定处罚。

甲类传染病的范围，依照《中华人民共和国传染病防治法》和国务院有关规定确定。

第三百三十一条　【传染病菌种、毒种扩散罪】从事实验、保藏、携带、运输传染病菌种、毒种的人员，违反国务院卫生行政部门的有关规定，造成传染病菌种、毒种扩散,后果严重的,处三年以下有期徒刑或者拘役;后果特别严重的,处三年以上七年以下有期徒刑。

第三百三十二条 【妨害国境卫生检疫罪】违反国境卫生检疫规定,引起检疫传染病传播或者有传播严重危险的,处三年以下有期徒刑或者拘役,并处或者单处罚金。

单位犯前款罪的,对单位判处罚金,并对其直接负责的主管人员和其他直接责任人员,依照前款的规定处罚。

第三百三十三条 【非法组织卖血罪】【强迫卖血罪】非法组织他人出卖血液的,处五年以下有期徒刑,并处罚金;以暴力、威胁方法强迫他人出卖血液的,处五年以上十年以下有期徒刑,并处罚金。

【故意伤害罪】有前款行为,对他人造成伤害的,依照本法第二百三十四条的规定定罪处罚。

第三百三十四条 【非法采集、供应血液、制作、供应血液制品罪】非法采集、供应血液或者制作、供应血液制品,不符合国家规定的标准,足以危害人体健康的,处五年以下有期徒刑或者拘役,并处罚金;对人体健康造成严重危害的,处五年以上十年以下有期徒刑,并处罚金;造成特别严重后果的,处十年以上有期徒刑或者无期徒刑,并处罚金或者没收财产。

【采集、供应血液、制作、供应血液制品事故罪】经国家主管部门批准采集、供应血液或者制作、供应血液制品的部门,不依照规定进行检测或者违背其他操作规定,造成危害他人身体健康后果的,对单位判处罚金,并对其直接负责的主管人员和其他直接责任人员,处五年以下有期徒刑或者拘役。

第三百三十四条之一 【非法采集人类遗传资源、走私人类遗传资源材料罪】违反国家有关规定,非法采集我国人类遗传资源或者非法运送、邮寄、携带我国人类遗传资源材料出境,危害公众健康或者社会公共利益,情节严重的,处三年以下有期徒刑、拘役或者管制,并处或者单处罚金;情节特别严重的,处三年以上七年以下有期徒刑,并处罚金。

第三百三十五条 【医疗事故罪】医务人员由于严重不负责任,造成就诊人死亡或者严重损害就诊人身体健康的,处三年以下有期徒刑或者拘役。

第三百三十六条 【非法行医罪】未取得医生执业资格的人非法行医,情节严重的,处三年以下有期徒刑、拘役或者管制,并处或者单处罚金;严重损害就诊人身体健康的,处三年以上十年以下有期徒刑,并处罚金;造成就诊人死亡的,处十年以上有期徒刑,并处罚金。

【非法进行节育手术罪】未取得医生执业资格的人擅自为他人进行节育复通手术、假节育手术、终止妊娠手术或者摘取宫内节育器,情节严重的,处三年以下有期徒刑、拘役或者管制,并处或者单处罚金;严重损害就诊人身体健康的,处三年以上十年以下有期徒刑,并处罚金;造成就诊人死亡的,处十年以上有期徒刑,并处罚金。

第三百三十六条之一 【非法植入基因编辑、克隆胚胎罪】将基因编辑、克隆的人类胚胎植入人体或者动物体内,或者将基因编辑、克隆的动物胚胎植入人体内,情节严重的,处三年以下有期徒刑或者拘役,并处罚金;情节特别严重的,处三年以上七年以下有期徒刑,并处罚金。

第三百三十七条 【妨害动植物防疫、检疫罪】违反有关动植物防疫、检疫的国家规定,引起重大动植物疫情的,或者有引起重大动植物疫情危险,情节严重的,处三年以下有期徒刑或者拘役,并处或者单处罚金。

单位犯前款罪的,对单位判处罚金,并对其直接负责的主管人员和其他直接责任人员,依照前款的规定处罚。

第六节 破坏环境资源保护罪

第三百三十八条 【污染环境罪】违反国家规定,排放、倾倒或者处置有放射性的废物、含传染病病原体的废物、有毒物质或者其他有害物质,严重污染环境的,处三年以下有期徒刑或者拘役,并处或者单处罚金;情节严重的,处三年以上七年以下有期徒刑,并处罚金;有下列情形之一的,处七年以上有期徒刑,并处罚金:

(一)在饮用水水源保护区、自然保护地核心保护区等依法确定的重点保护区域排放、倾倒、处置有放射性的废物、含传染病病原体的废物、有毒物质,情节特别严重的;

(二)向国家确定的重要江河、湖泊水域排放、倾倒、处置有放射性的废物、含传染病病原体的废物、有毒物质,情节特别严重的;

(三)致使大量永久基本农田基本功能丧失或者遭受永久性破坏的;

(四)致使多人重伤、严重疾病,或者致人严重残疾、死亡的。

有前款行为,同时构成其他犯罪的,依照处罚较重的规定定罪处罚。

第三百三十九条 【非法处置进口的固体废物罪】违反国家规定,将境外的固体废物进境倾倒、堆放、处置的,处五年以下有期徒刑或者拘役,并处罚金;造成重大环境污染事故,致使公私财产遭受重大损失或者严重危害人体健康的,处五年以上十年以下有期徒刑,并处罚金;后果特别严重的,处十年以上有期徒刑,并处罚金。

【擅自进口固体废物罪】未经国务院有关主管部门许可,擅自进口固体废物用作原料,造成重大环境污染事故,致使公私财产遭受重大损失或者严重危害人体健康的,处五年以下有期徒刑或者拘役,并处罚金;后果特别严重的,处五年以上十年以下有期徒刑,并处罚金。

【走私废物罪】以原料利用为名,进口不能用作原料的固体废物、液态废物和气态废物的,依照本法第一百五十二条第二款、第三款的规定定罪处罚。

第三百四十条 【非法捕捞水产品罪】违反保护水产资源法规,在禁渔区、禁渔期或者使用禁用的工具、方法捕捞水产品,情节严重的,处三年以下有期徒刑、拘役、管制或者罚金。

第三百四十一条 【危害珍贵、濒危野生动物罪】非法猎捕、杀害国家重点保护的珍贵、濒危野生动物的,或者非法收购、运输、出售国家重点保护的珍贵、濒危野生动物及其制品的,处五年以下有期徒刑或者拘役,并处罚金;情节严重的,处五年以上十年以下有期徒刑,并处罚金;情节特别严重的,处十年以上有期徒刑,并处罚金或者没收财产。

【非法狩猎罪】违反狩猎法规,在禁猎区、禁猎期或者使用禁用的工具、方法进行狩猎,破坏野生动物资源,情节严重的,处三年以下有期徒刑、拘役、管制或者罚金。

【非法猎捕、收购、运输、出售陆生野生动物罪】违反野生动物保护管理法规,以食用为目的非法猎捕、收购、运输、出售第一款规定以外的在野外环境自然生长繁殖的陆生野生动物,情节严重的,依照前款的规定处罚。

第三百四十二条 【非法占用农用地罪】违反土地管理法规,非法占用耕地、林地等农用地,改变被占用土地用途,数量较大,造成耕地、林地等农用地大量毁坏的,处五年以下有期徒刑或者拘役,并处或者单处罚金。

第三百四十二条之一 【破坏自然保护地罪】违反自然保护地管理法规,在国家公园、国家级自然保护区进行开垦、开发活动或者修建建筑物,造成严重后果或者有其他恶劣情节的,处五年以下有期徒刑或者拘役,并处或者单处罚金。

有前款行为,同时构成其他犯罪的,依照处罚较重的规定定罪处罚。

第三百四十三条 【非法采矿罪】违反矿产资源法的规定,未取得采矿许可证擅自采矿,擅自进入国家规划矿区、对国民经济具有重要价值的矿区和他人矿区范围采矿,或者擅自开采国家规定实行保护性开采的特定矿种,情节严重的,处三年以下有期徒刑、拘役或者管制,并处或者单处罚金;情节特别严重的,处三年以上七年以下有期徒刑,并处罚金。

【破坏性采矿罪】违反矿产资源法的规定,采取破坏性的开采方法开采矿产资源,造成矿产资源严重破坏的,处五年以下有期徒刑或者拘役,并处罚金。

第三百四十四条 【危害国家重点保护植物罪】违反国家规定,非法采伐、毁坏珍贵树木或者国家重点保护的其他植物的,或者非法收购、运输、加工、出售珍贵树木或者国家重点保护的其他植物及其制品的,处三年以下有期徒刑、拘役或者管制,并处罚金;情节严重的,处三年以上七年以下有期徒刑,并处罚金。

第三百四十四条之一 【非法引进、释放、丢弃外来入侵物种罪】违反国家规定,非法引进、释放或者丢弃外来入侵物种,情节严重的,处三年以下有期徒刑或者拘役,并处或者单处罚金。

第三百四十五条 【盗伐林木罪】盗伐森林或者其他林木,数量较大的,处三年以下有期徒刑、拘役或者管制,并处或者单处罚金;数量巨大的,处三年以上七年以下有期徒刑,并处罚金;数量特别巨大的,处七年以上有期徒刑,并处罚金。

【滥伐林木罪】违反森林法的规定,滥伐森林或者其他林木,数量较大的,处三年以下有期徒刑、拘役或者管制,并处或者单处罚金;数量巨大的,处三年以上七年以下有期徒刑,并处罚金。

【非法收购、运输盗伐、滥伐的林木罪】非法收购、运输明知是盗伐、滥伐的林木,情节严重的,处三年以下有期徒刑、拘役或者管制,并处或者单处罚金;情节特别严重的,处三年以上七年以下有期徒刑,并处罚金。

盗伐、滥伐国家级自然保护区内的森林或者其他林木的,从重处罚。

第三百四十六条 【单位犯破坏环境资源保护罪的处罚规定】单位犯本节第三百三十八条至第三百四十五条规定之罪的,对单位判处罚金,并对其直接负责的主管人员和其他直接责任人员,依照本节各该条的规定处罚。

第七节　走私、贩卖、运输、制造毒品罪

第三百四十七条　【走私、贩卖、运输、制造毒品罪】走私、贩卖、运输、制造毒品,无论数量多少,都应当追究刑事责任,予以刑事处罚。

走私、贩卖、运输、制造毒品,有下列情形之一的,处十五年有期徒刑、无期徒刑或者死刑,并处没收财产:

(一)走私、贩卖、运输、制造鸦片一千克以上、海洛因或者甲基苯丙胺五十克以上或者其他毒品数量大的;

(二)走私、贩卖、运输、制造毒品集团的首要分子;

(三)武装掩护走私、贩卖、运输、制造毒品的;

(四)以暴力抗拒检查、拘留、逮捕,情节严重的;

(五)参与有组织的国际贩毒活动的。

走私、贩卖、运输、制造鸦片二百克以上不满一千克、海洛因或者甲基苯丙胺十克以上不满五十克或者其他毒品数量较大的,处七年以上有期徒刑,并处罚金。

走私、贩卖、运输、制造鸦片不满二百克、海洛因或者甲基苯丙胺不满十克或者其他少量毒品的,处三年以下有期徒刑、拘役或者管制,并处罚金;情节严重的,处三年以上七年以下有期徒刑,并处罚金。

单位犯第二款、第三款、第四款罪的,对单位判处罚金,并对其直接负责的主管人员和其他直接责任人员,依照各该款的规定处罚。

利用、教唆未成年人走私、贩卖、运输、制造毒品,或者向未成年人出售毒品的,从重处罚。

对多次走私、贩卖、运输、制造毒品,未经处理的,毒品数量累计计算。

第三百四十八条　【非法持有毒品罪】非法持有鸦片一千克以上、海洛因或者甲基苯丙胺五十克以上或者其他毒品数量大的,处七年以上有期徒刑或者无期徒刑,并处罚金;非法持有鸦片二百克以上不满一千克、海洛因或者甲基苯丙胺十克以上不满五十克或者其他毒品数量较大的,处三年以下有期徒刑、拘役或者管制,并处罚金;情节严重的,处三年以上七年以下有期徒刑,并处罚金。

第三百四十九条　【包庇毒品犯罪分子罪】【窝藏、转移、隐瞒毒品、毒赃罪】包庇走私、贩卖、运输、制造毒品的犯罪分子的,为犯罪分子窝藏、转移、隐瞒毒品或者犯罪所得的财物的,处三年以下有期徒刑、拘役或者管

制;情节严重的,处三年以上十年以下有期徒刑。

【包庇毒品犯罪分子罪】缉毒人员或者其他国家机关工作人员掩护、包庇走私、贩卖、运输、制造毒品的犯罪分子的,依照前款的规定从重处罚。

犯前两款罪,事先通谋的,以走私、贩卖、运输、制造毒品罪的共犯论处。

第三百五十条 【非法生产、买卖、运输制毒物品、走私制毒物品罪】违反国家规定,非法生产、买卖、运输醋酸酐、乙醚、三氯甲烷或者其他用于制造毒品的原料、配剂,或者携带上述物品进出境,情节较重的,处三年以下有期徒刑、拘役或者管制,并处罚金;情节严重的,处三年以上七年以下有期徒刑,并处罚金;情节特别严重的,处七年以上有期徒刑,并处罚金或者没收财产。

明知他人制造毒品而为其生产、买卖、运输前款规定的物品的,以制造毒品罪的共犯论处。

单位犯前两款罪的,对单位判处罚金,并对其直接负责的主管人员和其他直接责任人员,依照前两款的规定处罚。

第三百五十一条 【非法种植毒品原植物罪】非法种植罂粟、大麻等毒品原植物的,一律强制铲除。有下列情形之一的,处五年以下有期徒刑、拘役或者管制,并处罚金:

(一)种植罂粟五百株以上不满三千株或者其他毒品原植物数量较大的;

(二)经公安机关处理后又种植的;

(三)抗拒铲除的。

非法种植罂粟三千株以上或者其他毒品原植物数量大的,处五年以上有期徒刑,并处罚金或者没收财产。

非法种植罂粟或者其他毒品原植物,在收获前自动铲除的,可以免除处罚。

第三百五十二条 【非法买卖、运输、携带、持有毒品原植物种子、幼苗罪】非法买卖、运输、携带、持有未经灭活的罂粟等毒品原植物种子或者幼苗,数量较大的,处三年以下有期徒刑、拘役或者管制,并处或者单处罚金。

第三百五十三条 【引诱、教唆、欺骗他人吸毒罪】引诱、教唆、欺骗他人吸食、注射毒品的,处三年以下有期徒刑、拘役或者管制,并处罚金;情节严重的,处三年以上七年以下有期徒刑,并处罚金。

【强迫他人吸毒罪】强迫他人吸食、注射毒品的,处三年以上十年以下有期徒刑,并处罚金。

引诱、教唆、欺骗或者强迫未成年人吸食、注射毒品的,从重处罚。

第三百五十四条 【容留他人吸毒罪】容留他人吸食、注射毒品的,处三年以下有期徒刑、拘役或者管制,并处罚金。

第三百五十五条 【非法提供麻醉药品、精神药品罪】依法从事生产、运输、管理、使用国家管制的麻醉药品、精神药品的人员,违反国家规定,向吸食、注射毒品的人提供国家规定管制的能够使人形成瘾癖的麻醉药品、精神药品的,处三年以下有期徒刑或者拘役,并处罚金;情节严重的,处三年以上七年以下有期徒刑,并处罚金。向走私、贩卖毒品的犯罪分子或者以牟利为目的,向吸食、注射毒品的人提供国家规定管制的能够使人形成瘾癖的麻醉药品、精神药品的,依照本法第三百四十七条的规定定罪处罚。

单位犯前款罪的,对单位判处罚金,并对其直接负责的主管人员和其他直接责任人员,依照前款的规定处罚。

第三百五十五条之一 【妨害兴奋剂管理罪】引诱、教唆、欺骗运动员使用兴奋剂参加国内、国际重大体育竞赛,或者明知运动员参加上述竞赛而向其提供兴奋剂,情节严重的,处三年以下有期徒刑或者拘役,并处罚金。

组织、强迫运动员使用兴奋剂参加国内、国际重大体育竞赛的,依照前款的规定从重处罚。

第三百五十六条 【毒品犯罪的再犯】因走私、贩卖、运输、制造、非法持有毒品罪被判过刑,又犯本节规定之罪的,从重处罚。

第三百五十七条 【毒品的范围及数量的计算原则】本法所称的毒品,是指鸦片、海洛因、甲基苯丙胺(冰毒)、吗啡、大麻、可卡因以及国家规定管制的其他能够使人形成瘾癖的麻醉药品和精神药品。

毒品的数量以查证属实的走私、贩卖、运输、制造、非法持有毒品的数量计算,不以纯度折算。

第八节 组织、强迫、引诱、容留、介绍卖淫罪

第三百五十八条 【组织卖淫罪】【强迫卖淫罪】组织、强迫他人卖淫的,处五年以上十年以下有期徒刑,并处罚金;情节严重的,处十年以上有期徒刑或者无期徒刑,并处罚金或者没收财产。

组织、强迫未成年人卖淫的,依照前款的规定从重处罚。

犯前两款罪,并有杀害、伤害、强奸、绑架等犯罪行为的,依照数罪并罚的规定处罚。

【协助组织卖淫罪】为组织卖淫的人招募、运送人员或者有其他协助组织他人卖淫行为的,处五年以下有期徒刑,并处罚金;情节严重的,处五年以上十年以下有期徒刑,并处罚金。

第三百五十九条 【引诱、容留、介绍卖淫罪】引诱、容留、介绍他人卖淫的,处五年以下有期徒刑、拘役或者管制,并处罚金;情节严重的,处五年以上有期徒刑,并处罚金。

【引诱幼女卖淫罪】引诱不满十四周岁的幼女卖淫的,处五年以上有期徒刑,并处罚金。

第三百六十条 【传播性病罪】明知自己患有梅毒、淋病等严重性病卖淫、嫖娼的,处五年以下有期徒刑、拘役或者管制,并处罚金。

第三百六十一条 【组织卖淫罪】【强迫卖淫罪】【协助组织卖淫罪】【引诱、容留、介绍卖淫罪】【引诱幼女卖淫罪】旅馆业、饮食服务业、文化娱乐业、出租汽车业等单位的人员,利用本单位的条件,组织、强迫、引诱、容留、介绍他人卖淫的,依照本法第三百五十八条、第三百五十九条的规定定罪处罚。

前款所列单位的主要负责人,犯前款罪的,从重处罚。

第三百六十二条 【窝藏、包庇罪】旅馆业、饮食服务业、文化娱乐业、出租汽车业等单位的人员,在公安机关查处卖淫、嫖娼活动时,为违法犯罪分子通风报信,情节严重的,依照本法第三百一十条的规定定罪处罚。

第九节 制作、贩卖、传播淫秽物品罪

第三百六十三条 【制作、复制、出版、贩卖、传播淫秽物品牟利罪】以牟利为目的,制作、复制、出版、贩卖、传播淫秽物品的,处三年以下有期徒刑、拘役或者管制,并处罚金;情节严重的,处三年以上十年以下有期徒刑,并处罚金;情节特别严重的,处十年以上有期徒刑或者无期徒刑,并处罚金或者没收财产。

【为他人提供书号出版淫秽书刊罪】为他人提供书号,出版淫秽书刊的,处三年以下有期徒刑、拘役或者管制,并处或者单处罚金;明知他人用于出版淫秽书刊而提供书号的,依照前款的规定处罚。

第三百六十四条 【传播淫秽物品罪】传播淫秽的书刊、影片、音像、图片或者其他淫秽物品,情节严重的,处二年以下有期徒刑、拘役或者管制。

【组织播放淫秽音像制品罪】组织播放淫秽的电影、录像等音像制品的,处三年以下有期徒刑、拘役或者管制,并处罚金;情节严重的,处三年以上十年以下有期徒刑,并处罚金。

制作、复制淫秽的电影、录像等音像制品组织播放的,依照第二款的规定从重处罚。

向不满十八周岁的未成年人传播淫秽物品的,从重处罚。

第三百六十五条 【组织淫秽表演罪】组织进行淫秽表演的,处三年以下有期徒刑、拘役或者管制,并处罚金;情节严重的,处三年以上十年以下有期徒刑,并处罚金。

第三百六十六条 【单位犯制作、贩卖、传播淫秽物品罪的处罚规定】单位犯本节第三百六十三条、第三百六十四条、第三百六十五条规定之罪的,对单位判处罚金,并对其直接负责的主管人员和其他直接责任人员,依照各该条的规定处罚。

第三百六十七条 【淫秽物品的范围】本法所称淫秽物品,是指具体描绘性行为或者露骨宣扬色情的诲淫性的书刊、影片、录像带、录音带、图片及其他淫秽物品。

有关人体生理、医学知识的科学著作不是淫秽物品。

包含有色情内容的有艺术价值的文学、艺术作品不视为淫秽物品。

全国人民代表大会常务委员会 关于加强社会治安综合治理的决定

(1991年3月2日第七届全国人民代表大会
常务委员会第十八次会议通过)

为了维护社会治安秩序,维护国家和社会的稳定,保障改革开放和社会主义现代化建设的顺利进行,为全面实现国民经济和社会发展的十年规划及"八五"计划创造良好的社会治安环境,必须加强社会治安综合治理。

为此,特作如下决定:

一、加强社会治安综合治理,是坚持人民民主专政的一项重要工作,也是解决我国社会治安问题的根本途径。社会治安问题是社会各种矛盾的综合反映,必须动员和组织全社会的力量,运用政治的、法律的、行政的、经济的、文化的、教育的等多种手段进行综合治理,从根本上预防和减少违法犯罪,维护社会秩序,保障社会稳定,并作为全社会的共同任务,长期坚持下去。

二、社会治安综合治理必须坚持打击和防范并举,治标和治本兼顾,重在治本的方针。其主要任务是:打击各种危害社会的违法犯罪活动,依法严惩严重危害社会治安的刑事犯罪分子;采取各种措施,严密管理制度,加强治安防范工作,堵塞违法犯罪活动的漏洞;加强对全体公民特别是青少年的思想政治教育和法制教育,提高文化、道德素质,增强法制观念;鼓励群众自觉维护社会秩序,同违法犯罪行为作斗争;积极调解、疏导民间纠纷,缓解社会矛盾,消除不安定因素;加强对违法犯罪人员的教育、挽救、改造工作,妥善安置刑满释放和解除劳教的人员,减少重新违法犯罪。

三、要关于运用法律武器,搞好社会治安综合治理。全国人民代表大会及其常务委员会通过的刑事的、民事的、行政的、经济的等方面的法律,为社会治安综合治理提供了有力的法律武器和依据。各级国家机关、社会团体、企业、事业单位必须严格依法办事。全体公民要学法、知法、守法,学会运用法律武器同各种违法犯罪行为作斗争。要进一步完善促进社会治安综合治理的法律、法规,把社会治安综合治理包含的打击、防范、教育、管理、建设、改造等各方面的工作纳入法制轨道。

四、各部门、各单位必须建立综合治理目标管理责任制,做到各尽其职、各负其责、密切配合、互相协调。各级人民政府要把社会治安综合治理纳入两个文明建设的总体规划,切实加强对社会治安综合治理工作的领导。要从人力、物力、财力上给予支持和保障。人民法院、人民检察院和政府的公安、安全、司法行政等职能部门,特别是公安部门,应当在社会治安综合治理中充分发挥骨干作用。要采取有效措施,充实维护社会治安的力量,改进预防和惩治犯罪活动的技术装备,切实提高国家执法队伍的素质。各机关、团体、企业、事业单位应当落实内部各项治安防范措施,严防发生违法犯罪和其他治安问题。各部门应当督促下属单位,结合本身业务,积极参与社会治安的综合治理,充分发挥各自的作用。

五、加强社会治安综合治理,必须发动和依靠广大人民群众。各级人民政府应当动员和组织城镇居民和农村村民以及机关、团体、企业、事业单位的职工、学生,建立群众性自防自治的治安保卫组织,开展各种形式的治安防范活动和警民联防活动。市、县人民武装部门要积极组织民兵参与维护社会治安。要加强基层组织建设和制度建设,把各项措施落实到基层单位,形成群防群治网络。要充分发挥村民委员会、城市居民委员会维护社会治安的积极作用。地方各级人民政府要切实加强对群众性治安保卫组织的指导和监督。治安保卫组织应严格依法办事,保护公民的合法权益。

六、要把社会治安综合治理的责任与单位和个人的政治荣誉、经济利益紧密结合起来,建立奖惩制度。对参与社会治安综合治理工作成绩显著的单位和个人以及与违法犯罪分子斗争的有功人员给予表彰奖励;对与违法犯罪分子斗争中负伤、致残人员要妥善治疗和安置;对与违法犯罪分子斗争中牺牲人员的家属给予抚恤。对因社会治安综合治理措施不落实而发生重大刑事案件和重大治安事件,致使国家利益和人民生命财产遭受重大损失的单位,应当依法追究其直接负责的主管人员的责任。

七、社会治安综合治理工作由各级人民政府统一组织实施,各部门、各方面齐抓共管,积极参与。各级人民政府应当采取组织措施,协调、指导有关部门、方面做好社会治安综合治理工作。

各级人大常委会对社会治安综合治理工作应当经常进行监督检查。要听取政府、法院、检察院关于综合治理工作的汇报,要组织代表、委员督促检查综合治理工作的开展和落实的情况,积极关心社会治安综合治理,提出意见、建议,以保证社会治安综合治理工作健康深入地开展。

健全落实社会治安综合治理领导责任制规定

(2016年2月27日中共中央批准 2016年2月27日
中共中央办公厅、国务院办公厅发布)

第一章 总 则

第一条 为深入推进社会治安综合治理,健全落实领导责任制,全面推进平安中国建设,确保人民安居乐业、社会安定有序、国家长治久安,制定本规定。

第二条 本规定适用于各级党的机关、人大机关、行政机关、政协机关、审判机关、检察机关及其领导班子、领导干部。

人民团体、事业单位、国有企业及其领导班子、领导干部、领导人员参照执行本规定。

第三条 健全落实社会治安综合治理领导责任制,应当坚持以邓小平理论、"三个代表"重要思想、科学发展观为指导,深入贯彻落实习近平总书记系列重要讲话精神,紧紧围绕全面建成小康社会、全面深化改革、全面依法治国、全面从严治党的战略布局,坚持问题导向、法治思维、改革创新,抓住"关键少数",强化担当意识,落实领导责任,科学运用评估、督导、考核、激励、惩戒等措施,形成正确导向,一级抓一级,层层抓落实,使各级领导班子、领导干部切实担负起维护一方稳定、确保一方平安的重大政治责任,保证党中央、国务院关于社会治安综合治理决策部署的贯彻落实。

第二章 责任内容

第四条 严格落实属地管理和谁主管谁负责原则,构建党委领导、政府主导、综治协调、各部门齐抓共管、社会力量积极参与的社会治安综合治理工作格局。

第五条 各级党委和政府应当切实加强对社会治安综合治理的领导,列入重要议事日程,纳入经济社会发展总体规划,认真研究解决工作中的重要问题,从人力物力财力上保证社会治安综合治理工作的顺利开展。

各地党政主要负责同志是社会治安综合治理的第一责任人,社会治安综合治理的分管负责同志是直接责任人,领导班子其他成员承担分管工作范围内社会治安综合治理的责任。

第六条 各部门各单位应当各负其责,充分发挥职能作用,积极参与社会治安综合治理,主动承担好预防和减少违法犯罪、维护社会治安和社会稳定的责任,认真抓好本部门本单位的综合治理工作,与业务工作同规划、同部署、同检查、同落实。

第七条 各级社会治安综合治理委员会及其办公室应当在党委和政府的统一领导下,认真组织各有关单位参与社会治安综合治理工作,加强调查研究和督导检查,及时通报、分析社会治安形势,协调解决工作中遇到的突出问题,总结推广典型经验,统筹推进社会治安综合治理工作。

第三章 督促检查

第八条 各地区各部门各单位应当建立完善社会治安综合治理目标管理责任制,把社会治安综合治理各项任务分解为若干具体目标,制定易于执行检查的措施,建立严格的督促检查制度、定量考核制度、评价奖惩制度,自上而下层层签订社会治安综合治理责任书。

第九条 各级党委常委会应当将执行社会治安综合治理领导责任制的情况,作为向同级党的委员会全体会议报告工作的一项重要内容。

各级党政领导班子和有关领导干部应当将履行社会治安综合治理责任情况作为年度述职报告的重要内容。

第十条 社会治安综合治理委员会成员单位每年应当对本单位本系统部署和开展社会治安综合治理、推进平安建设的有关情况进行总结,对下一年度的工作作出安排,并报同级社会治安综合治理委员会。

下一级社会治安综合治理委员会每年应当向上一级社会治安综合治理委员会报告工作。

第十一条 各级党委和政府应当将社会治安综合治理纳入工作督促检查范围,适时组织开展专项督促检查。

各级社会治安综合治理委员会及其办公室应当动员组织党员、群众有序参与,推动社会治安综合治理各项决策部署落到实处。

第十二条 各级党委和政府应当建立健全社会治安综合治理考核评价制度机制,制定完善考核评价标准和指标体系,明确考核评价的内容、方法、程序。

第十三条 各级党委和政府应当强化社会治安综合治理考核评价结果运用,把社会治安综合治理工作实绩作为对领导班子和领导干部综合考核评价的重要内容,与业绩评定、职务晋升、奖励惩处等挂钩。各级社会治安综合治理委员会及其办公室应当推动建立健全社会治安综合治理工作实绩档案。

各级组织人事部门在考察党政主要领导干部和社会治安综合治理分管领导干部实绩、进行提拔使用和晋职晋级时,应当了解和掌握相关领导干部抓社会治安综合治理工作的情况。

第十四条 县级以上社会治安综合治理委员会及其办公室应当按照

中央有关规定,加强与同级纪检监察机关、组织人事部门的协调配合,协同做好有关奖惩工作。

第四章 表彰奖励

第十五条 对真抓实干、社会治安综合治理工作成绩突出的地方、部门和单位的党政主要领导干部和分管领导干部,应当按照有关规定给予表彰和嘉奖。对受到嘉奖的领导干部,应当将有关材料存入本人档案。

第十六条 中央社会治安综合治理委员会、中央组织部、人力资源社会保障部每四年开展一次全国社会治安综合治理先进集体、先进工作者评选表彰工作。

第十七条 对受到表彰的全国社会治安综合治理先进集体党政主要领导干部和分管领导干部应当进行嘉奖。对受到表彰的全国社会治安综合治理先进工作者,应当落实省部级先进工作者和劳动模范待遇。

第十八条 对连续三次以上受到表彰的全国社会治安综合治理先进集体,由中央社会治安综合治理委员会以适当形式予以表扬。

第十九条 地方各级社会治安综合治理委员会和组织人事部门要配合做好全国社会治安综合治理先进集体、先进工作者等的评选表彰工作。

第五章 责任督导和追究

第二十条 党政领导班子、领导干部违反本规定或者未能正确履行本规定所列职责,有下列情形之一的,应当进行责任督导和追究:

(一)不重视社会治安综合治理和平安建设,相关工作措施落实不力,本地区本系统本单位基层基础工作薄弱,治安秩序严重混乱的;

(二)本地区本系统本单位在较短时间内连续发生重大刑事案件、群体性事件、公共安全事件的;

(三)本地区本系统本单位发生特别重大刑事案件、群体性事件、公共安全事件的;

(四)本地区本单位社会治安综合治理工作(平安建设)考核评价不合格、不达标的;

(五)对群众反映强烈的社会治安重点地区和突出公共安全、治安问题等,没有采取有效措施或者出现反弹的;

(六)各级党委和政府及社会治安综合治理委员会认为需要查究的其

他事项。

第二十一条 对党政领导班子、领导干部进行责任督导和追究的方式包括:通报、约谈、挂牌督办、实施一票否决权制、引咎辞职、责令辞职、免职等。因违纪违法应当承担责任的,给予党纪政纪处分;构成犯罪的,依法追究刑事责任。

第二十二条 对具有本规定第二十条所列情形的地区、单位,由相应县级以上社会治安综合治理委员会办公室以书面形式进行通报,必要时由社会治安综合治理委员会进行通报,限期进行整改。

第二十三条 对受到通报后仍未按期完成整改目标,或者具有本规定第二十条所列情形且危害严重或者影响重大的地区、单位,由相应的上一级社会治安综合治理委员会办公室主任对其党政主要领导干部、社会治安综合治理工作分管领导干部和负有责任的其他领导班子成员进行约谈,必要时由社会治安综合治理委员会主任、副主任约谈,帮助分析原因,督促限期整改。

第二十四条 对受到约谈后仍未按期完成整改目标,或者具有本规定第二十条所列情形且危害特别严重或者影响特别重大但尚不够实施一票否决权制的地区、单位,由相应的上一级社会治安综合治理委员会办公室挂牌督办,限期进行整改。必要时,可派驻工作组对挂牌督办地区、单位进行检查督办。

中央社会治安综合治理委员会办公室每年从公共安全、治安问题相对突出的市(地、州、盟)中,确定若干作为挂牌督办的重点整治单位,加强监督管理。

对受到挂牌督办的地区、单位,在半年内取消该地区、单位评选综合性荣誉称号的资格和该地区、单位主要领导干部、主管领导干部、分管领导干部评先受奖、晋职晋级的资格。

第二十五条 对受到挂牌督办后仍未按期完成整改目标,或者有本规定第二十条所列情形且危害特别严重或者影响特别重大的地区、单位,由相应的上一级社会治安综合治理委员会按照中央有关规定,商有关部门共同研究决定实行一票否决权制。

第二十六条 对受到一票否决权制处理的地区、单位,在一年内,取消该地区、单位评选综合性荣誉称号的资格,由组织人事部门按照有关权限和程序办理;取消该地区、单位主要领导干部、主管领导干部、分管领导干部评先受奖、晋职晋级的资格,由组织人事部门按照干部管理权限和程序办理,并会同社会治安综合治理委员会办公室,按照中央有关规定向上级有关部门进行报告、备案。需要追究该地区、单位党政领导干部责任的,移送纪检监察机关依纪依法处理。

第二十七条 对中央驻地方单位需要实行一票否决权制的,由省级社会治安综合治理委员会向其主管单位和中央社会治安综合治理委员会提出书面建议。

第二十八条 党政领导干部具有本规定第二十条所列情形,按照《关于实行党政领导干部问责的暂行规定》应当采取引咎辞职、责令辞职、免职等方式问责的,由纪检监察机关、组织人事部门按照管理权限办理。

第二十九条 党政领导班子、领导干部具有本规定第二十条所列情形,并具有下列情节之一的,应当从重进行责任督导和追究:

(一)干扰、阻碍调查和责任追究的;
(二)弄虚作假、隐瞒事实真相、瞒报漏报重大情况的;
(三)对检举人、控告人等打击报复的;
(四)党内法规和国家法律法规规定的其他从重情节。

第三十条 党政领导班子、领导干部具有本规定第二十条所列情形,并具有下列情节之一的,可以从轻进行责任督导和追究:

(一)主动采取措施,有效避免损失、挽回影响的;
(二)积极配合调查,并且主动承担责任的;
(三)党内法规和国家法律法规规定的其他从轻情节。

第六章 附　　则

第三十一条 各省、自治区、直辖市,新疆生产建设兵团,中央和国家机关各部门可以根据本规定制定实施办法。

第三十二条 本规定由中央社会治安综合治理委员会负责解释。

第三十三条 本规定自2016年2月27日起施行。

关于加强社会治安防控体系建设的意见

(2015年4月13日 中办发〔2015〕69号)

为有效应对影响社会安全稳定的突出问题,创新立体化社会治安防控体系,依法严密防范和惩治各类违法犯罪活动,全面推进平安中国建设,现提出如下意见。

一、加强社会治安防控体系建设的指导思想和目标任务

(一)指导思想。以邓小平理论、"三个代表"重要思想、科学发展观为指导,全面贯彻落实党的十八大和十八届二中、三中、四中全会精神,深入贯彻落实习近平总书记系列重要讲话精神,紧紧围绕完善和发展中国特色社会主义制度、推进国家治理体系和治理能力现代化的总目标,牢牢把握全面推进依法治国的总要求,着力提高动态化、信息化条件下驾驭社会治安局势能力,以确保公共安全、提升人民群众安全感和满意度为目标,以突出治安问题为导向,以体制机制创新为动力,以信息化为引领,以基础建设为支撑,坚持系统治理、依法治理、综合治理、源头治理,健全点线面结合、网上网下结合、人防物防技防结合、打防管控结合的立体化社会治安防控体系,确保人民安居乐业、社会安定有序、国家长治久安。

(二)目标任务。形成党委领导、政府主导、综治协调、各部门齐抓共管、社会力量积极参与的社会治安防控体系建设工作格局,健全社会治安防控运行机制,编织社会治安防控网,提升社会治安防控体系建设法治化、社会化、信息化水平,增强社会治安整体防控能力,努力使影响公共安全的暴力恐怖犯罪、个人极端暴力犯罪等得到有效遏制,使影响群众安全感的多发性案件和公共安全事故得到有效防范,人民群众安全感和满意度明显提升,社会更加和谐有序。

二、加强社会治安防控网建设

(三)加强社会面治安防控网建设。根据人口密度、治安状况和地理位置等因素,科学划分巡逻区域,优化防控力量布局,加强公安与武警联勤武装巡逻,建立健全指挥和保障机制,完善早晚高峰等节点人员密集场所重

点勤务工作机制,减少死角和盲区,提升社会面动态控制能力。加强公共交通安保工作,强化人防、物防、技防建设和日常管理,完善和落实安检制度,加强对公交车站、地铁站、机场、火车站、码头、口岸、高铁沿线等重点部位的安全保卫,严防针对公共交通工具的暴力恐怖袭击和个人极端案(事)件。完善幼儿园、学校、金融机构、商业场所、医院等重点场所安全防范机制,强化重点场所及周边治安综合治理,确保秩序良好。加强对偏远农村、城乡接合部、城中村等社会治安重点地区、重点部位以及各类社会治安突出问题的排查整治。总结推广零命案县(市、区、旗)和刑事案件零发案社区的经验,加强规律性研究,及时发现和处置引发命案和极端事件的苗头性问题,预防和减少重特大案(事)件特别是命案的发生。

(四)加强重点行业治安防控网建设。切实加强旅馆业、旧货业、公章刻制业、机动车改装业、废品收购业、娱乐服务业等重点行业的治安管理工作,落实法人责任,推动实名制登记,推进治安管理信息系统建设。加强邮件、快件寄递和物流运输安全管理工作,完善禁寄物品名录,建立健全安全管理制度,有效预防利用寄递、物流渠道实施违法犯罪。持续开展治爆缉枪、管制刀具治理等整治行动,对危爆物品采取源头控制、定点销售、流向管控、实名登记等全过程管理措施,严防危爆物品非法流散社会。加强社区服刑人员、扬言报复社会人员、易肇事肇祸等严重精神障碍患者、刑满释放人员、吸毒人员、易感染艾滋病病毒危险行为人群等特殊人群的服务管理工作,健全政府、社会、家庭三位一体的关怀帮扶体系,加大政府经费支持力度,加强相关专业社会组织、社会工作人才队伍等建设,落实教育、矫治、管理以及综合干预措施。

(五)加强乡镇(街道)和村(社区)治安防控网建设。以网格化管理、社会化服务为方向,健全基层综合服务管理平台,推动社会治安防控力量下沉。把网格化管理列入城乡规划,将人、地、物、事、组织等基本治安要素纳入网格管理范畴,做到信息掌握到位、矛盾化解到位、治安防控到位、便民服务到位。因地制宜确定网格管理职责,纳入社区服务工作或群防群治管理,通过政府购买服务等方式,加强社会治安防控网建设。到2020年,实现全国各县(市、区、旗)的中心城区网格化管理全覆盖。整合各种资源力量,加强基层综合服务管理平台建设,逐步在乡镇(街道)推进建设综治中心,村(社区)以基层综合服务管理平台为依托建立实体化运行机制,强化实战功能,做到矛盾纠纷联调、社会治安联防、重点工作联动、治安突出问题联治、服务管理联抓、基层平安联创。到2020年实现县(市、区、旗)、乡镇(街道)、村(社区)三级综合服务管理平台全覆盖,鼓励有条件的地方提前完成。深化社区警务战略,加强社区(驻村)警务室建设。将治安联防、矛盾化解和纠纷调解纳入农村社区建设试点任务。

(六)加强机关、企事业单位内部安全防范网建设。按照预防为主、突出重点、单位负责、政府监管的原则,进一步加强机关、企事业单位内部治安保卫工作,严格落实单位主要负责人治安保卫责任制,完善巡逻检查、守卫防护、要害保卫、治安隐患和问题排查处理等各项治安保卫制度。加强单位内部技防设施建设,普及视频监控系统应用,实行重要部位、易发案部位全覆盖。加强供水、供电、供气、供热、供油、交通、信息通信网络等关系国计民生基础设施的安全防范工作,全面完善和落实各项安全保卫措施,确保安全稳定。

(七)加强信息网络防控网建设。建设法律规范、行政监管、行业自律、技术保障、公众监督、社会教育相结合的信息网络管理体系。加强网络安全保护,落实相关主体的法律责任。落实手机和网络用户实名制。健全信息安全等级保护制度,加强公民个人信息安全保护。深入开展专项整治行动,坚决整治利用互联网和手机媒体传播暴力色情等违法信息及低俗信息。

三、提高社会治安防控体系建设科技水平

(八)加强信息资源互通共享和深度应用。按照科技引领、信息支撑的思路,加快构建纵向贯通、横向集成、共享共用、安全可靠的平安建设信息化综合平台。在确保信息安全、保护公民合法权益前提下,提高系统互联、信息互通和资源共享程度。强化信息资源深度整合应用,充分运用现代信息技术,增强主动预防和打击犯罪的能力。将社会治安防控信息化纳入智慧城市建设总体规划,充分运用新一代互联网、物联网、大数据、云计算和智能传感、遥感、卫星定位、地理信息系统等技术,创新社会治安防控手段,提升公共安全管理数字化、网络化、智能化水平,打造一批有机融合的示范工程。建立健全相关的信息安全保障体系,实现对基础设施、信息和应用等资源的立体化、自动化安全监测,对终端用户和应用系统的全方位、智能化安全防护。

(九)加快公共安全视频监控系统建设。高起点规划、有重点有步骤地推进公共安全视频监控建设、联网和应用工作,提高公共区域视频监控系统覆盖密度和建设质量。加大城乡接合部、农村地区公共区域视频监控系统建设力度,逐步实现城乡视频监控一体化。完善技术标准,强化系统联网,分级有效整合各类视频图像资源,逐步拓宽应用领域。加强企事业单位安防技术系统建设,实施"技防入户"工程和物联网安防小区试点,推进技防新装备向农村地区延伸。

四、完善社会治安防控运行机制

(十)健全社会治安形势分析研判机制。政法综治机构要加强组织协调,会同政法机关和其他有关部门开展对社会治安形势的整体研判、动态监测,并提出督办建议。公安机关要坚持情报主导警务的理念,建立健全社会治安情报信息分析研判机制,定期对社会治安形势进行分析研判。加强对社会舆情、治安动态和热点、敏感问题的分析预测,加强对社会治安重点领域的研判分析,及时发现苗头性、倾向性问题,提升有效应对能力。建立健全治安形势播报预警机制,增强群众自我防范意识。

(十一)健全实战指挥机制。公安机关要按照人员权威、信息权威、职责权威的要求,加强实战型指挥中心建设,集110接处警、社会治安突发事件应急指挥处置、紧急警务活动统筹协调等功能于一体,及时有效地调整用警方向和强度。推行扁平化勤务指挥模式,减少指挥层级,畅通指挥关系,紧急状态下实行"点对点"指挥,确保就近调度、快速反应、及时妥善处置。

(十二)健全部门联动机制。建立完善社会治安形势分析研判联席会议制度、社会治安重点地区排查整治工作协调会议和月报制度等,进一步整合各部门资源力量,强化工作联动,增强打击违法犯罪、加强社会治安防控工作合力。对群众反映强烈的黑拐枪、黄赌毒以及电信诈骗、非法获取公民个人信息、非法传销、非法集资、危害食品药品安全、环境污染、涉邪教活动等突出治安问题,要加强部门执法合作,开展专项打击整治,形成整体合力。对打防管控工作中发现的薄弱环节和突出问题,政法综治机构要牵头组织、督促有关部门及时整改,堵塞防范漏洞。针对可能发生的突发案(事)件,制定完善应急预案和行动方案,明确各有关部门、单位的职责任务和措施要求,定期开展应急处突实战演练,确保一旦发生社会治安突发案(事)件能够快速有效处置。创新报警服务运行模式,提高紧急警情快速处置能力,提高非紧急求助社会联动服务效率。

(十三)健全区域协作机制。按照常态、共享、联动、共赢原则,积极搭建治安防控跨区域协作平台,共同应对跨区域治安突出问题,在预警预防、维稳处突、矛盾化解、打击犯罪等方面互援互助、协调联动,以区域平安保全国平安。总结推广区域警务协作机制建设经验,推动建立多地区多部门共同参与的治安防控区域协作机制,增强防控整体实效。

五、运用法治思维和法治方式推进社会治安防控体系建设

(十四)运用法律手段解决突出问题。充分发挥法治的引导、规范、保障、惩戒作用,做到依法化解社会矛盾、依法预防打击犯罪、依法规范社会秩序、依法维护社会稳定。紧紧围绕加强社会治安防控体系建设的总体需要,推动相关法律法规的立、改、废、释和相关政策的制定完善工作。各地要以重大问题为导向,针对社会治安治理领域的重点难点问题,适时出台相关地方性法规、地方政府规章,促进从法治层面予以解决。完善维护公民、法人等合法权益的途径,从源头上预防侵权案件发生。坚持依法行政,加强食品药品、安全生产、环境保护、文化市场和网络安全等重点领域基层执法,强化行政执法与刑事司法的衔接,着力解决好人民群众反映强烈的突出问题。深化司法体制改革,加快建设公正高效权威的社会主义司法制度,提高办案质量。贯彻宽严相济刑事政策,在依法严厉打击极少数严重刑事犯罪分子的同时,最大限度地减少社会对抗,努力化消极因素为积极因素。加强和改进法治宣传教育工作,着力增强法治宣传教育的针对性和实效性,推动全社会树立法治意识,增强全民法治观念,促进全民尊法、守法,引导干部群众把法律作为指导和规范自身行为的基本准则,在全社会形成办事依法、遇事找法、解决问题用法、化解矛盾靠法的良好法治环境。

(十五)加强基础性制度建设。建立以公民身份号码为唯一代码、统一共享的国家人口基础信息库,建立健全相关方面的实名登记制度。建立公民统一社会信用代码制度、法人和其他组织统一社会信用代码制度,加强社会信用管理,促进信息共享,强化对守信者的鼓励和对失信者的惩戒,探索建立公民所有信息的一卡通制度。落实重大决策社会稳定风险评估制度,切实做到应评尽评,着力完善决策前风险评估、实施中风险管控和实施后效果评价、反馈纠偏、决策过错责任追究等操作性程序规范。落实矛盾纠纷排查调处工作协调会议纪要月报制度,完善人民调解、行政调解、司法调解联动工作体系,建立调处化解矛盾纠纷综合机制,着力防止因决策不当、矛盾纠纷排查化解不及时等引发重大群体性事件。推进体现社会主义核心价值观要求的行业规范、社会组织章程、村规民约、社区公约建设,充分发挥社会规范在调整成员关系、约束成员行为、保障成员利益等方面的作用,通过自律、他律、互律使公民、法人和其他组织的行为符合社会共同行为准则。

(十六)严格落实综治领导责任制。把社会治安防控体系建设纳入综治工作(平安建设)考核评价指标体系,将考核评价结果作为对领导班子和领导干部考核评价的重要内容。坚持采用评估、督导、考核、激励、惩诫等措施,形成正确的激励导向,推进社会治安防控体系建设工作落到实处。对社会治安问题突出的地区和单位通过定期通报、约谈、挂牌督办等方式,引导其分析发生重特大案(事)件的主要原因,找准症结,研究提出解决问题的措施,限期进行整改。对因重视不够、社会治安防范措施不落实而导致违法犯罪现象严重、治安秩序严重混乱或者发生重特大案(事)件的地区,依法实行一票否决权制,并追究有关领导干部的责任。

六、建立健全社会治安防控体系建设工作格局

(十七)加强党委和政府对社会治安防控体系建设的领导。各级党委和政府要进一步提高对社会治安防控体系建设重要性的认识,列入重要议事日程,认真研究解决警力配置、经费投入、警察等职业保障、基础设施和技防设施建设、考核奖惩等重要问题。要把社会治安防控体系建设列入国民经济和社会发展总体规划,重点做好基础设施、技防设备、装备建设的立项规划,做到与城乡规划、旧城改造、社区建设、基层综合服务管理平台建设等工作统筹推进。加大投入力度,将社会治安防控体系建设经费列入年度财政预算,从人力、物力、财力上保证社会治安防控体系建设顺利实施。各地党政主要负责同志是平安建设的第一责任人,也是社会治安防控体系建设的第一责任人,要亲自研究部署,一级抓一级,层层抓落实,真正担负起维护一方稳定、确保一方平安的重大政治责任。要充分发挥基层党组织作用,特别是在农村和城市社区,党组织要发挥领导核心作用,切实保障推进社会治安防控体系建设的各项任务走完"最后一公里"。

(十八)充分发挥综治组织的组织协调作用。各级综治组织要在党委和政府领导下,认真组织各有关单位参与社会治安防控工作,加强调查研究和督促检查,及时通报、分析社会治安形势,协调解决工作中遇到的突出问题,总结推广典型经验,统筹推进社会治安防控体系建设。加强各级综治组织自身建设,细化工作职责,健全组织机构,配齐配强力量。乡镇(街道)综治委主任可由乡镇(街道)党(工)委书记担任,综治办主任应由党

(工)委副书记担任;村(社区)综治机构主要负责人由党组织书记担任,并明确1名负责人主管综治工作,确保这项工作有人抓、有人管。

(十九)充分发挥政法各机关和其他各有关部门的职能作用。进一步明确各有关部门在社会治安防控体系建设中的职责任务,做到各负其责、各司其职、通力协作、齐抓共管,增强整体合力。各级政法机关要发挥好主力军作用。公安机关要充分发挥骨干作用,根据社会治安防控体系建设需要调整工作重点、警力部署、警务保障和勤务制度,改进工作方法,投入更多人力和精力加强基层治安基础工作,及时掌握影响社会治安的情况,依法查处危害社会治安行为。法院、检察院要结合批捕、起诉和审判工作,善于发现社会治安防控体系建设中的漏洞,及时提出司法建议和检察建议,督促有关单位健全规章制度,完善工作机制。司法行政机关要加强监狱和强制隔离戒毒场所的管理工作,做好社区矫正、刑满释放人员安置帮教、人民调解、法治宣传、法律服务、法律援助等工作。其他各有关部门要按照"谁主管谁负责"的原则,结合自身职能,主动承担好预防违法犯罪、维护社会治安的责任,认真抓好本部门、本系统参与社会治安防控体系建设的任务,与部门工作同规划、同部署、同检查、同落实。

(二十)充分发挥社会协同作用。坚持党委和政府领导下的多方参与、共同治理,发挥市场、社会等多方主体在社会治安防控体系建设中的协同协作、互动互补、相辅相成作用。大力支持工会、共青团、妇联等人民团体和群众组织参与社会治安防控体系建设,积极为他们发挥作用创造有利环境和条件。要加大对行业协会商会类、科技类、公益慈善类、城乡社区服务类社会组织的培育扶持力度,将适合由社会组织承担的矛盾纠纷调解、特殊人群服务管理、预防青少年违法犯罪等社会治安防控体系建设任务纳入政府购买服务目录,通过竞争性选择等方式,交给相关社会组织承担,发挥好他们在社会治安防控体系建设中的重要作用。规范警务辅助人员管理,明确其聘用条件和程序、职责任务、保障待遇等,发挥好协助维护社会治安的作用。规范发展保安服务市场,积极引导保安行业参与社会治安防控工作。加强城乡基层群众自治组织建设,搭建群众参加社会治安防控体系建设的新平台,通过各种方式就社会治安防控体系建设问题进行广泛协商,广纳群言,增进共识。充分发挥行业协会商会自管自律作用,引导企业在经营活动中履行治安防控责任。转变职能、创新机制,采取政府搭台、市场运作、社会参与等方式,积极提供公益岗位,鼓励发展责任保险以及治安保险、社区综合保险等新兴业务,支持保险机构运用股权投资、战略合作等方式参与保安服务产业链整合,激发社会各方面力量参与社会治安防控体系建设的积极性、主动性、创造性。

(二十一)积极扩大公众参与。坚持人民主体地位,进一步拓宽群众参与社会治安防控的渠道,依法保障人民群众的知情权、参与权、建议权、监督权。继承和发扬专群结合的优良传统,充分发挥共产党员、共青团员模范带头作用,发挥民兵预备役人员等的重要作用,发展壮大平安志愿者、社区工作者、群防群治队伍等专业化、职业化、社会化力量,积极探索新形势下群防群治工作新机制、新模式,力争到2020年社区志愿者注册人数占居民人口的比例大幅增加。落实举报奖励制度,对于提供重大线索、帮助破获重大案件或者有效制止违法犯罪活动、协助抓获犯罪分子的,给予重奖。完善见义勇为人员认定机制、补偿救济机制,加强见义勇为人员权益保障工作,扩大见义勇为基金规模,加大对见义勇为人员的表彰力度,按照有关规定严格落实抚恤待遇。充分发挥传统媒体与新媒体的作用,采取群众喜闻乐见的宣传教育方式,提高群众安全防范意识,组织动员群众关心、支持和参与社会治安防控体系建设,努力提升新媒体时代社会沟通能力。

各地区要根据本意见要求,结合本地区社会治安状况和经济社会发展实际,分级分类研究制定加强社会治安防控体系建设的指导意见和具体实施方案,把任务和责任落实到相关部门和单位。

公安机关执行《中华人民共和国治安管理处罚法》有关问题的解释

(2006年1月23日 公通字〔2006〕12号)

根据全国人大常委会《关于加强法律解释工作的决议》的规定,现对公安机关执行《中华人民共和国治安管理处罚法》(以下简称《治安管理处罚法》)的有关问题解释如下:

一、关于治安案件的调解问题。根据《治安管理处罚法》第9条的规定,对因民间纠纷引起的打架斗殴或者损毁他人财物以及其他违反治安管理行为,情节较轻的,公安机关应当本着化解矛盾纠纷、维护社会稳定、构建和谐社会的要求,依法尽量予以调解处理。特别是对因家庭、邻里、同事之间纠纷引起的违反治安管理行为,情节较轻,双方当事人愿意和解的,如制造噪声、发送信息、饲养动物干扰他人正常生活,放任动物恐吓他人、侮辱、诽谤、诬告陷害、侵犯隐私、偷开机动车等治安案件,公安机关都可以调解处理。同时,为确保调解取得良好效果,调解前应当及时依法做深入细致的调查取证工作,以查明事实、收集证据、分清责任。调解达成协议的,应当制作调解书,交双方当事人签字。

二、关于涉外治安案件的办理问题。《治安管理处罚法》第10条第2款规定:"对违反治安管理的外国人,可以附加适用限期出境或者驱逐出境"。对外国人需要依法适用限期出境、驱逐出境处罚的,由承办案件的公安机关逐级上报公安部或者公安部授权的省级人民政府公安机关决定,由承办案件的公安机关执行。对外国人依法决定行政拘留的,由承办案件的县级以上(含县级,下同)公安机关决定,不再报上一级公安机关批准。对外国人依法决定警告、罚款、行政拘留,并附加适用限期出境、驱逐出境处罚的,应当在警告、罚款、行政拘留执行完毕后,再执行限期出境、驱逐出境。

三、关于不予处罚问题。《治安管理处罚法》第12条、第13条、第14条、第19条对不予处罚的情形作了明确规定,公安机关对依法不予处罚的违反治安管理行为人,有违法所得的,应当依法予以追缴;有非法财物的,应当依法予以收缴。

《治安管理处罚法》第22条对违反治安管理行为的追究时效作了明确规定,公安机关对超过追究时效的违反治安管理行为不再处罚,但有违禁品的,应当依法予以收缴。

四、关于对单位违反治安管理的处罚问题。《治安管理处罚法》第18条规定,"单位违反治安管理的,对其直接负责的主管人员和其他直接责任人员依照本法的规定处罚。其他法律、行政法规对同一行为规定给予单位处罚的,依照其规定处罚",并在第54条规定可以吊销公安机关发放的许可证。对单位实施《治安管理处罚法》第三章所规定的违反治安管理行为的,应当依法对其直接负责的主管人员和其他直接责任人员予以治安管理处罚;其他法律、行政法规对同一行为明确规定由公安机关给予单位警告、罚款、没收违法所得、没收非法财物等处罚,或者采取责令其限期停业整顿、停业整顿、取缔等强制措施的,应当依照其规定办理。对被依法吊销许可证的单位,应当同时依法收缴非法财物、追缴违法所得。参照刑法的规定,单位是指公司、企业、事业单位、机关、团体。

五、关于不执行行政拘留处罚问题。根据《治安管理处罚法》第21条的规定,对"已满十四周岁不满十六周岁的"、"已满十六周岁不满十八周岁,初次违反治安管理的"、"七十周岁以上的"、"怀孕或者哺乳自己不满一周岁婴儿的"违反治安管理行为人,可以依法作出行政拘留处罚决定,但不投送拘留所执行。被处罚人居住地公安派出所应当会同被处罚人所在单位、学校、家庭、居(村)民委员会、未成年人保护组织和有关社会团体进行帮教。上述未成年人、老年人的年龄、怀孕或者哺乳自己不满1周岁婴儿的妇女的情况,以其实施违反治安管理行为或者正要执行行政拘留时的实际情况确定,即违反治安管理行为人在实施违反治安管理行为时具有上述情形之一的,或者执行行政拘留时符合上述情形之一的,均不再投送拘留所执行行政拘留。

六、关于取缔问题。根据《治安管理处罚法》第54条的规定,对未经许可,擅自经营按照国家规定需要由公安机关许可的行业的,予以取缔。这里的"按照国家规定需要由公安机关许可的行业",是指按照有关法律、行政法规和国务院决定的有关规定,需要由公安机关许可的旅馆业、典当业、公章刻制业、保安培训业等行业。取缔应当由违反治安管理行为发生地的县级以上公安机关作出决定,按照《治安管理处罚法》的有关规定采取相应的措施,如责令停止相关经营活动、进入无证经营场所进行检查、扣押与案件有关的需要作为证据的物品等。在取缔的同时,应当依法收缴非法财物、追缴违法所得。

七、关于强制性教育措施问题。《治安管理处罚法》第76条规定,对有"引诱、容留、介绍他人卖淫"、"制作、运输、复制、出售、出租淫秽的书刊、图片、影片、音像制品等淫秽物品或者利用计算机信息网络、电话以及其他通讯工具传播淫秽信息"、"以营利为目的,为赌博提供条件的,或者参与赌博赌资较大的"行为,"屡教不改的,可以按照国家规定采取强制性教育措施"。这里的"强制性教育措施"目前是指劳动教养;"按照国家规定"是指按照《治安管理处罚法》和其他有关劳动教养的法律、行政法规的规定;"屡教不改"是指有上述行为被依法判处刑罚执行期满后五年内又实施前述行为之一,或者被依法予以罚款、行政拘留、收容教育、劳动教养执行期满后三年内实施前述行为之一,情节较重,但尚不够刑事处罚的情形。

八、关于询问查证时间问题。《治安管理处罚法》第83条第1款规定,"对违反治安管理行为人,公安机关传唤后应当及时询问查证,询问查证的时间不得超过八小时;情况复杂,依照本法规定可能适用行政拘留处罚的,询问查证的时间不得超过二十四小时"。这里的"依照本法规定可能适用行政拘留处罚",是指本法第三章对行为人实施的违反治安管理行为设定了行政拘留处罚,且根据其行为的性质和情节轻重,可能依法对违反治安管理行为人决定予以行政拘留的案件。

根据《治安管理处罚法》第82条和第83条的规定,公安机关或者办案部门负责人在审批书面传唤时,可以一并审批询问查证时间。对经过询问查证,属于"情况复杂",且"依照本法规定可能适用行政拘留处罚"的案件,需要对违反治安管理行为人适用超过8小时询问查证时间的,需口头或者书面报经公安机关或者其办案部门负责人批准。对口头报批的,办案民警应当记录在案。

九、关于询问不满16周岁的未成年人问题。《治安管理处罚法》第84条、第85条规定,询问不满16周岁的违反治安管理行为人、被侵害人或者其他证人,应当通知其父母或者其他监护人到场。上述人员父母双亡,又没有其他监护人的,因种种原因无法找到其父母或者其他监护人的,以及其父母或者其他监护人收到通知后拒不到场或者不能及时到场的,办案民警应当将有关情况在笔录中注明。为保证询问的合法性和证据的有效性,在被询问人的父母或者其他监护人不能到场时,可以邀请办案地居(村)民委员会的人员,或者被询问人在办案地有完全行为能力的亲友,或者所在学校的教师,或者其他见证人到场。询问笔录应当由办案民警、被询问人、见证人签名或者盖章。有条件的地方,还可以对询问过程进行录音、录像。

十、关于铁路、交通、民航、森林公安机关和海关侦查走私犯罪公安机构以及新疆生产建设兵团公安局的治安管理处罚权问题。《治安管理处罚法》第91条规定:"治安管理处罚由县级以上人民政府公安机关决定;其中警告、五百元以下罚款可以由公安派出所决定。"根据有关法律,铁路、交通、民航、森林公安机关依法负责其管辖范围内的治安管理工作,《中华人民共和国海关行政处罚实施条例》第6条赋予了海关侦查走私犯罪公安机构对阻碍海关缉私警察依法执行职务的治安案件的查处权。为有效维护社会治安,县级以上铁路、交通、民航、森林公安机关对其管辖的治安案件,可以依法作出治安管理处罚决定,铁路、交通、民航、森林公安派出所可以作出警告、500元以下罚款的治安管理处罚决定;海关系统相当于县级以上公安机关的侦查走私犯罪公安机构可以依法查处阻碍缉私警察依法执行职务的治安案件,并依法作出治安管理处罚决定。

新疆生产建设兵团系统的县级以上公安局应当视为"县级以上人民政府公安机关",可以依法作出治安管理处罚决定;其所属的公安派出所可以依法作出警告、500元以下罚款的治安管理处罚决定。

十一、关于限制人身自由的强制措施折抵行政拘留问题。《治安管理处罚法》第92条规定:"对决定给予行政拘留处罚的人,在处罚前已经采取强制措施限制人身自由的时间,应当折抵。限制人身自由一日,折抵行政拘留一日。"这里的"强制措施限制人身自由的时间",包括被行政拘留人在被行政拘留前因同一行为被依法刑事拘留、逮捕时间。如果被行政拘留人被刑事拘留、逮捕的时间已超过被行政拘留的时间的,则行政拘留不再执行,但办案部门必须将《治安管理处罚决定书》送达被处罚人。

十二、关于办理治安案件期限问题。《治安管理处罚法》第99条规定:"公安机关办理治安案件的期限,自受理之日起不得超过三十日;案情重大、复杂的,经上一级公安机关批准,可以延长三十日。为了查明案情进行鉴定的期间,不计入办理治安案件的期限。"这里的"鉴定期间",是指公安机关提交鉴定之日起至鉴定机构作出鉴定结论并送达公安机关的期间。公安机关应当切实提高办案效率,保证在法定期限内办结治安案件。对因违反治安管理行为人逃跑等客观原因造成案件不能在法定期限内办结的,公安机关应当继续进行调查取证,及时依法作出处理决定,不能因已超过法定办案期限就不再调查取证。因违反治安管理行为人在逃,导致无法查清案件事实,无法收集足够证据而结不了案的,公安机关应当向被侵害人说明原因。对调解未达成协议或者达成协议后不履行的治安案件的办案期限,应当从调解未达成协议或者达成协议后不履行之日起开始计算。

公安派出所承办的案情重大、复杂的案件,需要延长办案期限的,应当报所属县级以上公安机关负责人批准。

十三、关于将被拘留人送达拘留所执行问题。《治安管理处罚法》第103条规定:"对被决定给予行政拘留处罚的人,由作出决定的公安机关送达拘留所执行。"这里的"送达拘留所执行",是指作出行政拘留决定的公安机关将被决定行政拘留的人送到拘留所并交付执行,拘留所依法办理人所手续后即为送达。

十四、关于治安行政诉讼案件的出庭应诉问题。《治安管理处罚法》取消了行政复议前置程序。被处罚人对治安管理处罚决定不服的,既可以申请行政复议,也可以直接提起行政诉讼。对未经行政复议和经行政复议决定维持原处罚决定的行政诉讼案件,由作出处罚决定的公安机关负责人和原办案部门的承办民警出庭应诉;对经行政复议决定撤销、变更原处罚决定或者责令被申请人重新作出具体行政行为的行政诉讼案件,由行政复议机关负责人和行政复议机构的承办民警出庭应诉。

十五、关于《治安管理处罚法》的溯及力问题。按照《中华人民共和国立法法》第84条的规定,《治安管理处罚法》不溯及既往。《治安管理处罚法》施行后,对其施行前发生且尚未作出处罚决定的违反治安管理行为,适用《中华人民共和国治安管理处罚条例》;但是,如果《治安管理处罚法》不认为是违反治安管理行为或者处罚较轻的,适用《治安管理处罚法》。

公安机关执行《中华人民共和国治安管理处罚法》有关问题的解释(二)

(2007年1月8日 公通字〔2007〕1号)

为正确、有效地执行《中华人民共和国治安管理处罚法》(以下简称《治安管理处罚法》),根据全国人民代表大会常务委员会《关于加强法律解释工作的决议》的规定,现对公安机关执行《治安管理处罚法》的有关问题解释如下:

一、关于制止违反治安管理行为的法律责任问题

为了免受正在进行的违反治安管理行为的侵害而采取的制止违法侵害行为,不属于违反治安管理行为。但对事先挑拨、故意挑逗他人对自己进行侵害,然后以制止违法侵害为名对他人加以侵害的行为,以及互相斗殴的行为,应当予以治安管理处罚。

二、关于未达目的违反治安管理行为的法律责任问题

行为人为实施违反治安管理行为准备工具、制造条件的,不予处罚。

行为人自动放弃实施违反治安管理行为或者自动有效地防止违反治安管理行为结果发生,没有造成损害的,不予处罚;造成损害的,应当减轻处罚。

行为人已经着手实施违反治安管理行为,但由于本人意志以外的原因而未得逞的,应当从轻处罚、减轻处罚或者不予处罚。

三、关于未达到刑事责任年龄不予刑事处罚的,能否予以治安管理处罚问题

对已满十四周岁不满十六周岁不予刑事处罚的,应当责令其家长或者监护人加以管教;必要时,可以依照《治安管理处罚法》的相关规定予以治安管理处罚,或者依照《中华人民共和国刑法》第十七条的规定予以收容教养。

四、关于减轻处罚的适用问题

违反治安管理行为人具有《治安管理处罚法》第十二条、第十四条、第十九条减轻处罚情节的,按下列规定适用:

(一)法定处罚种类只有一种,在该法定处罚种类的幅度以下减轻处罚;

(二)法定处罚种类只有一种,在该法定处罚种类的幅度以下无法再减轻处罚的,不予处罚;

(三)规定拘留并处罚款的,在法定处罚幅度以下单独或者同时减轻拘留和罚款,或者在法定处罚幅度内单处拘留;

(四)规定拘留可以并处罚款的,在拘留的法定处罚幅度以下减轻处罚;在拘留的法定处罚幅度以下无法再减轻处罚的,不予处罚。

五、关于"初次违反治安管理"的认定问题

《治安管理处罚法》第二十一条第二项规定的"初次违反治安管理",是指行为人的违反治安管理行为第一次被公安机关发现或者查处。但具有下列情形之一的,不属于"初次违反治安管理":

(一)曾违反治安管理,虽未被公安机关发现或者查处,但仍在法定追究时效内的;

(二)曾因不满十六周岁违反治安管理,不执行行政拘留的;

(三)曾违反治安管理,经公安机关调解结案的;

(四)曾被收容教养、劳动教养的;

(五)曾因实施扰乱公共秩序,妨害公共安全,侵犯人身权利、财产权利,妨害社会管理的行为被人民法院判处刑罚或者免除刑事处罚的。

六、关于扰乱居(村)民委员会秩序和破坏居(村)民委员会选举秩序行为的法律适用问题

对扰乱居(村)民委员会秩序的行为,应当根据其具体表现形式,如侮辱、诽谤、殴打他人、故意伤害、故意损毁财物等,依照《治安管理处罚法》的相关规定予以处罚。

对破坏居(村)民委员会选举秩序的行为,应当依照《治安管理处罚法》第二十三条第一款第五项的规定予以处罚。

七、关于殴打、伤害特定对象的处罚问题

对违反《治安管理处罚法》第四十三条第二款第二项规定行为的处罚,不要求行为人主观上必须明知殴打、伤害的对象为残疾人、孕妇、不满十四周岁的人或者六十周岁以上的人。

八、关于"结伙"、"多次"、"多人"的认定问题

《治安管理处罚法》中规定的"结伙"是指两人(含两人)以上;"多次"是指三次(含三次)以上;"多人"是指三人(含三人)以上。

九、关于运送他人偷越国(边)境、偷越国(边)境和吸食、注射毒品行为的法律适用问题

对运送他人偷越国(边)境、偷越国(边)境和吸食、注射毒品行为的行政处罚,适用《治安管理处罚法》第六十一条、第六十二条第二款和第七十二条第三项的规定,不再适用全国人民代表大会常务委员会《关于严惩组织、运送他人偷越国(边)境犯罪的补充规定》和《关于禁毒的决定》的规定。

十、关于居住场所与经营场所合一的检查问题

违反治安管理行为人的居住场所与其在工商行政管理部门注册登记的经营场所合一的,在经营时间内对其检查时,应当按照检查经营场所办理相关手续;在非经营时间内对其检查时,应当按照检查公民住所办理相关手续。

十一、关于被侵害人是否有权申请行政复议问题

根据《中华人民共和国行政复议法》第二条的规定,治安案件的被侵害人认为公安机关依据《治安管理处罚法》作出的具体行政行为侵犯其合法权益的,可以依法申请行政复议。

拘留所条例

(2012年2月15日国务院第192次常务会议通过 2012年2月23日国务院令第614号公布 自2012年4月1日起施行)

第一章 总 则

第一条 为了规范拘留所的设置和管理,惩戒和教育被拘留人,保护被拘留人的合法权益,根据有关法律的规定,制定本条例。

第二条 对下列人员的拘留在拘留所执行:

(一)被公安机关、国家安全机关依法给予拘留行政处罚的人;

(二)被人民法院依法决定拘留的人。

第三条 拘留所应当依法保障被拘留人的人身安全和合法权益,不得侮辱、体罚、虐待被拘留人或者指使、纵容他人侮辱、体罚、虐待被拘留人。

被拘留人应当遵守法律、行政法规和拘留所的管理规定,服从管理,接受教育。

第四条 国务院公安部门主管全国拘留所的管理工作。县级以上地方人民政府公安机关主管本行政区域拘留所的管理工作。

第二章 拘 留 所

第五条 县级以上地方人民政府根据需要设置拘留所。拘留所的设置和撤销,由县级以上地方人民政府公安机关提出意见,按照规定的权限和程序审批。

第六条 拘留所应当按照规定的建设标准,设置拘留区、行政办公区等功能区域。

第七条 拘留所依照规定配备武器、警械,配备交通、通讯、技术防范、医疗和消防等装备和设施。

第八条 拘留所所需经费列入本级人民政府财政预算。

第三章 拘　　留

第九条　拘留所应当凭拘留决定机关的拘留决定文书及时收拘被拘留人。需要异地收拘的,拘留决定机关应当出具相关法律文书和需要异地收拘的书面说明,并经异地拘留所主管公安机关批准。

第十条　拘留所收拘被拘留人,应当告知被拘留人依法享有的权利和应当遵守的规定。

拘留所收拘被拘留人后,拘留决定机关应当及时通知被拘留人家属。

第十一条　拘留所收拘被拘留人,应当对被拘留人的人身和携带的物品进行检查。被拘留人的非生活必需品及现金由拘留所登记并统一保管。检查发现的违禁品和其他与案件有关的物品应当移交拘留决定机关依法处理。

对女性被拘留人的人身检查应当由女性人民警察进行。

第十二条　拘留所发现被拘留人可能被错误拘留的,应当通知拘留决定机关,拘留决定机关应当在24小时内作出处理决定;对依照《中华人民共和国治安管理处罚法》第二十一条的规定不应当被执行拘留的,拘留所不予收拘,并通知拘留决定机关。

第十三条　拘留所发现被拘留人吸食、注射毒品成瘾的,应当给予必要的戒毒治疗,并提请拘留所的主管公安机关对被拘留人依法作出社区戒毒或者强制隔离戒毒的决定。

第四章　管　理　教　育

第十四条　拘留所应当建立值班巡视制度和突发事件应急机制。值班巡视人员应当严守岗位,发现问题及时报告并妥善处理。

拘留所应当安装监控录像设备,对被拘留人进行安全监控。

第十五条　拘留所应当根据被拘留人的性别、是否成年以及其他管理的需要,对被拘留人实行分别拘押和管理。

对女性被拘留人的直接管理应当由女性人民警察进行。

第十六条　拘留所应当建立被拘留人管理档案。

第十七条　拘留所应当按照规定的标准为被拘留人提供饮食,并尊重被拘留人的民族饮食习惯。

第十八条　拘留所应当建立医疗卫生防疫制度,做好防病、防疫、治疗工作。

拘留所对患病的被拘留人应当及时治疗。被拘留人患病需要出所治疗的,由拘留所所长批准,并派人民警察管理;被拘留人患有传染病需要隔离治疗的,拘留所应当采取隔离治疗措施。

被拘留人病情严重的,拘留所应当立即采取急救措施并通知被拘留人的亲属。

第十九条 拘留所发现被拘留人有下列情形之一的,应当建议拘留决定机关作出停止执行拘留的决定:

(一)患有精神病或者患有传染病需要隔离治疗的;

(二)病情严重可能危及生命安全的。

第二十条 为被拘留人提供的拘留期间生活必需品应当由拘留所检查登记后转交被拘留人。非生活必需品,拘留所不予接收。

第二十一条 拘留所应当对被拘留人进行法律、道德等教育,组织被拘留人开展适当的文体活动。

拘留所应当保证被拘留人每日不少于2小时的拘室外活动时间。

拘留所不得强迫被拘留人从事生产劳动。

第二十二条 被拘留人检举、揭发违法犯罪行为经查证属实或者被拘留人制止违法犯罪行为的,拘留所应当予以表扬。

第二十三条 被拘留人有下列违法行为之一的,拘留所可以予以训诫、责令具结悔过或者使用警械:

(一)哄闹、打架斗殴的;

(二)殴打、欺侮他人的;

(三)故意损毁拘留所财物或者他人财物的;

(四)预谋或者实施逃跑的;

(五)严重违反管理的其他行为。

拘留所人民警察对被拘留人使用警械应当经拘留所所长批准,并遵守有关法律、行政法规的规定。

第二十四条 被拘留人在拘留期间有新的违法犯罪嫌疑的,拘留所应当报告拘留所的主管公安机关处理;拘留所发现被拘留人收拘前有其他违法犯罪嫌疑的,应当通知拘留决定机关或者报告拘留所的主管公安机关处理。

第二十五条 拘留所保障被拘留人在拘留期间的通信权利,被拘留人与他人的来往信件不受检查和扣押。被拘留人应当遵守拘留所的通信管理规定。

第二十六条 拘留所保障被拘留人在拘留期间的会见权利。被拘留人应当遵守拘留所的会见管理规定。

会见被拘留人应当持有效身份证件按照规定的时间在拘留所的会见区进行。

被拘留人委托的律师会见被拘留人还应当持律师执业证书、律师事务所证明和委托书或者法律援助公函。

第二十七条 被拘留人遇有参加升学考试、子女出生或者近亲属病危、死亡等情形的,被拘留人或者其近亲属可以提出请假出所的申请。

请假出所的申请由拘留所提出审核意见,报拘留决定机关决定是否批准。拘留决定机关应当在被拘留人或者其近亲属提出申请的12小时内作出是否准予请假出所的决定。

被拘留人请假出所的时间不计入拘留期限。

第二十八条 被拘留人或者其近亲属提出请假出所申请的,应当向拘留决定机关提出担保人或者交纳保证金。有关担保人和保证金的管理按照《中华人民共和国治安管理处罚法》的有关规定执行。

被拘留人请假出所不归的,由拘留决定机关负责带回拘留所执行拘留。

第二十九条 被拘留人提出举报、控告,申请行政复议,提起行政诉讼或者申请暂缓执行拘留的,拘留所应当在24小时内将有关材料转送有关机关,不得检查或者扣押。

第五章 解 除 拘 留

第三十条 被拘留人拘留期满,拘留所应当按时解除拘留,发给解除拘留证明书,并返还代为保管的财物。

第三十一条 被拘留人在解除拘留时有下列情形之一的,拘留所应当向有关机关或者单位移交被拘留人:

(一)依法被决定驱逐出境、遣送出境的;
(二)依法被决定执行刑事强制措施的;
(三)依法被决定社区戒毒、强制隔离戒毒的;
(四)依法被决定采取强制性教育矫治措施的。

第六章 附　则

第三十二条　执行拘留的时间以日为单位计算,从收拘当日到第 2 日为 1 日。

第三十三条　国家安全机关设置的拘留所,由国家安全机关依照本条例的规定进行管理。

第三十四条　被公安机关依法给予行政强制措施性质拘留的人在拘留所执行拘押,应当与本条例第二条规定的被拘留人分别拘押,具体管理办法由国务院公安部门参照本条例规定。

第三十五条　本条例自 2012 年 4 月 1 日起施行。

公安部关于森林公安机关执行《中华人民共和国治安管理处罚法》有关问题的批复

(2008 年 1 月 10 日　公法〔2008〕18 号)

国家林业局森林公安局:

你局《关于森林公安机关执行〈治安管理处罚法〉有关问题的请示》(林公治〔2007〕45 号)收悉。现批复如下:

一、关于"县级以上森林公安机关"的确定问题

《公安机关执行〈中华人民共和国治安管理处罚法〉有关问题的解释》(公通字〔2006〕12 号)第十条规定,县级以上森林公安机关对其管辖的治安案件,可以依法作出治安管理处罚决定。这里的"县级以上森林公安机关",是指相当于县级以上人民政府公安机关的行政级别,并有权以自己的名义办理案件、作出决定和制作法律文书的森林公安机关。

二、关于森林公安机关与地方公安机关办理治安案件的管辖分工问题

鉴于我国地域辽阔、地区差异性较大,各地林区公安机关的设置情况不一,有关森林公安机关与地方公安机关办理治安案件的管辖分工,可以由各级人民政府公安机关根据当地实际情况确定。

公安部关于如何执行《治安管理处罚法》第十八条规定问题的批复

(2010年8月3日 公复字〔2010〕4号)

浙江省公安厅:

你厅《关于〈治安管理处罚法〉第十八条适用问题的请示》(浙公请〔2010〕106号)收悉。现批复如下:

单位违反治安管理,其他法律、行政法规对同一行为没有规定给予单位处罚的,不对单位处罚,但应当依照《治安管理处罚法》的规定,对其直接负责的主管人员和其他直接责任人员予以处罚。

深化治安管理"放管服"改革便民利民6项措施

(2018年11月29日)

为深入贯彻落实党中央和国务院关于进一步深化"放管服"改革的部署要求,有效提升治安管理服务质量和水平,进一步释放改革红利、更快更好服务企业群众办事创业,公安部决定自发布之日起施行深化治安管理"放管服"改革便民利民6项措施。

一、对治安管理的重点行业、场所,简化企业开办程序,压缩开办时间

1. 申请办理旅馆业特种行业许可证和保安培训许可证实行告知承诺,企业和群众领取工商执照后承诺符合审批条件并提交有关材料即可获得审批。

2. 旅馆、歌舞、游艺、棋牌、洗浴、印章、印刷、旧货、机动车修理、生产性废旧金属回收以及房屋出租等场所、行业按照规定向公安机关备案和报送

登记信息的,报送有关材料并由公安机关在1个工作日内确认后即完成报备。

3. 印章刻制业特种行业许可办理时限,不超过7个工作日。

4. 公章刻制备案不再由用章单位办理。企业登记办理营业执照时,由市场监管部门一并采集印章刻制相关信息、推送至共享平台;印章刻制单位在印章制作完成后按照规定将印模信息、用章单位信息等报送公安机关备案,用章单位无需到公安机关办理公章刻制备案。

5. 用章企业符合规定申请刻制印章,印章刻制单位应在1个工作日内完成印章刻制。

6. 保安服务公司、保安培训单位设立许可办理时限,由30个工作日缩短为20个工作日。

7. 普通保安服务公司在省级行政区域内设立分公司备案不再到公安机关办理。相关企业到市场监管部门办理设立分公司业务时,由市场监管部门负责采集信息并推送至公安机关,办事企业不再向分公司所在地设区的市级人民政府公安机关提交材料备案。

二、减轻企业经济负担

8. 全面停止收取印章刻制单位入网费、服务费,严禁强制换章、垄断经营。

三、减免企业办事证明材料

9. 企业申请办理典当业特种行业许可证,不再需要提供法定代表人、个人股东和其他高级管理人员的简历、无故意犯罪记录证明。

10. 企业申请办理保安服务许可证,不再需要提供拟任保安服务公司法定代表人和总经理、副总经理等主要管理人员的5年以上军队、公安、安全、审判、检察、司法行政或者治安保卫、保安经营管理工作经验证明,以及无被刑事处罚、劳动教养、收容教育、强制隔离戒毒的证明。拟任的保安服务公司法定代表人和总经理或副总经理主要管理人员为外国人的,不再需要提供5年以上保安经营管理工作经验证明。

11. 企业申请办理保安培训许可证,不再需要提供申请人、投资人、法定代表人、管理人员及师资人员的无故意犯罪记录证明,培训机构主要负责人的工作经历证明。

12. 金融机构申请办理营业场所、金库安全防范设施合格证,不再需要提供金融监管机构和金融机构上级主管部门的批准文件,不再需要提供安全防范工程设计施工单位相关资质证明和安全技术产品生产登记批准书,不再需要提供房产租赁或者产权合同复印件和租赁双方签订的安全协议书复印件。

四、建立企业内部安全随访制

13. 根据企业需要,辖区公安机关选派民警担任企业内部治安保卫工作"联络员",加强与企业的联系互动,帮助企业发现整改安全隐患、完善安全保卫制度,指导企业开展安全教育培训,维护良好的生产经营环境。

五、为群众办理居民身份证和居住证提供便利服务

14. 为企业集体用工、急需用证的高考考生等开设办理居民身份证、居住证"绿色通道"。集体用工企业,高考、各类职业资格考试考生等急需用证的群众,可以通过各地公安机关建立的居民身份证、居住证办理"绿色通道",享受优先受理、优先上传信息、优先制证服务,确保及时领取证件。

15. 居民身份证相片"多拍优选"。群众如果对拍摄的居民身份证相片不满意,可以申请重新拍照3次,从中优选满意相片。办理过居民身份证的群众,2年内再次申请领取居民身份证时,可以使用原相片信息办理。

16. 居民身份证换证提醒。群众居民身份证有效期满前3个月,户籍地公安机关通过微信、短信平台等多种方式提醒群众及时换领新证。

六、优化户政管理服务

17. 完善单位和社区集体户制度,利用互联网开展流动人口暂住登记在线申报,为企业用工落户和暂住登记提供便利条件。

18. 实行"互联网+户政服务",企业和群众可以登录各地公安机关网上办事大厅、政务网、移动终端等平台,在线咨询户籍政策、预约户政业务、查询业务办理进度等。

公安机关治安调解工作规范

(2007年12月8日　公通字〔2007〕81号)

第一条　为进一步规范公安机关治安调解工作,最大限度地增加和谐因素,最大限度地减少不和谐因素,化解社会矛盾,促进社会稳定,根据《中华人民共和国治安管理处罚法》和《公安机关办理行政案件程序规定》等规定,制定本规范。

第二条 本规范所称治安调解,是指对于因民间纠纷引起的打架斗殴或者损毁他人财物等违反治安管理、情节较轻的治安案件,在公安机关的主持下,以国家法律、法规和规章为依据,在查清事实、分清责任的基础上,劝说、教育并促使双方交换意见,达成协议,对治安案件做出处理的活动。

第三条 对于因民间纠纷引起的殴打他人、故意伤害、侮辱、诽谤、诬告陷害、故意损毁财物、干扰他人正常生活、侵犯隐私等违反治安管理行为,情节较轻的,经双方当事人同意,公安机关可以治安调解。

民间纠纷是指公民之间、公民和单位之间,在生活、工作、生产经营等活动中产生的纠纷。对不构成违反治安管理行为的民间纠纷,应当告知当事人向人民法院或者人民调解组织申请处理。

第四条 违反治安管理行为有下列情形之一的,不适用治安调解:

(一)雇凶伤害他人的;

(二)结伙斗殴的;

(三)寻衅滋事的;

(四)多次实施违反治安管理行为的;

(五)当事人在治安调解过程中又挑起事端的;

(六)其他不宜治安调解的。

第五条 治安调解应当依法进行调查询问,收集证据,在查明事实的基础上实施。

第六条 治安调解应当遵循以下原则:

(一)合法原则。治安调解应当按照法律规定的程序进行,双方当事人达成的协议必须符合法律规定。

(二)公正原则。治安调解应当分清责任,实事求是地提出调解意见,不得偏袒一方。

(三)公开原则。治安调解应当公开进行,涉及国家机密、商业秘密或者个人隐私,以及双方当事人都要求不公开的除外。

(四)自愿原则。治安调解应当在当事人双方自愿的基础上进行。达成协议的内容,必须是双方当事人真实意思表示。

(五)及时原则。治安调解应当及时进行,使当事人尽快达成协议,解决纠纷。治安调解不成应当在法定的办案期限内及时依法处罚,不得久拖不决。

（六）教育原则。治安调解应当通过查清事实，讲明道理，指出当事人的错误和违法之处，教育当事人自觉守法并通过合法途径解决纠纷。

第七条 被侵害人可以亲自参加治安调解，也可以委托其他人参加治安调解。委托他人参加治安调解的，应当向公安机关提交委托书，并注明委托权限。

第八条 公安机关进行治安调解时，可以邀请当地居（村）民委员会的人员或者双方当事人熟悉的人员参加。

当事人中有不满十六周岁未成年人的，调解时应当通知其父母或者其他监护人到场。

第九条 治安调解一般为一次，必要时可以增加一次。

对明显不构成轻伤、不需要伤情鉴定以及损毁财物价值不大，不需要进行价值认定的治安案件，应当在受理案件后的3个工作日内完成调解；对需要伤情鉴定或者价值认定的治安案件，应当在伤情鉴定文书和价值认定结论出具后的3个工作日内完成调解。

对一次调解不成，有必要再次调解的，应当在第一次调解后的7个工作日内完成。

第十条 治安调解达成协议的，在公安机关主持下制作《治安调解协议书》（式样附后），双方当事人应当在协议书上签名，并履行协议。

第十一条 《治安调解协议书》应当包括以下内容：

（一）治安调解机关名称，主持人，双方当事人和其他在场人员的基本情况；

（二）案件发生时间、地点、人员、起因、经过、情节、结果等情况；

（三）协议内容、履行期限和方式；

（四）治安调解机关印章、主持人、双方当事人及其他参加人签名、印章（捺指印）。

《治安调解协议书》一式三份，双方当事人各执一份，治安调解机关留存一份备查。

第十二条 调解协议履行期满三日内，办案民警应当了解协议履行情况。对已经履行调解协议的，应当及时结案，对没有履行协议的，应当及时了解情况，查清原因。对无正当理由不履行协议的，依法对违反治安管理行为人予以处罚，并告知当事人可以就民事争议依法向人民法院提起民事诉讼。

第十三条 治安调解案件的办案期限从未达成协议或者达成协议不履行之日起开始计算。

第十四条 公安机关对情节轻微、事实清楚、因果关系明确、不涉及医疗费用、物品损失或者双方当事人对医疗费用和物品损失的赔付无争议，符合治安调解条件，双方当事人同意现场调解并当场履行的治安案件，可以进行现场调解。

现场调解达成协议的，应当制作《现场治安调解协议书》一式三联（式样附后），由双方当事人签名。

第十五条 经治安调解结案的治安案件应当纳入统计范围，并根据案卷装订要求建立卷宗。

现场治安调解结案的治安案件，可以不制作卷宗，但办案部门应当将《现场治安调解协议书》按编号装订存档。

第十六条 公安机关人民警察在治安调解过程中，有徇私舞弊、滥用职权、不依法履行法定职责等情形的，依法给予行政处分；构成犯罪的，依法追究刑事责任。

第十七条 本规范自下发之日起施行。

×××公安局
治安调解协议书

编号：

主持人_____单位及职务_____调解地点_____

当事人_____性别_____年龄_____身份证件及号码_____

工作单位及职业_____家庭住址_____

当事人_____性别_____年龄_____身份证件及号码_____

工作单位及职业_____家庭住址_____

调解见证人姓名_____家庭住址_____联系方式_____

主要事实(包括案件发生时间、地点、人员、起因、经过、情节、结果等):

经调解,双方自愿达成如下协议(包括协议内容、履行方式和期限等):

本协议自双方签字之时起生效。对已履行协议的,公安机关对违反治安管理行为人不予处罚;对不履行协议的,公安机关依法对违反治安管理行为人给予治安管理处罚,被侵害人可以就民事争议依法向人民法院提起民事诉讼。

本协议书一式三份,双方当事人各执一份,调解机关留存一份备查。

当事人意见: 签名(盖章):
当事人意见: 签名(盖章):
                              主持人签名:
                              见证人签名:

(公安机关印章)
年   月   日

×××公安局
现场治安调解协议书

编号:

当事人＿＿＿＿性别＿＿＿＿年龄＿＿＿＿身份证件及号码＿＿＿＿

工作单位及职业＿＿＿＿家庭住址＿＿＿＿

当事人＿＿＿＿性别＿＿＿＿年龄＿＿＿＿身份证件及号码＿＿＿＿

工作单位及职业＿＿＿＿家庭住址＿＿＿＿

主要事实:

经调解,双方自愿达成如下协议:

本协议自双方签字之时起生效,并当场履行,公安机关对违反治安管理行为人不予处罚。

当事人(签名):
当事人(签名):

办案民警:
(公安机关印章)
年　月　日

(第一联:存根;第二联:送当事人;第三联:送当事人)

二、处罚的种类和适用

违反公安行政管理行为的名称及其适用意见（节录）

（2020年8月6日 公通字〔2020〕8号）

二、治安管理

（二）《中华人民共和国人民警察法》（法律）

21.非法制造、贩卖、持有、使用警用标志、制式服装、警械、证件（《中华人民共和国人民警察法》第36条，《人民警察制式服装及其标志管理规定》第14条、第15条、第16条，《公安机关警戒带使用管理办法》第10条）

对单位或者个人非法生产、销售人民警察制式服装及其标志的，违法行为名称表述为"非法制造、贩卖警用标志、制式服装"，法律依据适用《中华人民共和国人民警察法》第36条和《人民警察制式服装及其标志管理规定》第14条。对指定生产企业违反规定，超计划生产或者擅自转让生产任务的，违法行为名称表述为"非法制造警用标志、制式服装"，法律依据适用《中华人民共和国人民警察法》第36条和《人民警察制式服装及其标志管理规定》第14条、第15条。对单位或者个人非法持有、使用人民警察制式服装及其标志的，违法行为名称表述为"非法持有、使用警用标志、制式服装"，法律依据适用《中华人民共和国人民警察法》第36条和《人民警察制式服装及其标志管理规定》第16条。

（三）《人民警察制式服装及其标志管理规定》（部门规章）

22.生产、销售仿制警用制式服装、标志（第17条）

23.穿着、佩带仿制警用制式服装、标志（第18条）

（四）《中华人民共和国治安管理处罚法》（法律）

24.扰乱单位秩序（第23条第1款第1项）

《中华人民共和国军事设施保护法》第43条规定援引《中华人民共和国治安管理处罚法》第23条处罚。对《中华人民共和国军事设施保护法》第43条规定的非法进入军事禁区、军事管理区，不听制止的；在军事禁区外围安全控制范围内，或者在没有划入军事禁区、军事管理区的军事设施一定距离内，进行危害军事设施安全和使用效能的活动，不听制止的；在军用机场净空保护区域内，进行影响飞行安全和机场助航设施使用效能的活动，不听制止的；对军事禁区、军事管理区非法进行摄影、摄像、录音、勘察、测量、描绘和记述，不听制止的；其他扰乱军事禁区、军事管理区管理秩序和危害军事设施安全的行为，情节轻微，尚不够刑事处罚的，违法行为名称表述为"扰乱单位秩序"，法律依据适用《中华人民共和国治安管理处罚法》第23条第1款第1项。聚众实施上述行为的，违法行为名称表述为"聚众扰乱单位秩序"，法律依据适用《中华人民共和国治安管理处罚法》第23条第1款第1项和第2款。

25. 扰乱公共场所秩序（第23条第1款第2项）
26. 扰乱公共交通工具上的秩序（第23条第1款第3项）
27. 妨碍交通工具正常行驶（第23条第1款第4项）
28. 破坏选举秩序（第23条第1款第5项）
29. 聚众扰乱单位秩序（第23条第2款）
30. 聚众扰乱公共场所秩序（第23条第2款）
31. 聚众扰乱公共交通工具上的秩序（第23条第2款）
32. 聚众妨碍交通工具正常行驶（第23条第2款）
33. 聚众破坏选举秩序（第23条第2款）
34. 强行进入大型活动场内（第24条第1款第1项）
35. 违规在大型活动场内燃放物品（第24条第1款第2项）
36. 在大型活动场内展示侮辱性物品（第24条第1款第3项）
37. 围攻大型活动工作人员（第24条第1款第4项）
38. 向大型活动场内投掷杂物（第24条第1款第5项）
39. 其他扰乱大型活动秩序的行为（第24条第1款第6项）
40. 虚构事实扰乱公共秩序（第25条第1项）

对《中华人民共和国消防法》第62条第3项规定的谎报火警，违法行为名称表述为"虚构事实扰乱公共秩序（谎报火警）"，法律依据适用《中华人民共和国消防法》第62条第3项和《中华人民共和国治安管理处罚法》

第 25 条第 1 项。

41. 投放虚假危险物质(第 25 条第 2 项)
42. 扬言实施放火、爆炸、投放危险物质(第 25 条第 3 项)
43. 寻衅滋事(第 26 条)
44. 组织、教唆、胁迫、诱骗、煽动从事邪教、会道门活动(第 27 条第 1 项)
45. 利用邪教、会道门、迷信活动危害社会(第 27 条第 1 项)
46. 冒用宗教、气功名义危害社会(第 27 条第 2 项)
47. 故意干扰无线电业务正常进行(第 28 条)

《中华人民共和国军事设施保护法》第 44 条规定援引《中华人民共和国治安管理处罚法》第 28 条处罚。对《中华人民共和国军事设施保护法》第 44 条规定的违反国家规定,故意干扰军用无线电设施正常工作的,违法行为名称表述为"故意干扰无线电业务正常进行",法律依据适用《中华人民共和国治安管理处罚法》第 28 条。

48. 拒不消除对无线电台(站)的有害干扰(第 28 条)

《中华人民共和国军事设施保护法》第 44 条规定援引《中华人民共和国治安管理处罚法》第 28 条处罚。对《中华人民共和国军事设施保护法》第 44 条规定的对军用无线电设施产生有害干扰,拒不按照有关主管部门的要求改正的,违法行为名称表述为"拒不消除对无线电台(站)的有害干扰",法律依据适用《中华人民共和国治安管理处罚法》第 28 条。

49. 非法侵入计算机信息系统(第 29 条第 1 项)

《计算机信息网络国际联网安全保护管理办法》第 20 条与《中华人民共和国治安管理处罚法》第 29 条第 1 项竞合。对单位未经允许,进入计算机信息网络或者使用计算机信息网络资源,构成违反治安管理行为的,违法行为名称表述为"非法侵入计算机信息系统"。对单位处罚的法律依据适用《计算机信息网络国际联网安全保护管理办法》第 6 条第 1 项和第 20 条,对其直接负责的主管人员和其他直接责任人员处罚的法律依据适用《中华人民共和国治安管理处罚法》第 18 条和第 29 条第 1 项。

50. 非法改变计算机信息系统功能(第 29 条第 2 项)

《计算机信息网络国际联网安全保护管理办法》第 20 条与《中华人民共和国治安管理处罚法》第 29 条第 2 项竞合。对单位未经允许,对计算机信息网络功能进行删除、修改或者增加,构成违反治安管理行为的,违法行为名称表述为"非法改变计算机信息系统功能"。对单位处罚的法律依据适用《计算机信息网络国际联网安全保护管理办法》第6条第2项和第20条,对其直接负责的主管人员和其他直接责任人员处罚的法律依据适用《中华人民共和国治安管理处罚法》第18条和第29条第2项。

51.非法改变计算机信息系统数据和应用程序(第29条第3项)

《计算机信息网络国际联网安全保护管理办法》第20条与《中华人民共和国治安管理处罚法》第29条第3项竞合。对单位未经允许,对计算机信息网络中存储、处理或者传输的数据和应用程序进行删除、修改或者增加,构成违反治安管理行为的,违法行为名称表述为"非法改变计算机信息系统数据和应用程序"。对单位处罚的法律依据适用《计算机信息网络国际联网安全保护管理办法》第6条第3项和第20条,对其直接负责的主管人员和其他直接责任人员处罚的法律依据适用《中华人民共和国治安管理处罚法》第18条和第29条第3项。

52.故意制作、传播计算机破坏性程序影响运行(第29条第4项)

《计算机信息网络国际联网安全保护管理办法》第20条与《中华人民共和国治安管理处罚法》第29条第4项竞合。对单位故意制作、传播计算机病毒等破坏性程序,构成违反治安管理行为的,违法行为名称表述为"故意制作、传播计算机破坏性程序影响运行"。对单位处罚的法律依据适用《计算机信息网络国际联网安全保护管理办法》第6条第4项和第20条,对其直接负责的主管人员和其他直接责任人员处罚的法律依据适用《中华人民共和国治安管理处罚法》第18条和第29条第4项。

53.非法制造、买卖、储存、运输、邮寄、携带、使用、提供、处置危险物质(第30条)

《民用爆炸物品安全管理条例》第44条第4款与《中华人民共和国治安管理处罚法》第30条竞合。对未经许可购买、运输民用爆炸物品的,违法行为名称表述为"非法购买、运输危险物质(民用爆炸物品)"。对单位处罚的法律依据适用《民用爆炸物品安全管理条例》第44条第4款,对其直接负责的主管人员和其他直接责任人员处罚的法律依据适用《中华人民共和国治安管理处罚法》第18条和第30条。对个人未经许可购买、运输民用爆炸物品的,法律依据适用《中华人民共和国治安管理处罚法》第30条。

《民用爆炸物品安全管理条例》第49条第3项、第4项与《中华人民共和国治安管理处罚法》第30条竞合。对违规储存民用爆炸物品的,违法行为名称表述为"非法储存危险物质(民用爆炸物品)"。对单位处罚的法律依据适用《民用爆炸物品安全管理条例》第49条第3项或者第4项,对其直接负责的主管人员和其他直接责任人员处罚的法律依据适用《中华人民共和国治安管理处罚法》第18条和第30条。对个人非法储存民用爆炸物品的,法律依据适用《中华人民共和国治安管理处罚法》第30条。

《民用爆炸物品安全管理条例》第51条与《中华人民共和国治安管理处罚法》第30条竞合。对携带民用爆炸物品搭乘公共交通工具或者进入公共场所,邮寄或在托运的货物、行李、包裹、邮件中夹带民用爆炸物品,违法行为名称表述为"非法携带、邮寄危险物质(民用爆炸物品)",法律依据适用《中华人民共和国治安管理处罚法》第30条和《民用爆炸物品安全管理条例》第51条。

对《中华人民共和国消防法》第62条第1项规定的违反有关消防技术标准和管理规定生产、储存、运输、销售、使用、销毁易燃易爆危险品,违法行为名称表述为"非法制造、买卖、储存、运输、使用、处置危险物质(易燃易爆危险品)",法律依据适用《中华人民共和国消防法》第62条第1项和《中华人民共和国治安管理处罚法》第30条。

对《中华人民共和国消防法》第62条第2项规定的非法携带易燃易爆危险品进入公共场所或者乘坐公共交通工具的,违法行为名称表述为"非法携带危险物质(易燃易爆危险品)",法律依据适用《中华人民共和国消防法》第62条第2项和《中华人民共和国治安管理处罚法》第30条。

《烟花爆竹安全管理条例》第36条第2款与《中华人民共和国治安管理处罚法》第30条竞合。对未经许可经由道路运输烟花爆竹的,违法行为名称表述为"非法运输危险物质(烟花爆竹)"。对单位处罚的法律依据适用《烟花爆竹安全管理条例》第36条第2款,对其直接负责的主管人员和其他直接责任人员处罚的法律依据适用《中华人民共和国治安管理处罚法》第18条和第30条。对个人未经许可经由道路运输烟花爆竹的,法律依据适用《中华人民共和国治安管理处罚法》第30条。

《烟花爆竹安全管理条例》第41条和《中华人民共和国治安管理处罚法》第30条竞合。对携带烟花爆竹搭乘公共交通工具的,或者邮寄烟花爆竹以及在托运的行李、包裹、邮件中夹带烟花爆竹的,违法行为名称表述为"非法邮寄、携带危险物质(烟花爆竹)"。情节较轻的,法律依据适用《烟花爆竹安全管理条例》第41条;情节较重,构成违反治安管理的,法律依据适用《中华人民共和国治安管理处罚法》第30条。

《危险化学品安全管理条例》第88条第4项和《剧毒化学品购买和公路运输许可证件管理办法》第20条、第21条第3款与《中华人民共和国治安管理处罚法》第30条竞合。对未取得或者利用骗取的剧毒化学品道路运输通行证,通过道路运输剧毒化学品的,违法行为名称表述为"非法运输危险物质(剧毒化学品)"。对单位处罚的法律依据相应适用《危险化学品安全管理条例》第88条第4项和《剧毒化学品购买和公路运输许可证件管理办法》第20条,或者《危险化学品安全管理条例》第88条第4项和《剧毒化学品购买和公路运输许可证件管理办法》第21条第3款,对其直接负责的主管人员和其他直接责任人员处罚的法律依据适用《中华人民共和国治安管理处罚法》第18条和第30条。对个人未取得剧毒化学品道路运输通行证经由道路运输剧毒化学品的,法律依据适用《中华人民共和国治安管理处罚法》第30条。

《剧毒化学品购买和公路运输许可证件管理办法》第20条与《中华人民共和国治安管理处罚法》第30条竞合。对未申领剧毒化学品购买凭证〔《国务院关于第五批取消和下放管理层级行政审批项目的决定》(国发〔2010〕21号)已取消剧毒化学品准购证核发审批〕,擅自购买剧毒化学品的,违法行为名称表述为"非法购买危险物质(剧毒化学品)"。对单位处罚的法律依据适用《剧毒化学品购买和公路运输许可证件管理办法》第20条,对其直接负责的主管人员和其他直接责任人员处罚的法律依据适用《中华人民共和国治安管理处罚法》第18条和第30条。对个人非法购买剧毒化学品的,法律依据适用《中华人民共和国治安管理处罚法》第30条。

《放射性物品运输安全管理条例》第62条第1项与《中华人民共和国治安管理处罚法》第30条竞合。未经公安机关批准通过道路运输放射性物品的,违法行为名称表述为"非法运输危险物质(放射性物品)"。对单位处罚的法律依据适用《放射性物品运输安全管理条例》第62条第1项,对其直接负责的主管人员和其他直接责任人员处罚的法律依据适用《中华人民共和国治安管理处罚法》第18条和第30条。对个人未经公安机关批准通过道路运输放射性物品的,法律依据适用《中华人民共和国治安管理处罚法》第30条。

54.危险物质被盗、被抢、丢失不报(第31条)

《民用爆炸物品安全管理条例》第50条第2项与《中华人民共和国治安管理处罚法》第31条竞合。对民用爆炸物品丢失、被盗、被抢不报的，违法行为名称表述为"危险物质（民用爆炸物品）被盗、被抢、丢失不报"。对单位处罚的法律依据适用《民用爆炸物品安全管理条例》第50条第2项，对其直接负责的主管人员和其他直接责任人员处罚的法律依据适用《中华人民共和国治安管理处罚法》第18条和第31条。

《烟花爆竹安全管理条例》第39条与《中华人民共和国治安管理处罚法》第31条竞合。对生产、经营、使用黑火药、烟火药、引火线的企业，丢失黑火药、烟火药、引火线未及时向当地安全生产监督管理部门和公安部门报告的，违法行为名称表述为"危险物质（烟花爆竹）丢失不报"。对企业主要负责人处罚的法律依据适用《烟花爆竹安全管理条例》第39条，对其直接负责的主管人员和其他直接责任人员处罚的法律依据适用《中华人民共和国治安管理处罚法》第18条和第31条。

《危险化学品安全管理条例》第81条第1款第2项与《中华人民共和国治安管理处罚法》第31条竞合。生产、储存、使用剧毒化学品、易制爆危险化学品的单位发现剧毒化学品、易制爆危险化学品丢失或者被盗，不立即向公安机关报告的，违法行为名称表述为"危险物质被盗、丢失不报"。对单位处罚的法律依据适用《危险化学品安全管理条例》第81条第1款第2项，对其直接负责的主管人员和其他直接责任人员处罚的法律依据适用《中华人民共和国治安管理处罚法》第18条和第31条。

55. 非法携带枪支、弹药、管制器具（第32条）

《中华人民共和国枪支管理法》第44条第1款第2项与《中华人民共和国治安管理处罚法》第32条竞合。对《中华人民共和国枪支管理法》第44条第1款第2项规定的在禁止携带枪支的区域、场所携带枪支的，违法行为名称表述为"非法携带枪支"，法律依据适用《中华人民共和国治安管理处罚法》第32条。

56. 盗窃、损毁公共设施（第33条第1项）

《中华人民共和国军事设施保护法》第45条规定援引《中华人民共和国治安管理处罚法》第33条处罚。对《中华人民共和国军事设施保护法》第45条规定的毁坏边防、海防管控设施以及军事禁区、军事管理区的围墙、铁丝网、界线标志或者其他军事设施的，违法行为名称表述为"损毁公共设施"，法律依据适用《中华人民共和国治安管理处罚法》第33条第

1项。

57. 移动、损毁边境、领土、领海标志设施(第33条第2项)

58. 非法进行影响国(边)界线走向的活动(第33条第3项)

59. 非法修建有碍国(边)境管理的设施(第33条第3项)

60. 盗窃、损坏、擅自移动航空设施(第34条第1款)

61. 强行进入航空器驾驶舱(第34条第1款)

62. 在航空器上使用禁用物品(第34条第2款)

63. 盗窃、损毁、擅自移动铁路设施、设备、机车车辆配件、安全标志(第35条第1项)

64. 在铁路线路上放置障碍物(第35条第2项)

65. 故意向列车投掷物品(第35条第2项)

66. 在铁路沿线非法挖掘坑穴、采石取沙(第35条第3项)

67. 在铁路线路上私设道口、平交过道(《中华人民共和国治安管理处罚法》第35条第4项和《中华人民共和国铁路法》第68条)

68. 擅自进入铁路防护网(第36条)

69. 违法在铁路线路上行走坐卧、抢越铁路(第36条)

70. 擅自安装、使用电网(第37条第1项)

71. 安装、使用电网不符合安全规定(第37条第1项)

72. 道路施工不设置安全防护设施(第37条第2项)

73. 故意损毁、移动道路施工安全防护设施(第37条第2项)

74. 盗窃、损毁路面公共设施(第37条第3项)

75. 违规举办大型活动(第38条)

76. 公共场所经营管理人员违反安全规定(第39条)

77. 组织、胁迫、诱骗进行恐怖、残忍表演(第40条第1项)

78. 强迫劳动(第40条第2项)

《中华人民共和国劳动法》第96条第1项与《中华人民共和国治安管理处罚法》第40条第2项竞合。对用人单位以暴力、威胁或者非法限制人身自由的手段强迫劳动的,违法行为名称表述为"强迫劳动",法律依据适用《中华人民共和国治安管理处罚法》第40条第2项。

79. 非法限制人身自由(第40条第3项)

《保安服务管理条例》第45条第1款第1项与《中华人民共和国治安管理处罚法》第40条第3项竞合。对保安员限制他人人身自由的,违法行为名称表述为"非法限制人身自由"。如果其行为依法应当予以治安管理处罚的,法律依据适用《中华人民共和国治安管理处罚法》第40条第3项。如果其行为情节严重,依法应当吊销保安员证,并应当依法予以治安管理处罚的,法律依据适用《中华人民共和国治安管理处罚法》第40条第3项和《保安服务管理条例》第45条第1款第1项。如果其行为情节轻微,不构成违反治安管理行为,仅应当予以训诫的,法律依据适用《保安服务管理条例》第45条第1款第1项。

《中华人民共和国劳动法》第96条第2项与《中华人民共和国治安管理处罚法》第40条第3项竞合。对用人单位拘禁劳动者的,违法行为名称表述为"非法限制人身自由",法律依据适用《中华人民共和国治安管理处罚法》第40条第3项。

80.非法侵入住宅(第40条第3项)

81.非法搜查身体(第40条第3项)

《保安服务管理条例》第45条第1款第1项与《中华人民共和国治安管理处罚法》第40条第3项竞合。对保安员搜查他人身体的,违法行为名称表述为"非法搜查身体"。如果其行为依法应当予以治安管理处罚的,法律依据适用《中华人民共和国治安管理处罚法》第40条第3项。如果其行为情节严重,依法应当吊销保安员证,并应当依法予以治安管理处罚的,法律依据适用《中华人民共和国治安管理处罚法》第40条第3项和《保安服务管理条例》第45条第1款第1项。如果其行为情节轻微,不构成违反治安管理行为,仅应当予以训诫的,法律依据适用《保安服务管理条例》第45条第1款第1项。

《中华人民共和国劳动法》第96条第2项与《中华人民共和国治安管理处罚法》第40条第3项竞合。对用人单位非法搜查劳动者的,违法行为名称表述为"非法搜查身体",法律依据适用《中华人民共和国治安管理处罚法》第40条第3项。

82.胁迫、诱骗、利用他人乞讨(第41条第1款)

83.以滋扰他人的方式乞讨(第41条第2款)

84.威胁人身安全(第42条第1项)

85.侮辱(第42条第2项)

《保安服务管理条例》第45条第1款第1项与《中华人民共和国治安管理处罚法》第42条第2项竞合。对保安员侮辱他人的,违法行为名称表述为"侮辱"。如果其行为依法应当予以治安管理处罚的,法律依据适用《中华人民共和国治安管理处罚法》第42条第2项。如果其行为情节严重,依法应当吊销保安员证,并应当依法予以治安管理处罚的,法律依据适用《中华人民共和国治安管理处罚法》第42条第2项和《保安服务管理条例》第45条第1款第1项。如果其行为情节轻微,不构成违反治安管理行为,仅应当予以训诫的,法律依据适用《保安服务管理条例》第45条第1款第1项。

《中华人民共和国劳动法》第96条第2项与《中华人民共和国治安管理处罚法》第42条第2项竞合。对用人单位侮辱劳动者的,违法行为名称表述为"侮辱",法律依据适用《中华人民共和国治安管理处罚法》第42条第2项。

86. 诽谤(第42条第2项)

87. 诬告陷害(第42条第3项)

88. 威胁、侮辱、殴打、打击报复证人及其近亲属(第42条第4项)

89. 发送信息干扰正常生活(第42条第5项)

90. 侵犯隐私(第42条第6项)

《保安服务管理条例》第45条第1款第6项与《中华人民共和国治安管理处罚法》第42条第6项竞合。对保安员侵犯个人隐私的,违法行为名称表述为"侵犯隐私"。如果其行为依法应当予以治安管理处罚的,法律依据适用《中华人民共和国治安管理处罚法》第42条第6项。如果其行为情节严重,依法应当吊销保安员证,并应当依法予以治安管理处罚的,法律依据适用《中华人民共和国治安管理处罚法》第42条第6项和《保安服务管理条例》第45条第1款第6项。如果其行为情节轻微,不构成违反治安管理行为,仅应当予以训诫的,法律依据适用《保安服务管理条例》第45条第1款第6项。

91. 殴打他人(第43条第1款)

《保安服务管理条例》第45条第1款第1项与《中华人民共和国治安管理处罚法》第43条第1款竞合。对保安员殴打他人的,违法行为名称表述为"殴打他人"。如果其行为依法应当予以治安管理处罚,法律依据适用《中华人民共和国治安管理处罚法》第43条第1款。如果其行为情节严重,依法应当吊销保安员证,并应当依法予以治安管理处罚的,法律依据适用《中华人民共和国治安管理处罚法》第43条第1款和《保安服务管理条例》第 45 条第 1 款第 1 项;有法定加重情节的,法律依据适用《中华人民共和国治安管理处罚法》第 43 条第 2 款和《保安服务管理条例》第 45 条第 1 款第 1 项。如果其行为情节轻微,不构成违反治安管理行为,仅应当予以训诫的,法律依据适用《保安服务管理条例》第 45 条第 1 款第 1 项。

《中华人民共和国劳动法》第 96 条第 2 项与《中华人民共和国治安管理处罚法》第 43 条第 1 款竞合。对用人单位体罚、殴打劳动者的,违法行为名称表述为"殴打他人",法律依据适用《中华人民共和国治安管理处罚法》第 43 条第 1 款。

92. 故意伤害(第 43 条第 1 款)

93. 猥亵(第 44 条)

94. 在公共场所故意裸露身体(第 44 条)

95. 虐待(第 45 条第 1 项)

96. 遗弃(第 45 条第 2 项)

97. 强迫交易(第 46 条)

98. 煽动民族仇恨、民族歧视(第 47 条)

99. 刊载民族歧视、侮辱内容(第 47 条)

100. 冒领、隐匿、毁弃、私自开拆、非法检查他人邮件(第 48 条)

对冒领、隐匿、毁弃、私自开拆、非法检查他人快件,尚不构成犯罪的,违法行为名称表述为"冒领、隐匿、毁弃、私自开拆、非法检查他人邮件",法律依据适用《快递暂行条例》第 42 条第 1 款和《中华人民共和国治安管理处罚法》第 48 条。

101. 盗窃(第 49 条)

102. 诈骗(第 49 条)

103. 哄抢(第 49 条)

104. 抢夺(第 49 条)

105. 敲诈勒索(第 49 条)

106. 故意损毁财物(第 49 条)

107. 拒不执行紧急状态下的决定、命令(第 50 条第 1 款第 1 项)

108. 阻碍执行职务(第 50 条第 1 款第 2 项)

《保安服务管理条例》第 45 条第 1 款第 3 项与《中华人民共和国治安管理处罚法》第 50 条第 1 款第 2 项竞合。对保安员阻碍依法执行公务,违法行为名称表述为"阻碍执行职务"。如果其行为依法应当予以治安管理处罚的,法律依据适用《中华人民共和国治安管理处罚法》第50条第1款第2项。如果其行为情节严重,依法应当吊销保安员证,并应当依法予以治安管理处罚的,法律依据适用《中华人民共和国治安管理处罚法》第50条第1款第2项和《保安服务管理条例》第45条第1款第3项。如果其行为情节轻微,不构成违反治安管理行为,仅应当予以训诫的,法律依据适用《保安服务管理条例》第45条第1款第3项。

对阻碍消防救援机构的工作人员依法执行职务,尚不够刑事处罚的,违法行为名称表述为"阻碍执行职务",法律依据适用《中华人民共和国消防法》第62条第5项和《中华人民共和国治安管理处罚法》第50条第1款第2项。

对阻碍国家情报工作机构及其工作人员依法开展情报工作,尚不够刑事处罚的,违法行为名称及法律适用规范按照本意见第777条的规定执行。

109.阻碍特种车辆通行(第50条第1款第3项)

对阻碍消防车、消防艇执行任务的,违法行为名称表述为"阻碍特种车辆通行(消防车、消防艇)",法律依据适用《中华人民共和国消防法》第62条第4项和《中华人民共和国治安管理处罚法》第50条第1款第3项。

110.冲闯警戒带、警戒区(第50条第1款第4项)

111.招摇撞骗(第51条第1款)

112.伪造、变造、买卖公文、证件、证明文件、印章(第52条第1项)

《报废机动车回收管理办法》第20条第1款第1项与《中华人民共和国治安管理处罚法》第52条第1项竞合。对买卖、伪造、变造报废机动车回收证明的,违法行为名称表述为"伪造、变造、买卖证明文件(报废机动车回收证明)",处罚的法律依据适用《中华人民共和国治安管理处罚法》第52条第1项和《报废机动车回收管理办法》第20条第1款第1项。

113.买卖、使用伪造、变造的公文、证件、证明文件(第52条第2项)

114.伪造、变造、倒卖有价票证、凭证(第52条第3项)

115.伪造、变造船舶户牌(第52条第4项)

116.买卖、使用伪造、变造的船舶户牌(第52条第4项)

117.涂改船舶发动机号码(第52条第4项)

118.驾船擅自进入、停靠国家管制的水域、岛屿(第53条)

《沿海船舶边防治安管理规定》第28条第1项与《中华人民共和国治

安管理处罚法》第53条竞合。对沿海船舶非法进入国家禁止或者限制进入的海域或者岛屿的,违法行为名称表述为"驾船擅自进入国家管制的水域、岛屿",法律依据适用《中华人民共和国治安管理处罚法》第53条。

119. 非法以社团名义活动(第54条第1款第1项)
120. 以被撤销登记的社团名义活动(第54条第1款第2项)
121. 未获公安许可擅自经营(第54条第1款第3项)

《旅馆业治安管理办法》第15条与《中华人民共和国治安管理处罚法》第54条第1款第3项、第2款竞合。对未经公安机关许可开办旅馆的,违法行为名称表述为"未获公安许可擅自经营(旅馆)",法律依据适用《中华人民共和国治安管理处罚法》第54条第1款第3项、第2款和《旅馆业治安管理办法》第4条。

《保安服务管理条例》第41条与《中华人民共和国治安管理处罚法》第54条第1款第3项、第2款竞合。对未经许可从事保安服务的,违法行为名称表述为"未获公安许可擅自经营(保安服务)",法律依据适用《中华人民共和国治安管理处罚法》第54条第1款第3项、第2款以及《保安服务管理条例》第9条和第41条。对未经许可从事保安培训的,违法行为名称表述为"未获公安许可擅自经营(保安培训)",法律依据适用《中华人民共和国治安管理处罚法》第54条第1款第3项、第2款以及《保安服务管理条例》第33条和第41条。

122. 煽动、策划非法集会、游行、示威(第55条)
123. 不按规定登记住宿旅客信息(第56条第1款)
124. 不制止住宿旅客带入危险物质(第56条第1款)
125. 明知住宿旅客是犯罪嫌疑人不报(第56条第2款)
126. 将房屋出租给无身份证件人居住(第57条第1款)
127. 不按规定登记承租人信息(第57条第1款)
128. 明知承租人利用出租屋犯罪不报(第57条第2款)
129. 制造噪声干扰正常生活(第58条)
130. 违法承接典当物品(第59条第1项)
131. 典当发现违法犯罪嫌疑人、赃物不报(第59条第1项)

《典当管理办法》第66条第1款与《中华人民共和国治安管理处罚法》第59条第1项竞合。对典当行发现公安机关通报协查的人员或者赃物不向公安机关报告的,违法行为名称表述为"典当发现违法犯罪嫌疑人、赃物不报"。对典当行处罚的法律依据适用《典当管理办法》第27条和第52条及第66条第1款,对其直接负责的主管人员和其他直接责任人员处罚的法律依据适用《中华人民共和国治安管理处罚法》第18条和第59条第1项。对典当行工作人员发现违法犯罪嫌疑人、赃物不向公安机关报告的,法律依据适用《中华人民共和国治安管理处罚法》第59条第1项。

132. 违法收购废旧专用器材(第59条第2项)

133. 收购赃物、有赃物嫌疑的物品(第59条第3项)

134. 收购国家禁止收购的其他物品(第59条第4项)

135. 隐藏、转移、变卖、损毁依法扣押、查封、冻结的财物(第60条第1项)

136. 伪造、隐匿、毁灭证据(第60条第2项)

137. 提供虚假证言(第60条第2项)

138. 谎报案情(第60条第2项)

139. 窝藏、转移、代销赃物(第60条第3项)

对机动车修理企业和个体工商户明知是盗窃、抢劫所得机动车而予以拆解、改装、拼装、倒卖的,对其直接负责的主管人员和其他直接责任人员处罚的法律依据适用《中华人民共和国治安管理处罚法》第18条和第60条第3项以及《机动车修理业、报废机动车回收业治安管理办法》第15条。

对报废机动车回收企业明知或者应当知道回收的机动车为赃物或者用于盗窃、抢劫等犯罪活动的犯罪工具,未向公安机关报告,擅自拆解、改装、拼装、倒卖该机动车的,对其直接负责的主管人员和其他直接责任人员处罚的法律依据适用《中华人民共和国治安管理处罚法》第18条和第60条第3项以及《报废机动车回收管理办法》第20条第1款第2项。

140. 违反监督管理规定(第60条第4项)

141. 协助组织、运送他人偷越国(边)境(第61条)

142. 为偷越国(边)境人员提供条件(第62条第1款)

143. 偷越国(边)境(第62条第2款)

144. 故意损坏文物、名胜古迹(第63条第1项)

145. 违法实施危及文物安全的活动(第63条第2项)

146. 偷开机动车(第64条第1项)

147. 无证驾驶、偷开航空器、机动船舶(第64条第2项)

《沿海船舶边防治安管理规定》第29条第2项规定的"偷开他人船

舶",与《中华人民共和国治安管理处罚法》第64条第2项规定的"偷开机动船舶"竞合。对偷开他人船舶的,法律依据适用《中华人民共和国治安管理处罚法》第64条第2项。

148. 破坏、污损坟墓(第65条第1项)

149. 毁坏、丢弃尸骨、骨灰(第65条第1项)

150. 违法停放尸体(第65条第2项)

151. 卖淫(第66条第1款)

152. 嫖娼(第66条第1款)

153. 拉客招嫖(第66条第2款)

154. 引诱、容留、介绍卖淫(第67条)

155. 制作、运输、复制、出售、出租淫秽物品(第68条)

156. 传播淫秽信息(第68条)

157. 组织播放淫秽音像(第69条第1款第1项)

158. 组织淫秽表演(第69条第1款第2项)

159. 进行淫秽表演(第69条第1款第2项)

160. 参与聚众淫乱(第69条第1款第3项)

161. 为淫秽活动提供条件(第69条第2款)

162. 为赌博提供条件(第70条)

163. 赌博(第70条)

164. 非法种植毒品原植物(第71条第1款第1项)

165. 非法买卖、运输、携带、持有毒品原植物种苗(第71条第1款第2项)

166. 非法运输、买卖、储存、使用罂粟壳(第71条第1款第3项)

167. 非法持有毒品(第72条第1项)

168. 提供毒品(第72条第2项)

169. 吸毒(第72条第3项)

170. 胁迫、欺骗开具麻醉药品、精神药品(第72条第4项)

171. 教唆、引诱、欺骗吸毒(第73条)

172. 为吸毒、赌博、卖淫、嫖娼人员通风报信(第74条)

173. 饲养动物干扰正常生活(第75条第1款)

174. 放任动物恐吓他人(第75条第1款)

175. 担保人不履行担保义务(第109条第2款)

（五）《中华人民共和国国旗法》（法律）

176. 侮辱国旗（第 19 条）

（六）《中华人民共和国国徽法》（法律）

177. 侮辱国徽（第 13 条）

（七）《中华人民共和国国歌法》（法律）

178. 侮辱国歌（第 15 条）

（八）《全国人民代表大会常务委员会关于惩治破坏金融秩序犯罪的决定》（法律）

179. 出售、购买、运输假币（第 2 条第 1 款和第 21 条）

对"出售、运输伪造、变造的人民币"的，法律依据适用《中华人民共和国中国人民银行法》第 42 条。

180. 金融工作人员购买假币、以假币换取货币（第 2 条第 2 款和第 21 条）

181. 持有、使用假币（第 4 条和第 21 条）

对"购买、持有、使用伪造、变造的人民币"的，法律依据适用《中华人民共和国中国人民银行法》第 43 条。

182. 变造货币（第 5 条和第 21 条）

对"变造人民币"的，法律依据适用《中华人民共和国中国人民银行法》第 42 条。

183. 伪造、变造金融票证（第 11 条和第 21 条）

184. 金融票据诈骗（第 12 条和第 21 条）

185. 信用卡诈骗（第 14 条和第 21 条）

186. 保险诈骗（第 16 条和第 21 条）

（九）《中华人民共和国中国人民银行法》（法律）

187. 伪造人民币（第 42 条）

188. 变造人民币（第 42 条）

189. 出售、运输伪造、变造的人民币（第 42 条）

190. 购买、持有、使用伪造、变造的人民币（第 43 条）

（十）《中华人民共和国人民币管理条例》（行政法规）

191. 故意毁损人民币（第 42 条）

（十一）《全国人民代表大会常务委员会关于惩治虚开、伪造和非法出售增值税专用发票犯罪的决定》（法律）

192. 伪造、出售伪造的增值税专用发票（第 2 条第 1 款和第 11 条）

193. 非法出售增值税专用发票(第 3 条和第 11 条)

194. 非法购买增值税专用发票(第 4 条第 1 款和第 11 条)

195. 购买伪造的增值税专用发票(第 4 条第 1 款和第 11 条)

196. 非法制造、出售非法制造的可以用于骗取出口退税、抵扣税款的其他发票(第 6 条第 1 款和第 11 条)

197. 非法制造、出售非法制造的发票(第 6 条第 2 款和第 11 条)

198. 非法出售可以用于骗取出口退税、抵扣税款的其他发票(第 6 条第 3 款和第 11 条)

199. 非法出售发票(第 6 条第 4 款和第 11 条)

"非法制造、出售非法制造的发票""非法出售发票"中的"发票",是指用于骗取出口退税、抵扣税款的发票以外的发票。

(十二)《全国人民代表大会常务委员会关于严禁卖淫嫖娼的决定》(法律)

200. 放任卖淫、嫖娼活动(第 7 条)

(十三)《中华人民共和国集会游行示威法》(法律)

201. 非法集会、游行、示威(第 28 条第 2 款第 1 项、第 2 项)

202. 破坏集会、游行、示威(第 30 条)

(十四)《中华人民共和国居民身份证法》(法律)

203. 骗领居民身份证(第 16 条第 1 项)

204. 出租、出借、转让居民身份证(第 16 条第 2 项)

205. 非法扣押居民身份证(第 16 条第 3 项)

对保安员扣押他人居民身份证的,违法行为名称表述为"非法扣押居民身份证",法律依据适用《保安服务管理条例》第 45 条第 1 款第 2 项。

206. 冒用居民身份证(第 17 条第 1 款第 1 项)

207. 使用骗领的居民身份证(第 17 条第 1 款第 1 项)

208. 购买、出售、使用伪造、变造的居民身份证(第 17 条第 1 款第 2 项)

209. 泄露公民个人信息(第 19 条第 1、2 款)

对国家机关或者金融、电信、交通、教育、医疗等单位的工作人员泄露公民个人信息的,法律依据适用《中华人民共和国居民身份证法》第 19 条第 1 款;对单位泄露公民个人信息的,对其直接负责的主管人员和其他直接责任人员的处罚,法律依据适用《中华人民共和国居民身份证法》第 19

条第2款。

（十五）《居住证暂行条例》（行政法规）

210.使用虚假证明材料骗领居住证（第18条第1项）

211.出租、出借、转让居住证（第18条第2项）

212.非法扣押他人居住证（第18条第3项）

213.冒用他人居住证（第19条第1款第1项）

214.使用骗领的居住证（第19条第1款第1项）

215.购买、出售、使用伪造、变造的居住证（第19条第1款第2项）

（十六）《中华人民共和国枪支管理法》（法律）

216.违规制造、销（配）售枪支（第40条）

对"超过限额或者不按照规定的品种制造枪支"的，违法行为名称表述为"违规制造枪支"，法律依据适用《中华人民共和国枪支管理法》第40条第1项；对"制造无号、重号、假号的枪支"的，违法行为名称表述为"违规制造枪支"，法律依据适用《中华人民共和国枪支管理法》第40条第2项。

对"超过限额或者不按照规定的品种配售枪支"的，违法行为名称表述为"违规配售枪支"，法律依据适用《中华人民共和国枪支管理法》第40条第1项；对"私自销售枪支""在境内销售为出口制造的枪支"的，违法行为名称表述为"违规销售枪支"，法律依据适用《中华人民共和国枪支管理法》第40条第3项。

217.违规运输枪支（第42条）

218.非法出租、出借枪支（第43条第5款）

219.未按规定标准制造民用枪支（第44条第1款第1项和第2款）

《中华人民共和国枪支管理法》第44条第1款第2项规定的在禁止携带枪支的区域、场所携带枪支的，违法行为名称及法律适用规范按照本意见第55条的规定执行。

220.不上缴报废枪支（第44条第1款第3项和第2款）

221.丢失枪支不报（第44条第1款第4项）

222.制造、销售仿真枪（第44条第1款第5项和第2款）

（十七）《中华人民共和国教育法》（法律）

223.组织作弊（第80条第1项）

224.为作弊提供帮助、便利（第80条第2项）

225. 代替他人参加考试(第80条第3项)

226. 泄露、传播考试试题、答案(第80条第4项)

227. 其他扰乱考试秩序的行为(第80条第5项)

(十八)《民用爆炸物品安全管理条例》(行政法规)

228. 未经许可从事爆破作业(第44条第4款)

对《民用爆炸物品安全管理条例》第44条第4款规定的未经许可购买、运输民用爆炸物品的,违法行为名称及法律适用规范按照本意见第53条的规定执行。

229. 未按规定对民用爆炸物品做出警示、登记标识(第46条第1项)

230. 未按规定对雷管编码打号(第46条第1项)

231. 超出许可购买民用爆炸物品(第46条第2项)

232. 使用现金、实物交易民用爆炸物品(第46条第3项)

233. 销售民用爆炸物品未按规定保存交易证明材料(第46条第4项)

234. 销售、购买、进出口民用爆炸物品未按规定备案(第46条第5项)

235. 未按规定建立民用爆炸物品登记制度(第46条第6项、第48条第1款第3项、第49条第2项)

对未如实将本单位生产、销售、购买、运输、储存、使用民用爆炸物品的品种、数量和流向信息输入计算机系统的,违法行为名称表述为"未按规定建立民用爆炸物品登记制度",法律依据适用《民用爆炸物品安全管理条例》第46条第6项;对爆破作业单位未按规定建立民用爆炸物品领取登记制度、保存领取登记记录的,违法行为名称表述为"未按规定建立民用爆炸物品登记制度",法律依据适用《民用爆炸物品安全管理条例》第48条第1款第3项;对未按规定建立出入库检查、登记制度或者收存和发放民用爆炸物品,致使账物不符的,违法行为名称表述为"未按规定建立民用爆炸物品登记制度",法律依据适用《民用爆炸物品安全管理条例》第49条第2项。

236. 未按规定核销民用爆炸物品运输许可证(第46条第7项)

237. 违反许可事项运输民用爆炸物品(第47条第1项)

238. 未携带许可证运输民用爆炸物品(第47条第2项)

239. 违规混装民用爆炸物品(第47条第3项)

240. 民用爆炸物品运输车辆未按规定悬挂、安装警示标志(第47条第4项)

241. 违反行驶、停靠规定运输民用爆炸物品(第47条第5项)

242. 装载民用爆炸物品的车厢载人(第47条第6项)

243. 运输民用爆炸物品发生危险未处置、不报告(第47条第7项)

244. 未按资质等级从事爆破作业(第48条第1款第1项)

245. 营业性爆破作业单位跨区域作业未报告(第48条第1款第2项)

246. 违反标准实施爆破作业(第48条第1款第4项)

对爆破作业人员违反国家有关标准和规范的规定实施爆破作业,情节严重,依法应当吊销爆破作业人员许可证的,违法行为名称表述为"违反标准实施爆破作业",法律依据适用《民用爆炸物品安全管理条例》第48条第1款第4项和第2款。

247. 未按规定设置民用爆炸物品专用仓库技术防范设施(第49条第1项)

对《民用爆炸物品安全管理条例》第49条第3项、第4项规定的超量储存、在非专用仓库储存或者违反储存标准和规范储存民用爆炸物品以及其他违反规定储存民用爆炸物品的,违法行为名称及法律适用规范按照本意见第53条的规定执行。

248. 违反制度致使民用爆炸物品丢失、被盗、被抢(第50条第1项)

对《民用爆炸物品安全管理条例》第50条第2项规定的民用爆炸物品丢失、被盗、被抢不报的,违法行为名称及法律适用规范按照本意见第54条的规定执行。

249. 非法转让、出借、转借、抵押、赠送民用爆炸物品(第50条第3项)

对《民用爆炸物品安全管理条例》第51条规定的携带民用爆炸物品搭乘公共交通工具或者进入公共场所,邮寄或者在托运的货物、行李、包裹、邮件中夹带民用爆炸物品,尚不构成犯罪的,违法行为名称及法律适用规范按照本意见第53条的规定执行。

250. 未履行民用爆炸物品安全管理责任(第52条)

(十九)《烟花爆竹安全管理条例》(行政法规)

对《烟花爆竹安全管理条例》第36条第2款规定的未经许可经由道路运输烟花爆竹的,违法行为名称及法律适用规范按照本意见第53条的规定执行。

对《烟花爆竹安全管理条例》第39条规定的生产、经营、使用黑火药、烟火药、引火线的企业,丢失黑火药、烟火药、引火线未及时报告的,违法行为名称及法律适用规范按照本意见第54条的规定执行。

251. 违反许可事项经道路运输烟花爆竹(第40条第1项)

252. 未携带许可证经道路运输烟花爆竹(第40条第2项)

253. 烟花爆竹道路运输车辆未按规定悬挂、安装警示标志(第40条第3项)

254. 未按规定装载烟花爆竹(第40条第4项)

255. 装载烟花爆竹的车厢载人(第40条第5项)

256. 烟花爆竹运输车辆超速行驶(第40条第6项)

257. 烟花爆竹运输车辆经停无人看守(第40条第7项)

258. 未按规定核销烟花爆竹道路运输许可证(第40条第8项)

对《烟花爆竹安全管理条例》第41条规定的携带烟花爆竹搭乘公共交通工具,或者邮寄烟花爆竹以及在托运的行李、包裹、邮件中夹带烟花爆竹的,违法行为名称及法律适用规范按照本意见第53条的规定执行。

259. 非法举办大型焰火燃放活动(第42条第1款)

260. 违规从事燃放作业(第42条第1款)

261. 违规燃放烟花爆竹(第42条第2款)

(二十)《危险化学品安全管理条例》(行政法规)

262. 剧毒化学品、易制爆危险化学品专用仓库未按规定设置技术防范设施(第78条第2款)

263. 未如实记录剧毒化学品、易制爆危险化学品数量、流向(第81条第1款第1项)

对《危险化学品安全管理条例》第81条第1款第2项规定的发现剧毒化学品、易制爆危险化学品丢失或者被盗,不立即向公安机关报告的,违法行为名称及法律适用规范按照本意见第54条的规定执行。

264. 储存剧毒化学品未备案(第81条第1款第3项)

265. 未如实记录剧毒化学品、易制爆危险化学品购买信息(《危险化学品安全管理条例》第81条第1款第4项和《剧毒化学品购买和公路运输许可证件管理办法》第23条第2款)

266. 未按规定期限保存剧毒化学品、易制爆危险化学品销售记录、材料(第81条第1款第4项)

267. 未按规定期限备案剧毒化学品、易制爆危险化学品销售、购买信息(第81条第1款第5项)

268. 转让剧毒化学品、易制爆危险化学品不报（第 81 条第 1 款第 6 项）

269. 转产、停产、停业、解散未备案处置方案（第 82 条第 2 款）

270. 单位未经许可购买剧毒化学品、易制爆危险化学品（第 84 条第 2 款）

271. 个人非法购买剧毒化学品、易制爆危险化学品（第 84 条第 2 款）

272. 单位非法出借、转让剧毒化学品、易制爆危险化学品（第 84 条第 3 款）

273. 违反核定载质量运输危险化学品（第 88 条第 1 项）

274. 使用不符合安全标准车辆运输危险化学品（第 88 条第 2 项）

275. 道路运输危险化学品擅自进入限制通行区域（第 88 条第 3 项）

《危险化学品安全管理条例》第 88 条第 4 项规定的非法运输剧毒化学品的违法行为名称及法律适用规范按照本意见第 53 条的规定执行。

276. 未按规定悬挂、喷涂危险化学品警示标志（第 89 条第 1 项）

277. 不配备危险化学品押运人员（第 89 条第 2 项）

278. 道路运输剧毒化学品、易制爆危险化学品长时间停车不报（第 89 条第 3 项）

279. 剧毒化学品、易制爆危险化学品运输途中丢失、被盗、被抢、流散、泄露未采取有效警示和安全措施（第 89 条第 4 项）

280. 剧毒化学品、易制爆危险化学品运输途中流散、泄露不报（第 89 条第 4 项）

281. 伪造、变造、出租、出借、转让剧毒化学品许可证件（第 93 条第 2 款）

282. 使用伪造、变造的剧毒化学品许可证件（第 93 条第 2 款）

《危险化学品安全管理条例》第 93 条第 2 款与《中华人民共和国治安管理处罚法》第 52 条第 1 项、第 2 项竞合。对单位伪造、变造剧毒化学品许可证件或者使用伪造、变造的剧毒化学品许可证件的，法律依据适用《危险化学品安全管理条例》第 93 条第 2 款，对其直接负责的主管人员和其他直接责任人员处罚的，法律依据适用《中华人民共和国治安管理处罚法》第 18 条和第 52 条第 1 项、第 2 项。对个人伪造、变造剧毒化学品许可证件或者使用伪造、变造的剧毒化学品许可证件的，法律依据适用《中华人民共和国治安管理处罚法》第 52 条第 1 项、第 2 项。

(二十一)《剧毒化学品购买和公路运输许可证件管理办法》(部门规章)

《剧毒化学品购买和公路运输许可证件管理办法》第 20 条规定的未经许可购买、通过公路运输剧毒化学品的,违法行为名称及法律适用规范按照本意见第 53 条的规定执行。

283. 非法获取剧毒化学品购买、公路运输许可证件(第 21 条第 1 款)

284. 未按规定更正剧毒化学品购买许可证件回执填写错误(第 23 条第 1 款)

285. 未携带许可证经公路运输剧毒化学品(第 24 条第 1 款)

286. 违反许可事项经公路运输剧毒化学品(第 24 条第 2 款)

对违反许可事项通过公路运输剧毒化学品,尚未造成严重后果的,对单位处罚的法律依据适用《剧毒化学品购买和公路运输许可证件管理办法》第 24 条第 2 款,对其直接负责的主管人员和其他直接责任人员处罚的法律依据适用《中华人民共和国治安管理处罚法》第 18 条和第 30 条。

287. 未按规定缴交剧毒化学品购买证件回执(第 25 条第 1 项)

288. 未按规定缴交剧毒化学品公路运输通行证件(第 25 条第 2 项)

289. 未按规定缴交剧毒化学品购买凭证、凭证存根(第 25 条第 3 项)

290. 未按规定作废、缴交填写错误的剧毒化学品购买凭证(第 25 条第 4 项)

(二十二)《易制爆危险化学品治安管理办法》(部门规章)

291. 未按规定建立易制爆危险化学品信息系统(第 6 条第 1 款和第 36 条)

292. 违规在互联网发布易制爆危险化学品信息(第 23 条、第 24 条和第 42 条)

(二十三)《危险货物道路运输安全管理办法》(部门规章)

293. 未携带许可证明经道路运输放射性物品(第 71 条第 4 项)

(二十四)《放射性物品运输安全管理条例》(行政法规)

《放射性物品运输安全管理条例》第 62 条第 1 项规定的未经许可通过道路运输放射性物品的违法行为名称及法律适用规范按照本意见第 53 条的规定执行。

294. 放射性物品运输车辆违反行驶规定(第 62 条第 2 项)

295. 放射性物品运输车辆未悬挂警示标志(第 62 条第 2 项)

296. 道路运输放射性物品未配备押运人员(第 62 条第 3 项)

297. 道路运输放射性物品脱离押运人员监管(第 62 条第 3 项)

(二十五)《中华人民共和国民用航空安全保卫条例》(行政法规)

298. 装载未采取安全措施的物品(第 24 条第 4 项和第 35 条第 1 项)

299. 违法交运、捎带他人货物(第 24 条第 3 项和第 35 条第 2 项)

300. 托运人伪报品名托运(第 30 条第 2 款和第 35 条第 3 项)

301. 托运人在托运货物中夹带危险物品(第 30 条第 2 款和第 35 条第 3 项)

302. 携带、交运禁运物品(第 32 条和第 35 条第 3 项)

303. 违反警卫制度致使航空器失控(第 15 条和第 36 条第 1 项)

304. 违规出售客票(第 17 条和第 36 条第 2 项)

305. 承运时未核对乘机人和行李(第 18 条和第 36 条第 3 项)

306. 承运人未核对登机旅客人数(第 19 条第 1 款和第 36 条第 4 项)

307. 将未登机人员的行李装入、滞留航空器内(第 19 条第 2 款、第 3 款和第 36 条第 4 项)

308. 承运人未全程监管承运物品(第 20 条和第 36 条第 5 项)

309. 配制、装载单位未对供应品采取安全措施(第 21 条和第 36 条第 5 项)

310. 未对承运货物采取安全措施(第 30 条第 1 款和第 36 条第 5 项)

311. 未对航空邮件安检(第 31 条和第 36 条第 5 项)

(二十六)《铁路安全管理条例》(行政法规)

312. 毁坏铁路设施设备、防护设施(第 51 条和第 95 条)

313. 危及铁路通信、信号设施安全(第 52 条和第 95 条)

314. 危害电气化铁路设施(第 53 条和第 95 条)

法律适用规范同本意见第 315 条。

315. 危害铁路安全(第 77 条和第 95 条)

对具有《铁路安全管理条例》第 77 条规定的危害铁路安全行为之一,但未构成违反治安管理行为的,违法行为名称表述为"危害铁路安全",法律依据适用《铁路安全管理条例》第 77 条和第 95 条。如果行为人实施了《铁路安全管理条例》第 77 条规定的危害铁路安全行为之一,该行为同时又构成违反治安管理行为的,违法行为名称表述为《中华人民共和国治安管理处罚法》中的相应违法行为名称,对单位处罚的法律依据适用《铁路安全管理条例》第77条和第95条,对其直接负责的主管人员和其他直接责任人员处罚的法律依据适用《中华人民共和国治安管理处罚法》的相关规定;违法行为人为自然人的,法律依据适用《中华人民共和国治安管理处罚法》的相关规定。

316. 运输危险货物不按规定配备押运人员(第98条)

317. 发生危险货物泄漏不报(第98条)

《铁路安全管理条例》第98条与《中华人民共和国治安管理处罚法》第31条竞合。铁路运输托运人运输危险货物发生危险货物被盗、丢失不按照规定及时报告的,违法行为名称表述为"危险物质被盗、丢失不报",对单位处罚的法律依据适用《铁路安全管理条例》第98条,对其直接负责的主管人员和其他直接责任人员处罚的法律依据适用《中华人民共和国治安管理处罚法》第18条和第31条。

(二十七)《娱乐场所管理条例》(行政法规)

318. 娱乐场所从事毒品违法犯罪活动(第14条和第43条)

对娱乐场所从业人员实施《娱乐场所管理条例》第14条规定的禁止行为的,按照相关法律、法规确定违法行为名称,并适用相关法律、法规。

319. 娱乐场所为毒品违法犯罪活动提供条件(第14条和第43条)

320. 娱乐场所组织、强迫、引诱、容留、介绍他人卖淫、嫖娼(第14条和第43条)

《娱乐场所管理条例》第43条与《中华人民共和国治安管理处罚法》第67条竞合。对娱乐场所引诱、容留、介绍他人卖淫的,法律依据适用《娱乐场所管理条例》第43条。

321. 娱乐场所为组织、强迫、引诱、容留、介绍他人卖淫、嫖娼提供条件(第14条和第43条)

322. 娱乐场所制作、贩卖、传播淫秽物品(第14条和第43条)

《娱乐场所管理条例》第43条与《中华人民共和国治安管理处罚法》第68条竞合。对娱乐场所制作、贩卖、传播淫秽物品的,法律依据适用《娱乐场所管理条例》第43条。

323. 娱乐场所为制作、贩卖、传播淫秽物品提供条件(第14条和第43条)

324. 娱乐场所提供营利性陪侍(第14条和第43条)

325. 娱乐场所从业人员从事营利性陪侍(第14条和第43条)

326. 娱乐场所为提供、从事营利性陪侍提供条件(第 14 条和第 43 条)

327. 娱乐场所赌博(第 14 条和第 43 条)

《娱乐场所管理条例》第 43 条与《中华人民共和国治安管理处罚法》第 70 条竞合。对娱乐场所赌博的,法律依据适用《娱乐场所管理条例》第 43 条。

328. 娱乐场所为赌博提供条件(第 14 条和第 43 条)

《娱乐场所管理条例》第 43 条与《中华人民共和国治安管理处罚法》第 70 条竞合。对娱乐场所为赌博提供条件的,法律依据适用《娱乐场所管理条例》第 43 条。

329. 娱乐场所从事邪教、迷信活动(第 14 条和第 43 条)

330. 娱乐场所为从事邪教、迷信活动提供条件(第 14 条和第 43 条)

331. 娱乐场所设施不符合规定(第 44 条第 1 项)

332. 未按规定安装、使用娱乐场所闭路电视监控设备(第 44 条第 2 项)

333. 删改、未按规定留存娱乐场所监控录像资料(第 44 条第 3 项)

《娱乐场所管理条例》第 44 条第 3 项"删改娱乐场所监控录像资料"的规定和《中华人民共和国治安管理处罚法》第 29 条第 3 项"非法改变计算机信息系统数据"的规定竞合。对删改娱乐场所监控录像资料的,违法行为名称表述为"删改娱乐场所监控录像资料",对娱乐场所处罚的法律依据适用《娱乐场所管理条例》第 44 条第 3 项的规定,对其直接负责的主管人员和其他直接责任人员处罚的法律依据适用《中华人民共和国治安管理处罚法》第 18 条和第 29 条第 3 项。

334. 未按规定配备娱乐场所安全检查设备(第 44 条第 4 项)

335. 未对进入娱乐场所人员进行安全检查(第 44 条第 4 项)

对因未配备娱乐场所安全检查设备而未对进入营业场所人员进行安全检查的,违法行为名称表述为"未按规定配备娱乐场所安全检查设备"。

336. 未按规定配备娱乐场所保安人员(第 44 条第 5 项)

337. 设置具有赌博功能的游戏设施设备(第 45 条第 1 项)

338. 以现金、有价证券作为娱乐奖品(第 45 条第 2 项)

339. 非法回购娱乐奖品(第 45 条第 2 项)

对以现金、有价证券作为娱乐奖品,并回购娱乐奖品的,违法行为名称表述为"非法回购娱乐奖品"。

340. 指使、纵容娱乐场所从业人员侵害消费者人身权利(第46条)
341. 未按规定备案娱乐场所营业执照(第47条)
342. 未按规定建立娱乐场所从业人员名簿、营业日志(第50条)
343. 娱乐场所内发现违法犯罪行为不报(第50条)
344. 未按规定悬挂娱乐场所警示标志(第51条)

(二十八)《娱乐场所治安管理办法》(部门规章)

345. 拒不补齐娱乐场所备案项目(第41条第1款)
346. 未按规定进行娱乐场所备案变更(第7条和第41条第2款)
347. 要求娱乐场所保安人员从事非职务活动(第29条和第43条第1款)
348. 未按规定通报娱乐场所保安人员工作情况(第29条和第43条第1款)
349. 未按规定建立、使用娱乐场所治安管理信息系统(第26条和第44条)

(二十九)《营业性演出管理条例》(行政法规)

350. 未制止有非法内容的营业性演出(第25条和第46条第2款)
351. 发现有非法内容的营业性演出不报(第26条和第46条第2款)
352. 超过核准数量印制、出售营业性演出门票(第51条第2款)
353. 印制、出售观众区域以外的营业性演出门票(第51条第2款)

(三十)《印刷业管理条例》(行政法规)

354. 印刷非法印刷品(第3条和第38条)
355. 印刷经营中发现违法犯罪行为未报告(第39条第1款第2项)

(三十一)《旅馆业治安管理办法》(行政法规)

356. 旅馆变更登记未备案(第4条第2款和第15条)

《旅馆业治安管理办法》第15条规定的未经许可开办旅馆的违法行为名称及法律适用规范按照本意见第121条的规定执行。

(三十二)《租赁房屋治安管理规定》(部门规章)

357. 不履行出租房屋治安责任(第9条第3项)

对房屋出租人明知承租人利用出租房屋进行犯罪活动,不向公安机关报告的,违法行为名称表述为"明知承租人利用出租屋犯罪不报",法律依据适用《中华人民共和国治安管理处罚法》第57条第2款。对房屋出租人不履行治安责任,出租房屋发生案件、治安灾害事故的,违法行为名称表述为"不履行出租房屋治安责任",法律依据适用《租赁房屋治安管理规定》第9条第3项。但是,如果并处罚款的,其罚款数额不得超过《国务院关于贯彻实施〈中华人民共和国行政处罚法〉的通知》(国发〔1996〕13号)第2条中"国务院各部门制定的规章对非经营活动中的违法行为设定罚款不得超过1000元;对经营活动中的违法行为,有违法所得的,设定罚款不得超过违法所得的3倍,但是最高不得超过30000元,没有违法所得的,设定罚款不得超过10000元;超过上述限额的,应当报国务院批准"的规定。

358. 转租、转借承租房屋未按规定报告(第9条第4项)

359. 利用出租房屋非法生产、储存、经营危险物品(第9条第5项)

依照《租赁房屋治安管理规定》第9条第5项的规定"处月租金十倍以下罚款"的,其罚款数额不得超过《国务院关于贯彻实施〈中华人民共和国行政处罚法〉的通知》(国发〔1996〕13号)第2条中"国务院各部门制定的规章对非经营活动中的违法行为设定罚款不得超过1000元;对经营活动中的违法行为,有违法所得的,设定罚款不得超过违法所得的3倍,但是最高不得超过30000元,没有违法所得的,设定罚款不得超过10000元;超过上述限额的,应当报国务院批准"的规定。

(三十三)《废旧金属收购业治安管理办法》(行政法规)

360. 非法设点收购废旧金属(第7条和第13条第1款第4项)

361. 收购生产性废旧金属未如实登记(第8条和第13条第1款第5项)

对再生资源回收企业收购生产性废旧金属未如实登记的,违法行为名称表述为"收购生产性废旧金属未如实登记",法律依据适用《再生资源回收管理办法》第23条和《废旧金属收购业治安管理办法》第13条第1款第5项。

362. 收购国家禁止收购的金属物品(第9条和第13条第1款第6项)

对单位违反《废旧金属收购业治安管理办法》第9条的规定,收购国家禁止收购的金属物品的,法律依据适用《废旧金属收购业治安管理办法》第9条和第13条第1款第6项,对其直接负责的主管人员和其他直接责任人员处罚的法律依据适用《中华人民共和国治安管理处罚法》第18条和第59条第2项、第3项或者第4项。对个人收购国家禁止收购的金属物品的,法律依据适用《中华人民共和国治安管理处罚法》第59条第2项、第3项或者第4项。

(三十四)《机动车修理业、报废机动车回收业治安管理办法》(部门规章)

363. 承修机动车不如实登记(第14条)

364. 回收报废机动车不如实登记(《机动车修理业、报废机动车回收业治安管理办法》第14条和《废旧金属收购业治安管理办法》第13条第1款第5项)

365. 承修非法改装机动车(第16条)

366. 承修交通肇事逃逸车辆不报(第16条)

367. 回收无报废证明的机动车(第16条)

368. 更改机动车发动机号码、车架号码(第17条)

369. 非法拼(组)装汽车、摩托车[《机动车修理业、报废机动车回收业治安管理办法》第19条和《关于禁止非法拼(组)装汽车、摩托车的通告》(行政法规1996年8月21日起施行)第5条]

对机动车修理企业和个体工商户、报废机动车回收企业实施本意见第363条至第369条规定的违法行为,情节严重或者屡次不改,依法应当吊销有关证照的,法律依据除适用上述各条的法律依据外,还应当适用《机动车修理业、报废机动车回收业治安管理办法》第20条。

(三十五)《沿海船舶边防治安管理规定》(部门规章)

370. 擅自容留非出海人员作业、住宿(第26条第4项)

371. 拒不编刷船名、船号(第27条第3项)

372. 擅自拆换、遮盖、涂改船名、船号(第27条第3项)

373. 悬挂活动船牌号(第27条第3项)

374. 私自载运非出海人员出海(第27条第4项)

375. 擅自引航境外船舶进入未开放港口、锚地(第28条第2项)

《沿海船舶边防治安管理规定》第28条第1项规定的非法进入国家禁止或者限制进入的海域、岛屿的违法行为名称及法律适用规范按照本意见第118条的规定执行。

376. 擅自搭靠境外船舶(第28条第3项)

377. 被迫搭靠境外船舶不及时报告(第28条第3项)

378. 擅自在非指定港口停泊、上下人员、装卸货物(第28条第4项)

379. 携带、隐匿、留用、擅自处理违禁物品(第29条第1项)

380. 非法拦截、强行靠登、冲撞他人船舶(第29条第2项)

《沿海船舶边防治安管理规定》第29条第2项规定的偷开他人船舶的违法行为名称及法律适用规范按照本意见第147条的规定执行。

381. 非法扣押他人船舶、船上物品（第29条第3项）

382. "三无"船舶擅自出海作业（第30条）

（三十六）《典当管理办法》（部门规章）

383. 收当禁当财物（第27条和第63条）

384. 未按规定查验证明文件（第35条第3款和第65条）

对典当业工作人员承接典当物品，不查验有关证明、不履行登记手续的，违法行为名称表述为"违法承接典当物品"，法律依据适用《中华人民共和国治安管理处罚法》第59条第1项。

385. 未按规定记录、统计、报送典当信息（第51条和第65条）

386. 发现禁当财物不报（第27条和第52条及第66条第1款）

《典当管理办法》第52条和第66条第1款规定的典当行发现公安机关通报协查的人员或者赃物不向公安机关报告的违法行为名称及法律适用规范按照本意见第131条的规定执行。

（三十七）《再生资源回收管理办法》（部门规章）

387. 未按规定进行再生资源回收从业备案（第8条和第22条）

388. 未按规定保存回收生产性废旧金属登记资料（第10条第3款和第24条）

389. 再生资源回收经营中发现赃物、有赃物嫌疑物品不报（第11条和第25条）

（三十八）《大型群众性活动安全管理条例》（行政法规）

390. 擅自变更大型活动时间、地点、内容、举办规模（第20条第1款）

对承办者擅自变更大型群众性活动的时间、地点、内容或者擅自扩大大型群众性活动的举办规模，对大型群众性活动承办单位的处罚，法律依据适用《大型群众性活动安全管理条例》第20条第1款，对有发生安全事故危险的，对其直接负责的主管人员和其他直接责任人员的处罚，法律依据适用《中华人民共和国治安管理处罚法》第18条和第38条。

391. 未经许可举办大型活动（第20条第2款）

392. 举办大型活动发生安全事故（第21条）

对举办大型群众性活动发生安全事故的，对大型群众性活动承办单位或者大型群众性活动场所管理单位的处罚，法律依据适用《大型群众性活动安全管理条例》第 21 条,对安全责任人和其他直接责任人员的处罚,法律依据适用《中华人民共和国治安管理处罚法》第 18 条和第 38 条以及《大型群众性活动安全管理条例》第 21 条。

393. 大型活动发生安全事故不处置(第 22 条)

394. 大型活动发生安全事故不报(第 22 条)

(三十九)《长江三峡水利枢纽安全保卫条例》(行政法规)

395. 非法运输危险物品进入陆域安全保卫区(第 13 条和第 35 条第 1 项)

396. 扰乱陆域安全保卫区管理秩序(第 14 条第 1 至 4 项和第 35 条第 2 项)

397. 危害陆域安全保卫区设施安全(第 14 条第 3、4 项和第 35 条第 2 项)

398. 非法进入陆域安全保卫区(第 15 条和第 35 条第 3 项)

399. 人员非法进入禁航区(第 19 条和第 35 条第 4 项)

400. 非法进行升放活动(第 23 条和第 35 条第 5 项)

(四十)《企业事业单位内部治安保卫条例》(行政法规)

401. 不落实单位内部治安保卫措施(《企业事业单位内部治安保卫条例》第 19 条,《公安机关监督检查企业事业单位内部治安保卫工作规定》第 8 条、第 11 条或者第 12 条,《金融机构营业场所和金库安全防范设施建设许可实施办法》第 15 条,《易制爆危险化学品治安管理办法》第 25 条、第 27 条、第 43 条)

对金融机构安全防范设施建设、使用存在治安隐患的,违法行为名称表述为"不落实单位内部治安保卫措施",法律依据适用《企业事业单位内部治安保卫条例》第 19 条和《金融机构营业场所和金库安全防范设施建设许可实施办法》第 15 条。

对企业事业单位具有《公安机关监督检查企业事业单位内部治安保卫工作规定》第 11 条或者第 12 条规定情形的,违法行为名称表述为"不落实单位内部治安保卫措施",法律依据适用《企业事业单位内部治安保卫条例》第 19 条和《公安机关监督检查企业事业单位内部治安保卫工作规定》第 8 条、第 11 条或者第 12 条。

(四十一)《保安服务管理条例》(行政法规)

《保安服务管理条例》第 41 条规定的未经许可从事保安服务、保安培训的违法行为名称及法律适用规范按照本意见第121条的规定执行。

402. 未经审核变更保安服务公司法定代表人(第42条第1款第1项)

403. 未按规定进行自招保安员备案(第42条第1款第2项)

404. 未按规定撤销自招保安员备案(第42条第1款第2项)

405. 超范围开展保安服务(第42条第1款第3项)

406. 违反规定条件招用保安员(第42条第1款第4项)

407. 未按规定核查保安服务合法性(第42条第1款第5项)

408. 未报告违法保安服务要求(第42条第1款第5项)

409. 未按规定签订、留存保安服务合同(第42条第1款第6项)

410. 未按规定留存保安服务监控影像资料、报警记录(第42条第1款第7项及第2款)

411. 泄露保密信息(第43条第1款第1项)

412. 使用监控设备侵犯他人合法权益、个人隐私(第43条第1款第2项)

413. 删改、扩散保安服务监控影像资料、报警记录(第43条第1款第3项及第2款)

414. 指使、纵容保安员实施违法犯罪行为(第43条第1款第4项)

415. 疏于管理导致发生保安员违法犯罪案件(第43条第1款第5项)

416. 保安员扣押、没收他人证件、财物(第45条第1款第2项)

417. 保安员参与追索债务(第45条第1款第4项)

418. 保安员采用暴力、以暴力相威胁处置纠纷(第45条第1款第4项)

419. 保安员删改、扩散保安服务监控影像资料、报警记录(第45条第1款第5项)

420. 保安员侵犯个人隐私、泄露保密信息(第45条第1款第6项)

421. 未按规定进行保安员培训(第47条)

(四十二)《保安培训机构管理办法》(部门规章)

422. 非法获取保安培训许可证(第32条第2款)

423. 未按规定办理保安培训机构变更手续(第9条和第33条第1款)

424. 未按规定时间安排保安学员实习(第14条第1款和第33条第1款)

425. 非法提供保安服务(第14条第2款和第33条第1款)

426. 未按规定签订保安培训合同(第19条和第33条第1款)
427. 未按规定备案保安培训合同式样(第19条和第33条第1款)
428. 发布虚假招生广告(第21条和第33条第2款)
429. 非法传授侦察技术手段(第15条第2款和第34条第2款)
430. 未按规定内容、计划进行保安培训(第13条和第35条)
431. 未按规定颁发保安培训结业证书(第16条和第35条)
432. 未按规定建立保安学员档案管理制度(第17条第1款和第35条)
433. 未按规定保存保安学员文书档案(第17条第1款和第35条)

对保安培训机构因未按规定建立保安学员档案管理制度而未按规定保存保安学员文书档案的,违法行为名称表述为"未按规定建立保安学员档案管理制度"。

434. 未按规定备案保安学员、师资人员档案(第17条第2款和第35条)
435. 违规收取保安培训费用(第18条和第35条)
436. 转包、违规委托保安培训业务(第20条和第35条)

(四十三)《金融机构营业场所和金库安全防范设施建设许可实施办法》(部门规章)

437. 安全防范设施建设方案未经许可施工(第16条)
438. 安全防范设施建设工程未经验收投入使用(第17条)

(四十四)《中华人民共和国安全生产法》(法律)

439. 发生生产安全事故逃匿(第106条第1款)

(四十五)《中华人民共和国收养法》(法律)

440. 出卖亲生子女(第31条第3款)

(四十六)《拘留所条例实施办法》(部门规章)

441. 担保人不履行担保义务(第57条第3款)

五、计算机和网络安全

(五十五)《中华人民共和国网络安全法》(法律)

510. 网络运营者不履行网络安全保护义务(第21条、第25条和第59条第1款)
511. 关键信息基础设施运营者不履行网络安全保护义务(第33条、第34条、第36条、第38条和第59条第2款)

512. 设置恶意程序(第22条第1款、第48条第1款和第60条第1项)

513. 未按规定告知、报告安全风险(第22条第1款和第60条第2项)

514. 网络运营者不履行身份信息核验义务(第24条第1款和第61条)

515. 未按规定开展网络安全检测、风险评估等活动(第26条和第62条)

516. 违法发布网络安全信息(第26条和第62条)

517. 从事危害网络安全活动(第27条和第63条)

518. 提供危害网络安全活动专门程序、工具(第27条和第63条)

519. 为危害网络安全活动提供帮助(第27条和第63条)

520. 网络运营者、网络产品或者服务提供者不履行个人信息保护义务(第22条第3款、第41条至第43条和第64条第1款)

521. 非法获取、出售、向他人提供个人信息(第44条和第64条第2款)

522. 非法利用信息网络(第46条和第67条)

523. 网络运营者不履行网络信息安全管理义务(第47条和第68条第1款)

524. 电子信息发送、应用软件下载服务提供者不履行网络信息安全管理义务(第48条第2款和第68条第2款)

525. 网络运营者不按公安机关要求处置违法信息(第69条第1项)

526. 网络运营者拒绝、阻碍公安机关监督检查(第69条第2项)

527. 网络运营者拒不向公安机关提供技术支持和协助(第69条第3项)

528. 发布、传输违法信息(第12条第2款和第70条)

对上述违法行为,除《中华人民共和国网络安全法》明确规定由公安机关实施行政处罚的之外,公安机关实施行政处罚限于公安机关监管范围。

(五十六)《中华人民共和国计算机信息系统安全保护条例》(行政法规)

529. 违反计算机信息系统安全等级保护制度(第20条第1项)

530. 违反计算机信息系统国际联网备案制度(第20条第2项)

531. 计算机信息系统发生案件不报(第20条第3项)

532. 拒不改进计算机信息系统安全状况(第20条第4项)

533. 故意输入计算机病毒、有害数据(《中华人民共和国计算机信息系统安全保护条例》第23条,《计算机病毒防治管理办法》第6条第1项和第16条第3款,《计算机信息系统安全专用产品检测和销售许可证管理办法》第22条)

534. 未经许可出售计算机信息系统安全专用产品(《中华人民共和国计算机信息系统安全保护条例》第23条和《计算机信息系统安全专用产品检测和销售许可证管理办法》第20条)

(五十七)《中华人民共和国计算机信息网络国际联网管理暂行规定》(行政法规)、《中华人民共和国计算机信息网络国际联网管理暂行规定实施办法》(行政法规)

535. 擅自建立、使用非法定信道进行国际联网(《中华人民共和国计算机信息网络国际联网管理暂行规定》第6条和第14条,《中华人民共和国计算机信息网络国际联网管理暂行规定实施办法》第7条和第22条第1款)

536. 接入网络未通过互联网络接入国际联网(《中华人民共和国计算机信息网络国际联网管理暂行规定》第8条第1款和第14条)

537. 未经许可从事国际联网经营业务(《中华人民共和国计算机信息网络国际联网管理暂行规定》第8条第2款和第14条以及《中华人民共和国计算机信息网络国际联网管理暂行规定实施办法》第11条和第22条第2款)

538. 未经批准擅自进行国际联网(《中华人民共和国计算机信息网络国际联网管理暂行规定》第8条第3款和第14条)

539. 未通过接入网络进行国际联网(《中华人民共和国计算机信息网络国际联网管理暂行规定》第10条和第14条,《中华人民共和国计算机信息网络国际联网管理暂行规定实施办法》第12条和第22条第3款)

540. 未经接入单位同意接入接入网络(《中华人民共和国计算机信息网络国际联网管理暂行规定》第10条和第14条)

541. 未办理登记手续接入接入网络(《中华人民共和国计算机信息网络国际联网管理暂行规定》第10条和第14条)

542. 违规经营国际互联网络业务(《中华人民共和国计算机信息网络国际联网管理暂行规定实施办法》第21条第1款和第22条第5款)

(五十八)《互联网上网服务营业场所管理条例》(行政法规)

543. 利用上网服务营业场所制作、下载、复制、查阅、发布、传播、使用

违法信息(第 30 条)

《互联网上网服务营业场所管理条例》第 30 条第 2 款规定,上网消费者有第 30 条第 1 款行为,尚不够刑事处罚的,由公安机关依照《中华人民共和国治安管理处罚法》的规定给予处罚。对上网消费者利用上网服务营业场所制作、下载、复制、查阅、发布、传播、使用违法信息,尚不够刑事处罚的,依照《中华人民共和国治安管理处罚法》中界定的相关违法行为名称表述,法律依据适用《中华人民共和国治安管理处罚法》的相关条款。

544. 向上网消费者提供直接接入互联网的计算机(第 32 条第 1 项)

545. 未建立上网服务营业场所巡查制度(第 32 条第 2 项)

546. 不制止、不举报上网消费者违法行为(第 32 条第 2 项)

547. 未按规定核对、登记上网消费者有效身份证件(第 32 条第 3 项)

548. 未按规定记录上网信息(第 32 条第 3 项)

549. 未按规定保存上网消费者登记内容、记录备份(第 32 条第 4 项)

550. 擅自修改、删除上网消费者登记内容、记录备份(第 32 条第 4 项)

551. 上网服务经营单位未依法办理变更登记注册事项、终止经营手续、备案(第 32 条第 5 项)

552. 上网服务营业场所内利用明火照明(第 33 条第 1 项)

553. 上网服务营业场所内不制止吸烟行为(第 33 条第 1 项)

554. 上网服务营业场所未悬挂禁烟标志(第 33 条第 1 项)

555. 上网服务营业场所允许带入、存放易燃易爆物品(第 33 条第 2 项)

556. 上网服务营业场所安装固定封闭门窗栅栏(第 33 条第 3 项)

557. 上网服务营业场所营业期间封堵、锁闭门窗、安全疏散通道、安全出口(第 33 条第 4 项)

558. 上网服务营业场所擅自停止实施安全技术措施(第 33 条第 5 项)

(五十九)《计算机信息网络国际联网安全保护管理办法》(行政法规)

559. 利用国际联网制作、复制、查阅、传播违法信息(第 5 条和第 20 条)

560. 擅自进入计算机信息网络(第 6 条第 1 项和第 20 条)

561. 擅自使用计算机信息网络资源(第 6 条第 1 项和第 20 条)

562. 擅自改变计算机信息网络功能(第 6 条第 2 项和第 20 条)

563. 擅自改变计算机信息网络数据、应用程序(第6条第3项和第20条)

564. 故意制作、传播计算机破坏性程序(第6条第4项和第20条)

根据《计算机信息网络国际联网安全保护管理办法》第20条的规定,对实施本意见第560条至第564条的行为,构成违反治安管理行为的,违法行为名称及法律适用规范按照本意见第49条至第52条的规定执行。

565. 未建立国际联网安全保护管理制度(第21条第1项)

566. 未采取国际联网安全技术保护措施(《计算机信息网络国际联网安全保护管理办法》第21条第2项和《互联网安全保护技术措施规定》第15条)

567. 未对网络用户进行安全教育、培训(第21条第3项)

568. 未按规定提供安全保护管理相关信息、资料、数据文件(第21条第4项)

569. 未依法审核网络发布信息内容(第21条第5项)

570. 未依法登记网络信息委托发布单位和个人信息(第21条第5项)

571. 未建立电子公告系统的用户登记、信息管理制度(第21条第6项)

572. 未按规定删除网络地址、目录(第21条第7项)

573. 未按规定关闭网络服务器(第21条第7项)

574. 未建立公用账号使用登记制度(第21条第8项)

575. 违法转借、转让用户账号(第21条第9项)

576. 不履行国际联网备案职责(第11条、第12条和第23条)

(六十)《计算机病毒防治管理办法》(部门规章)

577. 制作、传播计算机病毒(第5条、第6条第2、3、4项和第16条第1、2款)

制作、传播计算机病毒,尚未影响计算机信息系统正常运行,即尚未构成违反治安管理行为的,违法行为名称表述为"制作、传播计算机病毒",法律依据适用《计算机病毒防治管理办法》第5条、第6条第2、3、4项和第16条第1、2款。制作、传播计算机病毒,构成违反治安管理行为的,违法行为名称表述为"故意制作、传播计算机破坏性程序影响运行",法律依据适用《中华人民共和国治安管理处罚法》第29条第4项。单位"故意制作、传播计算机破坏性程序影响运行",对单位处罚的法律依据适用《计算机病毒防治管理办法》第5条、第6条第2、3、4项和第16条第2款,对其直接负责的主管人员和其他直接责任人员处罚的法律依据适用《中华人民共和国治安管理处罚法》第18条和第29条第4项。

578. 发布虚假计算机病毒疫情(第7条和第17条)

579. 未按规定提交计算机病毒样本(第8条和第17条)

580. 未按规定上报计算机病毒分析结果(第9条和第18条)

581. 未建立计算机病毒防治管理制度(第19条第1项)

582. 未采取计算机病毒安全技术防治措施(第19条第2项)

583. 未进行计算机病毒防治教育、培训(第19条第3项)

584. 未及时检测、清除计算机病毒(第19条第4项)

585. 未按规定使用具有销售许可证的计算机病毒防治产品(第19条第5项)

586. 未按规定检测、清除计算机病毒(第14条和第20条)

七、禁毒

(六十六)《中华人民共和国禁毒法》(法律)

662. 容留吸毒(第61条)

663. 介绍买卖毒品(第61条)

(六十七)《易制毒化学品管理条例》(行政法规)

664. 未经许可、备案购买、运输易制毒化学品(《易制毒化学品管理条例》第38条第1款,《易制毒化学品购销和运输管理办法》第30条第1项、第32条第1项、第34条第2款)

《易制毒化学品管理条例》第38条第1款和《易制毒化学品购销和运输管理办法》第30条第1项、第32条第1项,对"未经许可、备案购买易制毒化学品""未经许可、备案运输易制毒化学品"的法律责任作了相同规定,法律依据适用《易制毒化学品管理条例》第38条第1款。

对使用以伪造的申请材料骗取的易制毒化学品购买、运输许可证、备案证明购买、运输易制毒化学品的,违法行为名称表述为"未经许可、备案购买、运输易制毒化学品",法律依据适用《易制毒化学品管理条例》第38条第1款,《易制毒化学品购销和运输管理办法》第30条第1项、第32条第1项和第34条第2款。

665. 骗取易制毒化学品购买、运输许可证、备案证明(《易制毒化学品管理条例》第38条第1款和《易制毒化学品购销和运输管理办法》第34条

第 1 款)

对伪造申请材料骗取易制毒化学品购买、运输许可证或者备案证明的,法律依据适用《易制毒化学品管理条例》第 38 条第 1 款和《易制毒化学品购销和运输管理办法》第 34 条第 1 款,并按照《易制毒化学品购销和运输管理办法》第 34 条第 1 款予以处理。

666. 使用他人的许可证、备案证明购买、运输易制毒化学品(第 38 条第 1 款)

667. 使用伪造、变造、失效的许可证、备案证明购买、运输易制毒化学品(第 38 条第 1 款)

668. 易制毒化学品购买、运输单位未按规定建立安全管理制度(第 40 条第 1 款第 1 项)

669. 转借易制毒化学品购买、运输许可证、备案证明(《易制毒化学品管理条例》第 40 条第 1 款第 2 项,《易制毒化学品购销和运输管理办法》第 36 条第 1 项)

《易制毒化学品管理条例》第 40 条第 1 款第 2 项和《易制毒化学品购销和运输管理办法》第 36 条第 1 项对"转借易制毒化学品购买、运输许可证、备案证明"的法律责任作了相同规定,《易制毒化学品购销和运输管理办法》第 36 条第 1 项对违法行为的界定更为明确,法律依据可以适用《易制毒化学品管理条例》第 40 条第 1 款第 2 项,也可以适用《易制毒化学品购销和运输管理办法》第 36 条第 1 项。

670. 超出购买许可、备案范围购买易制毒化学品(《易制毒化学品管理条例》第 40 条第 1 款第 3 项,《易制毒化学品购销和运输管理办法》第 36 条第 2 项)

法律依据适用原则同本意见第 669 条。

671. 未按规定记录、保存、备案易制毒化学品交易情况(《易制毒化学品管理条例》第 40 条第 1 款第 4 项,《易制毒化学品购销和运输管理办法》第 36 条第 3 项)

法律依据适用原则同本意见第 669 条。

672. 易制毒化学品丢失、被盗、被抢不报(《易制毒化学品管理条例》第 40 条第 1 款第 5 项,《易制毒化学品购销和运输管理办法》第 36 条第 4 项)

法律依据适用原则同本意见第 669 条。

673. 使用现金、实物交易易制毒化学品(《易制毒化学品管理条例》第

40条第1款第6项,《易制毒化学品购销和运输管理办法》第36条第5项)

法律依据适用原则同本意见第669条。

674.未按规定报告易制毒化学品年度经销、库存情况(《易制毒化学品管理条例》第40条第1款第8项,《易制毒化学品购销和运输管理办法》第36条第6项)

法律依据适用原则同本意见第669条。

675.运输易制毒化学品货证不符(第41条第1款)

676.运输易制毒化学品未携带许可证、备案证明(第41条第1款)

677.违规携带易制毒化学品(第41条第2款)

678.拒不接受易制毒化学品监督检查(《易制毒化学品管理条例》第42条,《易制毒化学品购销和运输管理办法》第37条)

《易制毒化学品管理条例》第42条和《易制毒化学品购销和运输管理办法》第37条对"拒不接受易制毒化学品监督检查"的法律责任作了相同规定,《易制毒化学品购销和运输管理办法》第37条对违法行为的界定更为明确,法律依据可以适用《易制毒化学品管理条例》第42条,也可以适用《易制毒化学品购销和运输管理办法》第37条。

(六十八)《易制毒化学品购销和运输管理办法》(部门规章)

679.向无购买许可证、备案证明的单位、个人销售易制毒化学品(第31条第1项)

680.超出购买许可、备案范围销售易制毒化学品(第31条第2项)

(六十九)《麻醉药品和精神药品管理条例》(行政法规)

681.麻醉药品、精神药品流入非法渠道(第82条第1款)

九、其他

(七十九)《中华人民共和国消防法》(法律)

《中华人民共和国消防法》第62条第1项规定的违反有关消防技术标准和管理规定生产、储存、运输、销售、使用、销毁易燃易爆危险品,以及第62条第2项规定的非法携带易燃易爆危险品进入公共场所或者乘坐公共交通工具的违法行为名称及法律适用规范按照本意见第53条的规定执行。

《中华人民共和国消防法》第62条第3项规定的谎报火警的违法行为名称及法律适用规范按照本意见第40条的规定执行。

《中华人民共和国消防法》第62条第4项规定的阻碍消防车、消防艇执行任务的违法行为名称及法律适用规范按照本意见第109条的规定执行。

《中华人民共和国消防法》第62条第5项规定的阻碍消防救援机构的工作人员依法执行职务的违法行为名称及法律适用规范按照本意见第108条的规定执行。

本意见第766条至第776条的规定仅限于公安机关根据《中华人民共和国消防法》第63条、第64条、第68条规定对相关违法人员作出行政拘留处罚的情形。

　　766. 违规进入生产、储存易燃易爆危险品场所(第63条第1项)
　　767. 违规使用明火作业(第63条第2项)
　　768. 在具有火灾、爆炸危险的场所吸烟、使用明火(第63条第2项)
　　769. 指使、强令他人冒险作业(第64条第1项)
　　770. 过失引起火灾(第64条第2项)
　　771. 阻拦、不及时报告火警(第64条第3项)
　　772. 扰乱火灾现场秩序(第64条第4项)
　　773. 拒不执行火灾现场指挥员指挥(第64条第4项)
　　774. 故意破坏、伪造火灾现场(第64条第5项)
　　775. 擅自拆封、使用被查封场所、部位(第64条第6项)
　　776. 不履行组织、引导在场人员疏散义务(第68条)

(八十)《中华人民共和国国家情报法》(法律)

　　777. 阻碍情报工作(第28条)
　　778. 泄露与国家情报工作有关的国家秘密(第29条)

《中华人民共和国国家情报法》第30条规定的冒充国家情报工作机构工作人员或者其他相关人员实施招摇撞骗、诈骗、敲诈勒索的违法行为名称及法律适用规范分别按照本意见第111条、第102条、第105条的规定执行。

(八十一)《中华人民共和国森林法》(法律)

公安机关按照国家有关规定,可以依法行使《中华人民共和国森林法》第74条第1款、第76条、第77条、第78条规定的行政处罚权。

　　779. 毁坏林木、林地(第74条第1款)
　　780. 盗伐林木(第76条第1款)
　　781. 滥伐林木(第76条第2款)

782. 伪造、变造、买卖、租借采伐许可证（第77条）

783. 收购、加工、运输明知是非法来源的林木（第78条）

十、其他适用规范

（一）本意见违法行为名称中列举多个行为的，可以根据违法行为人具体实施的行为，选择一种或者一种以上行为进行表述。例如，本意见第4条中的"违反涉境外非政府组织规定取得使用资金""违反涉境外非政府组织规定开立使用银行账户"，第5条中的"代表机构未按规定报送公开年度报告"，第17条中的"境外非政府组织、代表机构造谣诽谤""境外非政府组织、代表机构发表传播有害信息"，第18条中的"境外非政府组织、代表机构从事资助政治活动""境外非政府组织、代表机构非法从事资助宗教活动"等违法行为名称中列举的多个行为属于选择性行为，可以根据违法行为人具体实施的行为，选择一种或者一种以上行为进行表述。行为人仅实施了违反涉境外非政府组织规定取得资金行为的，违法行为名称可表述为"违反涉境外非政府组织规定取得资金"；行为人既实施了违反涉境外非政府组织规定开立银行账户行为，又实施了违反涉境外非政府组织规定使用银行账户行为的，则违法行为名称可表述为"违反涉境外非政府组织规定开立使用银行账户"。境外非政府组织仅实施了非法从事宗教活动行为的，违法行为名称可表述为"境外非政府组织非法从事宗教活动"；境外非政府组织既实施了非法从事宗教活动行为，又实施了非法资助宗教活动行为的，则违法行为名称可表述为"境外非政府组织非法从事资助宗教活动"。

（二）本意见违法行为名称中列举多个行为对象的，在具体表述时可以根据违法行为的具体对象，选择一种或者一种以上对象进行表述。例如，行为人实施了买卖公文行为的，违法行为名称可表述为"买卖公文"；行为人既实施了买卖公文行为，又实施了买卖证件行为的，则违法行为名称可表述为"买卖公文、证件"。

（三）本意见违法行为名称后括号中列举的为该行为的适用法律依据，其中适用"和"和"及"的，是指在制作相关法律文书时应当同时援引相关法律依据。例如，本意见第179条规定"出售、购买、运输假币（第2条第1款和第21条）"，对出售、购买、运输假币的，法律依据应当同时援引《全国人民代表大会常务委员会关于惩治破坏金融秩序犯罪的决定》第2条第1款和第21条。

（四）公安法律文书引用法律依据时，应当准确完整写明规范性法律文件的名称、条款序号,需要引用具体条文的,应当整条引用。需要并列引用多个规范性法律文件的,引用顺序如下:法律和法律解释、行政法规、地方性法规、自治条例或者单行条例、司法解释。同时引用两部以上法律的,应当先引用基本法律,后引用其他法律。引用包括实体法和程序法的,先引用实体法,后引用程序法。

(五)对同一违法行为,上位法和下位法均有规定,且下位法与上位法的行为表述和处罚都一致的,引用法律依据时,应当引用上位法。如果下位法行为表述或者处罚幅度是对上位法进一步细化的,引用法律依据时,应当同时引用上位法和下位法。

(六)对同一条文既规定了个人违法行为,又设专款规定单位违法情形的,引用法律依据时,对个人处罚时引用规定个人违法行为的条款,对单位处罚时应当同时引用两个条款。例如,《中华人民共和国出境入境管理法》第73条第1款规定了弄虚作假骗取签证、停留居留证件等出境入境证件的处罚;第2款规定了单位有第1款行为的处罚。对个人弄虚作假骗取签证、停留居留证件等出境入境证件的,处罚时引用第73条第1款;对单位弄虚作假骗取签证、停留居留证件等出境入境证件的,处罚时应当引用第73条第1款和第2款。

(七)法律责任部分对违法行为的行为规范未作表述,仅表明违反本法(条例、办法等)规定的,对这一违法行为作出处罚决定时,法律依据应当同时援引设定行为规范的条款和设定法律责任的条款。

(八)公安部以前制定的规定,凡与本意见不一致的,以本意见为准。公安部2015年印发的《违反公安行政管理行为的名称及其适用意见》废止。

公安机关对部分违反治安管理行为实施处罚的裁量指导意见

(2018年6月5日 公通字〔2018〕17号)

为规范公安机关治安管理处罚裁量权,确保执法公平公正,根据《中华人民共和国治安管理处罚法》《中华人民共和国行政处罚法》,结合执法实践,制定本指导意见。

第一部分 一般适用规则

一、本指导意见适用于治安管理处罚法规定的尚不够刑事处罚且依法应当予以治安管理处罚的违反治安管理行为。本指导意见中的违反治安管理行为名称,依据《公安部关于印发〈违反公安行政管理行为的名称及其适用意见〉的通知》(公通字〔2015〕35号)确定。

二、实施治安管理处罚应当以事实为根据,以法律为准绳,根据违反治安管理行为的事实、性质、情节和社会危害性,作出过罚相当的处罚决定。

三、实施治安管理处罚应当宽严相济,做到该宽则宽、当严则严,确保法律效果和社会效果的统一。

四、实施治安管理处罚应当全面、客观把握不同时期不同地区的经济社会发展和治安形势变化,以有效发挥治安管理处罚对维护社会治安秩序的作用。但是,对同一地区同一时期案情相似的案件,所作出的治安管理处罚应当基本均衡。

五、实施治安管理处罚时,应当根据违反治安管理行为的基本事实和本指导意见规定的"情节较轻""情节较重""情节严重"的具体适用情形,先确定依法适用的处罚幅度,再综合考虑违反治安管理行为的对象、后果、数额、次数、行为人主观恶意程度,以及从重、从轻、减轻等法定裁量情节,作出具体的处罚决定。

六、违反治安管理具有下列情形之一的,属于"情节较重""情节严重":

(一)一年内因同种违法行为被治安管理处罚后又实施的;

(二)刑罚执行完毕六个月内,或者在缓刑、假释期间,实施违反治安管理行为的;

(三)组织、领导实施违反治安管理行为的,或者在共同违反治安管理行为中起主要作用的;

(四)被侵害人为精神病人、残疾人、老年人、未成年人、孕妇的;

(五)在突发事件和重大活动期间、突发事件和重大活动发生地、举行地实施违反治安管理行为的;

(六)达到刑事追诉标准,但因犯罪情节轻微,人民检察院作出不起诉决定或者人民法院判决免除刑事处罚的。

七、违反治安管理具有下列情形之一的,属于"情节较轻":

(一)实施违反治安管理行为危害较小,且积极配合公安机关查处的;

(二)在共同违反治安管理行为中起次要或者辅助作用的。

八、违反治安管理行为,既具有"情节较重"或者"情节严重"情节,又具有治安管理处罚法规定的"减轻处罚或者不予处罚"情节的,一般决定适用"减轻处罚"。

九、违反治安管理行为,具有两个以上"情节较重"或者"情节严重"情节,且无从轻、减轻或者不予处罚等法定裁量情节,治安管理处罚法规定"可以并处"罚款的,一般决定适用并处罚款。

十、对治安管理处罚法规定"处警告或者二百元以下罚款"的违反治安管理行为,具有从轻处罚情节,且无其他法定裁量情节的,依法决定适用警告;具有减轻处罚情节,且无其他法定裁量情节的,依法决定适用警告或者不予处罚。

十一、对治安管理处罚法规定"处五日以下拘留或者五百元以下罚款"的违反治安管理行为,行为人系初次违反治安管理且社会危害性不大,同时又无其他法定裁量情节的,一般决定适用五百元以下罚款;对治安管理处罚法规定"情节较轻的,处五日以下拘留或者五百元以下罚款"的违反治安管理行为,同时具有从轻处罚情节或者同时系初次违反治安管理,未造成危害后果和社会影响且无其他法定裁量情节的,一般决定适用五百元以下罚款。

十二、本指导意见没有规定的,依照《公安部关于实施公安行政处罚裁量基准制度的指导意见》(公通字〔2016〕17号)的有关规定处理。

第二部分 具体行为的裁量标准

一、扰乱单位秩序

扰乱公共场所秩序

【法律依据】

(《中华人民共和国治安管理处罚法》第23条第1款第1项、第2项)有下列行为之一的,处警告或者二百元以下罚款;情节较重的,处五日以上十日以下拘留,可以并处五百元以下罚款:

(一)扰乱机关、团体、企业、事业单位的秩序,致使工作、生产、营业、医

疗、教学、科研不能正常进行,尚未造成严重损失的;
（二）扰乱车站、港口、码头、机场、商场、公园、展览馆或者其他公共场所秩序的;
【理解与适用】
有下列情形之一的,属于"情节较重":
（一）以暴力、威胁等方法扰乱单位、公共场所秩序的;
（二）扰乱单位、公共场所秩序,经执法人员劝阻拒不离开的;
（三）造成交通拥堵、人员受伤、财物损失等危害后果或者较大社会影响的;
（四）积极参与聚众扰乱单位、公共场所秩序的;
（五）持械扰乱单位、公共场所秩序的;
（六）其他情节较重的情形。

二、扰乱公共交通工具上的秩序
妨碍交通工具正常行驶
【法律依据】
(《中华人民共和国治安管理处罚法》第 23 条第 1 款第 3 项、第 4 项)有下列行为之一的,处警告或者二百元以下罚款;情节较重的,处五日以上十日以下拘留,可以并处五百元以下罚款:
（三）扰乱公共汽车、电车、火车、船舶、航空器或者其他公共交通工具上的秩序的;
（四）非法拦截或者强登、扒乘机动车、船舶、航空器以及其他交通工具,影响交通工具正常行驶的;
【理解与适用】
有下列情形之一的,属于"情节较重":
（一）在公共交通工具上无理取闹,严重影响公共交通工具运行秩序的;
（二）在非停靠站点强行下车,或者拉扯驾驶员、乘务员,致使公共交通工具减速或者停行的;
（三）造成交通拥堵、人员受伤、财物损失等危害后果或者较大社会影响的;
（四）积极参与聚众扰乱公共交通工具上的秩序的;
（五）积极参与聚众实施妨碍交通工具正常行驶行为的;

（六）其他情节较重的情形。

三、破坏选举秩序

【法律依据】

(《中华人民共和国治安管理处罚法》第23条第1款第5项)有下列行为之一的,处警告或者二百元以下罚款;情节较重的,处五日以上十日以下拘留,可以并处五百元以下罚款:

（五）破坏依法进行的选举秩序的。

【理解与适用】

有下列情形之一的,属于"情节较重":

（一）使用暴力、威胁等方法干扰他人选举的;

（二）采取撕毁他人选票、毁坏票箱或者破坏其他选举设备等行为干扰选举秩序的;

（三）伪造选举文件的;

（四）积极参与聚众破坏选举秩序的;

（五）其他情节较重的情形。

四、强行进入大型活动场内

【法律依据】

(《中华人民共和国治安管理处罚法》第24条第1款第1项)有下列行为之一,扰乱文化、体育等大型群众性活动秩序的,处警告或者二百元以下罚款;情节严重的,处五日以上十日以下拘留,可以并处五百元以下罚款:

（一）强行进入场内的;

【理解与适用】

有下列情形之一的,属于"情节严重":

（一）采取暴力、威胁等方法强行进入活动场内的;

（二）造成人员受伤、财物损失、秩序混乱等危害后果或者较大社会影响的;

（三）其他情节严重的情形。

五、违规在大型活动场内燃放物品

【法律依据】

(《中华人民共和国治安管理处罚法》第24条第1款第2项)有下列行为之一,扰乱文化、体育等大型群众性活动秩序的,处警告或者二百元以下罚款;情节严重的,处五日以上十日以下拘留,可以并处五百元以下罚款:

（二）违反规定，在场内燃放烟花爆竹或者其他物品的；

【理解与适用】

有下列情形之一的，属于"情节严重"：

（一）不听现场安保人员或者工作人员制止的；

（二）造成人员受伤、财物损失、秩序混乱等危害后果或者较大社会影响的；

（三）严重影响活动正常进行的；

（四）其他情节严重的情形。

六、在大型活动场内展示侮辱性物品

【法律依据】

（《中华人民共和国治安管理处罚法》第24条第1款第3项）有下列行为之一，扰乱文化、体育等大型群众性活动秩序的，处警告或者二百元以下罚款；情节严重的，处五日以上十日以下拘留，可以并处五百元以下罚款：

（三）展示侮辱性标语、条幅等物品的；

【理解与适用】

有下列情形之一的，属于"情节严重"：

（一）不听现场安保人员或者工作人员制止的；

（二）在大型文化、体育等活动中展示侮辱国家、民族尊严的标语、条幅、画像、服装等物品的；

（三）造成人员受伤、财物损失、秩序混乱等危害后果或者较大社会影响的；

（四）引发运动员、观众及场内其他人员冲突的；

（五）严重影响活动正常进行的；

（六）其他情节严重的情形。

七、围攻大型活动工作人员

【法律依据】

（《中华人民共和国治安管理处罚法》第24条第1款第4项）有下列行为之一，扰乱文化、体育等大型群众性活动秩序的，处警告或者二百元以下罚款；情节严重的，处五日以上十日以下拘留，可以并处五百元以下罚款：

（四）围攻裁判员、运动员或者其他工作人员的；

【理解与适用】

有下列情形之一的，属于"情节严重"：

（一）不听现场安保人员或者工作人员制止的；
（二）造成人员受伤、财物损失、秩序混乱等危害后果或者较大社会影响的；
（三）引发运动员、观众及场内其他人员冲突的；
（四）严重影响活动正常进行的；
（五）其他情节严重的情形。

八、向大型活动场内投掷杂物

【法律依据】

(《中华人民共和国治安管理处罚法》第24条第1款第5项）有下列行为之一，扰乱文化、体育等大型群众性活动秩序的，处警告或者二百元以下罚款；情节严重的，处五日以上十日以下拘留，可以并处五百元以下罚款：

（五）向场内投掷杂物，不听制止的；

【理解与适用】

有下列情形之一的，属于"情节严重"：

（一）造成人员受伤、财物损失、秩序混乱等危害后果或者较大社会影响的；
（二）引发运动员、观众及场内其他人员冲突的；
（三）严重影响活动正常进行的；
（四）其他情节严重的情形。

九、其他扰乱大型活动秩序的行为

【法律依据】

(《中华人民共和国治安管理处罚法》第24条第1款第6项）有下列行为之一，扰乱文化、体育等大型群众性活动秩序的，处警告或者二百元以下罚款；情节严重的，处五日以上十日以下拘留，可以并处五百元以下罚款：

（六）扰乱大型群众性活动秩序的其他行为。

【理解与适用】

有下列情形之一的，属于"情节严重"：

（一）不听现场安保人员或者工作人员制止的；
（二）造成人员受伤、财物损失、秩序混乱等危害后果或者较大社会影响的；
（三）引发运动员、观众及场内其他人员之间冲突的；
（四）严重影响活动正常进行的。

十、虚构事实扰乱公共秩序

投放虚假危险物质

扬言实施放火、爆炸、投放危险物质

【法律依据】

(《中华人民共和国治安管理处罚法》第25条)有下列行为之一的,处五日以上十日以下拘留,可以并处五百元以下罚款;情节较轻的,处五日以下拘留或者五百元以下罚款:

(一)散布谣言,谎报险情、疫情、警情或者以其他方法故意扰乱公共秩序的;

(二)投放虚假的爆炸性、毒害性、放射性、腐蚀性物质或者传染病病原体等危险物质扰乱公共秩序的;

(三)扬言实施放火、爆炸、投放危险物质扰乱公共秩序的。

【理解与适用】

有下列情形之一的,属于"情节较轻":

(一)影响范围较小,未造成危害后果的;

(二)虽然造成轻微危害后果,但能及时采取措施,消除不良影响的;

(三)其他情节较轻的情形。

十一、寻衅滋事

【法律依据】

(《中华人民共和国治安管理处罚法》第26条)有下列行为之一的,处五日以上十日以下拘留,可以并处五百元以下罚款;情节较重的,处十日以上十五日以下拘留,可以并处一千元以下罚款:

(一)结伙斗殴的;

(二)追逐、拦截他人的;

(三)强拿硬要或者任意损毁、占用公私财物的;

(四)其他寻衅滋事行为。

【理解与适用】

有下列情形之一的,属于"情节较重":

(一)纠集多人或者多次参加寻衅滋事的;

(二)持械寻衅滋事的;

(三)造成人员受伤、公共场所秩序混乱,或者造成较大社会影响的;

(四)追逐、拦截他人并有侮辱性语言、挑逗性动作或者以暴力相威

胁的;

(五)驾驶机动车、非机动车、其他交通工具,或者持械追逐、拦截他人的;

(六)强拿硬要或者任意损毁、占用公私财物价值达到有关司法解释认定构成刑法第二百九十三条第一款第三项规定的"情节严重"标准的百分之五十以上的;

(七)在公共场所、公共交通工具上实施寻衅滋事行为,造成较大社会影响的;

(八)利用信息网络教唆、煽动实施扰乱公共秩序违法活动的;

(九)编造虚假信息,或者明知是编造的虚假信息,在信息网络上散布,或者组织、指使人员在信息网络上散布,起哄闹事的;

(十)一次实施两种以上寻衅滋事行为的;

(十一)其他情节较重的情形。

十二、组织、教唆、胁迫、诱骗、煽动从事邪教、会道门活动

利用邪教、会道门、迷信活动危害社会

冒用宗教、气功名义危害社会

【法律依据】

(《中华人民共和国治安管理处罚法》第27条)有下列行为之一的,处十日以上十五日以下拘留,可以并处一千元以下罚款;情节较轻的,处五日以上十日以下拘留,可以并处五百元以下罚款:

(一)组织、教唆、胁迫、诱骗、煽动他人从事邪教、会道门活动或者利用邪教、会道门、迷信活动,扰乱社会秩序、损害他人身体健康的;

(二)冒用宗教、气功名义进行扰乱社会秩序、损害他人身体健康活动的。

【理解与适用】

有下列情形之一的,属于"情节较轻":

(一)危害后果较轻,并及时改正的;

(二)违法活动涉及数量或者数额未达到有关司法解释认定构成刑法第三百条第一款规定的"情节较轻"标准百分之十的;

(三)其他情节较轻的情形。

十三、故意干扰无线电业务正常进行

拒不消除对无线电台(站)的有害干扰

【法律依据】

(《中华人民共和国治安管理处罚法》第28条)违反国家规定,故意干扰无线电业务正常进行的,或者对正常运行的无线电台(站)产生有害干扰,经有关主管部门指出后,拒不采取有效措施消除的,处五日以上十日以下拘留;情节严重的,处十日以上十五日以下拘留。

【理解与适用】

有下列情形之一的,属于"情节严重":

(一)造成较重危害后果或者较大社会影响的;

(二)对事关国家安全、公共安全、国计民生的无线电业务、无线电台(站)进行干扰的;

(三)长时间故意干扰无线电业务正常进行,或者对正常运行的无线电台(站)产生有害干扰的;

(四)违法所得达到有关司法解释认定构成刑法第二百八十八条第一款规定的"情节严重"标准百分之五十以上的;

(五)其他情节严重的情形。

十四、非法侵入计算机信息系统

【法律依据】

(《中华人民共和国治安管理处罚法》第29条第1项)有下列行为之一的,处五日以下拘留;情节较重的,处五日以上十日以下拘留:

(一)违反国家规定,侵入计算机信息系统,造成危害的;

【理解与适用】

有下列情形之一的,属于"情节较重":

(一)造成被侵入系统单位的商业秘密、公民个人信息泄露、数据丢失等较大危害的;

(二)侵入国家机关、涉密单位、防范恐怖袭击重点目标单位或者治安保卫重点单位的计算机信息系统,造成危害的;

(三)其他情节较重的情形。

十五、非法改变计算机信息系统功能

【法律依据】

(《中华人民共和国治安管理处罚法》第29条第2项)有下列行为之一的,处五日以下拘留;情节较重的,处五日以上十日以下拘留:

(二)违反国家规定,对计算机信息系统功能进行删除、修改、增加、干

扰,造成计算机信息系统不能正常运行的;
【理解与适用】
有下列情形之一的,属于"情节较重":
(一)违法所得或者造成经济损失达到有关司法解释认定构成刑法第二百八十六条第一款规定的"后果严重"标准的百分之五十以上的;
(二)破坏计算机信息系统功能,造成计算机信息系统主要软件或者硬件功能不能恢复的;
(三)虽未达到前两项规定之一的情形,但多次对计算机信息系统功能进行删除、修改、增加、干扰的;
(四)其他情节较重的情形。

十六、非法改变计算机信息系统数据和应用程序
【法律依据】
(《中华人民共和国治安管理处罚法》第29条第3项)有下列行为之一的,处五日以下拘留;情节较重的,处五日以上十日以下拘留:
(三)违反国家规定,对计算机信息系统中存储、处理、传输的数据和应用程序进行删除、修改、增加的;
【理解与适用】
有下列情形之一的,属于"情节较重":
(一)对五台以上计算机信息系统中存储、处理、传输的数据和应用程序进行删除、修改、增加的;
(二)违法所得或者造成经济损失达到有关司法解释认定构成刑法第二百八十六条第二款规定的"后果严重"标准的百分之五十以上的;
(三)虽未达到前两项规定之一的情形,但多次对数据和应用程序进行删除、修改、增加的;
(四)其他情节较重的情形。

十七、故意制作、传播计算机破坏性程序影响运行
【法律依据】
(《中华人民共和国治安管理处罚法》第29条第4项)有下列行为之一的,处五日以下拘留;情节较重的,处五日以上十日以下拘留:
(四)故意制作、传播计算机病毒等破坏性程序,影响计算机信息系统正常运行的。

【理解与适用】

有下列情形之一的,属于"情节较重":

(一)故意制作、传播计算机病毒等破坏性程序,造成五台以上计算机信息系统受感染的;

(二)违法所得或者造成经济损失达到有关司法解释认定构成刑法第二百八十六条第三款规定的"后果严重"标准的百分之五十以上的;

(三)虽未达到前两项规定之一的情形,但多次故意制作、传播计算机病毒的;

(四)其他情节较重的情形。

十八、非法制造、买卖、储存、运输、邮寄、携带、使用、提供、处置危险物质

【法律依据】

(《中华人民共和国治安管理处罚法》第30条)违反国家规定,制造、买卖、储存、运输、邮寄、携带、使用、提供、处置爆炸性、毒害性、放射性、腐蚀性物质或者传染病病原体等危险物质的,处十日以上十五日以下拘留;情节较轻的,处五日以上十日以下拘留。

【理解与适用】

有下列情形之一的,属于"情节较轻":

(一)违反国家规定,制造、买卖、储存、运输、携带危险物质数量较少或者未达到有关刑事立案追诉标准百分之十的;

(二)违反国家规定,制造、买卖、储存、运输危险物质造成直接经济损失未达到有关刑事立案追诉标准百分之十的;

(三)违反国家规定,处置危险物质数量未达到有关司法解释认定构成刑法第三百三十八条规定的"严重污染环境"标准百分之十的;

(四)违反国家规定,处置危险物质违法所得或者致使公私财产损失未达到有关司法解释认定构成刑法第三百三十八条规定的"严重污染环境"标准百分之十的;

(五)其他情节较轻的情形。

十九、非法携带枪支、弹药、管制器具

【法律依据】

(《中华人民共和国治安管理处罚法》第32条第1款)非法携带枪支、弹药或者弩、匕首等国家规定的管制器具的,处五日以下拘留,可以并处五百元以下罚款;情节较轻的,处警告或者二百元以下罚款。

【理解与适用】

有下列情形之一的,属于"情节较轻":

(一)非法携带弹药,经告知,主动交出的;

(二)以收藏、留念、赠送为目的,携带属于管制刀具的各类武术刀、工艺刀、礼品刀,未造成危害后果的;

(三)其他情节较轻的情形。

二十、盗窃、损毁、擅自移动铁路设施、设备、机车车辆配件、安全标志

【法律依据】

(《中华人民共和国治安管理处罚法》第35条第1项)有下列行为之一的,处五日以上十日以下拘留,可以并处五百元以下罚款;情节较轻的,处五日以下拘留或者五百元以下罚款:

(一)盗窃、损毁或者擅自移动铁路设施、设备、机车车辆配件或者安全标志的;

【理解与适用】

有下列情形之一的,属于"情节较轻":

(一)及时采取补救措施,尚未造成危害后果的;

(二)盗窃、损毁设施、设备的价值较小,且不足以造成危害后果的;

(三)其他情节较轻的情形。

二十一、在铁路线上放置障碍物

【法律依据】

(《中华人民共和国治安管理处罚法》第35条第2项)有下列行为之一的,处五日以上十日以下拘留,可以并处五百元以下罚款;情节较轻的,处五日以下拘留或者五百元以下罚款:

(二)在铁路线路上放置障碍物,或者故意向列车投掷物品的;

【理解与适用】

有下列情形之一的,属于"情节较轻":

(一)在火车到来前及时采取补救措施,危害后果没有发生的;

(二)不足以对行车安全和旅客人身安全造成影响的;

(三)其他情节较轻的情形。

二十二、故意向列车投掷物品

【法律依据】

(《中华人民共和国治安管理处罚法》第35条第2项)有下列行为之一

的,处五日以上十日以下拘留,可以并处五百元以下罚款;情节较轻的,处五日以下拘留或者五百元以下罚款:

(二)在铁路线路上放置障碍物,或者故意向列车投掷物品的;

【理解与适用】

有下列情形之一的,属于"情节较轻":

(一)不足以对行车安全和旅客人身安全造成影响的;

(二)未造成机车车辆损坏、旅客人身伤害的;

(三)其他情节较轻的情形。

二十三、在铁路沿线非法挖掘坑穴、采石取沙

【法律依据】

(《中华人民共和国治安管理处罚法》第35条第3项)有下列行为之一的,处五日以上十日以下拘留,可以并处五百元以下罚款;情节较轻的,处五日以下拘留或者五百元以下罚款:

(三)在铁路线路、桥梁、涵洞处挖掘坑穴、采石取沙的;

【理解与适用】

有下列情形之一的,属于"情节较轻":

(一)及时采取补救措施,尚未造成危害后果的;

(二)不足以影响铁路路基稳定或者危害铁路桥梁、涵洞安全的;

(三)其他情节较轻的情形。

二十四、在铁路线路上私设道口、平交过道

【法律依据】

(《中华人民共和国治安管理处罚法》第35条第4项)有下列行为之一的,处五日以上十日以下拘留,可以并处五百元以下罚款;情节较轻的,处五日以下拘留或者五百元以下罚款:

(四)在铁路线路上私设道口或者平交过道的。

【理解与适用】

有下列情形之一的,属于"情节较轻":

(一)及时采取补救措施,尚未造成危害后果的;

(二)不足以对行车安全造成影响的;

(三)其他情节较轻的情形。

二十五、擅自安装、使用电网

安装、使用电网不符合安全规定

【法律依据】

(《中华人民共和国治安管理处罚法》第37条第1项)有下列行为之一的,处五日以下拘留或者五百元以下罚款;情节严重的,处五日以上十日以下拘留,可以并处五百元以下罚款:

(一)未经批准,安装、使用电网的,或者安装、使用电网不符合安全规定的;

【理解与适用】

有下列情形之一的,属于"情节严重":

(一)在人畜活动较多的区域或者存储易燃易爆危险物品的场所附近安装、使用电网的;

(二)造成人员受伤或者财物损失等危害后果的;

(三)其他情节严重的情形。

二十六、道路施工不设置安全防护设施

【法律依据】

(《中华人民共和国治安管理处罚法》第37条第2项)有下列行为之一的,处五日以下拘留或者五百元以下罚款;情节严重的,处五日以上十日以下拘留,可以并处五百元以下罚款:

(二)在车辆、行人通行的地方施工,对沟井坎穴不设覆盖物、防围和警示标志的,或者故意损毁、移动覆盖物、防围和警示标志的;

【理解与适用】

有下列情形之一的,属于"情节严重":

(一)造成人员受伤或者财物损失等危害后果的;

(二)多次实施,或者对多个沟井坎穴不设覆盖物、防围和警示标志;

(三)其他情节严重的情形。

二十七、故意损毁、移动道路施工安全防护设施

【法律依据】

(《中华人民共和国治安管理处罚法》第37条第2项)有下列行为之一的,处五日以下拘留或者五百元以下罚款;情节严重的,处五日以上十日以下拘留,可以并处五百元以下罚款:

(二)在车辆、行人通行的地方施工,对沟井坎穴不设覆盖物、防围和警示标志的,或者故意损毁、移动覆盖物、防围和警示标志的;

【理解与适用】

有下列情形之一的,属于"情节严重":

(一)造成人员受伤或者财物损失等危害后果的;

(二)损毁、移动多个设施、标志的;

(三)其他情节严重的情形。

二十八、盗窃、损毁路面公共设施

【法律依据】

(《中华人民共和国治安管理处罚法》第37条第3项)有下列行为之一的,处五日以下拘留或者五百元以下罚款;情节严重的,处五日以上十日以下拘留,可以并处五百元以下罚款:

(三)盗窃、损毁路面井盖、照明等公共设施的。

【理解与适用】

有下列情形之一的,属于"情节严重":

(一)造成人员受伤或者财物损失等危害后果的;

(二)盗窃、损毁多个设施的;

(三)其他情节严重的情形。

二十九、违规举办大型活动

【法律依据】

(《中华人民共和国治安管理处罚法》第38条)举办文化、体育等大型群众性活动,违反有关规定,有发生安全事故危险的,责令停止活动,立即疏散;对组织者处五日以上十日以下拘留,并处二百元以上五百元以下罚款;情节较轻的,处五日以下拘留或者五百元以下罚款。

【理解与适用】

有下列情形之一的,属于"情节较轻":

(一)存在安全隐患,经公安机关指出及时采取措施消除的;

(二)发现安全隐患后,主动停止活动、积极组织疏散,未造成危害后果的;

(三)其他情节较轻的情形。

三十、组织、胁迫、诱骗进行恐怖、残忍表演

【法律依据】

(《中华人民共和国治安管理处罚法》第40条第1项)有下列行为之一的,处十日以上十五日以下拘留,并处五百元以上一千元以下罚款;情节较

轻的,处五日以上十日以下拘留,并处二百元以上五百元以下罚款:

(一)组织、胁迫、诱骗不满十六周岁的人或者残疾人进行恐怖、残忍表演的;

【理解与适用】

有下列情形之一的,属于"情节较轻":

(一)未使用暴力方法,且对他人身心健康影响较小的,但将相关表演视频在信息网络上散布的除外;

(二)经被侵害人要求或者他人劝阻及时停止,且后果轻微的;

(三)其他情节较轻的情形。

三十一、强迫劳动

【法律依据】

(《中华人民共和国治安管理处罚法》第40条第2项)有下列行为之一的,处十日以上十五日以下拘留,并处五百元以上一千元以下罚款;情节较轻的,处五日以上十日以下拘留,并处二百元以上五百元以下罚款:

(二)以暴力、威胁或者其他手段强迫他人劳动的;

【理解与适用】

有下列情形之一的,属于"情节较轻":

(一)经被侵害人要求或者他人劝阻及时停止,且后果轻微的;

(二)强迫他人劳动系以劳务抵偿合法债务,且劳动强度较低的;

(三)其他情节较轻的情形。

三十二、非法限制人身自由

【法律依据】

(《中华人民共和国治安管理处罚法》第40条第3项)有下列行为之一的,处十日以上十五日以下拘留,并处五百元以上一千元以下罚款;情节较轻的,处五日以上十日以下拘留,并处二百元以上五百元以下罚款:

(三)非法限制他人人身自由、非法侵入他人住宅或者非法搜查他人身体的。

【理解与适用】

非法限制他人人身自由,未使用殴打、捆绑、侮辱等恶劣手段,且未造成人身伤害或者其他较重危害后果,取得被侵害人谅解的,属于"情节较轻"。

三十三、非法侵入住宅

【法律依据】

(《中华人民共和国治安管理处罚法》第40条第3项)有下列行为之一的,处十日以上十五日以下拘留,并处五百元以上一千元以下罚款;情节较轻的,处五日以上十日以下拘留,并处二百元以上五百元以下罚款:

(三)非法限制他人人身自由、非法侵入他人住宅或者非法搜查他人身体的。

【理解与适用】

有下列情形之一的,属于"情节较轻":

(一)因债务纠纷、邻里纠纷侵入他人住宅,经劝阻及时退出,且未造成危害后果的;

(二)非法侵入他人住宅,自行退出,且未造成危害后果的;

(三)其他情节较轻的情形。

三十四、非法搜查身体

【法律依据】

(《中华人民共和国治安管理处罚法》第40条第3项)有下列行为之一的,处十日以上十五日以下拘留,并处五百元以上一千元以下罚款;情节较轻的,处五日以上十日以下拘留,并处二百元以上五百元以下罚款:

(三)非法限制他人人身自由、非法侵入他人住宅或者非法搜查他人身体的。

【理解与适用】

有下列情形之一的,属于"情节较轻":

(一)经被侵害人要求或者他人劝阻及时停止,且未造成人身伤害或者其他危害后果的;

(二)未使用暴力或者未以暴力相威胁的;

(三)其他情节较轻的情形。

三十五、威胁人身安全

【法律依据】

(《中华人民共和国治安管理处罚法》第42条第1项)有下列行为之一的,处五日以下拘留或者五百元以下罚款;情节较重的,处五日以上十日以下拘留,可以并处五百元以下罚款:

(一)写恐吓信或者以其他方法威胁他人人身安全的;

【理解与适用】

有下列情形之一的,属于"情节较重":

(一)给他人正常工作、生活、身心健康造成较大影响的;

(二)经劝阻仍不停止的;

(三)针对多人实施的;

(四)采取多种方式和手段威胁他人人身安全的;

(五)其他情节较重的情形。

三十六、侮辱

诽谤

诬告陷害

【法律依据】

(《中华人民共和国治安管理处罚法》第42条第2项、第3项)有下列行为之一的,处五日以下拘留或者五百元以下罚款;情节较重的,处五日以上十日以下拘留,可以并处五百元以下罚款:

(二)公然侮辱他人或者捏造事实诽谤他人的;

(三)捏造事实诬告陷害他人,企图使他人受到刑事追究或者受到治安管理处罚的;

【理解与适用】

有下列情形之一的,属于"情节较重":

(一)使用恶劣手段、方式的;

(二)给他人正常工作、生活、身心健康、名誉造成较大影响的;

(三)经劝阻仍不停止的;

(四)利用信息网络公然侮辱、诽谤、诬告陷害他人的;

(五)针对多人实施的;

(六)其他情节较重的情形。

三十七、威胁、侮辱、殴打、打击报复证人及其近亲属

【法律依据】

(《中华人民共和国治安管理处罚法》第42条第4项)有下列行为之一的,处五日以下拘留或者五百元以下罚款;情节较重的,处五日以上十日以下拘留,可以并处五百元以下罚款:

(四)对证人及其近亲属进行威胁、侮辱、殴打或者打击报复的;

【理解与适用】

有下列情形之一的,属于"情节较重":

(一)使用恶劣手段、方式的;

(二)给他人正常工作、生活、身心健康、名誉造成较大影响的;

(三)造成人身伤害的;

(四)针对多人实施的;

(五)其他情节较重的情形。

三十八、发送信息干扰正常生活

【法律依据】

(《中华人民共和国治安管理处罚法》第42条第5项)有下列行为之一的,处五日以下拘留或者五百元以下罚款;情节较重的,处五日以上十日以下拘留,可以并处五百元以下罚款:

(五)多次发送淫秽、侮辱、恐吓或者其他信息,干扰他人正常生活的;

【理解与适用】

有下列情形之一的,属于"情节较重":

(一)给他人正常工作、生活、身心健康、名誉造成较大影响的;

(二)向多人发送的;

(三)经被侵害人制止仍不停止的;

(四)其他情节较重的情形。

三十九、侵犯隐私

【法律依据】

(《中华人民共和国治安管理处罚法》第42条第6项)有下列行为之一的,处五日以下拘留或者五百元以下罚款;情节较重的,处五日以上十日以下拘留,可以并处五百元以下罚款:

(六)偷窥、偷拍、窃听、散布他人隐私的。

【理解与适用】

有下列情形之一的,属于"情节较重":

(一)给他人正常工作、生活、身心健康、名誉造成较大影响的;

(二)利用信息网络散布他人隐私的;

(三)多次侵犯他人隐私或者侵犯多人隐私的;

(四)其他情节较重的情形。

四十、殴打他人

故意伤害

【法律依据】

(《中华人民共和国治安管理处罚法》第43条第1款)殴打他人的,或者故意伤害他人身体的,处五日以上十日以下拘留,并处二百元以上五百元以下罚款;情节较轻的,处五日以下拘留或者五百元以下罚款。

【理解与适用】

有下列情形之一的,属于"情节较轻":

(一)被侵害方有过错,且伤害后果较轻的;

(二)亲友、邻里或者同事之间因琐事发生纠纷,双方均有过错,且伤害后果较轻的;

(三)已满十四周岁未成年在校学生初次殴打他人、故意伤害他人身体,悔过态度较好且伤害后果较轻的;

(四)因民间纠纷引发且行为人主动赔偿合理费用,伤害后果较轻的;

(五)其他情节较轻的情形。

四十一、猥亵

【法律依据】

(《中华人民共和国治安管理处罚法》第44条)猥亵他人的,或者在公共场所故意裸露身体,情节恶劣的,处五日以上十日以下拘留;猥亵智力残疾人、精神病人、不满十四周岁的人或者有其他严重情节的,处十日以上十五日以下拘留。

【理解与适用】

有下列情形之一的,属于"有其他严重情节":

(一)在公共场所猥亵他人的;

(二)猥亵多人的;

(三)其他情节严重的情形。

四十二、在公共场所故意裸露身体

【法律依据】

(《中华人民共和国治安管理处罚法》第44条)猥亵他人的,或者在公共场所故意裸露身体,情节恶劣的,处五日以上十日以下拘留;猥亵智力残疾人、精神病人、不满十四周岁的人或者有其他严重情节的,处十日以上十五日以下拘留。

【理解与适用】

有下列情形之一的,属于"情节恶劣":

(一)造成现场秩序混乱等危害后果或者较大社会影响的;

(二)在有多名异性或者未成年人的公共场所故意裸露身体的;

(三)经制止拒不改正的;

(四)伴随挑逗性语言或者动作的;

(五)其他情节恶劣的情形。

四十三、强迫交易

【法律依据】

(《中华人民共和国治安管理处罚法》第46条)强买强卖商品,强迫他人提供服务或者强迫他人接受服务的,处五日以上十日以下拘留,并处二百元以上五百元以下罚款;情节较轻的,处五日以下拘留或者五百元以下罚款。

【理解与适用】

有下列情形之一的,属于"情节较轻":

(一)强迫交易造成直接经济损失未达到有关刑事立案追诉标准百分之十的;

(二)强迫交易数额或者违法所得未达到有关刑事立案追诉标准百分之十的;

(三)强迫他人购买伪劣商品数额或者违法所得未达到有关刑事立案追诉标准百分之十的;

(四)事后主动返还财物或者支付有关费用,取得被侵害人谅解的;

(五)其他情节较轻的情形。

四十四、盗窃

【法律依据】

(《中华人民共和国治安管理处罚法》第49条)盗窃、诈骗、哄抢、抢夺、敲诈勒索或者故意损毁公私财物的,处五日以上十日以下拘留,可以并处五百元以下罚款;情节较重的,处十日以上十五日以下拘留,可以并处一千元以下罚款。

【理解与适用】

有下列情形之一的,属于"情节较重":

(一)盗窃财物价值达到有关司法解释认定构成刑法第二百六十四条

规定的"数额较大"标准的百分之五十以上的；

（二）盗窃防灾、救灾、救济等特定财物的；

（三）在医院盗窃病人或者其亲友财物的；

（四）采用破坏性手段盗窃的；

（五）组织、控制未成年人、残疾人、孕妇或者哺乳期妇女盗窃的；

（六）其他情节较重的情形。

四十五、诈骗

【法律依据】

（《中华人民共和国治安管理处罚法》第49条）盗窃、诈骗、哄抢、抢夺、敲诈勒索或者故意损毁公私财物的，处五日以上十日以下拘留，可以并处五百元以下罚款；情节较重的，处十日以上十五日以下拘留，可以并处一千元以下罚款。

【理解与适用】

有下列情形之一的，属于"情节较重"：

（一）诈骗财物价值达到有关司法解释认定构成刑法第二百六十六条规定的"数额较大"标准的百分之五十以上的；

（二）诈骗防灾、救灾、救济等特定财物的；

（三）在公共场所或者公共交通工具上设局行骗的；

（四）以开展慈善活动名义实施诈骗的；

（五）其他情节较重的情形。

四十六、哄抢

【法律依据】

（《中华人民共和国治安管理处罚法》第49条）盗窃、诈骗、哄抢、抢夺、敲诈勒索或者故意损毁公私财物的，处五日以上十日以下拘留，可以并处五百元以下罚款；情节较重的，处十日以上十五日以下拘留，可以并处一千元以下罚款。

【理解与适用】

有下列情形之一的，属于"情节较重"：

（一）哄抢防灾、救灾、救济、军用等特定财物的；

（二）在自然灾害、交通事故等现场趁机哄抢，不听劝阻的；

（三）造成人员受伤或者财物损失较大的；

（四）其他情节较重的情形。

四十七、抢夺

【法律依据】

(《中华人民共和国治安管理处罚法》第 49 条)盗窃、诈骗、哄抢、抢夺、敲诈勒索或者故意损毁公私财物的,处五日以上十日以下拘留,可以并处五百元以下罚款;情节较重的,处十日以上十五日以下拘留,可以并处一千元以下罚款。

【理解与适用】

有下列情形之一的,属于"情节较重":

(一)抢夺财物价值达到有关司法解释认定构成刑法第二百六十七条规定的"数额较大"标准的百分之五十以上的;

(二)抢夺防灾、救灾、救济等特定财物的;

(三)造成人员受伤或者财物损坏的;

(四)抢夺多人财物的;

(五)驾驶机动车、非机动车或者其他交通工具实施抢夺的;

(六)其他情节较重的情形。

四十八、敲诈勒索

【法律依据】

(《中华人民共和国治安管理处罚法》第 49 条)盗窃、诈骗、哄抢、抢夺、敲诈勒索或者故意损毁公私财物的,处五日以上十日以下拘留,可以并处五百元以下罚款;情节较重的,处十日以上十五日以下拘留,可以并处一千元以下罚款。

【理解与适用】

有下列情形之一的,属于"情节较重":

(一)敲诈勒索数额达到有关司法解释认定构成刑法第二百七十四条规定的"数额较大"标准的百分之五十以上的;

(二)利用或者冒充国家机关工作人员、军人、新闻工作者等特殊身份敲诈勒索的;

(三)敲诈勒索多人的;

(四)其他情节较重的情形。

四十九、故意损毁财物

【法律依据】

(《中华人民共和国治安管理处罚法》第 49 条)盗窃、诈骗、哄抢、抢夺、敲诈勒索或故意损毁公私财物的,处五日以上十日以下拘留,可以并处五百元以下罚款;情节较重的,处十日以上十五日以下拘留,可以并处一千元以下罚款。

【理解与适用】

有下列情形之一的,属于"情节较重":

(一)故意损毁财物价值达到有关刑事立案追诉标准百分之五十以上的;

(二)故意损毁防灾、救灾、救济等特定财物的;

(三)故意损毁财物,对被侵害人生产、生活影响较大的;

(四)损毁多人财物的;

(五)其他情节较重的情形。

五十、拒不执行紧急状态下的决定、命令

【法律依据】

(《中华人民共和国治安管理处罚法》第50条第1款第1项)有下列行为之一的,处警告或者二百元以下罚款;情节严重的,处五日以上十日以下拘留,可以并处五百元以下罚款:

(一)拒不执行人民政府在紧急状态情况下依法发布的决定、命令的;

【理解与适用】

有下列情形之一的,属于"情节严重":

(一)不听执法人员劝阻的;

(二)造成人员受伤、财产损失等危害后果的;

(三)其他情节严重的情形。

五十一、阻碍执行职务

【法律依据】

(《中华人民共和国治安管理处罚法》第50条第1款第2项)有下列行为之一的,处警告或者二百元以下罚款;情节严重的,处五日以上十日以下拘留,可以并处五百元以下罚款:

(二)阻碍国家机关工作人员依法执行职务的;

【理解与适用】

有下列情形之一的,属于"情节严重":

(一)不听执法人员制止的;

(二)造成人员受伤、财物损失等危害后果的;

(三)在公共场所或者公共交通工具上阻碍执行职务的;

(四)以驾驶机动车冲闯检查卡点等危险方法阻碍执行任务的;

(五)其他情节严重的情形。

五十二、阻碍特种车辆通行

冲闯警戒带、警戒区

【法律依据】

(《中华人民共和国治安管理处罚法》第 50 条第 1 款第 3 项、第 4 项)有下列行为之一的,处警告或者二百元以下罚款;情节严重的,处五日以上十日以下拘留,可以并处五百元以下罚款:

(三)阻碍执行紧急任务的消防车、救护车、工程抢险车、警车等车辆通行的;

(四)强行冲闯公安机关设置的警戒带、警戒区的。

【理解与适用】

有下列情形之一的,属于"情节严重":

(一)不听执法人员制止的;

(二)造成人员受伤、财物损失等危害后果的;

(三)其他情节严重的情形。

五十三、招摇撞骗

【法律依据】

(《中华人民共和国治安管理处罚法》第 51 条第 1 款)冒充国家机关工作人员或者以其他虚假身份招摇撞骗的,处五日以上十日以下拘留,可以并处五百元以下罚款;情节较轻的,处五日以下拘留或者五百元以下罚款。

【理解与适用】

有下列情形之一的,属于"情节较轻":

(一)社会影响较小,未取得实际利益的;

(二)未造成当事人财物损失或者其他危害后果的;

(三)其他情节较轻的情形。

五十四、伪造、变造、买卖公文、证件、证明文件、印章

买卖、使用伪造、变造的公文、证件、证明文件

【法律依据】

(《中华人民共和国治安管理处罚法》第 52 条第 1 项、第 2 项)有下列行为之一的,处十日以上十五日以下拘留,可以并处一千元以下罚款;情节

较轻的,处五日以上十日以下拘留,可以并处五百元以下罚款:

（一）伪造、变造或者买卖国家机关、人民团体、企业、事业单位或者其他组织的公文、证件、证明文件、印章的;

（二）买卖或者使用伪造、变造的国家机关、人民团体、企业、事业单位或其他组织的公文、证件、证明文件的;

【理解与适用】

有下列情形之一的,属于"情节较轻":

（一）尚未造成危害后果,且获利较少的;

（二）尚未造成危害后果,且能够及时纠正或者弥补的;

（三）其他情节较轻的情形。

五十五、伪造、变造、倒卖有价票证、凭证

【法律依据】

(《中华人民共和国治安管理处罚法》第 52 条第 3 项)有下列行为之一的,处十日以上十五日以下拘留,可以并处一千元以下罚款;情节较轻的,处五日以上十日以下拘留,可以并处五百元以下罚款:

（三）伪造、变造、倒卖车票、船票、航空客票、文艺演出票、体育比赛入场券或者其他有价票证、凭证的;

【理解与适用】

有下列情形之一的,属于"情节较轻":

（一）伪造有价票证、凭证的票面数额、数量或者非法获利未达到有关刑事立案追诉标准百分之十的;

（二）倒卖车票、船票票面数额或者非法获利未达到有关刑事立案追诉标准百分之十的;

（三）其他情节较轻的情形。

五十六、伪造、变造船舶户牌

买卖、使用伪造、变造的船舶户牌

涂改船舶发动机号码

【法律依据】

(《中华人民共和国治安管理处罚法》第 52 条第 4 项)有下列行为之一的,处十日以上十五日以下拘留,可以并处一千元以下罚款;情节较轻的,处五日以上十日以下拘留,可以并处五百元以下罚款:

（四）伪造、变造船舶户牌,买卖或者使用伪造、变造的船舶户牌,或者涂改船舶发动机号码的。

【理解与适用】

有下列情形之一的,属于"情节较轻":

（一）伪造、变造船舶户牌数量较少,或者以营利为目的买卖伪造、变造的船舶户牌、涂改船舶发动机号码,获利较少的;

（二）伪造、变造船舶户牌,或者涂改船舶发动机号码的船舶,尚未出售或者未投入使用的;

（三）因船舶户牌丢失,伪造、变造或者购买、使用伪造、变造的船舶户牌的;

（四）其他情节较轻的情形。

五十七、驾船擅自进入、停靠国家管制的水域、岛屿

【法律依据】

(《中华人民共和国治安管理处罚法》第53条)船舶擅自进入、停靠国家禁止、限制进入的水域或者岛屿的,对船舶负责人及有关责任人员处五百元以上一千元以下罚款;情节严重的,处五日以下拘留,并处五百元以上一千元以下罚款。

【理解与适用】

有下列情形之一的,属于"情节严重":

（一）不听制止,强行进入、停靠的;

（二）经责令离开而拒不驶离的;

（三）其他情节严重的情形。

五十八、非法以社团名义活动

以被撤销登记的社团名义活动

【法律依据】

(《中华人民共和国治安管理处罚法》第54条第1款第1项、第2项)有下列行为之一的,处十日以上十五日以下拘留,并处五百元以上一千元以下罚款;情节较轻的,处五日以下拘留或者五百元以下罚款:

（一）违反国家规定,未经注册登记,以社会团体名义进行活动,被取缔后,仍进行活动的;

（二）被依法撤销登记的社会团体,仍以社会团体名义进行活动的;

【理解与适用】

有下列情形之一的,属于"情节较轻":

（一）尚未造成危害后果或者较大社会影响的；
（二）以营利为目的，但获利较少的；
（三）其他情节较轻的情形。

五十九、未获公安许可擅自经营
【法律依据】

（《中华人民共和国治安管理处罚法》第54条第1款第3项、第3款）有下列行为之一的，处十日以上十五日以下拘留，并处五百元以上一千元以下罚款；情节较轻的，处五日以下拘留或者五百元以下罚款：

（三）未经许可，擅自经营按照国家规定需要由公安机关许可的行业的。

取得公安机关许可的经营者，违反国家有关管理规定，情节严重的，公安机关可以吊销许可证。

【理解与适用】

有下列情形之一的，属于"情节较轻"：
（一）经营时间较短且规模较小的；
（二）主动停止经营且获利较少的；
（三）其他情节较轻的情形。

有下列情形之一的，属于"情节严重"：
（一）造成较重危害后果或者较大社会影响的；
（二）多次违反国家有关管理规定的；
（三）其他情节严重的情形。

六十、明知住宿旅客是犯罪嫌疑人不报
【法律依据】

（《中华人民共和国治安管理处罚法》第56条第2款）旅馆业的工作人员明知住宿的旅客是犯罪嫌疑人员或者被公安机关通缉的人员，不向公安机关报告的，处二百元以上五百元以下罚款；情节严重的，处五日以下拘留，可以并处五百元以下罚款。

【理解与适用】

有下列情形之一的，属于"情节严重"：
（一）发现多名犯罪嫌疑人、被通缉人不报告的；
（二）明知住宿旅客是严重暴力犯罪嫌疑人不报告的；
（三）阻挠他人报告或者在公安机关调查时故意隐瞒的；

(四)其他情节严重的情形。

六十一、明知承租人利用出租屋犯罪不报
【法律依据】
(《中华人民共和国治安管理处罚法》第57条第2款)房屋出租人明知承租人利用出租房屋进行犯罪活动,不向公安机关报告的,处二百元以上五百元以下罚款;情节严重的,处五日以下拘留,可以并处五百元以下罚款。

【理解与适用】
有下列情形之一的,属于"情节严重":
(一)房屋承租人利用出租房屋进行犯罪活动,造成较严重后果的;
(二)阻挠他人报告或者在公安机关调查时故意隐瞒的;
(三)其他情节严重的情形。

六十二、违法承接典当物品
【法律依据】
(《中华人民共和国治安管理处罚法》第59条第1项)有下列行为之一的,处五百元以上一千元以下罚款;情节严重的,处五日以上十日以下拘留,并处五百元以上一千元以下罚款:
(一)典当业工作人员承接典当的物品,不查验有关证明、不履行登记手续,或者明知是违法犯罪嫌疑人、赃物,不向公安机关报告的;

【理解与适用】
有下列情形之一的,属于"情节严重":
(一)违法承接典当物品较多的;
(二)违法承接典当物品价值较大的;
(三)其他情节严重的情形。

六十三、典当发现违法犯罪嫌疑人、赃物不报
【法律依据】
(《中华人民共和国治安管理处罚法》第59条第1项)有下列行为之一的,处五百元以上一千元以下罚款;情节严重的,处五日以上十日以下拘留,并处五百元以上一千元以下罚款:
(一)典当业工作人员承接典当的物品,不查验有关证明、不履行登记手续,或者明知是违法犯罪嫌疑人、赃物,不向公安机关报告的;

【理解与适用】
有下列情形之一的,属于"情节严重":

（一）涉及赃物数量较多或者价值较大,不报告的；
（二）发现严重暴力犯罪嫌疑人不报告的；
（三）阻挠他人报告或者在公安机关调查时故意隐瞒的；
（四）其他情节严重的情形。

六十四、违法收购废旧专用器材

【法律依据】

(《中华人民共和国治安管理处罚法》第 59 条第 2 项)有下列行为之一的,处五百元以上一千元以下罚款；情节严重的,处五日以上十日以下拘留,并处五百元以上一千元以下罚款：

（二）违反国家规定,收购铁路、油田、供电、电信、矿山、水利、测量和城市公用设施等废旧专用器材的；

【理解与适用】

有下列情形之一的,属于"情节严重"：

（一）违法收购数量较大或者价值较高的；
（二）造成较重危害后果的；
（三）其他情节严重的情形。

六十五、收购赃物、有赃物嫌疑的物品

【法律依据】

(《中华人民共和国治安管理处罚法》第 59 条第 3 项)有下列行为之一的,处五百元以上一千元以下罚款；情节严重的,处五日以上十日以下拘留,并处五百元以上一千元以下罚款：

（三）收购公安机关通报寻查的赃物或者有赃物嫌疑的物品的；

【理解与适用】

有下列情形之一的,属于"情节严重"：

（一）收购赃物、有赃物嫌疑的物品价值达到有关司法解释认定构成刑法第三百一十二条第一款规定的掩饰、隐瞒犯罪所得罪定罪数额的百分之五十以上的；
（二）影响公安机关办案或者造成其他较重危害后果的；
（三）造成收购的赃物或者有赃物嫌疑的物品损毁、无法追回的；
（四）物品属于公共设施或者救灾、抢险、防汛等物资的；
（五）其他情节严重的情形。

六十六、收购国家禁止收购的其他物品

【法律依据】

(《中华人民共和国治安管理处罚法》第59条第4项)有下列行为之一的,处五百元以上一千元以下罚款;情节严重的,处五日以上十日以下拘留,并处五百元以上一千元以下罚款:

(四)收购国家禁止收购的其他物品。

【理解与适用】

有下列情形之一的,属于"情节严重":

(一)违法收购数量较大或者价值较高的;

(二)造成较重危害后果的;

(三)其他情节严重的情形。

六十七、故意损坏文物、名胜古迹

【法律依据】

(《中华人民共和国治安管理处罚法》第63条第1项)有下列行为之一的,处警告或者二百元以下罚款;情节较重的,处五日以上十日以下拘留,并处二百元以上五百元以下罚款:

(一)刻划、涂污或者以其他方式故意损坏国家保护的文物、名胜古迹的;

【理解与适用】

有下列情形之一的,属于"情节较重":

(一)拒不听从管理人员或者执法人员制止的;

(二)造成文物、名胜古迹较重损害后果的;

(三)两次以上损坏或者损坏两处以上文物、名胜古迹的;

(四)其他情节较重的情形。

六十八、违法实施危及文物安全的活动

【法律依据】

(《中华人民共和国治安管理处罚法》第63条第2项)有下列行为之一的,处警告或者二百元以下罚款;情节较重的,处五日以上十日以下拘留,并处二百元以上五百元以下罚款:

(二)违反国家规定,在文物保护单位附近进行爆破、挖掘等活动,危及文物安全的。

【理解与适用】

有下列情形之一的,属于"情节较重":

(一)不听管理人员或者执法人员制止的;

(二)造成文物、名胜古迹较重损害后果的;

(三)其他情节较重的情形。

六十九、偷开机动车

【法律依据】

(《中华人民共和国治安管理处罚法》第64条第1项)有下列行为之一的,处五百元以上一千元以下罚款;情节严重的,处十日以上十五日以下拘留,并处五百元以上一千元以下罚款:

(一)偷开他人机动车的;

【理解与适用】

有下列情形之一的,属于"情节严重":

(一)偷开特种车辆、军车的;

(二)偷开机动车从事违法活动的;

(三)发生安全事故或者造成机动车损坏、人员受伤的;

(四)对他人的工作生活造成较大影响的;

(五)其他情节严重的情形。

七十、无证驾驶、偷开航空器、机动船舶

【法律依据】

(《中华人民共和国治安管理处罚法》第64条第2项)有下列行为之一的,处五百元以上一千元以下罚款;情节严重的,处十日以上十五日以下拘留,并处五百元以上一千元以下罚款:

(二)未取得驾驶证驾驶或者偷开他人航空器、机动船舶的。

【理解与适用】

有下列情形之一的,属于"情节严重":

(一)偷开警用、军用航空器、机动船舶的;

(二)无证驾驶载有乘客、危险品的机动船舶或者驾驶机动船舶总吨位在五百吨位以上的;

(三)酒后无证驾驶或者偷开他人航空器、机动船舶的;

(四)发生安全事故或者造成航空器、机动船舶损坏、人员受伤的;

(五)对他人的工作生活造成较大影响的;

(六)其他情节严重的情形。

七十一、破坏、污损坟墓
【法律依据】

(《中华人民共和国治安管理处罚法》第65条第1项)有下列行为之一的,处五日以上十日以下拘留;情节严重的,处十日以上十五日以下拘留,可以并处一千元以下罚款:

(一)故意破坏、污损他人坟墓或者毁坏、丢弃他人尸骨、骨灰的;

【理解与适用】

有下列情形之一的,属于"情节严重":

(一)破坏、污损程度较严重的;

(二)破坏、污损英雄烈士坟墓或者具有公共教育、纪念意义的坟墓的;

(三)引发民族矛盾、宗教矛盾或者群体性事件的;

(四)其他情节严重的情形。

七十二、毁坏、丢弃尸骨、骨灰
【法律依据】

(《中华人民共和国治安管理处罚法》第65条第1项)有下列行为之一的,处五日以上十日以下拘留;情节严重的,处十日以上十五日以下拘留,可以并处一千元以下罚款:

(一)故意破坏、污损他人坟墓或者毁坏、丢弃他人尸骨、骨灰的;

【理解与适用】

有下列情形之一的,属于"情节严重":

(一)毁坏程度较重的;

(二)引发民族矛盾、宗教矛盾或者群体性事件的;

(三)其他情节严重的情形。

七十三、违法停放尸体
【法律依据】

(《中华人民共和国治安管理处罚法》第65条第2项)有下列行为之一的,处五日以上十日以下拘留;情节严重的,处十日以上十五日以下拘留,可以并处一千元以下罚款:

(二)在公共场所停放尸体或者因停放尸体影响他人正常生活、工作秩序,不听劝阻的。

【理解与适用】

有下列情形之一的,属于"情节严重":

(一)造成交通拥堵、秩序混乱等危害后果的;

(二)影响他人正常工作、生活持续时间较长的;

(三)造成较大社会影响的;

(四)其他情节严重的情形。

七十四、卖淫

嫖娼

【法律依据】

(《中华人民共和国治安管理处罚法》第66条第1款)卖淫、嫖娼的,处十日以上十五日以下拘留,可以并处五千元以下罚款;情节较轻的,处五日以下拘留或者五百元以下罚款。

【理解与适用】

有下列情形之一的,属于"情节较轻":

(一)已经谈妥价格或者给付金钱等财物,尚未实施性行为的;

(二)以手淫等方式卖淫、嫖娼的;

(三)其他情节较轻的情形。

七十五、引诱、容留、介绍卖淫

【法律依据】

(《中华人民共和国治安管理处罚法》第67条)引诱、容留、介绍他人卖淫的,处十日以上十五日以下拘留,可以并处五千元以下罚款;情节较轻的,处五日以下拘留或者五百元以下罚款。

【理解与适用】

有下列情形之一的,属于"情节较轻":

(一)容留、介绍一人次卖淫,且尚未发生性行为的;

(二)容留、介绍一人次以手淫等方式卖淫的;

(三)其他情节较轻的情形。

七十六、制作、运输、复制、出售、出租淫秽物品

传播淫秽信息

【法律依据】

(《中华人民共和国治安管理处罚法》第68条)制作、运输、复制、出售、出租淫秽的书刊、图片、影片、音像制品等淫秽物品或者利用计算机信息网

络、电话以及其他通讯工具传播淫秽信息的,处十日以上十五日以下拘留,可以并处三千元以下罚款;情节较轻的,处五日以下拘留或者五百元以下罚款。

【理解与适用】

有下列情形之一的,属于"情节较轻":

(一)制作、复制、出售淫秽书刊、图片、影片、音像制品,传播淫秽信息数量、获利未达到有关刑事立案追诉标准百分之十的;运输、出租淫秽物品的"情节较轻"数量基准参照上述规定执行;

(二)传播范围较小,且影响较小的;

(三)其他情节较轻的情形。

七十七、为赌博提供条件

【法律依据】

(《中华人民共和国治安管理处罚法》第70条)以营利为目的,为赌博提供条件的,或者参与赌博赌资较大的,处五日以下拘留或者五百元以下罚款;情节严重的,处十日以上十五日以下拘留,并处五百元以上三千元以下罚款。

【理解与适用】

有下列情形之一的,属于"情节严重":

(一)设置赌博机的数量或者为他人提供场所放置的赌博机数量达到有关规范性文件认定构成开设赌场罪标准的百分之五十以上的;

(二)在公共场所或者公共交通工具上为赌博提供条件的;

(三)通过计算机信息网络平台为赌博提供条件的;

(四)为未成年人赌博提供条件的;

(五)国家工作人员为赌博提供条件的;

(六)明知他人从事赌博活动而向其销售赌博机的;

(七)发行、销售"六合彩"等其他私彩的;

(八)组织、协助他人出境赌博的;

(九)为赌场接送参赌人员、望风看场、发牌做庄、兑换筹码的;

(十)其他情节严重的情形。

七十八、赌博

【法律依据】

(《中华人民共和国治安管理处罚法》第70条)以营利为目的,为赌博提供条件的,或者参与赌博赌资较大的,处五日以下拘留或五百元以下罚款;情节严重的,处十日以上十五日以下拘留,并处五百元以上三千元以下罚款。

【理解与适用】

有下列情形之一的,属于"情节严重":

(一)在公共场所或者公共交通工具上赌博的;

(二)利用互联网、移动终端设备等投注赌博的;

(三)国家工作人员参与赌博的;

(四)其他情节严重的情形。

七十九、非法种植毒品原植物

【法律依据】

(《中华人民共和国治安管理处罚法》第71条第1款第1项)有下列行为之一的,处十日以上十五日以下拘留,可以并处三千元以下罚款;情节较轻的,处五日以下拘留或者五百元以下罚款:

(一)非法种植罂粟不满五百株或者其他少量毒品原植物的;

【理解与适用】

有下列情形之一的,属于"情节较轻":

(一)非法种植罂粟不满五十株、大麻不满五百株的;

(二)非法种植罂粟不满二十平方米、大麻不满二百平方米,尚未出苗的。

(三)其他情节较轻的情形。

八十、非法买卖、运输、携带、持有毒品原植物种苗

【法律依据】

(《中华人民共和国治安管理处罚法》第71条第1款第2项)有下列行为之一的,处十日以上十五日以下拘留,可以并处三千元以下罚款;情节较轻的,处五日以下拘留或者五百元以下罚款:

(二)非法买卖、运输、携带、持有少量未经灭活的罂粟等毒品原植物种子或者幼苗的;

【理解与适用】

有下列情形之一的,属于"情节较轻":

(一)非法买卖、运输、携带、持有未经灭活的罂粟种子不满五克、罂粟幼苗不满五百株的;

(二)非法买卖、运输、携带、持有未经灭活的大麻幼苗不满五千株、大麻种子不满五千克的；

（三）其他情节较轻的情形。

八十一、非法运输、买卖、储存、使用罂粟壳

【法律依据】

(《中华人民共和国治安管理处罚法》第71条第1款第3项)有下列行为之一的,处十日以上十五日以下拘留,可以并处三千元以下罚款；情节较轻的,处五日以下拘留或者五百元以下罚款:

（三）非法运输、买卖、储存、使用少量罂粟壳的。

【理解与适用】

非法运输、买卖、储存、使用罂粟壳不满五千克的,或者其他社会危害性不大的,属于"情节较轻"。

八十二、非法持有毒品

【法律依据】

(《中华人民共和国治安管理处罚法》第72条第1项)有下列行为之一的,处十日以上十五日以下拘留,可以并处二千元以下罚款；情节较轻的,处五日以下拘留或者五百元以下罚款:

（一）非法持有鸦片不满二百克、海洛因或者甲基苯丙胺不满十克或者其他少量毒品的；

【理解与适用】

有下列情形之一的,属于"情节较轻"：

（一）非法持有鸦片不满二十克的；

（二）非法持有海洛因、甲基苯丙胺不满一克或者其他毒品数量未达到有关刑事立案追诉标准百分之十的；

（三）其他情节较轻的情形。

八十三、提供毒品

吸毒

胁迫、欺骗开具麻醉药品、精神药品

【法律依据】

(《中华人民共和国治安管理处罚法》第72条第2项、第3项、第4项)有下列行为之一的,处十日以上十五日以下拘留,可以并处二千元以下罚款；情节较轻的,处五日以下拘留或者五百元以下罚款:

（二）向他人提供毒品的；

（三）吸食、注射毒品的；

（四）胁迫、欺骗医务人员开具麻醉药品、精神药品的。

【理解与适用】

向他人提供毒品后及时收回且未造成危害后果的，未成年人、在校学生吸食毒品且无戒毒史或者无戒断症状的，欺骗医务人员开具少量麻醉药品、精神药品尚未吸食、注射的，或者其他社会危害性不大的，属于"情节较轻"。

第三部分　相关规定

一、本指导意见下列用语的含义：

（一）违反国家规定，是指违反全国人民代表大会及其常务委员会制定的法律和决定，国务院制定的行政法规、规定的行政措施、发布的决定、命令，国务院部门制定的规章和为执行法律、行政法规而制定的对外公布的规范性文件。

（二）结伙，是指二人以上；多次（人、名），是指三次（人、名）以上。

（三）公共交通工具，是指从事旅客运输的各种公共汽车、大、中型出租车、火车、轨道交通、轮船、飞机等，不含小型出租车。对虽不具有营业执照，但实际从事旅客运输的大、中型交通工具，以及单位班车、校车等交通工具，可以认定为公共交通工具。

（四）依法进行的选举，是指依照《全国人民代表大会组织法》《全国人民代表大会和地方各级人民代表大会选举法》《地方各级人民代表大会和地方各级人民政府组织法》《中华人民共和国村民委员会组织法》《中华人民共和国城市居民委员会组织法》等法律、法规进行的选举活动。

（五）大型群众性活动，是指法人或者其他组织面向社会公众举办的每场次预计参加人数达到1000人以上的体育比赛、演唱会、音乐会、展览、展销、游园、灯会、庙会、花会、焰火晚会、人才招聘会、彩票开奖等活动，不包含影剧院、音乐厅、公园、娱乐场所等在其日常业务范围内举办的活动。

（六）管制器具，是指弩、管制刀具、电击器以及使用火药为动力的射钉器、射网器等国家规定对社会治安秩序和公共安全构成危害，对公民合法权益和人身安全构成威胁，需要实施特别管理的物品。

（七）近亲属，包括配偶、父母、子女、兄弟姐妹、祖父母、外祖父母、孙子女、外孙子女和其他具有扶养、赡养关系的亲属。

（八）赌博机，是指具有退币、退分、退钢珠等赌博功能的电子游戏设施、设备。

二、本指导意见所称以上,包括本数。

三、各地公安机关可以根据本地实际制定实施细则。

四、本指导意见自印发之日起施行。

三、违反治安管理的行为和处罚

（一）扰乱公共秩序的行为和处罚

中华人民共和国军事设施保护法（节录）

（1990年2月23日第七届全国人民代表大会常务委员会第十二次会议通过　根据2009年8月27日第十一届全国人民代表大会常务委员会第十次会议《关于修改部分法律的决定》第一次修正　根据2014年6月27日第十二届全国人民代表大会常务委员会第九次会议《关于修改〈中华人民共和国军事设施保护法〉的决定》第二次修正　2021年6月10日第十三届全国人民代表大会常务委员会第二十九次会议修订）

第二条　本法所称军事设施，是指国家直接用于军事目的的下列建筑、场地和设备：

（一）指挥机关，地上和地下的指挥工程、作战工程；

（二）军用机场、港口、码头；

（三）营区、训练场、试验场；

（四）军用洞库、仓库；

（五）军用信息基础设施，军用侦察、导航、观测台站，军用测量、导航、助航标志；

（六）军用公路、铁路专用线，军用输电线路，军用输油、输水、输气管道；

（七）边防、海防管控设施；

（八）国务院和中央军事委员会规定的其他军事设施。

前款规定的军事设施,包括军队为执行任务必需设置的临时设施。

第十七条 禁止陆地、水域军事禁区管理单位以外的人员、车辆、船舶等进入军事禁区,禁止航空器在陆地、水域军事禁区上空进行低空飞行,禁止对军事禁区进行摄影、摄像、录音、勘察、测量、定位、描绘和记述。但是,经有关军事机关批准的除外。

禁止航空器进入空中军事禁区,但依照国家有关规定获得批准的除外。

使用军事禁区的摄影、摄像、录音、勘察、测量、定位、描绘和记述资料,应当经有关军事机关批准。

第十八条 在陆地军事禁区内,禁止建造、设置非军事设施,禁止开发利用地下空间。但是,经战区级以上军事机关批准的除外。

在水域军事禁区内,禁止建造、设置非军事设施,禁止从事水产养殖、捕捞以及其他妨碍军用舰船行动、危害军事设施安全和使用效能的活动。

第十九条 在陆地、水域军事禁区内采取的防护措施不足以保证军事设施安全保密和使用效能,或者陆地、水域军事禁区内的军事设施具有重大危险因素的,省、自治区、直辖市人民政府和有关军事机关,或者省、自治区、直辖市人民政府、国务院有关部门和有关军事机关根据军事设施性质、地形和当地经济建设、社会发展情况,可以在共同划定陆地、水域军事禁区范围的同时,在禁区外围共同划定安全控制范围,并在其外沿设置安全警戒标志。

安全警戒标志由县级以上地方人民政府按照国家统一规定的样式设置,地点由军事禁区管理单位和当地县级以上地方人民政府共同确定。

水域军事禁区外围安全控制范围难以在实际水域设置安全警戒标志的,依照本法第十六条第二款的规定执行。

第二十二条 军事管理区管理单位以外的人员、车辆、船舶等进入军事管理区,或者对军事管理区进行摄影、摄像、录音、勘察、测量、定位、描绘和记述,必须经军事管理区管理单位批准。

第二十三条 在陆地军事管理区内,禁止建造、设置非军事设施,禁止开发利用地下空间。但是,经军级以上军事机关批准的除外。

在水域军事管理区内,禁止从事水产养殖;未经军级以上军事机关批准,不得建造、设置非军事设施;从事捕捞或者其他活动,不得影响军用舰船的战备、训练、执勤等行动。

第二十四条 划为军事管理区的军民合用港口的水域,实行军地分区管理;在地方管理的水域内需要新建非军事设施的,必须事先征得军事设施管理单位的同意。

划为军事管理区的军民合用机场、港口、码头的管理办法,由国务院和中央军事委员会规定。

第二十七条 没有划入军事禁区、军事管理区的作战工程外围应当划定安全保护范围。作战工程的安全保护范围,应当根据作战工程性质、地形和当地经济建设、社会发展情况,由省、自治区、直辖市人民政府和有关军事机关共同划定,或者由省、自治区、直辖市人民政府、国务院有关部门和有关军事机关共同划定。在作战工程布局相对集中的地区,作战工程安全保护范围可以连片划定。县级以上地方人民政府应当按照有关规定为作战工程安全保护范围设置界线标志。

作战工程安全保护范围的撤销或者调整,依照前款规定办理。

第二十八条 划定作战工程安全保护范围,不改变原土地及土地附着物的所有权。在作战工程安全保护范围内,当地居民可以照常生产生活,但是不得进行开山采石、采矿、爆破;从事修筑建筑物、构筑物、道路和进行农田水利基本建设、采伐林木等活动,不得危害作战工程安全和使用效能。

因划定作战工程安全保护范围影响不动产所有权人或者用益物权人行使权利的,依照有关法律、法规的规定予以补偿。

禁止私自开启封闭的作战工程,禁止破坏作战工程的伪装,禁止阻断进出作战工程的通道。未经作战工程管理单位师级以上的上级主管军事机关批准,不得对作战工程进行摄影、摄像、录音、勘察、测量、定位、描绘和记述,不得在作战工程内存放非军用物资器材或者从事种植、养殖等生产活动。

新建工程和建设项目,确实难以避开作战工程的,应当按照国家有关规定提出拆除或者迁建、改建作战工程的申请;申请未获批准的,不得拆除或者迁建、改建作战工程。

第二十九条 在军用机场净空保护区域内,禁止修建超出机场净空标准的建筑物、构筑物或者其他设施,不得从事影响飞行安全和机场助航设施使用效能的活动。

军用机场管理单位应当定期检查机场净空保护情况,发现修建的建筑物、构筑物或者其他设施超过军用机场净空保护标准的,应当及时向有关军事机关和当地人民政府主管部门报告。有关军事机关和当地人民政府主管部门应当依照本法规定及时处理。

第三十三条　在军用无线电固定设施电磁环境保护范围内，禁止建造、设置影响军用无线电固定设施使用效能的设备和电磁障碍物体，不得从事影响军用无线电固定设施电磁环境的活动。

军用无线电固定设施电磁环境的保护措施，由军地无线电管理机构按照国家无线电管理相关规定和标准共同确定。

军事禁区、军事管理区内无线电固定设施电磁环境的保护，适用前两款规定。

军用无线电固定设施电磁环境保护涉及军事系统与非军事系统间的无线电管理事宜的，按照国家无线电管理的有关规定执行。

第三十四条　未经国务院和中央军事委员会批准或者国务院和中央军事委员会授权的机关批准，不得拆除、移动边防、海防管控设施，不得在边防、海防管控设施上搭建、设置民用设施。在边防、海防管控设施周边安排建设项目，不得危害边防、海防管控设施安全和使用效能。

第五十条　军事禁区、军事管理区需要公安机关协助维护治安管理秩序的，经国务院和中央军事委员会决定或者由有关军事机关提请省、自治区、直辖市公安机关批准，可以设立公安机构。

第五十一条　违反本法规定，有下列情形之一的，军事设施管理单位的执勤人员应当予以制止：

（一）非法进入军事禁区、军事管理区或者在陆地、水域军事禁区上空低空飞行的；

（二）对军事禁区、军事管理区非法进行摄影、摄像、录音、勘察、测量、定位、描绘和记述的；

（三）进行破坏、危害军事设施的活动的。

第五十二条　有本法第五十一条所列情形之一，不听制止的，军事设施管理单位依照国家有关规定，可以采取下列措施：

（一）强制带离、控制非法进入军事禁区、军事管理区或者驾驶、操控航空器在陆地、水域军事禁区上空低空飞行的人员，对违法情节严重的人员予以扣留并立即移送公安、国家安全等有管辖权的机关；

（二）立即制止信息传输等行为，扣押用于实施违法行为的器材、工具或者其他物品，并移送公安、国家安全等有管辖权的机关；

（三）在紧急情况下,清除严重危害军事设施安全和使用效能的障碍物;

（四）在危及军事设施安全或者执勤人员生命安全等紧急情况下依法使用武器。

军人、军队文职人员和军队其他人员有本法第五十一条所列情形之一的,依照军队有关规定处理。

第五十六条 违反本法第二十八条第三款规定,私自开启封闭的作战工程,破坏作战工程伪装,阻断作战工程通道,将作战工程用于存放非军用物资器材或者种植、养殖等生产活动的,由公安机关以及自然资源等主管部门责令停止违法行为,限期恢复原状。

第五十七条 违反本法第二十八条第四款、第三十四条规定,擅自拆除、迁建、改建作战工程,或者擅自拆除、移动边防、海防管控设施的,由住房和城乡建设主管部门、公安机关等责令停止违法行为,限期恢复原状。

第五十八条 违反本法第二十九条第一款规定,在军用机场净空保护区域内修建超出军用机场净空保护标准的建筑物、构筑物或者其他设施的,由住房和城乡建设、自然资源主管部门责令限期拆除超高部分。

第五十九条 违反本法第三十三条规定,在军用无线电固定设施电磁环境保护范围内建造、设置影响军用无线电固定设施使用效能的设备和电磁障碍物体,或者从事影响军用无线电固定设施电磁环境的活动的,由自然资源、生态环境等主管部门以及无线电管理机构给予警告,责令限期改正;逾期不改正的,查封干扰设备或者强制拆除障碍物。

第六十条 有下列行为之一的,适用《中华人民共和国治安管理处罚法》第二十三条的处罚规定:

（一）非法进入军事禁区、军事管理区或者驾驶、操控航空器在陆地、水域军事禁区上空低空飞行,不听制止的;

（二）在军事禁区外围安全控制范围内,或者在没有划入军事禁区、军事管理区的军事设施一定距离内,进行危害军事设施安全和使用效能的活动,不听制止的;

（三）在军用机场净空保护区域内,进行影响飞行安全和机场助航设施使用效能的活动,不听制止的;

（四）对军事禁区、军事管理区非法进行摄影、摄像、录音、勘察、测量、定位、描绘和记述,不听制止的;

（五）其他扰乱军事禁区、军事管理区管理秩序和危害军事设施安全的行为，情节轻微，尚不够刑事处罚的。

第六十一条 违反国家规定，故意干扰军用无线电设施正常工作的，或者对军用无线电设施产生有害干扰，拒不按照有关主管部门的要求改正的，依照《中华人民共和国治安管理处罚法》第二十八条的规定处罚。

第六十二条 毁坏边防、海防管控设施以及军事禁区、军事管理区的围墙、铁丝网、界线标志或者其他军事设施的，依照《中华人民共和国治安管理处罚法》第三十三条的规定处罚。

第六十三条 有下列行为之一，构成犯罪的，依法追究刑事责任：

（一）破坏军事设施的；

（二）过失损坏军事设施，造成严重后果的；

（三）盗窃、抢夺、抢劫军事设施的装备、物资、器材的；

（四）泄露军事设施秘密，或者为境外的机构、组织、人员窃取、刺探、收买、非法提供军事设施秘密的；

（五）破坏军用无线电固定设施电磁环境，干扰军用无线电通讯，情节严重的；

（六）其他扰乱军事禁区、军事管理区管理秩序和危害军事设施安全的行为，情节严重的。

国家教育考试违规处理办法（节录）

（2004年5月19日中华人民共和国教育部令第18号发布 根据2012年1月5日《教育部关于修改〈国家教育考试违规处理办法〉的决定》修正）

第二条 本办法所称国家教育考试是指普通和成人高等学校招生考试、全国硕士研究生招生考试、高等教育自学考试等，由国务院教育行政部门确定实施，由经批准的实施教育考试的机构承办，面向社会公开、统一举行，其结果作为招收学历教育学生或者取得国家承认学历、学位证书依据的测试活动。

第五条 考生不遵守考场纪律,不服从考试工作人员的安排与要求,有下列行为之一的,应当认定为考试违纪:

(一)携带规定以外的物品进入考场或者未放在指定位置的;

(二)未在规定的座位参加考试的;

(三)考试开始信号发出前答题或者考试结束信号发出后继续答题的;

(四)在考试过程中旁窥、交头接耳、互打暗号或者手势的;

(五)在考场或者教育考试机构禁止的范围内,喧哗、吸烟或者实施其他影响考场秩序的行为的;

(六)未经考试工作人员同意在考试过程中擅自离开考场的;

(七)将试卷、答卷(含答题卡、答题纸等,下同)、草稿纸等考试用纸带出考场的;

(八)用规定以外的笔或者纸答题或者在试卷规定以外的地方书写姓名、考号或者以其他方式在答卷上标记信息的;

(九)其他违反考场规则但尚未构成作弊的行为。

第六条 考生违背考试公平、公正原则,在考试过程中有下列行为之一的,应当认定为考试作弊:

(一)携带与考试内容相关的材料或者存储有与考试内容相关资料的电子设备参加考试的;

(二)抄袭或者协助他人抄袭试题答案或者与考试内容相关的资料的;

(三)抢夺、窃取他人试卷、答卷或者胁迫他人为自己抄袭提供方便的;

(四)携带具有发送或者接收信息功能的设备的;

(五)由他人冒名代替参加考试的;

(六)故意销毁试卷、答卷或者考试材料的;

(七)在答卷上填写与本人身份不符的姓名、考号等信息的;

(八)传、接物品或者交换试卷、答卷、草稿纸的;

(九)其他以不正当手段获得或者试图获得试题答案、考试成绩的行为。

第七条 教育考试机构、考试工作人员在考试过程中或者在考试结束后发现下列行为之一的,应当认定相关的考生实施了考试作弊行为:

(一)通过伪造证件、证明、档案及其他材料获得考试资格、加分资格和考试成绩的;

(二)评卷过程中被认定为答案雷同的;

(三)考场纪律混乱、考试秩序失控,出现大面积考试作弊现象的;

(四)考试工作人员协助实施作弊行为,事后查实的;

(五)其他应认定为作弊的行为。

第八条 考生及其他人员应当自觉维护考试工作场所的秩序,服从考试工作人员的管理,不得有下列扰乱考试秩序的行为:

(一)故意扰乱考点、考场、评卷场所等考试工作场所秩序;

(二)拒绝、妨碍考试工作人员履行管理职责;

(三)威胁、侮辱、诽谤、诬陷或者以其他方式侵害考试工作人员、其他考生合法权益的行为;

(四)故意损坏考场设施设备;

(五)其他扰乱考试管理秩序的行为。

第十条 考生有第八条所列行为之一的,应当终止其继续参加本科目考试,其当次报名参加考试的各科成绩无效;考生及其他人员的行为违反《中华人民共和国治安管理处罚法》的,由公安机关进行处理;构成犯罪的,由司法机关依法追究刑事责任。

第十七条 有下列行为之一的,由教育考试机构建议行为人所在单位给予行政处分;违反《中华人民共和国治安管理处罚法》的,由公安机关依法处理;构成犯罪的,由司法机关依法追究刑事责任:

(一)指使、纵容、授意考试工作人员放松考试纪律,致使考场秩序混乱、作弊严重的;

(二)代替考生或者由他人代替参加国家教育考试的;

(三)组织或者参与团伙作弊的;

(四)利用职权,包庇、掩盖作弊行为或者胁迫他人作弊的;

(五)以打击、报复、诬陷、威胁等手段侵犯考试工作人员、考生人身权利的;

(六)向考试工作人员行贿的;

(七)故意损坏考试设施的;

(八)扰乱、妨害考场、评卷点及有关考试工作场所秩序后果严重的。

国家工作人员有前款行为的,教育考试机构应当建议有关纪检、监察部门,根据有关规定从重处理。

营业性演出管理条例(节录)

(2005年7月7日中华人民共和国国务院令第439号公布 根据2008年7月22日《国务院关于修改〈营业性演出管理条例〉的决定》第一次修订 根据2013年7月18日《国务院关于废止和修改部分行政法规的决定》第二次修订 根据2016年2月6日《国务院关于修改部分行政法规的决定》第三次修订 根据2020年11月29日《国务院关于修改和废止部分行政法规的决定》第四次修订)

第二条 本条例所称营业性演出,是指以营利为目的为公众举办的现场文艺表演活动。

第五条 国务院文化主管部门主管全国营业性演出的监督管理工作。国务院公安部门、工商行政管理部门在各自职责范围内,主管营业性演出的监督管理工作。

县级以上地方人民政府文化主管部门负责本行政区域内营业性演出的监督管理工作。县级以上地方人民政府公安部门、工商行政管理部门在各自职责范围内,负责本行政区域内营业性演出的监督管理工作。

第十二条 文艺表演团体、个体演员可以自行举办营业性演出,也可以参加营业性组台演出。

营业性组台演出应当由演出经纪机构举办;但是,演出场所经营单位可以在本单位经营的场所内举办营业性组台演出。

演出经纪机构可以从事营业性演出的居间、代理、行纪活动;个体演出经纪人只能从事营业性演出的居间、代理活动。

第十三条 举办营业性演出,应当向演出所在地县级人民政府文化主管部门提出申请。县级人民政府文化主管部门应当自受理申请之日起3日内作出决定。对符合本条例第二十五条规定的,发给批准文件;对不符合本条例第二十五条规定的,不予批准,书面通知申请人并说明理由。

第十四条 除演出经纪机构外,其他任何单位或者个人不得举办外国的或者香港特别行政区、澳门特别行政区、台湾地区的文艺表演团体、个人参加的营业性演出。但是，文艺表演团体自行举办营业性演出，可以邀请外国的或者香港特别行政区、澳门特别行政区、台湾地区的文艺表演团体、个人参加。

举办外国的或者香港特别行政区、澳门特别行政区、台湾地区的文艺表演团体、个人参加的营业性演出，应当符合下列条件：

（一）有与其举办的营业性演出相适应的资金；

（二）有2年以上举办营业性演出的经历；

（三）举办营业性演出前2年内无违反本条例规定的记录。

第十五条 举办外国的文艺表演团体、个人参加的营业性演出，演出举办单位应当向演出所在地省、自治区、直辖市人民政府文化主管部门提出申请。

举办香港特别行政区、澳门特别行政区的文艺表演团体、个人参加的营业性演出，演出举办单位应当向演出所在地省、自治区、直辖市人民政府文化主管部门提出申请；举办台湾地区的文艺表演团体、个人参加的营业性演出，演出举办单位应当向国务院文化主管部门会同国务院有关部门规定的审批机关提出申请。

国务院文化主管部门或者省、自治区、直辖市人民政府文化主管部门应当自受理申请之日起20日内作出决定。对符合本条例第二十五条规定的，发给批准文件；对不符合本条例第二十五条规定的，不予批准，书面通知申请人并说明理由。

第十六条 申请举办营业性演出，提交的申请材料应当包括下列内容：

（一）演出名称、演出举办单位和参加演出的文艺表演团体、演员；

（二）演出时间、地点、场次；

（三）节目及其视听资料。

申请举办营业性组台演出，还应当提交文艺表演团体、演员同意参加演出的书面函件。

营业性演出需要变更申请材料所列事项的，应当分别依照本条例第十三条、第十五条规定重新报批。

第十七条 演出场所经营单位提供演出场地，应当核验演出举办单位取得的批准文件；不得为未经批准的营业性演出提供演出场地。

第十八条 演出场所经营单位应当确保演出场所的建筑、设施符合国家安全标准和消防安全规范,定期检查消防安全设施状况,并及时维护、更新。

演出场所经营单位应当制定安全保卫工作方案和灭火、应急疏散预案。

演出举办单位在演出场所进行营业性演出,应当核验演出场所经营单位的消防安全设施检查记录、安全保卫工作方案和灭火、应急疏散预案,并与演出场所经营单位就演出活动中突发安全事件的防范、处理等事项签订安全责任协议。

第十九条 在公共场所举办营业性演出,演出举办单位应当依照有关安全、消防的法律、行政法规和国家有关规定办理审批手续,并制定安全保卫工作方案和灭火、应急疏散预案。演出场所应当配备应急广播、照明设施,在安全出入口设置明显标识,保证安全出入口畅通;需要临时搭建舞台、看台的,演出举办单位应当按照国家有关安全标准搭建舞台、看台,确保安全。

第二十条 审批临时搭建舞台、看台的营业性演出时,文化主管部门应当核验演出举办单位的下列文件:

(一)依法验收后取得的演出场所合格证明;

(二)安全保卫工作方案和灭火、应急疏散预案;

(三)依法取得的安全、消防批准文件。

第二十一条 演出场所容纳的观众数量应当报公安部门核准;观众区域与缓冲区域应当由公安部门划定,缓冲区域应当有明显标识。

演出举办单位应当按照公安部门核准的观众数量、划定的观众区域印制和出售门票。

验票时,发现进入演出场所的观众达到核准数量仍有观众等待入场的,应当立即终止验票并同时向演出所在地县级人民政府公安部门报告;发现观众持有观众区域以外的门票或者假票的,应当拒绝其入场并同时向演出所在地县级人民政府公安部门报告。

第二十二条 任何人不得携带传染病病原体和爆炸性、易燃性、放射性、腐蚀性等危险物质或者非法携带枪支、弹药、管制器具进入营业性演出现场。

演出场所经营单位应当根据公安部门的要求,配备安全检查设施,并对进入营业性演出现场的观众进行必要的安全检查;观众不接受安全检查或者有前款禁止行为的,演出场所经营单位有权拒绝其进入。

第二十三条 演出举办单位应当组织人员落实营业性演出时的安全、消防措施,维护营业性演出现场秩序。

演出举办单位和演出场所经营单位发现营业性演出现场秩序混乱,应当立即采取措施并同时向演出所在地县级人民政府公安部门报告。

第二十四条 演出举办单位不得以政府或者政府部门的名义举办营业性演出。

营业性演出不得冠以"中国"、"中华"、"全国"、"国际"等字样。

营业性演出广告内容必须真实、合法,不得误导、欺骗公众。

第二十五条 营业性演出不得有下列情形:

(一)反对宪法确定的基本原则的;

(二)危害国家统一、主权和领土完整,危害国家安全,或者损害国家荣誉和利益的;

(三)煽动民族仇恨、民族歧视,侵害民族风俗习惯,伤害民族感情,破坏民族团结,违反宗教政策的;

(四)扰乱社会秩序,破坏社会稳定的;

(五)危害社会公德或者民族优秀文化传统的;

(六)宣扬淫秽、色情、邪教、迷信或者渲染暴力的;

(七)侮辱或者诽谤他人,侵害他人合法权益的;

(八)表演方式恐怖、残忍,摧残演员身心健康的;

(九)利用人体缺陷或者以展示人体变异等方式招徕观众的;

(十)法律、行政法规禁止的其他情形。

第二十六条 演出场所经营单位、演出举办单位发现营业性演出有本条例第二十五条禁止情形的,应当立即采取措施予以制止并同时向演出所在地县级人民政府文化主管部门、公安部门报告。

第三十六条 公安部门对其依照有关法律、行政法规和国家有关规定批准的营业性演出,应当在演出举办前对营业性演出现场的安全状况进行实地检查;发现安全隐患的,在消除安全隐患后方可允许进行营业性演出。

公安部门可以对进入营业性演出现场的观众进行必要的安全检查;发现观众有本条例第二十二条第一款禁止行为的,在消除安全隐患后方可允许其进入。

公安部门可以组织警力协助演出举办单位维持营业性演出现场秩序。

第三十七条　公安部门接到观众达到核准数量仍有观众等待入场或者演出秩序混乱的报告后,应当立即组织采取措施消除安全隐患。

第三十八条　承担现场管理检查任务的公安部门和文化主管部门的工作人员进入营业性演出现场,应当出示值勤证件。

第三十九条　文化主管部门依法对营业性演出进行监督检查时,应当将监督检查的情况和处理结果予以记录,由监督检查人员签字后归档。公众有权查阅监督检查记录。

第四十条　文化主管部门、公安部门和其他有关部门及其工作人员不得向演出举办单位、演出场所经营单位索取演出门票。

第五十一条　有下列行为之一的,由公安部门或者公安消防机构依据法定职权依法予以处罚;构成犯罪的,依法追究刑事责任:

(一)违反本条例安全、消防管理规定的;

(二)伪造、变造营业性演出门票或者倒卖伪造、变造的营业性演出门票的。

演出举办单位印制、出售超过核准观众数量的或者观众区域以外的营业性演出门票的,由县级以上人民政府公安部门依据各自职权责令改正,没收违法所得,并处违法所得3倍以上5倍以下的罚款;没有违法所得或者违法所得不足1万元的,并处3万元以上5万元以下的罚款;造成严重后果的,由原发证机关吊销营业性演出许可证;构成犯罪的,依法追究刑事责任。

第五十五条　文化主管部门、公安部门、工商行政管理部门的工作人员滥用职权、玩忽职守、徇私舞弊或者未依照本条例规定履行职责的,依法给予行政处分;构成犯罪的,依法追究刑事责任。

大型群众性活动安全管理条例

(2007年8月29日国务院第190次常务会议通过　2007年9月14日国务院令第505号公布　自2007年10月1日起施行)

第一章　总　　则

第一条　为了加强对大型群众性活动的安全管理,保护公民生命和财产安全,维护社会治安秩序和公共安全,制定本条例。

第二条 本条例所称大型群众性活动,是指法人或者其他组织面向社会公众举办的每场次预计参加人数达到 1000 人以上的下列活动:

(一)体育比赛活动;

(二)演唱会、音乐会等文艺演出活动;

(三)展览、展销等活动;

(四)游园、灯会、庙会、花会、焰火晚会等活动;

(五)人才招聘会、现场开奖的彩票销售等活动。

影剧院、音乐厅、公园、娱乐场所等在其日常业务范围内举办的活动,不适用本条例的规定。

第三条 大型群众性活动的安全管理应当遵循安全第一、预防为主的方针,坚持承办者负责、政府监管的原则。

第四条 县级以上人民政府公安机关负责大型群众性活动的安全管理工作。

县级以上人民政府其他有关主管部门按照各自的职责,负责大型群众性活动的有关安全工作。

第二章 安 全 责 任

第五条 大型群众性活动的承办者(以下简称承办者)对其承办活动的安全负责,承办者的主要负责人为大型群众性活动的安全责任人。

第六条 举办大型群众性活动,承办者应当制订大型群众性活动安全工作方案。

大型群众性活动安全工作方案包括下列内容:

(一)活动的时间、地点、内容及组织方式;

(二)安全工作人员的数量、任务分配和识别标志;

(三)活动场所消防安全措施;

(四)活动场所可容纳的人员数量以及活动预计参加人数;

(五)治安缓冲区域的设定及其标识;

(六)入场人员的票证查验和安全检查措施;

(七)车辆停放、疏导措施;

(八)现场秩序维护、人员疏导措施;

(九)应急救援预案。

第七条 承办者具体负责下列安全事项：

（一）落实大型群众性活动安全工作方案和安全责任制度，明确安全措施、安全工作人员岗位职责，开展大型群众性活动安全宣传教育；

（二）保障临时搭建的设施、建筑物的安全，消除安全隐患；

（三）按照负责许可的公安机关的要求，配备必要的安全检查设备，对参加大型群众性活动的人员进行安全检查，对拒不接受安全检查的，承办者有权拒绝其进入；

（四）按照核准的活动场所容纳人员数量、划定的区域发放或者出售门票；

（五）落实医疗救护、灭火、应急疏散等应急救援措施并组织演练；

（六）对妨碍大型群众性活动安全的行为及时予以制止，发现违法犯罪行为及时向公安机关报告；

（七）配备与大型群众性活动安全工作需要相适应的专业保安人员以及其他安全工作人员；

（八）为大型群众性活动的安全工作提供必要的保障。

第八条 大型群众性活动的场所管理者具体负责下列安全事项：

（一）保障活动场所、设施符合国家安全标准和安全规定；

（二）保障疏散通道、安全出口、消防车通道、应急广播、应急照明、疏散指示标志符合法律、法规、技术标准的规定；

（三）保障监控设备和消防设施、器材配置齐全、完好有效；

（四）提供必要的停车场地，并维护安全秩序。

第九条 参加大型群众性活动的人员应当遵守下列规定：

（一）遵守法律、法规和社会公德，不得妨碍社会治安、影响社会秩序；

（二）遵守大型群众性活动场所治安、消防等管理制度，接受安全检查，不得携带爆炸性、易燃性、放射性、毒害性、腐蚀性等危险物质或者非法携带枪支、弹药、管制器具；

（三）服从安全管理，不得展示侮辱性标语、条幅等物品，不得围攻裁判员、运动员或者其他工作人员，不得投掷杂物。

第十条 公安机关应当履行下列职责：

（一）审核承办者提交的大型群众性活动申请材料，实施安全许可；

（二）制订大型群众性活动安全监督方案和突发事件处置预案；

（三）指导对安全工作人员的教育培训；

（四）在大型群众性活动举办前，对活动场所组织安全检查，发现安全隐患及时责令改正；

（五）在大型群众性活动举办过程中，对安全工作的落实情况实施监督检查，发现安全隐患及时责令改正；

（六）依法查处大型群众性活动中的违法犯罪行为，处置危害公共安全的突发事件。

第三章 安 全 管 理

第十一条 公安机关对大型群众性活动实行安全许可制度。《营业性演出管理条例》对演出活动的安全管理另有规定的，从其规定。

举办大型群众性活动应当符合下列条件：

（一）承办者是依照法定程序成立的法人或者其他组织；

（二）大型群众性活动的内容不得违反宪法、法律、法规的规定，不得违反社会公德；

（三）具有符合本条例规定的安全工作方案，安全责任明确、措施有效；

（四）活动场所、设施符合安全要求。

第十二条 大型群众性活动的预计参加人数在1000人以上5000人以下的，由活动所在地县级人民政府公安机关实施安全许可；预计参加人数在5000人以上的，由活动所在地设区的市级人民政府公安机关或者直辖市人民政府公安机关实施安全许可；跨省、自治区、直辖市举办大型群众性活动的，由国务院公安部门实施安全许可。

第十三条 承办者应当在活动举办日的20日前提出安全许可申请，申请时，应当提交下列材料：

（一）承办者合法成立的证明以及安全责任人的身份证明；

（二）大型群众性活动方案及其说明，2个或者2个以上承办者共同承办大型群众性活动的，还应当提交联合承办的协议；

（三）大型群众性活动安全工作方案；

（四）活动场所管理者同意提供活动场所的证明。

依照法律、行政法规的规定，有关主管部门对大型群众性活动的承办者有资质、资格要求的，还应当提交有关资质、资格证明。

第十四条 公安机关收到申请材料应当依法做出受理或者不予受理的决定。对受理的申请，应当自受理之日起7日内进行审查，对活动场所进行查验，对符合安全条件的，做出许可的决定；对不符合安全条件的，做出不予许可的决定，并书面说明理由。

第十五条 对经安全许可的大型群众性活动，承办者不得擅自变更活动的时间、地点、内容或者扩大大型群众性活动的举办规模。

承办者变更大型群众性活动时间的，应当在原定举办活动时间之前向做出许可决定的公安机关申请变更，经公安机关同意方可变更。

承办者变更大型群众性活动地点、内容以及扩大大型群众性活动举办规模的，应当依照本条例的规定重新申请安全许可。

承办者取消举办大型群众性活动的，应当在原定举办活动时间之前书面告知做出安全许可决定的公安机关，并交回公安机关颁发的准予举办大型群众性活动的安全许可证件。

第十六条 对经安全许可的大型群众性活动，公安机关根据安全需要组织相应警力，维持活动现场周边的治安、交通秩序，预防和处置突发治安事件，查处违法犯罪活动。

第十七条 在大型群众性活动现场负责执行安全管理任务的公安机关工作人员，凭值勤证件进入大型群众性活动现场，依法履行安全管理职责。

公安机关和其他有关主管部门及其工作人员不得向承办者索取门票。

第十八条 承办者发现进入活动场所的人员达到核准数量时，应当立即停止验票；发现持有划定区域以外的门票或者持假票的人员，应当拒绝其入场并向活动现场的公安机关工作人员报告。

第十九条 在大型群众性活动举办过程中发生公共安全事故、治安案件的，安全责任人应当立即启动应急救援预案，并立即报告公安机关。

第四章 法 律 责 任

第二十条 承办者擅自变更大型群众性活动的时间、地点、内容或者擅自扩大大型群众性活动的举办规模的，由公安机关处1万元以上5万元以下罚款；有违法所得的，没收违法所得。

未经公安机关安全许可的大型群众性活动由公安机关予以取缔，对承办者处10万元以上30万元以下罚款。

第二十一条 承办者或者大型群众性活动场所管理者违反本条例规定致使发生重大伤亡事故、治安案件或者造成其他严重后果构成犯罪的，依法追究刑事责任;尚不构成犯罪的,对安全责任人和其他直接责任人员依法给予处分、治安管理处罚,对单位处1万元以上5万元以下罚款。

第二十二条　在大型群众性活动举办过程中发生公共安全事故,安全责任人不立即启动应急救援预案或者不立即向公安机关报告的,由公安机关对安全责任人和其他直接责任人员处5000元以上5万元以下罚款。

第二十三条　参加大型群众性活动的人员有违反本条例第九条规定行为的,由公安机关给予批评教育;有危害社会治安秩序、威胁公共安全行为的,公安机关可以将其强行带离现场,依法给予治安管理处罚;构成犯罪的,依法追究刑事责任。

第二十四条　有关主管部门的工作人员和直接负责的主管人员在履行大型群众性活动安全管理职责中,有滥用职权、玩忽职守、徇私舞弊行为的,依法给予处分;构成犯罪的,依法追究刑事责任。

第五章　附　　则

第二十五条　县级以上各级人民政府、国务院部门直接举办的大型群众性活动的安全保卫工作,由举办活动的人民政府、国务院部门负责,不实行安全许可制度,但应当按照本条例的有关规定,责成或者会同有关公安机关制订更加严格的安全保卫工作方案,并组织实施。

第二十六条　本条例自2007年10月1日起施行。

文化和旅游部、公安部关于进一步加强大型营业性演出活动规范管理促进演出市场健康有序发展的通知

(2023年9月12日　文旅市场发〔2023〕96号)

各省、自治区、直辖市文化和旅游厅(局),公安厅(局)、新疆生产建设兵团文化体育广电和旅游局、公安局:

当前,演出市场快速恢复发展,演唱会、音乐节等大型营业性演出活动

大量增加,在满足人民群众精神文化需求的同时,个别演出活动中炒票倒票、非理性追星、不文明观演等问题也较为突出。为加强观众人数在5000人以上的大型营业性演出活动(以下简称"大型演出活动")的规范管理,促进演出市场健康有序发展,现就有关事项通知如下。

一、明确工作原则

(一)大型演出活动必须坚持为人民服务、为社会主义服务的方向,坚持把社会效益放在首位,实现社会效益和经济效益相统一,更好满足人民群众精神文化需求。

(二)按照"谁举办谁负责"的原则,演出举办单位应当严格落实安全主体责任,严格建立并落实安全管理制度,明确安全责任人,建立并完善风险评估和应急处置工作机制。演出举办单位应当依法办理演出审批手续,安排演出节目内容,负责演出票务和现场管理,加强消费者个人信息保护,做好现场观众引导,掌握舆情动态,及时报告有关情况,接受主管部门指导监督,主动承担法定责任和义务。

(三)文化和旅游行政部门、公安机关要严格落实属地责任,强化协作配合,加强大型演出活动规范管理,确保大型演出活动平稳有序举办。

二、严格审批管理

(四)省级文化和旅游行政部门、公安机关要加强对本行政区域内大型演出活动的统筹指导,大型演出活动审批前,应当经过省级文化和旅游行政部门、属地公安机关风险评估和综合研判。

(五)文化和旅游行政部门要督促演出举办单位在申请举办大型演出活动前,对可能出现的票务销售、现场管理、网络舆情等方面的风险开展自评,形成书面报告并在申请举办时提交。

(六)省级文化和旅游行政部门、属地公安机关开展风险评估,演出举办单位开展风险自评时,应当在传统的人、事、物、场等评估要素基础上,将网上热度、舆情反应、网民评价等网络特征纳入评估范畴,建立网上网下风险综合评估体系。

(七)省级文化和旅游行政部门、属地公安机关要对风险较高的演出活动加强行政指导,督促做好现场监管。对不符合安全条件的演出活动,要求受理审批的文化和旅游行政部门、公安机关不予批准。

三、加强票务管理

(八)大型演出活动实行实名购票和实名入场制度,每场演出每个身份证件只能购买一张门票,购票人与入场人身份信息保持一致。演出举办单位、演出票务销售平台应当加强消费者个人信息保护,防止未经授权的访问以及个人信息泄露、篡改、丢失。

(九)演出举办单位应当建立大型演出活动退票机制,设定合理的梯次退票收费标准,保障购票人的正当退票权利。

(十)进一步提高大型演出活动门票销售比例,演出举办单位面向市场公开销售的门票数量不得低于核准观众数量的85%。对其余15%的门票,应当在演出前24小时进行个人信息绑定,做到"实名绑定、实名入场"。

(十一)演出举办单位应当明示其授权的票务代理机构,引导消费者从合法渠道购买门票。应当履行告知义务,告知消费者购票、入场和退票规则。

(十二)文化和旅游行政部门要督促演出举办单位、演出票务销售平台将大型演出活动的票务信息(包括但不限于演出项目的名称、演出时间、演出场次、门票数量、票务销售方案、票房收入等信息)实时传输至全国文化市场技术监管与服务平台,进一步加强大型演出活动票务信息管理。

(十三)文化和旅游行政部门、公安机关要加强对大型演出活动举办方和场地方工作票证的管理,严格控制发放范围,防止工作票证流入市场被非法买卖。

四、加强演出现场管理

(十四)文化和旅游市场管理部门、综合执法机构要加强对大型演出活动的实地检查,现场核验演员信息及演出节目内容,严禁擅自变更演员及演出内容,严禁假唱、假演奏等违法违规行为。

(十五)公安机关要加强大型演出活动现场安全监管,指导演出举办单位强化事前安全评估,制定安全工作方案,落实安保措施,配备安检设备,严格对进入现场的人员、车辆、物品进行安全检查,配备足够安保人员,落实应急处置措施。公安机关依法对安全工作落实情况实施监督检查,发现安全隐患责令改正,依法查处违法犯罪行为,处置突发事件。

(十六)演出举办单位应当积极配合文化和旅游行政部门、公安机关监督管理,根据工作需要,采取必要的管控措施,提升演出现场管理水平。

五、加大违法行为打击力度

(十七)文化和旅游行政部门要加强对演出票务销售平台的管理,依法处置未履行核验票务经营单位资质及演出批准文件义务、为倒卖门票提供服务等违规行为。

（十八）公安机关要加大对倒卖演出票证的打击整治力度，全面收集网上网下倒卖炒作票证信息，及时发现加价、变相加价销售票证的线索，严打网上网下倒票和诈骗等违法犯罪活动。

（十九）公安机关要依法打击流量造假、造谣传谣、侵犯隐私，以及聚众闹事、滋事斗殴等网上网下各类违法犯罪活动。适时公布典型案例，及时警示震慑，以正视听。

（二十）公安机关要加强对大型演出活动安全监管，对演出举办单位、场所管理者举办大型群众性演出活动违反安全管理规定，以及扰乱活动秩序的行为，要按照《大型群众性活动安全管理条例》《中华人民共和国治安管理处罚法》《中华人民共和国刑法》有关规定依法予以处罚。

六、引导观众文明观演

（二十一）公安机关指导演出举办单位做好入场安检，禁止观众携带影响正常观演的物品入场，倡导观众文明观演。演出举办单位要加强现场巡查，及时制止不文明观演行为，维护观演秩序。

（二十二）演员经纪公司及相关演艺经纪从业人员应当加强对演员的教育、提醒，积极引导演员时刻敬畏法律红线，严守道德底线。鼓励演员主动发声，引导观众遵守演出现场管理规定，共同维护演出秩序。

七、强化信用监管

（二十三）文化和旅游行政部门要依照《文化和旅游市场信用管理规定》，对大型演出活动中存在面向公众销售门票数量低于核准数量的85%或者为倒卖门票、买卖演出工作票证提供便利等情形的演出举办单位及票务代理机构，依法认定为文化和旅游市场失信主体。

（二十四）文化和旅游行政部门、公安机关要对失信主体加大日常监管力度，对其申请营业性演出、大型群众性活动等行政许可事项予以重点关注，在行政奖励、授予称号等方面予以重点审查。

特此通知。

最高人民法院、最高人民检察院关于办理组织、利用邪教组织破坏法律实施等刑事案件适用法律若干问题的解释

（2017年1月4日最高人民法院审判委员会第1706次会议、2016年12月8日最高人民检察院第十二届检察委员会第58次会议通过　2017年1月25日公布　法释〔2017〕3号　自2017年2月1日起施行）

为依法惩治组织、利用邪教组织破坏法律实施等犯罪活动，根据《中华人民共和国刑法》《中华人民共和国刑事诉讼法》有关规定，现就办理此类刑事案件适用法律的若干问题解释如下：

第一条　冒用宗教、气功或者以其他名义建立，神化、鼓吹首要分子，利用制造、散布迷信邪说等手段蛊惑、蒙骗他人，发展、控制成员，危害社会的非法组织，应当认定为刑法第三百条规定的"邪教组织"。

第二条　组织、利用邪教组织，破坏国家法律、行政法规实施，具有下列情形之一的，应当依照刑法第三百条第一款的规定，处三年以上七年以下有期徒刑，并处罚金：

（一）建立邪教组织，或者邪教组织被取缔后又恢复、另行建立邪教组织的；

（二）聚众包围、冲击、强占、哄闹国家机关、企业事业单位或者公共场所、宗教活动场所，扰乱社会秩序的；

（三）非法举行集会、游行、示威，扰乱社会秩序的；

（四）使用暴力、胁迫或者以其他方法强迫他人加入或者阻止他人退出邪教组织的；

（五）组织、煽动、蒙骗成员或者他人不履行法定义务的；

（六）使用"伪基站""黑广播"等无线电台（站）或者无线电频率宣扬邪教的；

(七)曾因从事邪教活动被追究刑事责任或者二年内受过行政处罚,又从事邪教活动的;

(八)发展邪教组织成员五十人以上的;

(九)敛取钱财或者造成经济损失一百万元以上的;

(十)以货币为载体宣扬邪教,数量在五百张(枚)以上的;

(十一)制作、传播邪教宣传品,达到下列数量标准之一的:

1. 传单、喷图、图片、标语、报纸一千份(张)以上的;

2. 书籍、刊物二百五十册以上的;

3. 录音带、录像带等音像制品二百五十盒(张)以上的;

4. 标识、标志物二百五十件以上的;

5. 光盘、U盘、储存卡、移动硬盘等移动存储介质一百个以上的;

6. 横幅、条幅五十条(个)以上的。

(十二)利用通讯信息网络宣扬邪教,具有下列情形之一的:

1. 制作、传播宣扬邪教的电子图片、文章二百张(篇)以上,电子书籍、刊物、音视频五十册(个)以上,或者电子文档五百万字符以上、电子音视频二百五十分钟以上的;

2. 编发信息、拨打电话一千条(次)以上的;

3. 利用在线人数累计达到一千以上的聊天室,或者利用群组成员、关注人员等账号数累计一千以上的通讯群组、微信、微博等社交网络宣扬邪教的;

4. 邪教信息实际被点击、浏览数达到五千次以上的。

(十三)其他情节严重的情形。

第三条 组织、利用邪教组织,破坏国家法律、行政法规实施,具有下列情形之一的,应当认定为刑法第三百条第一款规定的"情节特别严重",处七年以上有期徒刑或者无期徒刑,并处罚金或者没收财产:

(一)实施本解释第二条第一项至第七项规定的行为,社会危害特别严重的;

(二)实施本解释第二条第八项至第十二项规定的行为,数量或者数额达到第二条规定相应标准五倍以上的;

(三)其他情节特别严重的情形。

第四条 组织、利用邪教组织,破坏国家法律、行政法规实施,具有下列情形之一的,应当认定为刑法第三百条第一款规定的"情节较轻",处三

年以下有期徒刑、拘役、管制或者剥夺政治权利,并处或者单处罚金:

(一)实施本解释第二条第一项至第七项规定的行为,社会危害较轻的;

(二)实施本解释第二条第八项至第十二项规定的行为,数量或者数额达到相应标准五分之一以上的;

(三)其他情节较轻的情形。

第五条 为了传播而持有、携带,或者传播过程中被当场查获,邪教宣传品数量达到本解释第二条至第四条规定的有关标准的,按照下列情形分别处理:

(一)邪教宣传品是行为人制作的,以犯罪既遂处理;

(二)邪教宣传品不是行为人制作,尚未传播的,以犯罪预备处理;

(三)邪教宣传品不是行为人制作,传播过程中被查获的,以犯罪未遂处理;

(四)邪教宣传品不是行为人制作,部分已经传播出去的,以犯罪既遂处理,对于没有传播的部分,可以在量刑时酌情考虑。

第六条 多次制作、传播邪教宣传品或者利用通讯信息网络宣扬邪教,未经处理的,数量或者数额累计计算。

制作、传播邪教宣传品,或者利用通讯信息网络宣扬邪教,涉及不同种类或者形式的,可以根据本解释规定的不同数量标准的相应比例折算后累计计算。

第七条 组织、利用邪教组织,制造、散布迷信邪说,蒙骗成员或者他人绝食、自虐等,或者蒙骗病人不接受正常治疗,致人重伤、死亡的,应当认定为刑法第三百条第二款规定的组织、利用邪教组织"蒙骗他人,致人重伤、死亡"。

组织、利用邪教组织蒙骗他人,致一人以上死亡或者三人以上重伤的,处三年以上七年以下有期徒刑,并处罚金。

组织、利用邪教组织蒙骗他人,具有下列情形之一的,处七年以上有期徒刑或者无期徒刑,并处罚金或者没收财产:

(一)造成三人以上死亡的;

(二)造成九人以上重伤的;

(三)其他情节特别严重的情形。

组织、利用邪教组织蒙骗他人,致人重伤的,处三年以下有期徒刑、拘役、管制或者剥夺政治权利,并处或者单处罚金。

第八条 实施本解释第二条至第五条规定的行为,具有下列情形之一的,从重处罚:

(一)与境外机构、组织、人员勾结,从事邪教活动的;

(二)跨省、自治区、直辖市建立邪教组织机构、发展成员或者组织邪教活动的;

(三)在重要公共场所、监管场所或者国家重大节日、重大活动期间聚集滋事,公开进行邪教活动的;

(四)邪教组织被取缔后,或者被认定为邪教组织后,仍然聚集滋事,公开进行邪教活动的;

(五)国家工作人员从事邪教活动的;

(六)向未成年人宣扬邪教的;

(七)在学校或者其他教育培训机构宣扬邪教的。

第九条 组织、利用邪教组织破坏国家法律、行政法规实施,符合本解释第四条规定情形,但行为人能够真诚悔罪,明确表示退出邪教组织、不再从事邪教活动的,可以不起诉或者免予刑事处罚。其中,行为人系受蒙蔽、胁迫参加邪教组织的,可以不作为犯罪处理。

组织、利用邪教组织破坏国家法律、行政法规实施,行为人在一审判决前能够真诚悔罪,明确表示退出邪教组织、不再从事邪教活动的,分别依照下列规定处理:

(一)符合本解释第二条规定情形的,可以认定为刑法第三百条第一款规定的"情节较轻";

(二)符合本解释第三条规定情形的,可以不认定为刑法第三百条第一款规定的"情节特别严重",处三年以上七年以下有期徒刑,并处罚金。

第十条 组织、利用邪教组织破坏国家法律、行政法规实施过程中,又有煽动分裂国家、煽动颠覆国家政权或者侮辱、诽谤他人等犯罪行为的,依照数罪并罚的规定定罪处罚。

第十一条 组织、利用邪教组织,制造、散布迷信邪说,组织、策划、煽动、胁迫、教唆、帮助其成员或者他人实施自杀、自伤的,依照刑法第二百三十二条、第二百三十四条的规定,以故意杀人罪或者故意伤害罪定罪处罚。

第十二条 邪教组织人员以自焚、自爆或者其他危险方法危害公共安全的,依照刑法第一百一十四条、第一百一十五条的规定,以放火罪、爆炸罪、以危险方法危害公共安全罪等定罪处罚。

第十三条 明知他人组织、利用邪教组织实施犯罪,而为其提供经费、场地、技术、工具、食宿、接送等便利条件或者帮助的,以共同犯罪论处。

第十四条 对于犯组织、利用邪教组织破坏法律实施罪、组织、利用邪教组织致人重伤、死亡罪,严重破坏社会秩序的犯罪分子,根据刑法第五十六条的规定,可以附加剥夺政治权利。

第十五条 对涉案物品是否属于邪教宣传品难以确定的,可以委托地市级以上公安机关出具认定意见。

第十六条 本解释自2017年2月1日起施行。《最高人民法院、最高人民检察院关于办理组织和利用邪教组织犯罪案件具体应用法律若干问题的解释》(法释〔1999〕18号),《最高人民法院、最高人民检察院关于办理组织和利用邪教组织犯罪案件具体应用法律若干问题的解释(二)》(法释〔2001〕19号),以及《最高人民法院、最高人民检察院关于办理组织和利用邪教组织犯罪案件具体应用法律若干问题的解答》(法发〔2002〕7号)同时废止。

中华人民共和国无线电管理条例(节录)

(1993年9月11日中华人民共和国国务院、中华人民共和国中央军事委员会令第128号发布 2016年11月11日中华人民共和国国务院、中华人民共和国中央军事委员会令第672号修订)

第二条 在中华人民共和国境内使用无线电频率,设置、使用无线电台(站),研制、生产、进口、销售和维修无线电发射设备,以及使用辐射无线电波的非无线电设备,应当遵守本条例。

第三条 无线电频谱资源属于国家所有。国家对无线电频谱资源实行统一规划、合理开发、有偿使用的原则。

第六条 任何单位或者个人不得擅自使用无线电频率,不得对依法开展的无线电业务造成有害干扰,不得利用无线电台(站)进行违法犯罪活动。

第七条 根据维护国家安全、保障国家重大任务、处置重大突发事件等需要,国家可以实施无线电管制。

第十四条 使用无线电频率应当取得许可,但下列频率除外：

（一）业余无线电台、公众对讲机、制式无线电台使用的频率；

（二）国际安全与遇险系统,用于航空、水上移动业务和无线电导航业务的国际固定频率；

（三）国家无线电管理机构规定的微功率短距离无线电发射设备使用的频率。

第十五条 取得无线电频率使用许可,应当符合下列条件：

（一）所申请的无线电频率符合无线电频率划分和使用规定,有明确具体的用途；

（二）使用无线电频率的技术方案可行；

（三）有相应的专业技术人员；

（四）对依法使用的其他无线电频率不会产生有害干扰。

第七十条 违反本条例规定,未经许可擅自使用无线电频率,或者擅自设置、使用无线电台（站）的,由无线电管理机构责令改正,没收从事违法活动的设备和违法所得,可以并处5万元以下的罚款；拒不改正的,并处5万元以上20万元以下的罚款；擅自设置、使用无线电台（站）从事诈骗等违法活动,尚不构成犯罪的,并处20万元以上50万元以下的罚款。

第七十三条 违反本条例规定,使用无线电发射设备、辐射无线电波的非无线电设备干扰无线电业务正常进行的,由无线电管理机构责令改正,拒不改正的,没收产生有害干扰的设备,并处5万元以上20万元以下的罚款,吊销无线电台执照；对船舶、航天器、航空器、铁路机车专用无线电导航、遇险救助和安全通信等涉及人身安全的无线电频率产生有害干扰的,并处20万元以上50万元以下的罚款。

无人驾驶航空器飞行管理暂行条例（节录）

（2023年5月31日国务院、中央军事委员会令第761号公布 自2024年1月1日起施行）

第二条 在中华人民共和国境内从事无人驾驶航空器飞行以及有关活动，应当遵守本条例。

本条例所称无人驾驶航空器，是指没有机载驾驶员、自备动力系统的航空器。

无人驾驶航空器按照性能指标分为微型、轻型、小型、中型和大型。

第三条 无人驾驶航空器飞行管理工作应当坚持和加强党的领导，坚持总体国家安全观，坚持安全第一、服务发展、分类管理、协同监管的原则。

第四条 国家空中交通管理领导机构统一领导全国无人驾驶航空器飞行管理工作，组织协调解决无人驾驶航空器管理工作中的重大问题。

国务院民用航空、公安、工业和信息化、市场监督管理等部门按照职责分工负责全国无人驾驶航空器有关管理工作。

县级以上地方人民政府及其有关部门按照职责分工负责本行政区域内无人驾驶航空器有关管理工作。

各级空中交通管理机构按照职责分工负责本责任区内无人驾驶航空器飞行管理工作。

第十一条 使用除微型以外的民用无人驾驶航空器从事飞行活动的单位应当具备下列条件，并向国务院民用航空主管部门或者地区民用航空管理机构（以下统称民用航空管理部门）申请取得民用无人驾驶航空器运营合格证（以下简称运营合格证）：

（一）有实施安全运营所需的管理机构、管理人员和符合本条例规定的操控人员；

（二）有符合安全运营要求的无人驾驶航空器及有关设施、设备；

（三）有实施安全运营所需的管理制度和操作规程，保证持续具备按照制度和规程实施安全运营的能力；

（四）从事经营性活动的单位，还应当为营利法人。

民用航空管理部门收到申请后，应当进行运营安全评估，根据评估结果依法作出许可或者不予许可的决定。予以许可的，颁发运营合格证；不予许可的，书面通知申请人并说明理由。

使用最大起飞重量不超过150千克的农用无人驾驶航空器在农林牧渔区域上方的适飞空域内从事农林牧渔作业飞行活动（以下称常规农用无人驾驶航空器作业飞行活动），无需取得运营合格证。

取得运营合格证后从事经营性通用航空飞行活动，以及从事常规农用无人驾驶航空器作业飞行活动，无需取得通用航空经营许可证和运行合格证。

第十六条 操控小型、中型、大型民用无人驾驶航空器飞行的人员应当具备下列条件，并向国务院民用航空主管部门申请取得相应民用无人驾驶航空器操控员（以下简称操控员）执照：

（一）具备完全民事行为能力；

（二）接受安全操控培训，并经民用航空管理部门考核合格；

（三）无可能影响民用无人驾驶航空器操控行为的疾病病史，无吸毒行为记录；

（四）近5年内无因危害国家安全、公共安全或者侵犯公民人身权利、扰乱公共秩序的故意犯罪受到刑事处罚的记录。

从事常规农用无人驾驶航空器作业飞行活动的人员无需取得操控员执照，但应当由农用无人驾驶航空器系统生产者按照国务院民用航空、农业农村主管部门规定的内容进行培训和考核，合格后取得操作证书。

第十七条 操控微型、轻型民用无人驾驶航空器飞行的人员，无需取得操控员执照，但应当熟练掌握有关机型操作方法，了解风险警示信息和有关管理制度。

无民事行为能力人只能操控微型民用无人驾驶航空器飞行，限制民事行为能力人只能操控微型、轻型民用无人驾驶航空器飞行。无民事行为能力人操控微型民用无人驾驶航空器飞行或者限制民事行为能力人操控轻型民用无人驾驶航空器飞行，应当由符合前款规定条件的完全民事行为能力人现场指导。

操控轻型民用无人驾驶航空器在无人驾驶航空器管制空域内飞行的人员，应当具有完全民事行为能力，并按照国务院民用航空主管部门的规定经培训合格。

第十九条 国家根据需要划设无人驾驶航空器管制空域(以下简称管制空域)。

真高120米以上空域,空中禁区、空中限制区以及周边空域,军用航空超低空飞行空域,以及下列区域上方的空域应当划设为管制空域:

(一)机场以及周边一定范围的区域;

(二)国界线、实际控制线、边境线向我方一侧一定范围的区域;

(三)军事禁区、军事管理区、监管场所等涉密单位以及周边一定范围的区域;

(四)重要军工设施保护区域、核设施控制区域、易燃易爆等危险品的生产和仓储区域,以及可燃重要物资的大型仓储区域;

(五)发电厂、变电站、加油(气)站、供水厂、公共交通枢纽、航电枢纽、重大水利设施、港口、高速公路、铁路电气化线路等公共基础设施以及周边一定范围的区域和饮用水水源保护区;

(六)射电天文台、卫星测控(导航)站、航空无线电导航台、雷达站等需要电磁环境特殊保护的设施以及周边一定范围的区域;

(七)重要革命纪念地、重要不可移动文物以及周边一定范围的区域;

(八)国家空中交通管理领导机构规定的其他区域。

管制空域的具体范围由各级空中交通管理机构按照国家空中交通管理领导机构的规定确定,由设区的市级以上人民政府公布,民用航空管理部门和承担相应职责的单位发布航行情报。

未经空中交通管理机构批准,不得在管制空域内实施无人驾驶航空器飞行活动。

管制空域范围以外的空域为微型、轻型、小型无人驾驶航空器的适飞空域(以下简称适飞空域)。

第二十条 遇有特殊情况,可以临时增加管制空域,由空中交通管理机构按照国家有关规定确定有关空域的水平、垂直范围和使用时间。

保障国家重大活动以及其他大型活动的,在临时增加的管制空域生效24小时前,由设区的市级以上地方人民政府发布公告,民用航空管理部门和承担相应职责的单位发布航行情报。

保障执行军事任务或者反恐维稳、抢险救灾、医疗救护等其他紧急任务的,在临时增加的管制空域生效30分钟前,由设区的市级以上地方人民政府发布紧急公告,民用航空管理部门和承担相应职责的单位发布航行情报。

第二十八条　无人驾驶航空器飞行活动申请按照下列权限批准：

（一）在飞行管制分区内飞行的,由负责该飞行管制分区的空中交通管理机构批准；

（二）超出飞行管制分区在飞行管制区内飞行的,由负责该飞行管制区的空中交通管理机构批准；

（三）超出飞行管制区飞行的,由国家空中交通管理领导机构授权的空中交通管理机构批准。

第二十九条　使用无人驾驶航空器执行反恐维稳、抢险救灾、医疗救护等紧急任务的,应当在计划起飞30分钟前向空中交通管理机构提出飞行活动申请。空中交通管理机构应当在起飞10分钟前作出批准或者不予批准的决定。执行特别紧急任务的,使用单位可以随时提出飞行活动申请。

第三十条　飞行活动已获得批准的单位或者个人组织无人驾驶航空器飞行活动的,应当在计划起飞1小时前向空中交通管理机构报告预计起飞时刻和准备情况,经空中交通管理机构确认后方可起飞。

第三十一条　组织无人驾驶航空器实施下列飞行活动,无需向空中交通管理机构提出飞行活动申请：

（一）微型、轻型、小型无人驾驶航空器在适飞空域内的飞行活动；

（二）常规农用无人驾驶航空器作业飞行活动；

（三）警察、海关、应急管理部门辖有的无人驾驶航空器,在其驻地、地面（水面）训练场、靶场等上方不超过真高120米的空域内的飞行活动；但是,需在计划起飞1小时前经空中交通管理机构确认后方可起飞；

（四）民用无人驾驶航空器在民用运输机场管制地带内执行巡检、勘察、校验等飞行任务；但是,需定期报空中交通管理机构备案,并在计划起飞1小时前经空中交通管理机构确认后方可起飞。

前款规定的飞行活动存在下列情形之一的,应当依照本条例第二十六条的规定提出飞行活动申请：

（一）通过通信基站或者互联网进行无人驾驶航空器中继飞行；

（二）运载危险品或者投放物品（常规农用无人驾驶航空器作业飞行活动除外）；

（三）飞越集会人群上空；

（四）在移动的交通工具上操控无人驾驶航空器；

（五）实施分布式操作或者集群飞行。

微型、轻型无人驾驶航空器在适飞空域内飞行的，无需取得特殊通用航空飞行任务批准文件。

第三十二条 操控无人驾驶航空器实施飞行活动，应当遵守下列行为规范：

（一）依法取得有关许可证书、证件，并在实施飞行活动时随身携带备查；

（二）实施飞行活动前做好安全飞行准备，检查无人驾驶航空器状态，并及时更新电子围栏等信息；

（三）实时掌握无人驾驶航空器飞行动态，实施需经批准的飞行活动应当与空中交通管理机构保持通信联络畅通，服从空中交通管理，飞行结束后及时报告；

（四）按照国家空中交通管理领导机构的规定保持必要的安全间隔；

（五）操控微型无人驾驶航空器的，应当保持视距内飞行；

（六）操控小型无人驾驶航空器在适飞空域内飞行的，应当遵守国家空中交通管理领导机构关于限速、通信、导航等方面的规定；

（七）在夜间或者低能见度气象条件下飞行的，应当开启灯光系统并确保其处于良好工作状态；

（八）实施超视距飞行的，应当掌握飞行空域内其他航空器的飞行动态，采取避免相撞的措施；

（九）受到酒精类饮料、麻醉剂或者其他药物影响时，不得操控无人驾驶航空器；

（十）国家空中交通管理领导机构规定的其他飞行活动行为规范。

第三十三条 操控无人驾驶航空器实施飞行活动，应当遵守下列避让规则：

（一）避让有人驾驶航空器、无动力装置的航空器以及地面、水上交通工具；

（二）单架飞行避让集群飞行；

（三）微型无人驾驶航空器避让其他无人驾驶航空器；

（四）国家空中交通管理领导机构规定的其他避让规则。

第三十四条 禁止利用无人驾驶航空器实施下列行为：

（一）违法拍摄军事设施、军工设施或者其他涉密场所；

（二）扰乱机关、团体、企业、事业单位工作秩序或者公共场所秩序；

（三）妨碍国家机关工作人员依法执行职务；

（四）投放含有违反法律法规规定内容的宣传品或者其他物品；

（五）危及公共设施、单位或者个人财产安全；

（六）危及他人生命健康，非法采集信息，或者侵犯他人其他人身权益；

（七）非法获取、泄露国家秘密，或者违法向境外提供数据信息；

（八）法律法规禁止的其他行为。

第三十五条 使用民用无人驾驶航空器从事测绘活动的单位依法取得测绘资质证书后，方可从事测绘活动。

外国无人驾驶航空器或者由外国人员操控的无人驾驶航空器不得在我国境内实施测绘、电波参数测试等飞行活动。

第三十八条 任何单位或者个人发现违反本条例规定行为的，可以向空中交通管理机构、民用航空管理部门或者当地公安机关举报。收到举报的部门、单位应当及时依法作出处理；不属于本部门、本单位职责的，应当及时移送有权处理的部门、单位。

第三十九条 空中交通管理机构、民用航空管理部门以及县级以上公安机关应当制定有关无人驾驶航空器飞行安全管理的应急预案，定期演练，提高应急处置能力。

县级以上地方人民政府应当将无人驾驶航空器安全应急管理纳入突发事件应急管理体系，健全信息互通、协同配合的应急处置工作机制。

无人驾驶航空器系统的设计者、生产者，应当确保无人驾驶航空器具备紧急避让、降落等应急处置功能，避免或者减轻无人驾驶航空器发生事故时对生命财产的损害。

使用无人驾驶航空器的单位或者个人应当按照有关规定，制定飞行紧急情况处置预案，落实风险防范措施，及时消除安全隐患。

第四十条 无人驾驶航空器飞行发生异常情况时，组织飞行活动的单位或者个人应当及时处置，服从空中交通管理机构的指令；导致发生飞行安全问题的，组织飞行活动的单位或者个人还应当在无人驾驶航空器降落后24小时内向空中交通管理机构报告有关情况。

第四十一条 对空中不明情况和无人驾驶航空器违规飞行，公安机关在条件有利时可以对低空目标实施先期处置,并负责违规飞行无人驾驶航空器落地后的现场处置。有关军事机关、公安机关、国家安全机关等单位按职责分工组织查证处置,民用航空管理等其他有关部门应当予以配合。

第四十二条 无人驾驶航空器违反飞行管理规定、扰乱公共秩序或者危及公共安全的,空中交通管理机构、民用航空管理部门和公安机关可以依法采取必要技术防控、扣押有关物品、责令停止飞行、查封违法活动场所等紧急处置措施。

第四十三条 军队、警察以及按照国家反恐怖主义工作领导机构有关规定由公安机关授权的高风险反恐怖重点目标管理单位,可以依法配备无人驾驶航空器反制设备,在公安机关或者有关军事机关的指导监督下从严控制设置和使用。

无人驾驶航空器反制设备配备、设置、使用以及授权管理办法,由国务院工业和信息化、公安、国家安全、市场监督管理部门会同国务院有关部门、有关军事机关制定。

任何单位或者个人不得非法拥有、使用无人驾驶航空器反制设备。

第四十七条 违反本条例规定,民用无人驾驶航空器未经实名登记实施飞行活动的,由公安机关责令改正,可以处200元以下的罚款;情节严重的,处2000元以上2万元以下的罚款。

违反本条例规定,涉及境外飞行的民用无人驾驶航空器未依法进行国籍登记的,由民用航空管理部门责令改正,处1万元以上10万元以下的罚款。

第五十条 无民事行为能力人、限制民事行为能力人违反本条例规定操控民用无人驾驶航空器飞行的,由公安机关对其监护人处500元以上5000元以下的罚款;情节严重的,没收实施违规飞行的无人驾驶航空器。

违反本条例规定,未取得操控员执照操控民用无人驾驶航空器飞行的,由民用航空管理部门处5000元以上5万元以下的罚款;情节严重的,处1万元以上10万元以下的罚款。

违反本条例规定,超出操控员执照载明范围操控民用无人驾驶航空器飞行的,由民用航空管理部门处2000元以上2万元以下的罚款,并处暂扣操控员执照6个月至12个月;情节严重的,吊销其操控员执照,2年内不受理其操控员执照申请。

违反本条例规定,未取得操作证书从事常规农用无人驾驶航空器作业飞行活动的,由县级以上地方人民政府农业农村主管部门责令停止作业,并处1000元以上1万元以下的罚款。

第五十一条 组织飞行活动的单位或者个人违反本条例第三十二条、第三十三条规定的,由民用航空管理部门责令改正,可以处1万元以下的罚款;拒不改正的,处1万元以上5万元以下的罚款,并处暂扣运营合格证、操控员执照1个月至3个月;情节严重的,由空中交通管理机构责令停止飞行6个月至12个月,由民用航空管理部门处5万元以上10万元以下的罚款,并可以吊销相应许可证件,2年内不受理其相应许可申请。

违反本条例规定,未经批准操控微型、轻型、小型民用无人驾驶航空器在管制空域内飞行,或者操控模型航空器在空中交通管理机构划定的空域外飞行的,由公安机关责令停止飞行,可以处500元以下的罚款;情节严重的,没收实施违规飞行的无人驾驶航空器,并处1000元以上1万元以下的罚款。

第五十二条 违反本条例规定,非法拥有、使用无人驾驶航空器反制设备的,由无线电管理机构、公安机关按照职责分工予以没收,可以处5万元以下的罚款;情节严重的,处5万元以上20万元以下的罚款。

第五十三条 违反本条例规定,外国无人驾驶航空器或者由外国人员操控的无人驾驶航空器在我国境内实施测绘飞行活动的,由县级以上人民政府测绘地理信息主管部门责令停止违法行为,没收违法所得、测绘成果和实施违规飞行的无人驾驶航空器,并处10万元以上50万元以下的罚款;情节严重的,并处50万元以上100万元以下的罚款,由公安机关、国家安全机关按照职责分工决定限期出境或者驱逐出境。

第五十五条 违反本条例规定,有关部门、单位及其工作人员在无人驾驶航空器飞行以及有关活动的管理工作中滥用职权、玩忽职守、徇私舞弊或者有其他违法行为的,依法给予处分。

第五十六条 违反本条例规定,构成违反治安管理行为的,由公安机关依法给予治安管理处罚;构成犯罪的,依法追究刑事责任;造成人身、财产或者其他损害的,依法承担民事责任。

第五十七条 在我国管辖的其他空域内实施无人驾驶航空器飞行活动,应当遵守本条例的有关规定。

无人驾驶航空器在室内飞行不适用本条例。

自备动力系统的飞行玩具适用本条例的有关规定,具体办法由国务院工业和信息化主管部门、有关空中交通管理机构会同国务院公安、民用航空主管部门制定。

第五十八条 无人驾驶航空器飞行以及有关活动,本条例没有规定的,适用《中华人民共和国民用航空法》《中华人民共和国飞行基本规则》《通用航空飞行管制条例》以及有关法律、行政法规。

第五十九条 军用无人驾驶航空器的管理,国务院、中央军事委员会另有规定的,适用其规定。

警察、海关、应急管理部门辖有的无人驾驶航空器的适航、登记、操控员等事项的管理办法,由国务院有关部门另行制定。

第六十条 模型航空器的分类、生产、登记、操控人员、航空飞行营地等事项的管理办法,由国务院体育主管部门会同有关空中交通管理机构,国务院工业和信息化、公安、民用航空主管部门另行制定。

第六十一条 本条例施行前生产的民用无人驾驶航空器不能按照国家有关规定自动向无人驾驶航空器一体化综合监管服务平台报送识别信息的,实施飞行活动应当依照本条例的规定向空中交通管理机构提出飞行活动申请,经批准后方可飞行。

第六十二条 本条例下列用语的含义:

(一)空中交通管理机构,是指军队和民用航空管理部门内负责有关责任区空中交通管理的机构。

(二)微型无人驾驶航空器,是指空机重量小于0.25千克,最大飞行真高不超过50米,最大平飞速度不超过40千米/小时,无线电发射设备符合微功率短距离技术要求,全程可以随时人工介入操控的无人驾驶航空器。

(三)轻型无人驾驶航空器,是指空机重量不超过4千克且最大起飞重量不超过7千克,最大平飞速度不超过100千米/小时,具备符合空域管理要求的空域保持能力和可靠被监视能力,全程可以随时人工介入操控的无人驾驶航空器,但不包括微型无人驾驶航空器。

(四)小型无人驾驶航空器,是指空机重量不超过15千克且最大起飞重量不超过25千克,具备符合空域管理要求的空域保持能力和可靠被监视能力,全程可以随时人工介入操控的无人驾驶航空器,但不包括微型、轻型无人驾驶航空器。

(五)中型无人驾驶航空器,是指最大起飞重量不超过150千克的无人驾驶航空器,但不包括微型、轻型、小型无人驾驶航空器。

(六)大型无人驾驶航空器,是指最大起飞重量超过150千克的无人驾驶航空器。

(七)无人驾驶航空器系统,是指无人驾驶航空器以及与其有关的遥控台(站)、任务载荷和控制链路等组成的系统。其中,遥控台(站)是指遥控无人驾驶航空器的各种操控设备(手段)以及有关系统组成的整体。

(八)农用无人驾驶航空器,是指最大飞行真高不超过30米,最大平飞速度不超过50千米/小时,最大飞行半径不超过2000米,具备空域保持能力和可靠被监视能力,专门用于植保、播种、投饵等农林牧渔作业,全程可以随时人工介入操控的无人驾驶航空器。

(九)隔离飞行,是指无人驾驶航空器与有人驾驶航空器不同时在同一空域内的飞行。

(十)融合飞行,是指无人驾驶航空器与有人驾驶航空器同时在同一空域内的飞行。

(十一)分布式操作,是指把无人驾驶航空器系统操作分解为多个子业务,部署在多个站点或者终端进行协同操作的模式。

(十二)集群,是指采用具备多台无人驾驶航空器操控能力的同一系统或者平台,为了处理同一任务,以各无人驾驶航空器操控数据互联协同处理为特征,在同一时间内并行操控多台无人驾驶航空器以相对物理集中的方式进行飞行的无人驾驶航空器运行模式。

(十三)模型航空器,也称航空模型,是指有尺寸和重量限制,不能载人,不具有高度保持和位置保持飞行功能的无人驾驶航空器,包括自由飞、线控、直接目视视距内人工不间断遥控、借助第一视角人工不间断遥控的模型航空器等。

(十四)无人驾驶航空器反制设备,是指专门用于防控无人驾驶航空器违规飞行,具有干扰、截控、捕获、摧毁等功能的设备。

(十五)空域保持能力,是指通过电子围栏等技术措施控制无人驾驶航空器的高度与水平范围的能力。

禁止传销条例

(2005年8月10日国务院第101次常务会议通过 2005年8月23日国务院令第444号公布 自2005年11月1日起施行)

第一章 总 则

第一条 为了防止欺诈,保护公民、法人和其他组织的合法权益,维护社会主义市场经济秩序,保持社会稳定,制定本条例。

第二条 本条例所称传销,是指组织者或者经营者发展人员,通过对被发展人员以其直接或者间接发展的人员数量或者销售业绩为依据计算和给付报酬,或者要求被发展人员以交纳一定费用为条件取得加入资格等方式牟取非法利益,扰乱经济秩序,影响社会稳定的行为。

第三条 县级以上地方人民政府应当加强对查处传销工作的领导,支持、督促各有关部门依法履行监督管理职责。

县级以上地方人民政府应当根据需要,建立查处传销工作的协调机制,对查处传销工作中的重大问题及时予以协调、解决。

第四条 工商行政管理部门、公安机关应当依照本条例的规定,在各自的职责范围内查处传销行为。

第五条 工商行政管理部门、公安机关依法查处传销行为,应当坚持教育与处罚相结合的原则,教育公民、法人或者其他组织自觉守法。

第六条 任何单位和个人有权向工商行政管理部门、公安机关举报传销行为。工商行政管理部门、公安机关接到举报后,应当立即调查核实,依法查处,并为举报人保密;经调查属实的,依照国家有关规定对举报人给予奖励。

第二章 传销行为的种类与查处机关

第七条 下列行为,属于传销行为:

(一)组织者或者经营者通过发展人员,要求被发展人员发展其他人员加入,对发展的人员以其直接或者间接滚动发展的人员数量为依据计算和

给付报酬(包括物质奖励和其他经济利益,下同),牟取非法利益的;

(二)组织者或者经营者通过发展人员,要求被发展人员交纳费用或者以认购商品等方式变相交纳费用,取得加入或者发展其他人员加入的资格,牟取非法利益的;

(三)组织者或者经营者通过发展人员,要求被发展人员发展其他人员加入,形成上下线关系,并以下线的销售业绩为依据计算和给付上线报酬,牟取非法利益的。

第八条 工商行政管理部门依照本条例的规定,负责查处本条例第七条规定的传销行为。

第九条 利用互联网等媒体发布含有本条例第七条规定的传销信息的,由工商行政管理部门会同电信等有关部门依照本条例的规定查处。

第十条 在传销中以介绍工作、从事经营活动等名义欺骗他人离开居所地非法聚集并限制其人身自由的,由公安机关会同工商行政管理部门依法查处。

第十一条 商务、教育、民政、财政、劳动保障、电信、税务等有关部门和单位,应当依照各自职责和有关法律、行政法规的规定配合工商行政管理部门、公安机关查处传销行为。

第十二条 农村村民委员会、城市居民委员会等基层组织,应当在当地人民政府指导下,协助有关部门查处传销行为。

第十三条 工商行政管理部门查处传销行为,对涉嫌犯罪的,应当依法移送公安机关立案侦查;公安机关立案侦查传销案件,对经侦查不构成犯罪的,应当依法移交工商行政管理部门查处。

第三章 查处措施和程序

第十四条 县级以上工商行政管理部门对涉嫌传销行为进行查处时,可以采取下列措施:

(一)责令停止相关活动;

(二)向涉嫌传销的组织者、经营者和个人调查、了解有关情况;

(三)进入涉嫌传销的经营场所和培训、集会等活动场所,实施现场检查;

(四)查阅、复制、查封、扣押涉嫌传销的有关合同、票据、账簿等资料;

(五)查封、扣押涉嫌专门用于传销的产品(商品)、工具、设备、原材料等财物；

（六）查封涉嫌传销的经营场所；

（七）查询涉嫌传销的组织者或者经营者的账户及与存款有关的会计凭证、账簿、对账单等；

（八）对有证据证明转移或者隐匿违法资金的，可以申请司法机关予以冻结。

工商行政管理部门采取前款规定的措施，应当向县级以上工商行政管理部门主要负责人书面或者口头报告并经批准。遇有紧急情况需要当场采取前款规定措施的，应当在事后立即报告并补办相关手续；其中，实施前款规定的查封、扣押，以及第（七）项、第（八）项规定的措施，应当事先经县级以上工商行政管理部门主要负责人书面批准。

第十五条 工商行政管理部门对涉嫌传销行为进行查处时，执法人员不得少于2人。

执法人员与当事人有直接利害关系的，应当回避。

第十六条 工商行政管理部门的执法人员对涉嫌传销行为进行查处时，应当向当事人或者有关人员出示证件。

第十七条 工商行政管理部门实施查封、扣押，应当向当事人当场交付查封、扣押决定书和查封、扣押财物及资料清单。

在交通不便地区或者不及时实施查封、扣押可能影响案件查处的，可以先行实施查封、扣押，并应当在24小时内补办查封、扣押决定书，送达当事人。

第十八条 工商行政管理部门实施查封、扣押的期限不得超过30日；案件情况复杂的，经县级以上工商行政管理部门主要负责人批准，可以延长15日。

对被查封、扣押的财物，工商行政管理部门应当妥善保管，不得使用或者损毁；造成损失的，应当承担赔偿责任。但是，因不可抗力造成的损失除外。

第十九条 工商行政管理部门实施查封、扣押，应当及时查清事实，在查封、扣押期间作出处理决定。

对于经调查核实属于传销行为的，应当依法没收被查封、扣押的非法财物；对于经调查核实没有传销行为或者不再需要查封、扣押的，应当在作出处理决定后立即解除查封，退还被扣押的财物。

工商行政管理部门逾期未作出处理决定的,被查封的物品视为解除查封,被扣押的财物应当予以退还。拒不退还的,当事人可以向人民法院提起行政诉讼。

第二十条 工商行政管理部门及其工作人员违反本条例的规定使用或者损毁被查封、扣押的财物,造成当事人经济损失的,应当承担赔偿责任。

第二十一条 工商行政管理部门对涉嫌传销行为进行查处时,当事人有权陈述和申辩。

第二十二条 工商行政管理部门对涉嫌传销行为进行查处时,应当制作现场笔录。

现场笔录和查封、扣押清单由当事人、见证人和执法人员签名或者盖章,当事人不在现场或者当事人、见证人拒绝签名或者盖章的,执法人员应当在现场笔录中予以注明。

第二十三条 对于经查证属于传销行为的,工商行政管理部门、公安机关可以向社会公开发布警示、提示。

向社会公开发布警示、提示应当经县级以上工商行政管理部门主要负责人或者公安机关主要负责人批准。

第四章 法律责任

第二十四条 有本条例第七条规定的行为,组织策划传销的,由工商行政管理部门没收非法财物,没收违法所得,处50万元以上200万元以下的罚款;构成犯罪的,依法追究刑事责任。

有本条例第七条规定的行为,介绍、诱骗、胁迫他人参加传销的,由工商行政管理部门责令停止违法行为,没收非法财物,没收违法所得,处10万元以上50万元以下的罚款;构成犯罪的,依法追究刑事责任。

有本条例第七条规定的行为,参加传销的,由工商行政管理部门责令停止违法行为,可以处2000元以下的罚款。

第二十五条 工商行政管理部门依照本条例第二十四条的规定进行处罚时,可以依照有关法律、行政法规的规定,责令停业整顿或者吊销营业执照。

第二十六条 为本条例第七条规定的传销行为提供经营场所、培训场所、货源、保管、仓储等条件的,由工商行政管理部门责令停止违法行为,没收违法所得,处5万元以上50万元以下的罚款。

为本条例第七条规定的传销行为提供互联网信息服务的,由工商行政管理部门责令停止违法行为,并通知有关部门依照《互联网信息服务管理办法》予以处罚。

第二十七条 当事人擅自动用、调换、转移、损毁被查封、扣押财物的,由工商行政管理部门责令停止违法行为,处被动用、调换、转移、损毁财物价值5%以上20%以下的罚款;拒不改正的,处被动用、调换、转移、损毁财物价值1倍以上3倍以下的罚款。

第二十八条 有本条例第十条规定的行为或者拒绝、阻碍工商行政管理部门的执法人员依法查处传销行为,构成违反治安管理行为的,由公安机关依照治安管理的法律、行政法规规定处罚;构成犯罪的,依法追究刑事责任。

第二十九条 工商行政管理部门、公安机关及其工作人员滥用职权、玩忽职守、徇私舞弊,未依照本条例规定的职责和程序查处传销行为,或者发现传销行为不予查处,或者支持、包庇、纵容传销行为,构成犯罪的,对直接负责的主管人员和其他直接责任人员,依法追究刑事责任;尚不构成犯罪的,依法给予行政处分。

第五章 附 则

第三十条 本条例自2005年11月1日起施行。

国务院办公厅对《禁止传销条例》中传销查处认定部门解释的函

(2007年6月6日 国办函〔2007〕65号)

公安部、工商总局:

经国务院同意,现就《禁止传销条例》(以下简称条例)中传销查处认定部门解释如下:

2005年国务院公布了条例,确立了工商部门和公安机关共同查处传销行为的机制,并明确了工商部门和公安机关都有受理举报和向社会公开发布警示的职责,同时还规定了案件移送制度。依照条例规定,工商部门和公安机关在各自的职责范围内都应当对传销行为进行查处,并依照各自职责分别依法对传销行为予以认定。工商部门查处传销行为,对涉嫌犯罪的,应当依法移送公安机关立案侦查;公安机关立案侦查的涉嫌犯罪的传销案件,对经侦查认定不构成犯罪的,应当依法移交工商部门查处。

最高人民法院、最高人民检察院、公安部关于办理组织领导传销活动刑事案件适用法律若干问题的意见

(2013年11月14日　公通字〔2013〕37号)

各省、自治区、直辖市高级人民法院,人民检察院,公安厅、局,解放军军事法院、军事检察院,新疆维吾尔自治区高级人民法院生产建设兵团分院,新疆生产建设兵团人民检察院、公安局:

为解决近年来公安机关、人民检察院、人民法院在办理组织、领导传销活动刑事案件中遇到的问题,依法惩治组织、领导传销活动犯罪,根据刑法、刑事诉讼法的规定,结合司法实践,现就办理组织、领导传销活动刑事案件适用法律问题提出以下意见:

一、关于传销组织层级及人数的认定问题

以推销商品、提供服务等经营活动为名,要求参加者以缴纳费用或者购买商品、服务等方式获得加入资格,并按照一定顺序组成层级,直接或者间接以发展人员的数量作为计酬或者返利依据,引诱、胁迫参加者继续发展他人参加,骗取财物,扰乱经济社会秩序的传销组织,其组织内部参与传销活动人员在三十人以上且层级在三级以上的,应当对组织者、领导者追究刑事责任。

组织、领导多个传销组织,单个或者多个组织中的层级已达三级以上的,可将在各个组织中发展的人数合并计算。

组织者、领导者形式上脱离原传销组织后,继续从原传销组织获取报酬或者返利的,原传销组织在其脱离后发展人员的层级数和人数,应当计算为其发展的层级数和人数。

办理组织、领导传销活动刑事案件中,确因客观条件的限制无法逐一收集参与传销活动人员的言词证据的,可以结合依法收集并查证属实的缴纳、支付费用及计酬、返利记录,视听资料,传销人员关系图,银行账户交易记录,互联网电子数据,鉴定意见等证据,综合认定参与传销的人数、层级数等犯罪事实。

二、关于传销活动有关人员的认定和处理问题

下列人员可以认定为传销活动的组织者、领导者:

(一)在传销活动中起发起、策划、操纵作用的人员;

(二)在传销活动中承担管理、协调等职责的人员;

(三)在传销活动中承担宣传、培训等职责的人员;

(四)曾因组织、领导传销活动受过刑事处罚,或者一年以内因组织、领导传销活动受过行政处罚,又直接或者间接发展参与传销活动人员在十五人以上且层级在三级以上的人员;

(五)其他对传销活动的实施、传销组织的建立、扩大等起关键作用的人员。

以单位名义实施组织、领导传销活动犯罪的,对于受单位指派,仅从事劳务性工作的人员,一般不予追究刑事责任。

三、关于"骗取财物"的认定问题

传销活动的组织者、领导者采取编造、歪曲国家政策,虚构、夸大经营、投资、服务项目及盈利前景,掩饰计酬、返利真实来源或者其他欺诈手段,实施刑法第二百二十四条之一规定的行为,从参与传销活动人员缴纳的费用或者购买商品、服务的费用中非法获利的,应当认定为骗取财物。参与传销活动人员是否认为被骗,不影响骗取财物的认定。

四、关于"情节严重"的认定问题

对符合本意见第一条第一款规定的传销组织的组织者、领导者,具有下列情形之一的,应当认定为刑法第二百二十四条之一规定的"情节严重":

(一)组织、领导的参与传销活动人员累计达一百二十人以上的;

(二)直接或者间接收取参与传销活动人员缴纳的传销资金数额累计

达二百五十万元以上的;

(三)曾因组织、领导传销活动受过刑事处罚,或者一年以内因组织、领导传销活动受过行政处罚,又直接或者间接发展参与传销活动人员累计达六十人以上的;

(四)造成参与传销活动人员精神失常、自杀等严重后果的;

(五)造成其他严重后果或者恶劣社会影响的。

五、关于"团队计酬"行为的处理问题

传销活动的组织者或者领导者通过发展人员,要求传销活动的被发展人员发展其他人员加入,形成上下线关系,并以下线的销售业绩为依据计算和给付上线报酬,牟取非法利益的,是"团队计酬"式传销活动。

以销售商品为目的、以销售业绩为计酬依据的单纯的"团队计酬"式传销活动,不作为犯罪处理。形式上采取"团队计酬"方式,但实质上属于"以发展人员的数量作为计酬或者返利依据"的传销活动,应当依照刑法第二百二十四条之一的规定,以组织、领导传销活动罪定罪处罚。

六、关于罪名的适用问题

以非法占有为目的,组织、领导传销活动,同时构成组织、领导传销活动罪和集资诈骗罪的,依照处罚较重的规定定罪处罚。

犯组织、领导传销活动罪,并实施故意伤害、非法拘禁、敲诈勒索、妨害公务、聚众扰乱社会秩序、聚众冲击国家机关、聚众扰乱公共场所秩序、交通秩序等行为,构成犯罪的,依照数罪并罚的规定处罚。

七、其他问题

本意见所称"以上"、"以内",包括本数。

本意见所称"层级"和"级",系指组织者、领导者与参与传销活动人员之间的上下线关系层次,而非组织者、领导者在传销组织中的身份等级。

对传销组织内部人数和层级数的计算,以及对组织者、领导者直接或者间接发展参与传销活动人员人数和层级数的计算,包括组织者、领导者本人及其本层级在内。

中华人民共和国英雄烈士保护法(节录)

(2018年4月27日第十三届全国人民代表大会常务委员会第二次会议通过 2018年4月27日中华人民共和国主席令第5号公布 自2018年5月1日起施行)

第二十二条 禁止歪曲、丑化、亵渎、否定英雄烈士事迹和精神。

英雄烈士的姓名、肖像、名誉、荣誉受法律保护。任何组织和个人不得在公共场所、互联网或者利用广播电视、电影、出版物等,以侮辱、诽谤或者其他方式侵害英雄烈士的姓名、肖像、名誉、荣誉。任何组织和个人不得将英雄烈士的姓名、肖像用于或者变相用于商标、商业广告,损害英雄烈士的名誉、荣誉。

公安、文化、新闻出版、广播电视、电影、网信、市场监督管理、负责英雄烈士保护工作的部门发现前款规定行为的,应当依法及时处理。

第二十三条 网信和电信、公安等有关部门在对网络信息进行依法监督管理工作中,发现发布或者传输以侮辱、诽谤或者其他方式侵害英雄烈士的姓名、肖像、名誉、荣誉的信息的,应当要求网络运营者停止传输,采取消除等处置措施和其他必要措施;对来源于中华人民共和国境外的上述信息,应当通知有关机构采取技术措施和其他必要措施阻断传播。

网络运营者发现其用户发布前款规定的信息的,应当立即停止传输该信息,采取消除等处置措施,防止信息扩散,保存有关记录,并向有关主管部门报告。网络运营者未采取停止传输、消除等处置措施的,依照《中华人民共和国网络安全法》的规定处罚。

第二十四条 任何组织和个人有权对侵害英雄烈士合法权益和其他违反本法规定的行为,向负责英雄烈士保护工作的部门、网信、公安等有关部门举报,接到举报的部门应当依法及时处理。

第二十五条 对侵害英雄烈士的姓名、肖像、名誉、荣誉的行为,英雄烈士的近亲属可以依法向人民法院提起诉讼。

英雄烈士没有近亲属或者近亲属不提起诉讼的,检察机关依法对侵害英雄烈士的姓名、肖像、名誉、荣誉,损害社会公共利益的行为向人民法院提起诉讼。

负责英雄烈士保护工作的部门和其他有关部门在履行职责过程中发现第一款规定的行为,需要检察机关提起诉讼的,应当向检察机关报告。

英雄烈士近亲属依照第一款规定提起诉讼的,法律援助机构应当依法提供法律援助服务。

第二十六条 以侮辱、诽谤或者其他方式侵害英雄烈士的姓名、肖像、名誉、荣誉,损害社会公共利益的,依法承担民事责任;构成违反治安管理行为的,由公安机关依法给予治安管理处罚;构成犯罪的,依法追究刑事责任。

第二十七条 在英雄烈士纪念设施保护范围内从事有损纪念英雄烈士环境和氛围的活动的,纪念设施保护单位应当及时劝阻;不听劝阻的,由县级以上地方人民政府负责英雄烈士保护工作的部门、文物主管部门按照职责规定给予批评教育,责令改正;构成违反治安管理行为的,由公安机关依法给予治安管理处罚。

亵渎、否定英雄烈士事迹和精神,宣扬、美化侵略战争和侵略行为,寻衅滋事,扰乱公共秩序,构成违反治安管理行为的,由公安机关依法给予治安管理处罚;构成犯罪的,依法追究刑事责任。

第二十八条 侵占、破坏、污损英雄烈士纪念设施的,由县级以上人民政府负责英雄烈士保护工作的部门责令改正;造成损失的,依法承担民事责任;被侵占、破坏、污损的纪念设施属于文物保护单位的,依照《中华人民共和国文物保护法》的规定处罚;构成违反治安管理行为的,由公安机关依法给予治安管理处罚;构成犯罪的,依法追究刑事责任。

（二）妨害公共安全的行为和处罚

中华人民共和国消防法（节录）

（1998年4月29日第九届全国人民代表大会常务委员会第二次会议通过 2008年10月28日第十一届全国人民代表大会常务委员会第五次会议修订 根据2019年4月23日第十三届全国人民代表大会常务委员会第十次会议《关于修改〈中华人民共和国建筑法〉等八部法律的决定》第一次修正 根据2021年4月29日第十三届全国人民代表大会常务委员会第二十八次会议《关于修改〈中华人民共和国道路交通安全法〉等八部法律的决定》第二次修正）

第十六条 机关、团体、企业、事业等单位应当履行下列消防安全职责：

（一）落实消防安全责任制，制定本单位的消防安全制度、消防安全操作规程，制定灭火和应急疏散预案；

（二）按照国家标准、行业标准配置消防设施、器材，设置消防安全标志，并定期组织检验、维修，确保完好有效；

（三）对建筑消防设施每年至少进行一次全面检测，确保完好有效，检测记录应当完整准确，存档备查；

（四）保障疏散通道、安全出口、消防车通道畅通，保证防火防烟分区、防火间距符合消防技术标准；

（五）组织防火检查，及时消除火灾隐患；

（六）组织进行有针对性的消防演练；

（七）法律、法规规定的其他消防安全职责。

单位的主要负责人是本单位的消防安全责任人。

第十七条 县级以上地方人民政府消防救援机构应当将发生火灾可

能性较大以及发生火灾可能造成重大的人身伤亡或者财产损失的单位,确定为本行政区域内的消防安全重点单位,并由应急管理部门报本级人民政府备案。

消防安全重点单位除应当履行本法第十六条规定的职责外,还应当履行下列消防安全职责:

(一)确定消防安全管理人,组织实施本单位的消防安全管理工作;

(二)建立消防档案,确定消防安全重点部位,设置防火标志,实行严格管理;

(三)实行每日防火巡查,并建立巡查记录;

(四)对职工进行岗前消防安全培训,定期组织消防安全培训和消防演练。

第十八条 同一建筑物由两个以上单位管理或者使用的,应当明确各方的消防安全责任,并确定责任人对共用的疏散通道、安全出口、建筑消防设施和消防车通道进行统一管理。

住宅区的物业服务企业应当对管理区域内的共用消防设施进行维护管理,提供消防安全防范服务。

第十九条 生产、储存、经营易燃易爆危险品的场所不得与居住场所设置在同一建筑物内,并应当与居住场所保持安全距离。

生产、储存、经营其他物品的场所与居住场所设置在同一建筑物内的,应当符合国家工程建设消防技术标准。

第二十条 举办大型群众性活动,承办人应当依法向公安机关申请安全许可,制定灭火和应急疏散预案并组织演练,明确消防安全责任分工,确定消防安全管理人员,保持消防设施和消防器材配置齐全、完好有效,保证疏散通道、安全出口、疏散指示标志、应急照明和消防车通道符合消防技术标准和管理规定。

第二十一条 禁止在具有火灾、爆炸危险的场所吸烟、使用明火。因施工等特殊情况需要使用明火作业的,应当按照规定事先办理审批手续,采取相应的消防安全措施;作业人员应当遵守消防安全规定。

进行电焊、气焊等具有火灾危险作业的人员和自动消防系统的操作人员,必须持证上岗,并遵守消防安全操作规程。

第二十二条 生产、储存、装卸易燃易爆危险品的工厂、仓库和专用车站、码头的设置,应当符合消防技术标准。易燃易爆气体和液体的充装站、供应站、调压站,应当设置在符合消防安全要求的位置,并符合防火防爆要求。

已经设置的生产、储存、装卸易燃易爆危险品的工厂、仓库和专用车站、码头,易燃易爆气体和液体的充装站、供应站、调压站,不再符合前款规定的,地方人民政府应当组织、协调有关部门、单位限期解决,消除安全隐患。

第二十三条 生产、储存、运输、销售、使用、销毁易燃易爆危险品,必须执行消防技术标准和管理规定。

进入生产、储存易燃易爆危险品的场所,必须执行消防安全规定。禁止非法携带易燃易爆危险品进入公共场所或者乘坐公共交通工具。

储存可燃物资仓库的管理,必须执行消防技术标准和管理规定。

第二十八条 任何单位、个人不得损坏、挪用或者擅自拆除、停用消防设施、器材,不得埋压、圈占、遮挡消火栓或者占用防火间距,不得占用、堵塞、封闭疏散通道、安全出口、消防车通道。人员密集场所的门窗不得设置影响逃生和灭火救援的障碍物。

第二十九条 负责公共消防设施维护管理的单位,应当保持消防供水、消防通信、消防车通道等公共消防设施的完好有效。在修建道路以及停电、停水、截断通信线路时有可能影响消防队灭火救援的,有关单位必须事先通知当地消防救援机构。

第四十七条 消防车、消防艇前往执行火灾扑救或者应急救援任务,在确保安全的前提下,不受行驶速度、行驶路线、行驶方向和指挥信号的限制,其他车辆、船舶以及行人应当让行,不得穿插超越;收费公路、桥梁免收车辆通行费。交通管理指挥人员应当保证消防车、消防艇迅速通行。

赶赴火灾现场或者应急救援现场的消防人员和调集的消防装备、物资,需要铁路、水路或者航空运输的,有关单位应当优先运输。

第五十三条 消防救援机构应当对机关、团体、企业、事业等单位遵守消防法律、法规的情况依法进行监督检查。公安派出所可以负责日常消防监督检查、开展消防宣传教育,具体办法由国务院公安部门规定。

消防救援机构、公安派出所的工作人员进行消防监督检查,应当出示证件。

第五十四条 消防救援机构在消防监督检查中发现火灾隐患的,应当通知有关单位或者个人立即采取措施消除隐患;不及时消除隐患可能严重威胁公共安全的,消防救援机构应当依照规定对危险部位或者场所采取临时查封措施。

第六十条　单位违反本法规定,有下列行为之一的,责令改正,处五千元以上五万元以下罚款:

（一）消防设施、器材或者消防安全标志的配置、设置不符合国家标准、行业标准,或者未保持完好有效的;

（二）损坏、挪用或者擅自拆除、停用消防设施、器材的;

（三）占用、堵塞、封闭疏散通道、安全出口或者有其他妨碍安全疏散行为的;

（四）埋压、圈占、遮挡消火栓或者占用防火间距的;

（五）占用、堵塞、封闭消防车通道,妨碍消防车通行的;

（六）人员密集场所在门窗上设置影响逃生和灭火救援的障碍物的;

（七）对火灾隐患经消防救援机构通知后不及时采取措施消除的。

个人有前款第二项、第三项、第四项、第五项行为之一的,处警告或者五百元以下罚款。

有本条第一款第三项、第四项、第五项、第六项行为,经责令改正拒不改正的,强制执行,所需费用由违法行为人承担。

第六十一条　生产、储存、经营易燃易爆危险品的场所与居住场所设置在同一建筑物内,或者未与居住场所保持安全距离的,责令停产停业,并处五千元以上五万元以下罚款。

生产、储存、经营其他物品的场所与居住场所设置在同一建筑物内,不符合消防技术标准的,依照前款规定处罚。

第六十二条　有下列行为之一的,依照《中华人民共和国治安管理处罚法》的规定处罚:

（一）违反有关消防技术标准和管理规定生产、储存、运输、销售、使用、销毁易燃易爆危险品的;

（二）非法携带易燃易爆危险品进入公共场所或者乘坐公共交通工具的;

（三）谎报火警的;

（四）阻碍消防车、消防艇执行任务的;

（五）阻碍消防救援机构的工作人员依法执行职务的。

第六十三条　违反本法规定,有下列行为之一的,处警告或者五百元

以下罚款;情节严重的,处五日以下拘留:

(一)违反消防安全规定进入生产、储存易燃易爆危险品场所的;

(二)违反规定使用明火作业或者在具有火灾、爆炸危险的场所吸烟、使用明火的。

第六十四条 违反本法规定,有下列行为之一,尚不构成犯罪的,处十日以上十五日以下拘留,可以并处五百元以下罚款;情节较轻的,处警告或者五百元以下罚款:

(一)指使或者强令他人违反消防安全规定,冒险作业的;

(二)过失引起火灾的;

(三)在火灾发生后阻拦报警,或者负有报告职责的人员不及时报警的;

(四)扰乱火灾现场秩序,或者拒不执行火灾现场指挥员指挥,影响灭火救援的;

(五)故意破坏或者伪造火灾现场的;

(六)擅自拆封或者使用被消防救援机构查封的场所、部位的。

第七十条 本法规定的行政处罚,除应当由公安机关依照《中华人民共和国治安管理处罚法》的有关规定决定的外,由住房和城乡建设主管部门、消防救援机构按照各自职权决定。

被责令停止施工、停止使用、停产停业的,应当在整改后向作出决定的部门或者机构报告,经检查合格,方可恢复施工、使用、生产、经营。

当事人逾期不执行停产停业、停止使用、停止施工决定的,由作出决定的部门或者机构强制执行。

责令停产停业,对经济和社会生活影响较大的,由住房和城乡建设主管部门或者应急管理部门报请本级人民政府依法决定。

第七十三条 本法下列用语的含义:

(一)消防设施,是指火灾自动报警系统、自动灭火系统、消火栓系统、防烟排烟系统以及应急广播和应急照明、安全疏散设施等。

(二)消防产品,是指专门用于火灾预防、灭火救援和火灾防护、避难逃生的产品。

(三)公众聚集场所,是指宾馆、饭店、商场、集贸市场、客运车站候车室、客运码头候船厅、民用机场航站楼、体育场馆、会堂以及公共娱乐场所等。

（四）人员密集场所,是指公众聚集场所,医院的门诊楼、病房楼,学校的教学楼、图书馆、食堂和集体宿舍,养老院、福利院,托儿所、幼儿园,公共图书馆的阅览室,公共展览馆、博物馆的展示厅,劳动密集型企业的生产加工车间和员工集体宿舍,旅游、宗教活动场所等。

中华人民共和国枪支管理法

（1996年7月5日第八届全国人民代表大会常务委员会第二十次会议通过　根据2009年8月27日第十一届全国人民代表大会常务委员会第十次会议《关于修改部分法律的决定》第一次修正　根据2015年4月24日第十二届全国人民代表大会常务委员会第十四次会议《关于修改〈中华人民共和国港口法〉等七部法律的决定》第二次修正）

目　　录

第一章　总　　则
第二章　枪支的配备和配置
第三章　枪支的制造和民用枪支的配售
第四章　枪支的日常管理
第五章　枪支的运输
第六章　枪支的入境和出境
第七章　法律责任
第八章　附　　则

第一章　总　　则

第一条　为了加强枪支管理,维护社会治安秩序,保障公共安全,制定本法。

第二条　中华人民共和国境内的枪支管理,适用本法。

对中国人民解放军、中国人民武装警察部队和民兵装备枪支的管理,国务院、中央军事委员会另有规定的,适用有关规定。

第三条 国家严格管制枪支。禁止任何单位或者个人违反法律规定持有、制造(包括变造、装配)、买卖、运输、出租、出借枪支。

国家严厉惩处违反枪支管理的违法犯罪行为。任何单位和个人对违反枪支管理的行为有检举的义务。国家对检举人给予保护,对检举违反枪支管理犯罪活动有功的人员,给予奖励。

第四条 国务院公安部门主管全国的枪支管理工作。县级以上地方各级人民政府公安机关主管本行政区域内的枪支管理工作。上级人民政府公安机关监督下级人民政府公安机关的枪支管理工作。

第二章 枪支的配备和配置

第五条 公安机关、国家安全机关、监狱、劳动教养机关的人民警察,人民法院的司法警察,人民检察院的司法警察和担负案件侦查任务的检察人员,海关的缉私人员,在依法履行职责时确有必要使用枪支的,可以配备公务用枪。

国家重要的军工、金融、仓储、科研等单位的专职守护、押运人员在执行守护、押运任务时确有必要使用枪支的,可以配备公务用枪。

配备公务用枪的具体办法,由国务院公安部门会同其他有关国家机关按照严格控制的原则制定,报国务院批准后施行。

第六条 下列单位可以配置民用枪支:

(一)经省级人民政府体育行政主管部门批准专门从事射击竞技体育运动的单位、经省级人民政府公安机关批准的营业性射击场,可以配置射击运动枪支;

(二)经省级以上人民政府林业行政主管部门批准的狩猎场,可以配置猎枪;

(三)野生动物保护、饲养、科研单位因业务需要,可以配置猎枪、麻醉注射枪。

猎民在猎区、牧民在牧区,可以申请配置猎枪。猎区和牧区的区域由省级人民政府划定。

配置民用枪支的具体办法,由国务院公安部门按照严格控制的原则制定,报国务院批准后施行。

第七条 配备公务用枪,由国务院公安部门或者省级人民政府公安机关审批。

配备公务用枪时,由国务院公安部门或者省级人民政府公安机关发给公务用枪持枪证件。

第八条 专门从事射击竞技体育运动的单位配置射击运动枪支,由国务院体育行政主管部门提出,由国务院公安部门审批。营业性射击场配置射击运动枪支,由省级人民政府公安机关报国务院公安部门批准。

配置射击运动枪支时,由省级人民政府公安机关发给民用枪支持枪证件。

第九条 狩猎场配置猎枪,凭省级以上人民政府林业行政主管部门的批准文件,报省级以上人民政府公安机关审批,由设区的市级人民政府公安机关核发民用枪支配购证件。

第十条 野生动物保护、饲养、科研单位申请配置猎枪、麻醉注射枪的,应当凭其所在地的县级人民政府野生动物行政主管部门核发的狩猎证或者特许猎捕证和单位营业执照,向所在地的县级人民政府公安机关提出;猎民申请配置猎枪的,应当凭其所在地的县级人民政府野生动物行政主管部门核发的狩猎证和个人身份证件,向所在地的县级人民政府公安机关提出;牧民申请配置猎枪的,应当凭个人身份证件,向所在地的县级人民政府公安机关提出。

受理申请的公安机关审查批准后,应当报请设区的市级人民政府公安机关核发民用枪支配购证件。

第十一条 配购猎枪、麻醉注射枪的单位和个人,必须在配购枪支后三十日内向核发民用枪支配购证件的公安机关申请领取民用枪支持枪证件。

第十二条 营业性射击场、狩猎场配置的民用枪支不得携带出营业性射击场、狩猎场。

猎民、牧民配置的猎枪不得携带出猎区、牧区。

第三章 枪支的制造和民用枪支的配售

第十三条 国家对枪支的制造、配售实行特别许可制度。未经许可,任何单位或者个人不得制造、买卖枪支。

第十四条 公务用枪,由国家指定的企业制造。

第十五条 制造民用枪支的企业,由国务院有关主管部门提出,由国务院公安部门确定。

配售民用枪支的企业,由省级人民政府公安机关确定。

制造民用枪支的企业,由国务院公安部门核发民用枪支制造许可证件。配售民用枪支的企业,由省级人民政府公安机关核发民用枪支配售许可证件。

民用枪支制造许可证件、配售许可证件的有效期为三年;有效期届满,需要继续制造、配售民用枪支的,应当重新申请领取许可证件。

第十六条 国家对制造、配售民用枪支的数量,实行限额管理。

制造民用枪支的年度限额,由国务院林业、体育等有关主管部门、省级人民政府公安机关提出,由国务院公安部门确定并统一编制民用枪支序号,下达到民用枪支制造企业。

配售民用枪支的年度限额,由国务院林业、体育等有关主管部门、省级人民政府公安机关提出,由国务院公安部门确定并下达到民用枪支配售企业。

第十七条 制造民用枪支的企业不得超过限额制造民用枪支,所制造的民用枪支必须全部交由指定的民用枪支配售企业配售,不得自行销售。配售民用枪支的企业应当在配售限额内,配售指定的企业制造的民用枪支。

第十八条 制造民用枪支的企业,必须严格按照国家规定的技术标准制造民用枪支,不得改变民用枪支的性能和结构;必须在民用枪支指定部位铸印制造厂的厂名、枪种代码和国务院公安部门统一编制的枪支序号,不得制造无号、重号、假号的民用枪支。

制造民用枪支的企业必须实行封闭式管理,采取必要的安全保卫措施,防止民用枪支以及民用枪支零部件丢失。

第十九条 配售民用枪支,必须核对配购证件,严格按照配购证件载明的品种、型号和数量配售;配售弹药,必须核对持枪证件。民用枪支配售企业必须按照国务院公安部门的规定建立配售帐册,长期保管备查。

第二十条 公安机关对制造、配售民用枪支的企业制造、配售、储存和帐册登记等情况,必须进行定期检查;必要时,可以派专人驻厂对制造企业进行监督、检查。

第二十一条 民用枪支的研制和定型,由国务院有关业务主管部门会同国务院公安部门组织实施。

第二十二条 禁止制造、销售仿真枪。

第四章　枪支的日常管理

第二十三条　配备、配置枪支的单位和个人必须妥善保管枪支,确保枪支安全。

配备、配置枪支的单位,必须明确枪支管理责任,指定专人负责,应当有牢固的专用保管设施,枪支、弹药应当分开存放。对交由个人使用的枪支,必须建立严格的枪支登记、交接、检查、保养等管理制度,使用完毕,及时收回。

配备、配置给个人使用的枪支,必须采取有效措施,严防被盗、被抢、丢失或者发生其他事故。

第二十四条　使用枪支的人员,必须掌握枪支的性能,遵守使用枪支的有关规定,保证枪支的合法、安全使用。使用公务用枪的人员,必须经过专门培训。

第二十五条　配备、配置枪支的单位和个人必须遵守下列规定:

(一)携带枪支必须同时携带持枪证件,未携带持枪证件的,由公安机关扣留枪支;

(二)不得在禁止携带枪支的区域、场所携带枪支;

(三)枪支被盗、被抢或者丢失的,立即报告公安机关。

第二十六条　配备公务用枪的人员不再符合持枪条件时,由所在单位收回枪支和持枪证件。

配置民用枪支的单位和个人不再符合持枪条件时,必须及时将枪支连同持枪证件上缴核发持枪证件的公安机关;未及时上缴的,由公安机关收缴。

第二十七条　不符合国家技术标准、不能安全使用的枪支,应当报废。配备、持有枪支的单位和个人应当将报废的枪支连同持枪证件上缴核发枪证件的公安机关;未及时上缴的,由公安机关收缴。报废的枪支应当及时销毁。

销毁枪支,由省级人民政府公安机关负责组织实施。

第二十八条　国家对枪支实行查验制度。持有枪支的单位和个人,应当在公安机关指定的时间、地点接受查验。公安机关在查验时,必须严格审查持枪单位和个人是否符合本法规定的条件,检查枪支状况及使用情况;对违法使用枪支、不符合持枪条件或者枪支应当报废的,必须收缴枪支和持枪证件。拒不接受查验的,枪支和持枪证件由公安机关收缴。

第二十九条 为了维护社会治安秩序的特殊需要,经国务院公安部门批准,县级以上地方各级人民政府公安机关可以对局部地区合法配备、配置的枪支采取集中保管等特别管制措施。

第五章 枪支的运输

第三十条 任何单位或者个人未经许可,不得运输枪支。需要运输枪支的,必须向公安机关如实申报运输枪支的品种、数量和运输的路线、方式,领取枪支运输许可证件。在本省、自治区、直辖市内运输的,向运往地设区的市级人民政府公安机关申请领取枪支运输许可证件;跨省、自治区、直辖市运输的,向运往地省级人民政府公安机关申请领取枪支运输许可证件。

没有枪支运输许可证件的,任何单位和个人都不得承运,并应当立即报告所在地公安机关。

公安机关对没有枪支运输许可证件或者没有按照枪支运输许可证件的规定运输枪支的,应当扣留运输的枪支。

第三十一条 运输枪支必须依照规定使用安全可靠的封闭式运输设备,由专人押运;途中停留住宿的,必须报告当地公安机关。

运输枪支、弹药必须依照规定分开运输。

第三十二条 严禁邮寄枪支,或者在邮寄的物品中夹带枪支。

第六章 枪支的入境和出境

第三十三条 国家严格管理枪支的入境和出境。任何单位或者个人未经许可,不得私自携带枪支入境、出境。

第三十四条 外国驻华外交代表机构、领事机构的人员携带枪支入境,必须事先报经中华人民共和国外交部批准;携带枪支出境,应当事先照会中华人民共和国外交部,办理有关手续。

依照前款规定携带入境的枪支,不得携带出所在的驻华机构。

第三十五条 外国体育代表团入境参加射击竞技体育活动,或者中国体育代表团出境参加射击竞技体育活动,需要携带射击运动枪支入境、出境的,必须经国务院体育行政主管部门批准。

第三十六条 本法第三十四条、第三十五条规定以外的其他人员携带枪支入境、出境,应当事先经国务院公安部门批准。

第三十七条 经批准携带枪支入境的,入境时,应当凭批准文件在入境地边防检查站办理枪支登记,申请领取枪支携运许可证件,向海关申报,海关凭枪支携运许可证件放行;到达目的地后,凭枪支携运许可证件向设区的市级人民政府公安机关申请换发持枪证件。

经批准携带枪支出境的,出境时,应当凭批准文件向出境地海关申报,边防检查站凭批准文件放行。

第三十八条 外国交通运输工具携带枪支入境或者过境的,交通运输工具负责人必须向边防检查站申报,由边防检查站加封,交通运输工具出境时予以启封。

第七章 法律责任

第三十九条 违反本法规定,未经许可制造、买卖或者运输枪支的,依照刑法有关规定追究刑事责任。

单位有前款行为的,对单位判处罚金,并对其直接负责的主管人员和其他直接责任人员依照刑法有关规定追究刑事责任。

第四十条 依法被指定、确定的枪支制造企业、销售企业,违反本法规定,有下列行为之一的,对单位判处罚金,并对其直接负责的主管人员和其他直接责任人员依照刑法有关规定追究刑事责任;公安机关可以责令其停业整顿或者吊销其枪支制造许可证件、枪支配售许可证件:

(一)超过限额或者不按照规定的品种制造、配售枪支的;

(二)制造无号、重号、假号的枪支的;

(三)私自销售枪支或者在境内销售为出口制造的枪支的。

第四十一条 违反本法规定,非法持有、私藏枪支的,非法运输、携带枪支入境、出境的,依照刑法有关规定追究刑事责任。

第四十二条 违反本法规定,运输枪支未使用安全可靠的运输设备、不设专人押运、枪支弹药未分开运输或者运输途中停留住宿不报告公安机关,情节严重的,依照刑法有关规定追究刑事责任;未构成犯罪的,由公安机关对直接责任人员处十五日以下拘留。

第四十三条 违反枪支管理规定,出租、出借公务用枪的,依照刑法有关规定处罚。

单位有前款行为的,对其直接负责的主管人员和其他直接责任人员依照前款规定处罚。

配置民用枪支的单位,违反枪支管理规定,出租、出借枪支,造成严重后果或者有其他严重情节的,对其直接负责的主管人员和其他直接责任人员依照刑法有关规定处罚。

配置民用枪支的个人,违反枪支管理规定,出租、出借枪支,造成严重后果的,依照刑法有关规定处罚。

违反枪支管理规定,出租、出借枪支,情节轻微未构成犯罪的,由公安机关对个人或者单位负有直接责任的主管人员和其他直接责任人员处十五日以下拘留,可以并处五千元以下罚款;对出租、出借的枪支,应当予以没收。

第四十四条 违反本法规定,有下列行为之一的,由公安机关对个人或者单位负有直接责任的主管人员和其他直接责任人员处警告或者十五日以下拘留;构成犯罪的,依法追究刑事责任:

(一)未按照规定的技术标准制造民用枪支的;
(二)在禁止携带枪支的区域、场所携带枪支的;
(三)不上缴报废枪支的;
(四)枪支被盗、被抢或者丢失,不及时报告的;
(五)制造、销售仿真枪的。

有前款第(一)项至第(三)项所列行为的,没收其枪支,可以并处五千元以下罚款;有前款第(五)项所列行为的,由公安机关、工商行政管理部门按照各自职责范围没收其仿真枪,可以并处制造、销售金额五倍以下的罚款,情节严重的,由工商行政管理部门吊销营业执照。

第四十五条 公安机关工作人员有下列行为之一的,依法追究刑事责任;未构成犯罪的,依法给予行政处分:

(一)向本法第五条、第六条规定以外的单位和个人配备、配置枪支的;
(二)违法发给枪支管理证件的;
(三)将没收的枪支据为己有的;
(四)不履行枪支管理职责,造成后果的。

第八章 附 则

第四十六条 本法所称枪支,是指以火药或者压缩气体等为动力,利用管状器具发射金属弹丸或者其他物质,足以致人伤亡或者丧失知觉的各种枪支。

第四十七条 单位和个人为开展游艺活动,可以配置口径不超过4.5毫米的气步枪。具体管理办法由国务院公安部门制定。

制作影视剧使用的道具枪支的管理办法,由国务院公安部门会同国务院广播电影电视行政主管部门制定。

博物馆、纪念馆、展览馆保存或者展览枪支的管理办法,由国务院公安部门会同国务院有关行政主管部门制定。

第四十八条 制造、配售、运输枪支的主要零部件和用于枪支的弹药,适用本法的有关规定。

第四十九条 枪支管理证件由国务院公安部门制定。

第五十条 本法自1996年10月1日起施行。

烟花爆竹安全管理条例

(2006年1月21日中华人民共和国国务院令第455号公布 根据2016年2月6日《国务院关于修改部分行政法规的决定》修订)

第一章 总 则

第一条 为了加强烟花爆竹安全管理,预防爆炸事故发生,保障公共安全和人身、财产的安全,制定本条例。

第二条 烟花爆竹的生产、经营、运输和燃放,适用本条例。

本条例所称烟花爆竹,是指烟花爆竹制品和用于生产烟花爆竹的民用黑火药、烟火药、引火线等物品。

第三条 国家对烟花爆竹的生产、经营、运输和举办焰火晚会以及其他大型焰火燃放活动,实行许可证制度。

未经许可,任何单位或者个人不得生产、经营、运输烟花爆竹,不得举办焰火晚会以及其他大型焰火燃放活动。

第四条 安全生产监督管理部门负责烟花爆竹的安全生产监督管理;公安部门负责烟花爆竹的公共安全管理;质量监督检验部门负责烟花爆竹的质量监督和进出口检验。

第五条 公安部门、安全生产监督管理部门、质量监督检验部门、工商行政管理部门应当按照职责分工,组织查处非法生产、经营、储存、运输、邮寄烟花爆竹以及非法燃放烟花爆竹的行为。

第六条 烟花爆竹生产、经营、运输企业和焰火晚会以及其他大型焰火燃放活动主办单位的主要负责人,对本单位的烟花爆竹安全工作负责。

烟花爆竹生产、经营、运输企业和焰火晚会以及其他大型焰火燃放活动主办单位应当建立健全安全责任制,制定各项安全管理制度和操作规程,并对从业人员定期进行安全教育、法制教育和岗位技术培训。

中华全国供销合作总社应当加强对本系统企业烟花爆竹经营活动的管理。

第七条 国家鼓励烟花爆竹生产企业采用提高安全程度和提升行业整体水平的新工艺、新配方和新技术。

第二章 生 产 安 全

第八条 生产烟花爆竹的企业,应当具备下列条件:

(一)符合当地产业结构规划;

(二)基本建设项目经过批准;

(三)选址符合城乡规划,并与周边建筑、设施保持必要的安全距离;

(四)厂房和仓库的设计、结构和材料以及防火、防爆、防雷、防静电等安全设备、设施符合国家有关标准和规范;

(五)生产设备、工艺符合安全标准;

(六)产品品种、规格、质量符合国家标准;

(七)有健全的安全生产责任制;

(八)有安全生产管理机构和专职安全生产管理人员;

(九)依法进行了安全评价;

(十)有事故应急救援预案、应急救援组织和人员,并配备必要的应急救援器材、设备;

(十一)法律、法规规定的其他条件。

第九条 生产烟花爆竹的企业,应当在投入生产前向所在地设区的市人民政府安全生产监督管理部门提出安全审查申请,并提交能够证明符合本条例第八条规定条件的有关材料。设区的市人民政府安全生产监督管理部门应当自收到材料之日起20日内提出安全审查初步意见,报省、自治区、直辖市人民政府安全生产监督管理部门审查。省、自治区、直辖市人民政府安全生产监督管理部门应当自受理申请之日起45日内进行安全审查，对符合条件的，核发《烟花爆竹安全生产许可证》；对不符合条件的，应当说明理由。

第十条　生产烟花爆竹的企业为扩大生产能力进行基本建设或者技术改造的，应当依照本条例的规定申请办理安全生产许可证。

生产烟花爆竹的企业，持《烟花爆竹安全生产许可证》到工商行政管理部门办理登记手续后，方可从事烟花爆竹生产活动。

第十一条　生产烟花爆竹的企业，应当按照安全生产许可证核定的产品种类进行生产，生产工序和生产作业应当执行有关国家标准和行业标准。

第十二条　生产烟花爆竹的企业，应当对生产作业人员进行安全生产知识教育，对从事药物混合、造粒、筛选、装药、筑药、压药、切引、搬运等危险工序的作业人员进行专业技术培训。从事危险工序的作业人员经设区的市人民政府安全生产监督管理部门考核合格，方可上岗作业。

第十三条　生产烟花爆竹使用的原料，应当符合国家标准的规定。生产烟花爆竹使用的原料，国家标准有用量限制的，不得超过规定的用量。不得使用国家标准规定禁止使用或者禁忌配伍的物质生产烟花爆竹。

第十四条　生产烟花爆竹的企业，应当按照国家标准的规定，在烟花爆竹产品上标注燃放说明，并在烟花爆竹包装物上印制易燃易爆危险物品警示标志。

第十五条　生产烟花爆竹的企业，应当对黑火药、烟火药、引火线的保管采取必要的安全技术措施，建立购买、领用、销售登记制度，防止黑火药、烟火药、引火线丢失。黑火药、烟火药、引火线丢失的，企业应当立即向当地安全生产监督管理部门和公安部门报告。

第三章　经营安全

第十六条　烟花爆竹的经营分为批发和零售。

从事烟花爆竹批发的企业和零售经营者的经营布点，应当经安全生产监督管理部门审批。

禁止在城市市区布设烟花爆竹批发场所；城市市区的烟花爆竹零售网点，应当按照严格控制的原则合理布设。

第十七条 从事烟花爆竹批发的企业,应当具备下列条件:
(一)具有企业法人条件;
(二)经营场所与周边建筑、设施保持必要的安全距离;
(三)有符合国家标准的经营场所和储存仓库;
(四)有保管员、仓库守护员;
(五)依法进行了安全评价;
(六)有事故应急救援预案、应急救援组织和人员,并配备必要的应急救援器材、设备;
(七)法律、法规规定的其他条件。

第十八条 烟花爆竹零售经营者,应当具备下列条件:
(一)主要负责人经过安全知识教育;
(二)实行专店或者专柜销售,设专人负责安全管理;
(三)经营场所配备必要的消防器材,张贴明显的安全警示标志;
(四)法律、法规规定的其他条件。

第十九条 申请从事烟花爆竹批发的企业,应当向所在地设区的市人民政府安全生产监督管理部门提出申请,并提供能够证明符合本条例第十七条规定条件的有关材料。受理申请的安全生产监督管理部门应当自受理申请之日起30日内对提交的有关材料和经营场所进行审查,对符合条件的,核发《烟花爆竹经营(批发)许可证》;对不符合条件的,应当说明理由。

申请从事烟花爆竹零售的经营者,应当向所在地县级人民政府安全生产监督管理部门提出申请,并提供能够证明符合本条例第十八条规定条件的有关材料。受理申请的安全生产监督管理部门应当自受理申请之日起20日内对提交的有关材料和经营场所进行审查,对符合条件的,核发《烟花爆竹经营(零售)许可证》;对不符合条件的,应当说明理由。

《烟花爆竹经营(零售)许可证》,应当载明经营负责人、经营场所地址、经营期限、烟花爆竹种类和限制存放量。

第二十条 从事烟花爆竹批发的企业,应当向生产烟花爆竹的企业采购烟花爆竹,向从事烟花爆竹零售的经营者供应烟花爆竹。从事烟花爆竹零售的经营者,应当向从事烟花爆竹批发的企业采购烟花爆竹。

从事烟花爆竹批发的企业、零售经营者不得采购和销售非法生产、经营的烟花爆竹。

从事烟花爆竹批发的企业,不得向从事烟花爆竹零售的经营者供应按照国家标准规定应由专业燃放人员燃放的烟花爆竹。从事烟花爆竹零售的经营者,不得销售按照国家标准规定应由专业燃放人员燃放的烟花爆竹。

第二十一条 生产、经营黑火药、烟火药、引火线的企业,不得向未取得烟花爆竹安全生产许可的任何单位或者个人销售黑火药、烟火药和引火线。

第四章 运输安全

第二十二条 经由道路运输烟花爆竹的,应当经公安部门许可。

经由铁路、水路、航空运输烟花爆竹的,依照铁路、水路、航空运输安全管理的有关法律、法规、规章的规定执行。

第二十三条 经由道路运输烟花爆竹的,托运人应当向运达地县级人民政府公安部门提出申请,并提交下列有关材料:

(一)承运人从事危险货物运输的资质证明;
(二)驾驶员、押运员从事危险货物运输的资格证明;
(三)危险货物运输车辆的道路运输证明;
(四)托运人从事烟花爆竹生产、经营的资质证明;
(五)烟花爆竹的购销合同及运输烟花爆竹的种类、规格、数量;
(六)烟花爆竹的产品质量和包装合格证明;
(七)运输车辆牌号、运输时间、起始地点、行驶路线、经停地点。

第二十四条 受理申请的公安部门应当自受理申请之日起3日内对提交的有关材料进行审查,对符合条件的,核发《烟花爆竹道路运输许可证》;对不符合条件的,应当说明理由。

《烟花爆竹道路运输许可证》应当载明托运人、承运人、一次性运输有效期限、起始地点、行驶路线、经停地点、烟花爆竹的种类、规格和数量。

第二十五条 经由道路运输烟花爆竹的,除应当遵守《中华人民共和国道路交通安全法》外,还应当遵守下列规定:

(一)随车携带《烟花爆竹道路运输许可证》;
(二)不得违反运输许可事项;
(三)运输车辆悬挂或者安装符合国家标准的易燃易爆危险物品警示标志;

（四）烟花爆竹的装载符合国家有关标准和规范；

（五）装载烟花爆竹的车厢不得载人；

（六）运输车辆限速行驶，途中经停必须有专人看守；

（七）出现危险情况立即采取必要的措施，并报告当地公安部门。

第二十六条 烟花爆竹运达目的地后，收货人应当在3日内将《烟花爆竹道路运输许可证》交回发证机关核销。

第二十七条 禁止携带烟花爆竹搭乘公共交通工具。

禁止邮寄烟花爆竹，禁止在托运的行李、包裹、邮件中夹带烟花爆竹。

第五章 燃放安全

第二十八条 燃放烟花爆竹，应当遵守有关法律、法规和规章的规定。县级以上地方人民政府可以根据本行政区域的实际情况，确定限制或者禁止燃放烟花爆竹的时间、地点和种类。

第二十九条 各级人民政府和政府有关部门应当开展社会宣传活动，教育公民遵守有关法律、法规和规章，安全燃放烟花爆竹。

广播、电视、报刊等新闻媒体，应当做好安全燃放烟花爆竹的宣传、教育工作。

未成年人的监护人应当对未成年人进行安全燃放烟花爆竹的教育。

第三十条 禁止在下列地点燃放烟花爆竹：

（一）文物保护单位；

（二）车站、码头、飞机场等交通枢纽以及铁路线路安全保护区内；

（三）易燃易爆物品生产、储存单位；

（四）输变电设施安全保护区内；

（五）医疗机构、幼儿园、中小学校、敬老院；

（六）山林、草原等重点防火区；

（七）县级以上地方人民政府规定的禁止燃放烟花爆竹的其他地点。

第三十一条 燃放烟花爆竹，应当按照燃放说明燃放，不得以危害公共安全和人身、财产安全的方式燃放烟花爆竹。

第三十二条 举办焰火晚会以及其他大型焰火燃放活动，应当按照举办的时间、地点、环境、活动性质、规模以及燃放烟花爆竹的种类、规格和数量，确定危险等级，实行分级管理。分级管理的具体办法，由国务院公安部门规定。

第三十三条　申请举办焰火晚会以及其他大型焰火燃放活动,主办单位应当按照分级管理的规定,向有关人民政府公安部门提出申请,并提交下列有关材料：

(一)举办焰火晚会以及其他大型焰火燃放活动的时间、地点、环境、活动性质、规模;

(二)燃放烟花爆竹的种类、规格、数量;

(三)燃放作业方案;

(四)燃放作业单位、作业人员符合行业标准规定条件的证明。

受理申请的公安部门应当自受理申请之日起20日内对提交的有关材料进行审查,对符合条件的,核发《焰火燃放许可证》;对不符合条件的,应当说明理由。

第三十四条　焰火晚会以及其他大型焰火燃放活动燃放作业单位和作业人员,应当按照焰火燃放安全规程和经许可的燃放作业方案进行燃放作业。

第三十五条　公安部门应当加强对危险等级较高的焰火晚会以及其他大型焰火燃放活动的监督检查。

第六章　法　律　责　任

第三十六条　对未经许可生产、经营烟花爆竹制品,或者向未取得烟花爆竹安全生产许可的单位或者个人销售黑火药、烟火药、引火线的,由安全生产监督管理部门责令停止非法生产、经营活动,处2万元以上10万元以下的罚款,并没收非法生产、经营的物品及违法所得。

对未经许可经由道路运输烟花爆竹的,由公安部门责令停止非法运输活动,处1万元以上5万元以下的罚款,并没收非法运输的物品及违法所得。

非法生产、经营、运输烟花爆竹,构成违反治安管理行为的,依法给予治安管理处罚;构成犯罪的,依法追究刑事责任。

第三十七条　生产烟花爆竹的企业有下列行为之一的,由安全生产监督管理部门责令限期改正,处1万元以上5万元以下的罚款;逾期不改正的,责令停产停业整顿,情节严重的,吊销安全生产许可证：

(一)未按照安全生产许可证核定的产品种类进行生产的;

(二)生产工序或者生产作业不符合有关国家标准、行业标准的;

（三）雇佣未经设区的市人民政府安全生产监督管理部门考核合格的人员从事危险工序作业的；

（四）生产烟花爆竹使用的原料不符合国家标准规定的，或者使用的原料超过国家标准规定的用量限制的；

（五）使用按照国家标准规定禁止使用或者禁忌配伍的物质生产烟花爆竹的；

（六）未按照国家标准的规定在烟花爆竹产品上标注燃放说明，或者未在烟花爆竹的包装物上印制易燃易爆危险物品警示标志的。

第三十八条　从事烟花爆竹批发的企业向从事烟花爆竹零售的经营者供应非法生产、经营的烟花爆竹，或者供应按照国家标准规定应由专业燃放人员燃放的烟花爆竹的，由安全生产监督管理部门责令停止违法行为，处2万元以上10万元以下的罚款，并没收非法经营的物品及违法所得；情节严重的，吊销烟花爆竹经营许可证。

从事烟花爆竹零售的经营者销售非法生产、经营的烟花爆竹，或者销售按照国家标准规定应由专业燃放人员燃放的烟花爆竹的，由安全生产监督管理部门责令停止违法行为，处1000元以上5000元以下的罚款，并没收非法经营的物品及违法所得；情节严重的，吊销烟花爆竹经营许可证。

第三十九条　生产、经营、使用黑火药、烟火药、引火线的企业，丢失黑火药、烟火药、引火线未及时向当地安全生产监督管理部门和公安部门报告的，由公安部门对企业主要负责人处5000元以上2万元以下的罚款，对丢失的物品予以追缴。

第四十条　经由道路运输烟花爆竹，有下列行为之一的，由公安部门责令改正，处200元以上2000元以下的罚款：

（一）违反运输许可事项的；

（二）未随车携带《烟花爆竹道路运输许可证》的；

（三）运输车辆没有悬挂或者安装符合国家标准的易燃易爆危险物品警示标志的；

（四）烟花爆竹的装载不符合国家有关标准和规范的；

（五）装载烟花爆竹的车厢载人的；

（六）超过危险物品运输车辆规定时速行驶的；

（七）运输车辆途中经停没有专人看守的；

（八）运达目的地后，未按规定时间将《烟花爆竹道路运输许可证》交回发证机关核销的。

第四十一条 对携带烟花爆竹搭乘公共交通工具,或者邮寄烟花爆竹以及在托运的行李、包裹、邮件中夹带烟花爆竹的,由公安部门没收非法携带、邮寄、夹带的烟花爆竹,可以并处200元以上1000元以下的罚款。

第四十二条 对未经许可举办焰火晚会以及其他大型焰火燃放活动,或者焰火晚会以及其他大型焰火燃放活动燃放作业单位和作业人员违反焰火燃放安全规程、燃放作业方案进行燃放作业的,由公安部门责令停止燃放,对责任单位处1万元以上5万元以下的罚款。

在禁止燃放烟花爆竹的时间、地点燃放烟花爆竹,或者以危害公共安全和人身、财产安全的方式燃放烟花爆竹的,由公安部门责令停止燃放,处100元以上500元以下的罚款;构成违反治安管理行为的,依法给予治安管理处罚。

第四十三条 对没收的非法烟花爆竹以及生产、经营企业弃置的废旧烟花爆竹,应当就地封存,并由公安部门组织销毁、处置。

第四十四条 安全生产监督管理部门、公安部门、质量监督检验部门、工商行政管理部门的工作人员,在烟花爆竹安全监管工作中滥用职权、玩忽职守、徇私舞弊,构成犯罪的,依法追究刑事责任;尚不构成犯罪的,依法给予行政处分。

第七章 附 则

第四十五条 《烟花爆竹安全生产许可证》、《烟花爆竹经营(批发)许可证》、《烟花爆竹经营(零售)许可证》,由国务院安全生产监督管理部门规定式样;《烟花爆竹道路运输许可证》、《焰火燃放许可证》,由国务院公安部门规定式样。

第四十六条 本条例自公布之日起施行。

民用爆炸物品安全管理条例

(2006年5月10日中华人民共和国国务院令第466号公布 根据2014年7月29日《国务院关于修改部分行政法规的决定》修订)

第一章 总 则

第一条 为了加强对民用爆炸物品的安全管理,预防爆炸事故发生,保障公民生命、财产安全和公共安全,制定本条例。

第二条 民用爆炸物品的生产、销售、购买、进出口、运输、爆破作业和储存以及硝酸铵的销售、购买,适用本条例。

本条例所称民用爆炸物品,是指用于非军事目的、列入民用爆炸物品品名表的各类火药、炸药及其制品和雷管、导火索等点火、起爆器材。

民用爆炸物品品名表,由国务院民用爆炸物品行业主管部门会同国务院公安部门制订、公布。

第三条 国家对民用爆炸物品的生产、销售、购买、运输和爆破作业实行许可证制度。

未经许可,任何单位或者个人不得生产、销售、购买、运输民用爆炸物品,不得从事爆破作业。

严禁转让、出借、转借、抵押、赠送、私藏或者非法持有民用爆炸物品。

第四条 民用爆炸物品行业主管部门负责民用爆炸物品生产、销售的安全监督管理。

公安机关负责民用爆炸物品公共安全管理和民用爆炸物品购买、运输、爆破作业的安全监督管理,监控民用爆炸物品流向。

安全生产监督、铁路、交通、民用航空主管部门依照法律、行政法规的规定,负责做好民用爆炸物品的有关安全监督管理工作。

民用爆炸物品行业主管部门、公安机关、工商行政管理部门按照职责分工,负责组织查处非法生产、销售、购买、储存、运输、邮寄、使用民用爆炸物品的行为。

第五条 民用爆炸物品生产、销售、购买、运输和爆破作业单位(以下称民用爆炸物品从业单位)的主要负责人是本单位民用爆炸物品安全管理责任人,对本单位的民用爆炸物品安全管理工作全面负责。

民用爆炸物品从业单位是治安保卫工作的重点单位,应当依法设置治安保卫机构或者配备治安保卫人员,设置技术防范设施,防止民用爆炸物品丢失、被盗、被抢。

民用爆炸物品从业单位应当建立安全管理制度、岗位安全责任制度,制订安全防范措施和事故应急预案,设置安全管理机构或者配备专职安全管理人员。

第六条 无民事行为能力人、限制民事行为能力人或者曾因犯罪受过刑事处罚的人,不得从事民用爆炸物品的生产、销售、购买、运输和爆破作业。

民用爆炸物品从业单位应当加强对本单位从业人员的安全教育、法制教育和岗位技术培训,从业人员经考核合格的,方可上岗作业;对有资格要求的岗位,应当配备具有相应资格的人员。

第七条 国家建立民用爆炸物品信息管理系统,对民用爆炸物品实行标识管理,监控民用爆炸物品流向。

民用爆炸物品生产企业、销售企业和爆破作业单位应当建立民用爆炸物品登记制度,如实将本单位生产、销售、购买、运输、储存、使用民用爆炸物品的品种、数量和流向信息输入计算机系统。

第八条 任何单位或者个人都有权举报违反民用爆炸物品安全管理规定的行为;接到举报的主管部门、公安机关应当立即查处,并为举报人员保密,对举报有功人员给予奖励。

第九条 国家鼓励民用爆炸物品从业单位采用提高民用爆炸物品安全性能的新技术,鼓励发展民用爆炸物品生产、配送、爆破作业一体化的经营模式。

第二章 生 产

第十条 设立民用爆炸物品生产企业,应当遵循统筹规划、合理布局的原则。

第十一条 申请从事民用爆炸物品生产的企业,应当具备下列条件:

(一)符合国家产业结构规划和产业技术标准;

（二）厂房和专用仓库的设计、结构、建筑材料、安全距离以及防火、防爆、防雷、防静电等安全设备、设施符合国家有关标准和规范；

（三）生产设备、工艺符合有关安全生产的技术标准和规程；

（四）有具备相应资格的专业技术人员、安全生产管理人员和生产岗位人员；

（五）有健全的安全管理制度、岗位安全责任制度；

（六）法律、行政法规规定的其他条件。

第十二条 申请从事民用爆炸物品生产的企业，应当向国务院民用爆炸物品行业主管部门提交申请书、可行性研究报告以及能够证明其符合本条例第十一条规定条件的有关材料。国务院民用爆炸物品行业主管部门应当自受理申请之日起45日内进行审查，对符合条件的，核发《民用爆炸物品生产许可证》；对不符合条件的，不予核发《民用爆炸物品生产许可证》，书面向申请人说明理由。

民用爆炸物品生产企业为调整生产能力及品种进行改建、扩建的，应当依照前款规定申请办理《民用爆炸物品生产许可证》。

民用爆炸物品生产企业持《民用爆炸物品生产许可证》到工商行政管理部门办理工商登记，并在办理工商登记后3日内，向所在地县级人民政府公安机关备案。

第十三条 取得《民用爆炸物品生产许可证》的企业应当在基本建设完成后，向省、自治区、直辖市人民政府民用爆炸物品行业主管部门申请安全生产许可。省、自治区、直辖市人民政府民用爆炸物品行业主管部门应当依照《安全生产许可证条例》的规定对其进行查验，对符合条件的，核发《民用爆炸物品安全生产许可证》。民用爆炸物品生产企业取得《民用爆炸物品安全生产许可证》后，方可生产民用爆炸物品。

第十四条 民用爆炸物品生产企业应当严格按照《民用爆炸物品生产许可证》核定的品种和产量进行生产，生产作业应当严格执行安全技术规程的规定。

第十五条 民用爆炸物品生产企业应当对民用爆炸物品做出警示标识、登记标识，对雷管编码打号。民用爆炸物品警示标识、登记标识和雷管编码规则，由国务院公安部门会同国务院民用爆炸物品行业主管部门规定。

第十六条 民用爆炸物品生产企业应当建立健全产品检验制度，保证民用爆炸物品的质量符合相关标准。民用爆炸物品的包装,应当符合法律、行政法规的规定以及相关标准。

第十七条　试验或者试制民用爆炸物品,必须在专门场地或者专门的试验室进行。严禁在生产车间或者仓库内试验或者试制民用爆炸物品。

第三章　销售和购买

第十八条　申请从事民用爆炸物品销售的企业,应当具备下列条件:
(一)符合对民用爆炸物品销售企业规划的要求;
(二)销售场所和专用仓库符合国家有关标准和规范;
(三)有具备相应资格的安全管理人员、仓库管理人员;
(四)有健全的安全管理制度、岗位安全责任制度;
(五)法律、行政法规规定的其他条件。

第十九条　申请从事民用爆炸物品销售的企业,应当向所在地省、自治区、直辖市人民政府民用爆炸物品行业主管部门提交申请书、可行性研究报告以及能够证明其符合本条例第十八条规定条件的有关材料。省、自治区、直辖市人民政府民用爆炸物品行业主管部门应当自受理申请之日起30日内进行审查,并对申请单位的销售场所和专用仓库等经营设施进行查验,对符合条件的,核发《民用爆炸物品销售许可证》;对不符合条件的,不予核发《民用爆炸物品销售许可证》,书面向申请人说明理由。

民用爆炸物品销售企业持《民用爆炸物品销售许可证》到工商行政管理部门办理工商登记后,方可销售民用爆炸物品。

民用爆炸物品销售企业应当在办理工商登记后3日内,向所在地县级人民政府公安机关备案。

第二十条　民用爆炸物品生产企业凭《民用爆炸物品生产许可证》,可以销售本企业生产的民用爆炸物品。

民用爆炸物品生产企业销售本企业生产的民用爆炸物品,不得超出核定的品种、产量。

第二十一条　民用爆炸物品使用单位申请购买民用爆炸物品的,应当向所在地县级人民政府公安机关提出购买申请,并提交下列有关材料:
(一)工商营业执照或者事业单位法人证书;
(二)《爆破作业单位许可证》或者其他合法使用的证明;
(三)购买单位的名称、地址、银行账户;

（四）购买的品种、数量和用途说明。

受理申请的公安机关应当自受理申请之日起 5 日内对提交的有关材料进行审查,对符合条件的,核发《民用爆炸物品购买许可证》;对不符合条件的,不予核发《民用爆炸物品购买许可证》,书面向申请人说明理由。

《民用爆炸物品购买许可证》应当载明许可购买的品种、数量、购买单位以及许可的有效期限。

第二十二条 民用爆炸物品生产企业凭《民用爆炸物品生产许可证》购买属于民用爆炸物品的原料,民用爆炸物品销售企业凭《民用爆炸物品销售许可证》向民用爆炸物品生产企业购买民用爆炸物品,民用爆炸物品使用单位凭《民用爆炸物品购买许可证》购买民用爆炸物品,还应当提供经办人的身份证明。

销售民用爆炸物品的企业,应当查验前款规定的许可证和经办人的身份证明;对持《民用爆炸物品购买许可证》购买的,应当按照许可的品种、数量销售。

第二十三条 销售、购买民用爆炸物品,应当通过银行账户进行交易,不得使用现金或者实物进行交易。

销售民用爆炸物品的企业,应当将购买单位的许可证、银行账户转账凭证、经办人的身份证明复印件保存 2 年备查。

第二十四条 销售民用爆炸物品的企业,应当自民用爆炸物品买卖成交之日起 3 日内,将销售的品种、数量和购买单位向所在地省、自治区、直辖市人民政府民用爆炸物品行业主管部门和所在地县级人民政府公安机关备案。

购买民用爆炸物品的单位,应当自民用爆炸物品买卖成交之日起 3 日内,将购买的品种、数量向所在地县级人民政府公安机关备案。

第二十五条 进出口民用爆炸物品,应当经国务院民用爆炸物品行业主管部门审批。进出口民用爆炸物品审批办法,由国务院民用爆炸物品行业主管部门会同国务院公安部门、海关总署规定。

进出口单位应当将进出口的民用爆炸物品的品种、数量向收货地或者出境口岸所在地县级人民政府公安机关备案。

第四章 运 输

第二十六条 运输民用爆炸物品,收货单位应当向运达地县级人民政

府公安机关提出申请,并提交包括下列内容的材料:

(一)民用爆炸物品生产企业、销售企业、使用单位以及进出口单位分别提供的《民用爆炸物品生产许可证》、《民用爆炸物品销售许可证》、《民用爆炸物品购买许可证》或者进出口批准证明;

(二)运输民用爆炸物品的品种、数量、包装材料和包装方式;

(三)运输民用爆炸物品的特性、出现险情的应急处置方法;

(四)运输时间、起始地点、运输路线、经停地点。

受理申请的公安机关应当自受理申请之日起3日内对提交的有关材料进行审查,对符合条件的,核发《民用爆炸物品运输许可证》;对不符合条件的,不予核发《民用爆炸物品运输许可证》,书面向申请人说明理由。

《民用爆炸物品运输许可证》应当载明收货单位、销售企业、承运人,一次性运输有效期限、起始地点、运输路线、经停地点,民用爆炸物品的品种、数量。

第二十七条 运输民用爆炸物品的,应当凭《民用爆炸物品运输许可证》,按照许可的品种、数量运输。

第二十八条 经由道路运输民用爆炸物品的,应当遵守下列规定:

(一)携带《民用爆炸物品运输许可证》;

(二)民用爆炸物品的装载符合国家有关标准和规范,车厢内不得载人;

(三)运输车辆安全技术状况应当符合国家有关安全技术标准的要求,并按照规定悬挂或者安装符合国家标准的易燃易爆危险物品警示标志;

(四)运输民用爆炸物品的车辆应当保持安全车速;

(五)按照规定的路线行驶,途中经停应当有专人看守,并远离建筑设施和人口稠密的地方,不得在许可以外的地点经停;

(六)按照安全操作规程装卸民用爆炸物品,并在装卸现场设置警戒,禁止无关人员进入;

(七)出现危险情况立即采取必要的应急处置措施,并报告当地公安机关。

第二十九条 民用爆炸物品运达目的地,收货单位应当进行验收后在《民用爆炸物品运输许可证》上签注,并在3日内将《民用爆炸物品运输许可证》交回发证机关核销。

第三十条 禁止携带民用爆炸物品搭乘公共交通工具或者进入公共

场所。

禁止邮寄民用爆炸物品,禁止在托运的货物、行李、包裹、邮件中夹带民用爆炸物品。

第五章 爆 破 作 业

第三十一条 申请从事爆破作业的单位,应当具备下列条件:

(一)爆破作业属于合法的生产活动;

(二)有符合国家有关标准和规范的民用爆炸物品专用仓库;

(三)有具备相应资格的安全管理人员、仓库管理人员和具备国家规定执业资格的爆破作业人员;

(四)有健全的安全管理制度、岗位安全责任制度;

(五)有符合国家标准、行业标准的爆破作业专用设备;

(六)法律、行政法规规定的其他条件。

第三十二条 申请从事爆破作业的单位,应当按照国务院公安部门的规定,向有关人民政府公安机关提出申请,并提供能够证明其符合本条例第三十一条规定条件的有关材料。受理申请的公安机关应当自受理申请之日起20日内进行审查,对符合条件的,核发《爆破作业单位许可证》;对不符合条件的,不予核发《爆破作业单位许可证》,书面向申请人说明理由。

营业性爆破作业单位持《爆破作业单位许可证》到工商行政管理部门办理工商登记后,方可从事营业性爆破作业活动。

爆破作业单位应当在办理工商登记后3日内,向所在地县级人民政府公安机关备案。

第三十三条 爆破作业单位应当对本单位的爆破作业人员、安全管理人员、仓库管理人员进行专业技术培训。爆破作业人员应当经设区的市级人民政府公安机关考核合格,取得《爆破作业人员许可证》后,方可从事爆破作业。

第三十四条 爆破作业单位应当按照其资质等级承接爆破作业项目,爆破作业人员应当按照其资格等级从事爆破作业。爆破作业的分级管理办法由国务院公安部门规定。

第三十五条 在城市、风景名胜区和重要工程设施附近实施爆破作业的,应当向爆破作业所在地设区的市级人民政府公安机关提出申请,提交《爆破作业单位许可证》和具有相应资质的安全评估企业出具的爆破设计、施工方案评估报告。受理申请的公安机关应当自受理申请之日起20日内对提交的有关材料进行审查,对符合条件的,作出批准的决定;对不符合条件的,作出不予批准的决定,并书面向申请人说明理由。

实施前款规定的爆破作业,应当由具有相应资质的安全监理企业进行监理,由爆破作业所在地县级人民政府公安机关负责组织实施安全警戒。

第三十六条 爆破作业单位跨省、自治区、直辖市行政区域从事爆破作业的,应当事先将爆破作业项目的有关情况向爆破作业所在地县级人民政府公安机关报告。

第三十七条 爆破作业单位应当如实记载领取、发放民用爆炸物品的品种、数量、编号以及领取、发放人员姓名。领取民用爆炸物品的数量不得超过当班用量,作业后剩余的民用爆炸物品必须当班清退回库。

爆破作业单位应当将领取、发放民用爆炸物品的原始记录保存2年备查。

第三十八条 实施爆破作业,应当遵守国家有关标准和规范,在安全距离以外设置警示标志并安排警戒人员,防止无关人员进入;爆破作业结束后应当及时检查、排除未引爆的民用爆炸物品。

第三十九条 爆破作业单位不再使用民用爆炸物品时,应当将剩余的民用爆炸物品登记造册,报所在地县级人民政府公安机关组织监督销毁。

发现、拣拾无主民用爆炸物品的,应当立即报告当地公安机关。

第六章 储 存

第四十条 民用爆炸物品应当储存在专用仓库内,并按照国家规定设置技术防范设施。

第四十一条 储存民用爆炸物品应当遵守下列规定:

(一)建立出入库检查、登记制度,收存和发放民用爆炸物品必须进行登记,做到账目清楚,账物相符;

(二)储存的民用爆炸物品数量不得超过储存设计容量,对性质相抵触的民用爆炸物品必须分库储存,严禁在库房内存放其他物品;

(三)专用仓库应当指定专人管理、看护,严禁无关人员进入仓库区内,严禁在仓库区内吸烟和用火,严禁把其他容易引起燃烧、爆炸的物品带入仓库区内,严禁在库房内住宿和进行其他活动;

(四)民用爆炸物品丢失、被盗、被抢,应当立即报告当地公安机关。

第四十二条　在爆破作业现场临时存放民用爆炸物品的,应当具备临时存放民用爆炸物品的条件,并设专人管理、看护,不得在不具备安全存放条件的场所存放民用爆炸物品。

第四十三条　民用爆炸物品变质和过期失效的,应当及时清理出库,并予以销毁。销毁前应当登记造册,提出销毁实施方案,报省、自治区、直辖市人民政府民用爆炸物品行业主管部门、所在地县级人民政府公安机关组织监督销毁。

第七章　法律责任

第四十四条　非法制造、买卖、运输、储存民用爆炸物品,构成犯罪的,依法追究刑事责任;尚不构成犯罪,有违反治安管理行为的,依法给予治安管理处罚。

违反本条例规定,在生产、储存、运输、使用民用爆炸物品中发生重大事故,造成严重后果或者后果特别严重,构成犯罪的,依法追究刑事责任。

违反本条例规定,未经许可生产、销售民用爆炸物品的,由民用爆炸物品行业主管部门责令停止非法生产、销售活动,处10万元以上50万元以下的罚款,并没收非法生产、销售的民用爆炸物品及其违法所得。

违反本条例规定,未经许可购买、运输民用爆炸物品或者从事爆破作业的,由公安机关责令停止非法购买、运输、爆破作业活动,处5万元以上20万元以下的罚款,并没收非法购买、运输以及从事爆破作业使用的民用爆炸物品及其违法所得。

民用爆炸物品行业主管部门、公安机关对没收的非法民用爆炸物品,应当组织销毁。

第四十五条　违反本条例规定,生产、销售民用爆炸物品的企业有下列行为之一的,由民用爆炸物品行业主管部门责令限期改正,处10万元以上50万元以下的罚款;逾期不改正的,责令停产停业整顿;情节严重的,吊销《民用爆炸物品生产许可证》或者《民用爆炸物品销售许可证》:

(一)超出生产许可的品种、产量进行生产、销售的;

(二)违反安全技术规程生产作业的;

(三)民用爆炸物品的质量不符合相关标准的;

(四)民用爆炸物品的包装不符合法律、行政法规的规定以及相关标准的;

(五)超出购买许可的品种、数量销售民用爆炸物品的;

(六)向没有《民用爆炸物品生产许可证》、《民用爆炸物品销售许可证》、《民用爆炸物品购买许可证》的单位销售民用爆炸物品的;

(七)民用爆炸物品生产企业销售本企业生产的民用爆炸物品未按照规定向民用爆炸物品行业主管部门备案的;

(八)未经审批进出口民用爆炸物品的。

第四十六条 违反本条例规定,有下列情形之一的,由公安机关责令限期改正,处5万元以上20万元以下的罚款;逾期不改正的,责令停产停业整顿:

(一)未按照规定对民用爆炸物品做出警示标识、登记标识或者未对雷管编码打号的;

(二)超出购买许可的品种、数量购买民用爆炸物品的;

(三)使用现金或者实物进行民用爆炸物品交易的;

(四)未按照规定保存购买单位的许可证、银行账户转账凭证、经办人的身份证明复印件的;

(五)销售、购买、进出口民用爆炸物品,未按照规定向公安机关备案的;

(六)未按照规定建立民用爆炸物品登记制度,如实将本单位生产、销售、购买、运输、储存、使用民用爆炸物品的品种、数量和流向信息输入计算机系统的;

(七)未按照规定将《民用爆炸物品运输许可证》交回发证机关核销的。

第四十七条 违反本条例规定,经由道路运输民用爆炸物品,有下列情形之一的,由公安机关责令改正,处5万元以上20万元以下的罚款:

(一)违反运输许可事项的;

(二)未携带《民用爆炸物品运输许可证》的;

(三)违反有关标准和规范混装民用爆炸物品的;

(四)运输车辆未按照规定悬挂或者安装符合国家标准的易燃易爆危险物品警示标志的;

(五)未按照规定的路线行驶,途中经停没有专人看守或者在许可以外的地点经停的;

(六)装载民用爆炸物品的车厢载人的;

（七）出现危险情况未立即采取必要的应急处置措施、报告当地公安机关的。

第四十八条 违反本条例规定,从事爆破作业的单位有下列情形之一的,由公安机关责令停止违法行为或者限期改正,处10万元以上50万元以下的罚款;逾期不改正的,责令停产停业整顿;情节严重的,吊销《爆破作业单位许可证》：

（一）爆破作业单位未按照其资质等级从事爆破作业的;

（二）营业性爆破作业单位跨省、自治区、直辖市行政区域实施爆破作业,未按照规定事先向爆破作业所在地的县级人民政府公安机关报告的;

（三）爆破作业单位未按照规定建立民用爆炸物品领取登记制度、保存领取登记记录的;

（四）违反国家有关标准和规范实施爆破作业的。

爆破作业人员违反国家有关标准和规范的规定实施爆破作业的,由公安机关责令限期改正,情节严重的,吊销《爆破作业人员许可证》。

第四十九条 违反本条例规定,有下列情形之一的,由民用爆炸物品行业主管部门、公安机关按照职责责令限期改正,可以并处5万元以上20万元以下的罚款;逾期不改正的,责令停产停业整顿;情节严重的,吊销许可证：

（一）未按照规定在专用仓库设置技术防范设施的;

（二）未按照规定建立出入库检查、登记制度或者收存和发放民用爆炸物品,致使账物不符的;

（三）超量储存、在非专用仓库储存或者违反储存标准和规范储存民用爆炸物品的;

（四）有本条例规定的其他违反民用爆炸物品储存管理规定行为的。

第五十条 违反本条例规定,民用爆炸物品从业单位有下列情形之一的,由公安机关处2万元以上10万元以下的罚款;情节严重的,吊销其许可证;有违反治安管理行为的,依法给予治安管理处罚：

（一）违反安全管理制度,致使民用爆炸物品丢失、被盗、被抢的;

（二）民用爆炸物品丢失、被盗、被抢,未按照规定向当地公安机关报告或者故意隐瞒不报的;

（三）转让、出借、转借、抵押、赠送民用爆炸物品的。

第五十一条 违反本条例规定,携带民用爆炸物品搭乘公共交通工具或者进入公共场所,邮寄或者在托运的货物、行李、包裹、邮件中夹带民用爆炸物品,构成犯罪的,依法追究刑事责任;尚不构成犯罪的,由公安机关依法给予治安管理处罚,没收非法的民用爆炸物品,处1000元以上1万元以下的罚款。

第五十二条 民用爆炸物品从业单位的主要负责人未履行本条例规定的安全管理责任,导致发生重大伤亡事故或者造成其他严重后果,构成犯罪的,依法追究刑事责任;尚不构成犯罪的,对主要负责人给予撤职处分,对个人经营的投资人处2万元以上20万元以下的罚款。

第五十三条 民用爆炸物品行业主管部门、公安机关、工商行政管理部门的工作人员,在民用爆炸物品安全监督管理工作中滥用职权、玩忽职守或者徇私舞弊,构成犯罪的,依法追究刑事责任;尚不构成犯罪的,依法给予行政处分。

第八章 附 则

第五十四条 《民用爆炸物品生产许可证》、《民用爆炸物品销售许可证》,由国务院民用爆炸物品行业主管部门规定式样;《民用爆炸物品购买许可证》、《民用爆炸物品运输许可证》、《爆破作业单位许可证》、《爆破作业人员许可证》,由国务院公安部门规定式样。

第五十五条 本条例自2006年9月1日起施行。1984年1月6日国务院发布的《中华人民共和国民用爆炸物品管理条例》同时废止。

危险化学品安全管理条例(节录)

(2002年1月26日中华人民共和国国务院令第344号公布 2011年2月16日国务院第144次常务会议修订通过 根据2013年12月7日《国务院关于修改部分行政法规的决定》修订)

第三条 本条例所称危险化学品,是指具有毒害、腐蚀、爆炸、燃烧、助燃等性质,对人体、设施、环境具有危害的剧毒化学品和其他化学品。

危险化学品目录,由国务院安全生产监督管理部门会同国务院工业和信息化、公安、环境保护、卫生、质量监督检验检疫、交通运输、铁路、民用航空、农业主管部门,根据化学品危险特性的鉴别和分类标准确定、公布,并适时调整。

第六条 对危险化学品的生产、储存、使用、经营、运输实施安全监督管理的有关部门(以下统称负有危险化学品安全监督管理职责的部门),依照下列规定履行职责:

(一)安全生产监督管理部门负责危险化学品安全监督管理综合工作,组织确定、公布、调整危险化学品目录,对新建、改建、扩建生产、储存危险化学品(包括使用长输管道输送危险化学品,下同)的建设项目进行安全条件审查,核发危险化学品安全生产许可证、危险化学品安全使用许可证和危险化学品经营许可证,并负责危险化学品登记工作。

(二)公安机关负责危险化学品的公共安全管理,核发剧毒化学品购买许可证、剧毒化学品道路运输通行证,并负责危险化学品运输车辆的道路交通安全管理。

(三)质量监督检验检疫部门负责核发危险化学品及其包装物、容器(不包括储存危险化学品的固定式大型储罐,下同)生产企业的工业产品生产许可证,并依法对其产品质量实施监督,负责对进出口危险化学品及其包装实施检验。

(四)环境保护主管部门负责废弃危险化学品处置的监督管理,组织危险化学品的环境危害性鉴定和环境风险程度评估,确定实施重点环境管理的危险化学品,负责危险化学品环境管理登记和新化学物质环境管理登记;依照职责分工调查相关危险化学品环境污染事故和生态破坏事件,负责危险化学品事故现场的应急环境监测。

(五)交通运输主管部门负责危险化学品道路运输、水路运输的许可以及运输工具的安全管理,对危险化学品水路运输安全实施监督,负责危险化学品道路运输企业、水路运输企业驾驶人员、船员、装卸管理人员、押运人员、申报人员、集装箱装箱现场检查员的资格认定。铁路监管部门负责危险化学品铁路运输及其运输工具的安全管理。民用航空主管部门负责危险化学品航空运输以及航空运输企业及其运输工具的安全管理。

(六)卫生主管部门负责危险化学品毒性鉴定的管理,负责组织、协调危险化学品事故受伤人员的医疗卫生救援工作。

(七)工商行政管理部门依据有关部门的许可证件,核发危险化学品生产、储存、经营、运输企业营业执照,查处危险化学品经营企业违法采购危险化学品的行为。

(八)邮政管理部门负责依法查处寄递危险化学品的行为。

第七条 负有危险化学品安全监督管理职责的部门依法进行监督检查,可以采取下列措施:

(一)进入危险化学品作业场所实施现场检查,向有关单位和人员了解情况,查阅、复制有关文件、资料;

(二)发现危险化学品事故隐患,责令立即消除或者限期消除;

(三)对不符合法律、行政法规、规章规定或者国家标准、行业标准要求的设施、设备、装置、器材、运输工具,责令立即停止使用;

(四)经本部门主要负责人批准,查封违法生产、储存、使用、经营危险化学品的场所,扣押违法生产、储存、使用、经营、运输的危险化学品以及用于违法生产、使用、运输危险化学品的原材料、设备、运输工具;

(五)发现影响危险化学品安全的违法行为,当场予以纠正或者责令限期改正。

负有危险化学品安全监督管理职责的部门依法进行监督检查,监督检查人员不得少于2人,并应当出示执法证件;有关单位和个人对依法进行的监督检查应当予以配合,不得拒绝、阻碍。

第二十三条 生产、储存剧毒化学品或者国务院公安部门规定的可用于制造爆炸物品的危险化学品(以下简称易制爆危险化学品)的单位,应当如实记录其生产、储存的剧毒化学品、易制爆危险化学品的数量、流向,并采取必要的安全防范措施,防止剧毒化学品、易制爆危险化学品丢失或者被盗;发现剧毒化学品、易制爆危险化学品丢失或者被盗的,应当立即向当地公安机关报告。

生产、储存剧毒化学品、易制爆危险化学品的单位,应当设置治安保卫机构,配备专职治安保卫人员。

第二十四条 危险化学品应当储存在专用仓库、专用场地或者专用储存室(以下统称专用仓库)内,并由专人负责管理;剧毒化学品以及储存数量构成重大危险源的其他危险化学品,应当在专用仓库内单独存放,并实行双人收发、双人保管制度。

危险化学品的储存方式、方法以及储存数量应当符合国家标准或者国家有关规定。

第二十五条　储存危险化学品的单位应当建立危险化学品出入库核查、登记制度。

对剧毒化学品以及储存数量构成重大危险源的其他危险化学品,储存单位应当将其储存数量、储存地点以及管理人员的情况,报所在地县级人民政府安全生产监督管理部门(在港区内储存的,报港口行政管理部门)和公安机关备案。

第二十六条　危险化学品专用仓库应当符合国家标准、行业标准的要求,并设置明显的标志。储存剧毒化学品、易制爆危险化学品的专用仓库,应当按照国家有关规定设置相应的技术防范设施。

储存危险化学品的单位应当对其危险化学品专用仓库的安全设施、设备定期进行检测、检验。

第二十七条　生产、储存危险化学品的单位转产、停产、停业或者解散的,应当采取有效措施,及时、妥善处置其危险化学品生产装置、储存设施以及库存的危险化学品,不得丢弃危险化学品;处置方案应当报所在地县级人民政府安全生产监督管理部门、工业和信息化主管部门、环境保护主管部门和公安机关备案。安全生产监督管理部门应当会同环境保护主管部门和公安机关对处置情况进行监督检查,发现未依照规定处置的,应当责令其立即处置。

第三十一条　申请危险化学品安全使用许可证的化工企业,应当向所在地设区的市级人民政府安全生产监督管理部门提出申请,并提交其符合本条例第三十条规定条件的证明材料。设区的市级人民政府安全生产监督管理部门应当依法进行审查,自收到证明材料之日起45日内作出批准或者不予批准的决定。予以批准的,颁发危险化学品安全使用许可证;不予批准的,书面通知申请人并说明理由。

安全生产监督管理部门应当将其颁发危险化学品安全使用许可证的情况及时向同级环境保护主管部门和公安机关通报。

第三十五条　从事剧毒化学品、易制爆危险化学品经营的企业,应当向所在地设区的市级人民政府安全生产监督管理部门提出申请,从事其他危险化学品经营的企业,应当向所在地县级人民政府安全生产监督管理部门提出申请(有储存设施的,应当向所在地设区的市级人民政府安全生产监督管理部门提出申请)。申请人应当提交其符合本条例第三十四条规定条件的证明材料。设区的市级人民政府安全生产监督管理部门或者县级人民政府安全生产监督管理部门应当依法进行审查,并对申请人的经营场所、储存设施进行现场核查,自收到证明材料之日起30日内作出批准或者不予批准的决定。予以批准的,颁发危险化学品经营许可证;不予批准的,书面通知申请人并说明理由。

设区的市级人民政府安全生产监督管理部门和县级人民政府安全生产监督管理部门应当将其颁发危险化学品经营许可证的情况及时向同级环境保护主管部门和公安机关通报。

申请人持危险化学品经营许可证向工商行政管理部门办理登记手续后,方可从事危险化学品经营活动。法律、行政法规或者国务院规定经营危险化学品还需要经其他有关部门许可的,申请人向工商行政管理部门办理登记手续时还应当持相应的许可证件。

第三十八条 依法取得危险化学品安全生产许可证、危险化学品安全使用许可证、危险化学品经营许可证的企业,凭相应的许可证件购买剧毒化学品、易制爆危险化学品。民用爆炸物品生产企业凭民用爆炸物品生产许可证购买易制爆危险化学品。

前款规定以外的单位购买剧毒化学品的,应当向所在地县级人民政府公安机关申请取得剧毒化学品购买许可证;购买易制爆危险化学品的,应当持本单位出具的合法用途说明。

个人不得购买剧毒化学品(属于剧毒化学品的农药除外)和易制爆危险化学品。

第三十九条 申请取得剧毒化学品购买许可证,申请人应当向所在地县级人民政府公安机关提交下列材料:

(一)营业执照或者法人证书(登记证书)的复印件;

(二)拟购买的剧毒化学品品种、数量的说明;

(三)购买剧毒化学品用途的说明;

(四)经办人的身份证明。

县级人民政府公安机关应当自收到前款规定的材料之日起3日内,作出批准或者不予批准的决定。予以批准的,颁发剧毒化学品购买许可证;不予批准的,书面通知申请人并说明理由。

剧毒化学品购买许可证管理办法由国务院公安部门制定。

第四十条 危险化学品生产企业、经营企业销售剧毒化学品、易制爆危险化学品,应当查验本条例第三十八条第一款、第二款规定的相关许可证件或者证明文件,不得向不具有相关许可证件或者证明文件的单位销售剧毒化学品、易制爆危险化学品。对持剧毒化学品购买许可证购买剧毒化学品的,应当按照许可证载明的品种、数量销售。

禁止向个人销售剧毒化学品(属于剧毒化学品的农药除外)和易制爆危险化学品。

第四十一条 危险化学品生产企业、经营企业销售剧毒化学品、易制爆危险化学品,应当如实记录购买单位的名称、地址、经办人的姓名、身份证号码以及所购买的剧毒化学品、易制爆危险化学品的品种、数量、用途。销售记录以及经办人的身份证明复印件、相关许可证件复印件或者证明文件的保存期限不得少于1年。

剧毒化学品、易制爆危险化学品的销售企业、购买单位应当在销售、购买后5日内,将所销售、购买的剧毒化学品、易制爆危险化学品的品种、数量以及流向信息报所在地县级人民政府公安机关备案,并输入计算机系统。

第四十二条 使用剧毒化学品、易制爆危险化学品的单位不得出借、转让其购买的剧毒化学品、易制爆危险化学品;因转产、停产、搬迁、关闭等确需转让的,应当向具有本条例第三十八条第一款、第二款规定的相关许可证件或者证明文件的单位转让,并在转让后将有关情况及时向所在地县级人民政府公安机关报告。

第四十八条 通过道路运输危险化学品的,应当配备押运人员,并保证所运输的危险化学品处于押运人员的监控之下。

运输危险化学品途中因住宿或者发生影响正常运输的情况,需要较长时间停车的,驾驶人员、押运人员应当采取相应的安全防范措施;运输剧毒化学品或者易制爆危险化学品的,还应当向当地公安机关报告。

第四十九条 未经公安机关批准,运输危险化学品的车辆不得进入危险化学品运输车辆限制通行的区域。危险化学品运输车辆限制通行的区域由县级人民政府公安机关划定,并设置明显的标志。

第五十条 通过道路运输剧毒化学品的,托运人应当向运输始发地或者目的地县级人民政府公安机关申请剧毒化学品道路运输通行证。

申请剧毒化学品道路运输通行证,托运人应当向县级人民政府公安机关提交下列材料:

(一)拟运输的剧毒化学品品种、数量的说明;

(二)运输始发地、目的地、运输时间和运输路线的说明；

(三)承运人取得危险货物道路运输许可、运输车辆取得营运证以及驾驶人员、押运人员取得上岗资格的证明文件；

(四)本条例第三十八条第一款、第二款规定的购买剧毒化学品的相关许可证件，或者海关出具的进出口证明文件。

县级人民政府公安机关应当自收到前款规定的材料之日起7日内，作出批准或者不予批准的决定。予以批准的，颁发剧毒化学品道路运输通行证；不予批准的，书面通知申请人并说明理由。

剧毒化学品道路运输通行证管理办法由国务院公安部门制定。

第五十一条 剧毒化学品、易制爆危险化学品在道路运输途中丢失、被盗、被抢或者出现流散、泄漏等情况的，驾驶人员、押运人员应当立即采取相应的警示措施和安全措施，并向当地公安机关报告。公安机关接到报告后，应当根据实际情况立即向安全生产监督管理部门、环境保护主管部门、卫生主管部门通报。有关部门应当采取必要的应急处置措施。

第六十七条 危险化学品生产企业、进口企业，应当向国务院安全生产监督管理部门负责危险化学品登记的机构(以下简称危险化学品登记机构)办理危险化学品登记。

危险化学品登记包括下列内容：

(一)分类和标签信息；

(二)物理、化学性质；

(三)主要用途；

(四)危险特性；

(五)储存、使用、运输的安全要求；

(六)出现危险情况的应急处置措施。

对同一企业生产、进口的同一品种的危险化学品，不进行重复登记。危险化学品生产企业、进口企业发现其生产、进口的危险化学品有新的危险特性的，应当及时向危险化学品登记机构办理登记内容变更手续。

危险化学品登记的具体办法由国务院安全生产监督管理部门制定。

第六十八条 危险化学品登记机构应当定期向工业和信息化、环境保护、公安、卫生、交通运输、铁路、质量监督检验检疫等部门提供危险化学品登记的有关信息和资料。

第六十九条 县级以上地方人民政府安全生产监督管理部门应当会

同工业和信息化、环境保护、公安、卫生、交通运输、铁路、质量监督检验检疫等部门,根据本地区实际情况,制定危险化学品事故应急预案,报本级人民政府批准。

第七十条 危险化学品单位应当制定本单位危险化学品事故应急预案,配备应急救援人员和必要的应急救援器材、设备,并定期组织应急救援演练。

危险化学品单位应当将其危险化学品事故应急预案报所在地设区的市级人民政府安全生产监督管理部门备案。

第七十一条 发生危险化学品事故,事故单位主要负责人应当立即按照本单位危险化学品应急预案组织救援,并向当地安全生产监督管理部门和环境保护、公安、卫生主管部门报告;道路运输、水路运输过程中发生危险化学品事故的,驾驶人员、船员或者押运人员还应当向事故发生地交通运输主管部门报告。

第七十二条 发生危险化学品事故,有关地方人民政府应当立即组织安全生产监督管理、环境保护、公安、卫生、交通运输等有关部门,按照本地区危险化学品事故应急预案组织实施救援,不得拖延、推诿。

有关地方人民政府及其有关部门应当按照下列规定,采取必要的应急处置措施,减少事故损失,防止事故蔓延、扩大:

(一)立即组织营救和救治受害人员,疏散、撤离或者采取其他措施保护危害区域内的其他人员;

(二)迅速控制危害源,测定危险化学品的性质、事故的危害区域及危害程度;

(三)针对事故对人体、动植物、土壤、水源、大气造成的现实危害和可能产生的危害,迅速采取封闭、隔离、洗消等措施;

(四)对危险化学品事故造成的环境污染和生态破坏状况进行监测、评估,并采取相应的环境污染治理和生态修复措施。

第八十一条 有下列情形之一的,由公安机关责令改正,可以处1万元以下的罚款;拒不改正的,处1万元以上5万元以下的罚款:

(一)生产、储存、使用剧毒化学品、易制爆危险化学品的单位不如实记录生产、储存、使用的剧毒化学品、易制爆危险化学品的数量、流向的;

(二)生产、储存、使用剧毒化学品、易制爆危险化学品的单位发现剧毒化学品、易制爆危险化学品丢失或者被盗,不立即向公安机关报告的;

（三）储存剧毒化学品的单位未将剧毒化学品的储存数量、储存地点以及管理人员的情况报所在地县级人民政府公安机关备案的；

（四）危险化学品生产企业、经营企业不如实记录剧毒化学品、易制爆危险化学品购买单位的名称、地址、经办人的姓名、身份证号码以及所购买的剧毒化学品、易制爆危险化学品的品种、数量、用途，或者保存销售记录和相关材料的时间少于1年的；

（五）剧毒化学品、易制爆危险化学品的销售企业、购买单位未在规定的时限内将所销售、购买的剧毒化学品、易制爆危险化学品的品种、数量以及流向信息报所在地县级人民政府公安机关备案的；

（六）使用剧毒化学品、易制爆危险化学品的单位依照本条例规定转让其购买的剧毒化学品、易制爆危险化学品，未将有关情况向所在地县级人民政府公安机关报告的。

生产、储存危险化学品的企业或者使用危险化学品从事生产的企业未按照本条例规定将安全评价报告以及整改方案的落实情况报安全生产监督管理部门或者港口行政管理部门备案，或者储存危险化学品的单位未将其剧毒化学品以及储存数量构成重大危险源的其他危险化学品的储存数量、储存地点以及管理人员的情况报安全生产监督管理部门或者港口行政管理部门备案的，分别由安全生产监督管理部门或者港口行政管理部门依照前款规定予以处罚。

生产实施重点环境管理的危险化学品的企业或者使用实施重点环境管理的危险化学品从事生产的企业未按照规定将相关信息向环境保护主管部门报告的，由环境保护主管部门依照本条第一款的规定予以处罚。

第八十七条 有下列情形之一的，由交通运输主管部门责令改正，处10万元以上20万元以下的罚款，有违法所得的，没收违法所得；拒不改正的，责令停产停业整顿；构成犯罪的，依法追究刑事责任：

（一）委托未依法取得危险货物道路运输许可、危险货物水路运输许可的企业承运危险化学品的；

（二）通过内河封闭水域运输剧毒化学品以及国家规定禁止通过内河运输的其他危险化学品的；

（三）通过内河运输国家规定禁止通过内河运输的剧毒化学品以及其他危险化学品的；

（四）在托运的普通货物中夹带危险化学品，或者将危险化学品谎报或者匿报为普通货物托运的。

在邮件、快件内夹带危险化学品，或者将危险化学品谎报为普通物品交寄的，依法给予治安管理处罚；构成犯罪的，依法追究刑事责任。

邮政企业、快递企业收寄危险化学品的，依照《中华人民共和国邮政法》的规定处罚。

第八十八条 有下列情形之一的，由公安机关责令改正，处5万元以上10万元以下的罚款；构成违反治安管理行为的，依法给予治安管理处罚；构成犯罪的，依法追究刑事责任：

（一）超过运输车辆的核定载质量装载危险化学品的；

（二）使用安全技术条件不符合国家标准要求的车辆运输危险化学品的；

（三）运输危险化学品的车辆未经公安机关批准进入危险化学品运输车辆限制通行的区域的；

（四）未取得剧毒化学品道路运输通行证，通过道路运输剧毒化学品的。

第八十九条 有下列情形之一的，由公安机关责令改正，处1万元以上5万元以下的罚款；构成违反治安管理行为的，依法给予治安管理处罚：

（一）危险化学品运输车辆未悬挂或者喷涂警示标志，或者悬挂或者喷涂的警示标志不符合国家标准要求的；

（二）通过道路运输危险化学品，不配备押运人员的；

（三）运输剧毒化学品或者易制爆危险化学品途中需要较长时间停车，驾驶人员、押运人员不向当地公安机关报告的；

（四）剧毒化学品、易制爆危险化学品在道路运输途中丢失、被盗、被抢或者发生流散、泄露等情况，驾驶人员、押运人员不采取必要的警示措施和安全措施，或者不向当地公安机关报告的。

第九十条 对发生交通事故负有全部责任或者主要责任的危险化学品道路运输企业，由公安机关责令消除安全隐患，未消除安全隐患的危险化学品运输车辆，禁止上道路行驶。

第九十九条 公众发现、捡拾的无主危险化学品，由公安机关接收。公安机关接收或者有关部门依法没收的危险化学品，需要进行无害化处理的，交由环境保护主管部门组织其认定的专业单位进行处理，或者交由有关危险化学品生产企业进行处理。处理所需费用由国家财政负担。

第一百条 化学品的危险特性尚未确定的,由国务院安全生产监督管理部门、国务院环境保护主管部门、国务院卫生主管部门分别负责组织对该化学品的物理危险性、环境危害性、毒理特性进行鉴定。根据鉴定结果,需要调整危险化学品目录的,依照本条例第三条第二款的规定办理。

易制爆危险化学品治安管理办法

(2019年5月22日公安部部务会议通过 2019年7月6日公安部令第154号发布 自2019年8月10日起施行)

第一章 总 则

第一条 为加强易制爆危险化学品的治安管理,有效防范易制爆危险化学品治安风险,保障人民群众生命财产安全和公共安全,根据《中华人民共和国反恐怖主义法》《危险化学品安全管理条例》《企业事业单位内部治安保卫条例》等有关法律法规的规定,制定本办法。

第二条 易制爆危险化学品生产、经营、储存、使用、运输和处置的治安管理,适用本办法。

第三条 本办法所称易制爆危险化学品,是指列入公安部确定、公布的易制爆危险化学品名录,可用于制造爆炸物品的化学品。

第四条 本办法所称易制爆危险化学品从业单位,是指生产、经营、储存、使用、运输及处置易制爆危险化学品的单位。

第五条 易制爆危险化学品治安管理,应当坚持安全第一、预防为主、依法治理、系统治理的原则,强化和落实从业单位的主体责任。

易制爆危险化学品从业单位的主要负责人是治安管理第一责任人,对本单位易制爆危险化学品治安管理工作全面负责。

第六条 易制爆危险化学品从业单位应当建立易制爆危险化学品信息系统,并实现与公安机关的信息系统互联互通。

公安机关和易制爆危险化学品从业单位应当对易制爆危险化学品实行电子追踪标识管理,监控记录易制爆危险化学品流向、流量。

第七条 任何单位和个人都有权举报违反易制爆危险化学品治安管

理规定的行为；接到举报的公安机关应当依法及时查处，并为举报人员保密，对举报有功人员给予奖励。

第八条 易制爆危险化学品从业单位应当加强对治安管理工作的检查、考核和奖惩，及时发现、整改治安隐患，并保存检查、整改记录。

第二章 销售、购买和流向登记

第九条 公安机关接收同级应急管理部门通报的颁发危险化学品安全生产许可证、危险化学品安全使用许可证、危险化学品经营许可证、烟花爆竹安全生产许可证情况后，对属于易制爆危险化学品从业单位的，应当督促其建立信息系统。

第十条 依法取得危险化学品安全生产许可证、危险化学品安全使用许可证、危险化学品经营许可证的企业，凭相应的许可证件购买易制爆危险化学品。民用爆炸物品生产企业凭民用爆炸物品生产许可证购买易制爆危险化学品。

第十一条 本办法第十条以外的其他单位购买易制爆危险化学品的，应当向销售单位出具以下材料：

（一）本单位《工商营业执照》《事业单位法人证书》等合法证明复印件、经办人身份证明复印件；

（二）易制爆危险化学品合法用途说明，说明应当包含具体用途、品种、数量等内容。

严禁个人购买易制爆危险化学品。

第十二条 危险化学品生产企业、经营企业销售易制爆危险化学品，应当查验本办法第十条或者第十一条规定的相关许可证件或者证明文件，不得向不具有相关许可证件或者证明文件的单位及任何个人销售易制爆危险化学品。

第十三条 销售、购买、转让易制爆危险化学品应当通过本企业银行账户或者电子账户进行交易，不得使用现金或者实物进行交易。

第十四条 危险化学品生产企业、经营企业销售易制爆危险化学品，应当如实记录购买单位的名称、地址、经办人姓名、身份证号码以及所购买的易制爆危险化学品的品种、数量、用途。销售记录以及相关许可证件复印件或者证明文件、经办人的身份证明复印件的保存期限不得少于一年。

易制爆危险化学品销售、购买单位应当在销售、购买后五日内，通过易制爆危险化学品信息系统,将所销售、购买的易制爆危险化学品的品种、数量以及流向信息报所在地县级公安机关备案。

第十五条 易制爆危险化学品生产、进口和分装单位应当按照国家有关标准和规范要求,对易制爆危险化学品作出电子追踪标识,识读电子追踪标识可显示相应易制爆危险化学品品种、数量以及流向信息。

第十六条 易制爆危险化学品从业单位应当如实登记易制爆危险化学品销售、购买、出入库、领取、使用、归还、处置等信息,并录入易制爆危险化学品信息系统。

第三章 处置、使用、运输和信息发布

第十七条 易制爆危险化学品从业单位转产、停产、停业或者解散的,应当将生产装置、储存设施以及库存易制爆危险化学品的处置方案报主管部门和所在地县级公安机关备案。

第十八条 易制爆危险化学品使用单位不得出借、转让其购买的易制爆危险化学品;因转产、停产、搬迁、关闭等确需转让的,应当向具有本办法第十条或者第十一条规定的相关许可证件或者证明文件的单位转让。

双方应当在转让后五日内,将有关情况报告所在地县级公安机关。

第十九条 运输易制爆危险化学品途中因住宿或者发生影响正常运输的情况,需要较长时间停车的,驾驶人员、押运人员应当采取相应的安全防范措施,并向公安机关报告。

第二十条 易制爆危险化学品在道路运输途中丢失、被盗、被抢或者出现流散、泄漏等情况的,驾驶人员、押运人员应当立即采取相应的警示措施和安全措施,并向公安机关报告。公安机关接到报告后,应当根据实际情况立即向同级应急管理、生态环境、卫生健康等部门通报,采取必要的应急处置措施。

第二十一条 任何单位和个人不得交寄易制爆危险化学品或者在邮件、快递内夹带易制爆危险化学品,不得将易制爆危险化学品匿报或者谎报为普通物品交寄,不得将易制爆危险化学品交给不具有相应危险货物运输资质的企业托运。邮政企业、快递企业不得收寄易制爆危险化学品。运输企业、物流企业不得违反危险货物运输管理规定承运易制爆危险化学品。邮政企业、快递企业、运输企业、物流企业发现违反规定交寄或者托运易制爆危险化学品的,应当立即将有关情况报告公安机关和主管部门。

第二十二条　易制爆危险化学品从业单位依法办理非经营性互联网信息服务备案手续后,可以在本单位网站发布易制爆危险化学品信息。

易制爆危险化学品从业单位应当在本单位网站主页显著位置标明可供查询的互联网信息服务备案编号。

第二十三条　易制爆危险化学品从业单位不得在本单位网站以外的互联网应用服务中发布易制爆危险化学品信息及建立相关链接。

禁止易制爆危险化学品从业单位以外的其他单位在互联网发布易制爆危险化学品信息及建立相关链接。

第二十四条　禁止个人在互联网上发布易制爆危险化学品生产、买卖、储存、使用信息。

禁止任何单位和个人在互联网上发布利用易制爆危险化学品制造爆炸物品方法的信息。

第四章　治安防范

第二十五条　易制爆危险化学品从业单位应当设置治安保卫机构,建立健全治安保卫制度,配备专职治安保卫人员负责易制爆危险化学品治安保卫工作,并将治安保卫机构的设置和人员的配备情况报所在地县级公安机关备案。治安保卫人员应当符合国家有关标准和规范要求,经培训后上岗。

第二十六条　易制爆危险化学品应当按照国家有关标准和规范要求,储存在封闭式、半封闭式或者露天式危险化学品专用储存场所内,并根据危险品性能分区、分类、分库储存。

教学、科研、医疗、测试等易制爆危险化学品使用单位,可使用储存室或者储存柜储存易制爆危险化学品,单个储存室或者储存柜储存量应当在50公斤以下。

第二十七条　易制爆危险化学品储存场所应当按照国家有关标准和规范要求,设置相应的人力防范、实体防范、技术防范等治安防范设施,防止易制爆危险化学品丢失、被盗、被抢。

第二十八条　易制爆危险化学品从业单位应当建立易制爆危险化学品出入库检查、登记制度,定期核对易制爆危险化学品存放情况。

易制爆危险化学品丢失、被盗、被抢的,应当立即报告公安机关。

第二十九条　易制爆危险化学品储存场所(储存室、储存柜除外)治安防范状况应当纳入单位安全评价的内容,经安全评价合格后方可使用。

第三十条 构成重大危险源的易制爆危险化学品,应当在专用仓库内单独存放,并实行双人收发、双人保管制度。

第五章 监 督 检 查

第三十一条 公安机关根据本地区工作实际,定期组织易制爆危险化学品从业单位监督检查;在重大节日、重大活动前或者期间组织监督抽查。

公安机关人民警察进行监督检查时应当出示人民警察证,表明执法身份,不得从事与职务无关的活动。

第三十二条 监督检查内容包括:

(一)易制爆危险化学品从业单位持有相关许可证件情况;

(二)销售、购买、处置、使用、运输易制爆危险化学品是否符合有关规定;

(三)易制爆危险化学品信息发布是否符合有关规定;

(四)易制爆危险化学品流向登记是否符合有关规定;

(五)易制爆危险化学品从业单位治安保卫机构、制度建设是否符合有关规定;

(六)易制爆危险化学品从业单位及其储存场所治安防范设施是否符合有关规定;

(七)法律、法规、规范和标准规定的其他内容。

第三十三条 监督检查应当记录在案,归档管理。监督检查记录包括:

(一)执行监督检查任务的人员姓名、单位、职务、警号;

(二)监督检查的时间、地点、单位名称、检查事项;

(三)发现的隐患问题及处理结果。

第三十四条 监督检查记录一式两份,由监督检查人员、被检查单位管理人员签字确认;被检查单位管理人员对检查记录有异议或者拒绝签名的,检查人员应当在检查记录中注明。

第三十五条 公安机关应当建立易制爆危险化学品从业单位风险评估、分级预警机制和与有关部门信息共享通报机制。

第六章　法 律 责 任

第三十六条　违反本办法第六条第一款规定的,由公安机关责令限期改正,可以处一万元以下罚款;逾期不改正的,处违法所得三倍以下且不超过三万元罚款,没有违法所得的,处一万元以下罚款。

第三十七条　违反本办法第十条、第十一条、第十八条第一款规定的,由公安机关依照《危险化学品安全管理条例》第八十四条第二款、第三款的规定处罚。

第三十八条　违反本办法第十三条、第十五条规定的,由公安机关依照《中华人民共和国反恐怖主义法》第八十七条的规定处罚。

第三十九条　违反本办法第十四条、第十六条、第十八条第二款、第二十八条第二款规定的,由公安机关依照《危险化学品安全管理条例》第八十一条的规定处罚。

第四十条　违反本办法第十七条规定的,由公安机关依照《危险化学品安全管理条例》第八十二条第二款的规定处罚。

第四十一条　违反本办法第十九条、第二十条规定的,由公安机关依照《危险化学品安全管理条例》第八十九条第三项、第四项的规定处罚。

第四十二条　违反本办法第二十三条、第二十四条规定的,由公安机关责令改正,给予警告,对非经营活动处一千元以下罚款,对经营活动处违法所得三倍以下且不超过三万元罚款,没有违法所得的,处一万元以下罚款。

第四十三条　违反本办法第二十五条、第二十七条关于人力防范、实体防范规定,存在治安隐患的,由公安机关依照《企业事业单位内部治安保卫条例》第十九条的规定处罚。

第四十四条　违反本办法第二十七条关于技术防范设施设置要求规定的,由公安机关依照《危险化学品安全管理条例》第七十八条第二款的规定处罚。

第四十五条　任何单位和个人违反本办法规定,构成违反治安管理行为的,依照《中华人民共和国治安管理处罚法》的规定予以处罚;构成犯罪的,依法追究刑事责任。

第四十六条　公安机关发现涉及其他主管部门的易制爆危险化学品违法违规行为,应当书面通报其他主管部门依法查处。

第四十七条　公安机关人民警察在易制爆危险化学品治安管理中滥用职权、玩忽职守或者徇私舞弊,构成犯罪的,依法追究刑事责任;尚不构成犯罪的,依法给予行政处分。

第七章　附　　则

第四十八条　含有易制爆危险化学品的食品添加剂、药品、兽药、消毒剂等生活用品,其生产单位按照易制爆危险化学品使用单位管理,其成品的生产、销售、购买(含个人购买)、储存、使用、运输和处置等不适用本办法,分别执行《中华人民共和国食品安全法》《中华人民共和国药品管理法》《兽药管理条例》《消毒管理办法》等有关规定。

第四十九条　易制爆危险化学品从业单位和相关场所、活动、设施等确定为防范恐怖袭击重点目标的,应当执行《中华人民共和国反恐怖主义法》的有关规定。

第五十条　易制爆危险化学品的进出口管理,依照有关对外贸易的法律、行政法规、规章的规定执行;进口的易制爆危险化学品的储存、使用、经营、运输、处置的安全管理,依照本办法的规定执行。

第五十一条　本办法所称"以下"均包括本数。

第五十二条　本办法自 2019 年 8 月 10 日起施行。

铁路安全管理条例(节录)

(2013 年 7 月 24 日国务院第 18 次常务会议通过　2013 年 8 月 17 日国务院令第 639 号公布　自 2014 年 1 月 1 日起施行)

第七条　禁止扰乱铁路建设、运输秩序。禁止损坏或者非法占用铁路设施设备、铁路标志和铁路用地。

任何单位或者个人发现损坏或者非法占用铁路设施设备、铁路标志、铁路用地以及其他影响铁路安全的行为,有权报告铁路运输企业,或者向铁路监管部门、公安机关或者其他有关部门举报。接到报告的铁路运输企业、接到举报的部门应当根据各自职责及时处理。

对维护铁路安全作出突出贡献的单位或者个人,按照国家有关规定给予表彰奖励。

第二十七条 铁路线路两侧应当设立铁路线路安全保护区。铁路线路安全保护区的范围,从铁路线路路堤坡脚、路堑坡顶或者铁路桥梁(含铁路、道路两用桥,下同)外侧起向外的距离分别为:

(一)城市市区高速铁路为10米,其他铁路为8米;

(二)城市郊区居民居住区高速铁路为12米,其他铁路为10米;

(三)村镇居民居住区高速铁路为15米,其他铁路为12米;

(四)其他地区高速铁路为20米,其他铁路为15米。

前款规定距离不能满足铁路运输安全保护需要的,由铁路建设单位或者铁路运输企业提出方案,铁路监督管理机构或者县级以上地方人民政府依照本条第三款规定程序划定。

在铁路用地范围内划定铁路线路安全保护区的,由铁路监督管理机构组织铁路建设单位或者铁路运输企业划定并公告。在铁路用地范围外划定铁路线路安全保护区的,由县级以上地方人民政府根据保障铁路运输安全和节约用地的原则,组织有关铁路监督管理机构、县级以上地方人民政府国土资源等部门划定并公告。

铁路线路安全保护区与公路建筑控制区、河道管理范围、水利工程管理和保护范围、航道保护范围或者石油、电力以及其他重要设施保护区重叠的,由县级以上地方人民政府组织有关部门依照法律、行政法规的规定协商划定并公告。

新建、改建铁路的铁路线路安全保护区范围,应当自铁路建设工程初步设计批准之日起30日内,由县级以上地方人民政府依照本条例的规定划定并公告。铁路建设单位或者铁路运输企业应当根据工程竣工资料进行勘界,绘制铁路线路安全保护区平面图,并根据平面图设立标桩。

第二十八条 设计开行时速120公里以上列车的铁路应当实行全封闭管理。铁路建设单位或者铁路运输企业应当按照国务院铁路行业监督管理部门的规定在铁路用地范围内设置封闭设施和警示标志。

第二十九条 禁止在铁路线路安全保护区内烧荒、放养牲畜、种植影响铁路线路安全和行车瞭望的树木等植物。

禁止向铁路线路安全保护区排污、倾倒垃圾以及其他危害铁路安全的物质。

第三十条 在铁路线路安全保护区内建造建筑物、构筑物等设施,取土、挖砂、挖沟、采空作业或者堆放、悬挂物品,应当征得铁路运输企业同意并签订安全协议,遵守保证铁路安全的国家标准、行业标准和施工安全规范,采取措施防止影响铁路运输安全。铁路运输企业应当派员对施工现场实行安全监督。

第三十一条 铁路线路安全保护区内既有的建筑物、构筑物危及铁路运输安全的,应当采取必要的安全防护措施;采取安全防护措施后仍不能保证安全的,依照有关法律的规定拆除。

拆除铁路线路安全保护区内的建筑物、构筑物,清理铁路线路安全保护区内的植物,或者对他人在铁路线路安全保护区内已依法取得的采矿权等合法权利予以限制,给他人造成损失的,应当依法给予补偿或者采取必要的补救措施。但是,拆除非法建设的建筑物、构筑物的除外。

第三十二条 在铁路线路安全保护区及其邻近区域建造或者设置的建筑物、构筑物、设备等,不得进入国家规定的铁路建筑限界。

第三十三条 在铁路线路两侧建造、设立生产、加工、储存或者销售易燃、易爆或者放射性物品等危险物品的场所、仓库,应当符合国家标准、行业标准规定的安全防护距离。

第三十四条 在铁路线路两侧从事采矿、采石或者爆破作业,应当遵守有关采矿和民用爆破的法律法规,符合国家标准、行业标准和铁路安全保护要求。

在铁路线路路堤坡脚、路堑坡顶、铁路桥梁外侧起向外各 1000 米范围内,以及在铁路隧道上方中心线两侧各 1000 米范围内,确需从事露天采矿、采石或者爆破作业的,应当与铁路运输企业协商一致,依照有关法律法规的规定报县级以上地方人民政府有关部门批准,采取安全防护措施后方可进行。

第三十五条 高速铁路线路路堤坡脚、路堑坡顶或者铁路桥梁外侧起向外各 200 米范围内禁止抽取地下水。

在前款规定范围外,高速铁路线路经过的区域属于地面沉降区域,抽取地下水危及高速铁路安全的,应当设置地下水禁止开采区或者限制开采区,具体范围由铁路监督管理机构会同县级以上地方人民政府水行政主管部门提出方案,报省、自治区、直辖市人民政府批准并公告。

第三十六条 在电气化铁路附近从事排放粉尘、烟尘及腐蚀性气体的生产活动,超过国家规定的排放标准,危及铁路运输安全的,由县级以上地方人民政府有关部门依法责令整改,消除安全隐患。

第三十七条 任何单位和个人不得擅自在铁路桥梁跨越处河道上下游各1000米范围内围垦造田、拦河筑坝、架设浮桥或者修建其他影响铁路桥梁安全的设施。

因特殊原因确需在前款规定的范围内进行围垦造田、拦河筑坝、架设浮桥等活动的,应当进行安全论证,负责审批的机关在批准前应当征求有关铁路运输企业的意见。

第三十八条 禁止在铁路桥梁跨越处河道上下游的下列范围内采砂、淘金:

(一)跨河桥长500米以上的铁路桥梁,河道上游500米,下游3000米;

(二)跨河桥长100米以上不足500米的铁路桥梁,河道上游500米,下游2000米;

(三)跨河桥长不足100米的铁路桥梁,河道上游500米,下游1000米。

有关部门依法在铁路桥梁跨越处河道上下游划定的禁采范围大于前款规定的禁采范围的,按照划定的禁采范围执行。

县级以上地方人民政府水行政主管部门、国土资源主管部门应当按照各自职责划定禁采区域、设置禁采标志,制止非法采砂、淘金行为。

第三十九条 在铁路桥梁跨越处河道上下游各500米范围内进行疏浚作业,应当进行安全技术评价,有关河道、航道管理部门应当征求铁路运输企业的意见,确认安全或者采取安全技术措施后,方可批准进行疏浚作业。但是,依法进行河道、航道日常养护、疏浚作业的除外。

第四十条 铁路、道路两用桥由所在地铁路运输企业和道路管理部门或者道路经营企业定期检查、共同维护,保证桥梁处于安全的技术状态。

铁路、道路两用桥的墩、梁等共用部分的检测、维修由铁路运输企业和道路管理部门或者道路经营企业共同负责,所需费用按照公平合理的原则分担。

第四十一条 铁路的重要桥梁和隧道按照国家有关规定由中国人民武装警察部队负责守卫。

第四十二条 船舶通过铁路桥梁应当符合桥梁的通航净空高度并遵

守航行规则。

桥区航标中的桥梁航标、桥柱标、桥梁水尺标由铁路运输企业负责设置、维护,水面航标由铁路运输企业负责设置,航道管理部门负责维护。

第四十三条 下穿铁路桥梁、涵洞的道路应当按照国家标准设置车辆通过限高、限宽标志和限高防护架。城市道路的限高、限宽标志由当地人民政府指定的部门设置并维护,公路的限高、限宽标志由公路管理部门设置并维护。限高防护架在铁路桥梁、涵洞、道路建设时设置,由铁路运输企业负责维护。

机动车通过下穿铁路桥梁、涵洞的道路,应当遵守限高、限宽规定。

下穿铁路涵洞的管理单位负责涵洞的日常管理、维护,防止淤塞、积水。

第四十四条 铁路线路安全保护区内的道路和铁路线路路堑上的道路、跨越铁路线路的道路桥梁,应当按照国家有关规定设置防止车辆以及其他物体进入、坠入铁路线路的安全防护设施和警示标志,并由道路管理部门或者道路经营企业维护、管理。

第四十五条 架设、铺设铁路信号和通信线路、杆塔应当符合国家标准、行业标准和铁路安全防护要求。铁路运输企业、为铁路运输提供服务的电信企业应当加强对铁路信号和通信线路、杆塔的维护和管理。

第四十六条 设置或者拓宽铁路道口、铁路人行过道,应当征得铁路运输企业的同意。

第四十七条 铁路与道路交叉的无人看守道口应当按照国家标准设置警示标志;有人看守道口应当设置移动栏杆、列车接近报警装置、警示灯、警示标志、铁路道口路段标线等安全防护设施。

道口移动栏杆、列车接近报警装置、警示灯等安全防护设施由铁路运输企业设置、维护;警示标志、铁路道口路段标线由铁路道口所在地的道路管理部门设置、维护。

第四十八条 机动车或者非机动车在铁路道口内发生故障或者装载物掉落的,应当立即将故障车辆或者掉落的装载物移至铁路道口停止线以外或者铁路线路最外侧钢轨 5 米以外的安全地点。无法立即移至安全地点的,应当立即报告铁路道口看守人员;在无人看守道口,应当立即在道口两端采取措施拦停列车,并就近通知铁路车站或者公安机关。

第四十九条 履带车辆等可能损坏铁路设施设备的车辆、物体通过铁路道口,应当提前通知铁路道口管理单位,在其协助、指导下通过,并采取相应的安全防护措施。

第五十条 在下列地点,铁路运输企业应当按照国家标准、行业标准设置易于识别的警示、保护标志:

(一)铁路桥梁、隧道的两端;

(二)铁路信号、通信光(电)缆的埋设、铺设地点;

(三)电气化铁路接触网、自动闭塞供电线路和电力贯通线路等电力设施附近易发生危险的地点。

第五十一条 禁止毁坏铁路线路、站台等设施设备和铁路路基、护坡、排水沟、防护林木、护坡草坪、铁路线路封闭网及其他铁路防护设施。

第五十二条 禁止实施下列危及铁路通信、信号设施安全的行为:

(一)在埋有地下光(电)缆设施的地面上方进行钻探、堆放重物、垃圾、焚烧物品、倾倒腐蚀性物质;

(二)在地下光(电)缆两侧各1米的范围内建造、搭建建筑物、构筑物等设施;

(三)在地下光(电)缆两侧各1米的范围内挖砂、取土;

(四)在过河光(电)缆两侧各100米的范围内挖砂、抛锚或者进行其他危及光(电)缆安全的作业。

第五十三条 禁止实施下列危害电气化铁路设施的行为:

(一)向电气化铁路接触网抛掷物品;

(二)在铁路电力线路导线两侧各500米的范围内升放风筝、气球等低空飘浮物体;

(三)攀登铁路电力线路杆塔或者在杆塔上架设、安装其他设施设备;

(四)在铁路电力线路杆塔、拉线周围20米范围内取土、打桩、钻探或者倾倒有害化学物品;

(五)触碰电气化铁路接触网。

第五十四条 县级以上各级人民政府及其有关部门、铁路运输企业应当依照地质灾害防治法律法规的规定,加强铁路沿线地质灾害的预防、治理和应急处理等工作。

第五十五条 铁路运输企业应当对铁路线路、铁路防护设施和警示标志进行经常性巡查和维护;对巡查中发现的安全问题应当立即处理,不能立即处理的应当及时报告铁路监督管理机构。巡查和处理情况应当记录留存。

第六十三条 公安机关应当按照职责分工，维护车站、列车等铁路场所和铁路沿线的治安秩序。

第六十四条 铁路运输企业应当按照国务院铁路行业监督管理部门的规定实施火车票实名购买、查验制度。

实施火车票实名购买、查验制度的，旅客应当凭有效身份证件购票乘车；对车票所记载身份信息与所持身份证件或者真实身份不符的持票人，铁路运输企业有权拒绝其进站乘车。

铁路运输企业应当采取有效措施为旅客实名购票、乘车提供便利，并加强对旅客身份信息的保护。铁路运输企业工作人员不得窃取、泄露旅客身份信息。

第六十五条 铁路运输企业应当依照法律、行政法规和国务院铁路行业监督管理部门的规定，对旅客及其随身携带、托运的行李物品进行安全检查。

从事安全检查的工作人员应当佩戴安全检查标志，依法履行安全检查职责，并有权拒绝不接受安全检查的旅客进站乘车和托运行李物品。

第六十六条 旅客应当接受并配合铁路运输企业在车站、列车实施的安全检查，不得违法携带、夹带管制器具，不得违法携带、托运烟花爆竹、枪支弹药等危险物品或者其他违禁物品。

禁止或者限制携带的物品种类及其数量由国务院铁路行业监督管理部门会同公安机关规定，并在车站、列车等场所公布。

第六十七条 铁路运输托运人托运货物、行李、包裹，不得有下列行为：

（一）匿报、谎报货物品名、性质、重量；

（二）在普通货物中夹带危险货物，或者在危险货物中夹带禁止配装的货物；

（三）装车、装箱超过规定重量。

第六十八条 铁路运输企业应当对承运的货物进行安全检查，并不得有下列行为：

（一）在非危险货物办理站办理危险货物承运手续；

（二）承运未接受安全检查的货物；

（三）承运不符合安全规定、可能危害铁路运输安全的货物。

第六十九条 运输危险货物应当依照法律法规和国家其他有关规定使用专用的设施设备,托运人应当配备必要的押运人员和应急处理器材、设备以及防护用品,并使危险货物始终处于押运人员的监管之下;危险货物发生被盗、丢失、泄漏等情况,应当按照国家有关规定及时报告。

第七十条 办理危险货物运输业务的工作人员和装卸人员、押运人员,应当掌握危险货物的性质、危害特性、包装容器的使用特性和发生意外的应急措施。

第七十一条 铁路运输企业和托运人应当按照操作规程包装、装卸、运输危险货物,防止危险货物泄漏、爆炸。

第七十二条 铁路运输企业和托运人应当依照法律法规和国家其他有关规定包装、装载、押运特殊药品,防止特殊药品在运输过程中被盗、被劫或者发生丢失。

第七十三条 铁路管理信息系统及其设施的建设和使用,应当符合法律法规和国家其他有关规定的安全技术要求。

铁路运输企业应当建立网络与信息安全应急保障体系,并配备相应的专业技术人员负责网络和信息系统的安全管理工作。

第七十四条 禁止使用无线电台(站)以及其他仪器、装置干扰铁路运营指挥调度无线电频率的正常使用。

铁路运营指挥调度无线电频率受到干扰的,铁路运输企业应当立即采取排查措施并报告无线电管理机构、铁路监管部门;无线电管理机构、铁路监管部门应当依法排除干扰。

第七十五条 电力企业应当依法保障铁路运输所需电力的持续供应,并保证供电质量。

铁路运输企业应当加强用电安全管理,合理配置供电电源和应急自备电源。

遇有特殊情况影响铁路电力供应的,电力企业和铁路运输企业应当按照各自职责及时组织抢修,尽快恢复正常供电。

第七十六条 铁路运输企业应当加强铁路运营食品安全管理,遵守有关食品安全管理的法律法规和国家其他有关规定,保证食品安全。

第七十七条 禁止实施下列危害铁路安全的行为:
(一)非法拦截列车、阻断铁路运输;
(二)扰乱铁路运输指挥调度机构以及车站、列车的正常秩序;

（三）在铁路线路上放置、遗弃障碍物；

（四）击打列车；

（五）擅自移动铁路线路上的机车车辆，或者擅自开启列车车门、违规操纵列车紧急制动设备；

（六）拆盗、损毁或者擅自移动铁路设施设备、机车车辆配件、标桩、防护设施和安全标志；

（七）在铁路线路上行走、坐卧或者在未设道口、人行过道的铁路线路上通过；

（八）擅自进入铁路线路封闭区域或者在未设置行人通道的铁路桥梁、隧道通行；

（九）擅自开启、关闭列车的货车阀、盖或者破坏施封状态；

（十）擅自开启列车中的集装箱箱门，破坏箱体、阀、盖或者施封状态；

（十一）擅自松动、拆解、移动列车中的货物装载加固材料、装置和设备；

（十二）钻车、扒车、跳车；

（十三）从列车上抛扔杂物；

（十四）在动车组列车上吸烟或者在其他列车的禁烟区域吸烟；

（十五）强行登乘或者以拒绝下车等方式强占列车；

（十六）冲击、堵塞、占用进出站通道或者候车区、站台。

第八十八条　在铁路线路安全保护区内烧荒、放养牲畜、种植影响铁路线路安全和行车瞭望的树木等植物，或者向铁路线路安全保护区排污、倾倒垃圾以及其他危害铁路安全的物质的，由铁路监督管理机构责令改正，对单位可以处 5 万元以下的罚款，对个人可以处 2000 元以下的罚款。

第八十九条　未经铁路运输企业同意或者未签订安全协议，在铁路线路安全保护区内建造建筑物、构筑物等设施，取土、挖砂、挖沟、采空作业或者堆放、悬挂物品，或者违反保证铁路安全的国家标准、行业标准和施工安全规范，影响铁路运输安全的，由铁路监督管理机构责令改正，可以处 10 万元以下的罚款。

铁路运输企业未派员对铁路线路安全保护区内施工现场进行安全监督的，由铁路监督管理机构责令改正，可以处 3 万元以下的罚款。

第九十条　在铁路线路安全保护区及其邻近区域建造或者设置的建筑物、构筑物、设备等进入国家规定的铁路建筑限界，或者在铁路线路两侧建造、设立生产、加工、储存或者销售易燃、易爆或者放射性物品等危险物品的场所、仓库不符合国家标准、行业标准规定的安全防护距离的，由铁路监督管理机构责令改正，对单位处5万元以上20万元以下的罚款，对个人处1万元以上5万元以下的罚款。

第九十一条　有下列行为之一的，分别由铁路沿线所在地县级以上地方人民政府水行政主管部门、国土资源主管部门或者无线电管理机构等依照有关水资源管理、矿产资源管理、无线电管理等法律、行政法规的规定处罚：

（一）未经批准在铁路线路两侧各1000米范围内从事露天采矿、采石或者爆破作业；

（二）在地下水禁止开采区或者限制开采区抽取地下水；

（三）在铁路桥梁跨越处河道上下游各1000米范围内围垦造田、拦河筑坝、架设浮桥或者修建其他影响铁路桥梁安全的设施；

（四）在铁路桥梁跨越处河道上下游禁止采砂、淘金的范围内采砂、淘金；

（五）干扰铁路运营指挥调度无线电频率正常使用。

第九十二条　铁路运输企业、道路管理部门或者道路经营企业未履行铁路、道路两用桥检查、维护职责的，由铁路监督管理机构或者上级道路管理部门责令改正；拒不改正的，由铁路监督管理机构或者上级道路管理部门指定其他单位进行养护和维修，养护和维修费用由拒不履行义务的铁路运输企业、道路管理部门或者道路经营企业承担。

第九十三条　机动车通过下穿铁路桥梁、涵洞的道路未遵守限高、限宽规定的，由公安机关依照道路交通安全管理法律、行政法规的规定处罚。

第九十四条　违反本条例第四十八条、第四十九条关于铁路道口安全管理的规定的，由铁路监督管理机构责令改正，处1000元以上5000元以下的罚款。

第九十五条　违反本条例第五十一条、第五十二条、第五十三条、第七十七条规定的，由公安机关责令改正，对单位处1万元以上5万元以下的罚款，对个人处500元以上2000元以下的罚款。

第九十六条　铁路运输托运人托运货物、行李、包裹时匿报、谎报货物品名、性质、重量，或者装车、装箱超过规定重量的，由铁路监督管理机构责令改正，可以处2000元以下的罚款；情节较重的，处2000元以上2万元以下的罚款;将危险化学品谎报或者匿报为普通货物托运的,处10万元以上20万元以下的罚款。

铁路运输托运人在普通货物中夹带危险货物,或者在危险货物中夹带禁止配装的货物的,由铁路监督管理机构责令改正,处3万元以上20万元以下的罚款。

第九十七条 铁路运输托运人运输危险货物未配备必要的应急处理器材、设备、防护用品,或者未按照操作规程包装、装卸、运输危险货物的,由铁路监督管理机构责令改正,处1万元以上5万元以下的罚款。

第九十八条 铁路运输托运人运输危险货物不按照规定配备必要的押运人员,或者发生危险货物被盗、丢失、泄漏等情况不按照规定及时报告的,由公安机关责令改正,处1万元以上5万元以下的罚款。

第九十九条 旅客违法携带、夹带管制器具或者违法携带、托运烟花爆竹、枪支弹药等危险物品或者其他违禁物品的,由公安机关依法给予治安管理处罚。

第一百条 铁路运输企业有下列情形之一的,由铁路监管部门责令改正,处2万元以上10万元以下的罚款:

(一)在非危险货物办理站办理危险货物承运手续;

(二)承运未接受安全检查的货物;

(三)承运不符合安全规定、可能危害铁路运输安全的货物;

(四)未按照操作规程包装、装卸、运输危险货物。

第一百零一条 铁路监管部门及其工作人员应当严格按照本条例规定的处罚种类和幅度,根据违法行为的性质和具体情节行使行政处罚权,具体办法由国务院铁路行业监督管理部门制定。

第一百零二条 铁路运输企业工作人员窃取、泄露旅客身份信息的,由公安机关依法处罚。

第一百零五条 违反本条例规定,给铁路运输企业或者其他单位、个人财产造成损失的,依法承担民事责任。

违反本条例规定,构成违反治安管理行为的,由公安机关依法给予治安管理处罚;构成犯罪的,依法追究刑事责任。

城市轨道交通运营管理规定(节录)

(2018年5月14日经第7次部务会议通过 2018年5月21日交通运输部令第8号公布 自2018年7月1日起施行)

第二条 地铁、轻轨等城市轨道交通的运营及相关管理活动,适用本规定。

第三十三条 禁止下列危害城市轨道交通运营设施设备安全的行为:

(一)损坏隧道、轨道、路基、高架、车站、通风亭、冷却塔、变电站、管线、护栏护网等设施;

(二)损坏车辆、机电、电缆、自动售检票等设备,干扰通信信号、视频监控设备等系统;

(三)擅自在高架桥梁及附属结构上钻孔打眼,搭设电线或者其他承力绳索,设置附着物;

(四)损坏、移动、遮盖安全标志、监测设施以及安全防护设备。

第三十四条 禁止下列危害或者可能危害城市轨道交通运营安全的行为:

(一)拦截列车;

(二)强行上下车;

(三)擅自进入隧道、轨道或者其他禁入区域;

(四)攀爬或者跨越围栏、护栏、护网、站台门等;

(五)擅自操作有警示标志的按钮和开关装置,在非紧急状态下动用紧急或者安全装置;

(六)在城市轨道交通车站出入口5米范围内停放车辆、乱设摊点等,妨碍乘客通行和救援疏散;

(七)在通风口、车站出入口50米范围内存放有毒、有害、易燃、易爆、放射性和腐蚀性等物品;

(八)在出入口、通风亭、变电站、冷却塔周边躺卧、留宿、堆放和晾晒物品;

(九)在地面或者高架线路两侧各100米范围内升放风筝、气球等低空飘浮物体和无人机等低空飞行器。

第三十五条　在城市轨道交通车站、车厢、隧道、站前广场等范围内设置广告、商业设施的,不得影响正常运营,不得影响导向、提示、警示、运营服务等标识识别、设施设备使用和检修,不得挤占出入口、通道、应急疏散设施空间和防火间距。

城市轨道交通车站站台、站厅层不应设置妨碍安全疏散的非运营设施。

第三十六条　禁止乘客携带有毒、有害、易燃、易爆、放射性、腐蚀性以及其他可能危及人身和财产安全的危险物品进站、乘车。运营单位应当按规定在车站醒目位置公示城市轨道交通禁止、限制携带物品目录。

第五十三条　违反本规定第三十三条、第三十四条,运营单位有权予以制止,并由城市轨道交通运营主管部门责令改正,可以对个人处以5000元以下的罚款,对单位处以3万元以下的罚款;违反治安管理规定的,由公安机关依法处理;构成犯罪的,依法追究刑事责任。

公安部对部分刀具实行管制的暂行规定

(1982年8月30日经国务院批准　1983年3月12日
〔83〕公发〔治〕31号印发)

第一条　为了保障公民人身安全,防止不法分子利用刀具作为凶器进行犯罪活动,特制订本规定。

第二条　本规定所管制的刀具是:匕首、三棱刀(包括机械加工用的三棱刮刀)、带有自锁装置的弹簧刀(跳刀)以及其它相类似的单刃、双刃、三棱尖刀。

第三条　匕首,除中国人民解放军和人民警察作为武器、警械配备的以外,专业狩猎人员和地质、勘探等野外作业人员必须持有的,须由县以上主管单位出具证明,经县以上公安机关批准,发给《匕首佩带证》,方准持有佩带。

佩带匕首人员如果不再从事原来的职业,应将匕首交还配发单位,《匕首佩带证》交回原发证公安机关。

第四条 机械加工使用的三棱刮刀,只限工作人员在工作场所使用,不得随意带出工作场所。

第五条 制造上述管制范围内刀具的工厂、作坊,必须经县、市以上主管部门审查同意和所在地县、市公安局批准,发给《特种刀具生产许可证》,方准生产。刀具样品及其说明(名称、规格、型号、用途、产量)须送所在地县、市公安局备案。产品须铸刻商标和号码(顺序号或批号)。

第六条 经销上述管制范围内刀具的商店,必须经县、市以上主管部门审查同意和所在地县、市公安局批准。购销要建立登记制度,备公安机关检查。

第七条 购买上述管制范围内刀具的单位和个人,必须符合第三、四条关于持有和使用的规定。军队和警察,由县、团以上单位凭上一级主管部门批准的函件,向指定单位定购。专业狩猎人员和地质、勘探等野外作业人员,由所属单位向所在地县、市公安局(公安分局)申请《特种刀具购买证》,凭证购买。三棱刮刀,凭单位介绍信向批准经销的商店购买。

第八条 使用上述管制范围内刀具的单位,必须建立健全使用保管制度,加强刀具的管理和检查,确保安全。持有上述刀具的个人,对刀具应妥善保管,不得随意赠送、转借他人使用。发现丢失、被盗,要及时报告公安保卫部门。凡因保管不当,造成丢失、被盗,而酿成严重后果的,要追究有关人员和单位领导的责任。

第九条 严禁任何单位和个人非法制造、销售和贩卖匕首、三棱刀、弹簧刀等属于管制范围内的各种刀具。严禁非法携带上述刀具进入车站、码头、机场、公园、商场、影剧院、展览馆或其它公共场所和乘坐火车、汽车、轮船、飞机。

第十条 本规定下达后,凡制造、销售上述管制范围内各种刀具的单位和持有匕首的专业狩猎人员和地质、勘探等野外作业人员,须向公安机关补办登记许可手续。非因生产、工作需要持有上述刀具的,应一律自动送交当地公安机关。

第十一条 《特种刀具生产许可证》、《匕道佩带证》和《特种刀具购买证》,样式由公安部统一规定,各省、市、自治区公安厅、局统一印制。

第十二条 少数民族由于生活习惯需要佩带的刀具,由民族自治区制订办法管理。

少数民族使用的藏刀、腰刀、靴刀等,只准在民族自治地方(自治区、自治州、自治县)销售。

第十三条 违反本规定,非法制造、销售、携带和私自保存管制范围刀具的,公安机关应予取缔,没收其刀具,并按照《中华人民共和国治安管理处罚条例》有关条款予以治安处罚;有妨害公共安全行为,情节严重,触犯刑律的,依法追究刑事责任。

第十四条 各省、市、自治区人民政府可根据本规定,制订具体管理办法,报公安部备案。

最高人民法院、最高人民检察院、公安部关于依法惩治妨害公共交通工具安全驾驶违法犯罪行为的指导意见

(2019年1月8日 公通字〔2019〕1号)

各省、自治区、直辖市高级人民法院、人民检察院、公安厅(局),新疆维吾尔自治区高级人民法院生产建设兵团分院,新疆生产建设兵团人民检察院、公安局:

近期,一些地方接连发生在公共交通工具上妨害安全驾驶的行为。有的乘客仅因琐事纷争,对正在驾驶公共交通工具的驾驶人员实施暴力干扰行为,造成重大人员伤亡、财产损失,严重危害公共安全,社会反响强烈。为依法惩治妨害公共交通工具安全驾驶违法犯罪行为,维护公共交通安全秩序,保护人民群众生命财产安全,根据有关法律规定,制定本意见。

一、准确认定行为性质,依法从严惩处妨害安全驾驶犯罪

(一)乘客在公共交通工具行驶过程中,抢夺方向盘、变速杆等操纵装置,殴打、拉拽驾驶人员,或者有其他妨害安全驾驶行为,危害公共安全,尚未造成严重后果的,依照刑法第一百一十四条的规定,以以危险方法危害公共安全罪定罪处罚;致人重伤、死亡或者使公私财产遭受重大损失的,依

照刑法第一百一十五条第一款的规定,以以危险方法危害公共安全罪定罪处罚。

实施前款规定的行为,具有以下情形之一的,从重处罚:

1. 在夜间行驶或者恶劣天气条件下行驶的公共交通工具上实施的;

2. 在临水、临崖、急弯、陡坡、高速公路、高架道路、桥隧路段及其他易发生危险的路段实施的;

3. 在人员、车辆密集路段实施的;

4. 在实际载客10人以上或者时速60公里以上的公共交通工具上实施的;

5. 经他人劝告、阻拦后仍然继续实施的;

6. 持械袭击驾驶人员的;

7. 其他严重妨害安全驾驶的行为。

实施上述行为,即使尚未造成严重后果,一般也不得适用缓刑。

(二)乘客在公共交通工具行驶过程中,随意殴打其他乘客,追逐、辱骂他人,或者起哄闹事,妨害公共交通工具运营秩序,符合刑法第二百九十三条规定的,以寻衅滋事罪定罪处罚;妨害公共交通工具安全行驶,危害公共安全的,依照刑法第一百一十四条、第一百一十五条第一款的规定,以以危险方法危害公共安全罪定罪处罚。

(三)驾驶人员在公共交通工具行驶过程中,与乘客发生纷争后违规操作或者擅离职守,与乘客厮打、互殴,危害公共安全,尚未造成严重后果的,依照刑法第一百一十四条的规定,以以危险方法危害公共安全罪定罪处罚;致人重伤、死亡或者使公私财产遭受重大损失的,依照刑法第一百一十五条第一款的规定,以以危险方法危害公共安全罪定罪处罚。

(四)对正在进行的妨害安全驾驶的违法犯罪行为,乘客等人员有权采取措施予以制止。制止行为造成违法犯罪行为人损害,符合法定条件的,应当认定为正当防卫。

(五)正在驾驶公共交通工具的驾驶人员遭到妨害安全驾驶行为侵害时,为避免公共交通工具倾覆或者人员伤亡等危害后果发生,采取紧急制动或者躲避措施,造成公共交通工具、交通设施损坏或者人身损害,符合法定条件的,应当认定为紧急避险。

(六)以暴力、威胁方法阻碍国家机关工作人员依法处置妨害安全驾驶违法犯罪行为、维护公共交通秩序的,依照刑法第二百七十七条的规定,以妨害公务罪定罪处罚；暴力袭击正在依法执行职务的人民警察的，从重处罚。

（七）本意见所称公共交通工具，是指公共汽车、公路客运车，大、中型出租车等车辆。

二、加强协作配合，有效维护公共交通安全秩序

妨害公共交通工具安全驾驶行为具有高度危险性，极易诱发重大交通事故，造成重大人身伤亡、财产损失，严重威胁公共安全。各级人民法院、人民检察院和公安机关要高度重视妨害安全驾驶行为的现实危害，深刻认识维护公共交通秩序对于保障人民群众生命财产安全与社会和谐稳定的重大意义，准确认定行为性质，依法从严惩处，充分发挥刑罚的震慑、教育作用，预防、减少妨害安全驾驶不法行为发生。

公安机关接到妨害安全驾驶相关警情后要及时处警，采取果断措施予以处置；要妥善保护事发现场，全面收集、提取证据，特别是注意收集行车记录仪、道路监控等视听资料。人民检察院应当对公安机关的立案、侦查活动进行监督；对于公安机关提请批准逮捕、移送审查起诉的案件，符合逮捕、起诉条件的，应当依法予以批捕、起诉。人民法院应当及时公开、公正审判。对于妨害安全驾驶行为构成犯罪的，严格依法追究刑事责任；尚不构成犯罪但构成违反治安管理行为的，依法给予治安管理处罚。

在办理案件过程中，人民法院、人民检察院和公安机关要综合考虑公共交通工具行驶速度、通行路段情况、载客情况、妨害安全驾驶行为的严重程度及对公共交通安全的危害大小、行为人认罪悔罪表现等因素，全面准确评判，充分彰显强化保障公共交通安全的价值导向。

三、强化宣传警示教育，提升公众交通安全意识

人民法院、人民检察院、公安机关要积极回应人民群众关切，对于社会影响大、舆论关注度高的重大案件，在依法办案的同时要视情向社会公众发布案件进展情况。要广泛拓展传播渠道，尤其是充分运用微信公众号、微博等网络新媒体，及时通报案件信息、澄清事实真相，借助焦点案事件向全社会传递公安和司法机关坚决惩治妨害安全驾驶违法犯罪的坚定决心，提升公众的安全意识、规则意识和法治意识。

办案单位要切实贯彻"谁执法、谁普法"的普法责任制，以各种有效形式开展以案释法，选择妨害安全驾驶犯罪的典型案例进行庭审直播，或者邀请专家学者、办案人员进行解读，阐明妨害安全驾驶行为的违法性、危害

性。要坚持弘扬社会正气,选择及时制止妨害安全驾驶行为的见义勇为事例进行褒扬,向全社会广泛宣传制止妨害安全驾驶行为的正当性、必要性。

各地各相关部门要认真贯彻执行。执行中遇有问题,请及时上报。

公安部关于办理赌博违法案件适用法律若干问题的通知

(2005年5月25日 公通字〔2005〕30号)

各省、自治区、直辖市公安厅、局,新疆生产建设兵团公安局:

为依法有效打击赌博违法活动,规范公安机关查禁赌博违法活动的行为,根据《中华人民共和国治安管理处罚条例》等有关法律、法规的规定,现就公安机关办理赌博违法案件适用法律的若干问题通知如下:

一、具有下列情形之一的,应当依照《中华人民共和国治安管理处罚条例》第三十二条的规定,予以处罚:

(一)以营利为目的,聚众赌博、开设赌场或者以赌博为业,尚不够刑事处罚的;

(二)参与以营利为目的的聚众赌博、计算机网络赌博、电子游戏机赌博,或者到赌场赌博的;

(三)采取不报经国家批准,擅自发行、销售彩票的方式,为赌博提供条件,尚不够刑事处罚的;

(四)明知他人实施赌博违法犯罪活动,而为其提供资金、场所、交通工具、通讯工具、赌博工具、经营管理、网络接入、服务器托管、网络存储空间、通讯传输通道、费用结算等条件,或者为赌博场所、赌博人员充当保镖,为赌博放哨、通风报信,尚不够刑事处罚的;

(五)明知他人从事赌博活动而向其销售具有赌博功能的游戏机,尚不够刑事处罚的。

二、在中华人民共和国境内通过计算机网络、电话、手机短信等方式参与境外赌场赌博活动,或者中华人民共和国公民赴境外赌场赌博,赌博输赢结算地在境内的,应当依照《中华人民共和国治安管理处罚条例》的有关规定予以处罚。

三、赌博或者为赌博提供条件,并具有下列情形之一的,依照《中华人民共和国治安管理处罚条例》第三十二条的规定,可以从重处罚:

(一)在工作场所、公共场所或者公共交通工具上赌博的;

(二)一年内曾因赌博或者为赌博提供条件受过治安处罚的;

(三)国家工作人员赌博或者为赌博提供条件的;

(四)引诱、教唆未成年人赌博的;

(五)组织、招引中华人民共和国公民赴境外赌博的;

(六)其他可以依法从重处罚的情形。

四、赌博或者为赌博提供条件,并具有下列情形之一的,依照《中华人民共和国治安管理处罚条例》第三十二条的规定,可以从轻或者免予处罚:

(一)主动交代,表示悔改的;

(二)检举、揭发他人赌博或为赌博提供条件的行为,并经查证属实的;

(三)被胁迫、诱骗赌博或者为赌博提供条件的;

(四)未成年人赌博的;

(五)协助查禁赌博活动,有立功表现的;

(六)其他可以依法从轻或者免予处罚的情形。

对免予处罚的,由公安机关给予批评教育,并责令具结悔过。未成年人有赌博违法行为的,应当责令其父母或者其他监护人严加管教。

五、赌博活动中用作赌注的款物、换取筹码的款物和通过赌博赢取的款物属于赌资。

在利用计算机网络进行的赌博活动中,分赌场、下级庄家或者赌博参与者在组织或者参与赌博前向赌博组织者、上级庄家或者赌博公司交付的押金,应当视为赌资。

六、赌博现场没有赌资,而是以筹码或者事先约定事后交割等方式代替的,赌资数额经调查属实后予以认定。个人投注的财物数额无法确定时,按照参赌财物的价值总额除以参赌人数的平均值计算。

通过计算机网络实施赌博活动的赌资数额,可以按照在计算机网络上投注或者赢取的总点数乘以每个点数实际代表的金额认定。赌博的次数,可以按照在计算机网络上投注的总次数认定。

七、对查获的赌资、赌博违法所得应当依法没收,上缴国库,并按照规定出具法律手续。对查缴的赌具和销售的具有赌博功能的游戏机,一律依法予以销毁、严禁截留、私分或者以其他方式侵吞赌资、赌具、赌博违法所得以及违法行为人的其他财物。违者,对相关责任人员依法予以行政处分;构成犯罪的,依法追究刑事责任。

对参与赌博人员使用的交通、通讯工具未作为赌注的,不得没收。在以营利为目的,聚众赌博、开设赌场,或者采取不报经国家批准,擅自发行、销售彩票的方式为赌博提供条件,尚不够刑事处罚的案件中,违法行为人本人所有的用于纠集、联络、运送参赌人员以及用于望风护赌的交通、通讯工具,应当依法没收。

八、对赌博或者为赌博提供条件的处罚,应当与其违法事实、情节、社会危害程度相适应。严禁不分情节轻重,一律顶格处罚;违者,对审批人、审核人、承办人依法予以行政处分。

九、不以营利为目的,亲属之间进行带有财物输赢的打麻将、玩扑克等娱乐活动,不予处罚;亲属之外的其他人之间进行带有少量财物输赢的打麻将、玩扑克等娱乐活动,不予处罚。

十、本通知自下发之日起施行。公安部原来制定的有关规定与本通知不一致的,以本通知为准。

各地在执行中遇到的问题,请及时报公安部。

(三)侵犯人身权利、财产权利的行为和处罚

公安机关办理伤害案件规定

(2005年12月27日 公通字〔2005〕98号)

第一章 总 则

第一条 为规范公安机关办理伤害案件,正确适用法律,确保案件合法、公正、及时处理,根据《中华人民共和国刑法》、《中华人民共和国刑事诉讼法》等法律法规,制定本规定。

第二条 本规定所称伤害案件是指伤害他人身体,依法应当由公安机关办理的案件。

第三条 公安机关办理伤害案件,应当遵循迅速调查取证,及时采取措施,规范准确鉴定,严格依法处理的原则。

第二章 管　辖

第四条 轻伤以下的伤害案件由公安派出所管辖。

第五条 重伤及因伤害致人死亡的案件由公安机关刑事侦查部门管辖。

第六条 伤情不明、难以确定管辖的,由最先受理的部门先行办理,待伤情鉴定后,按第四条、第五条规定移交主管部门办理。

第七条 因管辖问题发生争议的,由共同的上级公安机关指定管辖。

第八条 被害人有证据证明的故意伤害(轻伤)案件,办案人员应当告知被害人可以直接向人民法院起诉。如果被害人要求公安机关处理的,公安机关应当受理。

第九条 人民法院直接受理的故意伤害(轻伤)案件,因证据不足,移送公安机关侦查的,公安机关应当受理。

第三章　前期处置

第十条 接到伤害案件报警后,接警部门应当根据案情,组织警力,立即赶赴现场。

第十一条 对正在发生的伤害案件,先期到达现场的民警应当做好以下处置工作:

(一)制止伤害行为;

(二)组织救治伤员;

(三)采取措施控制嫌疑人;

(四)及时登记在场人员姓名、单位、住址和联系方式,询问当事人和访问现场目击证人;

(五)保护现场;

(六)收集、固定证据。

第十二条 对已经发生的伤害案件,先期到达现场的民警应当做好以下处置工作:

(一)组织救治伤员;

(二)了解案件发生经过和伤情;

(三)及时登记在场人员姓名、单位、住址和联系方式,询问当事人和访问现场目击证人;

(四)追查嫌疑人;

(五)保护现场;

(六)收集、固定证据。

第四章 勘验、检查

第十三条 公安机关办理伤害案件,现场具备勘验、检查条件的,应当及时进行勘验、检查。

第十四条 伤害案件现场勘验、检查的任务是发现、固定、提取与伤害行为有关的痕迹、物证及其他信息,确定伤害状态,分析伤害过程,为查处伤害案件提供线索和证据。

办案单位对提取的痕迹、物证和致伤工具等应当妥善保管。

第十五条 公安机关对伤害案件现场进行勘验、检查不得少于二人。

勘验、检查现场时,应当邀请一至二名与案件无关的公民作见证人。

第十六条 勘验、检查伤害案件现场,应当制作现场勘验、检查笔录,绘制现场图,对现场情况和被伤害人的伤情进行照相,并将上述材料装订成卷宗。

第五章 鉴 定

第十七条 公安机关办理伤害案件,应当对人身损伤程度和用作证据的痕迹、物证、致伤工具等进行检验、鉴定。

第十八条 公安机关受理伤害案件后,应当在24小时内开具伤情鉴定委托书,告知被害人到指定的鉴定机构进行伤情鉴定。

第十九条 根据国家有关部门颁布的人身伤情鉴定标准和被害人当时的伤情及医院诊断证明,具备即时进行伤情鉴定条件的,公安机关的鉴定机构应当在受委托之时起24小时内提出鉴定意见,并在3日内出具鉴定文书。

对伤情比较复杂,不具备即时进行鉴定条件的,应当在受委托之日起7日内提出鉴定意见并出具鉴定文书。

对影响组织、器官功能或者伤情复杂,一时难以进行鉴定的,待伤情稳定后及时提出鉴定意见,并出具鉴定文书。

第二十条 对人身伤情进行鉴定,应当由县级以上公安机关鉴定机构二名以上鉴定人负责实施。

伤情鉴定比较疑难,对鉴定意见可能发生争议或者鉴定委托主体有明确要求的,伤情鉴定应当由三名以上主检法医师或者四级以上法医官负责实施。

需要聘请其他具有专门知识的人员进行鉴定的,应当经县级以上公安机关负责人批准,制作《鉴定聘请书》,送达被聘请人。

第二十一条 对人身伤情鉴定意见有争议需要重新鉴定的,应当依照《中华人民共和国刑事诉讼法》的有关规定进行。

第二十二条 人身伤情鉴定文书格式和内容应当符合规范要求。鉴定文书中应当有被害人正面免冠照片及其人体需要鉴定的所有损伤部位的细目照片。对用作证据的鉴定意见,公安机关办案单位应当制作《鉴定意见通知书》,送达被害人和违法犯罪嫌疑人。

第六章 调查取证

第二十三条 询问被害人,应当重点问明伤害行为发生的时间,地点,原因,经过,伤害工具、方式、部位,伤情,嫌疑人情况等。

第二十四条 询问伤害行为人,应当重点问明实施伤害行为的时间,地点,原因,经过,致伤工具、方式、部位等具体情节。

多人参与的,还应当问明参与人员的情况,所持凶器,所处位置,实施伤害行为的先后顺序,致伤工具、方式、部位及预谋情况等。

第二十五条 询问目击证人,应当重点问明伤害行为发生的时间,地点,经过,双方当事人人数及各自所处位置、持有的凶器,实施伤害行为的先后顺序,致伤工具、方式、部位,衣着、体貌特征,目击证人所处位置及目击证人与双方当事人之间的关系等。

第二十六条 询问其他证人应当问清其听到、看到的与伤害行为有关的情况。

第二十七条 办理伤害案件,应当重点收集以下物证、书证:

(一)凶器、血衣以及能够证明伤害情况的其他物品;

(二)相关的医院诊断及病历资料;

(三)与案件有关的其他证据。

办案单位应当将证据保管责任落实到人,完善证据保管制度,建立证据保管室,妥善保管证据,避免因保管不善导致证据损毁、污染、丢失或者消磁,影响刑事诉讼和案件处理。

第七章 案件处理

第二十八条 被害人伤情构成轻伤、重伤或者死亡,需要追究犯罪嫌疑人刑事责任的,依照《中华人民共和国刑事诉讼法》的有关规定办理。

第二十九条 根据《中华人民共和国刑法》第十三条及《中华人民共和国刑事诉讼法》第十五条第一项规定,对故意伤害他人致轻伤,情节显著轻微、危害不大,不认为是犯罪的,以及被害人伤情达不到轻伤的,应当依法予以治安管理处罚。

第三十条 对于因民间纠纷引起的殴打他人或者故意伤害他人身体的行为,情节较轻尚不够刑事处罚,具有下列情形之一的,经双方当事人同意,公安机关可以依法调解处理:

(一)亲友、邻里或者同事之间因琐事发生纠纷,双方均有过错的;

(二)未成年人、在校学生殴打他人或者故意伤害他人身体的;

(三)行为人的侵害行为系由被害人事前的过错行为引起的;

(四)其他适用调解处理更易化解矛盾的。

第三十一条 有下列情形之一的,不得调解处理:

(一)雇凶伤害他人的;

(二)涉及黑社会性质组织的;

(三)寻衅滋事的;

(四)聚众斗殴的;

(五)累犯;

(六)多次伤害他人身体的;

(七)其他不宜调解处理的。

第三十二条 公安机关调解处理的伤害案件,除下列情形外,应当公开进行:

(一)涉及个人隐私的;

(二)行为人为未成年人的;

(三)行为人和被害人都要求不公开调解的。

第三十三条 公安机关进行调解处理时,应当遵循合法、公正、自愿、及时的原则,注重教育和疏导,化解矛盾。

第三十四条 当事人中有未成年人的,调解时未成年当事人的父母或者其他监护人应当在场。

第三十五条 对因邻里纠纷引起的伤害案件进行调解时,可以邀请当地居民委员会、村民委员会的人员或者双方当事人熟悉的人员参加。

第三十六条 调解原则上为一次,必要时可以增加一次。对明显不构成轻伤、不需要伤情鉴定的治安案件,应当在受理案件后的3个工作日内完成调解;对需要伤情鉴定的治安案件,应当在伤情鉴定文书出具后的3个工作日内完成调解。

对一次调解不成,有必要再次调解的,应当在第一次调解后的7个工作日内完成第二次调解。

第三十七条 调解必须履行以下手续:
(一)征得双方当事人同意;
(二)在公安机关的主持下制作调解书。

第三十八条 调解处理时,应当制作调解笔录。达成调解协议的,应当制作调解书。调解书应当由调解机关、调解主持人、双方当事人及其他参加人签名、盖章。调解书一式三份,双方当事人各一份,调解机关留存一份备查。

第三十九条 经调解当事人达成协议并履行的,不予处罚。经调解未达成协议或者达成协议后不履行的,公安机关应当对违反治安管理行为人依法予以处罚,并告知当事人可以就民事争议依法向人民法院提起民事诉讼。

第八章 卷　宗

第四十条 公安机关办理伤害案件,应当严格按照办理刑事案件或者治安案件的要求,形成完整卷宗。

卷宗内的材料应当包括受案、立案文书,询问、讯问笔录,现场、伤情照片,检验、鉴定结论等证据材料,审批手续、处理意见等。

第四十一条 卷宗应当整齐规范,字迹工整。

第四十二条 犯罪嫌疑人被追究刑事责任的,侦查卷(正卷)移送检察机关,侦查工作卷(副卷)由公安机关保存。

侦查卷(正卷)内容应包括立案决定书、现场照片、现场图、现场勘查笔录、强制措施和侦查措施决定书、通知书、告知书，各种证据材料，起诉意见书等法律文书。

侦查工作卷(副卷)内容应包括各种呈请报告书、审批表、侦查、调查计划，对案件分析意见，起诉意见书草稿等文书材料。

第四十三条 伤害案件未办结的，卷宗由办案单位保存。

第四十四条 治安管理处罚或者调解处理的伤害案件，结案后卷宗交档案部门保存。

第九章 责任追究

第四十五条 违反本规定，造成案件难以审结、侵害当事人合法权益的，依照《公安机关人民警察执法过错责任追究规定》追究办案人员和主管领导的执法过错责任。

第十章 附则

第四十六条 本规定所称以上、以下，包括本数。

第四十七条 本规定自2006年2月1日起施行。

公安部关于严格依法办理侮辱诽谤案件的通知

(2009年4月3日)

各省、自治区、直辖市公安厅、局，新疆生产建设兵团公安局：

多年来，各级公安机关依照《刑法》、《治安管理处罚法》的有关规定，查处了一批侮辱、诽谤案件，为保护公民的人格尊严和名誉，维护社会治安秩序作出了贡献。但是，少数地方公安机关在办理侮辱、诽谤案件过程中，不能严格、准确依法办案，引起了新闻媒体和社会各界的广泛关注，产生了不良的社会影响，损害了公安机关形象和执法公信力。为严格依法办理侮辱、诽谤案件，规范执法行为，提高办案质量，保护公民合法权益，现就有关

问题通知如下:

一、切实提高对严格依法办理侮辱、诽谤案件重要意义的认识。一些地方公安机关不能正确办理侮辱、诽谤案件,直接原因是对有关法律理解不当、定性不准,深层次的原因是对新形势下人民内部矛盾缺乏清醒的认识。各级公安机关要清醒地认识到,随着国家民主法制建设的不断推进,人民群众的法制意识和政治参与意识不断增强,一些群众从不同角度提出批评、建议,是行使民主权利的表现。部分群众对一些社会消极现象发牢骚、吐怨气,甚至发表一些偏激言论,在所难免。如果将群众的批评、牢骚以及一些偏激言论视作侮辱、诽谤,使用刑事或治安处罚的方式解决,不仅于法无据,而且可能激化矛盾,甚至被别有用心的人利用,借机攻击我国的社会制度和司法制度,影响党和政府的形象。各级公安机关要从维护社会和谐稳定的大局出发,深刻认识严格准确、依法办理好侮辱、诽谤案件的重要意义,始终坚持党的事业至上、人民利益至上、宪法法律至上,按照"最大限度地增加和谐因素,最大限度地减少不和谐因素"的要求,切实做到严格、公正、文明执法,努力化解矛盾,避免因执法不当而引发新的不安定因素。

二、准确把握侮辱、诽谤公诉案件的管辖范围及基本要件。根据《刑法》第二百四十六条的规定,侮辱、诽谤案件一般属于自诉案件,应当由公民个人自行向人民法院提起诉讼,只有在侮辱、诽谤行为"严重危害社会秩序和国家利益"时,公安机关才能按照公诉程序立案侦查。公安机关在依照公诉程序办理侮辱、诽谤刑事案件时,必须准确把握犯罪构成要件。对于不具备"严重危害社会秩序和国家利益"这一基本要件的,公安机关不得作为公诉案件管辖。对于具有下列情形之一的侮辱、诽谤行为,应当认定为"严重危害社会秩序和国家利益",以侮辱罪、诽谤罪立案侦查,作为公诉案件办理:(一)因侮辱、诽谤行为导致群体性事件,严重影响社会秩序的;(二)因侮辱、诽谤外交使节、来访的外国国家元首、政府首脑等人员,造成恶劣国际影响的;(三)因侮辱、诽谤行为给国家利益造成严重危害的其他情形。公安机关在接到公民对侮辱、诽谤行为的报案、控告或者举报后,首先要认真审查,判明是否属于公安机关管辖。对于符合上述情形,但通过公诉可能对国家利益和国家形象造成更大损害的,可以通过其他方式予以处理。对于经过审查认为不属于上述情形但涉嫌犯罪的侮辱、诽谤案件,公安机关应当问明情况,制作笔录,并将案件材料移交有管辖权的人民法院,同时向当事人说明此类案件依照法律规定属于自诉案件,不属公安机关管辖,告知其到人民法院自行提起诉讼。公安机关在立案前的审查过程中,不得对有关人员和财产采取强制性措施。对于不构成犯罪但违反《治安管理处罚法》的,要通过治安调解,最大限度地化解矛盾和纠纷;对于调解不成的,应依法给予治安管理处罚。公安机关在办理侮辱、诽谤案件时,要深入细致,辨法析理,努力争取让违法犯罪行为人和被侵害人心悦诚服地接受处理结果,化消极因素为积极因素,取得法律效果和社会效果的统一。

三、切实加强对办理侮辱、诽谤案件的执法监督。对于侮辱、诽谤案件,公安机关经过审查,认为具有严重危害社会秩序和国家利益的情形,需要追究刑事责任的,应当报经上一级公安机关同意后立案侦查;立案后需要采取强制措施的,应当在采取强制措施前报经上一级公安机关同意。对于可能引起较大社会影响的侮辱、诽谤治安案件,在作出行政拘留处罚决定前,应当报经上一级公安机关同意。对于不按照规定报告上级公安机关,或者不服从上级公安机关命令,违反规定对应当自诉的和不构成犯罪的侮辱、诽谤案件立案侦查的,要严肃追究有关责任人员和主管人员的相应责任。

四、高度重视办理侮辱、诽谤案件的舆论引导。公安机关办理侮辱、诽谤案件,在准确把握法律界限,严格依法办案的同时,要保持高度的政治敏感性。对可能引起社会炒作的,要提前做好应对准备。舆论引导要注意把握好时机,信息发布要做到准确、权威,避免引发不安定因素,影响案件正确处理。

各地接到本通知后,要认真贯彻落实,并立即向党委、政府汇报,争取党委、政府的理解和支持。执行中遇到的问题,请及时报部。

（四）妨害社会管理的行为和处罚

中华人民共和国集会游行示威法

（1989年10月31日第七届全国人民代表大会常务委员会第十次会议通过　1989年10月31日中华人民共和国主席令第20号公布　根据2009年8月27日第十一届全国人民代表大会常务委员会第十次会议《关于修改部分法律的决定》修正）

目　　录

第一章　总　　则
第二章　集会游行示威的申请和许可
第三章　集会游行示威的举行
第四章　法律责任
第五章　附　　则

第一章　总　　则

第一条　为了保障公民依法行使集会、游行、示威的权利，维护社会安定和公共秩序，根据宪法，制定本法。

第二条　在中华人民共和国境内举行集会、游行、示威，均适用本法。

本法所称集会，是指聚集于露天公共场所，发表意见、表达意愿的活动。

本法所称游行，是指在公共道路、露天公共场所列队行进、表达共同意愿的活动。

本法所称示威，是指在露天公共场所或者公共道路上以集会、游行、静坐等方式，表达要求、抗议或者支持、声援等共同意愿的活动。

文娱、体育活动，正常的宗教活动，传统的民间习俗活动，不适用本法。

第三条 公民行使集会、游行、示威的权利,各级人民政府应当依照本法规定,予以保障。

第四条 公民在行使集会、游行、示威的权利的时候,必须遵守宪法和法律,不得反对宪法所确定的基本原则,不得损害国家的、社会的、集体的利益和其他公民的合法的自由和权利。

第五条 集会、游行、示威应当和平地进行,不得携带武器、管制刀具和爆炸物,不得使用暴力或者煽动使用暴力。

第六条 集会、游行、示威的主管机关,是集会、游行、示威举行地的市、县公安局、城市公安分局;游行、示威路线经过两个以上区、县的,主管机关为所经过区、县的公安机关的共同上一级公安机关。

第二章 集会游行示威的申请和许可

第七条 举行集会、游行、示威,必须依照本法规定向主管机关提出申请并获得许可。

下列活动不需申请:

(一)国家举行或者根据国家决定举行的庆祝、纪念等活动;

(二)国家机关、政党、社会团体、企业事业组织依照法律、组织章程举行的集会。

第八条 举行集会、游行、示威,必须有负责人。

依照本法规定需要申请的集会、游行、示威,其负责人必须在举行日期的五日前向主管机关递交书面申请。申请书中应当载明集会、游行、示威的目的、方式、标语、口号、人数、车辆数、使用音响设备的种类与数量、起止时间、地点(包括集合地和解散地)、路线和负责人的姓名、职业、住址。

第九条 主管机关接到集会、游行、示威申请书后,应当在申请举行日期的二日前,将许可或者不许可的决定书面通知其负责人。不许可的,应当说明理由。逾期不通知的,视为许可。

确因突然发生的事件临时要求举行集会、游行、示威的,必须立即报告主管机关;主管机关接到报告后,应当立即审查决定许可或者不许可。

第十条 申请举行集会、游行、示威要求解决具体问题的,主管机关接到申请书后,可以通知有关机关或者单位同集会、游行、示威的负责人协商解决问题,并可以将申请举行的时间推迟五日。

第十一条 主管机关认为按照申请的时间、地点、路线举行集会、游行、示威,将对交通秩序和社会秩序造成严重影响的,在决定许可时或者决定许可后,可以变更举行集会、游行、示威的时间、地点、路线,并及时通知其负责人。

第十二条 申请举行的集会、游行、示威,有下列情形之一的,不予许可:

(一)反对宪法所确定的基本原则的;

(二)危害国家统一、主权和领土完整的;

(三)煽动民族分裂的;

(四)有充分根据认定申请举行的集会、游行、示威将直接危害公共安全或者严重破坏社会秩序的。

第十三条 集会、游行、示威的负责人对主管机关不许可的决定不服的,可以自接到决定通知之日起三日内,向同级人民政府申请复议,人民政府应当自接到申请复议书之日起三日内作出决定。

第十四条 集会、游行、示威的负责人在提出申请后接到主管机关通知前,可以撤回申请;接到主管机关许可的通知后,决定不举行集会、游行、示威的,应当及时告知主管机关,参加人已经集合的,应当负责解散。

第十五条 公民不得在其居住地以外的城市发动、组织、参加当地公民的集会、游行、示威。

第十六条 国家机关工作人员不得组织或者参加违背有关法律、法规规定的国家机关工作人员职责、义务的集会、游行、示威。

第十七条 以国家机关、社会团体、企业事业组织的名义组织或者参加集会、游行、示威,必须经本单位负责人批准。

第三章 集会游行示威的举行

第十八条 对于依法举行的集会、游行、示威,主管机关应当派出人民警察维持交通秩序和社会秩序,保障集会、游行、示威的顺利进行。

第十九条 依法举行的集会、游行、示威,任何人不得以暴力、胁迫或者其他非法手段进行扰乱、冲击和破坏。

第二十条 为了保障依法举行的游行的行进,负责维持交通秩序的人民警察可以临时变通执行交通规则的有关规定。

第二十一条 游行在行进中遇有不可预料的情况,不能按照许可的路线行进时,人民警察现场负责人有权改变游行队伍的行进路线。

第二十二条 集会、游行、示威在国家机关、军事机关、广播电台、电视台、外国驻华使馆领馆等单位所在地举行或者经过的,主管机关为了维持秩序,可以在附近设置临时警戒线,未经人民警察许可,不得逾越。

第二十三条 在下列场所周边距离十米至三百米内,不得举行集会、游行、示威,经国务院或者省、自治区、直辖市的人民政府批准的除外:

(一)全国人民代表大会常务委员会、国务院、中央军事委员会、最高人民法院、最高人民检察院的所在地;

(二)国宾下榻处;

(三)重要军事设施;

(四)航空港、火车站和港口。

前款所列场所的具体周边距离,由省、自治区、直辖市的人民政府规定。

第二十四条 举行集会、游行、示威的时间限于早六时至晚十时,经当地人民政府决定或者批准的除外。

第二十五条 集会、游行、示威应当按照许可的目的、方式、标语、口号、起止时间、地点、路线及其他事项进行。

集会、游行、示威的负责人必须负责维持集会、游行、示威的秩序,并严格防止其他人加入。

集会、游行、示威的负责人在必要时,应当指定专人协助人民警察维持秩序。负责维持秩序的人员应当佩戴标志。

第二十六条 举行集会、游行、示威,不得违反治安管理法规,不得进行犯罪活动或者煽动犯罪。

第二十七条 举行集会、游行、示威,有下列情形之一的,人民警察应当予以制止:

(一)未依照本法规定申请或者申请未获许可的;

(二)未按照主管机关许可的目的、方式、标语、口号、起止时间、地点、路线进行的;

(三)在进行中出现危害公共安全或者严重破坏社会秩序情况的。

有前款所列情形之一,不听制止的,人民警察现场负责人有权命令解散;拒不解散的,人民警察现场负责人有权依照国家有关规定决定采取必要手段强行驱散,并对拒不服从的人员强行带离现场或者立即予以拘留。

参加集会、游行、示威的人员越过依照本法第二十二条规定设置的临时警戒线、进入本法第二十三条所列不得举行集会、游行、示威的特定场所周边一定范围或者有其他违法犯罪行为的,人民警察可以将其强行带离现场或者立即予以拘留。

第四章　法　律　责　任

第二十八条　举行集会、游行、示威,有违反治安管理行为的,依照治安管理处罚法有关规定予以处罚。

举行集会、游行、示威,有下列情形之一的,公安机关可以对其负责人和直接责任人员处以警告或者十五日以下拘留:

(一)未依照本法规定申请或者申请未获许可的;

(二)未按照主管机关许可的目的、方式、标语、口号、起止时间、地点、路线进行,不听制止的。

第二十九条　举行集会、游行、示威,有犯罪行为的,依照刑法有关规定追究刑事责任。

携带武器、管制刀具或者爆炸物的,依照刑法有关规定追究刑事责任。

未依照本法规定申请或者申请未获许可,或者未按照主管机关许可的起止时间、地点、路线进行,又拒不服从解散命令,严重破坏社会秩序的,对集会、游行、示威的负责人和直接责任人员依照刑法有关规定追究刑事责任。

包围、冲击国家机关,致使国家机关的公务活动或者国事活动不能正常进行的,对集会、游行、示威的负责人和直接责任人员依照刑法有关规定追究刑事责任。

占领公共场所、拦截车辆行人或者聚众堵塞交通,严重破坏公共场所秩序、交通秩序的,对集会、游行、示威的负责人和直接责任人员依照刑法有关规定追究刑事责任。

第三十条　扰乱、冲击或者以其他方法破坏依法举行的集会、游行、示威的,公安机关可以处以警告或者十五日以下拘留;情节严重,构成犯罪的,依照刑法有关规定追究刑事责任。

第三十一条　当事人对公安机关依照本法第二十八条第二款或者第三十条的规定给予的拘留处罚决定不服的,可以自接到处罚决定通知之日起五日内,向上一级公安机关提出申诉,上一级公安机关应当自接到申诉之日起五日内作出裁决;对上一级公安机关裁决不服的,可以自接到裁决通知之日起五日内,向人民法院提起诉讼。

第三十二条　在举行集会、游行、示威过程中,破坏公私财物或者侵害他人身体造成伤亡的,除依照刑法或者治安管理处罚法的有关规定可以予以处罚外,还应当依法承担赔偿责任。

第三十三条　公民在本人居住地以外的城市发动、组织当地公民的集会、游行、示威的,公安机关有权予以拘留或者强行遣回原地。

第五章　附　则

第三十四条　外国人在中国境内举行集会、游行、示威,适用本法规定。

外国人在中国境内未经主管机关批准不得参加中国公民举行的集会、游行、示威。

第三十五条　国务院公安部门可以根据本法制定实施条例,报国务院批准施行。

省、自治区、直辖市的人民代表大会常务委员会可以根据本法制定实施办法。

第三十六条　本法自公布之日起施行。

中华人民共和国集会游行示威法实施条例

(1992年5月12日国务院批准　1992年6月16日公安部令第8号发布　根据2011年1月8日国务院令第588号《国务院关于废止和修改部分行政法规的决定》修订)

第一章　总　则

第一条　根据《中华人民共和国集会游行示威法》(以下简称《集会游行示威法》),制定本条例。

第二条　各级人民政府应当依法保障公民行使集会、游行、示威的权利,维护社会安定和公共秩序,保障依法举行的集会、游行、示威不受任何人以暴力、胁迫或者其他非法手段进行扰乱、冲击和破坏。

第三条 《集会游行示威法》第二条所称露天公共场所是指公众可以自由出入的或者凭票可以进入的室外公共场所,不包括机关、团体、企业事业组织管理的内部露天场所;公共道路是指除机关、团体、企业事业组织内部的专用道路以外的道路和水路。

第四条 文娱、体育活动,正常的宗教活动,传统的民间习俗活动,由各级人民政府或者有关主管部门依照有关的法律、法规和国家其他有关规定进行管理。

第五条 《集会游行示威法》第五条所称武器是指各种枪支、弹药以及其他可用于伤害人身的器械;管制刀具是指匕首、三棱刀、弹簧刀以及其他依法管制的刀具;爆炸物是指具有爆发力和破坏性能,瞬间可以造成人员伤亡、物品毁损的一切爆炸物品。

前款所列武器、管制刀具、爆炸物,在集会、游行、示威中不得携带,也不得运往集会、游行、示威的举行地。

第六条 依照《集会游行示威法》第七条第二款的规定,举行不需要申请的活动,应当维护交通秩序和社会秩序。

第七条 集会、游行、示威由举行地的市、县公安局、城市公安分局主管。

游行、示威路线在同一直辖市、省辖市、自治区辖市或者省、自治区人民政府派出机关所在地区经过两个以上区、县的,由该市公安局或者省、自治区人民政府派出机关的公安处主管;在同一省、自治区行政区域内经过两个以上省辖市、自治区辖市或者省、自治区人民政府派出机关所在地区的,由所在省、自治区公安厅主管;经过两个以上省、自治区、直辖市的,由公安部主管,或者由公安部授权的省、自治区、直辖市公安机关主管。

第二章 集会游行示威的申请和许可

第八条 举行集会、游行、示威,必须有负责人。

下列人员不得担任集会、游行、示威的负责人:

(一)无行为能力人或者限制行为能力人;

(二)被判处刑罚尚未执行完毕的;

(三)正在被劳动教养的;

(四)正在被依法采取刑事强制措施或者法律规定的其他限制人身自由措施的。

第九条 举行集会、游行、示威,必须由其负责人向本条例第七条规定的主管公安机关亲自递交书面申请;不是由负责人亲自递交书面申请的,主管公安机关不予受理。

集会、游行、示威的负责人在递交书面申请时,应当出示本人的居民身份证或者其他有效证件,并如实填写申请登记表。

第十条 主管公安机关接到集会、游行、示威的申请书后,应当及时审查,在法定期限内作出许可或者不许可的书面决定;决定书应当载明许可的内容,或者不许可的理由。

决定书应当在申请举行集会、游行、示威日的 2 日前送达其负责人,由负责人在送达通知书上签字。负责人拒绝签收的,送达人应当邀请其所在地基层组织的代表或者其他人作为见证人到场说明情况,在送达通知书上写明拒收的事由和日期,由见证人、送达人签名,将决定书留在负责人的住处,即视为已经送达。

事前约定送达的具体时间、地点,集会、游行、示威的负责人不在约定的时间、地点等候而无法送达的,视为自行撤销申请;主管公安机关未按约定的时间、地点送达的,视为许可。

第十一条 申请举行集会、游行、示威要求解决具体问题的,主管公安机关应当自接到申请书之日起 2 日内将《协商解决具体问题通知书》分别送交集会、游行、示威的负责人和有关机关或者单位,必要时可以同时送交有关机关或者单位的上级主管部门。有关机关或者单位和申请集会、游行、示威的负责人,应当自接到公安机关的《协商解决具体问题通知书》的次日起 2 日内进行协商。达成协议的,协议书经双方负责人签字后,由有关机关或者单位及时送交主管公安机关;未达成协议或者自接到《协商解决具体问题通知书》的次日起 2 日内未进行协商,申请人坚持举行集会、游行、示威的,有关机关或者单位应当及时通知主管公安机关,主管公安机关应当依照本条例第十条规定的程序及时作出许可或者不许可的决定。

主管公安机关通知协商解决具体问题的一方或者双方在外地的,《协商解决具体问题通知书》、双方协商达成的协议书或者未达成协议的通知,送交的开始日和在路途上的时间不计算在法定期间内。

第十二条 依照《集会游行示威法》第十五条的规定,公民不得在其居住地以外的城市发动、组织、参加当地公民的集会、游行、示威。本条所称居住地,是指公民常住户口所在地或者向暂住地户口登记机关办理了暂住登记并持续居住半年以上的地方。

第十三条　主管公安机关接到举行集会、游行、示威的申请书后,在决定许可时,有下列情形之一的,可以变更举行集会、游行、示威的时间、地点、路线,并及时通知其负责人:

(一)举行时间在交通高峰期,可能造成交通较长时间严重堵塞的;

(二)举行地或者行经路线正在施工,不能通行的;

(三)举行地为渡口、铁路道口或者是毗邻国(边)境的;

(四)所使用的机动车辆不符合道路养护规定的;

(五)在申请举行集会、游行、示威的同一时间、地点有重大国事活动的;

(六)在申请举行集会、游行、示威的同一时间、地点、路线已经许可他人举行集会、游行、示威的。

主管公安机关在决定许可时,认为需要变更举行集会、游行、示威的时间、地点、路线的,应当在许可决定书中写明。

在决定许可后,申请举行集会、游行、示威的地点、经过的路段发生自然灾害事故、治安灾害事故,尚在进行抢险救灾,举行日前不能恢复正常秩序的,主管公安机关可以变更举行集会、游行、示威的时间、地点、路线,但是应当将《集会游行示威事项变更决定书》于申请举行之日前送达集会、游行、示威的负责人。

第十四条　集会、游行、示威的负责人对主管公安机关不许可的决定不服的,可以自接到不许可决定书之日起3日内向同级人民政府申请复议。人民政府应当自接到复议申请书之日起3日内作出维持或者撤销主管公安机关原决定的复议决定,并将《集会游行示威复议决定书》送达集会、游行、示威的负责人,同时将副本送作出原决定的主管公安机关。人民政府作出的复议决定,主管公安机关和集会、游行、示威的负责人必须执行。

第十五条　集会、游行、示威的负责人在提出申请后接到主管公安机关的通知前,撤回申请的,应当及时到受理申请的主管公安机关办理撤回手续。

集会、游行、示威的负责人接到主管公安机关许可的通知或者人民政府许可的复议决定后,决定不举行集会、游行、示威的,应当在原定举行集会、游行、示威的时间前到原受理的主管公安机关或者人民政府交回许可决定书或者复议决定书。

第十六条 以国家机关、社会团体、企业事业组织的名义组织或者参加集会、游行、示威的,其负责人在递交申请书时,必须同时递交该国家机关、社会团体、企业事业组织负责人签署并加盖公章的证明文件。

第三章 集会游行示威的举行

第十七条 对依法举行的集会,公安机关应当根据实际需要,派出人民警察维持秩序,保障集会的顺利举行。

对依法举行的游行、示威,负责维持秩序的人民警察应当在主管公安机关许可举行游行、示威的路线或者地点疏导交通,防止他人扰乱、破坏游行、示威秩序,必要时还可以临时变通执行交通规则的有关规定,保障游行、示威的顺利进行。

第十八条 负责维持交通秩序和社会秩序的人民警察,由主管公安机关指派的现场负责人统一指挥。人民警察现场负责人应当同集会、游行、示威的负责人保持联系。

第十九条 游行队伍在行进中遇有前方路段临时发生自然灾害事故、交通事故及其他治安灾害事故,或者游行队伍之间、游行队伍与围观群众之间发生严重冲突和混乱,以及突然发生其他不可预料的情况,致使游行队伍不能按照许可的路线行进时,人民警察现场负责人有权临时决定改变游行队伍的行进路线。

第二十条 主管公安机关临时设置的警戒线,应当有明显的标志,必要时还可以设置障碍物。

第二十一条 《集会游行示威法》第二十三条所列不得举行集会、游行、示威的场所的周边距离,是指自上述场所的建筑物周边向外扩展的距离;有围墙或者栅栏的,从围墙或者栅栏的周边开始计算。不得举行集会、游行、示威的场所具体周边距离,由省、自治区、直辖市人民政府规定并予以公布。

省、自治区、直辖市人民政府规定不得举行集会、游行、示威的场所具体周边距离,应当有利于保护上述场所的安全和秩序,同时便于合法的集会、游行、示威的举行。

第二十二条 集会、游行、示威的负责人必须负责维持集会、游行、示威的秩序,遇有其他人加入集会、游行、示威队伍的,应当进行劝阻;对不听劝阻的,应当立即报告现场维持秩序的人民警察。人民警察接到报告后,应当予以制止。

集会、游行、示威的负责人指定协助人民警察维持秩序的人员所佩戴的标志,应当在举行日前将式样报主管公安机关备案。

第二十三条　依照《集会游行示威法》第二十七条的规定,对非法举行集会、游行、示威或者在集会、游行、示威进行中出现危害公共安全或者严重破坏社会秩序情况的,人民警察有权立即予以制止。对不听制止,需要命令解散的,应当通过广播、喊话等明确方式告知在场人员在限定时间内按照指定通道离开现场。对在限定时间内拒不离去的,人民警察现场负责人有权依照国家有关规定,命令使用警械或者采用其他警用手段强行驱散;对继续滞留现场的人员,可以强行带离现场或者立即予以拘留。

第四章　法律责任

第二十四条　拒绝、阻碍人民警察依法执行维持交通秩序和社会秩序职务,应当给予治安管理处罚的,依照治安管理处罚法的规定予以处罚;构成犯罪的,依法追究刑事责任。

违反本条例第五条的规定,尚不构成犯罪的,依照治安管理处罚法的规定予以处罚。

第二十五条　依照《集会游行示威法》第二十九条、第三十条的规定,需要依法追究刑事责任的,由举行地主管公安机关依照刑事诉讼法规定的程序办理。

第二十六条　依照《集会游行示威法》第三十三条的规定予以拘留的,公安机关应当在 24 小时内进行讯问;需要强行遣回原地的,由行为地的主管公安机关制作《强行遣送决定书》,并派人民警察执行。负责执行的人民警察应当将被遣送人送回其居住地,连同《强行遣送决定书》交给被遣送人居住地公安机关,由居住地公安机关依法处理。

第二十七条　依照《集会游行示威法》第二十八条、第三十条以及本条例第二十四条的规定,对当事人给予治安管理处罚的,依照治安管理处罚法规定的程序,由行为地公安机关决定和执行。被处罚人对处罚决定不服的,可以申请复议;对上一级公安机关的复议决定不服的,可以依照法律规定向人民法院提起诉讼。

第二十八条　对于依照《集会游行示威法》第二十七条的规定被强行

带离现场或者立即予以拘留的,公安机关应当在 24 小时以内进行讯问。不需要追究法律责任的,可以令其具结悔过后释放;需要追究法律责任的,依照有关法律规定办理。

第二十九条 在举行集会、游行、示威的过程中,破坏公私财物或者侵害他人身体造成伤亡的,应当依法承担赔偿责任。

第五章 附 则

第三十条 外国人在中国境内举行集会、游行、示威,适用本条例的规定。

外国人在中国境内要求参加中国公民举行的集会、游行、示威的,集会、游行、示威的负责人在申请书中应当载明;未经主管公安机关批准,不得参加。

第三十一条 省、自治区、直辖市的人民代表大会常务委员会根据《集会游行示威法》制定的实施办法适用于本行政区域;与本条例相抵触的,以本条例为准。

第三十二条 本条例具体应用中的问题由公安部负责解释。

第三十三条 本条例自发布之日起施行。

公安部关于公民申请个人集会游行示威如何处置的批复

(2007 年 12 月 14 日 公复字〔2007〕7 号)

天津市公安局:

你局《关于公民申请个人集会游行示威如何处置的请示》(津公治〔2007〕630 号)收悉。现批复如下:

《中华人民共和国集会游行示威法》中的集会游行示威,是指公民表达共同意愿的活动。公民申请个人举行集会游行示威的,公安机关依法不予受理。

中华人民共和国传染病防治法(节录)

(1989年2月21日第七届全国人民代表大会常务委员会第六次会议通过 2004年8月28日第十届全国人民代表大会常务委员会第十一次会议第一次修订 根据2013年6月29日第十二届全国人民代表大会常务委员会第三次会议《关于修改〈中华人民共和国文物保护法〉等十二部法律的决定》修正 2025年4月30日第十四届全国人民代表大会常务委员会第十五次会议第二次修订)

第三条 本法所称传染病,分为甲类传染病、乙类传染病、丙类传染病,以及突发原因不明的传染病等其他传染病。

甲类传染病,是指对人体健康和生命安全危害特别严重,可能造成重大经济损失和社会影响,需要特别严格管理、控制疫情蔓延的传染病,包括鼠疫、霍乱。

乙类传染病,是指对人体健康和生命安全危害严重,可能造成较大经济损失和社会影响,需要严格管理、降低发病率、减少危害的传染病,包括新型冠状病毒感染、传染性非典型肺炎、艾滋病、病毒性肝炎、脊髓灰质炎、人感染新亚型流感、麻疹、流行性出血热、狂犬病、流行性乙型脑炎、登革热、猴痘、炭疽、细菌性和阿米巴性痢疾、肺结核、伤寒和副伤寒、流行性脑脊髓膜炎、百日咳、白喉、新生儿破伤风、猩红热、布鲁氏菌病、淋病、梅毒、钩端螺旋体病、血吸虫病、疟疾。

丙类传染病,是指常见多发,对人体健康和生命安全造成危害,可能造成一定程度的经济损失和社会影响,需要关注流行趋势、控制暴发和流行的传染病,包括流行性感冒、流行性腮腺炎、风疹、急性出血性结膜炎、麻风病、流行性和地方性斑疹伤寒、黑热病、包虫病、丝虫病、手足口病,除霍乱、细菌性和阿米巴性痢疾、伤寒和副伤寒以外的感染性腹泻病。

国务院疾病预防控制部门根据传染病暴发、流行情况和危害程度,及时提出调整各类传染病目录的建议。调整甲类传染病目录,由国务院卫生健康主管部门报经国务院批准后予以公布；调整乙类、丙类传染病目录，由国务院卫生健康主管部门批准、公布。

第四条 突发原因不明的传染病需要采取本法规定的甲类传染病预防、控制措施的，国务院疾病预防控制部门及时提出建议，由国务院卫生健康主管部门报经国务院批准后予以公布。

对乙类传染病中的传染性非典型肺炎、炭疽中的肺炭疽，采取本法规定的甲类传染病预防、控制措施。其他乙类传染病需要采取本法规定的甲类传染病预防、控制措施的，依照前款规定的程序批准、公布。

需要解除依照本条规定采取的甲类传染病预防、控制措施的，国务院疾病预防控制部门及时提出建议，由国务院卫生健康主管部门报经国务院批准后予以公布。

依照本法规定采取甲类传染病预防、控制措施的传染病，适用本法有关甲类传染病的规定。

第五条 省级人民政府对本行政区域常见多发的其他传染病，可以根据情况决定按照乙类或者丙类传染病管理并予以公布，报国务院疾病预防控制部门备案。

第六条 国家建立健全传染病防治体制机制，明确属地、部门、单位和个人责任，实行联防联控、群防群控。

第七条 各级人民政府加强对传染病防治工作的领导。

县级以上人民政府建立健全传染病防治的疾病预防控制、医疗救治、应急处置、物资保障和监督管理体系，加强传染病防治能力建设。

第八条 国务院卫生健康主管部门牵头组织协调全国传染病疫情应对工作，负责全国传染病医疗救治的组织指导工作。国务院疾病预防控制部门负责全国传染病预防、控制的组织指导工作，负责全国传染病疫情应对相关工作。国务院其他有关部门在各自职责范围内负责传染病防治有关工作。

县级以上地方人民政府卫生健康主管部门牵头组织协调本行政区域传染病疫情应对工作，负责本行政区域传染病医疗救治的组织指导工作。县级以上地方人民政府疾病预防控制部门负责本行政区域传染病预防、控制的组织指导工作，负责本行政区域传染病疫情应对相关工作。县级以上地方人民政府其他有关部门在各自职责范围内负责传染病防治有关工作。

中国人民解放军、中国人民武装警察部队的传染病防治工作，依照本法和中央军事委员会的有关规定办理,由中央军事委员会负责卫生工作的部门实施监督管理。

第九条 国务院和县级以上地方人民政府的重大传染病疫情联防联控机制开展疫情会商研判,组织协调、督促推进疫情防控工作。

发生重大传染病疫情,构成突发公共卫生事件的,国务院和县级以上地方人民政府依照有关突发公共卫生事件应对的法律、行政法规规定设立应急指挥机构、启动应急响应。

第十四条 中华人民共和国领域内的一切单位和个人应当支持传染病防治工作,接受和配合为预防、控制、消除传染病危害依法采取的调查、采集样本、检验检测、隔离治疗、医学观察等措施,根据传染病预防、控制需要采取必要的防护措施。

国家支持和鼓励单位和个人参与传染病防治工作。各级人民政府应当完善有关制度,提供便利措施,引导单位和个人参与传染病防治的宣传教育、疫情报告、志愿服务和捐赠等活动。

第十五条 疾病预防控制部门、街道办事处和乡镇人民政府应当开展群防群控工作,指导居民委员会、村民委员会协助做好城乡社区的传染病预防、控制工作。

居民委员会、村民委员会应当协助县级以上人民政府及其有关部门、街道办事处和乡镇人民政府做好城乡社区传染病预防、控制的宣传教育、健康提示以及疫情防控工作,组织城乡居民参与城乡社区的传染病预防、控制活动。

县级以上人民政府及其有关部门、街道办事处和乡镇人民政府应当为居民委员会、村民委员会开展传染病预防、控制工作提供必要的支持和保障。

第十六条 国家和社会应当关心、帮助传染病患者、病原携带者和疑似患者,使其得到及时救治。

任何单位或者个人不得歧视传染病患者、病原携带者和疑似患者,不得泄露个人隐私、个人信息。

第十七条 采取传染病预防、控制措施,应当依照法定权限和程序,与传染病暴发、流行和可能造成危害的程度、范围等相适应;有多种措施可供选择的,应当选择有利于最大程度保护单位和个人合法权益,且对他人权益损害和生产生活影响较小的措施,并根据情况变化及时调整。

单位和个人认为有关地方人民政府、卫生健康主管部门、疾病预防控制部门和其他有关部门，以及疾病预防控制机构、医疗机构等实施的相关行政行为或者传染病预防、控制措施，侵犯其合法权益的，可以依法申请行政复议、提起诉讼。

第五十六条 县级以上人民政府疾病预防控制部门与同级人民政府教育、公安、民政、司法行政、生态环境、农业农村、市场监督管理、林业草原、中医药等部门建立传染病疫情通报机制，及时共享传染病疫情信息。

传染病暴发、流行时，国务院卫生健康、疾病预防控制、外交、工业和信息化、公安、交通运输、铁路、民用航空、海关、移民管理等部门以及中国人民解放军、中国人民武装警察部队的有关单位和部门等建立工作机制，及时共享传染病疫情信息。

第五十七条 国家建立健全传染病疫情信息公布制度。

国务院疾病预防控制部门定期向社会公布全国传染病疫情信息。县级以上地方人民政府疾病预防控制部门定期向社会公布本行政区域的传染病疫情信息。

传染病暴发、流行时，县级以上地方人民政府疾病预防控制部门应当及时、准确地向社会公布本行政区域传染病名称、流行传播范围以及确诊病例、疑似病例、死亡病例数量等传染病疫情信息。传染病跨省级行政区域暴发、流行时，国务院疾病预防控制部门应当及时、准确地向社会公布上述信息。

县级以上人民政府疾病预防控制部门发现虚假或者不完整传染病疫情信息的，应当及时发布准确的信息予以澄清。

传染病疫情信息公布的具体办法由国务院疾病预防控制部门制定。

第六十三条 传染病暴发、流行时，县级以上地方人民政府应当立即组织力量，按照传染病预防控制应急预案进行防治，控制传染源，切断传染病的传播途径；发生重大传染病疫情，经评估必要时，可以采取下列紧急措施：

（一）限制或者停止集市、影剧院演出或者其他人群聚集的活动；

（二）停工、停业、停课；

（三）封闭或者封存被传染病病原体污染的公共饮用水源、食品以及相关物品；

（四）控制或者扑杀、无害化处理染疫动物；

(五)封闭可能造成传染病扩散的场所;

(六)防止传染病传播的其他必要措施。

县级以上地方人民政府采取前款规定的紧急措施,应当同时向上一级人民政府报告。接到报告的上级人民政府认为采取的紧急措施不适当的,应当立即调整或者撤销。

必要时,国务院或者国务院授权的部门可以决定在全国或者部分区域采取本条第一款规定的紧急措施。

第六十四条 对已经发生甲类传染病病例的场所或者该场所内的特定区域的人员,所在地县级以上地方人民政府可以实施隔离措施,同时向上一级人民政府报告。接到报告的上级人民政府认为实施的隔离措施不适当的,应当立即调整或者撤销。

被实施隔离措施的人员应当予以配合;拒绝执行隔离措施的,由公安机关协助疾病预防控制机构采取强制隔离措施。

第九十九条 卫生健康、疾病预防控制等部门发现涉嫌传染病防治相关犯罪的,应当按照有关规定及时将案件移送公安机关。对移送的案件,公安机关应当及时审查处理。

对依法不需要追究刑事责任或者免予刑事处罚,但依法应当追究行政责任的,公安机关、人民检察院、人民法院应当及时将案件移送卫生健康、疾病预防控制等部门,有关部门应当依法处理。

公安机关、人民检察院、人民法院商请卫生健康、疾病预防控制等部门提供检验检测结论、认定意见以及对涉案物品进行无害化处置等协助的,有关部门应当及时予以协助。

第一百零六条 违反本法规定,交通运输、邮政、快递经营单位未优先运送参与传染病疫情防控的人员以及传染病疫情防控所需的药品、医疗器械和其他应急物资的,由交通运输、铁路、民用航空、邮政管理部门依据职责责令改正,给予警告;造成严重后果的,并处一万元以上十万元以下罚款,对直接负责的主管人员和其他直接责任人员依法给予处分。

第一百零七条 违反本法规定,有下列情形之一的,由县级以上人民政府疾病预防控制部门责令改正,给予警告,没收违法所得,可以并处二十万元以下罚款;情节严重的,可以由原发证部门依法吊销相关许可证,对直接负责的主管人员和其他直接责任人员可以禁止其五年内从事相应生产经营活动:

（一）饮用水供水单位未取得卫生许可擅自供水，或者供应的饮用水不符合国家卫生标准和卫生规范造成或者可能造成传染病传播、暴发、流行；

（二）生产、销售未取得卫生许可的涉及饮用水卫生安全的产品，或者生产、销售的涉及饮用水卫生安全的产品不符合国家卫生标准和卫生规范；

（三）未取得卫生许可生产用于传染病防治的消毒产品，或者生产、销售的用于传染病防治的消毒产品不符合国家卫生标准和卫生规范；

（四）生产、销售未取得卫生许可的利用新材料、新工艺技术和新杀菌原理生产的消毒剂和消毒器械；

（五）出售、运输本法第六十六条规定的受影响的相关区域中被传染病病原体污染或者可能被传染病病原体污染的物品，未进行消毒处理。

第一百零八条 违反本法规定，有下列情形之一的，由县级以上人民政府卫生健康、疾病预防控制等部门依据职责责令改正，给予警告或者通报批评，没收违法所得，可以并处十万元以下罚款；情节严重的，可以由原发证部门依法吊销相关许可证，对直接负责的主管人员和其他直接责任人员依法给予处分，并可以由原发证部门责令有关责任人员暂停六个月以上一年以下执业活动直至依法吊销执业证书：

（一）疾病预防控制机构、医疗机构的实验室和从事病原微生物实验的单位，不符合国家规定的条件和技术标准，对传染病病原体和样本未按照规定的措施实行严格管理；

（二）违反国家有关规定，采集、保藏、提供、携带、运输、使用病原微生物菌（毒）种和传染病检测样本；

（三）医疗机构、疾病预防控制机构、检验检测机构未按照传染病检验检测技术规范和标准开展检验检测活动，或者出具虚假检验检测报告；

（四）生产、销售应当备案而未备案的消毒剂、消毒器械以及抗（抑）菌剂；

（五）公共场所、学校、托育机构的卫生条件和传染病预防、控制措施不符合国家卫生标准和卫生规范。

第一百零九条 违反本法规定，在国家确认的自然疫源地兴建水利、交通、旅游、能源等大型建设项目，未经卫生调查进行施工，或者未按照疾病预防控制机构的意见采取必要的传染病预防、控制措施的，由县级以上人民政府疾病预防控制部门责令限期改正，给予警告，并处十万元以上五十万元以下罚款;逾期不改正的,处五十万元以上一百万元以下罚款,提请有关人民政府依据职责权限责令停建、拆除,对直接负责的主管人员和其他直接责任人员依法给予处分。

第一百一十条 违反本法规定,县级以上人民政府卫生健康主管部门、疾病预防控制部门或者其他有关部门未依法履行个人信息保护义务的,由本级人民政府或者上级人民政府有关部门责令改正,通报批评;情节严重的,对负有责任的领导人员和直接责任人员依法给予处分。

医疗机构、疾病预防控制机构泄露传染病患者、病原携带者、疑似患者或者上述人员的密切接触者的个人隐私或者个人信息的,由县级以上人民政府卫生健康主管部门、疾病预防控制部门依据职责责令改正,给予警告或者通报批评,可以并处五万元以下罚款,对直接负责的主管人员和其他直接责任人员依法给予处分,对有关责任人员依照有关医师、护士管理等法律、行政法规规定追究法律责任。

传染病防治中其他未依法履行个人信息保护义务的,依照有关个人信息保护的法律、行政法规规定追究法律责任。

第一百一十一条 违反本法规定,有下列情形之一的,由县级以上人民政府疾病预防控制部门责令改正,给予警告,对违法的单位可以并处二万元以下罚款,对违法的个人可以并处一千元以下罚款;情节严重的,由原发证部门依法吊销相关许可证或者营业执照:

(一)拒不执行人民政府及其有关部门依法采取的传染病疫情防控措施;

(二)拒不接受和配合疾病预防控制机构依法采取的传染病疫情防控措施;

(三)拒不接受和配合疾病预防控制机构开展的流行病学调查,或者在流行病学调查中故意隐瞒传染病病情、传染病接触史或者传染病暴发、流行地区旅行史;

(四)甲类传染病患者、病原携带者、疑似患者或者上述人员的密切接触者拒绝接受和配合依法采取的隔离治疗、医学观察措施,或者隔离治疗、医学观察的期限未满擅自脱离;

(五)故意传播传染病;

(六)故意编造、散布虚假传染病疫情信息;

(七)其他妨害依法采取的传染病疫情防控措施的行为。

安排传染病患者、病原携带者、疑似患者从事法律、行政法规和国务院疾病预防控制部门规定禁止从事的易使该传染病扩散的工作的,由县级以上人民政府疾病预防控制部门责令改正,给予警告,可以并处二万元以下罚款;法律、行政法规另有规定的,依照其规定。

第一百一十二条 违反本法规定,造成人身、财产损害的,依法承担民事责任;构成违反治安管理行为的,依法给予治安管理处罚;构成犯罪的,依法追究刑事责任。

中华人民共和国突发事件应对法(节录)

(2007年8月30日第十届全国人民代表大会常务委员会第二十九次会议通过 2024年6月28日第十四届全国人民代表大会常务委员会第十次会议修订)

第二条 本法所称突发事件,是指突然发生,造成或者可能造成严重社会危害,需要采取应急处置措施予以应对的自然灾害、事故灾难、公共卫生事件和社会安全事件。

突发事件的预防与应急准备、监测与预警、应急处置与救援、事后恢复与重建等应对活动,适用本法。

《中华人民共和国传染病防治法》等有关法律对突发公共卫生事件应对作出规定的,适用其规定。有关法律没有规定的,适用本法。

第七条 国家建立健全突发事件信息发布制度。有关人民政府和部门应当及时向社会公布突发事件相关信息和有关突发事件应对的决定、命令、措施等信息。

任何单位和个人不得编造、故意传播有关突发事件的虚假信息。有关人民政府和部门发现影响或者可能影响社会稳定、扰乱社会和经济管理秩序的虚假或者不完整信息的,应当及时发布准确的信息予以澄清。

第十一条 国家在突发事件应对工作中,应当对未成年人、老年人、残疾人、孕产期和哺乳期的妇女、需要及时就医的伤病人员等群体给予特殊、优先保护。

第十二条 县级以上人民政府及其部门为应对突发事件的紧急需要,可以征用单位和个人的设备、设施、场地、交通工具等财产。被征用的财产在使用完毕或者突发事件应急处置工作结束后,应当及时返还。财产被征用或者征用后毁损、灭失的,应当给予公平、合理的补偿。

第十三条 因依法采取突发事件应对措施,致使诉讼、监察调查、行政复议、仲裁、国家赔偿等活动不能正常进行的,适用有关时效中止和程序中止的规定,法律另有规定的除外。

第六十三条 国家建立健全突发事件预警制度。

可以预警的自然灾害、事故灾难和公共卫生事件的预警级别,按照突发事件发生的紧急程度、发展势态和可能造成的危害程度分为一级、二级、三级和四级,分别用红色、橙色、黄色和蓝色标示,一级为最高级别。

预警级别的划分标准由国务院或者国务院确定的部门制定。

第六十四条 可以预警的自然灾害、事故灾难或者公共卫生事件即将发生或者发生的可能性增大时,县级以上地方人民政府应当根据有关法律、行政法规和国务院规定的权限和程序,发布相应级别的警报,决定并宣布有关地区进入预警期,同时向上一级人民政府报告,必要时可以越级上报;具备条件的,应当进行网络直报或者自动速报;同时向当地驻军和可能受到危害的毗邻或者相关地区的人民政府通报。

发布警报应当明确预警类别、级别、起始时间、可能影响的范围、警示事项、应当采取的措施、发布单位和发布时间等。

第六十五条 国家建立健全突发事件预警发布平台,按照有关规定及时、准确向社会发布突发事件预警信息。

广播、电视、报刊以及网络服务提供者、电信运营商应当按照国家有关规定,建立突发事件预警信息快速发布通道,及时、准确、无偿播发或者刊载突发事件预警信息。

公共场所和其他人员密集场所,应当指定专门人员负责突发事件预警信息接收和传播工作,做好相关设备、设施维护,确保突发事件预警信息及时、准确接收和传播。

第六十六条 发布三级、四级警报,宣布进入预警期后,县级以上地方人民政府应当根据即将发生的突发事件的特点和可能造成的危害,采取下列措施:

(一)启动应急预案;

（二）责令有关部门、专业机构、监测网点和负有特定职责的人员及时收集、报告有关信息，向社会公布反映突发事件信息的渠道，加强对突发事件发生、发展情况的监测、预报和预警工作；

（三）组织有关部门和机构、专业技术人员、有关专家学者，随时对突发事件信息进行分析评估，预测发生突发事件可能性的大小、影响范围和强度以及可能发生的突发事件的级别；

（四）定时向社会发布与公众有关的突发事件预测信息和分析评估结果，并对相关信息的报道工作进行管理；

（五）及时按照有关规定向社会发布可能受到突发事件危害的警告，宣传避免、减轻危害的常识，公布咨询或者求助电话等联络方式和渠道。

第六十七条 发布一级、二级警报，宣布进入预警期后，县级以上地方人民政府除采取本法第六十六条规定的措施外，还应当针对即将发生的突发事件的特点和可能造成的危害，采取下列一项或者多项措施：

（一）责令应急救援队伍、负有特定职责的人员进入待命状态，并动员后备人员做好参加应急救援和处置工作的准备；

（二）调集应急救援所需物资、设备、工具，准备应急设施和应急避难、封闭隔离、紧急医疗救治等场所，并确保其处于良好状态、随时可以投入正常使用；

（三）加强对重点单位、重要部位和重要基础设施的安全保卫，维护社会治安秩序；

（四）采取必要措施，确保交通、通信、供水、排水、供电、供气、供热、医疗卫生、广播电视、气象等公共设施的安全和正常运行；

（五）及时向社会发布有关采取特定措施避免或者减轻危害的建议、劝告；

（六）转移、疏散或者撤离易受突发事件危害的人员并予以妥善安置，转移重要财产；

（七）关闭或者限制使用易受突发事件危害的场所，控制或者限制容易导致危害扩大的公共场所的活动；

（八）法律、法规、规章规定的其他必要的防范性、保护性措施。

第七十一条 国家建立健全突发事件应急响应制度。

突发事件的应急响应级别，按照突发事件的性质、特点、可能造成的危害程度和影响范围等因素分为一级、二级、三级和四级，一级为最高级别。

突发事件应急响应级别划分标准由国务院或者国务院确定的部门制定。县级以上人民政府及其有关部门应当在突发事件应急预案中确定应急响应级别。

第七十二条　突发事件发生后，履行统一领导职责或者组织处置突发事件的人民政府应当针对其性质、特点、危害程度和影响范围等，立即启动应急响应，组织有关部门，调动应急救援队伍和社会力量，依照法律、法规、规章和应急预案的规定，采取应急处置措施，并向上级人民政府报告；必要时，可以设立现场指挥部，负责现场应急处置与救援，统一指挥进入突发事件现场的单位和个人。

启动应急响应，应当明确响应事项、级别、预计期限、应急处置措施等。

履行统一领导职责或者组织处置突发事件的人民政府，应当建立协调机制，提供需求信息，引导志愿服务组织和志愿者等社会力量及时有序参与应急处置与救援工作。

第七十三条　自然灾害、事故灾难或者公共卫生事件发生后，履行统一领导职责的人民政府应当采取下列一项或者多项应急处置措施：

（一）组织营救和救治受害人员，转移、疏散、撤离并妥善安置受到威胁的人员以及采取其他救助措施；

（二）迅速控制危险源，标明危险区域，封锁危险场所，划定警戒区，实行交通管制、限制人员流动、封闭管理以及其他控制措施；

（三）立即抢修被损坏的交通、通信、供水、排水、供电、供气、供热、医疗卫生、广播电视、气象等公共设施，向受到危害的人员提供避难场所和生活必需品，实施医疗救护和卫生防疫以及其他保障措施；

（四）禁止或者限制使用有关设备、设施，关闭或者限制使用有关场所，中止人员密集的活动或者可能导致危害扩大的生产经营活动以及采取其他保护措施；

（五）启用本级人民政府设置的财政预备费和储备的应急救援物资，必要时调用其他急需物资、设备、设施、工具；

（六）组织公民、法人和其他组织参加应急救援和处置工作，要求具有特定专长的人员提供服务；

（七）保障食品、饮用水、药品、燃料等基本生活必需品的供应；

（八）依法从严惩处囤积居奇、哄抬价格、牟取暴利、制假售假等扰乱市场秩序的行为，维护市场秩序；

（九）依法从严惩处哄抢财物、干扰破坏应急处置工作等扰乱社会秩序的行为，维护社会治安；

（十）开展生态环境应急监测，保护集中式饮用水水源地等环境敏感目标，控制和处置污染物；

（十一）采取防止发生次生、衍生事件的必要措施。

第七十四条 社会安全事件发生后，组织处置工作的人民政府应当立即启动应急响应，组织有关部门针对事件的性质和特点，依照有关法律、行政法规和国家其他有关规定，采取下列一项或者多项应急处置措施：

（一）强制隔离使用器械相互对抗或者以暴力行为参与冲突的当事人，妥善解决现场纠纷和争端，控制事态发展；

（二）对特定区域内的建筑物、交通工具、设备、设施以及燃料、燃气、电力、水的供应进行控制；

（三）封锁有关场所、道路，查验现场人员的身份证件，限制有关公共场所内的活动；

（四）加强对易受冲击的核心机关和单位的警卫，在国家机关、军事机关、国家通讯社、广播电台、电视台、外国驻华使领馆等单位附近设置临时警戒线；

（五）法律、行政法规和国务院规定的其他必要措施。

第八十三条 县级以上人民政府及其有关部门根据突发事件应对工作需要，在履行法定职责所必需的范围和限度内，可以要求公民、法人和其他组织提供应急处置与救援需要的信息。公民、法人和其他组织应当予以提供，法律另有规定的除外。县级以上人民政府及其有关部门对获取的相关信息，应当严格保密，并依法保护公民的通信自由和通信秘密。

第八十四条 在突发事件应急处置中，有关单位和个人因依照本法规定配合突发事件应对工作或者履行相关义务，需要获取他人个人信息的，应当依照法律规定的程序和方式取得并确保信息安全，不得非法收集、使用、加工、传输他人个人信息，不得非法买卖、提供或者公开他人个人信息。

第八十五条 因依法履行突发事件应对工作职责或者义务获取的个人信息，只能用于突发事件应对，并在突发事件应对工作结束后予以销毁。确因依法作为证据使用或者调查评估需要留存或者延期销毁的，应当按照规定进行合法性、必要性、安全性评估，并采取相应保护和处理措施，严格依法使用。

第九十六条 有关单位有下列情形之一,由所在地履行统一领导职责的人民政府有关部门责令停产停业,暂扣或者吊销许可证件,并处五万元以上二十万元以下的罚款;情节特别严重的,并处二十万元以上一百万元以下的罚款:

(一)未按照规定采取预防措施,导致发生较大以上突发事件的;

(二)未及时消除已发现的可能引发突发事件的隐患,导致发生较大以上突发事件的;

(三)未做好应急物资储备和应急设备、设施日常维护、检测工作,导致发生较大以上突发事件或者突发事件危害扩大的;

(四)突发事件发生后,不及时组织开展应急救援工作,造成严重后果的。

其他法律对前款行为规定了处罚的,依照较重的规定处罚。

第九十七条 违反本法规定,编造并传播有关突发事件的虚假信息,或者明知是有关突发事件的虚假信息而进行传播的,责令改正,给予警告;造成严重后果的,依法暂停其业务活动或者吊销其许可证件;负有直接责任的人员是公职人员的,还应当依法给予处分。

第九十八条 单位或者个人违反本法规定,不服从所在地人民政府及其有关部门依法发布的决定、命令或者不配合其依法采取的措施的,责令改正;造成严重后果的,依法给予行政处罚;负有直接责任的人员是公职人员的,还应当依法给予处分。

第九十九条 单位或者个人违反本法第八十四条、第八十五条关于个人信息保护规定的,由主管部门依照有关法律规定给予处罚。

第一百条 单位或者个人违反本法规定,导致突发事件发生或者危害扩大,造成人身、财产或者其他损害的,应当依法承担民事责任。

第一百零一条 为了使本人或者他人的人身、财产免受正在发生的危险而采取避险措施的,依照《中华人民共和国民法典》、《中华人民共和国刑法》等法律关于紧急避险的规定处理。

第一百零二条 违反本法规定,构成违反治安管理行为的,依法给予治安管理处罚;构成犯罪的,依法追究刑事责任。

旅馆业治安管理办法

（1987年9月23日国务院批准 1987年11月10日公安部发布 根据2011年1月8日《国务院关于废止和修改部分行政法规的决定》第一次修订 根据2020年11月29日《国务院关于修改和废止部分行政法规的决定》第二次修订 根据2022年3月29日《国务院关于修改和废止部分行政法规的决定》第三次修订）

第一条 为了保障旅馆业的正常经营和旅客的生命财物安全，维护社会治安，制定本办法。

第二条 凡经营接待旅客住宿的旅馆、饭店、宾馆、招待所、客货栈、车马店、浴池等（以下统称旅馆），不论是国营、集体经营，还是合伙经营、个体经营、外商投资经营，不论是专营还是兼营，不论是常年经营，还是季节性经营，都必须遵守本办法。

第三条 开办旅馆，要具备必要的防盗等安全设施。

第四条 申请开办旅馆，应取得市场监管部门核发的营业执照，向当地公安机关申领特种行业许可证后，方准开业。

经批准开业的旅馆，如有歇业、转业、合并、迁移、改变名称等情况，应当在市场监管部门办理变更登记后3日内，向当地的县、市公安局、公安分局备案。

第五条 经营旅馆，必须遵守国家的法律，建立各项安全管理制度，设置治安保卫组织或者指定安全保卫人员。

第六条 旅馆接待旅客住宿必须登记。登记时，应当查验旅客的身份证件，按规定的项目如实登记。

接待境外旅客住宿，还应当在24小时内向当地公安机关报送住宿登记表。

第七条 旅馆应当设置旅客财物保管箱、柜或者保管室、保险柜，指定专人负责保管工作。对旅客寄存的财物，要建立登记、领取和交接制度。

第八条 旅馆对旅客遗留的物品，应当妥为保管，设法归还原主或揭示招领;经招领 3 个月后无人认领的,要登记造册,送当地公安机关按拾遗物品处理。对违禁物品和可疑物品,应当及时报告公安机关处理。

第九条 旅馆工作人员发现违法犯罪分子,行迹可疑的人员和被公安机关通缉的罪犯,应当立即向当地公安机关报告,不得知情不报或隐瞒包庇。

第十条 在旅馆内开办舞厅、音乐茶座等娱乐、服务场所的,除执行本办法有关规定外,还应当按照国家和当地政府的有关规定管理。

第十一条 严禁旅客将易燃、易爆、剧毒、腐蚀性和放射性等危险物品带入旅馆。

第十二条 旅馆内,严禁卖淫、嫖宿、赌博、吸毒、传播淫秽物品等违法犯罪活动。

第十三条 旅馆内,不得酗酒滋事、大声喧哗,影响他人休息,旅客不得私自留客住宿或者转让床位。

第十四条 公安机关对旅馆治安管理的职责是,指导、监督旅馆建立各项安全管理制度和落实安全防范措施,协助旅馆对工作人员进行安全业务知识的培训,依法惩办侵犯旅馆和旅客合法权益的违法犯罪分子。

公安人员到旅馆执行公务时,应当出示证件,严格依法办事,要文明礼貌待人,维护旅馆的正常经营和旅客的合法权益。旅馆工作人员和旅客应当予以协助。

第十五条 违反本办法第四条规定开办旅馆的,公安机关可以酌情给予警告或者处以 200 元以下罚款;未经登记,私自开业的,公安机关应当协助工商行政管理部门依法处理。

第十六条 旅馆工作人员违反本办法第九条规定的,公安机关可以酌情给予警告或者处以 200 元以下罚款;情节严重构成犯罪的,依法追究刑事责任。

旅馆负责人参与违法犯罪活动,其所经营的旅馆已成为犯罪活动场所的,公安机关除依法追究其责任外,对该旅馆还应当会同工商行政管理部门依法处理。

第十七条 违反本办法第六、十一、十二条规定的,依照《中华人民共和国治安管理处罚法》有关条款的规定,处罚有关人员;发生重大事故、造成严重后果构成犯罪的,依法追究刑事责任。

第十八条 当事人对公安机关的行政处罚决定不服的,按照《中华人民共和国治安管理处罚法》第一百零二条的规定办理。

第十九条 省、自治区、直辖市公安厅(局)可根据本办法制定实施细则,报请当地人民政府批准后施行,并报公安部备案。

第二十条 本办法自公布之日起施行。1951年8月15日公布的《城市旅栈业暂行管理规则》同时废止。

租赁房屋治安管理规定

(1994年10月22日公安部部长办公会议通过
1995年3月6日公安部令第24号发布施行)

第一条 为加强租赁房屋的治安管理,做好安全防范,保护租赁双方的合法权益,特制定本规定。

第二条 本规定所称的租赁房屋,是指旅馆业以外以营利为目的,公民私有和单位所有出租用于他人居住的房屋。

第三条 公安机关对租赁房屋实行治安管理,建立登记、安全检查等管理制度。

第四条 城镇街道居民委员会、村民委员会及其治安保卫委员会,应当协助公安机关做好租赁房屋的安全防范、法制宣传教育和治安管理工作。

第五条 出租的房屋,其建筑、消防设备、出入口和通道等,必须符合消防安全和治安管理规定;危险和违章建筑的房屋,不准出租。

第六条 私有房屋出租的,出租人须持房屋所有权证或者其他合法证明、居民身份证、户口簿,向房屋所在地公安派出所申请登记;单位房屋出租的,出租人须持房屋所有权证、单位介绍信,到房屋所在地公安派出所申请登记,经审核符合本规定出租条件的,由出租人向公安派出所签订治安责任保证书。

第七条 房屋出租人的治安责任:

(一)不准将房屋出租给无合法有效证件的承租人;

(二)与承租人签订租赁合同,承租人是外来暂住人员的,应当带领其

到公安派出所申报暂住户口登记,并办理暂住证;

（三）对承租人的姓名、性别、年龄、常住户口所在地、职业或者主要经济来源、服务处所等基本情况进行登记并向公安派出所备案;

（四）发现承租人有违法犯罪活动或者有违法犯罪嫌疑的,应当及时报告公安机关;

（五）对出租的房屋经常进行安全检查,及时发现和排除不安全隐患,保障承租人的居住安全;

（六）房屋停止租赁的,应当到公安派出所办理注销手续;

（七）房屋出租单位或者个人委托代理人管理出租房屋的,代理人必须遵守有关规定,承担相应责任。

第八条 房屋承租人的治安责任:

（一）必须持有本人居民身份证或者其他合法身份证件;

（二）租赁房屋住宿的外来暂住人员,必须按户口管理规定,在三日内到公安派出所申请暂住户口登记;

（三）将承租房屋转租或者转借他人的,应当向当地公安派出所申报备案;

（四）安全使用出租房屋,发现承租房屋有不安全隐患,应当及时告知出租人予以消除;

（五）承租的房屋不准用于生产、储存、经营易燃、易爆、有毒等危险物品;

（六）集体承租或者单位承租房屋的,应当建立安全管理制度。

第九条 违反本规定的行为,由县(市)公安局或者城市公安分局予以处罚:

（一）出租人未向公安机关办理登记手续或者未签定治安责任保证书出租房屋的,责令限期补办手续并没收非法所得,情节严重的可以并处月租金五倍以下的罚款;

（二）出租人将房屋出租给无合法有效证件承租人的,处以警告、月租金三倍以下的罚款;

（三）出租人不履行治安责任,发现承租人利用所租房屋进行违法犯罪活动或者有违法犯罪嫌疑不制止、不报告,或者发生案件、治安灾害事故的,责令停止出租,可以并处月租金十倍以下的罚款;

（四）承租人将承租房屋转租、转借他人未按规定报告公安机关的,处

以警告,没收非法所得;

(五)承租人利用出租房屋非法生产、储存、经营易燃、易爆、有毒等危险物品的,没收物品,处月租金十倍以下罚款。

第十条 对出租或承租的单位违反规定的,依照本规定第九条由县(市)公安局或者城市公安分局予以处罚,同时对单位的主管负责人或者直接责任人处以月工资两倍以下的罚款。

第十一条 违反本规定构成违反治安管理行为的,依照《中华人民共和国治安管理处罚条例》有关规定处罚;构成犯罪的,依法追究刑事责任。

第十二条 被处罚人和单位对依照本规定作出的处罚决定不服的,可以依照《行政复议条例》的有关规定向上一级公安机关申请复议。复议期间,不停止处罚决定的执行。

第十三条 各省、自治区、直辖市公安厅、局可以依据本规定制定实施办法。

第十四条 本规定自发布之日起施行。

娱乐场所管理条例

(2006年1月29日中华人民共和国国务院令第458号公布 根据2016年2月6日《国务院关于修改部分行政法规的决定》第一次修订 根据2020年11月29日《国务院关于修改和废止部分行政法规的决定》第二次修订)

第一章 总 则

第一条 为了加强对娱乐场所的管理,保障娱乐场所的健康发展,制定本条例。

第二条 本条例所称娱乐场所,是指以营利为目的,并向公众开放、消费者自娱自乐的歌舞、游艺等场所。

第三条 县级以上人民政府文化主管部门负责对娱乐场所日常经营活动的监督管理;县级以上公安部门负责对娱乐场所消防、治安状况的监督管理。

第四条 国家机关及其工作人员不得开办娱乐场所,不得参与或者变相参与娱乐场所的经营活动。

与文化主管部门、公安部门的工作人员有夫妻关系、直系血亲关系、三代以内旁系血亲关系以及近姻亲关系的亲属,不得开办娱乐场所,不得参与或者变相参与娱乐场所的经营活动。

第二章 设 立

第五条 有下列情形之一的人员,不得开办娱乐场所或者在娱乐场所内从业:

(一)曾犯有组织、强迫、引诱、容留、介绍卖淫罪,制作、贩卖、传播淫秽物品罪,走私、贩卖、运输、制造毒品罪,强奸罪,强制猥亵、侮辱妇女罪,赌博罪,洗钱罪,组织、领导、参加黑社会性质组织罪的;

(二)因犯罪曾被剥夺政治权利的;

(三)因吸食、注射毒品曾被强制戒毒的;

(四)因卖淫、嫖娼曾被处以行政拘留的。

第六条 外国投资者可以依法在中国境内设立娱乐场所。

第七条 娱乐场所不得设在下列地点:

(一)居民楼、博物馆、图书馆和被核定为文物保护单位的建筑物内;

(二)居民住宅区和学校、医院、机关周围;

(三)车站、机场等人群密集的场所;

(四)建筑物地下一层以下;

(五)与危险化学品仓库毗连的区域。

娱乐场所的边界噪声,应当符合国家规定的环境噪声标准。

第八条 娱乐场所的使用面积,不得低于国务院文化主管部门规定的最低标准;设立含有电子游戏机的游艺娱乐场所,应当符合国务院文化主管部门关于总量和布局的要求。

第九条 娱乐场所申请从事娱乐场所经营活动,应当向所在地县级人民政府文化主管部门提出申请;外商投资的娱乐场所申请从事娱乐场所经营活动,应当向所在地省、自治区、直辖市人民政府文化主管部门提出申请。

娱乐场所申请从事娱乐场所经营活动,应当提交投资人员、拟任的法定代表人和其他负责人没有本条例第五条规定情形的书面声明。申请人应当对书面声明内容的真实性负责。

受理申请的文化主管部门应当就书面声明向公安部门或者其他有关单位核查,公安部门或者其他有关单位应当予以配合;经核查属实的,文化主管部门应当依据本条例第七条、第八条的规定进行实地检查,作出决定。予以批准的,颁发娱乐经营许可证,并根据国务院文化主管部门的规定核定娱乐场所容纳的消费者数量;不予批准的,应当书面通知申请人并说明理由。

有关法律、行政法规规定需要办理消防、卫生、环境保护等审批手续的,从其规定。

第十条 文化主管部门审批娱乐场所应当举行听证。有关听证的程序,依照《中华人民共和国行政许可法》的规定执行。

第十一条 娱乐场所依法取得营业执照和相关批准文件、许可证后,应当在15日内向所在地县级公安部门备案。

第十二条 娱乐场所改建、扩建营业场所或者变更场地、主要设施设备、投资人员,或者变更娱乐经营许可证载明的事项的,应当向原发证机关申请重新核发娱乐经营许可证,并向公安部门备案;需要办理变更登记的,应当依法向工商行政管理部门办理变更登记。

第三章 经 营

第十三条 国家倡导弘扬民族优秀文化,禁止娱乐场所内的娱乐活动含有下列内容:

(一)违反宪法确定的基本原则的;

(二)危害国家统一、主权或者领土完整的;

(三)危害国家安全,或者损害国家荣誉、利益的;

(四)煽动民族仇恨、民族歧视,伤害民族感情或者侵害民族风俗、习惯,破坏民族团结的;

(五)违反国家宗教政策,宣扬邪教、迷信的;

(六)宣扬淫秽、赌博、暴力以及与毒品有关的违法犯罪活动,或者教唆犯罪的;

(七)违背社会公德或者民族优秀文化传统的;

(八)侮辱、诽谤他人,侵害他人合法权益的;

(九)法律、行政法规禁止的其他内容。

第十四条　娱乐场所及其从业人员不得实施下列行为,不得为进入娱乐场所的人员实施下列行为提供条件：

（一）贩卖、提供毒品,或者组织、强迫、教唆、引诱、欺骗、容留他人吸食、注射毒品；

（二）组织、强迫、引诱、容留、介绍他人卖淫、嫖娼；

（三）制作、贩卖、传播淫秽物品；

（四）提供或者从事以营利为目的的陪侍；

（五）赌博；

（六）从事邪教、迷信活动；

（七）其他违法犯罪行为。

娱乐场所的从业人员不得吸食、注射毒品,不得卖淫、嫖娼；娱乐场所及其从业人员不得为进入娱乐场所的人员实施上述行为提供条件。

第十五条　歌舞娱乐场所应当按照国务院公安部门的规定在营业场所的出入口、主要通道安装闭路电视监控设备,并应当保证闭路电视监控设备在营业期间正常运行,不得中断。

歌舞娱乐场所应当将闭路电视监控录像资料留存30日备查,不得删改或者挪作他用。

第十六条　歌舞娱乐场所的包厢、包间内不得设置隔断,并应当安装展现室内整体环境的透明门窗。包厢、包间的门不得有内锁装置。

第十七条　营业期间,歌舞娱乐场所内亮度不得低于国家规定的标准。

第十八条　娱乐场所使用的音像制品或者电子游戏应当是依法出版、生产或者进口的产品。

歌舞娱乐场所播放的曲目和屏幕画面以及游艺娱乐场所的电子游戏机内的游戏项目,不得含有本条例第十三条禁止的内容；歌舞娱乐场所使用的歌曲点播系统不得与境外的曲库联接。

第十九条　游艺娱乐场所不得设置具有赌博功能的电子游戏机机型、机种、电路板等游戏设施设备,不得以现金或者有价证券作为奖品,不得回购奖品。

第二十条　娱乐场所的法定代表人或者主要负责人应当对娱乐场所的消防安全和其他安全负责。

娱乐场所应当确保其建筑、设施符合国家安全标准和消防技术规范,定期检查消防设施状况,并及时维护、更新。

娱乐场所应当制定安全工作方案和应急疏散预案。

第二十一条 营业期间,娱乐场所应当保证疏散通道和安全出口畅通,不得封堵、锁闭疏散通道和安全出口,不得在疏散通道和安全出口设置栅栏等影响疏散的障碍物。

娱乐场所应当在疏散通道和安全出口设置明显指示标志,不得遮挡、覆盖指示标志。

第二十二条 任何人不得非法携带枪支、弹药、管制器具或者携带爆炸性、易燃性、毒害性、放射性、腐蚀性等危险物品和传染病病原体进入娱乐场所。

迪斯科舞厅应当配备安全检查设备,对进入营业场所的人员进行安全检查。

第二十三条 歌舞娱乐场所不得接纳未成年人。除国家法定节假日外,游艺娱乐场所设置的电子游戏机不得向未成年人提供。

第二十四条 娱乐场所不得招用未成年人;招用外国人的,应当按照国家有关规定为其办理外国人就业许可证。

第二十五条 娱乐场所应当与从业人员签订文明服务责任书,并建立从业人员名簿;从业人员名簿应当包括从业人员的真实姓名、居民身份证复印件、外国人就业许可证复印件等内容。

娱乐场所应当建立营业日志,记载营业期间从业人员的工作职责、工作时间、工作地点;营业日志不得删改,并应当留存60日备查。

第二十六条 娱乐场所应当与保安服务企业签订保安服务合同,配备专业保安人员;不得聘用其他人员从事保安工作。

第二十七条 营业期间,娱乐场所的从业人员应当统一着工作服,佩带工作标志并携带居民身份证或者外国人就业许可证。

从业人员应当遵守职业道德和卫生规范,诚实守信,礼貌待人,不得侵害消费者的人身和财产权利。

第二十八条 每日凌晨2时至上午8时,娱乐场所不得营业。

第二十九条 娱乐场所提供娱乐服务项目和出售商品,应当明码标价,并向消费者出示价目表;不得强迫、欺骗消费者接受服务、购买商品。

第三十条 娱乐场所应当在营业场所的大厅、包厢、包间内的显著位置悬挂含有禁毒、禁赌、禁止卖淫嫖娼等内容的警示标志、未成年人禁入或者限入标志。标志应当注明公安部门、文化主管部门的举报电话。

第三十一条 娱乐场所应当建立巡查制度,发现娱乐场所内有违法犯罪活动的,应当立即向所在地县级公安部门、县级人民政府文化主管部门报告。

第四章 监督管理

第三十二条 文化主管部门、公安部门和其他有关部门的工作人员依法履行监督检查职责时,有权进入娱乐场所。娱乐场所应当予以配合,不得拒绝、阻挠。

文化主管部门、公安部门和其他有关部门的工作人员依法履行监督检查职责时,需要查阅闭路电视监控录像资料、从业人员名簿、营业日志等资料的,娱乐场所应当及时提供。

第三十三条 文化主管部门、公安部门和其他有关部门应当记录监督检查的情况和处理结果。监督检查记录由监督检查人员签字归档。公众有权查阅监督检查记录。

第三十四条 文化主管部门、公安部门和其他有关部门应当建立娱乐场所违法行为警示记录系统;对列入警示记录的娱乐场所,应当及时向社会公布,并加大监督检查力度。

第三十五条 文化主管部门应当建立娱乐场所的经营活动信用监管制度,建立健全信用约束机制,并及时公布行政处罚信息。

第三十六条 文化主管部门、公安部门和其他有关部门应当建立相互间的信息通报制度,及时通报监督检查情况和处理结果。

第三十七条 任何单位或者个人发现娱乐场所内有违反本条例行为的,有权向文化主管部门、公安部门等有关部门举报。

文化主管部门、公安部门等有关部门接到举报,应当记录,并及时依法调查、处理;对不属于本部门职责范围的,应当及时移送有关部门。

第三十八条 上级人民政府文化主管部门、公安部门在必要时,可以依照本条例的规定调查、处理由下级人民政府文化主管部门、公安部门调查、处理的案件。

下级人民政府文化主管部门、公安部门认为案件重大、复杂的,可以请求移送上级人民政府文化主管部门、公安部门调查、处理。

第三十九条 文化主管部门、公安部门和其他有关部门及其工作人员违反本条例规定的,任何单位或者个人可以向依法有权处理的本级或者上一级机关举报。接到举报的机关应当依法及时调查、处理。

第四十条 娱乐场所行业协会应当依照章程的规定,制定行业自律规范,加强对会员经营活动的指导、监督。

第五章 法 律 责 任

第四十一条 违反本条例规定,擅自从事娱乐场所经营活动的,由文化主管部门依法予以取缔;公安部门在查处治安、刑事案件时,发现擅自从事娱乐场所经营活动的,应当依法予以取缔。

第四十二条 违反本条例规定,以欺骗等不正当手段取得娱乐经营许可证的,由原发证机关撤销娱乐经营许可证。

第四十三条 娱乐场所实施本条例第十四条禁止行为的,由县级公安部门没收违法所得和非法财物,责令停业整顿3个月至6个月;情节严重的,由原发证机关吊销娱乐经营许可证,对直接负责的主管人员和其他直接责任人员处1万元以上2万元以下的罚款。

第四十四条 娱乐场所违反本条例规定,有下列情形之一的,由县级公安部门责令改正,给予警告;情节严重的,责令停业整顿1个月至3个月:

(一)照明设施、包厢、包间的设置以及门窗的使用不符合本条例规定的;

(二)未按照本条例规定安装闭路电视监控设备或者中断使用的;

(三)未按照本条例规定留存监控录像资料或者删改监控录像资料的;

(四)未按照本条例规定配备安全检查设备或者未对进入营业场所的人员进行安全检查的;

(五)未按照本条例规定配备保安人员的。

第四十五条 娱乐场所违反本条例规定,有下列情形之一的,由县级公安部门没收违法所得和非法财物,并处违法所得2倍以上5倍以下的罚款;没有违法所得或者违法所得不足1万元的,并处2万元以上5万元以下的罚款;情节严重的,责令停业整顿1个月至3个月:

(一)设置具有赌博功能的电子游戏机机型、机种、电路板等游戏设施设备的;

(二)以现金、有价证券作为奖品,或者回购奖品的。

第四十六条 娱乐场所指使、纵容从业人员侵害消费者人身权利的,应当依法承担民事责任,并由县级公安部门责令停业整顿1个月至3个月;造成严重后果的,由原发证机关吊销娱乐经营许可证。

第四十七条 娱乐场所取得营业执照后,未按照本条例规定向公安部门备案的,由县级公安部门责令改正,给予警告。

第四十八条 违反本条例规定,有下列情形之一的,由县级人民政府文化主管部门没收违法所得和非法财物,并处违法所得1倍以上3倍以下的罚款;没有违法所得或者违法所得不足1万元的,并处1万元以上3万元以下的罚款;情节严重的,责令停业整顿1个月至6个月:

(一)歌舞娱乐场所的歌曲点播系统与境外的曲库联接的;

(二)歌舞娱乐场所播放的曲目、屏幕画面或者游艺娱乐场所电子游戏机内的游戏项目含有本条例第十三条禁止内容的;

(三)歌舞娱乐场所接纳未成年人的;

(四)游艺娱乐场所设置的电子游戏机在国家法定节假日外向未成年人提供的;

(五)娱乐场所容纳的消费者超过核定人数的。

第四十九条 娱乐场所违反本条例规定,有下列情形之一的,由县级人民政府文化主管部门责令改正,给予警告;情节严重的,责令停业整顿1个月至3个月:

(一)变更有关事项,未按照本条例规定申请重新核发娱乐经营许可证的;

(二)在本条例规定的禁止营业时间内营业的;

(三)从业人员在营业期间未统一着装并佩带工作标志的。

第五十条 娱乐场所未按照本条例规定建立从业人员名簿、营业日志,或者发现违法犯罪行为未按照本条例规定报告的,由县级人民政府文化主管部门、县级公安部门依据法定职权责令改正,给予警告;情节严重的,责令停业整顿1个月至3个月。

第五十一条 娱乐场所未按照本条例规定悬挂警示标志、未成年人禁入或者限入标志的,由县级人民政府文化主管部门、县级公安部门依据法定职权责令改正,给予警告。

第五十二条 娱乐场所招用未成年人的,由劳动保障行政部门责令改正,并按照每招用一名未成年人每月处5000元罚款的标准给予处罚。

第五十三条 因擅自从事娱乐场所经营活动被依法取缔的,其投资人员和负责人终身不得投资开办娱乐场所或者担任娱乐场所的法定代表人、负责人。

娱乐场所因违反本条例规定,被吊销或者撤销娱乐经营许可证的,自被吊销或者撤销之日起,其法定代表人、负责人5年内不得担任娱乐场所的法定代表人、负责人。

娱乐场所因违反本条例规定,2年内被处以3次警告或者罚款又有违反本条例的行为应受行政处罚的,由县级人民政府文化主管部门、县级公安部门依据法定职权责令停业整顿3个月至6个月;2年内被2次责令停业整顿又有违反本条例的行为应受行政处罚的,由原发证机关吊销娱乐经营许可证。

第五十四条 娱乐场所违反有关治安管理或者消防管理法律、行政法规规定的,由公安部门依法予以处罚;构成犯罪的,依法追究刑事责任。

娱乐场所违反有关卫生、环境保护、价格、劳动等法律、行政法规规定的,由有关部门依法予以处罚;构成犯罪的,依法追究刑事责任。

娱乐场所及其从业人员与消费者发生争议的,应当依照消费者权益保护的法律规定解决;造成消费者人身、财产损害的,由娱乐场所依法予以赔偿。

第五十五条 国家机关及其工作人员开办娱乐场所,参与或者变相参与娱乐场所经营活动的,对直接负责的主管人员和其他直接责任人员依法给予撤职或者开除的行政处分。

文化主管部门、公安部门的工作人员明知其亲属开办娱乐场所或者发现其亲属参与、变相参与娱乐场所的经营活动,不予制止或者制止不力的,依法给予行政处分;情节严重的,依法给予撤职或者开除的行政处分。

第五十六条 文化主管部门、公安部门、工商行政管理部门和其他有关部门的工作人员有下列行为之一的,对直接负责的主管人员和其他直接责任人员依法给予行政处分;构成犯罪的,依法追究刑事责任:

(一)向不符合法定设立条件的单位颁发许可证、批准文件、营业执照的;

(二)不履行监督管理职责,或者发现擅自从事娱乐场所经营活动不依法取缔,或者发现违法行为不依法查处的;

(三)接到对违法行为的举报、通报后不依法查处的;

（四）利用职务之便，索取、收受他人财物或者谋取其他利益的；

（五）利用职务之便，参与、包庇违法行为，或者向有关单位、个人通风报信的；

（六）有其他滥用职权、玩忽职守、徇私舞弊行为的。

第六章 附 则

第五十七条 本条例所称从业人员，包括娱乐场所的管理人员、服务人员、保安人员和在娱乐场所工作的其他人员。

第五十八条 本条例自 2006 年 3 月 1 日起施行。1999 年 3 月 26 日国务院发布的《娱乐场所管理条例》同时废止。

娱乐场所治安管理办法

（2008 年 4 月 21 日公安部部长办公会通过 2008 年 6 月 3 日公安部令第 103 号发布 自 2008 年 10 月 1 日起施行）

第一章 总 则

第一条 为加强娱乐场所治安管理，维护娱乐场所经营者、消费者和从业人员的合法权益，维护社会治安秩序，保障公共安全，根据《中华人民共和国治安管理处罚法》、《娱乐场所管理条例》等法律、法规的规定，制定本办法。

第二条 娱乐场所治安管理应当遵循公安机关治安部门归口管理和辖区公安派出所属地管理相结合，属地管理为主的原则。

公安机关对娱乐场所进行治安管理，应当严格、公正、文明、规范。

第三条 娱乐场所法定代表人、主要负责人是维护本场所治安秩序的第一责任人。

第二章 娱乐场所向公安机关备案

第四条 娱乐场所领取营业执照后，应当在 15 日内向所在地县（市）公安局、城市公安分局治安部门备案；县（市）公安局、城市公安分局治安部门受理备案后,应当在5日内将备案资料通报娱乐场所所在辖区公安派出所。

县(市)公安局、城市公安分局治安部门对备案的娱乐场所应当统一建立管理档案。

第五条 娱乐场所备案项目包括:
(一)名称;
(二)经营地址、面积、范围;
(三)地理位置图和内部结构平面示意图;
(四)法定代表人和主要负责人姓名、身份证号码、联系方式;
(五)与保安服务企业签订的保安服务合同及保安人员配备情况;
(六)核定的消费人数;
(七)娱乐经营许可证号、营业执照号及登记日期;
(八)监控、安检设备安装部位平面图及检测验收报告。

设有电子游戏机的游艺娱乐场所备案时,除符合前款要求外,还应当提供电子游戏机机型及数量情况。

第六条 娱乐场所备案时,应当提供娱乐经营许可证、营业执照及消防、卫生、环保等部门批准文件的复印件。

第七条 娱乐场所备案项目发生变更的,应当自变更之日起15日内向原备案公安机关备案。

第三章 安 全 设 施

第八条 歌舞娱乐场所包厢、包间内不得设置阻碍展现室内整体环境的屏风、隔扇、板壁等隔断,不得以任何名义设立任何形式的房中房(卫生间除外)。

第九条 歌舞娱乐场所的包厢、包间内的吧台、餐桌等物品不得高于1.2米。

包厢、包间的门窗,距地面1.2米以上应当部分使用透明材质。透明材质的高度不小于0.4米,宽度不小于0.2米,能够展示室内消费者娱乐区域整体环境。

营业时间内,歌舞娱乐场所包厢、包间门窗透明部分不得遮挡。

第十条 歌舞娱乐场所包厢、包间内不得安装门锁、插销等阻碍他人自由进出包厢、包间的装置。

第十一条 歌舞娱乐场所营业大厅、包厢、包间内禁止设置可调试亮度的照明灯。照明灯在营业时间内不得关闭。

第十二条 歌舞娱乐场所应当在营业场所出入口、消防安全疏散出入口、营业大厅通道、收款台前安装闭路电视监控设备。

第十三条 歌舞娱乐场所安装的闭路电视监控设备应当符合视频安防监控系统相关国家或行业标准要求。

闭路电视监控设备的压缩格式为 H.264 或者 MPEG-4,录像图像分辨率不低于 4CIF(704×576) 或者 D1(720×576);保障视频录像实时(每秒不少于 25 帧),支持视频移动侦测功能;图像回放效果要求清晰、稳定、逼真,能够通过 LAN、WAN 或者互联网与计算机相连,实现远程监视、放像、备份及升级,回放图像水平分辨力不少于 300TVL。

第十四条 歌舞娱乐场所应当设置闭路电视监控设备监控室,由专人负责值守,保障设备在营业时间内正常运行,不得中断、删改或者挪作他用。

第十五条 营业面积 1000 平方米以下的迪斯科舞厅应当配备手持式金属探测器,营业面积超过 1000 平方米以上的应当配备通过式金属探测门和微剂量 X 射线安全检查设备等安全检查设备。

手持式金属探测器、通过式金属探测门、微剂量 X 射线安全检查设备应当符合国家或者行业标准要求。

第十六条 迪斯科舞厅应当配备专职安全检查人员,安全检查人员不得少于 2 名,其中女性安全检查人员不得少于 1 名。

第十七条 娱乐场所应当在营业场所大厅、包厢、包间内的显著位置悬挂含有禁毒、禁赌、禁止卖淫嫖娼等内容的警示标志。标志应当注明公安机关的举报电话。

警示标志式样、规格、尺寸由省、自治区、直辖市公安厅、局统一制定。

第十八条 娱乐场所不得设置具有赌博功能的电子游戏机机型、机种、电路板等游戏设施设备,不得从事带有赌博性质的游戏机经营活动。

第四章 经营活动规范

第十九条 娱乐场所对从业人员应当实行实名登记制度,建立从业人员名簿,统一建档管理。

第二十条 从业人员名簿应当记录以下内容:

（一）从业人员姓名、年龄、性别、出生日期及有效身份证件号码；
（二）从业人员户籍所在地和暂住地地址；
（三）从业人员具体工作岗位、职责。

外国人就业的，应当留存外国人就业许可证复印件。

第二十一条 营业期间，娱乐场所从业人员应当统一着装，统一佩带工作标志。

着装应当大方得体，不得有伤风化。

工作标志应当载有从业人员照片、姓名、职务、统一编号等基本信息。

第二十二条 娱乐场所应当建立营业日志，由各岗位负责人及时登记填写并签名，专人负责保管。

营业日志应当详细记载从业人员的工作职责、工作内容、工作时间、工作地点及遇到的治安问题。

第二十三条 娱乐场所营业日志应当留存60日备查，不得删改。对确因记录错误需要删改的，应当写出说明，由经手人签字，加盖娱乐场所印章。

第二十四条 娱乐场所应当安排保安人员负责安全巡查，营业时间内每2小时巡查一次，巡查区域应当涵盖整个娱乐场所，巡查情况应当写入营业日志。

第二十五条 娱乐场所对发生在场所内的违法犯罪活动，应当立即向公安机关报告。

第二十六条 娱乐场所应当按照国家有关信息化标准规定，配合公安机关建立娱乐场所治安管理信息系统，实时、如实将从业人员、营业日志、安全巡查等信息录入系统，传输报送公安机关。

本办法规定娱乐场所配合公安机关在治安管理方面所作的工作，能够通过娱乐场所治安管理信息系统录入传输完成的，应当通过系统完成。

第五章 保安员配备

第二十七条 娱乐场所应当与经公安机关批准设立的保安服务企业签订服务合同，配备已取得资格证书的专业保安人员，并通报娱乐场所所在辖区公安派出所。

娱乐场所不得自行招录人员从事保安工作。

第二十八条 娱乐场所保安人员应当履行下列职责：

（一）维护娱乐场所治安秩序；
（二）协助娱乐场所做好各项安全防范和巡查工作；
（三）及时排查、发现并报告娱乐场所治安、安全隐患；
（四）协助公安机关调查、处置娱乐场所内发生的违法犯罪活动。

第二十九条 娱乐场所应当加强对保安人员的教育管理，不得要求保安人员从事与其职责无关的工作。对保安人员工作情况逐月通报辖区公安派出所和保安服务企业。

第三十条 娱乐场所营业面积在200平方米以下的，配备的保安人员不得少于2名；营业面积每增加200平方米，应当相应增加保安人员1名。

迪斯科舞厅保安人员应当按照场所核定人数的5%配备。

第三十一条 在娱乐场所执勤的保安人员应当统一着制式服装，佩带徽章、标记。

保安人员执勤时，应当仪表整洁、行为规范、举止文明。

第三十二条 保安服务企业应当加强对派驻娱乐场所保安人员的教育培训，开展经常性督查，确保服务质量。

第六章　治安监督检查

第三十三条 公安机关及其工作人员对娱乐场所进行监督检查时应当出示人民警察证件，表明执法身份，不得从事与职务无关的活动。

公安机关及其工作人员对娱乐场所进行监督检查，应当记录在案，归档管理。

第三十四条 监督检查记录应当以书面形式为主，必要时可以辅以录音、录像等形式。

第三十五条 监督检查记录应当包括：
（一）执行监督检查任务的人员姓名、单位、职务；
（二）监督检查的时间、地点、场所名称、检查事项；
（三）发现的问题及处理结果。

第三十六条 监督检查记录一式两份，由监督检查人员签字，并经娱乐场所负责人签字确认。

娱乐场所负责人拒绝签字的，监督检查人员应当在记录中注明情况。

第三十七条 公众有权查阅娱乐场所监督检查记录，公安机关应当为公众查阅提供便利。

第三十八条　公安机关应当建立娱乐场所违法行为警示记录系统,并依据娱乐场所治安秩序状况进行分级管理。

　　娱乐场所分级管理标准,由各省、自治区、直辖市公安厅、局结合本地实际自行制定。

　　第三十九条　公安机关对娱乐场所进行分级管理,应当按照公开、公平、公正的原则,定期考核,动态升降。

　　第四十条　公安机关建立娱乐场所治安管理信息系统,对娱乐场所及其从业人员实行信息化监督管理。

第七章　罚　　则

　　第四十一条　娱乐场所未按照本办法规定项目备案的,由受理备案的公安机关告知补齐;拒不补齐的,由受理备案的公安机关责令改正,给予警告。

　　违反本办法第七条规定的,由原备案公安机关责令改正,给予警告。

　　第四十二条　娱乐场所违反本办法第八条至第十八条、第三十条规定的,由县级公安机关依照《娱乐场所管理条例》第四十三条的规定予以处罚。

　　第四十三条　娱乐场所违反本办法第二十九条规定的,由县级公安机关责令改正,给予警告。

　　娱乐场所保安人员违反本办法第二十八条、三十一条规定的,依照有关规定予以处理。

　　第四十四条　娱乐场所违反本办法第二十六条规定的,由县级公安机关责令改正,给予警告;经警告不予改正的,处5000元以上1万元以下罚款。

　　第四十五条　公安机关工作人员违反本办法第三十三条规定或有其他失职、渎职行为的,对直接负责的主管人员和其他直接责任人员依法予以行政处分;构成犯罪的,依法追究刑事责任。

　　第四十六条　娱乐场所及其从业人员违反本办法规定的其他行为,《娱乐场所管理条例》已有处罚规定的,依照规定处罚;违反治安管理的,依照《中华人民共和国治安管理处罚法》处罚;构成犯罪的,依法追究刑事责任。

第八章 附 则

第四十七条 非娱乐场所经营单位兼营歌舞、游艺项目的,依照本办法执行。

第四十八条 本办法自 2008 年 10 月 1 日起施行。

互联网上网服务营业场所管理条例

（2002 年 9 月 29 日中华人民共和国国务院令第 363 号公布 根据 2011 年 1 月 8 日《国务院关于废止和修改部分行政法规的决定》第一次修订 根据 2016 年 2 月 6 日《国务院关于修改部分行政法规的决定》第二次修订 根据 2019 年 3 月 24 日《国务院关于修改部分行政法规的决定》第三次修订 根据 2022 年 3 月 29 日《国务院关于修改和废止部分行政法规的决定》第四次修订 根据 2024 年 12 月 6 日《国务院关于修改和废止部分行政法规的决定》第五次修订）

第一章 总 则

第一条 为了加强对互联网上网服务营业场所的管理,规范经营者的经营行为,维护公众和经营者的合法权益,保障互联网上网服务经营活动健康发展,促进社会主义精神文明建设,制定本条例。

第二条 本条例所称互联网上网服务营业场所,是指通过计算机等装置向公众提供互联网上网服务的网吧、电脑休闲室等营业性场所。

学校、图书馆等单位内部附设的为特定对象获取资料、信息提供上网服务的场所,应当遵守有关法律、法规,不适用本条例。

第三条 互联网上网服务营业场所经营单位应当遵守有关法律、法规的规定,加强行业自律,自觉接受政府有关部门依法实施的监督管理,为上网消费者提供良好的服务。

互联网上网服务营业场所的上网消费者,应当遵守有关法律、法规的规定,遵守社会公德,开展文明、健康的上网活动。

第四条 县级以上人民政府文化行政部门负责互联网上网服务营业场所经营单位的设立审批,并负责对依法设立的互联网上网服务营业场所经营单位经营活动的监督管理;公安机关负责对互联网上网服务营业场所经营单位的信息网络安全、治安及消防安全的监督管理;工商行政管理部门负责对互联网上网服务营业场所经营单位登记注册和营业执照的管理,并依法查处无照经营活动;电信管理等其他有关部门在各自职责范围内,依照本条例和有关法律、行政法规的规定,对互联网上网服务营业场所经营单位分别实施有关监督管理。

第五条 文化行政部门、公安机关、工商行政管理部门和其他有关部门及其工作人员不得从事或者变相从事互联网上网服务经营活动,也不得参与或者变相参与互联网上网服务营业场所经营单位的经营活动。

第六条 国家鼓励公民、法人和其他组织对互联网上网服务营业场所经营单位的经营活动进行监督,并对有突出贡献的给予奖励。

第二章 设 立

第七条 国家对互联网上网服务营业场所经营单位的经营活动实行许可制度。未经许可,任何组织和个人不得从事互联网上网服务经营活动。

第八条 互联网上网服务营业场所经营单位从事互联网上网服务经营活动,应当具备下列条件:

(一)有企业的名称、住所、组织机构和章程;

(二)有与其经营活动相适应的资金;

(三)有与其经营活动相适应并符合国家规定的消防安全条件的营业场所;

(四)有健全、完善的信息网络安全管理制度和安全技术措施;

(五)有固定的网络地址和与其经营活动相适应的计算机等装置及附属设备;

(六)有与其经营活动相适应并取得从业资格的安全管理人员、经营管理人员、专业技术人员;

(七)法律、行政法规和国务院有关部门规定的其他条件。

互联网上网服务营业场所的最低营业面积、计算机等装置及附属设备数量、单机面积的标准,由国务院文化行政部门规定。

审批从事互联网上网服务经营活动,除依照本条第一款、第二款规定的条件外,还应当符合国务院文化行政部门和省、自治区、直辖市人民政府文化行政部门规定的互联网上网服务营业场所经营单位的总量和布局要求。

第九条 中学、小学校园周围200米范围内和居民住宅楼(院)内不得设立互联网上网服务营业场所。

第十条 互联网上网服务营业场所经营单位申请从事互联网上网服务经营活动,应当向县级以上地方人民政府文化行政部门提出申请,并提交下列文件:

(一)企业营业执照和章程;

(二)法定代表人或者主要负责人的身份证明材料;

(三)资金信用证明;

(四)营业场所产权证明或者租赁意向书;

(五)依法需要提交的其他文件。

第十一条 文化行政部门应当自收到申请之日起20个工作日内作出决定;经审查,符合条件的,发给同意筹建的批准文件。

申请人还应当依照有关消防管理法律法规的规定办理审批手续。

申请人取得消防安全批准文件后,向文化行政部门申请最终审核。文化行政部门应当自收到申请之日起15个工作日内依据本条例第八条的规定作出决定;经实地检查并审核合格的,发给《网络文化经营许可证》。

对申请人的申请,有关部门经审查不符合条件的,或者经审核不合格的,应当分别向申请人书面说明理由。

文化行政部门发放《网络文化经营许可证》的情况或互联网上网服务营业场所经营单位拟开展经营活动的情况,应当及时向同级公安机关通报或报备。

第十二条 互联网上网服务营业场所经营单位不得涂改、出租、出借或者以其他方式转让《网络文化经营许可证》。

第十三条 互联网上网服务营业场所经营单位变更营业场所地址或者对营业场所进行改建、扩建,变更计算机数量或者其他重要事项的,应当经原审核机关同意。

互联网上网服务营业场所经营单位变更名称、住所、法定代表人或者主要负责人、注册资本、网络地址或者终止经营活动的,应当依法到工商行政管理部门办理变更登记或者注销登记,并到文化行政部门、公安机关办理有关手续或者备案。

第三章 经 营

第十四条 互联网上网服务营业场所经营单位和上网消费者不得利用互联网上网服务营业场所制作、下载、复制、查阅、发布、传播或者以其他方式使用含有下列内容的信息:

(一)反对宪法确定的基本原则的;

(二)危害国家统一、主权和领土完整的;

(三)泄露国家秘密,危害国家安全或者损害国家荣誉和利益的;

(四)煽动民族仇恨、民族歧视,破坏民族团结,或者侵害民族风俗、习惯的;

(五)破坏国家宗教政策,宣扬邪教、迷信的;

(六)散布谣言,扰乱社会秩序,破坏社会稳定的;

(七)宣传淫秽、赌博、暴力或者教唆犯罪的;

(八)侮辱或者诽谤他人,侵害他人合法权益的;

(九)危害社会公德或者民族优秀文化传统的;

(十)含有法律、行政法规禁止的其他内容的。

第十五条 互联网上网服务营业场所经营单位和上网消费者不得进行下列危害信息网络安全的活动:

(一)故意制作或者传播计算机病毒以及其他破坏性程序的;

(二)非法侵入计算机信息系统或者破坏计算机信息系统功能、数据和应用程序的;

(三)进行法律、行政法规禁止的其他活动的。

第十六条 互联网上网服务营业场所经营单位应当通过依法取得经营许可证的互联网接入服务提供者接入互联网,不得采取其他方式接入互联网。

互联网上网服务营业场所经营单位提供上网消费者使用的计算机必须通过局域网的方式接入互联网,不得直接接入互联网。

第十七条 互联网上网服务营业场所经营单位不得经营非网络游戏。

第十八条 互联网上网服务营业场所经营单位和上网消费者不得利用网络游戏或者其他方式进行赌博或者变相赌博活动。

第十九条　互联网上网服务营业场所经营单位应当实施经营管理技术措施,建立场内巡查制度,发现上网消费者有本条例第十四条、第十五条、第十八条所列行为或者有其他违法行为的,应当立即予以制止并向文化行政部门、公安机关举报。

第二十条　互联网上网服务营业场所经营单位应当在营业场所的显著位置悬挂《网络文化经营许可证》和营业执照。

第二十一条　互联网上网服务营业场所经营单位不得接纳未成年人进入营业场所。

互联网上网服务营业场所经营单位应当在营业场所入口处的显著位置悬挂未成年人禁入标志。

第二十二条　互联网上网服务营业场所每日营业时间限于 8 时至 24 时。

第二十三条　互联网上网服务营业场所经营单位应当对上网消费者的身份证等有效证件进行核对、登记,并记录有关上网信息。登记内容和记录备份保存时间不得少于 60 日,并在文化行政部门、公安机关依法查询时予以提供。登记内容和记录备份在保存期内不得修改或者删除。

第二十四条　互联网上网服务营业场所经营单位应当依法履行信息网络安全、治安和消防安全职责,并遵守下列规定:
(一)禁止明火照明和吸烟并悬挂禁止吸烟标志;
(二)禁止带入和存放易燃、易爆物品;
(三)不得安装固定的封闭门窗栅栏;
(四)营业期间禁止封堵或者锁闭门窗、安全疏散通道和安全出口;
(五)不得擅自停止实施安全技术措施。

第四章　罚　　则

第二十五条　文化行政部门、公安机关、工商行政管理部门或者其他有关部门及其工作人员,利用职务上的便利收受他人财物或者其他好处,违法批准不符合法定设立条件的互联网上网服务营业场所经营单位,或者不依法履行监督职责,或者发现违法行为不予依法查处,触犯刑律的,对直接负责的主管人员和其他直接责任人员依照刑法关于受贿罪、滥用职权罪、玩忽职守罪或者其他罪的规定,依法追究刑事责任;尚不够刑事处罚的,依法给予降级、撤职或者开除的行政处分。

第二十六条　文化行政部门、公安机关、工商行政管理部门或者其他有关部门的工作人员，从事或者变相从事互联网上网服务经营活动的，参与或者变相参与互联网上网服务营业场所经营单位的经营活动的，依法给予降级、撤职或者开除的行政处分。

文化行政部门、公安机关、工商行政管理部门或者其他有关部门有前款所列行为的，对直接负责的主管人员和其他直接责任人员依照前款规定依法给予行政处分。

第二十七条　违反本条例的规定，擅自从事互联网上网服务经营活动的，由文化行政部门或者由文化行政部门会同公安机关依法予以取缔，查封其从事违法经营活动的场所，扣押从事违法经营活动的专用工具、设备；触犯刑律的，依照刑法关于非法经营罪的规定，依法追究刑事责任；尚不够刑事处罚的，由文化行政部门没收违法所得及其从事违法经营活动的专用工具、设备；违法经营额1万元以上的，并处违法经营额5倍以上10倍以下的罚款；违法经营额不足1万元的，并处1万元以上5万元以下的罚款。

第二十八条　文化行政部门应当建立互联网上网服务营业场所经营单位的经营活动信用监管制度，建立健全信用约束机制，并及时公布行政处罚信息。

第二十九条　互联网上网服务营业场所经营单位违反本条例的规定，涂改、出租、出借或者以其他方式转让《网络文化经营许可证》，触犯刑律的，依照刑法关于伪造、变造、买卖国家机关公文、证件、印章罪的规定，依法追究刑事责任；尚不够刑事处罚的，由文化行政部门吊销《网络文化经营许可证》，没收违法所得；违法经营额5000元以上的，并处违法经营额2倍以上5倍以下的罚款；违法经营额不足5000元的，并处5000元以上1万元以下的罚款。

第三十条　互联网上网服务营业场所经营单位违反本条例的规定，利用营业场所制作、下载、复制、查阅、发布、传播或者以其他方式使用含有本条例第十四条规定禁止含有的内容的信息，触犯刑律的，依法追究刑事责任；尚不够刑事处罚的，由公安机关给予警告，没收违法所得；违法经营额1万元以上的，并处违法经营额2倍以上5倍以下的罚款；违法经营额不足1万元的，并处1万元以上2万元以下的罚款；情节严重的，责令停业整顿，直至由文化行政部门吊销《网络文化经营许可证》。

上网消费者有前款违法行为，触犯刑律的，依法追究刑事责任；尚不够刑事处罚的,由公安机关依照治安管理处罚法的规定给予处罚。

第三十一条 互联网上网服务营业场所经营单位违反本条例的规定,有下列行为之一的,由文化行政部门给予警告,可以并处15000元以下的罚款;情节严重的,责令停业整顿,直至吊销《网络文化经营许可证》:

(一)在规定的营业时间以外营业的;

(二)接纳未成年人进入营业场所的;

(三)经营非网络游戏的;

(四)擅自停止实施经营管理技术措施的;

(五)未悬挂《网络文化经营许可证》或者未成年人禁入标志的。

第三十二条 公安机关应当自互联网上网服务营业场所经营单位正式开展经营活动20个工作日内,对其依法履行信息网络安全职责情况进行实地检查。检查发现互联网上网服务营业场所经营单位未履行信息网络安全责任的,由公安机关给予警告,可以并处15000元以下罚款;情节严重的,责令停业整顿,直至由文化行政部门吊销《网络文化经营许可证》。

第三十三条 互联网上网服务营业场所经营单位违反本条例的规定,有下列行为之一的,由文化行政部门、公安机关依据各自职权给予警告,可以并处15000元以下的罚款;情节严重的,责令停业整顿,直至由文化行政部门吊销《网络文化经营许可证》:

(一)向上网消费者提供的计算机未通过局域网的方式接入互联网的;

(二)未建立场内巡查制度,或者发现上网消费者的违法行为未予制止并向文化行政部门、公安机关举报的;

(三)未按规定核对、登记上网消费者的有效身份证件或者记录有关上网信息的;

(四)未按规定时间保存登记内容、记录备份,或者在保存期内修改、删除登记内容、记录备份的;

(五)变更名称、住所、法定代表人或者主要负责人、注册资本、网络地址或者终止经营活动,未向文化行政部门、公安机关办理有关手续或者备案的。

第三十四条 互联网上网服务营业场所经营单位违反本条例的规定,有下列行为之一的,由公安机关给予警告,可以并处15000元以下的罚款;情节严重的,责令停业整顿,直至由文化行政部门吊销《网络文化经营许可证》:

（一）利用明火照明或者发现吸烟不予制止，或者未悬挂禁止吸烟标志的；

（二）允许带入或者存放易燃、易爆物品的；

（三）在营业场所安装固定的封闭门窗栅栏的；

（四）营业期间封堵或者锁闭门窗、安全疏散通道或者安全出口的；

（五）擅自停止实施安全技术措施的。

第三十五条　违反国家有关信息网络安全、治安管理、消防管理、工商行政管理、电信管理等规定，触犯刑律的，依法追究刑事责任；尚不够刑事处罚的，由公安机关、工商行政管理部门、电信管理机构依法给予处罚；情节严重的，由原发证机关吊销许可证件。

第三十六条　互联网上网服务营业场所经营单位违反本条例的规定，被吊销《网络文化经营许可证》的，自被吊销《网络文化经营许可证》之日起5年内，其法定代表人或者主要负责人不得担任互联网上网服务营业场所经营单位的法定代表人或者主要负责人。

擅自设立的互联网上网服务营业场所经营单位被依法取缔的，自被取缔之日起5年内，其主要负责人不得担任互联网上网服务营业场所经营单位的法定代表人或者主要负责人。

第三十七条　依照本条例的规定实施罚款的行政处罚，应当依照有关法律、行政法规的规定，实行罚款决定与罚款收缴分离；收缴的罚款和违法所得必须全部上缴国库。

第五章　附　　则

第三十八条　本条例自2002年11月15日起施行。2001年4月3日信息产业部、公安部、文化部、国家工商行政管理局发布的《互联网上网服务营业场所管理办法》同时废止。

废旧金属收购业治安管理办法

（1994年1月5日国务院批准 1994年1月25日公安部令第16号发布 根据2023年7月20日《国务院关于修改和废止部分行政法规的决定》修订）

第一条 为了加强对废旧金属收购业的治安管理，保护合法经营，预防和打击违法犯罪活动，制定本办法。

第二条 本办法所称废旧金属，是指生产性废旧金属和非生产性废旧金属。生产性废旧金属和非生产性废旧金属的具体分类由公安部会同有关部门规定。

第三条 生产性废旧金属，按照国务院有关规定由有权经营生产性废旧金属收购业的企业收购。收购废旧金属的其他企业和个体工商户只能收购非生产性废旧金属，不得收购生产性废旧金属。

第四条 收购废旧金属的企业和个体工商户，应当在取得营业执照后15日内向所在地县级人民政府公安机关备案。

备案事项发生变更的，收购废旧金属的企业和个体工商户应当自变更之日起15日内（属于工商登记事项的自工商登记变更之日起15日内）向县级人民政府公安机关办理变更手续。

公安机关可以通过网络等方式，便利企业和个体工商户备案。

第五条 收购废旧金属的企业应当有固定的经营场所。收购废旧金属的个体工商户应当有所在地常住户口或者暂住户口。

第六条 在铁路、矿区、油田、港口、机场、施工工地、军事禁区和金属冶炼加工企业附近，不得设点收购废旧金属。

第七条 收购废旧金属的企业在收购生产性废旧金属时，应当查验出售单位开具的证明，对出售单位的名称和经办人的姓名、住址、身份证号码以及物品的名称、数量、规格、新旧程度等如实进行登记。

第八条 收购废旧金属的企业和个体工商户不得收购下列金属物品：

（一）枪支、弹药和爆炸物品；

（二）剧毒、放射性物品及其容器；

（三）铁路、油田、供电、电信通讯、矿山、水利、测量和城市公用设施等专用器材；

（四）公安机关通报寻查的赃物或者有赃物嫌疑的物品。

第九条 收购废旧金属的企业和个体工商户发现有出售公安机关通报寻查的赃物或者有赃物嫌疑的物品的，应当立即报告公安机关。

公安机关对赃物或者有赃物嫌疑的物品应当予以扣留，并开付收据。有赃物嫌疑的物品经查明不是赃物的，应当及时退还；赃物或者有赃物嫌疑的物品经查明确属赃物的，依照国家有关规定处理。

第十条 公安机关应当对收购废旧金属的企业和个体工商户进行治安业务指导和检查。收购企业和个体工商户应当协助公安人员查处违法犯罪分子，据实反映情况，不得知情不报或者隐瞒包庇。

第十一条 有下列情形之一的，由公安机关给予相应处罚：

（一）违反本办法第四条第一款规定，未履行备案手续收购生产性废旧金属的，予以警告，责令限期改正，逾期拒不改正的，视情节轻重，处以500元以上2000元以下的罚款；未履行备案手续收购非生产性废旧金属的，予以警告或者处以500元以下的罚款；

（二）违反本办法第四条第二款规定，未向公安机关办理变更手续的，予以警告或者处以200元以下的罚款；

（三）违反本办法第六条规定，非法设点收购废旧金属的，予以取缔，没收非法收购的物品及非法所得，可以并处5000元以上10000元以下的罚款；

（四）违反本办法第七条规定，收购生产性废旧金属时未如实登记的，视情节轻重，处以2000元以上5000元以下的罚款或者责令停业整顿；

（五）违反本办法第八条规定，收购禁止收购的金属物品的，视情节轻重，处以2000元以上10000元以下的罚款或者责令停业整顿。

有前款所列第（一）、（三）、（四）、（五）项情形之一，构成犯罪的，依法追究刑事责任。

第十二条 当事人对公安机关作出的具体行政行为不服的，可以自得知该具体行政行为之日起15日内向上一级公安机关申请复议；对复议决定不服的，可以自接到复议决定通知之日起15日内向人民法院提起诉讼。

第十三条 对严格执行本办法，协助公安机关查获违法犯罪分子，作出显著成绩的单位和个人,由公安机关给予表彰或者奖励。

第十四条 本办法自发布之日起施行。

沿海船舶边防治安管理规定

(1999年8月20日公安部部长办公会议通过 2000年2月15日公安部令第47号发布 自2000年5月1日起施行)

第一章 总 则

第一条 为了维护我国沿海地区及海上治安秩序,加强沿海船舶的边防治安管理,促进沿海地区经济发展,保障船员和渔民的合法权益,制定本规定。

第二条 本规定适用于在我国领海海域内停泊、航行和从事生产作业的各类船舶。我国军用船舶、公务执法船舶及国家另有规定的除外。

国有航运企业船舶、外国籍船舶的管理,依照国家有关规定执行。

第三条 公安边防部门是沿海船舶边防治安管理的主管部门。

第二章 出海证件管理

第四条 出海船舶除依照规定向主管部门领取有关证件外,应当向船籍港或者船舶所在地公安边防部门申请办理船舶户籍注册,领取《出海船舶户口簿》。

渔政渔港监督管理机关、海事行政主管部门依照国家有关规定不发给有关证书的其他小型沿海船舶,应当向公安边防部门申领《出海船舶边防登记簿》。

内地经营江海运输的个体所有的船舶,按协议到沿海地区从事运输的,应当由所在地县级以上公安机关出具证明,持有关船舶、船员等有效证件,到其协议从事运输的沿海县(市)级以上公安边防部门办理《出海船舶户口簿》《出海船民证》。

第五条 年满十六周岁的未持有《中华人民共和国海员证》或者《船员服务簿》的人员、渔民出海,应当向船籍港或者船舶所在地公安边防部门申领《出海船民证》。临时出海作业的人员,持常住户口所在地公安机关出具的有效证明和《中华人民共和国居民身份证》,向其服务船舶所在地的公安边防部门申领《出海船民证》,发证机关应当注明有效时限。《出海船民证》与《中华人民共和国居民身份证》同时使用。

第六条 公安边防部门对《出海船舶户口簿》《出海船舶边防登记簿》和《出海船民证》实行年度审验制度。未经年度审验的证件无效。

第七条 出海证件应当妥善保管,不得涂改、伪造、冒用、出借。

第八条 有下列情形之一的,公安边防部门不发给出海证件:

(一)刑事案件的被告人和公安机关、国家安全机关、人民检察院、人民法院认定的犯罪嫌疑人;

(二)被判处管制、有期徒刑缓刑、假释和保外就医的罪犯;

(三)人民法院通知有未了结的经济、民事案件的;

(四)出海后将对国家安全造成危害或者对国家利益造成重大损失的;

(五)利用船舶进行过走私或者运送偷渡人员的;

(六)其他不宜从事出海生产作业的。

第九条 领取《出海船舶户口簿》的船舶更新改造、买卖、转让、租借、报废、灭失及船员的变更,除依照规定在船舶主管部门办理有关手续外,还应当到当地公安边防部门办理船舶户口以及《出海船民证》的变更、注销手续。

船员、渔民终止出海的,应当立即向原发证机关缴销出海证件。

第十条 出海船舶及其渔民、船民应当随船携带有关出海证件,并接受公安边防部门的检查和管理。

第三章 船舶及其人员管理

第十一条 各类船舶应当依照船舶主管部门的规定编刷船名、船号;未编刷船名、船号或者船名、船号模糊不清的,禁止出海。

船名、船号不得擅自拆换、遮盖、涂改、伪造。禁止悬挂活动船牌号。

第十二条 出海船舶实行船长负责制。出海人员的管理工作由船长负责。

第十三条 各类船舶进出港口时,除依照规定向渔港监督或者各级海事行政主管部门办理进出港签证手续外,还应当办理进出港边防签证手续。进出非本船籍港时,必须到当地公安边防部门或者其授权的船舶签证点,办理边防签证手续,接受检查。

第十四条　出海的船舶,未经当地公安边防部门许可,不得容留非出海人员在船上作业、住宿。

第十五条　沿海船舶集中停泊的地点,应当建立船舶治安保卫组织,在当地公安边防部门指导下进行船舶治安管理工作。

第十六条　船舶失踪、被盗、被劫持,应当立即向就近的公安机关和原发证的公安边防部门报告。

第十七条　出海船舶和人员不得擅自进入国家禁止或者限制进入的海域或岛屿,不得擅自搭靠外国籍或者香港、澳门特别行政区以及台湾地区的船舶。

因避险及其他不可抗力的原因发生前款情形的,应当在原因消除后立即离开,抵港后及时向公安边防部门报告。

第十八条　出海船舶和人员不准携带违禁物品。在海上拣拾的违禁物品,必须上交公安边防部门,不得隐匿、留用或者擅自处理。

第十九条　任何船舶或者人员不准非法拦截、强行靠登、冲撞或者偷开他人船舶。

第二十条　发生海事、渔事纠纷,应当依法处理,任何一方不得扣押对方人员、船舶或者船上物品。

第二十一条　任何船舶或者人员未经许可,不得将外国籍和香港、澳门特别行政区以及台湾地区的船舶引航到未对上述船舶开放的港口、锚地停靠。

第二十二条　严禁利用船舶进行走私、贩毒、贩运枪支弹药或者接驳、运送他人偷越国(边)境以及其他违法犯罪活动。

第四章　对合资、合作经营船舶和船员以及香港、澳门特别行政区船舶和船员的管理

第二十三条　经省、自治区、直辖市人民政府和有关部门批准,与外国或者香港、澳门特别行政区合资或者合作生产经营,在我国领海海域作业,并悬挂中华人民共和国国旗的船舶,应当到船籍港公安边防部门申领《出海船舶边防登记簿》,在规定的海区作业,在指定的港口停泊、上下人员以及装卸货物,接受公安边防部门的检查、管理。

随船的外国籍和香港、澳门特别行政区的船员凭公安边防部门签发的

《合资船船员登陆证》上岸,随船的中国籍大陆船员持公安边防部门签发的《合资船船员登轮证》登轮作业。

第二十四条 航行于内地与香港、澳门特别行政区之间的小型船舶,应当向公安边防检查部门申办《航行港澳船舶证明书》和《航行港澳小型船舶查验簿》,在指定的港口停泊、上下人员以及装卸货物。

第二十五条 具有广东省和香港、澳门特别行政区双重户籍的粤港、粤澳流动渔船,应当按照广东省指定的港口入户和停泊,在规定的海域生产作业。

粤港、粤澳流动渔船,可以就近进入广东省以外沿海港口避风、维修或者补给,但不得装卸货物。船员需要上岸时,必须经当地公安边防部门批准并办理登陆手续。

第五章 法律责任

第二十六条 违反本规定,有下列情形之一的,对船舶负责人及其直接责任人员处二百元以下罚款或者警告:

(一)未随船携带公安边防部门签发的出海证件或者持未经年度审验的证件出海的;

(二)领取《出海船舶户口簿》的船舶更新改造、买卖、转让、租借、报废、灭失或者船员变更,未到公安边防部门办理出海证件变更或者注销手续的;

(三)未依照规定办理船舶进出港边防签证手续的;

(四)擅自容留非出海人员在船上作业、住宿的。

第二十七条 违反本规定,有下列情形之一的,对船舶负责人及其直接责任人员处五百元以下罚款:

(一)未申领《出海船舶户口簿》《出海船舶边防登记簿》或者《出海船民证》擅自出海的;

(二)涂改、伪造、冒用、转借出海证件的;

(三)未编刷船名船号,经通知不加改正或者擅自拆换、遮盖、涂改船名船号以及悬挂活动船牌号的;

(四)未经许可,私自载运非出海人员出海的。

第二十八条 违反本规定,有下列情形之一的,对船舶负责人及其有关责任人员处一千元以下罚款:

（一）非法进入国家禁止或者限制进入的海域或者岛屿的；

（二）未经许可，将外国籍或者香港、澳门特别行政区、台湾地区的船舶引航到未对上述船舶开放的港口、锚地的；

（三）擅自搭靠外国籍或者香港、澳门特别行政区以及台湾地区船舶的，或者因避险及其他不可抗力的原因被迫搭靠，事后未及时向公安边防部门报告的；

（四）航行于内地与香港、澳门特别行政区之间的小型船舶擅自在非指定的港口停泊、上下人员或者装卸货物的。

第二十九条　违反本规定，有下列情形之一的，对船舶负责人及其直接责任人员处五百元以上一千元以下罚款：

（一）携带、隐匿、留用或者擅自处理违禁物品的；

（二）非法拦截、强行靠登、冲撞或者偷开他人船舶的；

（三）非法扣押他人船舶或者船上物品的。

第三十条　船舶无船名船号、无船籍港、无船舶证书擅自出海从事生产、经营等活动的，依照国务院有关规定没收船舶，并可以对船主处船价二倍以下的罚款。

第三十一条　本规定的处罚权限如下：

（一）公安边防派出所、边防工作站或者船舶公安检查站可以裁决警告、二百元以下罚款；

（二）县级（含本级）以上公安边防部门可以裁决一千元以下罚款；

（三）对依照本规定第三十条作出的处罚，由地（市）级（含本级）以上公安边防部门裁决。

第三十二条　被处罚人对公安边防部门作出的处罚决定不服的，可以依法申请行政复议或者提起行政诉讼。

第三十三条　违反本规定构成违反治安管理行为的，依照《中华人民共和国治安管理处罚条例》的规定处罚；构成犯罪的，依法追究刑事责任。

第三十四条　有下列情形之一的，公安边防部门及其他有关部门应当依照国家有关法律、法规及时查处；构成犯罪的，依法追究刑事责任；

（一）非法买卖、运输、携带毒品、淫秽物品的；

（二）参予或者帮助他人非法出入境的；

（三）进行其他违法犯罪活动的。

第三十五条　公安边防部门在执行职务中，发现船舶或者人员有违反海事管理、渔政管理等行为的,有权予以制止,并移交或者通知有关部门处理。

第三十六条 公安边防部门及其执法人员应当严格执行本规定,秉公执法。对滥用职权、徇私舞弊、玩忽职守的,依照有关规定给予行政处分;构成犯罪的,依法追究刑事责任。

第三十七条 对违反本规定的行为,应当将违法情况记入《出海船舶户口簿》或者《出海船舶边防登记簿》内,加盖处罚单位印章。

第六章 附 则

第三十八条 对我国海域内沿海船舶的治安管理,除法律、法规另有规定外,执行本规定。

第三十九条 对我国陆地界江、界河、界湖船舶的边防治安管理,参照本规定执行。

第四十条 本规定中的《出海船舶户口簿》《出海船舶边防登记簿》《出海船民证》《合资船船员登陆证》《合资船船员登轮证》等,由公安部确定式样,统一印制。

第四十一条 本规定中的以下,包括本数在内。

第四十二条 本规定自2000年5月1日起施行。

公安部关于公安边防海警根据《沿海船舶边防治安管理规定》处二百元以下罚款或者警告能否适用当场处罚程序问题的批复

(2008年9月28日 公复字〔2008〕4号)

福建省公安厅:

你厅《关于公安边防部门依据〈沿海船舶边防治安管理规定〉处二百元以下罚款适用当场处罚程序的请示》(闽公综〔2008〕489号)收悉。现批复如下：

公安边防海警根据《治安管理处罚法》和《沿海船舶边防治安管理规定》有关规定，需要对违反边防治安管理的船舶负责人及其直接责任人处二百元以下罚款或者警告的，可以依照《公安机关办理行政案件程序规定》予以当场处罚。

全国人民代表大会常务委员会
关于严禁卖淫嫖娼的决定

（1991年9月4日第七届全国人民代表大会常务委员会第二十一次会议通过　1991年9月4日中华人民共和国主席令第51号公布　根据2009年8月27日中华人民共和国主席令第18号第十一届全国人民代表大会常务委员会第十次会议《关于修改部分法律的决定》修正）

为了严禁卖淫、嫖娼，严惩组织、强迫、引诱、容留、介绍他人卖淫的犯罪分子，维护社会治安秩序和良好的社会风气，对刑法有关规定作如下补充修改：

一、组织他人卖淫的，处十年以上有期徒刑或者无期徒刑，并处一万元以下罚金或者没收财产；情节特别严重的，处死刑，并处没收财产。

协助组织他人卖淫的，处三年以上十年以下有期徒刑，并处一万元以下罚金；情节严重的，处十年以上有期徒刑，并处一万元以下罚金或者没收财产。

二、强迫他人卖淫的，处五年以上十年以下有期徒刑，并处一万元以下罚金；有下列情形之一的，处十年以上有期徒刑或者无期徒刑，并处一万元以下罚金或者没收财产；情节特别严重的，处死刑，并处没收财产：

（一）强迫不满十四岁的幼女卖淫的；

（二）强迫多人卖淫或者多次强迫他人卖淫的；

（三）强奸后迫使卖淫的；

（四）造成被强迫卖淫的人重伤、死亡或者其他严重后果的。

三、引诱、容留、介绍他人卖淫的,处五年以下有期徒刑或者拘役,并处五千元以下罚金;情节严重的,处五年以上有期徒刑,并处一万元以下罚金;情节较轻的,依照《中华人民共和国治安管理处罚法》的规定处罚。

引诱不满十四岁的幼女卖淫的,依照本决定第二条关于强迫不满十四岁的幼女卖淫的规定处罚。

四、卖淫、嫖娼的,依照《中华人民共和国治安管理处罚法》的规定处罚。

对卖淫、嫖娼的,可以由公安机关会同有关部门强制集中进行法律、道德教育和生产劳动,使之改掉恶习。期限为六个月至二年。具体办法由国务院规定。(本款已废止)

因卖淫、嫖娼被公安机关处理后又卖淫、嫖娼的,实行劳动教养,并由公安机关处五千元以下罚款。

对卖淫、嫖娼的,一律强制进行性病检查。对患有性病的,进行强制治疗。(本款已废止)

五、明知自己患有梅毒、淋病等严重性病卖淫、嫖娼的,处五年以下有期徒刑、拘役或者管制,并处五千元以下罚金。

嫖宿不满十四岁的幼女的,依照刑法关于强奸罪的规定处罚。

六、旅馆业、饮食服务业、文化娱乐业、出租汽车业等单位的人员,利用本单位的条件,组织、强迫、引诱、容留、介绍他人卖淫的,依照本决定第一条、第二条、第三条的规定处罚。

前款所列单位的主要负责人,有前款规定的行为的,从重处罚。

七、旅馆业、饮食服务业、文化娱乐业、出租汽车业等单位,对发生在本单位的卖淫、嫖娼活动,放任不管、不采取措施制止的,由公安机关处一万元以上十万元以下罚款,并可以责令其限期整顿、停业整顿,经整顿仍不改正的,由工商行政主管部门吊销营业执照;对直接负责的主管人员和其他直接责任人员,由本单位或者上级主管部门予以行政处分,由公安机关处一千元以下罚款。

八、旅馆业、饮食服务业、文化娱乐业、出租汽车业等单位的负责人和职工,在公安机关查处卖淫、嫖娼活动时,隐瞒情况或者为违法犯罪分子通风报信的,依照刑法第一百六十二条的规定处罚。

九、有查禁卖淫、嫖娼活动职责的国家工作人员,为使违法犯罪分子逃避处罚,向其通风报信、提供便利的,依照刑法第一百八十八条的规定处罚。

犯前款罪,事前与犯罪分子通谋的,以共同犯罪论处。

十、组织、强迫、引诱、容留、介绍他人卖淫以及卖淫的非法所得予以没收。罚没收入一律上缴国库。

十一、本决定自公布之日起施行。

公安部关于对同性之间以钱财为媒介的性行为定性处理问题的批复

(2001年2月28日　公复字〔2001〕4号)

广西壮族自治区公安厅:

你厅《关于对以金钱为媒介的同性之间的性行为如何定性的请示》(桂公传发〔2001〕35号)收悉。现批复如下:

根据《中华人民共和国治安管理处罚条例》和全国人大常委会《关于严禁卖淫嫖娼的决定》的规定,不特定的异性之间或者同性之间以金钱、财物为媒介发生不正当性关系的行为,包括口淫、手淫、鸡奸等行为,都属于卖淫嫖娼行为,对行为人应当依法处理。

自本批复下发之日起,《公安部关于对以营利为目的的手淫、口淫等行为定性处理问题的批复》(公复字〔1995〕6号)同时废止。

公安部关于以钱财为媒介尚未发生性行为或发生性行为尚未给付钱财如何定性问题的批复

(2003年9月24日　公复字〔2003〕5号)

山东省公安厅:

你厅《关于对以钱财为媒介尚未发生性行为应如何处理的请示》(鲁

公发〔2003〕114号)收悉。现批复如下：

卖淫嫖娼是指不特定的异性之间或同性之间以金钱、财物为媒介发生性关系的行为。行为主体之间主观上已经就卖淫嫖娼达成一致，已经谈好价格或者已经给付金钱、财物，并且已经着手实施，但由于其本人主观意志以外的原因，尚未发生性关系的；或者已经发生性关系，但尚未给付金钱、财物的，都可以按卖淫嫖娼行为依法处理。对前一种行为，应当从轻处罚。

公安部关于对出售带有淫秽内容的文物的行为可否予以治安管理处罚问题的批复

(2010年5月22日 公复字〔2010〕3号)

北京市公安局：

你局《关于对出售带有淫秽内容的文物的行为可否予以治安处罚的请示》(京公法字〔2010〕500号)收悉。现批复如下：

公安机关查获的带有淫秽内容的物品可能是文物的，应当依照《中华人民共和国文物保护法》等有关规定进行文物认定。经文物行政部门认定为文物的，不得对合法出售文物的行为予以治安管理处罚。

公安部关于办理赌博违法案件适用法律若干问题的通知

(2005年5月25日 公通字〔2005〕30号)

各省、自治区、直辖市公安厅、局，新疆生产建设兵团公安局：

为依法有效打击赌博违法活动，规范公安机关查禁赌博违法活动的行为，根据《中华人民共和国治安管理处罚条例》等有关法律、法规的规定，现就公安机关办理赌博违法案件适用法律的若干问题通知如下：

一、具有下列情形之一的,应当依照《中华人民共和国治安管理处罚条例》第三十二条的规定,予以处罚:

(一)以营利为目的,聚众赌博、开设赌场或者以赌博为业,尚不够刑事处罚的;

(二)参与以营利为目的的聚众赌博、计算机网络赌博、电子游戏机赌博,或者到赌场赌博的;

(三)采取不报经国家批准,擅自发行、销售彩票的方式,为赌博提供条件,尚不够刑事处罚的;

(四)明知他人实施赌博违法犯罪活动,而为其提供资金、场所、交通工具、通讯工具、赌博工具、经营管理、网络接入、服务器托管、网络存储空间、通讯传输通道、费用结算等条件,或者为赌博场所、赌博人员充当保镖,为赌博放哨、通风报信,尚不够刑事处罚的;

(五)明知他人从事赌博活动而向其销售具有赌博功能的游戏机,尚不够刑事处罚的。

二、在中华人民共和国境内通过计算机网络、电话、手机短信等方式参与境外赌场赌博活动,或者中华人民共和国公民赴境外赌场赌博,赌博输赢结算地在境内的,应当依照《中华人民共和国治安管理处罚条例》的有关规定予以处罚。

三、赌博或者为赌博提供条件,并具有下列情形之一的,依照《中华人民共和国治安管理处罚条例》第三十二条的规定,可以从重处罚:

(一)在工作场所、公共场所或者公共交通工具上赌博的;

(二)一年内曾因赌博或者为赌博提供条件受过治安处罚的;

(三)国家工作人员赌博或者为赌博提供条件的;

(四)引诱、教唆未成年人赌博的;

(五)组织、招引中华人民共和国公民赴境外赌博的;

(六)其他可以依法从重处罚的情形。

四、赌博或者为赌博提供条件,并具有下列情形之一的,依照《中华人民共和国治安管理处罚条例》第三十二条的规定,可以从轻或者免予处罚:

(一)主动交代,表示悔改的;

(二)检举、揭发他人赌博或为赌博提供条件的行为,并经查证属实的;

(三)被胁迫、诱骗赌博或者为赌博提供条件的;

(四)未成年人赌博的;

（五）协助查禁赌博活动，有立功表现的；

（六）其他可以依法从轻或者免予处罚的情形。

对免予处罚的，由公安机关给予批评教育，并责令具结悔过。未成年人有赌博违法行为的，应当责令其父母或者其他监护人严加管教。

五、赌博活动中用作赌注的款物、换取筹码的款物和通过赌博赢取的款物属于赌资。

在利用计算机网络进行的赌博活动中，分赌场、下级庄家或者赌博参与者在组织或者参与赌博前向赌博组织者、上级庄家或者赌博公司交付的押金，应当视为赌资。

六、赌博现场没有赌资，而是以筹码或者事先约定事后交割等方式代替的，赌资数额经调查属实后予以认定。个人投注的财物数额无法确定时，按照参赌财物的价值总额除以参赌人数的平均值计算。

通过计算机网络实施赌博活动的赌资数额，可以按照在计算机网络上投注或者赢取的总点数乘以每个点数实际代表的金额认定。赌博的次数，可以按照在计算机网络上投注的总次数认定。

七、对查获的赌资、赌博违法所得应当依法没收，上缴国库，并按照规定出具法律手续。对查缴的赌具和销售的具有赌博功能的游戏机，一律依法予以销毁，严禁截留、私分或者以其他方式侵吞赌资、赌具、赌博违法所得以及违法行为人的其他财物。违者，对相关责任人员依法予以行政处分；构成犯罪的，依法追究刑事责任。

对参与赌博人员使用的交通、通讯工具未作为赌注的，不得没收。在以营利为目的，聚众赌博、开设赌场，或者采取不报经国家批准，擅自发行、销售彩票的方式为赌博提供条件，尚不够刑事处罚的案件中，违法行为人本人所有的用于纠集、联络、运送参赌人员以及用于望风护赌的交通、通讯工具，应当依法没收。

八、对赌博或者为赌博提供条件的处罚，应当与其违法事实、情节、社会危害程度相适应。严禁不分情节轻重，一律顶格处罚；违者，对审批人、审核人、承办人依法予以行政处分。

九、不以营利为目的，亲属之间进行带有财物输赢的打麻将、玩扑克等娱乐活动，不予处罚；亲属之外的其他人之间进行带有少量财物输赢的打麻将、玩扑克等娱乐活动，不予处罚。

十、本通知自下发之日起施行。公安部原来制定的有关规定与本通知不一致的,以本通知为准。

各地在执行中遇到的问题,请及时报公安部。

最高人民法院、最高人民检察院、公安部关于办理网络赌博犯罪案件适用法律若干问题的意见

(2010年8月31日 公通字〔2010〕40号)

各省、自治区、直辖市高级人民法院、人民检察院、公安厅、局,新疆维吾尔自治区高级人民法院生产建设兵团分院、新疆生产建设兵团人民检察院、公安局:

为依法惩治网络赌博犯罪活动,根据《中华人民共和国刑法》、《中华人民共和国刑事诉讼法》和最高人民法院、最高人民检察院《关于办理赌博刑事案件具体应用法律若干问题的解释》等有关规定,结合司法实践,现就办理网络赌博犯罪案件适用法律的若干问题,提出如下意见:

一、关于网上开设赌场犯罪的定罪量刑标准

利用互联网、移动通讯终端等传输赌博视频、数据,组织赌博活动,具有下列情形之一的,属于刑法第三百零三条第二款规定的"开设赌场"行为:

(一)建立赌博网站并接受投注的;

(二)建立赌博网站并提供给他人组织赌博的;

(三)为赌博网站担任代理并接受投注的;

(四)参与赌博网站利润分成的。

实施前款规定的行为,具有下列情形之一的,应当认定为刑法第三百零三条第二款规定的"情节严重":

(一)抽头渔利数额累计达到3万元以上的;

(二)赌资数额累计达到30万元以上的;

(三)参赌人数累计达到120人以上的;

（四）建立赌博网站后通过提供给他人组织赌博，违法所得数额在3万元以上的；

（五）参与赌博网站利润分成，违法所得数额在3万元以上的；

（六）为赌博网站招募下级代理，由下级代理接受投注的；

（七）招揽未成年人参与网络赌博的；

（八）其他情节严重的情形。

二、关于网上开设赌场共同犯罪的认定和处罚

明知是赌博网站，而为其提供下列服务或者帮助的，属于开设赌场罪的共同犯罪，依照刑法第三百零三条第二款的规定处罚：

（一）为赌博网站提供互联网接入、服务器托管、网络存储空间、通讯传输通道、投放广告、发展会员、软件开发、技术支持等服务，收取服务费数额在2万元以上的；

（二）为赌博网站提供资金支付结算服务，收取服务费数额在1万元以上或者帮助收取赌资20万元以上的；

（三）为10个以上赌博网站投放与网址、赔率等信息有关的广告或者为赌博网站投放广告累计100条以上的。

实施前款规定的行为，数量或者数额达到前款规定标准5倍以上的，应当认定为刑法第三百零三条第二款规定的"情节严重"。

实施本条第一款规定的行为，具有下列情形之一的，应当认定行为人"明知"，但是有证据证明确实不知道的除外：

（一）收到行政主管机关书面等方式的告知后，仍然实施上述行为的；

（二）为赌博网站提供互联网接入、服务器托管、网络存储空间、通讯传输通道、投放广告、软件开发、技术支持、资金支付结算等服务，收取服务费明显异常的；

（三）在执法人员调查时，通过销毁、修改数据、账本等方式故意规避调查或者向犯罪嫌疑人通风报信的；

（四）其他有证据证明行为人明知的。

如果有开设赌场的犯罪嫌疑人尚未到案，但不影响对已到案共同犯罪嫌疑人、被告人的犯罪事实认定的，可以依法对已到案者定罪处罚。

三、关于网络赌博犯罪的参赌人数、赌资数额和网站代理的认定

赌博网站的会员账号数可以认定为参赌人数，如果查实一个账号多人使用或者多个账号一人使用的，应当按照实际使用的人数计算参赌人数。

赌资数额可以按照在网络上投注或者赢取的点数乘以每一点实际代表的金额认定。

对于将资金直接或间接兑换为虚拟货币、游戏道具等虚拟物品,并用其作为筹码投注的,赌资数额按照购买该虚拟物品所需资金数额或者实际支付资金数额认定。

对于开设赌场犯罪中用于接收、流转赌资的银行账户内的资金,犯罪嫌疑人、被告人不能说明合法来源的,可以认定为赌资。向该银行账户转入、转出资金的银行账户数量可以认定为参赌人数。如果查实一个账户多人使用或多个账户一人使用的,应当按照实际使用的人数计算参赌人数。

有证据证明犯罪嫌疑人在赌博网站上的账号设置有下级账号的,应当认定其为赌博网站的代理。

四、关于网络赌博犯罪案件的管辖

网络赌博犯罪案件的地域管辖,应当坚持以犯罪地管辖为主、被告人居住地管辖为辅的原则。

"犯罪地"包括赌博网站服务器所在地、网络接入地、赌博网站建立者、管理者所在地,以及赌博网站代理人、参赌人实施网络赌博行为地等。

公安机关对侦办跨区域网络赌博犯罪案件的管辖权有争议的,应本着有利于查清犯罪事实、有利于诉讼的原则,认真协商解决。经协商无法达成一致的,报共同的上级公安机关指定管辖。对即将侦查终结的跨省(自治区、直辖市)重大网络赌博案件,必要时可由公安部商最高人民法院和最高人民检察院指定管辖。

为保证及时结案,避免超期羁押,人民检察院对于公安机关提请审查逮捕、移送审查起诉的案件,人民法院对于已进入审判程序的案件,犯罪嫌疑人、被告人及其辩护人提出管辖异议或者办案单位发现没有管辖权的,受案人民检察院、人民法院经审查可以依法报请上级人民检察院、人民法院指定管辖,不再自行移送有管辖权的人民检察院、人民法院。

五、关于电子证据的收集与保全

侦查机关对于能够证明赌博犯罪案件真实情况的网站页面、上网记录、电子邮件、电子合同、电子交易记录、电子账册等电子数据,应当作为刑事证据予以提取、复制、固定。

侦查人员应当对提取、复制、固定电子数据的过程制作相关文字说明,记录案由、对象、内容以及提取、复制、固定的时间、地点、方法,电子数据的规格、类别、文件格式等,并由提取、复制、固定电子数据的制作人、电子数据的持有人签名或者盖章,附所提取、复制、固定的电子数据一并随案移送。

对于电子数据存储在境外的计算机上的,或者侦查机关从赌博网站提取电子数据时犯罪嫌疑人未到案的,或者电子数据的持有人无法签字或者拒绝签字的,应当由能够证明提取、复制、固定过程的见证人签名或者盖章,记明有关情况。必要时,可对提取、复制、固定有关电子数据的过程拍照或者录像。

中华人民共和国禁毒法(节录)

(2007年12月29日第十届全国人民代表大会常务委员会第三十一次会议通过 2007年12月29日中华人民共和国主席令第79号公布 自2008年6月1日起施行)

第三章 毒品管制

第十九条 国家对麻醉药品药用原植物种植实行管制。禁止非法种植罂粟、古柯植物、大麻植物以及国家规定管制的可以用于提炼加工毒品的其他原植物。禁止走私或者非法买卖、运输、携带、持有未经灭活的毒品原植物种子或者幼苗。

地方各级人民政府发现非法种植毒品原植物的,应当立即采取措施予以制止、铲除。村民委员会、居民委员会发现非法种植毒品原植物的,应当及时予以制止、铲除,并向当地公安机关报告。

第二十条 国家确定的麻醉药品药用原植物种植企业,必须按照国家有关规定种植麻醉药品药用原植物。

国家确定的麻醉药品药用原植物种植企业的提取加工场所,以及国家设立的麻醉药品储存仓库,列为国家重点警戒目标。

未经许可,擅自进入国家确定的麻醉药品药用原植物种植企业的提取加工场所或者国家设立的麻醉药品储存仓库等警戒区域的,由警戒人员责令其立即离开;拒不离开的,强行带离现场。

第二十一条 国家对麻醉药品和精神药品实行管制,对麻醉药品和精神药品的实验研究、生产、经营、使用、储存、运输实行许可和查验制度。

国家对易制毒化学品的生产、经营、购买、运输实行许可制度。

禁止非法生产、买卖、运输、储存、提供、持有、使用麻醉药品、精神药品和易制毒化学品。

第二十二条 国家对麻醉药品、精神药品和易制毒化学品的进口、出口实行许可制度。国务院有关部门应当按照规定的职责,对进口、出口麻醉药品、精神药品和易制毒化学品依法进行管理。禁止走私麻醉药品、精神药品和易制毒化学品。

第二十三条 发生麻醉药品、精神药品和易制毒化学品被盗、被抢、丢失或者其他流入非法渠道的情形,案发单位应当立即采取必要的控制措施,并立即向公安机关报告,同时依照规定向有关主管部门报告。

公安机关接到报告后,或者有证据证明麻醉药品、精神药品和易制毒化学品可能流入非法渠道的,应当及时开展调查,并可以对相关单位采取必要的控制措施。药品监督管理部门、卫生行政部门以及其他有关部门应当配合公安机关开展工作。

第二十四条 禁止非法传授麻醉药品、精神药品和易制毒化学品的制造方法。公安机关接到举报或者发现非法传授麻醉药品、精神药品和易制毒化学品制造方法的,应当及时依法查处。

第二十五条 麻醉药品、精神药品和易制毒化学品管理的具体办法,由国务院规定。

第二十六条 公安机关根据查缉毒品的需要,可以在边境地区、交通要道、口岸以及飞机场、火车站、长途汽车站、码头对来往人员、物品、货物以及交通工具进行毒品和易制毒化学品检查,民航、铁路、交通部门应当予以配合。

海关应当依法加强对进出口岸的人员、物品、货物和运输工具的检查,防止走私毒品和易制毒化学品。

邮政企业应当依法加强对邮件的检查,防止邮寄毒品和非法邮寄易制毒化学品。

第二十七条 娱乐场所应当建立巡查制度,发现娱乐场所内有毒品违法犯罪活动的,应当立即向公安机关报告。

第二十八条 对依法查获的毒品,吸食、注射毒品的用具,毒品违法犯罪的非法所得及其收益,以及直接用于实施毒品违法犯罪行为的本人所有的工具、设备、资金,应当收缴,依照规定处理。

第二十九条　反洗钱行政主管部门应当依法加强对可疑毒品犯罪资金的监测。反洗钱行政主管部门和其他依法负有反洗钱监督管理职责的部门、机构发现涉嫌毒品犯罪的资金流动情况,应当及时向侦查机关报告,并配合侦查机关做好侦查、调查工作。

第三十条　国家建立健全毒品监测和禁毒信息系统,开展毒品监测和禁毒信息的收集、分析、使用、交流工作。

第四章　戒毒措施

第三十一条　国家采取各种措施帮助吸毒人员戒除毒瘾,教育和挽救吸毒人员。

吸毒成瘾人员应当进行戒毒治疗。

吸毒成瘾的认定办法,由国务院卫生行政部门、药品监督管理部门、公安部门规定。

第三十二条　公安机关可以对涉嫌吸毒的人员进行必要的检测,被检测人员应当予以配合;对拒绝接受检测的,经县级以上人民政府公安机关或者其派出机构负责人批准,可以强制检测。

公安机关应当对吸毒人员进行登记。

第三十三条　对吸毒成瘾人员,公安机关可以责令其接受社区戒毒,同时通知吸毒人员户籍所在地或者现居住地的城市街道办事处、乡镇人民政府。社区戒毒的期限为三年。

戒毒人员应当在户籍所在地接受社区戒毒;在户籍所在地以外的现居住地有固定住所的,可以在现居住地接受社区戒毒。

第三十四条　城市街道办事处、乡镇人民政府负责社区戒毒工作。城市街道办事处、乡镇人民政府可以指定有关基层组织,根据戒毒人员本人和家庭情况,与戒毒人员签订社区戒毒协议,落实有针对性的社区戒毒措施。公安机关和司法行政、卫生行政、民政等部门应当对社区戒毒工作提供指导和协助。

城市街道办事处、乡镇人民政府,以及县级人民政府劳动行政部门对无职业且缺乏就业能力的戒毒人员,应当提供必要的职业技能培训、就业指导和就业援助。

第三十五条 接受社区戒毒的戒毒人员应当遵守法律、法规,自觉履行社区戒毒协议,并根据公安机关的要求,定期接受检测。

对违反社区戒毒协议的戒毒人员,参与社区戒毒的工作人员应当进行批评、教育;对严重违反社区戒毒协议或者在社区戒毒期间又吸食、注射毒品的,应当及时向公安机关报告。

第三十六条 吸毒人员可以自行到具有戒毒治疗资质的医疗机构接受戒毒治疗。

设置戒毒医疗机构或者医疗机构从事戒毒治疗业务的,应当符合国务院卫生行政部门规定的条件,报所在地的省、自治区、直辖市人民政府卫生行政部门批准,并报同级公安机关备案。戒毒治疗应当遵守国务院卫生行政部门制定的戒毒治疗规范,接受卫生行政部门的监督检查。

戒毒治疗不得以营利为目的。戒毒治疗的药品、医疗器械和治疗方法不得做广告。戒毒治疗收取费用的,应当按照省、自治区、直辖市人民政府价格主管部门会同卫生行政部门制定的收费标准执行。

第三十七条 医疗机构根据戒毒治疗的需要,可以对接受戒毒治疗的戒毒人员进行身体和所携带物品的检查;对在治疗期间有人身危险的,可以采取必要的临时保护性约束措施。

发现接受戒毒治疗的戒毒人员在治疗期间吸食、注射毒品的,医疗机构应当及时向公安机关报告。

第三十八条 吸毒成瘾人员有下列情形之一的,由县级以上人民政府公安机关作出强制隔离戒毒的决定:

(一)拒绝接受社区戒毒的;
(二)在社区戒毒期间吸食、注射毒品的;
(三)严重违反社区戒毒协议的;
(四)经社区戒毒、强制隔离戒毒后再次吸食、注射毒品的。

对于吸毒成瘾严重,通过社区戒毒难以戒除毒瘾的人员,公安机关可以直接作出强制隔离戒毒的决定。

吸毒成瘾人员自愿接受强制隔离戒毒的,经公安机关同意,可以进入强制隔离戒毒场所戒毒。

第三十九条 怀孕或者正在哺乳自己不满一周岁婴儿的妇女吸毒成瘾的,不适用强制隔离戒毒。不满十六周岁的未成年人吸毒成瘾的,可以不适用强制隔离戒毒。

对依照前款规定不适用强制隔离戒毒的吸毒成瘾人员,依照本法规定进行社区戒毒,由负责社区戒毒工作的城市街道办事处、乡镇人民政府加强帮助、教育和监督,督促落实社区戒毒措施。

第四十条 公安机关对吸毒成瘾人员决定予以强制隔离戒毒的,应当制作强制隔离戒毒决定书,在执行强制隔离戒毒前送达被决定人,并在送达后二十四小时以内通知被决定人的家属、所在单位和户籍所在地公安派出所;被决定人不讲真实姓名、住址,身份不明的,公安机关应当查清其身份后通知。

被决定人对公安机关作出的强制隔离戒毒决定不服的,可以依法申请行政复议或者提起行政诉讼。

第四十一条 对被决定予以强制隔离戒毒的人员,由作出决定的公安机关送强制隔离戒毒场所执行。

强制隔离戒毒场所的设置、管理体制和经费保障,由国务院规定。

第四十二条 戒毒人员进入强制隔离戒毒场所戒毒时,应当接受对其身体和所携带物品的检查。

第四十三条 强制隔离戒毒场所应当根据戒毒人员吸食、注射毒品的种类及成瘾程度等,对戒毒人员进行有针对性的生理、心理治疗和身体康复训练。

根据戒毒的需要,强制隔离戒毒场所可以组织戒毒人员参加必要的生产劳动,对戒毒人员进行职业技能培训。组织戒毒人员参加生产劳动的,应当支付劳动报酬。

第四十四条 强制隔离戒毒场所应当根据戒毒人员的性别、年龄、患病等情况,对戒毒人员实行分别管理。

强制隔离戒毒场所对有严重残疾或者疾病的戒毒人员,应当给予必要的看护和治疗;对患有传染病的戒毒人员,应当依法采取必要的隔离、治疗措施;对可能发生自伤、自残等情形的戒毒人员,可以采取相应的保护性约束措施。

强制隔离戒毒场所管理人员不得体罚、虐待或者侮辱戒毒人员。

第四十五条 强制隔离戒毒场所应当根据戒毒治疗的需要配备执业医师。强制隔离戒毒场所的执业医师具有麻醉药品和精神药品处方权的,可以按照有关技术规范对戒毒人员使用麻醉药品、精神药品。

卫生行政部门应当加强对强制隔离戒毒场所执业医师的业务指导和

监督管理。

第四十六条 戒毒人员的亲属和所在单位或者就读学校的工作人员,可以按照有关规定探访戒毒人员。戒毒人员经强制隔离戒毒场所批准,可以外出探视配偶、直系亲属。

强制隔离戒毒场所管理人员应当对强制隔离戒毒场所以外的人员交给戒毒人员的物品和邮件进行检查,防止夹带毒品。在检查邮件时,应当依法保护戒毒人员的通信自由和通信秘密。

第四十七条 强制隔离戒毒的期限为二年。

执行强制隔离戒毒一年后,经诊断评估,对于戒毒情况良好的戒毒人员,强制隔离戒毒场所可以提出提前解除强制隔离戒毒的意见,报强制隔离戒毒的决定机关批准。

强制隔离戒毒期满前,经诊断评估,对于需要延长戒毒期限的戒毒人员,由强制隔离戒毒场所提出延长戒毒期限的意见,报强制隔离戒毒的决定机关批准。强制隔离戒毒的期限最长可以延长一年。

第四十八条 对于被解除强制隔离戒毒的人员,强制隔离戒毒的决定机关可以责令其接受不超过三年的社区康复。

社区康复参照本法关于社区戒毒的规定实施。

第四十九条 县级以上地方各级人民政府根据戒毒工作的需要,可以开办戒毒康复场所;对社会力量依法开办的公益性戒毒康复场所应当给予扶持,提供必要的便利和帮助。

戒毒人员可以自愿在戒毒康复场所生活、劳动。戒毒康复场所组织戒毒人员参加生产劳动的,应当参照国家劳动用工制度的规定支付劳动报酬。

第五十条 公安机关、司法行政部门对被依法拘留、逮捕、收监执行刑罚以及被依法采取强制性教育措施的吸毒人员,应当给予必要的戒毒治疗。

第五十一条 省、自治区、直辖市人民政府卫生行政部门会同公安机关、药品监督管理部门依照国家有关规定,根据巩固戒毒成果的需要和本行政区域艾滋病流行情况,可以组织开展戒毒药物维持治疗工作。

第五十二条 戒毒人员在入学、就业、享受社会保障等方面不受歧视。有关部门、组织和人员应当在入学、就业、享受社会保障等方面对戒毒人员给予必要的指导和帮助。

第六章 法律责任

第五十九条 有下列行为之一,构成犯罪的,依法追究刑事责任;尚不构成犯罪的,依法给予治安管理处罚:

(一)走私、贩卖、运输、制造毒品的;

(二)非法持有毒品的;

(三)非法种植毒品原植物的;

(四)非法买卖、运输、携带、持有未经灭活的毒品原植物种子或者幼苗的;

(五)非法传授麻醉药品、精神药品或者易制毒化学品制造方法的;

(六)强迫、引诱、教唆、欺骗他人吸食、注射毒品的;

(七)向他人提供毒品的。

第六十条 有下列行为之一,构成犯罪的,依法追究刑事责任;尚不构成犯罪的,依法给予治安管理处罚:

(一)包庇走私、贩卖、运输、制造毒品的犯罪分子,以及为犯罪分子窝藏、转移、隐瞒毒品或者犯罪所得财物的;

(二)在公安机关查处毒品违法犯罪活动时为违法犯罪行为人通风报信的;

(三)阻碍依法进行毒品检查的;

(四)隐藏、转移、变卖或者损毁司法机关、行政执法机关依法扣押、查封、冻结的涉及毒品违法犯罪活动的财物的。

第六十一条 容留他人吸食、注射毒品或者介绍买卖毒品,构成犯罪的,依法追究刑事责任;尚不构成犯罪的,由公安机关处十日以上十五日以下拘留,可以并处三千元以下罚款;情节较轻的,处五日以下拘留或者五百元以下罚款。

第六十二条 吸食、注射毒品的,依法给予治安管理处罚。吸毒人员主动到公安机关登记或者到有资质的医疗机构接受戒毒治疗的,不予处罚。

第六十三条 在麻醉药品、精神药品的实验研究、生产、经营、使用、储存、运输、进口、出口以及麻醉药品药用原植物种植活动中,违反国家规定,致使麻醉药品、精神药品或者麻醉药品药用原植物流入非法渠道,构成犯罪的,依法追究刑事责任;尚不构成犯罪的,依照有关法律、行政法规的规定给予处罚。

第六十四条 在易制毒化学品的生产、经营、购买、运输或者进口、出口活动中，违反国家规定，致使易制毒化学品流入非法渠道，构成犯罪的，依法追究刑事责任；尚不构成犯罪的，依照有关法律、行政法规的规定给予处罚。

第六十五条 娱乐场所及其从业人员实施毒品违法犯罪行为，或者为进入娱乐场所的人员实施毒品违法犯罪行为提供条件，构成犯罪的，依法追究刑事责任；尚不构成犯罪的，依照有关法律、行政法规的规定给予处罚。

娱乐场所经营管理人员明知场所内发生聚众吸食、注射毒品或者贩毒活动，不向公安机关报告的，依照前款的规定给予处罚。

第六十六条 未经批准，擅自从事戒毒治疗业务的，由卫生行政部门责令停止违法业务活动，没收违法所得和使用的药品、医疗器械等物品；构成犯罪的，依法追究刑事责任。

第六十七条 戒毒医疗机构发现接受戒毒治疗的戒毒人员在治疗期间吸食、注射毒品，不向公安机关报告的，由卫生行政部门责令改正；情节严重的，责令停业整顿。

第六十八条 强制隔离戒毒场所、医疗机构、医师违反规定使用麻醉药品、精神药品，构成犯罪的，依法追究刑事责任；尚不构成犯罪的，依照有关法律、行政法规的规定给予处罚。

第六十九条 公安机关、司法行政部门或者其他有关主管部门的工作人员在禁毒工作中有下列行为之一，构成犯罪的，依法追究刑事责任；尚不构成犯罪的，依法给予处分：

（一）包庇、纵容毒品违法犯罪人员的；

（二）对戒毒人员有体罚、虐待、侮辱等行为的；

（三）挪用、截留、克扣禁毒经费的；

（四）擅自处分查获的毒品和扣押、查封、冻结的涉及毒品违法犯罪活动的财物的。

第七十条 有关单位及其工作人员在入学、就业、享受社会保障等方面歧视戒毒人员的，由教育行政部门、劳动行政部门责令改正；给当事人造成损失的，依法承担赔偿责任。

保安服务管理条例

(2009年10月13日中华人民共和国国务院令第564号公布 根据2020年11月29日《国务院关于修改和废止部分行政法规的决定》第一次修订 根据2022年3月29日《国务院关于修改和废止部分行政法规的决定》第二次修订)

第一章 总 则

第一条 为了规范保安服务活动,加强对从事保安服务的单位和保安员的管理,保护人身安全和财产安全,维护社会治安,制定本条例。

第二条 本条例所称保安服务是指:

(一)保安服务公司根据保安服务合同,派出保安员为客户单位提供的门卫、巡逻、守护、押运、随身护卫、安全检查以及安全技术防范、安全风险评估等服务;

(二)机关、团体、企业、事业单位招用人员从事的本单位门卫、巡逻、守护等安全防范工作;

(三)物业服务企业招用人员在物业管理区域内开展的门卫、巡逻、秩序维护等服务。

前款第(二)项、第(三)项中的机关、团体、企业、事业单位和物业服务企业,统称自行招用保安员的单位。

第三条 国务院公安部门负责全国保安服务活动的监督管理工作。县级以上地方人民政府公安机关负责本行政区域内保安服务活动的监督管理工作。

保安服务行业协会在公安机关的指导下,依法开展保安服务行业自律活动。

第四条 保安服务公司和自行招用保安员的单位(以下统称保安从业单位)应当建立健全保安服务管理制度、岗位责任制度和保安员管理制度,加强对保安员的管理、教育和培训,提高保安员的职业道德水平、业务素质和责任意识。

第五条 保安从业单位应当依法保障保安员在社会保险、劳动用工、劳动保护、工资福利、教育培训等方面的合法权益。

第六条 保安服务活动应当文明、合法,不得损害社会公共利益或者侵犯他人合法权益。

保安员依法从事保安服务活动,受法律保护。

第七条 对在保护公共财产和人民群众生命财产安全、预防和制止违法犯罪活动中有突出贡献的保安从业单位和保安员,公安机关和其他有关部门应当给予表彰、奖励。

第二章 保安服务公司

第八条 保安服务公司应当具备下列条件:

(一)有不低于人民币 100 万元的注册资本;

(二)拟任的保安服务公司法定代表人和主要管理人员应当具备任职所需的专业知识和有关业务工作经验,无被刑事处罚、劳动教养、收容教育、强制隔离戒毒或者被开除公职、开除军籍等不良记录;

(三)有与所提供的保安服务相适应的专业技术人员,其中法律、行政法规有资格要求的专业技术人员,应当取得相应的资格;

(四)有住所和提供保安服务所需的设施、装备;

(五)有健全的组织机构和保安服务管理制度、岗位责任制度、保安员管理制度。

第九条 申请设立保安服务公司,应当向所在地设区的市级人民政府公安机关提交申请书以及能够证明其符合本条例第八条规定条件的材料。

受理的公安机关应当自收到申请材料之日起 15 日内进行审核,并将审核意见报所在地的省、自治区、直辖市人民政府公安机关。省、自治区、直辖市人民政府公安机关应当自收到审核意见之日起 15 日内作出决定,对符合条件的,核发保安服务许可证;对不符合条件的,书面通知申请人并说明理由。

第十条 从事武装守护押运服务的保安服务公司,应当符合国务院公安部门对武装守护押运服务的规划、布局要求,具备本条例第八条规定的条件,并符合下列条件:

(一)有不低于人民币 1000 万元的注册资本;

(二)国有独资或者国有资本占注册资本总额的 51% 以上;

（三）有符合《专职守护押运人员枪支使用管理条例》规定条件的守护押运人员；

（四）有符合国家标准或者行业标准的专用运输车辆以及通信、报警设备。

第十一条 申请设立从事武装守护押运服务的保安服务公司，应当向所在地设区的市级人民政府公安机关提交申请书以及能够证明其符合本条例第八条、第十条规定条件的材料。保安服务公司申请增设武装守护押运业务的，无需再次提交证明其符合本条例第八条规定条件的材料。

受理的公安机关应当自收到申请材料之日起15日内进行审核，并将审核意见报所在地的省、自治区、直辖市人民政府公安机关。省、自治区、直辖市人民政府公安机关应当自收到审核意见之日起15日内作出决定，对符合条件的，核发从事武装守护押运业务的保安服务许可证或者在已有的保安服务许可证上增注武装守护押运服务；对不符合条件的，书面通知申请人并说明理由。

第十二条 取得保安服务许可证的申请人，凭保安服务许可证到工商行政管理机关办理工商登记。取得保安服务许可证后超过6个月未办理工商登记的，取得的保安服务许可证失效。

保安服务公司设立分公司的，应当向分公司所在地设区的市级人民政府公安机关备案。备案应当提供总公司的保安服务许可证和工商营业执照，总公司法定代表人、分公司负责人和保安员的基本情况。

保安服务公司的法定代表人变更的，应当经原审批公安机关审核，持审核文件到工商行政管理机关办理变更登记。

第三章 自行招用保安员的单位

第十三条 自行招用保安员的单位应当具有法人资格，有符合本条例规定条件的保安员，有健全的保安服务管理制度、岗位责任制度和保安员管理制度。

娱乐场所应当依照《娱乐场所管理条例》的规定，从保安服务公司聘用保安员，不得自行招用保安员。

第十四条 自行招用保安员的单位，应当自开始保安服务之日起30日内向所在地设区的市级人民政府公安机关备案，备案应当提供下列材料：

(一)法人资格证明;
(二)法定代表人(主要负责人)、分管负责人和保安员的基本情况;
(三)保安服务区域的基本情况;
(四)建立保安服务管理制度、岗位责任制度、保安员管理制度的情况。

自行招用保安员的单位不再招用保安员进行保安服务的,应当自停止保安服务之日起30日内到备案的公安机关撤销备案。

第十五条 自行招用保安员的单位不得在本单位以外或者物业管理区域以外提供保安服务。

第四章 保 安 员

第十六条 年满18周岁,身体健康,品行良好,具有初中以上学历的中国公民可以申领保安员证,从事保安服务工作。申请人经设区的市级人民政府公安机关考试、审查合格并留存指纹等人体生物信息的,发给保安员证。

提取、留存保安员指纹等人体生物信息的具体办法,由国务院公安部门规定。

第十七条 有下列情形之一的,不得担任保安员:
(一)曾被收容教育、强制隔离戒毒、劳动教养或者3次以上行政拘留的;
(二)曾因故意犯罪被刑事处罚的;
(三)被吊销保安员证未满3年的;
(四)曾两次被吊销保安员证的。

第十八条 保安从业单位应当招用符合保安员条件的人员担任保安员,并与被招用的保安员依法签订劳动合同。保安从业单位及其保安员应当依法参加社会保险。

保安从业单位应当根据保安服务岗位需要定期对保安员进行法律、保安专业知识和技能培训。

第十九条 保安从业单位应当定期对保安员进行考核,发现保安员不合格或者严重违反管理制度,需要解除劳动合同的,应当依法办理。

第二十条 保安从业单位应当根据保安服务岗位的风险程度为保安员投保意外伤害保险。

保安员因工伤亡的,依照国家有关工伤保险的规定享受工伤保险待遇;保安员牺牲被批准为烈士的,依照国家有关烈士褒扬的规定享受抚恤优待。

第五章 保安服务

第二十一条 保安服务公司提供保安服务应当与客户单位签订保安服务合同,明确规定服务的项目、内容以及双方的权利义务。保安服务合同终止后,保安服务公司应当将保安服务合同至少留存2年备查。

保安服务公司应当对客户单位要求提供的保安服务的合法性进行核查,对违法的保安服务要求应当拒绝,并向公安机关报告。

第二十二条 设区的市级以上地方人民政府确定的关系国家安全、涉及国家秘密等治安保卫重点单位不得聘请外商投资的保安服务公司提供保安服务。

第二十三条 保安服务公司派出保安员跨省、自治区、直辖市为客户单位提供保安服务的,应当向服务所在地设区的市级人民政府公安机关备案。备案应当提供保安服务公司的保安服务许可证和工商营业执照、保安服务合同、服务项目负责人和保安员的基本情况。

第二十四条 保安服务公司应当按照保安服务业服务标准提供规范的保安服务,保安服务公司派出的保安员应当遵守客户单位的有关规章制度。客户单位应当为保安员从事保安服务提供必要的条件和保障。

第二十五条 保安服务中使用的技术防范产品,应当符合有关的产品质量要求。保安服务中安装监控设备应当遵守国家有关技术规范,使用监控设备不得侵犯他人合法权益或者个人隐私。

保安服务中形成的监控影像资料、报警记录,应当至少留存30日备查,保安从业单位和客户单位不得删改或者扩散。

第二十六条 保安从业单位对保安服务中获知的国家秘密、商业秘密以及客户单位明确要求保密的信息,应当予以保密。

保安从业单位不得指使、纵容保安员阻碍依法执行公务、参与追索债务、采用暴力或者以暴力相威胁的手段处置纠纷。

第二十七条 保安员上岗应当着保安员服装,佩带全国统一的保安服务标志。保安员服装和保安服务标志应当与人民解放军、人民武装警察和人民警察、工商税务等行政执法机关以及人民法院、人民检察院工作人员的制式服装、标志服饰有明显区别。

保安员服装由全国保安服务行业协会推荐式样,由保安服务从业单位在推荐式样范围内选用。保安服务标志式样由全国保安服务行业协会确定。

第二十八条 保安从业单位应当根据保安服务岗位的需要为保安员配备所需的装备。保安服务岗位装备配备标准由国务院公安部门规定。

第二十九条 在保安服务中,为履行保安服务职责,保安员可以采取下列措施:

(一)查验出入服务区域的人员的证件,登记出入的车辆和物品;

(二)在服务区域内进行巡逻、守护、安全检查、报警监控;

(三)在机场、车站、码头等公共场所对人员及其所携带的物品进行安全检查,维护公共秩序;

(四)执行武装守护押运任务,可以根据任务需要设立临时隔离区,但应当尽可能减少对公民正常活动的妨碍。

保安员应当及时制止发生在服务区域内的违法犯罪行为,对制止无效的违法犯罪行为应当立即报警,同时采取措施保护现场。

从事武装守护押运服务的保安员执行武装守护押运任务使用枪支,依照《专职守护押运人员枪支使用管理条例》的规定执行。

第三十条 保安员不得有下列行为:

(一)限制他人人身自由、搜查他人身体或者侮辱、殴打他人;

(二)扣押、没收他人证件、财物;

(三)阻碍依法执行公务;

(四)参与追索债务、采用暴力或者以暴力相威胁的手段处置纠纷;

(五)删改或者扩散保安服务中形成的监控影像资料、报警记录;

(六)侵犯个人隐私或者泄露在保安服务中获知的国家秘密、商业秘密以及客户单位明确要求保密的信息;

(七)违反法律、行政法规的其他行为。

第三十一条 保安员有权拒绝执行保安从业单位或者客户单位的违法指令。保安从业单位不得因保安员不执行违法指令而解除与保安员的劳动合同,降低其劳动报酬和其他待遇,或者停缴、少缴依法应当为其缴纳的社会保险费。

第六章　保安培训单位

第三十二条　保安培训单位应当具备下列条件：
（一）是依法设立的具有法人资格的学校、职业培训机构；
（二）有保安培训所需的专兼职师资力量；
（三）有保安培训所需的场所、设施等教学条件。

第三十三条　从事保安培训的单位，应当自开展保安培训之日起30日内向所在地设区的市级人民政府公安机关备案，提交能够证明其符合本条例第三十二条规定条件的材料。

保安培训单位出资人、法定代表人（主要负责人）、住所、名称发生变化的，应当到原备案公安机关办理变更。

保安培训单位终止培训的，应当自终止培训之日起30日内到原备案公安机关撤销备案。

第三十四条　从事武装守护押运服务的保安员的枪支使用培训，应当由人民警察院校、人民警察培训机构负责。承担培训工作的人民警察院校、人民警察培训机构应当向所在地的省、自治区、直辖市人民政府公安机关备案。

第三十五条　保安培训单位应当按照保安员培训教学大纲制订教学计划，对接受培训的人员进行法律、保安专业知识和技能培训以及职业道德教育。

保安员培训教学大纲由国务院公安部门审定。

第七章　监督管理

第三十六条　公安机关应当指导保安从业单位建立健全保安服务管理制度、岗位责任制度、保安员管理制度和紧急情况应急预案，督促保安从业单位落实相关管理制度。

保安从业单位、保安培训单位和保安员应当接受公安机关的监督检查。

第三十七条　公安机关建立保安服务监督管理信息系统，记录保安从业单位、保安培训单位和保安员的相关信息。

公安机关应当对提取、留存的保安员指纹等人体生物信息予以保密。

第三十八条　公安机关的人民警察对保安从业单位、保安培训单位实施监督检查应当出示证件,对监督检查中发现的问题,应当督促其整改。监督检查的情况和处理结果应当如实记录,并由公安机关的监督检查人员和保安从业单位、保安培训单位的有关负责人签字。

第三十九条 县级以上人民政府公安机关应当公布投诉方式,受理社会公众对保安从业单位、保安培训单位和保安员的投诉。接到投诉的公安机关应当及时调查处理,并反馈查处结果。

第四十条 国家机关及其工作人员不得设立保安服务公司,不得参与或者变相参与保安服务公司的经营活动。

第八章 法律责任

第四十一条 任何组织或者个人未经许可,擅自从事保安服务的,依法给予治安管理处罚,并没收违法所得;构成犯罪的,依法追究刑事责任。

第四十二条 保安从业单位有下列情形之一的,责令限期改正,给予警告;情节严重的,并处1万元以上5万元以下的罚款;有违法所得的,没收违法所得:

(一)保安服务公司法定代表人变更未经公安机关审核的;

(二)未按照本条例的规定进行备案或者撤销备案的;

(三)自行招用保安员的单位在本单位以外或者物业管理区域以外开展保安服务的;

(四)招用不符合本条例规定条件的人员担任保安员的;

(五)保安服务公司未对客户单位要求提供的保安服务的合法性进行核查的,或者未将违法的保安服务要求向公安机关报告的;

(六)保安服务公司未按照本条例的规定签订、留存保安服务合同的;

(七)未按照本条例的规定留存保安服务中形成的监控影像资料、报警记录的。

客户单位未按照本条例的规定留存保安服务中形成的监控影像资料、报警记录的,依照前款规定处罚。

第四十三条 保安从业单位有下列情形之一的,责令限期改正,处2万元以上10万元以下的罚款;违反治安管理的,依法给予治安管理处罚;构成犯罪的,依法追究直接负责的主管人员和其他直接责任人员的刑事责任:

(一)泄露在保安服务中获知的国家秘密、商业秘密以及客户单位明确要求保密的信息的;

（二）使用监控设备侵犯他人合法权益或者个人隐私的；

（三）删改或者扩散保安服务中形成的监控影像资料、报警记录的；

（四）指使、纵容保安员阻碍依法执行公务、参与追索债务、采用暴力或者以暴力相威胁的手段处置纠纷的；

（五）对保安员疏于管理、教育和培训，发生保安员违法犯罪案件，造成严重后果的。

客户单位删改或者扩散保安服务中形成的监控影像资料、报警记录的，依照前款规定处罚。

第四十四条　保安从业单位因保安员不执行违法指令而解除与保安员的劳动合同，降低其劳动报酬和其他待遇，或者停缴、少缴依法应当为其缴纳的社会保险费的，对保安从业单位的处罚和对保安员的赔偿依照有关劳动合同和社会保险的法律、行政法规的规定执行。

第四十五条　保安员有下列行为之一的，由公安机关予以训诫；情节严重的，吊销其保安员证；违反治安管理的，依法给予治安管理处罚；构成犯罪的，依法追究刑事责任：

（一）限制他人人身自由、搜查他人身体或者侮辱、殴打他人的；

（二）扣押、没收他人证件、财物的；

（三）阻碍依法执行公务的；

（四）参与追索债务、采用暴力或者以暴力相威胁的手段处置纠纷的；

（五）删改或者扩散保安服务中形成的监控影像资料、报警记录的；

（六）侵犯个人隐私或者泄露在保安服务中获知的国家秘密、商业秘密以及客户单位明确要求保密的信息的；

（七）有违反法律、行政法规的其他行为的。

从事武装守护押运的保安员违反规定使用枪支的，依照《专职守护押运人员枪支使用管理条例》的规定处罚。

第四十六条　保安员在保安服务中造成他人人身伤亡、财产损失的，由保安从业单位赔付；保安员有故意或者重大过失的，保安从业单位可以依法向保安员追偿。

第四十七条　从事保安培训的单位有下列情形之一的，责令限期改正，给予警告；情节严重的，并处 1 万元以上 5 万元以下的罚款：

（一）未按照本条例的规定进行备案或者办理变更的；

（二）不符合本条例规定条件的；

(三)隐瞒有关情况、提供虚假材料或者拒绝提供反映其活动情况的真实材料的;

(四)未按照本条例规定开展保安培训的。

以保安培训为名进行诈骗活动的,依法给予治安管理处罚;构成犯罪的,依法追究刑事责任。

第四十八条 国家机关及其工作人员设立保安服务公司,参与或者变相参与保安服务公司经营活动的,对直接负责的主管人员和其他直接责任人员依法给予处分。

第四十九条 公安机关的人民警察在保安服务活动监督管理工作中滥用职权、玩忽职守、徇私舞弊的,依法给予处分;构成犯罪的,依法追究刑事责任。

第九章 附 则

第五十条 保安服务许可证、保安员证的式样由国务院公安部门规定。

第五十一条 本条例施行前已经设立的保安服务公司,应当自本条例施行之日起6个月内重新申请保安服务许可证。本条例施行前自行招用保安员的单位,应当自本条例施行之日起3个月内向公安机关备案。

本条例施行前已经从事保安服务的保安员,自本条例施行之日起1年内由保安员所在单位组织培训,经设区的市级人民政府公安机关考试、审查合格并留存指纹等人体生物信息的,发给保安员证。

第五十二条 本条例自2010年1月1日起施行。

公安机关实施保安服务管理条例办法

(2010年2月3日公安部令第112号发布
根据2016年1月14日公安部令第136号修正)

第一章 总 则

第一条 为了规范公安机关对保安服务的监督管理工作,根据《保安服务管理条例》(以下简称《条例》)和有关法律、行政法规规定,制定本办法。

第二条 公安部负责全国保安服务活动的监督管理工作。地方各级公安机关应当按照属地管理、分级负责的原则,对保安服务活动依法进行监督管理。

第三条 省级公安机关负责下列保安服务监督管理工作:

(一)指导本省(自治区)公安机关对保安从业单位、保安培训单位、保安员和保安服务活动进行监督管理;

(二)核发、吊销保安服务公司的保安服务许可证、保安培训单位的保安培训许可证;

(三)审核保安服务公司法定代表人的变更情况;

(四)接受承担保安员枪支使用培训工作的人民警察院校、人民警察培训机构的备案;

(五)依法进行其他保安服务监督管理工作。

直辖市公安机关除行使省级公安机关的保安服务监督管理职能外,还可以直接受理设立保安服务公司或者保安培训单位的申请,核发保安员证,接受保安服务公司跨省、自治区、直辖市提供保安服务的备案。

第四条 设区市的公安机关负责下列保安服务监督管理工作:

(一)受理、审核设立保安服务公司、保安培训单位的申请材料;

(二)接受保安服务公司设立分公司和跨省、自治区、直辖市开展保安服务活动,以及自行招用保安员单位的备案;

(三)组织开展保安员考试,核发、吊销保安员证;

(四)对保安服务活动进行监督检查;

(五)依法进行其他保安服务监督管理工作。

第五条 县级公安机关负责下列保安服务监督管理工作:

(一)对保安服务活动进行监督检查;

(二)协助进行自行招用保安员单位备案管理工作;

(三)受理保安员考试报名、采集保安员指纹;

(四)依法进行其他保安服务监督管理工作。

公安派出所负责对自行招用保安员单位保安服务活动的日常监督检查。

第六条 各级公安机关应当明确保安服务主管机构,归口负责保安服务监督管理工作。

铁路、交通、民航公安机关和森林公安机关负责对其管辖范围内的保安服务进行日常监督检查。

新疆生产建设兵团公安机关负责对其管辖范围内的保安服务进行监督管理。

第七条 保安服务行业协会在公安机关指导下依法开展提供服务、规范行为、反映诉求等保安服务行业自律工作。

全国性保安服务行业协会在公安部指导下开展推荐保安员服装式样、设计全国统一的保安服务标志、制定保安服务标准、开展保安服务企业资质认证以及协助组织保安员考试等工作。

第八条 公安机关对在保护公共财产和人民群众生命财产安全、预防和制止违法犯罪活动中有突出贡献的保安从业单位和保安员，应当按照国家有关规定给予表彰奖励。

保安员因工伤亡的，依照国家有关工伤保险的规定享受工伤保险待遇，公安机关应当协助落实工伤保险待遇；保安员因公牺牲的，公安机关应当按照国家有关规定，做好烈士推荐工作。

第二章 保安从业单位许可与备案

第九条 申请设立保安服务公司，应当向设区市的公安机关提交下列材料：

（一）设立申请书（应当载明拟设立保安服务公司的名称、住所、注册资本、股东及出资额、经营范围等内容）；

（二）拟任的保安服务公司法定代表人和总经理、副总经理等主要管理人员的有效身份证件、简历，保安师资格证书复印件，5年以上军队、公安、安全、审判、检察、司法行政或者治安保卫、保安经营管理工作经验证明，县级公安机关开具的无被刑事处罚、劳动教养、收容教育、强制隔离戒毒证明；

（三）拟设保安服务公司住所的所有权或者使用权的有效证明文件和提供保安服务所需的有关设备、交通工具等材料；

（四）专业技术人员名单和法律、行政法规有资格要求的资格证明；

（五）组织机构和保安服务管理制度、岗位责任制度、保安员管理制度材料；

（六）工商行政管理部门核发的企业名称预先核准通知书。

第十条 申请设立提供武装守护押运服务的保安服务公司,除向设区市的公安机关提交本办法第九条规定的材料外,还应当提交下列材料：

（一）出资属国有独资或者国有资本占注册资本总额51%以上的有效证明文件；

（二）符合《专职守护押运人员枪支使用管理条例》规定条件的守护押运人员的材料；

（三）符合国家或者行业标准的专用运输车辆以及通信、报警设备的材料；

（四）枪支安全管理制度和保管设施情况的材料。

保安服务公司申请增设武装守护押运业务的,无需提交本办法第九条规定的材料。

第十一条 申请设立中外合资经营、中外合作经营或者外资独资经营的保安服务公司(以下统称外资保安服务公司),除了向公安机关提交本办法第九条、第十条规定的材料外,还应当提交下列材料：

（一）中外合资、中外合作合同；

（二）外方的资信证明和注册登记文件；

（三）拟任的保安服务公司法定代表人和总经理、副总经理等主要管理人员为外国人的,须提供在所属国家或者地区无被刑事处罚记录证明(原居住地警察机构出具并经公证机关公证)、5年以上保安经营管理工作经验证明、在华取得的保安师资格证书复印件。

本办法施行前已经设立的保安服务公司重新申请保安服务许可证,拟任的法定代表人和总经理、副总经理等主要管理人员为外国人的,除需提交前款第三项规定的材料外,还应当提交外国人就业证复印件。

第十二条 省级公安机关应当按照严格控制、防止垄断、适度竞争、确保安全的原则,提出武装守护押运服务公司的规划、布局方案,报公安部批准。

第十三条 设区市的公安机关应当自收到设立保安服务公司申请材料之日起15个工作日内,对申请人提交的材料的真实性进行审核,确认是否属实,并将审核意见报所在地省级公安机关。对设立提供武装守护押运和安全技术防范报警监控运营服务的申请,应当对经营场所、设施建设等情况进行现场考察。

省级公安机关收到设立保安服务公司的申请材料和设区市的公安机关的审核意见后,应当在15个工作日内作出决定:

(一)符合《条例》第八条、第十条和本办法第十二条规定的,决定核发保安服务许可证,或者在已有的保安服务许可证上增注武装守护押运服务;

(二)不符合《条例》第八条、第十条和本办法第十二条规定的,应当作出不予许可的决定,书面通知申请人并说明理由。

第十四条 取得保安服务许可证的申请人应当在办理工商登记后30个工作日内将工商营业执照复印件报送核发保安服务许可证的省级公安机关。

取得保安服务许可证后超过6个月未办理工商登记的,保安服务许可证失效,发证公安机关应当收回保安服务许可证。

第十五条 保安服务公司设立分公司的,应当自分公司设立之日起15个工作日内,向分公司所在地设区市的公安机关备案,并接受备案地公安机关监督管理。备案应当提交下列材料:

(一)保安服务许可证、工商营业执照复印件;

(二)保安服务公司法定代表人、分公司负责人和保安员基本情况;

(三)拟开展的保安服务项目。

第十六条 保安服务公司拟变更法定代表人的,应当向所在地设区市的公安机关提出申请。设区市的公安机关应当在收到申请后15个工作日内进行审核并报所在地省级公安机关。省级公安机关应当在收到申报材料后15个工作日内审核并予以回复。

第十七条 省级公安机关许可设立提供武装守护押运服务的保安服务公司以及中外合资、合作或者外商独资经营的保安服务公司的,应当报公安部备案。

第十八条 自行招用保安员从事本单位安全防范工作的机关、团体、企业、事业单位以及在物业管理区域内开展秩序维护等服务的物业服务企业,应当自开始保安服务之日起30个工作日内向所在地设区市的公安机关备案。备案应当提交下列材料:

(一)单位法人资格证明;

(二)法定代表人(主要负责人)、保安服务分管负责人和保安员的基本情况;

(三)保安服务区域的基本情况;
(四)建立保安服务管理制度、岗位责任制度、保安员管理制度的情况;
(五)保安员在岗培训法律、保安专业知识和技能的情况。

第三章 保安员证申领与保安员招用

第十九条 申领保安员证应当符合下列条件:
(一)年满18周岁的中国公民;
(二)身体健康,品行良好;
(三)初中以上学历;
(四)参加保安员考试,成绩合格;
(五)没有《条例》第十七条规定的情形。

第二十条 参加保安员考试,由本人或者保安从业单位、保安培训单位组织到现住地县级公安机关报名,填报报名表(可以到当地公安机关政府网站上下载),并按照国家有关规定交纳考试费。报名应当提交下列材料:
(一)有效身份证件;
(二)县级以上医院出具的体检证明;
(三)初中以上学历证明。

县级公安机关应当在接受报名时留取考试申请人的指纹,采集数码照片,并现场告知领取准考证时间。

第二十一条 县级公安机关对申请人的报名材料进行审核,符合本办法第十九条第一项、第二项、第三项、第五项规定的,上报设区市的公安机关发给准考证,通知申请人领取。

第二十二条 设区市的公安机关应当根据本地报考人数和保安服务市场需要,合理规划设置考点,提前公布考试方式(机考或者卷考)和时间,每年考试不得少于2次。

考试题目从公安部保安员考试题库中随机抽取。考生凭准考证和有效身份证件参加考试。

第二十三条 申请人考试成绩合格的,设区市的公安机关核发保安员证,由县级公安机关通知申请人领取。

第二十四条 保安从业单位直接从事保安服务的人员应当持有保安员证。

保安从业单位应当招用持有保安员证的人员从事保安服务工作,并与被招用的保安员依法签订劳动合同。

第四章 保安服务

第二十五条 保安服务公司签订保安服务合同前,应当按照《条例》第二十一条的规定,对下列事项进行核查:

(一)客户单位是否依法设立;

(二)被保护财物是否合法;

(三)被保护人员的活动是否合法;

(四)要求提供保安服务的活动依法需经批准的,是否已经批准;

(五)维护秩序的区域是否经业主或者所属单位明确授权;

(六)其他应当核查的事项。

第二十六条 保安服务公司派出保安员提供保安服务,保安服务合同履行地与保安服务公司所在地不在同一省、自治区、直辖市的,应当依照《条例》第二十三条的规定,在开始提供保安服务之前30个工作日内向保安服务合同履行地设区市的公安机关备案,并接受备案地公安机关监督管理。备案应当提交下列材料:

(一)保安服务许可证和工商营业执照复印件;

(二)保安服务公司法定代表人、服务项目负责人有效身份证件和保安员的基本情况;

(三)跨区域经营服务的保安服务合同;

(四)其他需要提供的材料。

第二十七条 经设区的市级以上地方人民政府确定的关系国家安全、涉及国家秘密等治安保卫重点单位不得聘请外资保安服务公司提供保安服务。

为上述单位提供保安服务的保安服务公司不得招用境外人员。

第二十八条 保安服务中使用的技术防范产品,应当符合国家或者行业质量标准。

保安服务中安装报警监控设备应当遵守国家有关安全技术规范。

第二十九条 保安员上岗服务应当穿着全国性保安服务行业协会推荐式样的保安员服装,佩带全国统一的保安服务标志。

提供随身护卫、安全技术防范和安全风险评估服务的保安员上岗服务可以穿着便服,但应当佩带全国统一的保安服务标志。

第三十条　保安从业单位应当根据保安服务和保安员安全需要,为保安员配备保安服务岗位所需的防护、救生等器材和交通、通讯等装备。

保安服务岗位装备配备标准由公安部另行制定。

第五章　保安培训单位许可与备案

第三十一条　申请设立保安培训单位,应当向设区市的公安机关提交下列材料:

(一)设立申请书(应当载明申请人基本情况、拟设立培训单位名称、培训目标、培训规模、培训内容、培训条件和内部管理制度等);

(二)符合《条例》第三十二条规定条件的证明文件;

(三)申请人、法定代表人的有效身份证件,主要管理人员和师资人员的相关资格证明文件。

第三十二条　公安机关应当自收到申请材料之日起15个工作日内,对申请人提交的材料的真实性进行审核,对培训所需场所、设施等教学条件进行现场考察,并将审核意见报所在地省级公安机关。

省级公安机关收到申请材料和设区市的公安机关的审核意见后,应当在15个工作日内作出决定:

(一)符合《条例》第三十二条规定的,核发保安培训许可证;

(二)不符合《条例》第三十二条规定的,应当作出不予许可的决定,书面通知申请人并说明理由。

第三十三条　人民警察院校、人民警察培训机构对从事武装守护押运服务保安员进行枪支使用培训的,应当在开展培训工作前30个工作日内,向所在地省级公安机关备案。备案应当提交下列材料:

(一)法人资格证明或者批准成立文件;

(二)法定代表人、分管负责人的基本情况;

(三)与培训规模相适应的师资和教学设施情况;

(四)枪支安全管理制度和保管设施建设情况。

第三十四条　保安培训单位应当按照公安部审定的保安员培训教学大纲进行培训。

保安培训单位不得对外提供或者变相提供保安服务。

第六章 监 督 检 查

第三十五条 公安机关应当加强对保安从业单位、保安培训单位的日常监督检查,督促落实各项管理制度。

第三十六条 公安机关应当根据《条例》规定,建立保安服务监督管理信息系统和保安员指纹等人体生物信息管理制度。

保安服务监督管理信息系统建设标准由公安部另行制定。

第三十七条 公安机关对保安服务公司应当检查下列内容:

(一)保安服务公司基本情况;

(二)设立分公司和跨省、自治区、直辖市开展保安服务经营活动情况;

(三)保安服务合同和监控影像资料、报警记录留存制度落实情况;

(四)保安服务中涉及的安全技术防范产品、设备安装、变更、使用情况;

(五)保安服务管理制度、岗位责任制度、保安员管理制度和紧急情况应急预案建立落实情况;

(六)从事武装守护押运服务的保安服务公司公务用枪安全管理制度和保管设施建设情况;

(七)保安员及其服装、保安服务标志与装备管理情况;

(八)保安员在岗培训和权益保障工作落实情况;

(九)被投诉举报事项纠正情况;

(十)其他需要检查的事项。

第三十八条 公安机关对自行招用保安员单位应当检查下列内容:

(一)备案情况;

(二)监控影像资料、报警记录留存制度落实情况;

(三)保安服务中涉及的安全技术防范产品、设备安装、变更、使用情况;

(四)保安服务管理制度、岗位责任制度、保安员管理制度和紧急情况应急预案建立落实情况;

(五)依法配备的公务用枪安全管理制度和保管设施建设情况;

(六)自行招用的保安员及其服装、保安服务标志与装备管理情况;

(七)保安员在岗培训和权益保障工作落实情况;

(八)被投诉举报事项纠正情况;

（九）其他需要检查的事项。

第三十九条 公安机关对保安培训单位应当检查下列内容：

（一）保安培训单位基本情况；

（二）保安培训教学情况；

（三）枪支使用培训单位备案情况和枪支安全管理制度与保管设施建设管理情况；

（四）其他需要检查的事项。

第四十条 公安机关有关工作人员对保安从业单位和保安培训单位实施监督检查时不得少于2人，并应当出示执法身份证件。

对监督检查情况和处理意见应当如实记录，并由公安机关检查人员和被检查单位的有关负责人签字；被检查单位负责人不在场或者拒绝签字的，公安机关工作人员应当在检查记录上注明。

第四十一条 公安机关在监督检查时，发现依法应当责令限期改正的违法行为，应当制作责令限期改正通知书，送达被检查单位。责令限期改正通知书中应当注明改正期限。

公安机关应当在责令改正期限届满或者收到当事人的复查申请之日起3个工作日内进行复查。对逾期不改正的，依法予以行政处罚。

第四十二条 公安机关应当在办公场所和政府网站上公布下列信息：

（一）保安服务监督管理有关法律、行政法规、部门规章和地方性法规、政府规章等规范性文件；

（二）保安服务许可证、保安培训许可证、保安员证的申领条件和程序；

（三）保安服务公司设立分公司与跨省、自治区、直辖市经营服务、自行招用保安员单位、从事武装守护押运服务保安员枪支使用培训单位的备案材料和程序；

（四）保安服务监督检查工作要求和程序；

（五）举报投诉方式；

（六）其他应当公开的信息。

第四十三条 以欺骗、贿赂等不正当手段取得保安服务或者保安培训许可，公安机关及其工作人员滥用职权、玩忽职守、违反法定程序准予保安服务或者保安培训许可，或者对不具备申请资格、不符合法定条件的申请人准予保安服务或者保安培训许可的，发证公安机关经查证属实，应当撤销行政许可。撤销保安服务、保安培训许可的，应当按照下列程序实施：

（一）经省、自治区、直辖市人民政府公安机关批准,制作撤销决定书送达当事人;

（二）收缴许可证书;

（三）公告许可证书作废。

第四十四条 保安服务公司、保安培训单位依法破产、解散、终止的,发证公安机关应当依法及时办理许可注销手续,收回许可证件。

第七章 法 律 责 任

第四十五条 保安服务公司有下列情形之一,造成严重后果的,除依照《条例》第四十三条规定处罚外,发证公安机关可以依据《中华人民共和国治安管理处罚法》第五十四条第三款的规定,吊销保安服务许可证:

（一）泄露在保安服务中获知的国家秘密;

（二）指使、纵容保安员阻碍依法执行公务、参与追索债务、采用暴力或者以暴力相威胁的手段处置纠纷;

（三）其他严重违法犯罪行为。

保安培训单位以培训为名进行诈骗等违法犯罪活动,情节严重的,公安机关可以依前款规定,吊销保安培训许可证。

第四十六条 设区的市级以上人民政府确定的关系国家安全、涉及国家秘密等治安保卫重点单位违反《条例》第二十二条规定的,依照《企业事业单位内部治安保卫条例》第十九条的规定处罚。

保安服务公司违反本办法第二十七条第二款规定的,依照前款规定处罚。

第四十七条 保安培训单位以实习为名,派出学员变相开展保安服务的,依照《条例》第四十一条规定,依法给予治安管理处罚,并没收违法所得;构成犯罪的,依法追究刑事责任。

第四十八条 公安机关工作人员在保安服务监督管理中有下列情形的,对直接负责的主管人员和其他直接责任人员依法给予处分;构成犯罪的,依法追究刑事责任:

（一）明知不符合设立保安服务公司、保安培训单位的设立条件却许可的;符合《条例》和本办法规定,应当许可却不予许可的;

（二）违反《条例》规定,应当接受保安从业单位、保安培训单位的备案而拒绝接受的;

（三）接到举报投诉，不依法查处的；

（四）发现保安从业单位和保安培训单位违反《条例》规定，不依法查处的；

（五）利用职权指定安全技术防范产品的生产厂家、销售单位或者指定保安服务提供企业的；

（六）接受被检查单位、个人财物或者其他不正当利益的；

（七）参与或者变相参与保安服务公司经营活动的；

（八）其他滥用职权、玩忽职守、徇私舞弊的行为。

第八章 附 则

第四十九条 保安服务许可证和保安培训许可证包括正本和副本，正本应当悬挂在保安服务公司或者保安培训单位主要办公场所的醒目位置。

保安服务许可证、保安培训许可证、保安员证式样由公安部规定，省级公安机关制作；其他文书式样由省级公安机关自行制定。

第五十条 对香港特别行政区、澳门特别行政区和台湾地区投资者设立合资、合作或者独资经营的保安服务公司的管理，参照适用外资保安服务公司的相关规定。

第五十一条 本办法自发布之日起施行。

附件：1. 保安服务许可证（略）

2. 保安培训许可证（略）

3. 保安员证（略）

公安机关执行保安服务管理条例若干问题的解释

（2010年9月16日 公通字〔2010〕43号）

根据《保安服务管理条例》（以下简称《条例》）和《公安机关实施保安服务管理条例办法》（以下简称《办法》）规定及保安服务监管工作需要，现对公安机关执行《保安服务管理条例》的若干问题解释如下：

一、关于保安服务公司主要管理人员范围问题。《条例》第八条第二项规定,拟任的保安服务公司法定代表人和主要管理人员应当具备任职所需的专业知识和有关业务工作经验。这里的"主要管理人员"是指拟任的保安服务公司总经理、副总经理。

二、关于保安服务公司法定代表人和主要管理人员保安师资格证问题。《条例》第八条第二项规定,拟任保安服务公司法定代表人和主要管理人员应当具备任职所需的专业知识。《办法》第九条进一步明确规定,拟任保安服务公司法定代表人和总经理、副总经理等主要管理人员应当具有保安师资格。在全国保安职业技能鉴定工作开始后,将对在任的保安服务公司的法定代表人和总经理、副总经理等主要管理人员进行全国统一的职业技能鉴定,核发保安师资格证书。

三、关于拟任保安服务公司法定代表人和主要管理人员治安保卫或者保安经营管理经验问题。《条例》第八条第二项规定,拟任的保安服务公司法定代表人和主要管理人员应当具备有关业务工作经验。《办法》第九条规定,拟任的保安服务公司法定代表人和主要管理人员应当具有5年以上军队、公安、安全、审判、检察、司法行政或者治安保卫、保安经营管理工作经验。这里的"治安保卫"工作经验是指曾在县级以上人民政府确定的治安保卫重点单位从事治安保卫管理工作经历;"保安经营管理"工作经验是指在保安服务公司中曾担任经营管理领导职务的工作经历。

四、关于直辖市公安机关直接受理设立保安服务公司或者保安培训单位申请的审核审批时间问题。根据《行政许可法》第四十二条、《条例》第九条和《办法》第三条规定,直辖市公安机关直接受理设立保安服务公司或者保安培训单位申请的,应当在20日内审核完毕并作出决定;在20日内不能作出决定的,经本行政机关负责人批准,可以延长10日,并应将延长期限的理由告知申请人。

五、关于提供武装守护押运服务的保安服务公司国有投资主体数量问题。《条例》第十条规定,提供武装守护押运服务的保安服务公司应当由国有资本独资设立,或者国有资本占注册资本总额51%以上。这里所称的国有资本可以由多个国有投资主体持有,但其中一个国有投资主体持有的股份应当占该公司注册资本总额的51%以上。

六、关于公安机关所属院校、社团和现役部队设立保安服务公司问题。根据1998年中央对军队、武警和政法机关进行清商的文件精神和公安部有关规定要求,公安机关所属院校、社团和现役部队不得设立保安服务公司,不得参与或者变相参与保安服务公司的经营活动。

七、关于自行招用保安员单位跨区域开展保安服务活动的备案问题。《条例》第十四条第一款规定,自行招用保安员的单位,应当向所在地设区的市级人民政府公安机关备案。自行招用保安员的单位因本单位生产经营工作的需要而跨市(地、州、盟)开展保安服务活动的,应当将保安服务情况向当地市(地、州、盟)公安机关备案,当地公安机关应当接受备案,并纳入监管。

八、关于单位自行招用保安员的备案范围问题。根据《条例》第十四条规定,对具有法人资格的单位自行招用的直接从事本单位门卫、巡逻、守护和秩序维护等安全防范工作并与本单位签订劳动合同或用工协议的人员,应当纳入公安机关备案范围。

九、关于达到法定退休年龄人员申领保安员证问题。根据《劳动法》等法律、法规规定和保安服务工作要求,对于达到法定退休年龄的人员不再发给保安员证。

十、关于安全技术防范服务认定问题。根据《条例》第二条规定,保安服务包括安全技术防范服务。这里的"安全技术防范服务"主要是指利用安全技术防范设备和技术手段,为公民、法人和其他组织提供入侵报警、视频监控,以及报警运营等服务。

公安机关监督检查企业事业单位内部治安保卫工作规定

(2007年5月30日公安部部长办公会议通过 2007年6月16日公安部令第93号发布 自2007年10月1日起施行)

第一条 为规范公安机关监督检查企业事业单位(以下简称单位)内部治安保卫工作行为,依据《企业事业单位内部治安保卫条例》(以下简称《条例》),制定本规定。

第二条 县级以上公安机关单位内部治安保卫工作主管部门和单位

所在地公安派出所按照分工履行监督检查单位内部治安保卫工作职责。

铁路、交通、民航公安机关和国有林区森林公安机关负责监督检查本行业、本系统所属单位内部治安保卫工作。公安消防、交通管理部门依照有关规定,对单位内部消防、交通安全管理进行监督检查。

第三条 公安机关监督检查单位内部治安保卫工作应当严格执行国家有关规定。对监督检查中涉及的国家秘密、商业秘密,应当予以保密。

第四条 公安机关对单位内部治安保卫工作的下列事项进行监督检查:

(一)单位按照《条例》规定制定和落实内部治安保卫制度情况;

(二)单位主要负责人落实内部治安保卫工作责任制情况;

(三)单位设置治安保卫机构和配备专职、兼职治安保卫人员情况;

(四)单位落实出入登记、守卫看护、巡逻检查、重要部位重点保护、治安隐患排查处理等内部治安保卫措施情况;

(五)单位治安防范设施的建设、使用和维护情况;

(六)单位内部治安保卫机构、治安保卫人员依法履行职责情况;

(七)单位管理范围内的人员遵守单位内部治安保卫制度情况;

(八)单位内部治安保卫人员接受有关法律知识和治安保卫业务、技能以及相关专业知识培训、考核情况;

(九)其他依法应当监督检查的内容。

第五条 公安机关监督检查治安保卫重点单位,除执行本规定第四条规定外,还应当对下列事项进行监督检查:

(一)治安保卫机构设置和人员配备报主管公安机关备案情况;

(二)治安保卫重要部位确定情况;

(三)按照国家有关标准对治安保卫重要部位设置必要的安全技术防范设施,并实施重点保护情况;

(四)制定单位内部治安突发事件处置预案及组织演练情况;

(五)其他依法应当监督检查的内容。

第六条 公安机关监督检查单位内部治安保卫工作,可以采取以下方法:

(一)要求单位治安保卫工作负责人和其他工作人员对检查事项作出说明;

(二)查阅、调取、复制与治安保卫工作有关的文件、资料;

（三）实地查看单位治安保卫制度、措施的制定和落实情况,查看单位物防、技防等治安防范设施的设置和运行情况;

（四）利用监控设备检查单位内部治安保卫工作的落实情况;

（五）根据需要采取的其他监督检查方法。

监督检查可以采取定期检查、临时检查、专项检查、随机抽查等方式进行,检查民警不得少于两人,并应当向被检查单位负责人或者其他有关人员出示工作证件。

第七条 监督检查应当制作《检查笔录》,如实记录监督检查情况和发现的治安隐患,并交被检查单位负责人或者陪同检查人员核对签名。被检查单位负责人或者陪同检查人员对记录有异议的,应当允许其说明;拒绝签名的,检查民警应当在《检查笔录》上注明。

第八条 单位违反《条例》规定,存在治安隐患的,公安机关应当责令限期整改,并处警告。

责令单价限期整改治安隐患时,应当制作《责令限期整改治安隐患通知书》,详细列明具体隐患及相应整改期限,整改期限最长不超过二个月。《责令限期整改治安隐患通知书》应当自检查完毕之日起三个工作日内送达被检查单位。

单位在整改治安隐患期间应当采取必要的防范措施,确保安全。

第九条 单位认为有正当理由不能在整改期限内将治安隐患整改完毕的,应当在整改期限届满前向发出《责令限期整改治安隐患通知书》的公安机关提出书面延期整改申请。

公安机关应当自受理申请之日起三个工作日内对延期申请进行审查,作出是否同意延期的决定并送达《同意/不同意延期整改治安隐患通知书》。延期整改期限最长不超过一个月。

第十条 对责令限期整改或者同意延期整改治安隐患的,公安机关应当自责令整改期限或者延期整改期限届满次日起三个工作日内对治安隐患整改情况进行复查,自复查之日起三个工作日内制作并送达《复查意见告知书》。

单位在规定整改期限届满前,认为已将公安机关责令限期整改或者同意延期整改的治安隐患提前整改完毕的,可以向公安机关提出提前复查治安隐患整改情况的申请,公安机关应当自收到单位申请次日起三个工作日内对整改情况进行复查,自复查之日起三个工作日内制作并送达《复查意见告知书》。

经复查,由于客观原因致使治安隐患整改情况难以达到规定要求,并严重威胁公民人身安全、公私财产安全或者公共安全的,公安机关应当及时报告当地人民政府或者通报单位上一级主管部门协调解决。对无正当理由致使整改情况未达到规定要求的,公安机关应当按逾期不整改治安隐患依法处理,并可根据需要在一定范围内予以通报,督促单位落实整改措施。

第十一条 单位违反《条例》规定,存在下列治安隐患情形之一,经公安机关责令限期整改后逾期不整改,严重威胁公民人身安全、公私财产安全或者公共安全的,公安机关应当依据《条例》第十九条的规定,对单位处一万元以上二万元以下罚款,对单位主要负责人和其他直接责任人员分别处五百元以上一千元以下罚款;造成公民人身伤害、公私财产损失的,对单位处二万元以上五万元以下罚款,对单位主要负责人和其他直接责任人员分别处一千元以上三千元以下罚款:

(一)未建立和落实主要负责人治安保卫工作责任制的;

(二)未制定和落实内部治安保卫制度的;

(三)未设置必要的治安防范设施的;

(四)未根据单位内部治安保卫工作需要配备专职或者兼职治安保卫人员的;

(五)内部治安保卫人员未接受有关法律知识和治安保卫业务、技能以及相关专业知识培训、考核的;

(六)内部治安保卫机构、治安保卫人员未履行《条例》第十一条规定职责的。

第十二条 单位违反《条例》规定,存在下列治安隐患情形之一,经公安机关责令限期整改后逾期不整改,严重威胁公民人身安全、公私财产安全或者公共安全的,公安机关应当依据《条例》第十九条的规定,对单位处二万元以上五万元以下罚款,对单位主要负责人和其他直接责任人员分别处一千元以上三千元以下罚款;造成公民人身伤害、公私财产损失的,对单位处五万元以上十万元以下罚款,对单位主要负责人和其他直接责任人员分别处三千元以上五千元以下罚款:

(一)未制定和落实内部治安保卫措施的;

(二)治安保卫重点单位未设置与治安保卫任务相适应的治安保卫机

构,未配备专职治安保卫人员的;

(三)治安保卫重点单位未确定本单位治安保卫重要部位,未按照国家有关标准对治安保卫重要部位设置必要的技术防范设施并实施重点保护的;

(四)治安保卫重点单位未制定单位内部治安突发事件处置预案或者未定期组织演练的;

(五)管理措施不落实,致使在单位管理范围内的人员违反内部治安保卫制度情况严重,治安问题突出的。

第十三条 单位违反《条例》规定,存在本规定第十一条、第十二条所列治安隐患情形之一,经公安机关责令限期整改后逾期不整改,造成公民人身伤害、公私财产损失,或者严重威胁公民人身安全、公私财产安全或者公共安全的,除依据各该条规定给予处罚外,还可建议有关组织对单位主要负责人和其他直接责任人员依法给予行政处分;情节严重,构成犯罪的,依法追究刑事责任。

第十四条 公安机关及其人民警察在监督检查工作中,有下列行为之一的,对直接负责的主管人员和其他直接责任人员,依法给予处分;情节严重,构成犯罪的,依法追究刑事责任:

(一)不按规定制作、送达法律文书,超过规定的时限复查单位整改情况和核查群众举报、投诉,或者有其他不依法履行监督检查职责的行为,经指出不改正,造成严重后果的;

(二)对责令限期整改治安隐患的单位,未经复查或者经复查治安隐患未整改,作出复查合格决定,造成公民人身伤害、公私财产损失的;

(三)对单位或者当事人故意刁难的;

(四)在监督检查工作中弄虚作假的;

(五)违法违规实施处罚的;

(六)故意泄漏监督检查中涉及的国家秘密和单位商业秘密的;

(七)有其他渎职行为的。

第十五条 公安机关对机关、团体内部治安保工作的监督检查,参照本规定执行。

第十六条 本规定自2007年10月1日起施行。

四、执法程序

公安机关办理行政案件程序规定

（2012年12月19日公安部令第125号修订发布 根据2014年6月29日公安部令第132号《公安部关于修改部分部门规章的决定》第一次修正 根据2018年11月25日公安部令第149号《公安部关于修改〈公安机关办理行政案件程序规定〉的决定》第二次修正 根据2020年8月6日公安部令第160号《公安部关于废止和修改部分规章的决定》第三次修正）

目 录

第一章 总 则
第二章 管 辖
第三章 回 避
第四章 证 据
第五章 期间与送达
第六章 简易程序和快速办理
　第一节 简易程序
　第二节 快速办理
第七章 调查取证
　第一节 一般规定
　第二节 受 案
　第三节 询 问
　第四节 勘验、检查
　第五节 鉴 定
　第六节 辨 认

第七节　证据保全
第八节　办案协作
第八章　听证程序
第一节　一般规定
第二节　听证人员和听证参加人
第三节　听证的告知、申请和受理
第四节　听证的举行
第九章　行政处理决定
第一节　行政处罚的适用
第二节　行政处理的决定
第十章　治安调解
第十一章　涉案财物的管理和处理
第十二章　执　　行
第一节　一般规定
第二节　罚款的执行
第三节　行政拘留的执行
第四节　其他处理决定的执行
第十三章　涉外行政案件的办理
第十四章　案件终结
第十五章　附　　则

第一章　总　　则

第一条　为了规范公安机关办理行政案件程序，保障公安机关在办理行政案件中正确履行职责，保护公民、法人和其他组织的合法权益，根据《中华人民共和国行政处罚法》《中华人民共和国行政强制法》《中华人民共和国治安管理处罚法》等有关法律、行政法规，制定本规定。

第二条　本规定所称行政案件，是指公安机关依照法律、法规和规章的规定对违法行为人决定行政处罚以及强制隔离戒毒等处理措施的案件。

本规定所称公安机关，是指县级以上公安机关、公安派出所、依法具有独立执法主体资格的公安机关业务部门以及出入境边防检查站。

第三条　办理行政案件应当以事实为根据，以法律为准绳。

第四条　办理行政案件应当遵循合法、公正、公开、及时的原则，尊重和保障人权,保护公民的人格尊严。

第五条 办理行政案件应当坚持教育与处罚相结合的原则,教育公民、法人和其他组织自觉守法。

第六条 办理未成年人的行政案件,应当根据未成年人的身心特点,保障其合法权益。

第七条 办理行政案件,在少数民族聚居或者多民族共同居住的地区,应当使用当地通用的语言进行询问。对不通晓当地通用语言文字的当事人,应当为他们提供翻译。

第八条 公安机关及其人民警察在办理行政案件时,对涉及的国家秘密、商业秘密或者个人隐私,应当保密。

第九条 公安机关人民警察在办案中玩忽职守、徇私舞弊、滥用职权、索取或者收受他人财物的,依法给予处分;构成犯罪的,依法追究刑事责任。

第二章 管 辖

第十条 行政案件由违法行为地的公安机关管辖。由违法行为人居住地公安机关管辖更为适宜的,可以由违法行为人居住地公安机关管辖,但是涉及卖淫、嫖娼、赌博、毒品的案件除外。

违法行为地包括违法行为发生地和违法结果发生地。违法行为发生地,包括违法行为的实施地以及开始地、途经地、结束地等与违法行为有关的地点;违法行为有连续、持续或者继续状态的,违法行为连续、持续或者继续实施的地方都属于违法行为发生地。违法结果发生地,包括违法对象被侵害地、违法所得的实际取得地、藏匿地、转移地、使用地、销售地。

居住地包括户籍所在地、经常居住地。经常居住地是指公民离开户籍所在地最后连续居住一年以上的地方,但在医院住院就医的除外。

移交违法行为人居住地公安机关管辖的行政案件,违法行为地公安机关在移交前应当及时收集证据,并配合违法行为人居住地公安机关开展调查取证工作。

第十一条 针对或者利用网络实施的违法行为,用于实施违法行为的网站服务器所在地、网络接入地以及网站建立者或者管理者所在地,被侵害的网络及其运营者所在地,违法过程中违法行为人、被侵害人使用的网络及其运营者所在地,被侵害人被侵害时所在地,以及被侵害人财产遭受损失地公安机关可以管辖。

第十二条 行驶中的客车上发生的行政案件,由案发后客车最初停靠地公安机关管辖;必要时,始发地、途经地、到达地公安机关也可以管辖。

第十三条 行政案件由县级公安机关及其公安派出所、依法具有独立执法主体资格的公安机关业务部门以及出入境边防检查站按照法律、行政法规、规章授权和管辖分工办理,但法律、行政法规、规章规定由设区的市级以上公安机关办理的除外。

第十四条 几个公安机关都有权管辖的行政案件,由最初受理的公安机关管辖。必要时,可以由主要违法行为地公安机关管辖。

第十五条 对管辖权发生争议的,报请共同的上级公安机关指定管辖。

对于重大、复杂的案件,上级公安机关可以直接办理或者指定管辖。

上级公安机关直接办理或者指定管辖的,应当书面通知被指定管辖的公安机关和其他有关的公安机关。

原受理案件的公安机关自收到上级公安机关书面通知之日起不再行使管辖权,并立即将案卷材料移送被指定管辖的公安机关或者办理的上级公安机关,及时书面通知当事人。

第十六条 铁路公安机关管辖列车上、火车站工作区域内,铁路系统的机关、厂、段、所、队等单位内发生的行政案件,以及在铁路线上放置障碍物或者损毁、移动铁路设施等可能影响铁路运输安全、盗窃铁路设施的行政案件。对倒卖、伪造、变造火车票案件,由最初受理的铁路或者地方公安机关管辖。必要时,可以移送主要违法行为发生地的铁路或者地方公安机关管辖。

交通公安机关管辖港航管理机构管理的轮船上、港口、码头工作区域内和港航系统的机关、厂、所、队等单位内发生的行政案件。

民航公安机关管辖民航管理机构管理的机场工作区域以及民航系统的机关、厂、所、队等单位内和民航飞机上发生的行政案件。

国有林区的森林公安机关管辖林区内发生的行政案件。

海关缉私机构管辖阻碍海关缉私警察依法执行职务的治安案件。

第三章 回 避

第十七条 公安机关负责人、办案人民警察有下列情形之一的,应当

自行提出回避申请,案件当事人及其法定代理人有权要求他们回避:

(一)是本案的当事人或者当事人近亲属的;

(二)本人或者其近亲属与本案有利害关系的;

(三)与本案当事人有其他关系,可能影响案件公正处理的。

第十八条 公安机关负责人、办案人民警察提出回避申请的,应当说明理由。

第十九条 办案人民警察的回避,由其所属的公安机关决定;公安机关负责人的回避,由上一级公安机关决定。

第二十条 当事人及其法定代理人要求公安机关负责人、办案人民警察回避的,应当提出申请,并说明理由。口头提出申请的,公安机关应当记录在案。

第二十一条 对当事人及其法定代理人提出的回避申请,公安机关应当在收到申请之日起二日内作出决定并通知申请人。

第二十二条 公安机关负责人、办案人民警察具有应当回避的情形之一,本人没有申请回避,当事人及其法定代理人也没有申请其回避的,有权决定其回避的公安机关可以指令其回避。

第二十三条 在行政案件调查过程中,鉴定人和翻译人员需要回避的,适用本章的规定。

鉴定人、翻译人员的回避,由指派或者聘请的公安机关决定。

第二十四条 在公安机关作出回避决定前,办案人民警察不得停止对行政案件的调查。

作出回避决定后,公安机关负责人、办案人民警察不得再参与该行政案件的调查和审核、审批工作。

第二十五条 被决定回避的公安机关负责人、办案人民警察、鉴定人和翻译人员,在回避决定作出前所进行的与案件有关的活动是否有效,由作出回避决定的公安机关根据是否影响案件依法公正处理等情况决定。

第四章 证 据

第二十六条 可以用于证明案件事实的材料,都是证据。公安机关办理行政案件的证据包括:

(一)物证;

(二)书证;

（三）被侵害人陈述和其他证人证言；

（四）违法嫌疑人的陈述和申辩；

（五）鉴定意见；

（六）勘验、检查、辨认笔录，现场笔录；

（七）视听资料、电子数据。

证据必须经过查证属实，才能作为定案的根据。

第二十七条　公安机关必须依照法定程序，收集能够证实违法嫌疑人是否违法、违法情节轻重的证据。

严禁刑讯逼供和以威胁、欺骗等非法方法收集证据。采用刑讯逼供等非法方法收集的违法嫌疑人的陈述和申辩以及采用暴力、威胁等非法方法收集的被侵害人陈述、其他证人证言，不能作为定案的根据。收集物证、书证不符合法定程序，可能严重影响执法公正的，应当予以补正或者作出合理解释；不能补正或者作出合理解释的，不能作为定案的根据。

第二十八条　公安机关向有关单位和个人收集、调取证据时，应当告知其必须如实提供证据，并告知其伪造、隐匿、毁灭证据，提供虚假证词应当承担的法律责任。

需要向有关单位和个人调取证据的，经公安机关办案部门负责人批准，开具调取证据通知书，明确调取的证据和提供时限。被调取人应当在通知书上盖章或者签名，被调取人拒绝的，公安机关应当注明。必要时，公安机关应当采用录音、录像等方式固定证据内容及取证过程。

需要向有关单位紧急调取证据的，公安机关可以在电话告知人民警察身份的同时，将调取证据通知书连同办案人民警察的人民警察证复印件通过传真、互联网通讯工具等方式送达有关单位。

第二十九条　收集调取的物证应当是原物。在原物不便搬运、不易保存或者依法应当由有关部门保管、处理或者依法应当返还时，可以拍摄或者制作足以反映原物外形或者内容的照片、录像。

物证的照片、录像，经与原物核实无误或者经鉴定证明为真实的，可以作为证据使用。

第三十条　收集、调取的书证应当是原件。在取得原件确有困难时，可以使用副本或者复制件。

书证的副本、复制件，经与原件核实无误或者经鉴定证明为真实的，可以作为证据使用。书证有更改或者更改迹象不能作出合理解释的，或者书证的副本、复制件不能反映书证原件及其内容的,不能作为证据使用。

第三十一条 物证的照片、录像,书证的副本、复制件,视听资料的复制件,应当附有关制作过程及原件、原物存放处的文字说明,并由制作人和物品持有人或者持有单位有关人员签名。

第三十二条 收集电子数据,能够扣押电子数据原始存储介质的,应当扣押。

无法扣押原始存储介质的,可以提取电子数据。提取电子数据,应当制作笔录,并附电子数据清单,由办案人民警察、电子数据持有人签名。持有人无法或者拒绝签名的,应当在笔录中注明。

由于客观原因无法或者不宜依照前两款规定收集电子数据的,可以采取打印、拍照或者录像等方式固定相关证据,并附有关原因、过程等情况的文字说明,由办案人民警察、电子数据持有人签名。持有人无法或者拒绝签名的,应当注明情况。

第三十三条 刑事案件转为行政案件办理的,刑事案件办理过程中收集的证据材料,可以作为行政案件的证据使用。

第三十四条 凡知道案件情况的人,都有作证的义务。

生理上、精神上有缺陷或者年幼,不能辨别是非、不能正确表达的人,不能作为证人。

第五章 期间与送达

第三十五条 期间以时、日、月、年计算,期间开始之时或者日不计算在内。法律文书送达的期间不包括路途上的时间。期间的最后一日是节假日的,以节假日后的第一日为期满日期,但违法行为人被限制人身自由的期间,应当至期满之日为止,不得因节假日而延长。

第三十六条 送达法律文书,应当遵守下列规定:

(一)依照简易程序作出当场处罚决定的,应当将决定书当场交付被处罚人,并由被处罚人在备案的决定书上签名或者捺指印;被处罚人拒绝的,由办案人民警察在备案的决定书上注明;

(二)除本款第一项规定外,作出行政处罚决定和其他行政处理决定,应当在宣告后将决定书当场交付被处理人,并由被处理人在附卷的决定书上签名或者捺指印,即为送达;被处理人拒绝的,由办案人民警察在附卷的决定书上注明;被处理人不在场的,公安机关应当在作出决定的七日内将决定书送达被处理人,治安管理处罚决定应当在二日内送达。

送达法律文书应当首先采取直接送达方式,交给受送达人本人;受送达人不在的,可以交付其成年家属、所在单位的负责人员或者其居住地居(村)民委员会代收。受送达人本人或者代收人拒绝接收或者拒绝签名和捺指印的,送达人可以邀请其邻居或者其他见证人到场,说明情况,也可以对拒收情况进行录音录像,把文书留在受送达人处,在附卷的法律文书上注明拒绝的事由、送达日期,由送达人、见证人签名或者捺指印,即视为送达。

无法直接送达的,委托其他公安机关代为送达,或者邮寄送达。经受送达人同意,可以采用传真、互联网通讯工具等能够确认其收悉的方式送达。

经采取上述送达方式仍无法送达的,可以公告送达。公告的范围和方式应当便于公民知晓,公告期限不得少于六十日。

第六章　简易程序和快速办理

第一节　简易程序

第三十七条　违法事实确凿,且具有下列情形之一的,人民警察可以当场作出处罚决定,有违禁品的,可以当场收缴:

(一)对违反治安管理行为人或者道路交通违法行为人处二百元以下罚款或者警告的;

(二)出入境边防检查机关对违反出境入境管理行为人处五百元以下罚款或者警告的;

(三)对有其他违法行为的个人处五十元以下罚款或者警告、对单位处一千元以下罚款或者警告的;

(四)法律规定可以当场处罚的其他情形。

涉及卖淫、嫖娼、赌博、毒品的案件,不适用当场处罚。

第三十八条　当场处罚,应当按照下列程序实施:

(一)向违法行为人表明执法身份;

(二)收集证据;

(三)口头告知违法行为人拟作出行政处罚决定的事实、理由和依据,并告知违法行为人依法享有的陈述权和申辩权;

（四）充分听取违法行为人的陈述和申辩。违法行为人提出的事实、理由或者证据成立的,应当采纳;

（五）填写当场处罚决定书并当场交付被处罚人;

（六）当场收缴罚款的,同时填写罚款收据,交付被处罚人;未当场收缴罚款的,应当告知被处罚人在规定期限内到指定的银行缴纳罚款。

第三十九条　适用简易程序处罚的,可以由人民警察一人作出行政处罚决定。

人民警察当场作出行政处罚决定的,应当于作出决定后的二十四小时内将当场处罚决定书报所属公安机关备案,交通警察应当于作出决定后的二日内报所属公安机关交通管理部门备案。在旅客列车、民航飞机、水上作出行政处罚决定的,应当在返回后的二十四小时内报所属公安机关备案。

第二节　快速办理

第四十条　对不适用简易程序,但事实清楚,违法嫌疑人自愿认错认罚,且对违法事实和法律适用没有异议的行政案件,公安机关可以通过简化取证方式和审核审批手续等措施快速办理。

第四十一条　行政案件具有下列情形之一的,不适用快速办理:

（一）违法嫌疑人系盲、聋、哑人,未成年人或者疑似精神病人的;

（二）依法应当适用听证程序的;

（三）可能作出十日以上行政拘留处罚的;

（四）其他不宜快速办理的。

第四十二条　快速办理行政案件前,公安机关应当书面告知违法嫌疑人快速办理的相关规定,征得其同意,并由其签名确认。

第四十三条　对符合快速办理条件的行政案件,违法嫌疑人在自行书写材料或者询问笔录中承认违法事实、认错认罚,并有视音频记录、电子数据、检查笔录等关键证据能够相互印证的,公安机关可以不再开展其他调查取证工作。

第四十四条　对适用快速办理的行政案件,可以由专兼职法制员或者办案部门负责人审核后,报公安机关负责人审批。

第四十五条　对快速办理的行政案件,公安机关可以根据不同案件类型,使用简明扼要的格式询问笔录,尽量减少需要文字记录的内容。

被询问人自行书写材料的,办案单位可以提供样式供其参考。

使用执法记录仪等设备对询问过程录音录像的,可以替代书面询问笔录,必要时,对视听资料的关键内容和相应时间段等作文字说明。

第四十六条 对快速办理的行政案件,公安机关可以根据违法行为人认错悔改、纠正违法行为、赔偿损失以及被侵害人谅解情况等情节,依法对违法行为人从轻、减轻处罚或者不予行政处罚。

对快速办理的行政案件,公安机关可以采用口头方式履行处罚前告知程序,由办案人民警察在案卷材料中注明告知情况,并由被告知人签名确认。

第四十七条 对快速办理的行政案件,公安机关应当在违法嫌疑人到案后四十八小时内作出处理决定。

第四十八条 公安机关快速办理行政案件时,发现不适宜快速办理的,转为一般案件办理。快速办理阶段依法收集的证据,可以作为定案的根据。

第七章 调查取证

第一节 一般规定

第四十九条 对行政案件进行调查时,应当合法、及时、客观、全面地收集、调取证据材料,并予以审查、核实。

第五十条 需要调查的案件事实包括:

(一)违法嫌疑人的基本情况;

(二)违法行为是否存在;

(三)违法行为是否为违法嫌疑人实施;

(四)实施违法行为的时间、地点、手段、后果以及其他情节;

(五)违法嫌疑人有无法定从重、从轻、减轻以及不予行政处罚的情形;

(六)与案件有关的其他事实。

第五十一条 公安机关调查取证时,应当防止泄露工作秘密。

第五十二条 公安机关进行询问、辨认、检查、勘验,实施行政强制措施等调查取证工作时,人民警察不得少于二人,并表明执法身份。

接报案、受案登记、接受证据、信息采集、调解、送达文书等工作,可以由一名人民警察带领警务辅助人员进行,但应当全程录音录像。

第五十三条 对查获或者到案的违法嫌疑人应当进行安全检查,发现违禁品或者管制器具、武器、易燃易爆等危险品以及与案件有关的需要作为证据的物品的,应当立即扣押;对违法嫌疑人随身携带的与案件无关的物品,应当按照有关规定予以登记、保管、退还。安全检查不需要开具检查证。

前款规定的扣押适用本规定第五十五条和第五十六条以及本章第七节的规定。

第五十四条 办理行政案件时,可以依法采取下列行政强制措施:

(一)对物品、设施、场所采取扣押、扣留、查封、先行登记保存、抽样取证、封存文件资料等强制措施,对恐怖活动嫌疑人的存款、汇款、债券、股票、基金份额等财产还可以采取冻结措施;

(二)对违法嫌疑人采取保护性约束措施、继续盘问、强制传唤、强制检测、拘留审查、限制活动范围,对恐怖活动嫌疑人采取约束措施等强制措施。

第五十五条 实施行政强制措施应当遵守下列规定:

(一)实施前须依法向公安机关负责人报告并经批准;

(二)通知当事人到场,当场告知当事人采取行政强制措施的理由、依据以及当事人依法享有的权利、救济途径。当事人不到场的,邀请见证人到场,并在现场笔录中注明;

(三)听取当事人的陈述和申辩;

(四)制作现场笔录,由当事人和办案人民警察签名或者盖章,当事人拒绝的,在笔录中注明。当事人不在场的,由见证人和办案人民警察在笔录上签名或者盖章;

(五)实施限制公民人身自由的行政强制措施的,应当当场告知当事人家属实施强制措施的公安机关、理由、地点和期限;无法当场告知的,应当在实施强制措施后立即通过电话、短信、传真等方式通知;身份不明、拒不提供家属联系方式或者因自然灾害等不可抗力导致无法通知的,可以不予通知。告知、通知家属情况或者无法通知家属的原因应当在询问笔录中注明。

(六)法律、法规规定的其他程序。

勘验、检查时实施行政强制措施,制作勘验、检查笔录的,不再制作现场笔录。

实施行政强制措施的全程录音录像,已经具备本条第一款第二项、第三项规定的实质要素的,可以替代书面现场笔录,但应当对视听资料的关键内容和相应时间段等作文字说明。

第五十六条 情况紧急,当场实施行政强制措施的,办案人民警察应当在二十四小时内依法向其所属的公安机关负责人报告,并补办批准手续。当场实施限制公民人身自由的行政强制措施的,办案人民警察应当在返回单位后立即报告,并补办批准手续。公安机关负责人认为不应当采取行政强制措施的,应当立即解除。

第五十七条 为维护社会秩序,人民警察对有违法嫌疑的人员,经表明执法身份后,可以当场盘问、检查。对当场盘问、检查后,不能排除其违法嫌疑,依法可以适用继续盘问的,可以将其带至公安机关,经公安派出所负责人批准,对其继续盘问。对违反出境入境管理的嫌疑人依法适用继续盘问的,应当经县级以上公安机关或者出入境边防检查机关负责人批准。

继续盘问的时限一般为十二小时;对在十二小时以内确实难以证实或者排除其违法犯罪嫌疑的,可以延长至二十四小时;对不讲真实姓名、住址、身份,且在二十四小时以内仍不能证实或者排除其违法犯罪嫌疑的,可以延长至四十八小时。

第五十八条 违法嫌疑人在醉酒状态中,对本人有危险或者对他人的人身、财产或者公共安全有威胁的,可以对其采取保护性措施约束至酒醒,也可以通知其家属、亲友或者所属单位将其领回看管,必要时,应当送医院醒酒。对行为举止失控的醉酒人,可以使用约束带或者警绳等进行约束,但是不得使用手铐、脚镣等警械。

约束过程中,应当指定专人严加看护。确认醉酒人酒醒后,应当立即解除约束,并进行询问。约束时间不计算在询问查证时间内。

第五十九条 对恐怖活动嫌疑人实施约束措施,应当遵守下列规定:

(一)实施前须经县级以上公安机关负责人批准;

(二)告知嫌疑人采取约束措施的理由、依据以及其依法享有的权利、救济途径;

(三)听取嫌疑人的陈述和申辩;

(四)出具决定书。

公安机关可以采取电子监控、不定期检查等方式对被约束人遵守约束措施的情况进行监督。

约束措施的期限不得超过三个月。对不需要继续采取约束措施的,应当及时解除并通知被约束人。

第二节 受 案

第六十条 县级公安机关及其公安派出所、依法具有独立执法主体资格的公安机关业务部门以及出入境边防检查站对报案、控告、举报、群众扭送或者违法嫌疑人投案,以及其他国家机关移送的案件,应当及时受理并按照规定进行网上接报案登记。对重复报案、案件正在办理或者已经办结的,应当向报案人、控告人、举报人、扭送人、投案人作出解释,不再登记。

第六十一条 公安机关应当对报案、控告、举报、群众扭送或者违法嫌疑人投案分别作出下列处理,并将处理情况在接报案登记中注明:

(一)对属于本单位管辖范围内的案件,应当立即调查处理,制作受案登记表和受案回执,并将受案回执交报案人、控告人、举报人、扭送人;

(二)对属于公安机关职责范围,但不属于本单位管辖的,应当在二十四小时内移送有管辖权的单位处理,并告知报案人、控告人、举报人、扭送人、投案人;

(三)对不属于公安机关职责范围的事项,在接报案时能够当场判断的,应当立即口头告知报案人、控告人、举报人、扭送人、投案人向其他主管机关报案或者投案,报案人、控告人、举报人、扭送人、投案人对口头告知内容有异议或者不能当场判断的,应当书面告知,但因没有联系方式、身份不明等客观原因无法书面告知的除外。

在日常执法执勤中发现的违法行为,适用前款规定。

第六十二条 属于公安机关职责范围但不属于本单位管辖的案件,具有下列情形之一的,受理案件或者发现案件的公安机关及其人民警察应当依法先行采取必要的强制措施或者其他处置措施,再移送有管辖权的单位处理:

(一)违法嫌疑人正在实施危害行为的;

(二)正在实施违法行为或者违法后即时被发现的现行犯被扭送至公安机关的;

(三)在逃的违法嫌疑人已被抓获或者被发现的;

(四)有人员伤亡,需要立即采取救治措施的;

(五)其他应当采取紧急措施的情形。

行政案件移送管辖的,询问查证时间和扣押等措施的期限重新计算。

第六十三条 报案人不愿意公开自己的姓名和报案行为的,公安机关应当在受案登记时注明,并为其保密。

第六十四条 对报案人、控告人、举报人、扭送人、投案人提供的有关证据材料、物品等应当登记,出具接受证据清单,并妥善保管。必要时,应当拍照、录音、录像。移送案件时,应当将有关证据材料和物品一并移交。

第六十五条 对发现或者受理的案件暂时无法确定为刑事案件或者行政案件的,可以按照行政案件的程序办理。在办理过程中,认为涉嫌构成犯罪的,应当按照《公安机关办理刑事案件程序规定》办理。

第三节 询 问

第六十六条 询问违法嫌疑人,可以到违法嫌疑人住处或者单位进行,也可以将违法嫌疑人传唤到其所在市、县内的指定地点进行。

第六十七条 需要传唤违法嫌疑人接受调查的,经公安派出所、县级以上公安机关办案部门或者出入境边防检查机关负责人批准,使用传唤证传唤。对现场发现的违法嫌疑人,人民警察经出示人民警察证,可以口头传唤,并在询问笔录中注明违法嫌疑人到案经过、到案时间和离开时间。

单位违反公安行政管理规定,需要传唤其直接负责的主管人员和其他直接责任人员的,适用前款规定。

对无正当理由不接受传唤或者逃避传唤的违反治安管理、出境入境管理的嫌疑人以及法律规定可以强制传唤的其他违法嫌疑人,经公安派出所、县级以上公安机关办案部门或者出入境边防检查机关负责人批准,可以强制传唤。强制传唤时,可以依法使用手铐、警绳等约束性警械。

公安机关应当将传唤的原因和依据告知被传唤人,并通知其家属。公安机关通知被传唤人家属适用本规定第五十五条第一款第五项的规定。

第六十八条 使用传唤证传唤的,违法嫌疑人被传唤到案后和询问查证结束后,应当由其在传唤证上填写到案和离开时间并签名。拒绝填写或者签名的,办案人民警察应当在传唤证上注明。

第六十九条 对被传唤的违法嫌疑人,应当及时询问查证,询问查证的时间不得超过八小时;案情复杂,违法行为依法可能适用行政拘留处罚的,询问查证的时间不得超过二十四小时。

不得以连续传唤的形式变相拘禁违法嫌疑人。

第七十条　对于投案自首或者群众扭送的违法嫌疑人,公安机关应当立即进行询问查证,并在询问笔录中记明违法嫌疑人到案经过、到案和离开时间。询问查证时间适用本规定第六十九条第一款的规定。

对于投案自首或者群众扭送的违法嫌疑人,公安机关应当适用本规定第五十五条第一款第五项的规定通知其家属。

第七十一条　在公安机关询问违法嫌疑人,应当在办案场所进行。

询问查证期间应当保证违法嫌疑人的饮食和必要的休息时间,并在询问笔录中注明。

在询问查证的间隙期间,可以将违法嫌疑人送入候问室,并按照候问室的管理规定执行。

第七十二条　询问违法嫌疑人、被侵害人或者其他证人,应当个别进行。

第七十三条　首次询问违法嫌疑人时,应当问明违法嫌疑人的姓名、出生日期、户籍所在地、现住址、身份证件种类及号码,是否为各级人民代表大会代表,是否受过刑事处罚或者行政拘留、强制隔离戒毒、社区戒毒、收容教养等情况。必要时,还应当问明其家庭主要成员、工作单位、文化程度、民族、身体状况等情况。

违法嫌疑人为外国人的,首次询问时还应当问明其国籍、出入境证件种类及号码、签证种类、入境时间、入境事由等情况。必要时,还应当问明其在华关系人等情况。

第七十四条　询问时,应当告知被询问人必须如实提供证据、证言和故意作伪证或者隐匿证据应负的法律责任,对与本案无关的问题有拒绝回答的权利。

第七十五条　询问未成年人时,应当通知其父母或者其他监护人到场,其父母或者其他监护人不能到场的,也可以通知未成年人的其他成年亲属,所在学校、单位、居住地基层组织或者未成年人保护组织的代表到场,并将有关情况记录在案。确实无法通知或者通知后未到场的,应当在询问笔录中注明。

第七十六条　询问聋哑人,应当有通晓手语的人提供帮助,并在询问笔录中注明被询问人的聋哑情况以及翻译人员的姓名、住址、工作单位和联系方式。

对不通晓当地通用的语言文字的被询问人,应当为其配备翻译人员,并在询问笔录中注明翻译人员的姓名、住址、工作单位和联系方式。

第七十七条 询问笔录应当交被询问人核对,对没有阅读能力的,应当向其宣读。记录有误或者遗漏的,应当允许被询问人更正或者补充,并要求其在修改处捺指印。被询问人确认笔录无误后,应当在询问笔录上逐页签名或者捺指印。拒绝签名和捺指印的,办案人民警察应当在询问笔录中注明。

办案人民警察应当在询问笔录上签名,翻译人员应当在询问笔录的结尾处签名。

询问时,可以全程录音、录像,并保持录音、录像资料的完整性。

第七十八条 询问违法嫌疑人时,应当听取违法嫌疑人的陈述和申辩。对违法嫌疑人的陈述和申辩,应当核查。

第七十九条 询问被侵害人或者其他证人,可以在现场进行,也可以到其单位、学校、住所、其居住地居(村)民委员会或者其提出的地点进行。必要时,也可以书面、电话或者当场通知其到公安机关提供证言。

在现场询问的,办案人民警察应当出示人民警察证。

询问前,应当了解被询问人的身份以及其与被侵害人、其他证人、违法嫌疑人之间的关系。

第八十条 违法嫌疑人、被侵害人或者其他证人请求自行提供书面材料的,应当准许。必要时,办案人民警察也可以要求违法嫌疑人、被侵害人或者其他证人自行书写。违法嫌疑人、被侵害人或者其他证人应当在其提供的书面材料的结尾处签名或者捺指印。对打印的书面材料,违法嫌疑人、被侵害人或者其他证人应当逐页签名或者捺指印。办案人民警察收到书面材料后,应当在首页注明收到日期,并签名。

第四节 勘验、检查

第八十一条 对于违法行为案发现场,必要时应当进行勘验,提取与案件有关的证据材料,判断案件性质,确定调查方向和范围。

现场勘验参照刑事案件现场勘验的有关规定执行。

第八十二条 对与违法行为有关的场所、物品、人身可以进行检查。检查时,人民警察不得少于二人,并应当出示人民警察证和县级以上公安机关开具的检查证。对确有必要立即进行检查的,人民警察经出示人民警察证,可以当场检查;但检查公民住所的,必须有证据表明或者有群众报警公民住所内正在发生危害公共安全或者公民人身安全的案(事)件,或者违法存放危险物质,不立即检查可能会对公共安全或者公民人身、财产安全造成重大危害。

对机关、团体、企业、事业单位或者公共场所进行日常执法监督检查,依照有关法律、法规和规章执行,不适用前款规定。

第八十三条 对违法嫌疑人,可以依法提取或者采集肖像、指纹等人体生物识别信息;涉嫌酒后驾驶机动车、吸毒、从事恐怖活动等违法行为的,可以依照《中华人民共和国道路交通安全法》《中华人民共和国禁毒法》《中华人民共和国反恐怖主义法》等规定提取或者采集血液、尿液、毛发、脱落细胞等生物样本。人身安全检查和当场检查时已经提取、采集的信息,不再提取、采集。

第八十四条 对违法嫌疑人进行检查时,应当尊重被检查人的人格尊严,不得以有损人格尊严的方式进行检查。

检查妇女的身体,应当由女性工作人员进行。

依法对卖淫、嫖娼人员进行性病检查,应当由医生进行。

第八十五条 检查场所或者物品时,应当注意避免对物品造成不必要的损坏。

检查场所时,应当有被检查人或者见证人在场。

第八十六条 检查情况应当制作检查笔录。检查笔录由检查人员、被检查人或者见证人签名;被检查人不在场或者拒绝签名的,办案人民警察应当在检查笔录中注明。

检查时的全程录音录像可以替代书面检查笔录,但应当对视听资料的关键内容和相应时间段等作文字说明。

第五节 鉴 定

第八十七条 为了查明案情,需要对专门性技术问题进行鉴定的,应当指派或者聘请具有专门知识的人员进行。

需要聘请本公安机关以外的人进行鉴定的,应当经公安机关办案部门负责人批准后,制作鉴定聘请书。

第八十八条 公安机关应当为鉴定提供必要的条件,及时送交有关检材和比对样本等原始材料,介绍与鉴定有关的情况,并且明确提出要求鉴定解决的问题。

办案人民警察应当做好检材的保管和送检工作,并注明检材送检环节的责任人,确保检材在流转环节中的同一性和不被污染。

禁止强迫或者暗示鉴定人作出某种鉴定意见。

第八十九条 对人身伤害的鉴定由法医进行。

卫生行政主管部门许可的医疗机构具有执业资格的医生出具的诊断证明,可以作为公安机关认定人身伤害程度的依据,但具有本规定第九十条规定情形的除外。

对精神病的鉴定,由有精神病鉴定资格的鉴定机构进行。

第九十条 人身伤害案件具有下列情形之一的,公安机关应当进行伤情鉴定:

(一)受伤程度较重,可能构成轻伤以上伤害程度的;

(二)被侵害人要求作伤情鉴定的;

(三)违法嫌疑人、被侵害人对伤害程度有争议的。

第九十一条 对需要进行伤情鉴定的案件,被侵害人拒绝提供诊断证明或者拒绝进行伤情鉴定的,公安机关应当将有关情况记录在案,并可以根据已认定的事实作出处理决定。

经公安机关通知,被侵害人无正当理由未在公安机关确定的时间内作伤情鉴定的,视为拒绝鉴定。

第九十二条 对电子数据涉及的专门性问题难以确定的,由司法鉴定机构出具鉴定意见,或者由公安部指定的机构出具报告。

第九十三条 涉案物品价值不明或者难以确定的,公安机关应当委托价格鉴证机构估价。

根据当事人提供的购买发票等票据能够认定价值的涉案物品,或者价值明显不够刑事立案标准的涉案物品,公安机关可以不进行价格鉴证。

第九十四条 对涉嫌吸毒的人员,应当进行吸毒检测,被检测人员应当配合;对拒绝接受检测的,经县级以上公安机关或者其派出机构负责人批准,可以强制检测。采集女性被检测人检测样本,应当由女性工作人员进行。

对涉嫌服用国家管制的精神药品、麻醉药品驾驶机动车的人员,可以对其进行体内国家管制的精神药品、麻醉药品含量检验。

第九十五条 对有酒后驾驶机动车嫌疑的人,应当对其进行呼气酒精测试,对具有下列情形之一的,应当立即提取血样,检验血液酒精含量:

（一）当事人对呼气酒精测试结果有异议的；
（二）当事人拒绝配合呼气酒精测试的；
（三）涉嫌醉酒驾驶机动车的；
（四）涉嫌饮酒后驾驶机动车发生交通事故的。

当事人对呼气酒精测试结果无异议的，应当签字确认。事后提出异议的，不予采纳。

第九十六条 鉴定人鉴定后，应当出具鉴定意见。鉴定意见应当载明委托人、委托鉴定的事项、提交鉴定的相关材料、鉴定的时间、依据和结论性意见等内容，并由鉴定人签名或者盖章。通过分析得出鉴定意见的，应当有分析过程的说明。鉴定意见应当附有鉴定机构和鉴定人的资质证明或者其他证明文件。

鉴定人对鉴定意见负责，不受任何机关、团体、企业、事业单位和个人的干涉。多人参加鉴定，对鉴定意见有不同意见的，应当注明。

鉴定人故意作虚假鉴定的，应当承担法律责任。

第九十七条 办案人民警察应当对鉴定意见进行审查。

对经审查作为证据使用的鉴定意见，公安机关应当在收到鉴定意见之日起五日内将鉴定意见复印件送达违法嫌疑人和被侵害人。

医疗机构出具的诊断证明作为公安机关认定人身伤害程度的依据的，应当将诊断证明结论书面告知违法嫌疑人和被侵害人。

违法嫌疑人或者被侵害人对鉴定意见有异议的，可以在收到鉴定意见复印件之日起三日内提出重新鉴定的申请，经县级以上公安机关批准后，进行重新鉴定。同一行政案件的同一事项重新鉴定以一次为限。

当事人是否申请重新鉴定，不影响案件的正常办理。

公安机关认为必要时，也可以直接决定重新鉴定。

第九十八条 具有下列情形之一的，应当进行重新鉴定：
（一）鉴定程序违法或者违反相关专业技术要求，可能影响鉴定意见正确性的；
（二）鉴定机构、鉴定人不具备鉴定资质和条件的；
（三）鉴定意见明显依据不足的；
（四）鉴定人故意作虚假鉴定的；
（五）鉴定人应当回避而没有回避的；
（六）检材虚假或者被损坏的；

（七）其他应当重新鉴定的。

不符合前款规定情形的，经县级以上公安机关负责人批准，作出不准予重新鉴定的决定，并在作出决定之日起的三日以内书面通知申请人。

第九十九条 重新鉴定，公安机关应当另行指派或者聘请鉴定人。

第一百条 鉴定费用由公安机关承担，但当事人自行鉴定的除外。

第六节 辨 认

第一百零一条 为了查明案情，办案人民警察可以让违法嫌疑人、被侵害人或者其他证人对与违法行为有关的物品、场所或者违法嫌疑人进行辨认。

第一百零二条 辨认由二名以上办案人民警察主持。

组织辨认前，应当向辨认人详细询问辨认对象的具体特征，并避免辨认人见到辨认对象。

第一百零三条 多名辨认人对同一辨认对象或者一名辨认人对多名辨认对象进行辨认时，应当个别进行。

第一百零四条 辨认时，应当将辨认对象混杂在特征相类似的其他对象中，不得给辨认人任何暗示。

辨认违法嫌疑人时，被辨认的人数不得少于七人；对违法嫌疑人照片进行辨认的，不得少于十人的照片。

辨认每一件物品时，混杂的同类物品不得少于五件。

同一辨认人对与同一案件有关的辨认对象进行多组辨认的，不得重复使用陪衬照片或者陪衬人。

第一百零五条 辨认人不愿意暴露身份的，对违法嫌疑人的辨认可以在不暴露辨认人的情况下进行，公安机关及其人民警察应当为其保守秘密。

第一百零六条 辨认经过和结果，应当制作辨认笔录，由办案人民警察和辨认人签名或者捺指印。必要时，应当对辨认过程进行录音、录像。

第七节 证据保全

第一百零七条 对下列物品，经公安机关负责人批准，可以依法扣押或者扣留：

（一）与治安案件、违反出境入境管理的案件有关的需要作为证据的物品；

（二）道路交通安全法律、法规规定适用扣留的车辆、机动车驾驶证；

（三）《中华人民共和国反恐怖主义法》等法律、法规规定适用扣押或者扣留的物品。

对下列物品，不得扣押或者扣留：

（一）与案件无关的物品；

（二）公民个人及其所扶养家属的生活必需品；

（三）被侵害人或者善意第三人合法占有的财产。

对具有本条第二款第二项、第三项情形的，应当予以登记，写明登记财物的名称、规格、数量、特征，并由占有人签名或者捺指印。必要时，可以进行拍照。但是，与案件有关必须鉴定的，可以依法扣押，结束后应当立即解除。

第一百零八条　办理下列行政案件时，对专门用于从事无证经营活动的场所、设施、物品，经公安机关负责人批准，可以依法查封。但对与违法行为无关的场所、设施，公民个人及其扶养家属的生活必需品不得查封：

（一）擅自经营按照国家规定需要由公安机关许可的行业的；

（二）依照《娱乐场所管理条例》可以由公安机关采取取缔措施的；

（三）《中华人民共和国反恐怖主义法》等法律、法规规定适用查封的其他公安行政案件。

场所、设施、物品已被其他国家机关依法查封的，不得重复查封。

第一百零九条　收集证据时，经公安机关办案部门负责人批准，可以采取抽样取证的方法。

抽样取证应当采取随机的方式，抽取样品的数量以能够认定本品的品质特征为限。

抽样取证时，应当对抽样取证的现场、被抽样物品及被抽取的样品进行拍照或者对抽样过程进行录像。

对抽取的样品应当及时进行检验。经检验，能够作为证据使用的，应当依法扣押、先行登记保存或者登记；不属于证据的，应当及时返还样品。样品有减损的，应当予以补偿。

第一百一十条　在证据可能灭失或者以后难以取得的情况下，经公安机关办案部门负责人批准，可以先行登记保存。

先行登记保存期间，证据持有人及其他人员不得损毁或者转移证据。

对先行登记保存的证据,应当在七日内作出处理决定。逾期不作出处理决定的,视为自动解除。

第一百一十一条 实施扣押、扣留、查封、抽样取证、先行登记保存等证据保全措施时,应当会同当事人查点清楚,制作并当场交付证据保全决定书。必要时,应当对采取证据保全措施的证据进行拍照或者对采取证据保全的过程进行录像。证据保全决定书应当载明下列事项:

(一)当事人的姓名或者名称、地址;

(二)抽样取证、先行登记保存、扣押、扣留、查封的理由、依据和期限;

(三)申请行政复议或者提起行政诉讼的途径和期限;

(四)作出决定的公安机关的名称、印章和日期。

证据保全决定书应当附清单,载明被采取证据保全措施的场所、设施、物品的名称、规格、数量、特征等,由办案人民警察和当事人签名后,一份交当事人,一份附卷。有见证人的,还应当由见证人签名。当事人或者见证人拒绝签名的,办案人民警察应当在证据保全清单上注明。

对可以作为证据使用的录音带、录像带,在扣押时应当予以检查,记明案由、内容以及录取和复制的时间、地点等,并妥为保管。

对扣押的电子数据原始存储介质,应当封存,保证在不解除封存状态的情况下,无法增加、删除、修改电子数据,并在证据保全清单中记录封存状态。

第一百一十二条 扣押、扣留、查封期限为三十日,情况复杂的,经县级以上公安机关负责人批准,可以延长三十日;法律、行政法规另有规定的除外。延长扣押、扣留、查封期限的,应当及时书面告知当事人,并说明理由。

对物品需要进行鉴定的,鉴定期间不计入扣押、扣留、查封期间,但应当将鉴定的期间书面告知当事人。

第一百一十三条 公安机关对恐怖活动嫌疑人的存款、汇款、债券、股票、基金份额等财产采取冻结措施的,应当经县级以上公安机关负责人批准,向金融机构交付冻结通知书。

作出冻结决定的公安机关应当在三日内向恐怖活动嫌疑人交付冻结决定书。冻结决定书应当载明下列事项:

(一)恐怖活动嫌疑人的姓名或者名称、地址;

(二)冻结的理由、依据和期限;

（三）冻结的账号和数额；
（四）申请行政复议或者提起行政诉讼的途径和期限；
（五）公安机关的名称、印章和日期。

第一百一十四条 自被冻结之日起二个月内，公安机关应当作出处理决定或者解除冻结；情况复杂的，经上一级公安机关负责人批准，可以延长一个月。

延长冻结的决定应当及时书面告知恐怖活动嫌疑人，并说明理由。

第一百一十五条 有下列情形之一的，公安机关应当立即退还财物，并由当事人签名确认；不涉及财物退还的，应当书面通知当事人解除证据保全：

（一）当事人没有违法行为的；
（二）被采取证据保全的场所、设施、物品、财产与违法行为无关的；
（三）已经作出处理决定，不再需要采取证据保全措施的；
（四）采取证据保全措施的期限已经届满的；
（五）其他不再需要采取证据保全措施的。

作出解除冻结决定的，应当及时通知金融机构。

第一百一十六条 行政案件变更管辖时，与案件有关的财物及其孳息应当随案移交，并书面告知当事人。移交时，由接收人、移交人当面查点清楚，并在交接单据上共同签名。

第八节 办案协作

第一百一十七条 办理行政案件需要异地公安机关协作的，应当制作办案协作函件。负责协作的公安机关接到请求协作的函件后，应当办理。

第一百一十八条 需要到异地执行传唤的，办案人民警察应当持传唤证、办案协作函件和人民警察证，与协作地公安机关联系，在协作地公安机关的协作下进行传唤。协作地公安机关应当协助将违法嫌疑人传唤到其所在市、县内的指定地点或者到其住处、单位进行询问。

第一百一十九条 需要异地办理检查、查询，查封、扣押或者冻结与案件有关的财物、文件的，应当持相关的法律文书、办案协作函件和人民警察证，与协作地公安机关联系，协作地公安机关应当协助执行。

在紧急情况下，可以将办案协作函件和相关的法律文书传真或者通过执法办案信息系统发送至协作地公安机关，协作地公安机关应当及时采取措施。办案地公安机关应当立即派员前往协作地办理。

第一百二十条 需要进行远程视频询问、处罚前告知的,应当由协作地公安机关事先核实被询问、告知人的身份。办案地公安机关应当制作询问、告知笔录并传输至协作地公安机关。询问、告知笔录经被询问、告知人确认并逐页签名或者捺指印后,由协作地公安机关协作人员签名或者盖章,并将原件或者电子签名笔录提供给办案地公安机关。办案地公安机关负责询问、告知的人民警察应当在首页注明收到日期,并签名或者盖章。询问、告知过程应当全程录音录像。

第一百二十一条 办案地公安机关可以委托异地公安机关代为询问、向有关单位和个人调取电子数据、接收自行书写材料、进行辨认、履行处罚前告知程序、送达法律文书等工作。

委托代为询问、辨认、处罚前告知的,办案地公安机关应当列出明确具体的询问、辨认、告知提纲,提供被辨认对象的照片和陪衬照片。

委托代为向有关单位和个人调取电子数据的,办案地公安机关应当将办案协作函件和相关法律文书传真或者通过执法办案信息系统发送至协作地公安机关,由协作地公安机关办案部门审核确认后办理。

第一百二十二条 协作地公安机关依照办案地公安机关的要求,依法履行办案协作职责所产生的法律责任,由办案地公安机关承担。

第八章 听证程序

第一节 一般规定

第一百二十三条 在作出下列行政处罚决定之前,应当告知违法嫌疑人有要求举行听证的权利:

(一)责令停产停业;

(二)吊销许可证或者执照;

(三)较大数额罚款;

(四)法律、法规和规章规定违法嫌疑人可以要求举行听证的其他情形。

前款第三项所称"较大数额罚款",是指对个人处以二千元以上罚款,对单位处以一万元以上罚款,对违反边防出境入境管理法律、法规和规章的个人处以六千元以上罚款。对依据地方性法规或者地方政府规章作出的罚款处罚,适用听证的罚款数额按照地方规定执行。

第一百二十四条 听证由公安机关法制部门组织实施。

依法具有独立执法主体资格的公安机关业务部门以及出入境边防检查站依法作出行政处罚决定的,由其非本案调查人员组织听证。

第一百二十五条 公安机关不得因违法嫌疑人提出听证要求而加重处罚。

第一百二十六条 听证人员应当就行政案件的事实、证据、程序、适用法律等方面全面听取当事人陈述和申辩。

第二节 听证人员和听证参加人

第一百二十七条 听证设听证主持人一名,负责组织听证;记录员一名,负责制作听证笔录。必要时,可以设听证员一至二名,协助听证主持人进行听证。

本案调查人员不得担任听证主持人、听证员或者记录员。

第一百二十八条 听证主持人决定或者开展下列事项:

(一)举行听证的时间、地点;

(二)听证是否公开举行;

(三)要求听证参加人到场参加听证,提供或者补充证据;

(四)听证的延期、中止或者终止;

(五)主持听证,就案件的事实、理由、证据、程序、适用法律等组织质证和辩论;

(六)维持听证秩序,对违反听证纪律的行为予以制止;

(七)听证员、记录员的回避;

(八)其他有关事项。

第一百二十九条 听证参加人包括:

(一)当事人及其代理人;

(二)本案办案人民警察;

(三)证人、鉴定人、翻译人员;

(四)其他有关人员。

第一百三十条 当事人在听证活动中享有下列权利:

(一)申请回避;

(二)委托一至二人代理参加听证;

(三)进行陈述、申辩和质证；
(四)核对、补正听证笔录；
(五)依法享有的其他权利。

第一百三十一条 与听证案件处理结果有直接利害关系的其他公民、法人或者其他组织，作为第三人申请参加听证的，应当允许。为查明案情，必要时，听证主持人也可以通知其参加听证。

第三节 听证的告知、申请和受理

第一百三十二条 对适用听证程序的行政案件，办案部门在提出处罚意见后，应当告知违法嫌疑人拟作出的行政处罚和有要求举行听证的权利。

第一百三十三条 违法嫌疑人要求听证的，应当在公安机关告知后三日内提出申请。

第一百三十四条 违法嫌疑人放弃听证或者撤回听证要求后，处罚决定作出前，又提出听证要求的，只要在听证申请有效期限内，应当允许。

第一百三十五条 公安机关收到听证申请后，应当在二日内决定是否受理。认为听证申请人的要求不符合听证条件，决定不予受理的，应当制作不予受理听证通知书，告知听证申请人。逾期不通知听证申请人的，视为受理。

第一百三十六条 公安机关受理听证后，应当在举行听证的七日前将举行听证通知书送达听证申请人，并将举行听证的时间、地点通知其他听证参加人。

第四节 听证的举行

第一百三十七条 听证应当在公安机关收到听证申请之日起十日内举行。

除涉及国家秘密、商业秘密、个人隐私的行政案件外，听证应当公开举行。

第一百三十八条 听证申请人不能按期参加听证的，可以申请延期，是否准许，由听证主持人决定。

第一百三十九条 二个以上违法嫌疑人分别对同一行政案件提出听证要求的，可以合并举行。

第一百四十条 同一行政案件中有二个以上违法嫌疑人,其中部分违法嫌疑人提出听证申请的,应当在听证举行后一并作出处理决定。

第一百四十一条 听证开始时,听证主持人核对听证参加人;宣布案由;宣布听证员、记录员和翻译人员名单;告知当事人在听证中的权利和义务;询问当事人是否提出回避申请;对不公开听证的行政案件,宣布不公开听证的理由。

第一百四十二条 听证开始后,首先由办案人民警察提出听证申请人违法的事实、证据和法律依据及行政处罚意见。

第一百四十三条 办案人民警察提出证据时,应当向听证会出示。对证人证言、鉴定意见、勘验笔录和其他作为证据的文书,应当当场宣读。

第一百四十四条 听证申请人可以就办案人民警察提出的违法事实、证据和法律依据以及行政处罚意见进行陈述、申辩和质证,并可以提出新的证据。

第三人可以陈述事实,提出新的证据。

第一百四十五条 听证过程中,当事人及其代理人有权申请通知新的证人到会作证,调取新的证据。对上述申请,听证主持人应当当场作出是否同意的决定;申请重新鉴定的,按照本规定第七章第五节有关规定办理。

第一百四十六条 听证申请人、第三人和办案人民警察可以围绕案件的事实、证据、程序、适用法律、处罚种类和幅度等问题进行辩论。

第一百四十七条 辩论结束后,听证主持人应当听取听证申请人、第三人、办案人民警察各方最后陈述意见。

第一百四十八条 听证过程中,遇有下列情形之一,听证主持人可以中止听证:

(一)需要通知新的证人到会、调取新的证据或者需要重新鉴定或者勘验的;

(二)因回避致使听证不能继续进行的;

(三)其他需要中止听证的。

中止听证的情形消除后,听证主持人应当及时恢复听证。

第一百四十九条 听证过程中,遇有下列情形之一,应当终止听证:

(一)听证申请人撤回听证申请的;

(二)听证申请人及其代理人无正当理由拒不出席或者未经听证主持人许可中途退出听证的;

（三）听证申请人死亡或者作为听证申请人的法人或者其他组织被撤销、解散的；

（四）听证过程中，听证申请人或者其代理人扰乱听证秩序，不听劝阻，致使听证无法正常进行的；

（五）其他需要终止听证的。

第一百五十条　听证参加人和旁听人员应当遵守听证会场纪律。对违反听证会场纪律的，听证主持人应当警告制止；对不听制止，干扰听证正常进行的旁听人员，责令其退场。

第一百五十一条　记录员应当将举行听证的情况记入听证笔录。听证笔录应当载明下列内容：

（一）案由；

（二）听证的时间、地点和方式；

（三）听证人员和听证参加人的身份情况；

（四）办案人民警察陈述的事实、证据和法律依据以及行政处罚意见；

（五）听证申请人或者其代理人的陈述和申辩；

（六）第三人陈述的事实和理由；

（七）办案人民警察、听证申请人或者其代理人、第三人质证、辩论的内容；

（八）证人陈述的事实；

（九）听证申请人、第三人、办案人民警察的最后陈述意见；

（十）其他事项。

第一百五十二条　听证笔录应当交听证申请人阅读或者向其宣读。听证笔录中的证人陈述部分，应当交证人阅读或者向其宣读。听证申请人或者证人认为听证笔录有误的，可以请求补充或者改正。听证申请人或者证人审核无误后签名或者捺指印。听证申请人或者证人拒绝的，由记录员在听证笔录中记明情况。

听证笔录经听证主持人审阅后，由听证主持人、听证员和记录员签名。

第一百五十三条　听证结束后，听证主持人应当写出听证报告书，连同听证笔录一并报送公安机关负责人。

听证报告书应当包括下列内容：

（一）案由；

（二）听证人员和听证参加人的基本情况；

(三)听证的时间、地点和方式;
(四)听证会的基本情况;
(五)案件事实;
(六)处理意见和建议。

第九章　行政处理决定

第一节　行政处罚的适用

第一百五十四条　违反治安管理行为在六个月内没有被公安机关发现,其他违法行为在二年内没有被公安机关发现的,不再给予行政处罚。

前款规定的期限,从违法行为发生之日起计算,违法行为有连续、继续或者持续状态的,从行为终了之日起计算。

被侵害人在违法行为追究时效内向公安机关控告,公安机关应当受理而不受理的,不受本条第一款追究时效的限制。

第一百五十五条　实施行政处罚时,应当责令违法行为人当场或者限期改正违法行为。

第一百五十六条　对违法行为人的同一个违法行为,不得给予两次以上罚款的行政处罚。

第一百五十七条　不满十四周岁的人有违法行为的,不予行政处罚,但是应当责令其监护人严加管教,并在不予行政处罚决定书中载明。已满十四周岁不满十八周岁的人有违法行为的,从轻或者减轻行政处罚。

第一百五十八条　精神病人在不能辨认或者不能控制自己行为时有违法行为的,不予行政处罚,但应当责令其监护人严加看管和治疗,并在不予行政处罚决定书中载明。间歇性精神病人在精神正常时有违法行为的,应当给予行政处罚。尚未完全丧失辨认或者控制自己行为能力的精神病人有违法行为的,应当予以行政处罚,但可以从轻或者减轻行政处罚。

第一百五十九条　违法行为人有下列情形之一的,应当从轻、减轻处罚或者不予行政处罚:
(一)主动消除或者减轻违法行为危害后果,并取得被侵害人谅解的;
(二)受他人胁迫或者诱骗的;
(三)有立功表现的;
(四)主动投案,向公安机关如实陈述自己的违法行为的;

（五）其他依法应当从轻、减轻或者不予行政处罚的。

违法行为轻微并及时纠正，没有造成危害后果的，不予行政处罚。

盲人或者又聋又哑的人违反治安管理的，可以从轻、减轻或者不予行政处罚；醉酒的人违反治安管理的，应当给予处罚。

第一百六十条 违法行为人有下列情形之一的，应当从重处罚：

（一）有较严重后果的；

（二）教唆、胁迫、诱骗他人实施违法行为的；

（三）对报案人、控告人、举报人、证人等打击报复的；

（四）六个月内曾受过治安管理处罚或者一年内因同类违法行为受到两次以上公安行政处罚的；

（五）刑罚执行完毕三年内，或者在缓刑期间，违反治安管理的。

第一百六十一条 一人有两种以上违法行为的，分别决定，合并执行，可以制作一份决定书，分别写明对每种违法行为的处理内容和合并执行的内容。

一个案件有多个违法行为人的，分别决定，可以制作一式多份决定书，写明给予每个人的处理决定，分别送达每一个违法行为人。

第一百六十二条 行政拘留处罚合并执行的，最长不超过二十日。

行政拘留处罚执行完毕前，发现违法行为人有其他违法行为，公安机关依法作出行政拘留决定的，与正在执行的行政拘留合并执行。

第一百六十三条 对决定给予行政拘留处罚的人，在处罚前因同一行为已经被采取强制措施限制人身自由的时间应当折抵。限制人身自由一日，折抵执行行政拘留一日。询问查证、继续盘问和采取约束措施的时间不予折抵。

被采取强制措施限制人身自由的时间超过决定的行政拘留期限的，行政拘留决定不再执行。

第一百六十四条 违法行为人具有下列情形之一，依法应当给予行政拘留处罚的，应当作出处罚决定，但不送拘留所执行：

（一）已满十四周岁不满十六周岁的；

（二）已满十六周岁不满十八周岁，初次违反治安管理或者其他公安行政管理的。但是，曾被收容教养、被行政拘留依法不执行行政拘留或者曾因实施扰乱公共秩序，妨害公共安全，侵犯人身权利、财产权利，妨害社会管理的行为被人民法院判决有罪的除外；

(三)七十周岁以上的;

(四)孕妇或者正在哺乳自己婴儿的妇女。

第二节 行政处理的决定

第一百六十五条 公安机关办理治安案件的期限,自受理之日起不得超过三十日;案情重大、复杂的,经上一级公安机关批准,可以延长三十日。办理其他行政案件,有法定办案期限的,按照相关法律规定办理。

为了查明案情进行鉴定的期间,不计入办案期限。

对因违反治安管理行为人不明或者逃跑等客观原因造成案件在法定期限内无法作出行政处理决定的,公安机关应当继续进行调查取证,并向被侵害人说明情况,及时依法作出处理决定。

第一百六十六条 违法嫌疑人不讲真实姓名、住址,身份不明,但只要违法事实清楚、证据确实充分的,可以按其自报的姓名并贴附照片作出处理决定,并在相关法律文书中注明。

第一百六十七条 在作出行政处罚决定前,应当告知违法嫌疑人拟作出行政处罚决定的事实、理由及依据,并告知违法嫌疑人依法享有陈述权和申辩权。单位违法的,应当告知其法定代表人、主要负责人或者其授权的人员。

适用一般程序作出行政处罚决定的,采用书面形式或者笔录形式告知。

依照本规定第一百七十二条第一款第三项作出不予行政处罚决定的,可以不履行本条第一款规定的告知程序。

第一百六十八条 对违法行为事实清楚,证据确实充分,依法应当予以行政处罚,因违法行为人逃跑等原因无法履行告知义务的,公安机关可以采取公告方式予以告知。自公告之日起七日内,违法嫌疑人未提出申辩的,可以依法作出行政处罚决定。

第一百六十九条 违法嫌疑人有权进行陈述和申辩。对违法嫌疑人提出的新的事实、理由和证据,公安机关应当进行复核。

公安机关不得因违法嫌疑人申辩而加重处罚。

第一百七十条 对行政案件进行审核、审批时,应当审查下列内容:

(一)违法嫌疑人的基本情况;

(二)案件事实是否清楚,证据是否确实充分;

(三)案件定性是否准确；

(四)适用法律、法规和规章是否正确；

(五)办案程序是否合法；

(六)拟作出的处理决定是否适当。

第一百七十一条 法制员或者办案部门指定的人员、办案部门负责人、法制部门的人员可以作为行政案件审核人员。

初次从事行政处罚决定审核的人员，应当通过国家统一法律职业资格考试取得法律职业资格。

第一百七十二条 公安机关根据行政案件的不同情况分别作出下列处理决定：

(一)确有违法行为，应当给予行政处罚的，根据其情节和危害后果的轻重，作出行政处罚决定；

(二)确有违法行为，但有依法不予行政处罚情形的，作出不予行政处罚决定；有违法所得和非法财物、违禁品、管制器具的，应当予以追缴或者收缴；

(三)违法事实不能成立的，作出不予行政处罚决定；

(四)对需要给予社区戒毒、强制隔离戒毒、收容教养等处理的，依法作出决定；

(五)违法行为涉嫌构成犯罪的，转为刑事案件办理或者移送有权处理的主管机关、部门办理，无需撤销行政案件。公安机关已经作出行政处理决定的，应当附卷；

(六)发现违法行为人有其他违法行为的，在依法作出行政处理决定的同时，通知有关行政主管部门处理。

对已经依照前款第三项作出不予行政处罚决定的案件，又发现新的证据的，应当依法及时调查；违法行为能够认定的，依法重新作出处理决定，并撤销原不予行政处罚决定。

治安案件有被侵害人的，公安机关应当在作出不予行政处罚或者处罚决定之日起二日内将决定书复印件送达被侵害人。无法送达的，应当注明。

第一百七十三条 行政拘留处罚由县级以上公安机关或者出入境边防检查机关决定。依法应当对违法行为人予以行政拘留的，公安派出所、依法具有独立执法主体资格的公安机关业务部门应当报其所属的县级以上公安机关决定。

第一百七十四条 对县级以上的各级人民代表大会代表予以行政拘留的,作出处罚决定前应当经该级人民代表大会主席团或者人民代表大会常务委员会许可。

对乡、民族乡、镇的人民代表大会代表予以行政拘留的,作出决定的公安机关应当立即报告乡、民族乡、镇的人民代表大会。

第一百七十五条 作出行政处罚决定的,应当制作行政处罚决定书。决定书应当载明下列内容:

(一)被处罚人的姓名、性别、出生日期、身份证件种类及号码、户籍所在地、现住址、工作单位、违法经历以及被处罚单位的名称、地址和法定代表人;

(二)违法事实和证据以及从重、从轻、减轻等情节;

(三)处罚的种类、幅度和法律依据;

(四)处罚的执行方式和期限;

(五)对涉案财物的处理结果及对被处罚人的其他处理情况;

(六)对处罚决定不服,申请行政复议、提起行政诉讼的途径和期限;

(七)作出决定的公安机关的名称、印章和日期。

作出罚款处罚的,行政处罚决定书应当载明逾期不缴纳罚款依法加处罚款的标准和最高限额;对涉案财物作出处理的,行政处罚决定书应当附没收、收缴、追缴物品清单。

第一百七十六条 作出行政拘留处罚决定的,应当及时将处罚情况和执行场所或者依法不执行的情况通知被处罚人家属。

作出社区戒毒决定的,应当通知被决定人户籍所在地或者现居住地的城市街道办事处、乡镇人民政府。作出强制隔离戒毒、收容教养决定的,应当在法定期限内通知被决定人的家属、所在单位、户籍所在地公安派出所。

被处理人拒不提供家属联系方式或者不讲真实姓名、住址,身份不明的,可以不予通知,但应当在附卷的决定书中注明。

第一百七十七条 公安机关办理的刑事案件,尚不够刑事处罚,依法应当给予公安行政处理的,经县级以上公安机关负责人批准,依照本章规定作出处理决定。

第十章　治安调解

第一百七十八条　对于因民间纠纷引起的殴打他人、故意伤害、侮辱、诽谤、诬告陷害、故意损毁财物、干扰他人正常生活、侵犯隐私、非法侵入住宅等违反治安管理行为，情节较轻，且具有下列情形之一的，可以调解处理：

（一）亲友、邻里、同事、在校学生之间因琐事发生纠纷引起的；

（二）行为人的侵害行为系由被侵害人事前的过错行为引起的；

（三）其他适用调解处理更易化解矛盾的。

对不构成违反治安管理行为的民间纠纷，应当告知当事人向人民法院或者人民调解组织申请处理。

对情节轻微、事实清楚、因果关系明确，不涉及医疗费用、物品损失或者双方当事人对医疗费用和物品损失的赔付无争议，符合治安调解条件，双方当事人同意当场调解并当场履行的治安案件，可以当场调解，并制作调解协议书。当事人基本情况、主要违法事实和协议内容在现场录音录像中明确记录的，不再制作调解协议书。

第一百七十九条　具有下列情形之一的，不适用调解处理：

（一）雇凶伤害他人的；

（二）结伙斗殴或者其他寻衅滋事的；

（三）多次实施违反治安管理行为的；

（四）当事人明确表示不愿意调解处理的；

（五）当事人在治安调解过程中又针对对方实施违反治安管理行为的；

（六）调解过程中，违法嫌疑人逃跑的；

（七）其他不宜调解处理的。

第一百八十条　调解处理案件，应当查明事实，收集证据，并遵循合法、公正、自愿、及时的原则，注重教育和疏导，化解矛盾。

第一百八十一条　当事人中有未成年人的，调解时应当通知其父母或者其他监护人到场。但是，当事人为年满十六周岁以上的未成年人，以自己的劳动收入为主要生活来源，本人同意不通知的，可以不通知。

被侵害人委托其他人参加调解的，应当向公安机关提交委托书，并写明委托权限。违法嫌疑人不得委托他人参加调解。

第一百八十二条　对因邻里纠纷引起的治安案件进行调解时，可以邀请当事人居住地的居(村)民委员会的人员或者双方当事人熟悉的人员参加帮助调解。

第一百八十三条 调解一般为一次。对一次调解不成,公安机关认为有必要或者当事人申请的,可以再次调解,并应当在第一次调解后的七个工作日内完成。

第一百八十四条 调解达成协议的,在公安机关主持下制作调解协议书,双方当事人应当在调解协议书上签名,并履行调解协议。

调解协议书应当包括调解机关名称、主持人、双方当事人和其他在场人员的基本情况,案件发生时间、地点、人员、起因、经过、情节、结果等情况、协议内容、履行期限和方式等内容。

对调解达成协议的,应当保存案件证据材料,与其他文书材料和调解协议书一并归入案卷。

第一百八十五条 调解达成协议并履行的,公安机关不再处罚。对调解未达成协议或者达成协议后不履行的,应当对违反治安管理行为人依法予以处罚;对违法行为造成的损害赔偿纠纷,公安机关可以进行调解,调解不成的,应当告知当事人向人民法院提起民事诉讼。

调解案件的办案期限从调解未达成协议或者调解达成协议不履行之日起开始计算。

第一百八十六条 对符合本规定第一百七十八条规定的治安案件,当事人申请人民调解或者自行和解,达成协议并履行后,双方当事人书面申请并经公安机关认可的,公安机关不予治安管理处罚,但公安机关已依法作出处理决定的除外。

第十一章 涉案财物的管理和处理

第一百八十七条 对于依法扣押、扣留、查封、抽样取证、追缴、收缴的财物以及由公安机关负责保管的先行登记保存的财物,公安机关应当妥善保管,不得使用、挪用、调换或者损毁。造成损失的,应当承担赔偿责任。

涉案财物的保管费用由作出决定的公安机关承担。

第一百八十八条 县级以上公安机关应当指定一个内设部门作为涉案财物管理部门,负责对涉案财物实行统一管理,并设立或者指定专门保管场所,对涉案财物进行集中保管。涉案财物集中保管的范围,由地方公安机关根据本地区实际情况确定。

对价值较低、易于保管，或者需要作为证据继续使用，以及需要先行返还被侵害人的涉案财物，可以由办案部门设置专门的场所进行保管。办案部门应当指定不承担办案工作的民警负责本部门涉案财物的接收、保管、移交等管理工作；严禁由办案人员自行保管涉案财物。

对查封的场所、设施、财物，可以委托第三人保管，第三人不得损毁或者擅自转移、处置。因第三人的原因造成的损失，公安机关先行赔付后，有权向第三人追偿。

第一百八十九条 公安机关涉案财物管理部门和办案部门应当建立电子台账，对涉案财物逐一编号登记，载明案由、来源、保管状态、场所和去向。

第一百九十条 办案人民警察应当在依法提取涉案财物后的二十四小时内将财物移交涉案财物管理人员，并办理移交手续。对查封、冻结、先行登记保存的涉案财物，应当在采取措施后的二十四小时内，将法律文书复印件及涉案财物的情况送交涉案财物管理人员予以登记。

在异地或者在偏远、交通不便地区提取涉案财物的，办案人民警察应当在返回单位后的二十四小时内移交。

对情况紧急，需要在提取涉案财物后的二十四小时内进行鉴定、辨认、检验、检查等工作的，经办案部门负责人批准，可以在完成上述工作后的二十四小时内移交。

在提取涉案财物后的二十四小时内已将涉案财物处理完毕的，不再移交，但应当将处理涉案财物的相关手续附卷保存。

因询问、鉴定、辨认、检验、检查等办案需要，经办案部门负责人批准，办案人民警察可以调用涉案财物，并及时归还。

第一百九十一条 对容易腐烂变质及其他不易保管的物品、危险物品，经公安机关负责人批准，在拍照或者录像后依法变卖或者拍卖，变卖或者拍卖的价款暂予保存，待结案后按有关规定处理。

对易燃、易爆、毒害性、放射性等危险物品应当存放在符合危险物品存放条件的专门场所。

对属于被侵害人或者善意第三人合法占有的财物，应当在登记、拍照或者录像、估价后及时返还，并在案卷中注明返还的理由，将原物照片、清单和领取手续存卷备查。

对不宜入卷的物证，应当拍照入卷，原物在结案后按照有关规定处理。

第一百九十二条 有关违法行为查证属实后,对有证据证明权属明确且无争议的被侵害人合法财物及其孳息,凡返还不损害其他被侵害人或者利害关系人的利益,不影响案件正常办理的,应当在登记、拍照或者录像和估价后,及时发还被侵害人。办案人民警察应当在案卷材料中注明返还的理由,并将原物照片、清单和被侵害人的领取手续附卷。

第一百九十三条 在作出行政处理决定时,应当对涉案财物一并作出处理。

第一百九十四条 对在办理行政案件中查获的下列物品应当依法收缴:

（一）毒品、淫秽物品等违禁品；

（二）赌具和赌资；

（三）吸食、注射毒品的用具；

（四）伪造、变造的公文、证件、证明文件、票证、印章等；

（五）倒卖的车船票、文艺演出票、体育比赛入场券等有价票证；

（六）主要用于实施违法行为的本人所有的工具以及直接用于实施毒品违法行为的资金；

（七）法律、法规规定可以收缴的其他非法财物。

前款第六项所列的工具,除非有证据表明属于他人合法所有,可以直接认定为违法行为人本人所有。对明显无价值的,可以不作出收缴决定,但应当在证据保全文书中注明处理情况。

违法所得应当依法予以追缴或者没收。

多名违法行为人共同实施违法行为,违法所得或者非法财物无法分清所有人的,作为共同违法所得或者非法财物予以处理。

第一百九十五条 收缴由县级以上公安机关决定。但是,违禁品,管制器具,吸食、注射毒品的用具以及非法财物价值在五百元以下且当事人对财物价值无异议的,公安派出所可以收缴。

追缴由县级以上公安机关决定。但是,追缴的财物应当退还被侵害人的,公安派出所可以追缴。

第一百九十六条 对收缴和追缴的财物,经原决定机关负责人批准,按照下列规定分别处理:

（一）属于被侵害人或者善意第三人的合法财物,应当及时返还；

（二）没有被侵害人的,登记造册,按照规定上缴国库或者依法变卖、拍卖后，将所得款项上缴国库；

（三）违禁品、没有价值的物品，或者价值轻微，无法变卖、拍卖的物品，统一登记造册后销毁；

（四）对无法变卖或者拍卖的危险物品，由县级以上公安机关主管部门组织销毁或者交有关厂家回收。

第一百九十七条 对应当退还原主或者当事人的财物，通知原主或者当事人在六个月内来领取；原主不明确的，应当采取公告方式告知原主认领。在通知原主、当事人或者公告后六个月内，无人认领的，按无主财物处理，登记后上缴国库，或者依法变卖或者拍卖后，将所得款项上缴国库。遇有特殊情况的，可酌情延期处理，延长期限最长不超过三个月。

第十二章 执 行

第一节 一般规定

第一百九十八条 公安机关依法作出行政处理决定后，被处理人应当在行政处理决定的期限内予以履行。逾期不履行的，作出行政处理决定的公安机关可以依法强制执行或者申请人民法院强制执行。

第一百九十九条 被处理人对行政处理决定不服申请行政复议或者提起行政诉讼的，行政处理决定不停止执行，但法律另有规定的除外。

第二百条 公安机关在依法作出强制执行决定或者申请人民法院强制执行前，应当事先催告被处理人履行行政处理决定。催告以书面形式作出，并直接送达被处理人。被处理人拒绝接受或者无法直接送达被处理人的，依照本规定第五章的有关规定送达。

催告书应当载明下列事项：

（一）履行行政处理决定的期限和方式；

（二）涉及金钱给付的，应当有明确的金额和给付方式；

（三）被处理人依法享有的陈述权和申辩权。

第二百零一条 被处理人收到催告书后有权进行陈述和申辩。公安机关应当充分听取并记录、复核。被处理人提出的事实、理由或者证据成立的，公安机关应当采纳。

第二百零二条 经催告，被处理人无正当理由逾期仍不履行行政处理决定，法律规定由公安机关强制执行的，公安机关可以依法作出强制执行决定。

在催告期间,对有证据证明有转移或者隐匿财物迹象的,公安机关可以作出立即强制执行决定。

强制执行决定应当以书面形式作出,并载明下列事项:

(一)被处理人的姓名或者名称、地址;

(二)强制执行的理由和依据;

(三)强制执行的方式和时间;

(四)申请行政复议或者提起行政诉讼的途径和期限;

(五)作出决定的公安机关名称、印章和日期。

第二百零三条 依法作出要求被处理人履行排除妨碍、恢复原状等义务的行政处理决定,被处理人逾期不履行,经催告仍不履行,其后果已经或者将危害交通安全的,公安机关可以代履行,或者委托没有利害关系的第三人代履行。

代履行应当遵守下列规定:

(一)代履行前送达决定书,代履行决定书应当载明当事人的姓名或者名称、地址,代履行的理由和依据、方式和时间、标的、费用预算及代履行人;

(二)代履行三日前,催告当事人履行,当事人履行的,停止代履行;

(三)代履行时,作出决定的公安机关应当派员到场监督;

(四)代履行完毕,公安机关到场监督人员、代履行人和当事人或者见证人应当在执行文书上签名或者盖章。

代履行的费用由当事人承担。但是,法律另有规定的除外。

第二百零四条 需要立即清理道路的障碍物,当事人不能清除的,或者有其他紧急情况需要立即履行的,公安机关可以决定立即实施代履行。当事人不在场的,公安机关应当在事后立即通知当事人,并依法作出处理。

第二百零五条 实施行政强制执行,公安机关可以在不损害公共利益和他人合法权益的情况下,与当事人达成执行协议。执行协议可以约定分阶段履行;当事人采取补救措施的,可以减免加处的罚款。

执行协议应当履行。被处罚人不履行执行协议的,公安机关应当恢复强制执行。

第二百零六条 当事人在法定期限内不申请行政复议或者提起行政诉讼,又不履行行政处理决定的,法律没有规定公安机关强制执行的,作出行政处理决定的公安机关可以自期限届满之日起三个月内,向所在地有管辖权的人民法院申请强制执行。因情况紧急,为保障公共安全,公安机关可以申请人民法院立即执行。

强制执行的费用由被执行人承担。

第二百零七条 申请人民法院强制执行前,公安机关应当催告被处理人履行义务,催告书送达十日后被处理人仍未履行义务的,公安机关可以向人民法院申请强制执行。

第二百零八条 公安机关向人民法院申请强制执行,应当提供下列材料:

(一)强制执行申请书;

(二)行政处理决定书及作出决定的事实、理由和依据;

(三)当事人的意见及公安机关催告情况;

(四)申请强制执行标的情况;

(五)法律、法规规定的其他材料。

强制执行申请书应当由作出处理决定的公安机关负责人签名,加盖公安机关印章,并注明日期。

第二百零九条 公安机关对人民法院不予受理强制执行申请、不予强制执行的裁定有异议的,可以在十五日内向上一级人民法院申请复议。

第二百一十条 具有下列情形之一的,中止强制执行:

(一)当事人暂无履行能力的;

(二)第三人对执行标的主张权利,确有理由的;

(三)执行可能对他人或者公共利益造成难以弥补的重大损失的;

(四)其他需要中止执行的。

中止执行的情形消失后,公安机关应当恢复执行。对没有明显社会危害,当事人确无能力履行,中止执行满三年未恢复执行的,不再执行。

第二百一十一条 具有下列情形之一的,终结强制执行:

(一)公民死亡,无遗产可供执行,又无义务承受人的;

(二)法人或者其他组织终止,无财产可供执行,又无义务承受人的;

(三)执行标的灭失的;

(四)据以执行的行政处理决定被撤销的;

(五)其他需要终结执行的。

第二百一十二条 在执行中或者执行完毕后,据以执行的行政处理决定被撤销、变更,或者执行错误,应当恢复原状或者退还财物;不能恢复原状或者退还财物的,依法给予赔偿。

第二百一十三条 除依法应当销毁的物品外,公安机关依法没收或者收缴、追缴的违法所得和非法财物,必须按照国家有关规定处理或者上缴国库。

罚款、没收或者收缴的违法所得和非法财物拍卖或者变卖的款项和没收的保证金,必须全部上缴国库,不得以任何形式截留、私分或者变相私分。

第二节 罚款的执行

第二百一十四条 公安机关作出罚款决定,被处罚人应当自收到行政处罚决定书之日起十五日内,到指定的银行缴纳罚款。具有下列情形之一的,公安机关及其办案人民警察可以当场收缴罚款,法律另有规定的,从其规定:

(一)对违反治安管理行为人处五十元以下罚款和对违反交通管理的行人、乘车人和非机动车驾驶人处罚款,被处罚人没有异议的;

(二)对违反治安管理、交通管理以外的违法行为人当场处二十元以下罚款的;

(三)在边远、水上、交通不便地区、旅客列车上或者口岸,被处罚人向指定银行缴纳罚款确有困难,经被处罚人提出的;

(四)被处罚人在当地没有固定住所,不当场收缴事后难以执行的。

对具有前款第一项和第三项情形之一的,办案人民警察应当要求被处罚人签名确认。

第二百一十五条 公安机关及其人民警察当场收缴罚款的,应当出具省级或者国家财政部门统一制发的罚款收据。对不出具省级或者国家财政部门统一制发的罚款收据的,被处罚人有权拒绝缴纳罚款。

第二百一十六条 人民警察应当自收缴罚款之日起二日内,将当场收缴的罚款交至其所属公安机关;在水上当场收缴的罚款,应当自抵岸之日起二日内将当场收缴的罚款交至其所属公安机关;在旅客列车上当场收缴的罚款,应当自返回之日起二日内将当场收缴的罚款交至其所属公安机关。

公安机关应当自收到罚款之日起二日内将罚款缴付指定的银行。

第二百一十七条 被处罚人确有经济困难,经被处罚人申请和作出处罚决定的公安机关批准,可以暂缓或者分期缴纳罚款。

第二百一十八条 被处罚人未在本规定第二百一十四条规定的期限内缴纳罚款的,作出行政处罚决定的公安机关可以采取下列措施:

(一)将依法查封、扣押的被处罚人的财物拍卖或者变卖抵缴罚款。拍卖或者变卖的价款超过罚款数额的,余额部分应当及时退还被处罚人;

(二)不能采取第一项措施的,每日按罚款数额的百分之三加处罚款,加处罚款总额不得超出罚款数额。

拍卖财物,由公安机关委托拍卖机构依法办理。

第二百一十九条 依法加处罚款超过三十日,经催告被处罚人仍不履行的,作出行政处罚决定的公安机关可以按照本规定第二百零六条的规定向所在地有管辖权的人民法院申请强制执行。

第三节 行政拘留的执行

第二百二十条 对被决定行政拘留的人,由作出决定的公安机关送达拘留所执行。对抗拒执行的,可以使用约束性警械。

对被决定行政拘留的人,在异地被抓获或者具有其他有必要在异地拘留所执行情形的,经异地拘留所主管公安机关批准,可以在异地执行。

第二百二十一条 对同时被决定行政拘留和社区戒毒或者强制隔离戒毒的人员,应当先执行行政拘留,由拘留所给予必要的戒毒治疗,强制隔离戒毒期限连续计算。

拘留所不具备戒毒治疗条件的,行政拘留决定机关可以直接将被行政拘留人送公安机关管理的强制隔离戒毒所代为执行行政拘留,强制隔离戒毒期限连续计算。

第二百二十二条 被处罚人不服行政拘留处罚决定,申请行政复议或者提起行政诉讼的,可以向作出行政拘留决定的公安机关提出暂缓执行行政拘留的申请;口头提出申请的,公安机关人民警察应当予以记录,并由申请人签名或者捺指印。

被处罚人在行政拘留执行期间,提出暂缓执行行政拘留申请的,拘留所应当立即将申请转交作出行政拘留决定的公安机关。

第二百二十三条 公安机关应当在收到被处罚人提出暂缓执行行政拘留申请之时起二十四小时内作出决定。

公安机关认为暂缓执行行政拘留不致发生社会危险,且被处罚人或者其近亲属提出符合条件的担保人,或者按每日行政拘留二百元的标准交纳保证金的,应当作出暂缓执行行政拘留的决定。

对同一被处罚人,不得同时责令其提出保证人和交纳保证金。

被处罚人已送达拘留所执行的,公安机关应当立即将暂缓执行行政拘留决定送达拘留所,拘留所应当立即释放被处罚人。

第二百二十四条　被处罚人具有下列情形之一的,应当作出不暂缓执行行政拘留的决定,并告知申请人:

(一)暂缓执行行政拘留后可能逃跑的;

(二)有其他违法犯罪嫌疑,正在被调查或者侦查的;

(三)不宜暂缓执行行政拘留的其他情形。

第二百二十五条　行政拘留并处罚款的,罚款不因暂缓执行行政拘留而暂缓执行。

第二百二十六条　在暂缓执行行政拘留期间,被处罚人应当遵守下列规定:

(一)未经决定机关批准不得离开所居住的市、县;

(二)住址、工作单位和联系方式发生变动的,在二十四小时以内向决定机关报告;

(三)在行政复议和行政诉讼中不得干扰证人作证、伪造证据或者串供;

(四)不得逃避、拒绝或者阻碍处罚的执行。

在暂缓执行行政拘留期间,公安机关不得妨碍被处罚人依法行使行政复议和行政诉讼权利。

第二百二十七条　暂缓执行行政拘留的担保人应当符合下列条件:

(一)与本案无牵连;

(二)享有政治权利,人身自由未受到限制或者剥夺;

(三)在当地有常住户口和固定住所;

(四)有能力履行担保义务。

第二百二十八条　公安机关经过审查认为暂缓执行行政拘留的担保人符合条件的,由担保人出具保证书,并到公安机关将被担保人领回。

第二百二十九条　暂缓执行行政拘留的担保人应当履行下列义务:

(一)保证被担保人遵守本规定第二百二十六条的规定;

（二）发现被担保人伪造证据、串供或者逃跑的，及时向公安机关报告。

暂缓执行行政拘留的担保人不履行担保义务，致使被担保人逃避行政拘留处罚执行的，公安机关可以对担保人处以三千元以下罚款，并对被担保人恢复执行行政拘留。

暂缓执行行政拘留的担保人履行了担保义务，但被担保人仍逃避行政拘留处罚执行的，或者被处罚人逃跑后，担保人积极帮助公安机关抓获被处罚人的，可以从轻或者不予行政处罚。

第二百三十条　暂缓执行行政拘留的担保人在暂缓执行行政拘留期间，不愿继续担保或者丧失担保条件的，行政拘留的决定机关应当责令被处罚人重新提出担保人或者交纳保证金。不提出担保人又不交纳保证金的，行政拘留的决定机关应当将被处罚人送拘留所执行。

第二百三十一条　保证金应当由银行代收。在银行非营业时间，公安机关可以先行收取，并在收到保证金后的三日内存入指定的银行账户。

公安机关应当指定办案部门以外的法制、装备财务等部门负责管理保证金。严禁截留、坐支、挪用或者以其他任何形式侵吞保证金。

第二百三十二条　行政拘留处罚被撤销或者开始执行时，公安机关应当将保证金退还交纳人。

被决定行政拘留的人逃避行政拘留处罚执行的，由决定行政拘留的公安机关作出没收或者部分没收保证金的决定，行政拘留的决定机关应当将被处罚人送拘留所执行。

第二百三十三条　被处罚人对公安机关没收保证金的决定不服的，可以依法申请行政复议或者提起行政诉讼。

第四节　其他处理决定的执行

第二百三十四条　作出吊销公安机关发放的许可证或者执照处罚的，应当在被吊销的许可证或者执照上加盖吊销印章后收缴。被处罚人拒不缴销证件的，公安机关可以公告宣布作废。吊销许可证或者执照的机关不是发证机关的，作出决定的机关应当在处罚决定生效后及时通知发证机关。

第二百三十五条　作出取缔决定的，可以采取在经营场所张贴公告等方式予以公告，责令被取缔者立即停止经营活动；有违法所得的，依法予以没收或者追缴。拒不停止经营活动的，公安机关可以依法没收或者收缴其专门用于从事非法经营活动的工具、设备。已经取得营业执照的,公安机关应当通知工商行政管理部门依法撤销其营业执照。

第二百三十六条 对拒不执行公安机关依法作出的责令停产停业决定的,公安机关可以依法强制执行或者申请人民法院强制执行。

第二百三十七条 对被决定强制隔离戒毒、收容教养的人员,由作出决定的公安机关送强制隔离戒毒场所、收容教养场所执行。

对被决定社区戒毒的人员,公安机关应当责令其到户籍所在地接受社区戒毒,在户籍所在地以外的现居住地有固定住所的,可以责令其在现居住地接受社区戒毒。

第十三章 涉外行政案件的办理

第二百三十八条 办理涉外行政案件,应当维护国家主权和利益,坚持平等互利原则。

第二百三十九条 对外国人国籍的确认,以其入境时有效证件上所表明的国籍为准;国籍有疑问或者国籍不明的,由公安机关出入境管理部门协助查明。

对无法查明国籍、身份不明的外国人,按照其自报的国籍或者无国籍人对待。

第二百四十条 违法行为人为享有外交特权和豁免权的外国人的,办案公安机关应当将其身份、证件及违法行为等基本情况记录在案,保存有关证据,并尽快将有关情况层报省级公安机关,由省级公安机关商请同级人民政府外事部门通过外交途径处理。

对享有外交特权和豁免权的外国人,不得采取限制人身自由和查封、扣押的强制措施。

第二百四十一条 办理涉外行政案件,应当使用中华人民共和国通用的语言文字。对不通晓我国语言文字的,公安机关应当为其提供翻译;当事人通晓我国语言文字,不需要他人翻译的,应当出具书面声明。

经县级以上公安机关负责人批准,外国籍当事人可以自己聘请翻译,翻译费由其个人承担。

第二百四十二条 外国人具有下列情形之一,经当场盘问或者继续盘问后不能排除嫌疑,需要作进一步调查的,经县级以上公安机关或者出入境边防检查机关负责人批准,可以拘留审查:

（一）有非法出境入境嫌疑的；

（二）有协助他人非法出境入境嫌疑的；

（三）有非法居留、非法就业嫌疑的；

（四）有危害国家安全和利益，破坏社会公共秩序或者从事其他违法犯罪活动嫌疑的。

实施拘留审查，应当出示拘留审查决定书，并在二十四小时内进行询问。

拘留审查的期限不得超过三十日，案情复杂的，经上一级公安机关或者出入境边防检查机关批准可以延长至六十日。对国籍、身份不明的，拘留审查期限自查清其国籍、身份之日起计算。

第二百四十三条 具有下列情形之一的，应当解除拘留审查：

（一）被决定遣送出境、限期出境或者驱逐出境的；

（二）不应当拘留审查的；

（三）被采取限制活动范围措施的；

（四）案件移交其他部门处理的；

（五）其他应当解除拘留审查的。

第二百四十四条 外国人具有下列情形之一的，不适用拘留审查，经县级以上公安机关或者出入境边防检查机关负责人批准，可以限制其活动范围：

（一）患有严重疾病的；

（二）怀孕或者哺乳自己婴儿的；

（三）未满十六周岁或者已满七十周岁的；

（四）不宜适用拘留审查的其他情形。

被限制活动范围的外国人，应当按照要求接受审查，未经公安机关批准，不得离开限定的区域。限制活动范围的期限不得超过六十日。对国籍、身份不明的，限制活动范围期限自查清其国籍、身份之日起计算。

第二百四十五条 被限制活动范围的外国人应当遵守下列规定：

（一）未经决定机关批准，不得变更生活居所，超出指定的活动区域；

（二）在传唤的时候及时到案；

（三）不得以任何形式干扰证人作证；

（四）不得毁灭、伪造证据或者串供。

第二百四十六条 外国人具有下列情形之一的，经县级以上公安机关

或者出入境边防检查机关负责人批准,可以遣送出境:
(一)被处限期出境,未在规定期限内离境的;
(二)有不准入境情形的;
(三)非法居留、非法就业的;
(四)违反法律、行政法规需要遣送出境的。
其他境外人员具有前款所列情形之一的,可以依法遣送出境。
被遣送出境的人员,自被遣送出境之日起一至五年内不准入境。

第二百四十七条 被遣送出境的外国人可以被遣送至下列国家或者地区:
(一)国籍国;
(二)入境前的居住国或者地区;
(三)出生地国或者地区;
(四)入境前的出境口岸的所属国或者地区;
(五)其他允许被遣送出境的外国人入境的国家或者地区。

第二百四十八条 具有下列情形之一的外国人,应当羁押在拘留所或者遣返场所:
(一)被拘留审查的;
(二)被决定遣送出境或者驱逐出境但因天气、交通运输工具班期、当事人健康状况等客观原因或者国籍、身份不明,不能立即执行的。

第二百四十九条 外国人对继续盘问、拘留审查、限制活动范围、遣送出境措施不服的,可以依法申请行政复议,该行政复议决定为最终决定。
其他境外人员对遣送出境措施不服,申请行政复议的,适用前款规定。

第二百五十条 外国人具有下列情形之一的,经县级以上公安机关或者出入境边防检查机关决定,可以限期出境:
(一)违反治安管理的;
(二)从事与停留居留事由不相符的活动的;
(三)违反中国法律、法规规定,不适宜在中国境内继续停留居留的。
对外国人决定限期出境的,应当规定外国人离境的期限,注销其有效签证或者停留居留证件。限期出境的期限不得超过三十日。

第二百五十一条 外国人违反治安管理或者出境入境管理,情节严重,尚不构成犯罪的,承办的公安机关可以层报公安部处以驱逐出境。公安部作出的驱逐出境决定为最终决定,由承办机关宣布并执行。

被驱逐出境的外国人,自被驱逐出境之日起十年内不准入境。

第二百五十二条　对外国人处以罚款或者行政拘留并处限期出境或者驱逐出境的,应当于罚款或者行政拘留执行完毕后执行限期出境或者驱逐出境。

第二百五十三条　办理涉外行政案件,应当按照国家有关办理涉外案件的规定,严格执行请示报告、内部通报、对外通知等各项制度。

第二百五十四条　对外国人作出行政拘留、拘留审查或者其他限制人身自由以及限制活动范围的决定后,决定机关应当在四十八小时内将外国人的姓名、性别、入境时间、护照或者其他身份证件号码,案件发生的时间、地点及有关情况,违法的主要事实,已采取的措施及其法律依据等情况报告省级公安机关;省级公安机关应当在规定期限内,将有关情况通知该外国人所属国家的驻华使馆、领馆,并通报同级人民政府外事部门。当事人要求不通知使馆、领馆,且我国与当事人国籍国未签署双边协议规定必须通知的,可以不通知,但应当由其本人提出书面请求。

第二百五十五条　外国人在被行政拘留、拘留审查或者其他限制人身自由以及限制活动范围期间死亡的,有关省级公安机关应当通知该外国人所属国家驻华使馆、领馆,同时报告公安部并通报同级人民政府外事部门。

第二百五十六条　外国人在被行政拘留、拘留审查或者其他限制人身自由以及限制活动范围期间,其所属国家驻华外交、领事官员要求探视的,决定机关应当及时安排。该外国人拒绝其所属国家驻华外交、领事官员探视的,公安机关可以不予安排,但应当由其本人出具书面声明。

第二百五十七条　办理涉外行政案件,本章未作规定的,适用其他各章的有关规定。

第十四章　案件终结

第二百五十八条　行政案件具有下列情形之一的,应当予以结案:
(一)作出不予行政处罚决定的;
(二)按照本规定第十章的规定达成调解、和解协议并已履行的;
(三)作出行政处罚等处理决定,且已执行的;
(四)违法行为涉嫌构成犯罪,转为刑事案件办理的;
(五)作出处理决定后,因执行对象灭失、死亡等客观原因导致无法执行或者无需执行的。

第二百五十九条 经过调查,发现行政案件具有下列情形之一的,经公安派出所、县级公安机关办案部门或者出入境边防检查机关以上负责人批准,终止调查:

(一)没有违法事实的;
(二)违法行为已过追究时效的;
(三)违法嫌疑人死亡的;
(四)其他需要终止调查的情形。

终止调查时,违法嫌疑人已被采取行政强制措施的,应当立即解除。

第二百六十条 对在办理行政案件过程中形成的文书材料,应当按照一案一卷原则建立案卷,并按照有关规定在结案或者终止案件调查后将案卷移交档案部门保管或者自行保管。

第二百六十一条 行政案件的案卷应当包括下列内容:

(一)受案登记表或者其他发现案件的记录;
(二)证据材料;
(三)决定文书;
(四)在办理案件中形成的其他法律文书。

第二百六十二条 行政案件的法律文书及定性依据材料应当齐全完整,不得损毁、伪造。

第十五章 附 则

第二百六十三条 省级公安机关应当建立并不断完善统一的执法办案信息系统。

办案部门应当按照有关规定将行政案件的受理、调查取证、采取强制措施、处理等情况以及相关文书材料录入执法办案信息系统,并进行网上审核审批。

公安机关可以使用电子签名、电子指纹捺印技术制作电子笔录等材料,可以使用电子印章制作法律文书。对案件当事人进行电子签名、电子指纹捺印的过程,公安机关应当同步录音录像。

第二百六十四条 执行本规定所需要的法律文书式样,由公安部制定。公安部没有制定式样,执法工作中需要的其他法律文书,省级公安机关可以制定式样。

第二百六十五条 本规定所称"以上"、"以下"、"内"皆包括本数或者本级。

第二百六十六条 本规定自2013年1月1日起施行,依照《中华人民共和国出境入境管理法》新设定的制度自2013年7月1日起施行。2006年8月24日发布的《公安机关办理行政案件程序规定》同时废止。

公安部其他规章对办理行政案件程序有特别规定的,按照特别规定办理;没有特别规定的,按照本规定办理。

公安机关受理行政执法机关移送涉嫌犯罪案件规定

(2016年6月16日 公通字〔2016〕16号)

第一条 为规范公安机关受理行政执法机关移送涉嫌犯罪案件工作,完善行政执法与刑事司法衔接工作机制,根据有关法律、法规,制定本规定。

第二条 对行政执法机关移送的涉嫌犯罪案件,公安机关应当接受,及时录入执法办案信息系统,并检查是否附有下列材料:

(一)案件移送书,载明移送机关名称、行政违法行为涉嫌犯罪罪名、案件主办人及联系电话等。案件移送书应当附移送材料清单,并加盖移送机关公章;

(二)案件调查报告,载明案件来源、查获情况、嫌疑人基本情况、涉嫌犯罪的事实、证据和法律依据、处理建议等;

(三)涉案物品清单,载明涉案物品的名称、数量、特征、存放地等事项,并附采取行政强制措施、现场笔录等表明涉案物品来源的相关材料;

(四)附有鉴定机构和鉴定人资质证明或者其他证明文件的检验报告或者鉴定意见;

(五)现场照片、询问笔录、电子数据、视听资料、认定意见、责令整改通知书等其他与案件有关的证据材料。

移送材料表明移送案件的行政执法机关已经或者曾经作出有关行政处罚决定的,应当检查是否附有有关行政处罚决定书。

对材料不全的,应当在接受案件的二十四小时内书面告知移送的行政执法机关在三日内补正。但不得以材料不全为由,不接受移送案件。

第三条 对接受的案件,公安机关应当按照下列情形分别处理:

(一)对属于本公安机关管辖的,迅速进行立案审查;

(二)对属于公安机关管辖但不属于本公安机关管辖的,移送有管辖权的公安机关,并书面告知移送案件的行政执法机关;

(三)对不属于公安机关管辖的,退回移送案件的行政执法机关,并书面说明理由。

第四条 对接受的案件,公安机关应当立即审查,并在规定的时间内作出立案或者不立案的决定。

决定立案的,应当书面通知移送案件的行政执法机关。对决定不立案的,应当说明理由,制作不予立案通知书,连同案卷材料在三日内送达移送案件的行政执法机关。

第五条 公安机关审查发现涉嫌犯罪案件移送材料不全、证据不充分的,可以就证明有犯罪事实的相关证据要求等提出补充调查意见,商请移送案件的行政执法机关补充调查。必要时,公安机关可以自行调查。

第六条 对决定立案的,公安机关应当自立案之日起三日内与行政执法机关交接涉案物品以及与案件有关的其他证据材料。

对保管条件、保管场所有特殊要求的涉案物品,公安机关可以在采取必要措施固定留取证据后,商请行政执法机关代为保管。

移送案件的行政执法机关在移送案件后,需要作出责令停产停业、吊销许可证等行政处罚,或者在相关行政复议、行政诉讼中,需要使用已移送公安机关证据材料的,公安机关应当协助。

第七条 单位或者个人认为行政执法机关办理的行政案件涉嫌犯罪,向公安机关报案、控告、举报或者自首的,公安机关应当接受,不得要求相关单位或者人员先行向行政执法机关报案、控告、举报或者自首。

第八条 对行政执法机关移送的涉嫌犯罪案件,公安机关立案后决定撤销案件的,应当将撤销案件决定书连同案卷材料送达移送案件的行政执法机关。对依法应当追究行政法律责任的,可以同时向行政执法机关提出书面建议。

第九条 公安机关应当定期总结受理审查行政执法机关移送涉嫌犯罪案件情况,分析衔接工作中存在的问题,并提出意见建议,通报行政执法机关、同级人民检察院。必要时,同时通报本级或者上一级人民政府,或者实行垂直管理的行政执法机关的上一级机关。

第十条 公安机关受理行政执法机关移送涉嫌犯罪案件,依法接受人民检察院的法律监督。

第十一条 公安机关可以根据法律法规,联合同级人民检察院、人民法院、行政执法机关制定行政执法机关移送涉嫌犯罪案件类型、移送标准、证据要求、法律文书等文件。

第十二条 本规定自印发之日起实施。

最高人民检察院关于推进行政执法与刑事司法衔接工作的规定

(2021年9月6日 高检发释字〔2021〕4号)

第一条 为了健全行政执法与刑事司法衔接工作机制,根据《中华人民共和国人民检察院组织法》《中华人民共和国行政处罚法》《中华人民共和国刑事诉讼法》等有关规定,结合《行政执法机关移送涉嫌犯罪案件的规定》,制定本规定。

第二条 人民检察院开展行政执法与刑事司法衔接工作,应当严格依法、准确及时,加强与监察机关、公安机关、司法行政机关和行政执法机关的协调配合,确保行政执法与刑事司法有效衔接。

第三条 人民检察院开展行政执法与刑事司法衔接工作由负责捕诉的部门按照管辖案件类别办理。负责捕诉的部门可以在办理时听取其他办案部门的意见。

本院其他办案部门在履行检察职能过程中,发现涉及行政执法与刑事司法衔接线索的,应当及时移送本院负责捕诉的部门。

第四条 人民检察院依法履行职责时,应当注意审查是否存在行政执法机关对涉嫌犯罪案件应当移送公安机关立案侦查而不移送,或者公安机关对行政执法机关移送的涉嫌犯罪案件应当立案侦查而不立案侦查的情形。

第五条 公安机关收到行政执法机关移送涉嫌犯罪案件后应当立案侦查而不立案侦查,行政执法机关建议人民检察院依法监督的,人民检察院应当依法受理并进行审查。

第六条 对于行政执法机关应当依法移送涉嫌犯罪案件而不移送,或者公安机关应当立案侦查而不立案侦查的举报,属于本院管辖且符合受理条件的,人民检察院应当受理并进行审查。

第七条 人民检察院对本规定第四条至第六条的线索审查后,认为行政执法机关应当依法移送涉嫌犯罪案件而不移送的,经检察长批准,应当向同级行政执法机关提出检察意见,要求行政执法机关及时向公安机关移送案件并将有关材料抄送人民检察院。人民检察院应当将检察意见抄送同级司法行政机关,行政执法机关实行垂直管理的,应当将检察意见抄送其上级机关。

行政执法机关收到检察意见后无正当理由仍不移送的,人民检察院应当将有关情况书面通知公安机关。

对于公安机关可能存在应当立案而不立案情形的,人民检察院应当依法开展立案监督。

第八条 人民检察院决定不起诉的案件,应当同时审查是否需要对被不起诉人给予行政处罚。对被不起诉人需要给予行政处罚的,经检察长批准,人民检察院应当向同级有关主管机关提出检察意见,自不起诉决定作出之日起三日以内连同不起诉决定书一并送达。人民检察院应当将检察意见抄送同级司法行政机关,主管机关实行垂直管理的,应当将检察意见抄送其上级机关。

检察意见书应当写明采取和解除刑事强制措施,查封、扣押、冻结涉案财物以及对被不起诉人予以训诫或者责令具结悔过、赔礼道歉、赔偿损失等情况。对于需要没收违法所得的,人民检察院应当将查封、扣押、冻结的涉案财物一并移送。对于在办案过程中收集的相关证据材料,人民检察院可以一并移送。

第九条 人民检察院提出对被不起诉人给予行政处罚的检察意见,应当要求有关主管机关自收到检察意见书之日起两个月以内将处理结果或者办理情况书面回复人民检察院。因情况紧急需要立即处理的,人民检察院可以根据实际情况确定回复期限。

第十条 需要向上级有关单位提出检察意见的,应当层报其同级人民检察院决定并提出,或者由办理案件的人民检察院制作检察意见书后,报上级有关单位的同级人民检察院审核并转送。

需要向下级有关单位提出检察意见的,应当指令对应的下级人民检察院提出。

需要异地提出检察意见的,应当征求有关单位所在地同级人民检察院意见。意见不一致的,层报共同的上级人民检察院决定。

第十一条 有关单位在要求的期限内不回复或者无正当理由不作处理的,经检察长决定,人民检察院可以将有关情况书面通报同级司法行政机关,或者提请上级人民检察院通报其上级机关。必要时可以报告同级党委和人民代表大会常务委员会。

第十二条 人民检察院发现行政执法人员涉嫌职务违法、犯罪的,应当将案件线索移送监察机关处理。

第十三条 行政执法机关就刑事案件立案追诉标准、证据收集固定保全等问题咨询人民检察院,或者公安机关就行政执法机关移送的涉嫌犯罪案件主动听取人民检察院意见建议的,人民检察院应当及时答复。书面咨询的,人民检察院应当在七日以内书面回复。

人民检察院在办理案件过程中,可以就行政执法专业问题向相关行政执法机关咨询。

第十四条 人民检察院应当定期向有关单位通报开展行政执法与刑事司法衔接工作的情况。发现存在需要完善工作机制等问题的,可以征求被建议单位的意见,依法提出检察建议。

第十五条 人民检察院根据工作需要,可以会同有关单位研究分析行政执法与刑事司法衔接工作中的问题,提出解决方案。

第十六条 人民检察院应当配合司法行政机关建设行政执法与刑事司法衔接信息共享平台。已经接入信息共享平台的人民检察院,应当自作出相关决定之日起七日以内,录入相关案件信息。尚未建成信息共享平台的人民检察院,应当及时向有关单位通报相关案件信息。

第十七条 本规定自公布之日起施行,《人民检察院办理行政执法机关移送涉嫌犯罪案件的规定》(高检发释字〔2001〕4号)同时废止。

公安机关涉案财物管理若干规定

(2015年7月22日 公通字〔2015〕21号)

第一章 总 则

第一条 为进一步规范公安机关涉案财物管理工作,保护公民、法人和其他组织的合法财产权益,保障办案工作依法有序进行,根据有关法律、法规和规章,制定本规定。

第二条 本规定所称涉案财物,是指公安机关在办理刑事案件和行政案件过程中,依法采取查封、扣押、冻结、扣留、调取、先行登记保存、抽样取证、追缴、收缴等措施提取或者固定,以及从其他单位和个人接收的与案件有关的物品、文件和款项,包括:

(一)违法犯罪所得及其孳息;

(二)用于实施违法犯罪行为的工具;

(三)非法持有的淫秽物品、毒品等违禁品;

(四)其他可以证明违法犯罪行为发生、违法犯罪行为情节轻重的物品和文件。

第三条 涉案财物管理实行办案与管理相分离、来源去向明晰、依法及时处理、全面接受监督的原则。

第四条 公安机关管理涉案财物,必须严格依法进行。任何单位和个人不得贪污、挪用、私分、调换、截留、坐支、损毁、擅自处理涉案财物。

对于涉及国家秘密、商业秘密、个人隐私的涉案财物,应当保密。

第五条 对涉案财物采取措施,应当严格依照法定条件和程序进行,履行相关法律手续,开具相应法律文书。严禁在刑事案件立案之前或者行政案件受案之前对财物采取查封、扣押、冻结、扣留措施,但有关法律、行政法规另有规定的除外。

第六条 公安机关对涉案财物采取措施后,应当及时进行审查。经查明确实与案件无关的,应当在三日以内予以解除、退还,并通知有关当事人。对与本案无关,但有证据证明涉及其他部门管辖的违纪、违法、犯罪行为的财物,应当依照相关法律规定,连同有关线索移送有管辖权的部门处理。

对涉案财物采取措施,应当为违法犯罪嫌疑人及其所扶养的亲属保留必需的生活费用和物品;根据案件具体情况,在保证侦查活动正常进行的同时,可以允许有关当事人继续合理使用有关涉案财物,并采取必要的保值保管措施,以减少侦查办案对正常办公和合法生产经营的影响。

第七条 公安机关对涉案财物进行保管、鉴定、估价、公告等,不得向当事人收取费用。

第二章 涉案财物的保管

第八条 公安机关应当完善涉案财物管理制度,建立办案部门与保管部门、办案人员与保管人员相互制约制度。

公安机关应当指定一个部门作为涉案财物管理部门,负责对涉案财物实行统一管理,并设立或者指定专门保管场所,对各办案部门经手的全部涉案财物或者价值较大、管理难度较高的涉案财物进行集中保管。涉案财物集中保管的范围,由地方公安机关根据本地区实际情况确定。

对于价值较低、易于保管,或者需要作为证据继续使用,以及需要先行返还被害人、被侵害人的涉案财物,可以由办案部门设置专门的场所进行保管。

办案部门应当指定不承担办案工作的民警负责本部门涉案财物的接收、保管、移交等管理工作;严禁由办案人员自行保管涉案财物。

第九条 公安机关应当设立或者指定账户,作为本机关涉案款项管理的唯一合规账户。

办案部门扣押涉案款项后,应当立即将其移交涉案财物管理部门。涉案财物管理部门应当对涉案款项逐案设立明细账,存入唯一合规账户,并将存款回执交办案部门附卷保存。但是,对于具有特定特征、能够证明某些案件事实而需要作为证据使用的现金,应当交由涉案财物管理部门或者办案部门涉案财物管理人员,作为涉案物品进行管理,不再存入唯一合规账户。

第十条 公安机关应当建立涉案财物集中管理信息系统,对涉案财物信息进行实时、全程录入和管理,并与执法办案信息系统关联。涉案财物管理人员应当对所有涉案财物逐一编号,并将案由、来源、财物基本情况、保管状态、场所和去向等信息录入信息系统。

第十一条 对于不同案件、不同种类的涉案财物,应当分案、分类保管。

涉案财物保管场所和保管措施应当适合被保管财物的特性,符合防火、防盗、防潮、防蛀、防磁、防腐蚀等安全要求。涉案财物保管场所应当安装视频监控设备,并配备必要的储物容器、一次性储物袋、计量工具等物品。有条件的地方,可以会同人民法院、人民检察院等部门,建立多部门共用的涉案财物管理中心,对涉案财物进行统一管理。

对于易燃、易爆、毒害性、放射性等危险物品,鲜活动植物,大宗物品,车辆、船舶、航空器等大型交通工具,以及其他对保管条件、保管场所有特殊要求的涉案财物,应当存放在符合条件的专门场所。公安机关没有具备保管条件的场所的,可以委托具有相应条件、资质或者管理能力的单位代为保管。

依法对文物、金银、珠宝、名贵字画等贵重财物采取查封、扣押、扣留等措施的,应当拍照或者录像,并及时鉴定、估价;必要时,可以实行双人保管。

未经涉案财物管理部门或者管理涉案财物的办案部门负责人批准,除保管人员以外的其他人员不得进入涉案财物保管场所。

第十二条 办案人员依法提取涉案财物后,应当在二十四小时以内按照规定将其移交涉案财物管理部门或者本部门的涉案财物管理人员,并办理移交手续。

对于采取查封、冻结、先行登记保存等措施后不在公安机关保管的涉案财物,办案人员应当在采取有关措施后的二十四小时以内,将相关法律文书和清单的复印件移交涉案财物管理人员予以登记。

第十三条 因情况紧急,需要在提取后的二十四小时以内开展鉴定、辨认、检验、检查等工作的,经办案部门负责人批准,可以在上述工作完成后的二十四小时以内将涉案财物移交涉案财物管理人员,并办理移交手续。

异地办案或者在偏远、交通不便地区办案的,应当在返回办案单位后的二十四小时以内办理移交手续;行政案件在提取后的二十四小时以内已将涉案财物处理完毕的,可以不办理移交手续,但应当将处理涉案财物的相关手续附卷保存。

第十四条　涉案财物管理人员对办案人员移交的涉案财物,应当对照有关法律文书当场查验核对、登记入册,并与办案人员共同签名。

对于缺少法律文书、法律文书对必要事项记载不全或者实物与法律文书记载严重不符的,涉案财物管理人员可以拒绝接收涉案财物,并应当要求办案人员补齐相关法律文书、信息或者财物。

第十五条　因讯问、询问、鉴定、辨认、检验、检查等办案工作需要,经办案部门负责人批准,办案人员可以向涉案财物管理人员调用涉案财物。调用结束后,应当在二十四小时以内将涉案财物归还涉案财物管理人员。

因宣传教育等工作需要调用涉案财物的,应当经公安机关负责人批准。

涉案财物管理人员应当详细登记调用人、审批人、时间、事由、期限、调用的涉案财物状况等事项。

第十六条　调用人应当妥善保管和使用涉案财物。调用人归还涉案财物时,涉案财物管理人员应当进行检查、核对。对于有损毁、短少、调换、灭失等情况的,涉案财物管理人员应当如实记录,并报告调用人所属部门负责人和涉案财物管理部门负责人。因鉴定取样等事由导致涉案财物出现合理损耗的,不需要报告,但调用人应当向涉案财物管理人员提供相应证明材料和书面说明。

调用人未按照登记的调用时间归还涉案财物的,涉案财物管理人员应当报告调用人所属部门负责人;有关负责人应当责令调用人立即归还涉案财物。确需继续调用涉案财物的,调用人应当按照原批准程序办理延期手续,并交由涉案财物管理人员留存。

第十七条　办案部门扣押、扣留涉案车辆时,应当认真查验车辆特征,并在清单或者行政强制措施凭证中详细载明当事人的基本情况、案由、厂牌型号、识别代码、牌照号码、行驶里程、重要装备、车身颜色、车辆状况等情况。

对车辆内的物品,办案部门应当仔细清点。对与案件有关,需要作为证据使用的,应当依法扣押;与案件无关的,通知当事人或者其家属、委托的人领取。

公安机关应当对管理的所有涉案车辆进行专门编号登记,严格管理,妥善保管,非因法定事由并经公安机关负责人批准,不得调用。

对船舶、航空器等交通工具采取措施和进行管理,参照前三款规定办理。

第三章 涉案财物的处理

第十八条 公安机关应当依据有关法律规定，及时办理涉案财物的移送、返还、变卖、拍卖、销毁、上缴国库等工作。

对刑事案件中作为证据使用的涉案财物，应当随案移送；对于危险品、大宗大型物品以及容易腐烂变质等不宜随案移送的物品，应当移送相关清单、照片或者其他证明文件。

第十九条 有关违法犯罪事实查证属实后，对于有证据证明权属明确且无争议的被害人、被侵害人合法财产及其孳息，凡返还不损害其他被害人、被侵害人或者利害关系人的利益，不影响案件正常办理的，应当在登记、拍照或者录像和估价后，报经县级以上公安机关负责人批准，开具发还清单并返还被害人、被侵害人。办案人员应当在案卷材料中注明返还的理由，并将原物照片、发还清单和被害人、被侵害人的领取手续存卷备查。

领取人应当是涉案财物的合法权利人或者其委托的人，办案人员或者公安机关其他工作人员不得代为领取。

第二十条 对于刑事案件依法撤销、行政案件因违法事实不能成立而作出不予行政处罚决定的，除依照法律、行政法规有关规定另行处理的以外，公安机关应当解除对涉案财物采取的相关措施并返还当事人。

人民检察院决定不起诉、人民法院作出无罪判决，涉案财物由公安机关管理的，公安机关应当根据人民检察院的书面通知或者人民法院的生效判决，解除对涉案财物采取的相关措施并返还当事人。

人民法院作出有罪判决，涉案财物由公安机关管理的，公安机关应当根据人民法院的生效判决，对涉案财物作出处理。人民法院的判决没有明确涉案财物如何处理的，公安机关应当征求人民法院意见。

第二十一条 对于因自身材质原因易损毁、灭失、腐烂、变质而不宜长期保存的食品、药品及其原材料等物品，长期不使用容易导致机械性能下降、价值贬损的车辆、船舶等物品，市场价格波动大的债券、股票、基金份额等财产和有效期即将届满的汇票、本票、支票等，权利人明确的，经其本人书面同意或者申请，并经县级以上公安机关主要负责人批准，可以依法变卖、拍卖，所得款项存入本单位唯一合规账户；其中，对于冻结的债券、股票、基金份额等财产，有对应的银行账户的，应当将变现后的款项继续冻结在对应账户中。

对涉案财物的变卖、拍卖应当坚持公开、公平原则,由县级以上公安机关商本级人民政府财政部门统一组织实施,严禁暗箱操作。

善意第三人等案外人与涉案财物处理存在利害关系的,公安机关应当告知其相关诉讼权利。

第二十二条 公安机关在对违法行为人、犯罪嫌疑人依法作出限制人身自由的处罚或者采取限制人身自由的强制措施时,对其随身携带的与案件无关的财物,应当按照《公安机关代为保管涉案人员随身财物若干规定》有关要求办理。

第二十三条 对于违法行为人、犯罪嫌疑人或者其家属、亲友给予被害人、被侵害人退、赔款物的,公安机关应当通知其向被害人、被侵害人或者其家属、委托的人直接交付,并将退、赔情况及时书面告知公安机关。公安机关不得将退、赔款物作为涉案财物扣押或者暂存,但需要作为证据使用的除外。

被害人、被侵害人或者其家属、委托的人不愿意当面接收的,经其书面同意或者申请,公安机关可以记录其银行账号,通知违法行为人、犯罪嫌疑人或者其家属、亲友将退、赔款项汇入该账户。

公安机关应当将双方的退赔协议或者交付手续复印附卷保存,并将退赔履行情况记录在案。

第四章 监督与救济

第二十四条 公安机关应当将涉案财物管理工作纳入执法监督和执法质量考评范围;定期或者不定期组织有关部门对本机关及办案部门负责管理的涉案财物进行核查,防止涉案财物损毁、灭失或者被挪用、不按规定及时移交、移送、返还、处理等;发现违法采取措施或者管理不当的,应当责令有关部门及时纠正。

第二十五条 公安机关纪检、监察、警务督察、审计、装备财务、警务保障、法制等部门在各自职权范围内对涉案财物管理工作进行监督。

公安机关负责人在审批案件时,应当对涉案财物情况一并进行严格审查,发现对涉案财物采取措施或者处理不合法、不适当的,应当责令有关部门立即予以纠正。

法制部门在审核案件时,发现对涉案财物采取措施或者处理不合法、不适当的,应当通知办案部门及时予以纠正。

第二十六条 办案人员有下列行为之一的,应当根据其行为的情节和后果,依照有关规定追究责任;涉嫌犯罪的,移交司法机关依法处理:

(一)对涉案财物采取措施违反法定程序的;

(二)对明知与案件无关的财物采取查封、扣押、冻结等措施的;

(三)不按照规定向当事人出具有关法律文书的;

(四)提取涉案财物后,在规定的时限内无正当理由不向涉案财物管理人员移交涉案财物的;

(五)擅自处置涉案财物的;

(六)依法应当将有关财物返还当事人而拒不返还,或者向当事人及其家属等索取费用的;

(七)因故意或者过失,致使涉案财物损毁、灭失的;

(八)其他违反法律规定的行为。

案件审批人、审核人对于前款规定情形的发生负有责任的,依照前款规定处理。

第二十七条 涉案财物管理人员不严格履行管理职责,有下列行为之一的,应当根据其行为的情节和后果,依照有关规定追究责任;涉嫌犯罪的,移交司法机关依法处理:

(一)未按照规定严格履行涉案财物登记、移交、调用等手续的;

(二)因故意或者过失,致使涉案财物损毁、灭失的;

(三)发现办案人员不按照规定移交、使用涉案财物而不及时报告的;

(四)其他不严格履行管理职责的行为。

调用人有前款第一项、第二项行为的,依照前款规定处理。

第二十八条 对于贪污、挪用、私分、调换、截留、坐支、损毁涉案财物,以及在涉案财物拍卖、变卖过程中弄虚作假、中饱私囊的有关领导和直接责任人员,应当依照有关规定追究责任;涉嫌犯罪的,移交司法机关依法处理。

第二十九条 公安机关及其工作人员违反涉案财物管理规定,给当事人造成损失的,公安机关应当依法予以赔偿,并责令有故意或者重大过失的有关领导和直接责任人员承担部分或者全部赔偿费用。

第三十条 在对涉案财物采取措施、管理和处置过程中,公安机关及其工作人员存在违法违规行为,损害当事人合法财产权益的,当事人和辩护人、诉讼代理人、利害关系人有权向公安机关提出投诉、控告、举报、复议或者国家赔偿。公安机关应当依法及时受理,并依照有关规定进行处理;对于情况属实的,应当予以纠正。

上级公安机关发现下级公安机关存在前款规定的违法违规行为,或者对投诉、控告、举报或者复议事项不按照规定处理的,应当责令下级公安机关限期纠正,下级公安机关应当立即执行。

第五章 附 则

第三十一条 各地公安机关可以根据本规定,结合本地和各警种实际情况,制定实施细则,并报上一级公安机关备案。

第三十二条 本规定自2015年9月1日起施行。2010年11月4日印发的《公安机关涉案财物管理若干规定》(公通字〔2010〕57号)同时废止。公安部此前制定的有关涉案财物管理的规范性文件与本规定不一致的,以本规定为准。

五、执法监督

国务院办公厅关于全面推行行政执法公示制度执法全过程记录制度重大执法决定法制审核制度的指导意见

（2018年12月5日 国办发〔2018〕118号）

各省、自治区、直辖市人民政府，国务院各部委、各直属机构：

行政执法是行政机关履行政府职能、管理经济社会事务的重要方式。近年来，各地区、各部门不断加强行政执法规范化建设，执法能力和水平有了较大提高，但执法中不严格、不规范、不文明、不透明等问题仍然较为突出，损害人民群众利益和政府公信力。《中共中央关于全面推进依法治国若干重大问题的决定》和《法治政府建设实施纲要（2015－2020年）》对全面推行行政执法公示制度、执法全过程记录制度、重大执法决定法制审核制度（以下统称"三项制度"）作出了具体部署、提出了明确要求。聚焦行政执法的源头、过程、结果等关键环节，全面推行"三项制度"，对促进严格规范公正文明执法具有基础性、整体性、突破性作用，对切实保障人民群众合法权益，维护政府公信力，营造更加公开透明、规范有序、公平高效的法治环境具有重要意义。为指导各地区、各部门全面推行"三项制度"，经党中央、国务院同意，现提出如下意见。

一、总体要求

（一）指导思想。

以习近平新时代中国特色社会主义思想为指导，全面贯彻党的十九大和十九届二中、三中全会精神，着力推进行政执法透明、规范、合法、公正，不断健全执法制度、完善执法程序、创新执法方式、加强执法监督，全面提高执法效能，推动形成权责统一、权威高效的行政执法体系和职责明确、依法行政的政府治理体系,确保行政机关依法履行法定职责,切实维护人民群众合法权益,为落实全面依法治国基本方略、推进法治政府建设奠定坚实基础。

(二)基本原则。

坚持依法规范。全面履行法定职责,规范办事流程,明确岗位责任,确保法律法规规章严格实施,保障公民、法人和其他组织依法行使权利,不得违法增加办事的条件、环节等负担,防止执法不作为、乱作为。

坚持执法为民。牢固树立以人民为中心的发展思想,贴近群众、服务群众,方便群众及时获取执法信息、便捷办理各种手续、有效监督执法活动,防止执法扰民、执法不公。

坚持务实高效。聚焦基层执法实践需要,着力解决实际问题,注重措施的有效性和针对性,便于执法人员操作,切实提高执法效率,防止程序繁琐、不切实际。

坚持改革创新。在确保统一、规范的基础上,鼓励、支持、指导各地区、各部门因地制宜、更新理念、大胆实践,不断探索创新工作机制,更好服务保障经济社会发展,防止因循守旧、照搬照抄。

坚持统筹协调。统筹推进行政执法各项制度建设,加强资源整合、信息共享,做到各项制度有机衔接、高度融合,防止各行其是、重复建设。

(三)工作目标。

"三项制度"在各级行政执法机关全面推行,行政处罚、行政强制、行政检查、行政征收征用、行政许可等行为得到有效规范,行政执法公示制度机制不断健全,做到执法行为过程信息全程记载、执法全过程可回溯管理、重大执法决定法制审核全覆盖,全面实现执法信息公开透明、执法全过程留痕、执法决定合法有效,行政执法能力和水平整体大幅提升,行政执法行为被纠错率明显下降,行政执法的社会满意度显著提高。

二、全面推行行政执法公示制度

行政执法公示是保障行政相对人和社会公众知情权、参与权、表达权、监督权的重要措施。行政执法机关要按照"谁执法谁公示"的原则,明确公示内容的采集、传递、审核、发布职责,规范信息公示内容的标准、格式。建立统一的执法信息公示平台,及时通过政府网站及政务新媒体、办事大厅公示栏、服务窗口等平台向社会公开行政执法基本信息、结果信息。涉及国家秘密、商业秘密、个人隐私等不宜公开的信息,依法确需公开的,要作适当处理后公开。发现公开的行政执法信息不准确的,要及时予以更正。

（四）强化事前公开。行政执法机关要统筹推进行政执法事前公开与政府信息公开、权责清单公布、"双随机、一公开"监管等工作。全面准确及时主动公开行政执法主体、人员、职责、权限、依据、程序、救济渠道和随机抽查事项清单等信息。根据有关法律法规,结合自身职权职责,编制并公开本机关的服务指南、执法流程图,明确执法事项名称、受理机构、审批机构、受理条件、办理时限等内容。公开的信息要简明扼要、通俗易懂,并及时根据法律法规及机构职能变化情况进行动态调整。

（五）规范事中公示。行政执法人员在进行监督检查、调查取证、采取强制措施和强制执行、送达执法文书等执法活动时,必须主动出示执法证件,向当事人和相关人员表明身份,鼓励采取佩戴执法证件的方式,执法全程公示执法身份;要出具行政执法文书,主动告知当事人执法事由、执法依据、权利义务等内容。国家规定统一着执法服装、佩戴执法标识的,执法时要按规定着装、佩戴标识。政务服务窗口要设置岗位信息公示牌,明示工作人员岗位职责、申请材料示范文本、办理进度查询、咨询服务、投诉举报等信息。

（六）加强事后公开。行政执法机关要在执法决定作出之日起20个工作日内,向社会公布执法机关、执法对象、执法类别、执法结论等信息,接受社会监督,行政许可、行政处罚的执法决定信息要在执法决定作出之日起7个工作日内公开,但法律、行政法规另有规定的除外。建立健全执法决定信息公开发布、撤销和更新机制。已公开的行政执法决定被依法撤销、确认违法或者要求重新作出的,应当及时从信息公示平台撤下原行政执法决定信息。建立行政执法统计年报制度,地方各级行政执法机关应当于每年1月31日前公开本机关上年度行政执法总体情况有关数据,并报本级人民政府和上级主管部门。

三、全面推行执法全过程记录制度

行政执法全过程记录是行政执法活动合法有效的重要保证。行政执法机关要通过文字、音像等记录形式,对行政执法的启动、调查取证、审核决定、送达执行等全部过程进行记录,并全面系统归档保存,做到执法全过程留痕和可回溯管理。

（七）完善文字记录。文字记录是以纸质文件或电子文件形式对行政执法活动进行全过程记录的方式。要研究制定执法规范用语和执法文书制作指引,规范行政执法的重要事项和关键环节,做到文字记录合法规范、客观全面、及时准确。司法部负责制定统一的行政执法文书基本格式标准,国务院有关部门可以参照该标准,结合本部门执法实际,制定本部门、本系统统一适用的行政执法文书格式文本。地方各级人民政府可以在行政执法文书基本格式标准基础上,参考国务院部门行政执法文书格式,结合本地实际,完善有关文书格式。

(八)规范音像记录。音像记录是通过照相机、录音机、摄像机、执法记录仪、视频监控等记录设备,实时对行政执法过程进行记录的方式。各级行政执法机关要根据行政执法行为的不同类别、阶段、环节,采用相应音像记录形式,充分发挥音像记录直观有力的证据作用、规范执法的监督作用、依法履职的保障作用。要做好音像记录与文字记录的衔接工作,充分考虑音像记录方式的必要性、适当性和实效性,对文字记录能够全面有效记录执法行为的,可以不进行音像记录;对查封扣押财产、强制拆除等直接涉及人身自由、生命健康、重大财产权益的现场执法活动和执法办案场所,要推行全程音像记录;对现场执法、调查取证、举行听证、留置送达和公告送达等容易引发争议的行政执法过程,要根据实际情况进行音像记录。要建立健全执法音像记录管理制度,明确执法音像记录的设备配备、使用规范、记录要素、存储应用、监督管理等要求。研究制定执法行为用语指引,指导执法人员规范文明开展音像记录。配备音像记录设备、建设询问室和听证室等音像记录场所,要按照工作必需、厉行节约、性能适度、安全稳定、适量够用的原则,结合本地区经济发展水平和本部门执法具体情况确定,不搞"一刀切"。

(九)严格记录归档。要完善执法案卷管理制度,加强对执法台账和法律文书的制作、使用、管理,按照有关法律法规和档案管理规定归档保存执法全过程记录资料,确保所有行政执法行为有据可查。对涉及国家秘密、商业秘密、个人隐私的记录资料,归档时要严格执行国家有关规定。积极探索成本低、效果好、易保存、防删改的信息化记录储存方式,通过技术手段对同一执法对象的文字记录、音像记录进行集中储存。建立健全基于互联网、电子认证、电子签章的行政执法全过程数据化记录工作机制,形成业务流程清晰、数据链条完整、数据安全有保障的数字化记录信息归档管理制度。

(十)发挥记录作用。要充分发挥全过程记录信息对案卷评查、执法监督、评议考核、舆情应对、行政决策和健全社会信用体系等工作的积极作用,善于通过统计分析记录资料信息,发现行政执法薄弱环节,改进行政执法工作,依法公正维护执法人员和行政相对人的合法权益。建立健全记录信息调阅监督制度,做到可实时调阅,切实加强监督,确保行政执法文字记录、音像记录规范、合法、有效。

四、全面推行重大执法决定法制审核制度

重大执法决定法制审核是确保行政执法机关作出的重大执法决定合法有效的关键环节。行政执法机关作出重大执法决定前,要严格进行法制审核,未经法制审核或者审核未通过的,不得作出决定。

(十一)明确审核机构。各级行政执法机关要明确具体负责本单位重大执法决定法制审核的工作机构,确保法制审核工作有机构承担、有专人负责。加强法制审核队伍的正规化、专业化、职业化建设,把政治素质高、业务能力强、具有法律专业背景的人员调整充实到法制审核岗位,配强工作力量,使法制审核人员的配置与形势任务相适应,原则上各级行政执法机关的法制审核人员不少于本单位执法人员总数的5%。要充分发挥法律顾问、公职律师在法制审核工作中的作用,特别是针对基层存在的法制审核专业人员数量不足、分布不均等问题,探索建立健全本系统内法律顾问、公职律师统筹调用机制,实现法律专业人才资源共享。

(十二)明确审核范围。凡涉及重大公共利益,可能造成重大社会影响或引发社会风险,直接关系行政相对人或第三人重大权益,经过听证程序作出行政执法决定,以及案件情况疑难复杂、涉及多个法律关系的,都要进行法制审核。各级行政执法机关要结合本机关行政执法行为的类别、执法层级、所属领域、涉案金额等因素,制定重大执法决定法制审核目录清单。上级行政执法机关要对下一级执法机关重大执法决定法制审核目录清单编制工作加强指导,明确重大执法决定事项的标准。

(十三)明确审核内容。要严格审核行政执法主体是否合法,行政执法人员是否具备执法资格;行政执法程序是否合法;案件事实是否清楚,证据是否合法充分;适用法律、法规、规章是否准确,裁量基准运用是否适当;执法是否超越执法机关法定权限;行政执法文书是否完备、规范;违法行为是否涉嫌犯罪、需要移送司法机关等。法制审核机构完成审核后,要根据不同情形,提出同意或者存在问题的书面审核意见。行政执法承办机构要对法制审核机构提出的存在问题的审核意见进行研究,作出相应处理后再次报送法制审核。

（十四）明确审核责任。行政执法机关主要负责人是推动落实本机关重大执法决定法制审核制度的第一责任人，对本机关作出的行政执法决定负责。要结合实际，确定法制审核流程，明确送审材料报送要求和审核的方式、时限、责任，建立健全法制审核机构与行政执法承办机构对审核意见不一致时的协调机制。行政执法承办机构对送审材料的真实性、准确性、完整性，以及执法的事实、证据、法律适用、程序的合法性负责。法制审核机构对重大执法决定的法制审核意见负责。因行政执法承办机构的承办人员、负责法制审核的人员和审批行政执法决定的负责人滥用职权、玩忽职守、徇私枉法等，导致行政执法决定错误，要依纪依法追究相关人员责任。

五、全面推进行政执法信息化建设

行政执法机关要加强执法信息管理，及时准确公示执法信息，实现行政执法全程留痕，法制审核流程规范有序。加快推进执法信息互联互通共享，有效整合执法数据资源，为行政执法更规范、群众办事更便捷、政府治理更高效、营商环境更优化奠定基础。

（十五）加强信息化平台建设。依托大数据、云计算等信息技术手段，大力推进行政执法综合管理监督信息系统建设，充分利用已有信息系统和数据资源，逐步构建操作信息化、文书数据化、过程痕迹化、责任明晰化、监督严密化、分析可量化的行政执法信息化体系，做到执法信息网上录入、执法程序网上流转、执法活动网上监督、执法决定实时推送、执法信息统一公示、执法信息网上查询，实现对行政执法活动的即时性、过程性、系统性管理。认真落实国务院关于加快全国一体化在线政务服务平台建设的决策部署，推动政务服务"一网通办"，依托电子政务外网开展网上行政服务工作，全面推行网上受理、网上审批、网上办公，让数据多跑路、群众少跑腿。

（十六）推进信息共享。完善全国行政执法数据汇集和信息共享机制，制定全国统一规范的执法数据标准，明确执法信息共享的种类、范围、流程和使用方式，促进执法数据高效采集、有效整合。充分利用全国一体化在线政务服务平台，在确保信息安全的前提下，加快推进跨地区、跨部门执法信息系统互联互通，已建设并使用的有关执法信息系统要加强业务协同，打通信息壁垒，实现数据共享互通，解决"信息孤岛"等问题。认真梳理涉及各类行政执法的基础数据，建立以行政执法主体信息、权责清单信息、办案信息、监督信息和统计分析信息等为主要内容的全国行政执法信息资源库,逐步形成集数据储存、共享功能于一体的行政执法数据中心。

(十七)强化智能应用。要积极推进人工智能技术在行政执法实践中的运用,研究开发行政执法裁量智能辅助信息系统,利用语音识别、文本分析等技术对行政执法信息数据资源进行分析挖掘,发挥人工智能在证据收集、案例分析、法律文件阅读与分析中的作用,聚焦争议焦点,向执法人员精准推送办案规范、法律法规规定、相似案例等信息,提出处理意见建议,生成执法决定文书,有效约束规范行政自由裁量权,确保执法尺度统一。加强对行政执法大数据的关联分析、深化应用,通过提前预警、监测、研判,及时发现解决行政机关在履行政府职能、管理经济社会事务中遇到的新情况、新问题,提升行政立法、行政决策和风险防范水平,提高政府治理的精准性和有效性。

六、加大组织保障力度

(十八)加强组织领导。地方各级人民政府及其部门的主要负责同志作为本地区、本部门全面推行"三项制度"工作的第一责任人,要切实加强对本地区、本部门行政执法工作的领导,做好"三项制度"组织实施工作,定期听取有关工作情况汇报,及时研究解决工作中的重大问题,确保工作有方案、部署有进度、推进有标准、结果有考核。要建立健全工作机制,县级以上人民政府建立司法行政、编制管理、公务员管理、信息公开、电子政务、发展改革、财政、市场监管等单位参加的全面推行"三项制度"工作协调机制,指导协调、督促检查工作推进情况。国务院有关部门要加强对本系统全面推行"三项制度"工作的指导,强化行业规范和标准统一,及时研究解决本部门、本系统全面推行"三项制度"过程中遇到的问题。上级部门要切实做到率先推行、以上带下,充分发挥在行业系统中的带动引领作用,指导、督促下级部门严格规范实施"三项制度"。

(十九)健全制度体系。要根据本指导意见的要求和各地区、各部门实际情况,建立健全科学合理的"三项制度"体系。加强和完善行政执法案例指导、行政执法裁量基准、行政执法案卷管理和评查、行政执法投诉举报以及行政执法考核监督等制度建设,推进全国统一的行政执法资格和证件管理,积极做好相关制度衔接工作,形成统筹行政执法各个环节的制度体系。

(二十)开展培训宣传。要开展"三项制度"专题学习培训,加强业务交流。认真落实"谁执法谁普法"普法责任制的要求,加强对全面推行"三项制度"的宣传,通过政府网站、新闻发布会以及报刊、广播、电视、网络、新媒体等方式,全方位宣传全面推行"三项制度"的重要意义、主要做法、典型经验和实施效果,发挥示范带动作用,及时回应社会关切,合理引导社会预期,为全面推行"三项制度"营造良好的社会氛围。

(二十一)加强督促检查。要把"三项制度"推进情况纳入法治政府建设考评指标体系,纳入年底效能目标考核体系,建立督查情况通报制度,坚持鼓励先进与鞭策落后相结合,充分调动全面推行"三项制度"工作的积极性、主动性。对工作不力的要及时督促整改,对工作中出现问题造成不良后果的单位及人员要通报批评,依纪依法问责。

(二十二)保障经费投入。要建立责任明确、管理规范、投入稳定的执法经费保障机制,保障行政执法机关依法履职所需的执法装备、经费,严禁将收费、罚没收入同部门利益直接或者变相挂钩。省级人民政府要分类制定行政执法机关执法装备配备标准、装备配备规划、设施建设规划和年度实施计划。地方各级行政执法机关要结合执法实际,将执法装备需求报本级人民政府列入财政预算。

(二十三)加强队伍建设。高素质的执法人员是全面推行"三项制度"取得实效的关键。要重视执法人员能力素质建设,加强思想道德和素质教育,着力提升执法人员业务能力和执法素养,打造政治坚定、作风优良、纪律严明、廉洁务实的执法队伍。加强行政执法人员资格管理,统一行政执法证件样式,建立全国行政执法人员和法制审核人员数据库。健全行政执法人员和法制审核人员岗前培训和岗位培训制度。鼓励和支持行政执法人员参加国家统一法律职业资格考试,对取得法律职业资格的人员可以简化或免于执法资格考试。建立科学的考核评价体系和人员激励机制。保障执法人员待遇,完善基层执法人员工资政策,建立和实施执法人员人身意外伤害和工伤保险制度,落实国家抚恤政策,提高执法人员履职积极性,增强执法队伍稳定性。

各地区、各部门要于2019年3月底前制定本地区、本部门全面推行"三项制度"的实施方案,并报司法部备案。司法部要加强对全面推行"三项制度"的指导协调,会同有关部门进行监督检查和跟踪评估,重要情况及时报告国务院。

公安机关现场执法视音频记录工作规定

(2016年6月14日 公通字〔2016〕14号)

第一章 总　　则

第一条 为进一步加强现场执法视音频记录工作,规范公安机关现场执法活动,维护人民群众合法权益,根据《公安机关办理行政案件程序规定》《公安机关办理刑事案件程序规定》等有关规定,制定本规定。

第二条 现场执法视音频记录工作,是指公安机关利用现场执法记录设备对现场执法活动进行全过程视音频同步记录,并对现场执法视音频资料进行收集、保存、管理、使用等工作。

第三条 公安机关应当按照规定配备单警执法记录仪等现场执法记录设备和现场执法视音频资料自动传输、存储、管理等设备。

第四条 对于以下现场执法活动,公安机关应当进行现场执法视音频记录:

(一)接受群众报警或者110指令后处警;

(二)当场盘问、检查;

(三)对日常工作中发现的违反治安管理、出入境管理、消防管理、道路交通安全管理等违法犯罪行为和道路交通事故等进行现场处置、当场处罚;

(四)办理行政、刑事案件进行现场勘验、检查、搜查、扣押、辨认、扣留;

(五)消防管理、道路交通安全管理等领域的排除妨害、恢复原状和强制停止施工、停止使用、停产停业等行政强制执行;

(六)处置重大突发事件、群体性事件。

地方公安机关和各警种可以根据本地区、本警种实际情况,确定其他进行现场执法视音频记录的情形。

第五条 公安机关执法办案部门负责本部门开展现场执法视音频记录,以及有关设备、现场执法视音频资料的使用管理工作;警务督察部门负责对公安机关现场执法视音频记录活动进行督察;法制部门负责对现场执法视音频记录的范围和现场执法视音频资料的管理、使用进行指导和监督；警务保障部门负责现场执法记录设备的配备、维护升级和使用培训；科信部门负责现场执法视音频资料管理系统的建设和相关技术标准的制定。

第二章 记　　录

第六条　开展现场执法视音频记录时，应当对执法过程进行全程不间断记录，自到达现场开展执法活动时开始，至执法活动结束时停止；从现场带回违法犯罪嫌疑人的，应当记录至将违法犯罪嫌疑人带入公安机关执法办案场所办案区时停止。

第七条　现场执法视音频记录应当重点摄录以下内容：

（一）执法现场环境；

（二）违法犯罪嫌疑人、被害人、被侵害人和证人等现场人员的体貌特征和言行举止；

（三）重要涉案物品及其主要特征，以及其他可以证明违法犯罪行为的证据；

（四）执法人员现场开具、送达法律文书和对有关人员、财物采取措施情况；

（五）其他应当记录的重要内容。

第八条　现场执法视音频记录过程中，因设备故障、损坏，天气情况恶劣或者电量、存储空间不足等客观原因而中止记录的，重新开始记录时应当对中断原因进行语音说明。确实无法继续记录的，应当立即向所属部门负责人报告，并在事后书面说明情况。

第三章 管　　理

第九条　公安机关应当建立现场执法记录设备和现场执法视音频资料管理制度。执法办案部门应当指定专门人员作为管理员，负责管理设备、资料。

第十条　公安机关执法办案部门应当对现场执法记录设备进行统一存放、分类管理。民警应当在开展执法活动前领取现场执法记录设备，并对电量、存储空间、日期时间设定等情况进行检查；发现设备故障、损坏的，应当及时报告管理员。

对现场执法记录设备应当妥善保管、定期维护。

第十一条 民警应当在当天执法活动结束后,将现场执法视音频资料导出保存。连续工作、异地执法办案或者在偏远、交通不便地区执法办案,确实无法及时移交资料的,应当在返回单位后二十四小时内移交。

第十二条 公安机关应当依托警综平台建立现场执法视音频资料管理系统,对现场执法视音频资料进行集中统一管理和分案分类存储,并与执法办案、110接处警等系统关联共享。

第十三条 现场执法视音频资料的保存期限原则上应当不少于六个月。

对于记录以下情形的现场执法视音频资料,应当永久保存:

(一)作为行政、刑事案件证据使用的;

(二)当事人或者现场其他人员有阻碍执法、妨害公务行为的;

(三)处置重大突发事件、群体性事件的;

(四)其他重大、疑难、复杂的警情。

第十四条 对现场执法视音频资料,应当综合考虑部门职责、岗位性质、工作职权等因素,严格限定使用权限。

因工作需要,超出本人权限调阅、复制本部门采集的现场执法视音频资料的,应当经部门负责人批准;调阅、复制其他部门采集的现场执法视音频资料的,应当经采集资料的部门负责人批准。

纪委、警务督察、法制、信访等部门因案件审核、执法监督、核查信访投诉等工作需要,可以要求采集资料的部门提供有关现场执法视音频资料。

因对社会宣传、教育培训等工作需要向公安机关以外的部门提供现场执法视音频资料的,应当经县级以上公安机关负责人批准;对于内容复杂、敏感、易引发社会争议的,应当报经上级公安机关批准。

第十五条 公安机关将现场执法视音频资料作为证据使用的,应当按照视听资料审查与认定的有关要求,制作文字说明材料,注明制作人、提取人、提取时间等信息,并将其复制为光盘后附卷。

第十六条 调阅、复制现场执法视音频资料,应当由管理员统一办理。管理员应当详细登记调阅人、复制人、审批人、时间、事由等事项。

第十七条 任何单位和个人不得剪接、删改原始现场执法视音频资料,未经批准不得擅自对外提供或者通过互联网及其他传播渠道发布现场执法视音频资料。

现场执法视音频资料涉及国家秘密、商业秘密、个人隐私的,应当按照有关法律法规的要求予以保密。

第四章 监督与责任

第十八条 公安机关应当对以下工作进行经常性监督检查,按一定比例对现场执法视音频资料进行抽查,并纳入执法质量考评:

(一)对规定事项是否进行现场执法视音频记录;

(二)对执法过程是否进行全程不间断记录;

(三)现场执法视音频资料的移交、管理、使用情况。

现场执法记录设备的配备、维护、管理情况,以及对民警使用现场执法记录设备的培训、检查、考核情况,应当记入单位或者民警执法档案。

第十九条 对违反本规定,具有下列情形之一的,应当依照有关规定,追究相关单位和人员的责任:

(一)对应当进行现场记录的执法活动未予记录,影响案事件处理或者造成其他不良影响的;

(二)剪接、删改、损毁、丢失现场执法视音频资料的;

(三)擅自对外提供或者公开发布现场执法视音频资料的。

第五章 附 则

第二十条 本规定自 2016 年 7 月 1 日起施行。各地公安机关和各警种可以根据本规定,结合本地、本部门实际制定实施细则,并报上一级公安机关或者上一级部门备案。

公安机关异地办案协作"六个严禁"

(2020 年 6 月 3 日 公通字〔2020〕6 号)

一、严禁未履行协作手续,跨县及以上行政区域执行传唤、拘传、拘留、逮捕。

二、严禁未履行协作手续,跨县及以上行政区域查封、扣押、冻结与案件有关的财物、文件。

三、严禁在管辖争议解决前,擅自派警跨所属公安机关管辖区域办案。依法依规进行先期处置的除外。

四、严禁对异地公安机关依法提出且法律手续完备的办案协作请求不予配合、故意阻挠、制造管辖争议、争夺案源战果,或者设置条件、收取费用、推诿拖拉。

五、严禁违反保密规定泄露异地公安机关提出的办案协作请求信息。

六、严禁未按规定报经批准,佩带枪支跨所属公安机关管辖区域执行任务。现场紧急情况除外。

违反上述规定的,一律对责任人及其所属公安机关予以通报批评;发生正面冲突、引发舆论炒作、造成人员伤亡或恶劣影响等严重后果的,一律对责任人采取停止执行职务或禁闭措施,依规依纪依法从严追究有关人员的直接责任和领导责任;构成犯罪的,一律依法追究刑事责任。

最高人民法院、最高人民检察院、公安部、司法部关于未成年人犯罪记录封存的实施办法

(2022年5月24日)

第一条 为了贯彻对违法犯罪未成年人教育、感化、挽救的方针,加强对未成年人的特殊、优先保护,坚持最有利于未成年人原则,根据刑法、刑事诉讼法、未成年人保护法、预防未成年人犯罪法等有关法律规定,结合司法工作实际,制定本办法。

第二条 本办法所称未成年人犯罪记录,是指国家专门机关对未成年犯罪人员情况的客观记载。应当封存的未成年人犯罪记录,包括侦查、起诉、审判及刑事执行过程中形成的有关未成年人犯罪或者涉嫌犯罪的全部案卷材料与电子档案信息。

第三条 不予刑事处罚、不追究刑事责任、不起诉、采取刑事强制措施的记录,以及对涉罪未成年人进行社会调查、帮教考察、心理疏导、司法救助等工作的记录,按照本办法规定的内容和程序进行封存。

第四条 犯罪的时候不满十八周岁,被判处五年有期徒刑以下刑罚以

及免予刑事处罚的未成年人犯罪记录,应当依法予以封存。

对在年满十八周岁前后实施数个行为,构成一罪或者一并处理的数罪,主要犯罪行为是在年满十八岁周岁前实施的,被判处或者决定执行五年有期徒刑以下刑罚以及免予刑事处罚的未成年人犯罪记录,应当对全案依法予以封存。

第五条　对于分案办理的未成年人与成年人共同犯罪案件,在封存未成年人案卷材料和信息的同时,应当在未封存的成年人卷宗封面标注"含犯罪记录封存信息"等明显标识,并对相关信息采取必要保密措施。对于未分案办理的未成年人与成年人共同犯罪案件,应当在全案卷宗封面标注"含犯罪记录封存信息"等明显标识,并对相关信息采取必要保密措施。

第六条　其他刑事、民事、行政及公益诉讼案件,因办案需要使用了被封存的未成年人犯罪记录信息的,应当在相关卷宗封面标明"含犯罪记录封存信息",并对相关信息采取必要保密措施。

第七条　未成年人因事实不清、证据不足被宣告无罪的案件,应当对涉罪记录予以封存;但未成年被告人及其法定代理人申请不予封存或者解除封存的,经人民法院同意,可以不予封存或者解除封存。

第八条　犯罪记录封存决定机关在作出案件处理决定时,应当同时向案件被告人或犯罪嫌疑人及其法定代理人或近亲属释明未成年人犯罪记录封存制度,并告知其相关权利义务。

第九条　未成年人犯罪记录封存应当贯彻及时、有效的原则。对于犯罪记录被封存的未成年人,在入伍、就业时免除犯罪记录的报告义务。

被封存犯罪记录的未成年人因涉嫌再次犯罪接受司法机关调查时,应当主动、如实地供述其犯罪记录情况,不得回避、隐瞒。

第十条　对于需要封存的未成年人犯罪记录,应当遵循《中华人民共和国个人信息保护法》不予公开,并建立专门的未成年人犯罪档案库,执行严格的保管制度。

对于电子信息系统中需要封存的未成年人犯罪记录数据,应当加设封存标记,未经法定查询程序,不得进行信息查询、共享及复用。

封存的未成年人犯罪记录数据不得向外部平台提供或对接。

第十一条　人民法院依法对犯罪时不满十八周岁的被告人判处五年有期徒刑以下刑罚以及免予刑事处罚的,判决生效后,应当将刑事裁判文书、《犯罪记录封存通知书》及时送达被告人,并同时送达同级人民检察院、公安机关,同级人民检察院、公安机关在收到上述文书后应当在三日内统筹相关各级检察机关、公安机关将涉案未成年人的犯罪记录整体封存。

第十二条 人民检察院依法对犯罪时不满十八周岁的犯罪嫌疑人决定不起诉后,应当将《不起诉决定书》、《犯罪记录封存通知书》及时送达被不起诉人,并同时送达同级公安机关,同级公安机关收到上述文书后应当在三日内将涉案未成年人的犯罪记录封存。

第十三条 对于被判处管制、宣告缓刑、假释或者暂予监外执行的未成年罪犯,依法实行社区矫正,执行地社区矫正机构应当在刑事执行完毕后三日内将涉案未成年人的犯罪记录封存。

第十四条 公安机关、人民检察院、人民法院和司法行政机关分别负责受理、审核和处理各自职权范围内有关犯罪记录的封存、查询工作。

第十五条 被封存犯罪记录的未成年人本人或者其法定代理人申请为其出具无犯罪记录证明的,受理单位应当在三个工作日内出具无犯罪记录的证明。

第十六条 司法机关为办案需要或者有关单位根据国家规定查询犯罪记录的,应当向封存犯罪记录的司法机关提出书面申请,列明查询理由、依据和使用范围等,查询人员应当出示单位公函和身份证明等材料。

经审核符合查询条件的,受理单位应当在三个工作日内开具有/无犯罪记录证明。许可查询的,查询后,档案管理部门应当登记相关查询情况,并按照档案管理规定将有关申请、审批材料、保密承诺书等一同存入卷宗归档保存。依法不许可查询的,应当在三个工作日内向查询单位出具不许可查询决定书,并说明理由。

对司法机关为办理案件、开展重新犯罪预防工作需要申请查询的,封存机关可以依法允许其查阅、摘抄、复制相关案卷材料和电子信息。对司法机关以外的单位根据国家规定申请查询的,可以根据查询的用途、目的与实际需要告知被查询对象是否受过刑事处罚、被判处的罪名、刑期等信息,必要时,可以提供相关法律文书复印件。

第十七条 对于许可查询被封存的未成年人犯罪记录的,应当告知查询犯罪记录的单位及相关人员严格按照查询目的和使用范围使用有关信息,严格遵守保密义务,并要求其签署保密承诺书。不按规定使用所查询的犯罪记录或者违反规定泄露相关信息,情节严重或者造成严重后果的,应当依法追究相关人员的责任。

因工作原因获知未成年人封存信息的司法机关、教育行政部门、未成年人所在学校、社区等单位组织及其工作人员、诉讼参与人、社会调查员、合适成年人等，应当做好保密工作，不得泄露被封存的犯罪记录，不得向外界披露该未成年人的姓名、住所、照片，以及可能推断出该未成年人身份的其他资料。违反法律规定披露被封存信息的单位或个人，应当依法追究其法律责任。

第十八条 对被封存犯罪记录的未成年人，符合下列条件之一的，封存机关应当对其犯罪记录解除封存：

（一）在未成年时实施新的犯罪，且新罪与封存记录之罪数罪并罚后被决定执行刑罚超过五年有期徒刑的；

（二）发现未成年时实施的漏罪，且漏罪与封存记录之罪数罪并罚后被决定执行刑罚超过五年有期徒刑的；

（三）经审判监督程序改判五年有期徒刑以上刑罚的；

被封存犯罪记录的未成年人，成年后又故意犯罪的，人民法院应当在裁判文书中载明其之前的犯罪记录。

第十九条 符合解除封存条件的案件，自解除封存条件成立之日起，不再受未成年人犯罪记录封存相关规定的限制。

第二十条 承担犯罪记录封存以及保护未成年人隐私、信息工作的公职人员，不当泄漏未成年人犯罪记录或者隐私、信息的，应当予以处分；造成严重后果，给国家、个人造成重大损失或者恶劣影响的，依法追究刑事责任。

第二十一条 涉案未成年人应当封存的信息被不当公开，造成未成年人在就学、就业、生活保障等方面未受到同等待遇的，未成年人及其法定代理人可以向相关机关、单位提出封存申请，或者向人民检察院申请监督。

第二十二条 人民检察院对犯罪记录封存工作进行法律监督。对犯罪记录应当封存而未封存，或者封存不当，或者未成年人及其法定代理人提出异议的，人民检察院应当进行审查，对确实存在错误的，应当及时通知有关单位予以纠正。

有关单位应当自收到人民检察院的纠正意见后及时审查处理。经审查无误的，应当向人民检察院说明理由；经审查确实有误的，应当及时纠正，并将纠正措施与结果告知人民检察院。

第二十三条 对于2012年12月31日以前办结的案件符合犯罪记录

封存条件的,应当按照本办法的规定予以封存。

第二十四条　本办法所称"五年有期徒刑以下"含本数。

第二十五条　本办法由最高人民法院、最高人民检察院、公安部、司法部共同负责解释。

第二十六条　本办法自 2022 年 5 月 30 日起施行。

附件:1. 无犯罪记录证明

2. 保密承诺书

附件 1

无犯罪记录证明

×公/检/法/司(×)证字【　】××号

经查,被查询人:　　　,国籍:　　　,证件名称:　　　,证件号码:　　　,(在××××年××月××日至××××年××月××日期间),未发现有犯罪记录。

业务编号及二维码

单位(盖章)

××××年××月××日

注:1. 此证明书只反映出具证明时信息查询平台内的犯罪记录信息情况。

2. 如未注明查询时间范围,即查询全时段信息。

3. 此证明书自开具之日起 3 个月内有效。

附件 2

保密承诺书

＿＿＿＿＿＿＿＿:

为了　　　　　(目的),根据　　　,我(我们)受

委派,查询贵单位　　　　　　卷宗。为保证该案未成年人犯罪记录不被泄露,特作出以下承诺:

1. 查询获得的未成年人犯罪信息仅用于以上事由,不超越范围使用。
2. 严格控制知情人范围,除必需接触的人员外,不向任何个人和单位披露。
3. 对获取的信息,采取严格的保密措施,谨防信息泄露。

违背以上承诺,造成后果的,愿意承担相应责任。

承诺人:　　　　　单位:

年　　月　　日

公安机关督察条例

(1997年6月20日中华人民共和国国务院令第220号发布　2011年8月24日国务院第169次常务会议修订通过　2011年8月31日国务院令第603号公布　自2011年10月1日起施行)

第一条　为了完善公安机关监督机制,保障公安机关及其人民警察依法履行职责、行使职权和遵守纪律,根据《中华人民共和国人民警察法》的规定,制定本条例。

第二条　公安部督察委员会领导全国公安机关的督察工作,负责对公安部所属单位和下级公安机关及其人民警察依法履行职责、行使职权和遵守纪律的情况进行监督,对公安部部长负责。公安部督察机构承担公安部督察委员会办事机构职能。

县级以上地方各级人民政府公安机关督察机构,负责对本级公安机关所属单位和下级公安机关及其人民警察依法履行职责、行使职权和遵守纪律的情况进行监督,对上一级公安机关督察机构和本级公安机关行政首长负责。

县级以上地方各级人民政府公安机关的督察机构为执法勤务机构,由专职人员组成,实行队建制。

第三条　公安部设督察长,由公安部一名副职领导成员担任。

县级以上地方各级人民政府公安机关设督察长,由公安机关行政首长兼任。

第四条　督察机构对公安机关及其人民警察依法履行职责、行使职权和遵守纪律的下列事项,进行现场督察:

(一)重要的警务部署、措施、活动的组织实施情况;

(二)重大社会活动的秩序维护和重点地区、场所治安管理的组织实施情况;

(三)治安突发事件的处置情况;

(四)刑事案件、治安案件的受理、立案、侦查、调查、处罚和强制措施的实施情况;

(五)治安、交通、户政、出入境、边防、消防、警卫等公安行政管理法律、法规的执行情况;

(六)使用武器、警械以及警用车辆、警用标志的情况;

(七)处置公民报警、请求救助和控告申诉的情况;

(八)文明执勤、文明执法和遵守警容风纪规定的情况;

(九)组织管理和警务保障的情况;

(十)公安机关及其人民警察依法履行职责、行使职权和遵守纪律的其他情况。

第五条　督察机构可以向本级公安机关所属单位和下级公安机关派出督察人员进行督察,也可以指令下级公安机关督察机构对专门事项进行督察。

第六条　县级以上地方各级人民政府公安机关督察机构查处违法违纪行为,应当向上一级公安机关督察机构报告查处情况;下级公安机关督察机构查处不力的,上级公安机关督察机构可以直接进行督察。

第七条　督察机构可以派出督察人员参加本级公安机关或者下级公安机关的警务工作会议和重大警务活动的部署。

第八条　督察机构应当开展警务评议活动,听取国家机关、社会团体、企业事业组织和人民群众对公安机关及其人民警察的意见。

第九条　督察机构对群众投诉的正在发生的公安机关及其人民警察违法违纪行为,应当及时出警,按照规定给予现场处置,并将处理结果及时反馈投诉人。

投诉人的投诉事项已经进入信访、行政复议或者行政诉讼程序的,督察机构应当将投诉材料移交有关部门。

第十条 督察机构对本级公安机关所属单位和下级公安机关拒不执行法律、法规和上级决定、命令的,可以责令执行;对本级公安机关所属单位或者下级公安机关作出的错误决定、命令,可以决定撤销或者变更,报本级公安机关行政首长批准后执行。

第十一条 督察人员在现场督察中发现公安机关人民警察违法违纪的,可以采取下列措施,当场处置:

(一)对违反警容风纪规定的,可以当场予以纠正;

(二)对违反规定使用武器、警械以及警用车辆、警用标志的,可以扣留其武器、警械、警用车辆、警用标志;

(三)对违法违纪情节严重、影响恶劣的,以及拒绝、阻碍督察人员执行现场督察工作任务的,必要时,可以带离现场。

第十二条 督察机构认为公安机关人民警察违反纪律需要采取停止执行职务、禁闭措施的,由督察机构作出决定,报本级公安机关督察长批准后执行。

停止执行职务的期限为10日以上60日以下;禁闭的期限为1日以上7日以下。

第十三条 督察机构认为公安机关人民警察需要给予处分或者降低警衔、取消警衔的,督察机构应当提出建议,移送有关部门依法处理。

督察机构在督察工作中发现公安机关人民警察涉嫌犯罪的,移送司法机关依法处理。

第十四条 公安机关人民警察对停止执行职务和禁闭决定不服的,可以在被停止执行职务或者被禁闭期间向作出决定的公安机关的上一级公安机关提出申诉。由公安部督察机构作出的停止执行职务、禁闭的决定,受理申诉的机关是公安部督察委员会。

受理申诉的公安机关对不服停止执行职务的申诉,应当自收到申诉之日起5日内作出是否撤销停止执行职务的决定;对不服禁闭的申诉,应当在收到申诉之时起24小时内作出是否撤销禁闭的决定。

申诉期间,停止执行职务、禁闭决定不停止执行。

受理申诉的公安机关认为停止执行职务、禁闭决定确有错误的,应当予以撤销,并在适当范围内为当事人消除影响,恢复名誉。

第十五条 督察人员在督察工作中,必须实事求是,严格依法办事,接受监督。

督察机构及其督察人员对于公安机关及其人民警察依法履行职责、行使职权的行为应当予以维护。

第十六条 督察人员应当具备下列条件：

（一）坚持原则，忠于职守，清正廉洁，不徇私情，严守纪律；

（二）具有大学专科以上学历和法律专业知识、公安业务知识；

（三）具有3年以上公安工作经历和一定的组织管理能力；

（四）经过专门培训合格。

第十七条 督察人员执行督察任务，应当佩带督察标志或者出示督察证件。

督察标志和督察证件的式样由公安部制定。

第十八条 本条例自2011年10月1日起施行。

公安机关人民警察纪律条令

（2010年4月21日监察部、人力资源和社会保障部、公安部令第20号公布 自2010年6月1日起施行）

第一章 总 则

第一条 为了严明公安机关纪律，规范公安机关人民警察的行为，保证公安机关及其人民警察依法履行职责，根据《中华人民共和国人民警察法》、《中华人民共和国行政监察法》、《中华人民共和国公务员法》、《行政机关公务员处分条例》、《公安机关组织管理条例》等有关法律、行政法规，制定本条令。

第二条 公安机关人民警察应当严格遵守《中华人民共和国人民警察法》、《中华人民共和国公务员法》等法律法规关于公安机关人民警察纪律的规定。公安机关人民警察违法违纪，应当承担纪律责任的，依照本条令给予处分。

法律、行政法规、国务院决定对公安机关人民警察处分另有规定的，从其规定。

第三条 公安机关人民警察违法违纪，应当承担纪律责任的，由任免机关或者监察机关按照管理权限依法给予处分。

公安机关有违法违纪行为，应当追究纪律责任的，对负有责任的领导人员和直接责任人员给予处分。

第四条 对受到处分的公安机关人民警察，应当依照有关规定延期晋升、降低或者取消警衔。

第五条 公安机关人民警察违法违纪涉嫌犯罪的，应当依法追究刑事责任。

第六条 监察机关派驻同级公安机关监察机构可以调查下一级监察机关派驻同级公安机关监察机构管辖范围内的违法违纪案件，必要时也可以调查所辖各级监察机关派驻同级公安机关监察机构管辖范围内的违法违纪案件。

监察机关派驻同级公安机关监察机构经派出它的监察机关批准，可以调查下一级公安机关领导人员的违法违纪案件。

调查结束后，按照人事管理权限，监察机关派驻同级公安机关监察机构应当向处分决定机关提出处分建议，由处分决定机关依法作出处分决定。

第二章 违法违纪行为及其适用的处分

第七条 有下列行为之一的，给予开除处分：

（一）逃往境外或者非法出境、违反规定滞留境外不归的；

（二）参与、包庇或者纵容危害国家安全违法犯罪活动的；

（三）参与、包庇或者纵容黑社会性质组织犯罪活动的；

（四）向犯罪嫌疑人通风报信的；

（五）私放他人出入境的。

第八条 散布有损国家声誉的言论的，给予记大过处分；情节较重的，给予降级或者撤职处分；情节严重的，给予开除处分。

第九条 有下列行为之一的，给予记过或者记大过处分；情节较重的，给予降级或者撤职处分；情节严重的，给予开除处分：

（一）故意违反规定立案、撤销案件、提请逮捕、移送起诉的；

（二）违反规定采取、变更、撤销刑事拘留、取保候审、监视居住等刑事强制措施或者行政拘留的；

（三）非法剥夺、限制他人人身自由的；

(四)非法搜查他人身体、物品、住所或者场所的;

(五)违反规定延长羁押期限或者变相拘禁他人的;

(六)违反规定采取通缉等措施或者擅自使用侦察手段侵犯公民合法权益的。

第十条 有下列行为之一的,给予记过或者记大过处分;情节较重的,给予降级或者撤职处分;情节严重的,给予开除处分:

(一)违反规定为在押人员办理保外就医、所外执行的;

(二)擅自安排在押人员与其亲友会见,私自为在押人员或者其亲友传递物品、信件,造成不良后果的;

(三)指派在押人员看管在押人员的;

(四)私带在押人员离开羁押场所的。

有前款规定行为并从中谋利的,从重处分。

第十一条 体罚、虐待违法犯罪嫌疑人、被监管人员或者其他工作对象的,给予记过或者记大过处分;情节较重的,给予降级或者撤职处分;情节严重的,给予开除处分。

实施或者授意、唆使、强迫他人实施刑讯逼供的,给予撤职处分;造成严重后果的,给予开除处分。

第十二条 有下列行为之一的,给予记过或者记大过处分;情节较重的,给予降级或者撤职处分;情节严重的,给予开除处分:

(一)对依法应当办理的受理案件、立案、撤销案件、提请逮捕、移送起诉等事项,无正当理由不予办理的;

(二)对管辖范围内发生的应当上报的重大治安案件、刑事案件、特大道路交通事故和群体性或者突发性事件等隐瞒不报或者谎报的;

(三)在勘验、检查、鉴定等取证工作中严重失职,造成无辜人员被处理或者违法犯罪人员逃避法律追究的;

(四)因工作失职造成被羁押、监管等人员脱逃、致残、致死或者其他不良后果的;

(五)在值班、备勤、执勤时擅离岗位,造成不良后果的;

(六)不履行办案协作职责造成不良后果的;

(七)在执行任务时临危退缩、临阵脱逃的。

第十三条 有下列行为之一的,给予记过或者记大过处分;情节较重的,给予降级或者撤职处分;情节严重的,给予开除处分:

(一)利用职权干扰执法办案或者强令违法办案的;

(二)利用职权干预经济纠纷或者为他人追债讨债的。

第十四条 有下列行为之一的,给予记过或者记大过处分;情节较重的,给予降级或者撤职处分;情节严重的,给予开除处分:

(一)隐瞒或者伪造案情的;

(二)伪造、变造、隐匿、销毁检举控告材料或者证据材料的;

(三)出具虚假审查或者证明材料、结论的。

第十五条 有下列行为之一的,给予警告或者记过处分;情节较重的,给予记大过或者降级处分;情节严重的,给予撤职处分:

(一)违反规定吊销、暂扣证照或者责令停业整顿的;

(二)违反规定查封、扣押、冻结、没收财物的。

第十六条 有下列行为之一的,给予警告或者记过处分;情节较重的,给予记大过或者降级处分;情节严重的,给予撤职处分:

(一)擅自设定收费项目、提高收费标准的;

(二)违反规定设定罚款项目或者实施罚款的;

(三)违反规定办理户口、身份证、驾驶证、特种行业许可证、护照、机动车行驶证和号牌等证件、牌照以及其他行政许可事项的。

以实施行政事业性收费、罚没的名义收取钱物,不出具任何票据的,给予开除处分。

第十七条 有下列行为之一的,给予记过或者记大过处分;情节较重的,给予降级或者撤职处分;情节严重的,给予开除处分:

(一)投资入股或者变相投资入股矿产、娱乐场所等企业,或者从事其他营利性经营活动的;

(二)受雇于任何组织、个人的;

(三)利用职权推销、指定消防、安保、交通、保险等产品的;

(四)公安机关人民警察的近亲属在该人民警察分管的业务范围内从事可能影响公正执行公务的经营活动,经劝阻其近亲属拒不退出或者本人不服从工作调整的;

(五)违反规定利用或者插手工程招投标、政府采购和人事安排,为本人或者特定关系人谋取不正当利益的;

(六)相互请托为对方的特定关系人在投资入股、经商办企业等方面提供便利,谋取不正当利益的;

（七）出差、开展公务活动由企事业单位、个人接待,或者接受下级公安机关、企事业单位、个人安排出入营业性娱乐场所,参加娱乐活动的;

（八）违反规定收受现金、有价证券、支付凭证、干股的。

第十八条 私分、挪用、非法占有赃款赃物、扣押财物、保证金、无主财物、罚没款物的,给予记过或者记大过处分;情节较重的,给予降级或者撤职处分;情节严重的,给予开除处分。

第十九条 有下列行为之一的,给予警告、记过或者记大过处分;情节较重的,给予降级或者撤职处分;情节严重的,给予开除处分:

（一）拒绝执行上级依法作出的决定、命令,或者在执行任务时不服从指挥的;

（二）违反规定进行人民警察录用、考核、任免、奖惩、调任、转任的。

第二十条 有下列行为之一,造成不良影响的,给予警告处分;情节较重的,给予记过处分;情节严重的,给予记大过处分:

（一）在工作中对群众态度蛮横、行为粗暴、故意刁难或者吃拿卡要的;

（二）不按规定着装,严重损害人民警察形象的;

（三）非因公务着警服进入营业性娱乐场所的。

第二十一条 违反公务用枪管理使用规定的,依照《公安民警违反公务用枪管理使用规定行政处分若干规定》给予处分。

第二十二条 有下列行为之一的,给予警告或者记过处分;情节较重的,给予记大过或者降级处分;情节严重的,给予撤职或者开除处分:

（一）违反警车管理使用规定或者违反规定使用警灯、警报器的;

（二）违反规定转借、赠送、出租、抵押、转卖警用车辆、警车号牌、警械、警服、警用标志和证件的;

（三）违反规定使用警械的。

第二十三条 工作时间饮酒或者在公共场所酗酒滋事的,给予警告、记过或者记大过处分;造成后果的,给予降级或者撤职处分;造成严重后果的,给予开除处分。

携带枪支饮酒、酒后驾驶机动车,造成严重后果的,给予开除处分。

第二十四条 参与、包庇或者纵容违法犯罪活动的,给予警告、记过或者记大过处分;情节较重的,给予降级或者撤职处分;情节严重的,给予开除处分。

吸食、注射毒品或者参与、组织、支持、容留卖淫、嫖娼、色情淫乱活动的,给予开除处分。

参与赌博的,依照《行政机关公务员处分条例》第三十二条规定从重处分。

第二十五条 违反规定使用公安信息网的,给予警告处分;情节较重的,给予记过或者记大过处分;情节严重的,给予降级或者撤职处分。

第三章 附　　则

第二十六条 有本条令规定的违法违纪行为,已不符合人民警察条件、不适合继续在公安机关工作的,可以依照有关规定予以辞退或者限期调离。

第二十七条 处分的程序和不服处分的申诉,依照《中华人民共和国行政监察法》、《中华人民共和国公务员法》、《行政机关公务员处分条例》等有关法律法规的规定办理。

第二十八条 本条令所称公安机关人民警察是指属于公安机关及其直属单位的在编在职的人民警察。

公安机关包括县级以上人民政府公安机关和设在铁道、交通运输、民航、林业、海关部门的公安机构。

第二十九条 公安边防、消防、警卫部队官兵有违法违纪行为,应当给予处分的,依照《中国人民解放军纪律条令》执行;《中国人民解放军纪律条令》没有规定的,参照本条令执行。

第三十条 本条令由监察部、人力资源社会保障部、公安部负责解释。

第三十一条 本条令自 2010 年 6 月 1 日起施行。

监察部、人力资源和社会保障部、公安部关于适用《公安机关人民警察纪律条令》第六条有关问题的通知

(2011 年 3 月 1 日　监发〔2011〕3 号)

各省、自治区、直辖市监察厅(局)、人力资源社会保障厅(局)、公安厅

(局)、新疆生产建设兵团监察局、人事局、公安局,监察部各派驻监察局、监察专员办公室:

为严格执行公安机关纪律,加大查处公安机关人民警察违法违纪案件力度,规范派驻公安机关监察机构执纪行为,现就适用《公安机关人民警察纪律条令》(以下简称《条令》)第六条有关问题通知如下。

一、直接调查案件的范围

有下列情形之一的,监察机关派驻同级公安机关监察机构(以下简称派驻公安机关监察机构)可以直接调查下一级或者所辖各级派驻公安机关监察机构管辖范围内的公安机关人民警察违法违纪案件:

(一)驻在公安机关和上级公安机关领导人员批办的案件;

(二)派出它的监察机关交办的案件;

(三)新闻媒体、社会舆论广泛关注的案件;

(四)在所辖地区有重大影响的案件;

(五)下级派驻公安机关监察机构不便办理,或者由其办理可能影响公正处理的案件。

二、初步审查

(一)派驻公安机关监察机构对下一级或者所辖各级派驻公安机关监察机构管辖范围内的违法违纪案件进行调查,应当填写《初步审查呈批表》,经本派驻机构负责人批准后,进行初步审查。开展初步审查时,除保密需要外,派驻公安机关监察机构应当与被调查人所在公安机关的派驻监察机构进行沟通,并可以与其联合开展调查。

(二)派驻公安机关监察机构对下一级公安机关领导人员的违法违纪案件进行调查,应当先与下一级公安机关领导人员所在地人民政府监察机关进行沟通,填写《初步审查呈批表》,报本派驻机构负责人批准,将有关情况通报驻在公安机关主要负责人。调查过程中,应当及时向下一级公安机关领导人员所在地人民政府监察机关通报情况,介绍有关案情。因保密需要的,可以事后通报。必要时,可以提请下一级公安机关领导人员所在地人民政府监察机关协助调查。

(三)派驻公安机关监察机构初步审查后,应当写出初步审查报告,经本派驻机构负责人批准后,分别作出以下处理:

1.认为违法违纪事实不存在,或者虽有违法违纪事实,但情节显著轻微,不需要追究行政纪律责任的,予以了结,并将处理结果书面告知被调查人及其所在单位,通报被调查人所在地人民政府监察机关。

2. 认为有违法违纪事实,需要追究行政纪律责任的,予以立案。

三、立案

(一)派驻公安机关监察机构需要对下一级或者所辖各级派驻公安机关监察机构管辖范围内的违法违纪案件立案调查的,应当写出《立案呈批报告》,报本派驻机构负责人批准。

需要对下一级公安机关领导人员的违法违纪案件立案调查的,应当写出《立案呈批报告》,报派出它的监察机关批准。

(二)经批准立案调查的,应当通知被调查人及其所在单位。但有碍调查或者无法通知的除外。

四、调查和审理

(一)派驻公安机关监察机构调查案件有权采取的措施和所应遵循的程序,依照《中华人民共和国行政监察法》、《中华人民共和国行政监察法实施条例》、《监察机关调查处理政纪案件办法》等法律、法规、规章的规定办理。

(二)派驻公安机关监察机构调查终结后,应当制作案件调查报告,经本派驻机构负责人批准后,将案件调查报告和有关材料移送案件审理部门。

(三)案件审理部门按规定经过审理后,形成审理报告,报本派驻机构局长(室主任、处长)办公会议审定。

五、处理

(一)经调查、审理,由派驻公安机关监察机构局长(室主任、处长)办公会议研究,认定违法违纪事实不存在,或者不需要追究行政纪律责任的,经立案批准机关批准,撤销案件,并告知被调查人员及其所在单位。

(二)经调查、审理,由派驻公安机关监察机构局长(室主任、处长)办公会议研究,认定有违法违纪事实,需要给予处分的,由派驻公安机关监察机构按照人事管理权限,向任免机关或者有管辖权的监察机关提出处分建议,由任免机关或者有管辖权的监察机关依法作出处分决定。

(三)派驻公安机关监察机构提出处分建议前,应当征求被处分人所在单位意见。被处分人属于地方党委管理的,应当征求地方党委组织部门意见。

六、其它

（一）派驻公安机关监察机构对下一级公安机关领导人员的违法违纪案件结案后，要将案件查办情况及处理结果报送派出它的监察机关。

（二）对同时担任党委、政府领导职务的公安机关领导人员违法违纪行为的调查处理，按照有关规定办理。

公安机关人民警察执法过错责任追究规定

（2016年1月4日公安部部长办公会议通过 2016年1月14日公安部令第138号发布 自2016年3月1日起施行）

第一章 总 则

第一条 为落实执法办案责任制，完善执法过错责任追究机制，保障公安机关及其人民警察依法正确履行职责，保护公民、法人和其他组织的合法权益，根据《中华人民共和国人民警察法》、《行政机关公务员处分条例》等有关法律法规，制定本规定。

第二条 本规定所称执法过错是指公安机关人民警察在执法办案中，故意或者过失造成的认定事实错误、适用法律错误、违反法定程序、作出违法处理决定等执法错误。

在事实表述、法条引用、文书制作等方面存在执法瑕疵，不影响案件处理结果的正确性及效力的，不属于本规定所称的执法过错，不予追究执法过错责任，但应当纳入执法质量考评进行监督并予以纠正。

第三条 追究执法过错责任，应当遵循实事求是、有错必纠、过错与处罚相适应、教育与惩处相结合的原则。

第四条 在执法过错责任追究工作中，公安机关纪检监察、督察、人事、法制以及执法办案等部门应当各负其责、互相配合。

第二章 执法过错责任的认定

第五条 执法办案人、鉴定人、审核人、审批人都有故意或者过失造成执法过错的，应当根据各自对执法过错所起的作用，分别承担责任。

第六条 审批人在审批时改变或者不采纳执法办案人、审核人的正确意见造成执法过错的,由审批人承担责任。

第七条 因执法办案人或者审核人弄虚作假、隐瞒真相,导致审批人错误审批造成执法过错的,由执法办案人或者审核人承担主要责任。

第八条 因鉴定人提供虚假、错误鉴定意见造成执法过错的,由鉴定人承担主要责任。

第九条 违反规定的程序,擅自行使职权造成执法过错的,由直接责任人员承担责任。

第十条 下级公安机关人民警察按照规定向上级请示的案件,因上级的决定、命令错误造成执法过错的,由上级有关责任人员承担责任。因下级故意提供虚假材料或者不如实汇报导致执法过错的,由下级有关责任人员承担责任。

下级对超越法律、法规规定的人民警察职责范围的指令,有权拒绝执行,并同时向上级机关报告。没有报告造成执法过错的,由上级和下级分别承担相应的责任;已经报告的,由上级承担责任。

第十一条 对其他执法过错情形,应当根据公安机关人民警察在执法办案中各自承担的职责,区分不同情况,分别追究有关人员的责任。

第三章 对执法过错责任人的处理

第十二条 对执法过错责任人员,应当根据其违法事实、情节、后果和责任程度分别追究刑事责任、行政纪律责任或者作出其他处理。

第十三条 追究行政纪律责任的,由人事部门或者纪检监察部门依照《行政机关公务员处分条例》和《公安机关人民警察纪律条令》等规定依法给予处分;构成犯罪的,依法移送有关司法机关处理。

第十四条 作出其他处理的,由相关部门提出处理意见,经公安机关负责人批准,可以单独或者合并作出以下处理:

(一)诫勉谈话;
(二)责令作出书面检查;
(三)取消评选先进的资格;
(四)通报批评;
(五)停止执行职务;
(六)延期晋级、晋职或者降低警衔;

（七）引咎辞职、责令辞职或者免职；

（八）限期调离公安机关；

（九）辞退或者取消录用。

第十五条 公安机关依法承担国家赔偿责任的案件，除依照本规定追究执法过错责任外，还应当依照《中华人民共和国国家赔偿法》的规定，向有关责任人员追偿部分或者全部赔偿费用。

第十六条 执法过错责任人受到开除处分、刑事处罚或者犯有其他严重错误，应当按照有关规定撤销相关的奖励。

第十七条 发生执法过错案件，影响恶劣、后果严重的，除追究直接责任人员的责任外，还应当依照有关规定追究公安机关领导责任。

年度内发生严重的执法过错或者发生多次执法过错的公安机关和执法办案部门，本年度不得评选为先进集体。

第十八条 对执法过错责任人的处理情况分别记入人事档案、执法档案，作为考核、定级、晋职、晋升等工作的重要依据。

第十九条 具有下列情形之一的，应当从重追究执法过错责任：

（一）因贪赃枉法、徇私舞弊、刑讯逼供、伪造证据、通风报信、蓄意报复、陷害等故意造成执法过错的；

（二）阻碍追究执法过错责任的；

（三）对检举、控告、申诉人打击报复的；

（四）多次发生执法过错的；

（五）情节恶劣、后果严重的。

第二十条 具有下列情形之一的，可以从轻、减轻或者免予追究执法过错责任：

（一）由于轻微过失造成执法过错的；

（二）主动承认错误，并及时纠正的；

（三）执法过错发生后能够配合有关部门工作，减少损失、挽回影响的；

（四）情节轻微、尚未造成严重后果的。

第二十一条 具有下列情形之一的，不予追究执法过错责任：

（一）因法律法规、司法解释发生变化，改变案件定性、处理的；

（二）因法律规定不明确、有关司法解释不一致，致使案件定性、处理存在争议的；

（三）因不能预见或者无法抗拒的原因致使执法过错发生的；

（四）对案件基本事实的判断存在争议或者疑问，根据证据规则能够予以合理说明的；

（五）因出现新证据而改变原结论的；

（六）原结论依据的法律文书被撤销或者变更的；

（七）因执法相对人的过错致使执法过错发生的。

第四章　执法过错责任追究的程序

第二十二条　追究执法过错责任，由发生执法过错的公安机关负责查处。

上级公安机关发现下级公安机关应当查处而未查处的，应当责成下级公安机关查处；必要时，也可以直接查处。

第二十三条　公安机关纪检监察、督察、审计、法制以及执法办案等部门，应当在各自职责范围内主动、及时检查、纠正和处理执法过错案件。

第二十四条　各有关部门调查后，认为需要法制部门认定执法过错的，可以将案件材料移送法制部门认定。

第二十五条　法制部门认定执法过错案件，可以通过阅卷、组织有关专家讨论、会同有关部门调查核实等方式进行，形成执法过错认定书面意见后，及时送达有关移送部门，由移送部门按照本规定第十三条、第十四条作出处理。

第二十六条　被追究执法过错责任的公安机关人民警察及其所属部门不服执法过错责任追究的，可以在收到执法过错责任追究决定之日起五日内向作出决定的公安机关或者上一级公安机关申诉；接受申诉的公安机关应当认真核实，并在三十日内作出最终决定。法律、法规另有规定的，按照有关规定办理。

第二十七条　因故意或者重大过失造成错案，不受执法过错责任人单位、职务、职级变动或者退休的影响，终身追究执法过错责任。

错案责任人已调至其他公安机关或者其他单位的，应当向其所在单位通报，并提出处理建议；错案责任人在被作出追责决定前，已被开除、辞退且无相关单位的，应当在追责决定中明确其应当承担的责任。

第二十八条　各级公安机关对执法过错案件应当采取有效措施予以整改、纠正，对典型案件应当进行剖析、通报。

第五章　附　　则

第二十九条　各省、自治区、直辖市公安厅局和新疆生产建设兵团公安局可以根据本规定,结合本地实际制定实施细则。

第三十条　本规定自2016年3月1日起施行。1999年6月11日发布的《公安机关人民警察执法过错责任追究规定》(公安部令第41号)同时废止。

公安机关领导责任追究规定

(2016年3月17日　公通字〔2016〕7号)

第一条　为加强对公安机关领导干部的监督,增强领导干部责任意识,根据中共中央、国务院《关于实行党风廉政建设责任制的规定》,中央办公厅、国务院办公厅《关于实行党政领导干部问责的暂行规定》和《中华人民共和国人民警察法》等法律、法规,制定本规定。

第二条　公安机关领导责任追究坚持严格要求、实事求是、权责一致、惩教结合、依纪依法的原则。

第三条　领导责任分为主要领导责任和重要领导责任。

主要领导责任,是指领导干部在其职责范围内,对直接主管的工作不履行或者不正确履行职责,对造成的损失或者后果应负的直接领导责任。

重要领导责任,是指领导干部在其职责范围内,对应管的工作或者参与决定的工作不履行或者不正确履行职责,对造成的损失或者后果应负的次要领导责任。

第四条　公安机关各级党委履行党风廉政建设主体责任不力,有下列情形之一的,应当追究党委书记的领导责任,并视情追究其他班子成员的领导责任;纪检部门履行监督责任不力的,追究纪检部门负责人的领导责任:

(一)对职责范围内违反党的政治纪律和政治规矩、组织纪律的问题及苗头,不闻不问,放任不管的;

(二)发生严重违反作风建设规定的问题,或者职责范围内"四风"问题突出、顶风违纪的;

(三)因工作失职,领导班子成员或者直接下属发生严重违纪违法案件,或者本单位、本部门在较短时间内连续发生严重违纪违法案件,造成重大损失或者恶劣影响的;

(四)对职责范围内发生的严重违纪违法案件隐瞒不报、压案不查的;

(五)违反规定选拔任用干部,或者用人失察、失误,造成恶劣影响的;

(六)本单位在工程建设、招投标、政府采购、财务管理中发生严重腐败问题,造成恶劣影响的;

(七)有其他不履行党风廉政建设责任行为造成恶劣影响的。

第五条 公安机关或者公安机关职责范围内发生重大案(事)件或者重大责任事故,有下列情形之一的,应当追究公安机关领导班子、领导干部的责任:

(一)拒不执行上级公安机关的决定和命令,造成重大损失或者恶劣影响的;

(二)在重大安保工作中,因工作不力而发生重大事故,影响既定工作目标实现,造成严重后果的;

(三)对重大、复杂事项不按规定程序决策、擅自作出决定或者因决策失误造成人员伤亡、较大财产损失和恶劣影响的;

(四)对明显违法或者超越法律、法规规定的公安机关职责范围的决定和命令,不按规定提出拒绝执行的意见,也不向上级公安机关报告,执行后造成重大损失或者恶劣影响的;

(五)对群体性、突发性事件、重大事故、案件,情报信息滞后、处置失当、导致矛盾激化、事态恶化,造成严重后果或者对突发性事件、重大安全事故和其他重要情况瞒报、谎报的;

(六)因工作失职,本单位发生失泄密事件、安全事故或者其他严重违反公安工作规定的案(事)件,造成重大损失或者恶劣影响的;

(七)防范整治和督促整改治安、交通、消防等公共安全问题不力,发现重大问题和隐患后不及时依法、妥善采取处置措施,导致发生重特大责任事故或者造成恶劣影响的;

(八)发生其他重大案(事)件或者重大责任事故,造成重大损失或者恶劣影响的。

第六条　公安机关人民警察发生严重职务违纪违法行为,有下列情形之一的,除追究直接责任者的责任外,应当追究负有领导责任的公安机关领导班子、领导干部的责任:

(一)违法使用枪支、警械,滥用强制措施或者刑讯逼供,致人重伤、死亡的;

(二)玩忽职守造成被监管人员脱逃的;

(三)玩忽职守造成涉案人员非正常死亡的;

(四)因故意或者重大过失造成错案的;

(五)私分涉案财物的;

(六)违反规定收费、罚款,造成恶劣影响的;

(七)发生其他严重职务违纪违法行为的。

第七条　公安机关警务辅助人员在协助执勤执法过程中实施严重违纪违法行为的,视情追究使用该警务辅助人员的单位或者部门领导干部的责任。

第八条　公安机关领导干部在任期间发生需要追究领导责任问题,离任或者退休后发现的,移交有管辖权的纪检部门和组织人事部门追究领导责任。

第九条　公安机关各级领导干部有下列情形之一的,应当从重追究责任:

(一)干扰、阻碍或者不配合责任追究调查处理的;

(二)弄虚作假,隐瞒事实真相的;

(三)对检举人、控告人打击、报复、陷害的。

第十条　公安机关各级领导干部有下列情形之一的,可以从轻、减轻或者免予追究领导责任:

(一)对职责范围内发生的问题及时如实报告并主动查处和纠正,有效避免损失或者挽回影响的;

(二)积极配合调查,主动承担责任的。

第十一条　追究领导责任,视情节轻重,给予责令作出书面检查、诫勉谈话、通报批评、调整职务、责令辞职、免职和降职等组织处理;构成违纪的,给予党纪政纪处分。涉嫌犯罪的,移送司法机关依法处理。

受到责任追究的领导干部,取消当年年度考核评优和评选各类先进的资格。受到责令辞职、免职处理的,一年内不安排职务,两年内不得担任高于原任职务层次的职务;受到降职处理的,两年内不得提升职务。同时受到党纪政纪处分的,按照影响期长的规定执行。

第十二条 对领导干部进行责任追究,由上级公安业务主管部门、纪检部门、组织人事部门按照职责和干部管理权限调查处理。其中需要追究党纪政纪责任的,由上级公安机关主管部门提出意见,纪检部门按照党纪政纪案件的调查处理程序办理;需要给予组织处理的,由组织人事部门或者由负责调查的纪检部门会同组织人事部门,按照有关权限和程序办理。督察、法制等职能部门在日常执法监督工作中发现的需要追究领导责任的问题,应当及时移交纪检和组织人事部门。

公安纪检、组织人事部门应当加强对本规定执行情况的监督检查,发现有应当追究而未追究、不应当追究而被追究,或者责任追究处理决定不落实等问题的,及时督促纠正或者提出追责建议。

第十三条 对领导干部作出责任追究决定前,应当听取责任人的陈述和申辩,并记录在案;对其合理意见,应当予以采纳。

第十四条 责任人对处理决定不服的,可以按照相关规定提出申诉。申诉期间不停止原决定的执行。

第十五条 本规定适用于各级公安机关及其内设机构、直属机构、派出机构的领导班子和领导干部。

公安现役部队参照本规定执行。

第十六条 本规定自公布之日起施行。1997年颁布实施的《公安机关追究领导责任暂行规定》同时废止。

公安机关执法公开规定

(2018年8月23日 公通字〔2018〕26号)

第一章 总 则

第一条 为了规范公安机关执法公开行为,促进公安机关严格规范公正文明执法,保障公民、法人和其他组织依法获取执法信息,实现便民利民,制定本规定。

第二条 本规定适用于公安机关主动公开执法信息,以及开展网上公开办事。

公民、法人或者其他组织申请获取执法信息的,公安机关应当依照《中华人民共和国政府信息公开条例》的规定办理。

第三条 执法公开应当遵循合法有序、及时准确、便民利民的原则。

第四条 公安机关应当采取措施使社会广为知晓执法公开的范围、期限和途径,方便公民、法人和其他组织依法获取执法信息。

第五条 对涉及公共利益、公众普遍关注、需要社会知晓的执法信息,应当主动向社会公开;对不宜向社会公开,但涉及特定对象权利义务、需要特定对象知悉的执法信息,应当主动向特定对象告知或者提供查询服务。

第六条 公安机关不得公开涉及国家秘密或者警务工作秘密,以及可能影响国家安全、公共安全、经济安全和社会稳定或者妨害执法活动的执法信息。

公安机关不得向权利人以外的公民、法人或者其他组织公开涉及商业秘密、个人隐私的执法信息。但是,权利人同意公开,或者公安机关认为不公开可能对公共利益造成重大影响的,可以公开。

第七条 公安机关公开执法信息涉及其他部门的,应当在公开前与有关部门确认;公开执法信息依照国家有关规定需要批准的,应当在批准后公开。

第八条 公安机关应当对执法公开情况进行检查评估。执法信息不应当公开而公开的,应当立即撤回;公开的执法信息错误或者发生变更的,应当立即纠正或者更新;执法信息公开后可能或者已经造成严重后果的,应当依法紧急处置。

第二章 向社会公开

第九条 公安机关应当主动向社会公开下列信息:

(一)公安机关的职责权限,人民警察的权利义务、纪律要求和职业道德规范;

(二)涉及公民、法人和其他组织权利义务的规范性文件;

(三)刑事、行政、行政复议、国家赔偿等案件的受理范围、受理部门及其联系方式、申请条件及要求、办理程序及期限和对外法律文书式样,以及当事人的权利义务和监督救济渠道;

（四）行政管理相对人的权利义务和监督救济渠道；

（五）与执法相关的便民服务措施；

（六）举报投诉的方式和途径；

（七）承担对外执法任务的内设机构和派出机构的名称及其职责权限；

（八）窗口单位的办公地址、工作时间、联系方式以及民警姓名、警号；

（九）固定式交通技术监控设备的设置信息；

（十）采取限制交通措施、交通管制和现场管制的方式、区域、起止时间等信息；

（十一）法律、法规、规章和其他规范性文件规定应当向社会公开的其他执法信息。

前款第一项至第五项所列执法信息，上级机关公开后，下级公安机关可以通过适当途径使社会广为知晓。

第十条 公安机关应当向社会公开涉及公共利益、社会高度关注的重大案事件调查进展和处理结果，以及打击违法犯罪活动的重大决策和行动。但公开后可能影响国家安全、公共安全、经济安全和社会稳定或者妨害正常执法活动的除外。

第十一条 公安机关可以向社会公开辖区治安状况、道路交通安全形势、安全防范预警等信息。

第十二条 公安机关应当逐步向社会公开行政处罚决定、行政复议结果的生效法律文书。适用简易程序作出的行政处罚决定生效法律文书可以不向社会公开。

第十三条 法律文书有下列情形之一的，不得向社会公开：

（一）案件事实涉及国家秘密或者警务工作秘密的；

（二）被行政处罚人、行政复议申请人是未成年人的；

（三）经本机关负责人批准不予公开的其他情形。

第十四条 向社会公开法律文书，应当对文书中载明的自然人姓名作隐名处理，保留姓氏，名字以"某"替代。

第十五条 向社会公开法律文书，应当删除文书中载明的下列信息：

（一）自然人的住所地详址、工作单位、家庭成员、联系方式、公民身份号码、健康状况、机动车号牌号码，以及其他能够判明其身份和具体财产的信息；

（二）法人或者其他组织的涉及具体财产的信息；

（三）涉及公民个人隐私和商业秘密的信息；

（四）案件事实中涉及有伤风化的内容，以及可能诱发违法犯罪的细节描述；

（五）公安机关印章或者工作专用章；

（六）公安机关认为不宜公开的其他信息。

删除前款所列信息影响对文书正确理解的，可以用符号"×"作部分替代。

第十六条 向社会公开法律文书，除按照本规定第十四条、第十五条隐匿、删除相关信息外，应当保持与原文书内容一致。

第十七条 向社会公开执法信息，应当自该信息形成或者变更之日起20个工作日内进行。公众需要即时知晓的限制交通措施、交通管制和现场管制的信息，应当即时公开；辖区治安状况、道路交通安全形势和安全防范预警等信息，可以定期公开。法律、法规、规章和其他规范性文件对公开期限另有规定的，从其规定。

第十八条 向社会公开执法信息，应当通过互联网政府公开平台进行，同时可以通过公报、发布会、官方微博、移动客户端、自助终端，以及报刊、广播、电视等便于公众知晓的方式公布。

第十九条 向社会公开执法信息，由制作或者获取该信息的内设机构或者派出机构负责。必要时，征求政务公开、法制、保密部门的意见，并经本机关负责人批准。

第二十条 公安机关发现可能影响社会稳定、扰乱社会管理秩序的虚假或者不完整信息，应当在职责范围内及时发布准确信息予以澄清。

第三章 向特定对象公开

第二十一条 公安机关办理刑事、行政、行政复议、国家赔偿等案件，或者开展行政管理活动，法律、法规、规章和其他规范性文件规定向特定对象告知执法信息的，应当依照有关规定执行。

第二十二条 除按照本规定第二十一条向特定对象告知执法信息外，公安机关应当通过提供查询的方式，向报案或者控告的被害人、被侵害人或者其监护人、家属公开下列执法信息：

（一）办案单位名称、地址和联系方式；

（二）刑事立案、移送审查起诉、终止侦查、撤销案件等情况，对犯罪嫌疑人采取刑事强制措施的种类；

（三）行政案件受案、办理结果。

公安机关在接受报案时，应当告知报案或者控告的被害人、被侵害人或者其监护人、家属前款所列执法信息的查询方式和途径。

第二十三条　向特定对象提供执法信息查询服务，应当自该信息形成或者变更之日起5个工作日内进行。法律、法规和规范性文件对期限另有规定的，从其规定。

第二十四条　向特定对象提供执法信息查询服务，应当通过互联网政府公开平台进行，同时可以通过移动客户端、自助终端等方式进行。

第二十五条　向特定对象公开执法信息，由制作或者获取该信息的内设机构或者派出机构负责。

第四章　网上公开办事

第二十六条　公安机关应当开展行政许可、登记、备案等行政管理事项的网上办理。

除法律、法规、规章规定申请人应当到现场办理的事项或者环节外，公安机关不得要求申请人到现场办理。

第二十七条　网上公开办事应当提供下列服务：

（一）公开网上办事事项的名称、依据、申请条件、申请途径或者方式、申请需要提交材料清单、办理程序及期限，提供申请文书式样及示范文本；

（二）公开行政事业性收费事项的名称、依据、收费标准、办事程序和期限；

（三）网上咨询，解答相关法律政策、注意事项等常见问题；

（四）网上预约办理；

（五）申请文书的在线下载、网上制作，实现网上申请；

（六）受理情况、办理进展、办理结果等执法信息的网上查询。法律、法规、规章和其他规范性文件规定向申请人告知执法信息的，还应当依照有关规定告知。

公安机关在网上或者窗口单位接受办事事项申请时，应当告知申请人执法信息的查询方式和途径。

第二十八条　向申请人提供办事事项执法信息查询服务，应当自该信息形成或者变更之日起5个工作日内进行。法律、法规、规章和其他规范性文件另有规定的,从其规定。

第二十九条 开展网上公开办事,应当通过互联网政府网站进行,同时可以通过移动客户端、自助终端等方式进行。

向申请人告知办事事项执法信息,除依照法律、法规、规章和其他规范性文件规定的方式执行外,同时可以通过移动客户端、电话、电子邮件等方式告知。

第五章 监督和保障

第三十条 公安机关应当指定专门机构,负责组织、协调、推动执法公开工作,并为开展执法公开提供必要的人员、物质保障。

第三十一条 公安机关应当建立执法公开审核审批、保密审查、信息发布协调的程序和机制,实现执法公开规范化。

第三十二条 公安机关应当建设互联网政府公开平台,统一公开本机关执法信息。上级公安机关或者本级人民政府提供统一互联网公开平台的,可以通过该平台公开。

公安机关应当完善互联网政府网站办事服务功能,统一提供本机关网上办事服务。上级公安机关或者本级人民政府提供统一互联网办事服务载体的,可以通过该载体提供。

第三十三条 公安机关应当推动发展信息安全交互技术,为高效便捷开展执法公开提供技术支持。

第三十四条 公安机关应当开展执法公开满意度测评,可以通过互联网公开平台或者政府网站、移动客户端、自助终端、电话等方式进行,也可以在窗口单位现场进行。

第三十五条 公安机关可以委托第三方机构对执法公开情况进行评估,并参考评估结果改进工作。

第三十六条 公安机关应当将执法公开情况纳入执法质量考评和绩效考核范围,建立完善奖惩机制。

第三十七条 公民、法人或者其他组织认为公安机关未按照本规定履行执法公开义务的,可以向该公安机关或者其上一级公安机关投诉。

第三十八条 有下列情形之一的,应当立即改正;情节严重的,依照有关规定对主管人员和其他责任人员予以处理:

(一)未按照本规定履行执法公开义务的;

(二)公开的信息错误、不准确且不及时更正,或者弄虚作假的;

(三)公开不应当公开的信息且不及时撤回的;

(四)违反本规定的其他行为。

第六章 附 则

第三十九条 各省、自治区、直辖市公安厅、局,新疆生产建设兵团公安局可以根据本规定,结合本地实际,制定实施细则。

第四十条 本规定未涉及的公开事项,依照有关法律、法规、规章和其他规范性文件的规定执行。

第四十一条 本规定自2018年12月1日起施行,2012年8月18日印发的《公安机关执法公开规定》同时废止。

六、典型案例

最高人民法院指导案例186号：龚品文等组织、领导、参加黑社会性质组织案

关键词

刑事　组织、领导、参加黑社会性质组织罪　行为特征　软暴力

裁判要点

犯罪组织以其势力、影响和暴力手段的现实可能性为依托，有组织地长期采用多种"软暴力"手段实施大量违法犯罪行为，同时辅之以"硬暴力"，"软暴力"有向"硬暴力"转化的现实可能性，足以使群众产生恐惧、恐慌进而形成心理强制，并已造成严重危害后果，严重破坏经济、社会生活秩序的，应认定该犯罪组织具有黑社会性质组织的行为特征。

相关法条

《中华人民共和国刑法》第294条

基本案情

2013年以来，被告人龚品文、刘海涛在江苏省常熟市从事开设赌场、高利放贷活动，并主动结识社会闲杂人员，逐渐积累经济实力。2014年7月起，被告人龚品文、刘海涛组织被告人马海波、赵杰、王海东、王德运、陈春雷等人，形成了以被告人龚品文、刘海涛为首的较为稳定的犯罪组织，并于2015年4月实施了首次有组织犯罪。2016年下半年、2017年8月梁立志、崔海华先后加入该组织。

该组织人数众多，组织者、领导者明确，骨干成员固定。被告人龚品文为该组织的组织者、领导者，被告人刘海涛为该组织的领导者，被告人马海波、赵杰、王海东、王德运、陈春雷等人为积极参加者，被告人崔海华、梁立志等人为一般成员。该组织内部分工明确，龚品文、刘海涛负责决策和指挥整个组织的运转；被告人马海波、赵杰、王海东、王德运、陈春雷受被告

龚品文、刘海涛的指派开设赌场牟取利益,并在赌场内抽取"庄风款""放水"、记账,按照被告人龚品文、刘海涛的指派为讨债而实施非法拘禁、寻衅滋事、敲诈勒索、强迫交易等违法犯罪行为,崔海华、梁立志参与寻衅滋事违法犯罪行为。该组织为规避侦查,强化管理,维护自身利益,逐步形成了"红钱按比例分配""放贷本息如实上报,不得做手脚"等不成文的规约,对成员的行动进行约束。在借款时使用同伙名义,资金出借时留下痕迹,讨债时规避法律。建立奖惩制度,讨债积极者予以奖励,讨债不积极者予以训斥。该组织通过有组织地实施开设赌场、高利放贷等违法手段聚敛资产,具有较强的经济实力。其中,该组织通过开设赌场非法获利的金额仅查实的就达人民币300余万元。另,在上述被告人处搜查到放贷借条金额高达人民币4000余万元,资金流水人民币上亿元。该组织以非法聚敛的财产用于支持违法犯罪活动,或为违法犯罪活动"善后",如购买GPS等装备、赔付因讨债而砸坏的物品,以及支付被刑事拘留后聘请律师的费用。该组织为维护其非法利益,以暴力、威胁等手段,有组织地实施了开设赌场、寻衅滋事、非法拘禁、强迫交易、敲诈勒索等违法犯罪活动,并长期实施多种"软暴力"行为,为非作恶,欺压、残害群众,严重破坏社会治安,妨害社会管理秩序,在江苏省常熟市及周边地区造成了恶劣的社会影响。该黑社会性质组织在形成、发展过程中,为寻求建立稳定犯罪组织,牟取高额非法利益而实施大量违法犯罪活动。主要犯罪事实如下:

(一)开设赌场罪

2015年4月至2018年2月,被告人龚品文、刘海涛、马海波、王海东、赵杰、王德运、陈春雷多次伙同他人在江苏省常熟市海虞镇、辛庄镇等地开设赌场,仅查明的非法获利就达人民币300余万元。

(二)寻衅滋事罪

2014年至2018年,被告人龚品文、刘海涛伙同其他被告人,在江苏省常熟市原虞山镇、梅李镇、辛庄镇等多地,发放年息84%-360%的高利贷,并为索要所谓"利息",有组织地对被害人及其亲属采取拦截、辱骂、言语威胁、砸玻璃、在被害人住所喷漆、拉横幅等方式进行滋事,共计56起120余次。

(三)非法拘禁罪

2015年至2016年,被告人龚品文、刘海涛、马海波、王海东、赵杰、王德运、陈春雷在江苏省常熟市等多地,为索要高利贷等目的非法拘禁他人10

起,其中对部分被害人实施辱骂、泼水、打砸物品等行为。

(四)强迫交易罪

1. 2013年3月,被告人龚品文向胡某某发放高利贷,张某某担保。为索要高利贷本金及利息,在非法拘禁被害人后,被告人龚品文强迫被害人张某某到王某某家提供家政服务长达一年有余,被告人龚品文从中非法获利人民币25500元。

2. 2014年11月,被告人刘海涛、王海东向陈某某发放高利贷,陶某某担保。在多次进行滋事后,被告人王海东、刘海涛强迫被害人陶某某于2017年4月至2018年1月到被告人住处提供约定价值人民币6000余元的家政服务共计80余次。

(五)敲诈勒索罪

2017年8月31日至2018年1月21日,被告人刘海涛、王海东、王德运、陈春雷实施敲诈勒索3起,以签订"车辆抵押合同"、安装GPS的方式,与被害人签订高出实际出借资金的借条并制造相应的资金走账流水,通过拖走车辆等方式对被害人进行要挟,并非法获利合计人民币5.83万元。

裁判结果

江苏省常熟市人民法院于2018年10月19日作出(2018)苏0581刑初1121号刑事判决,认定被告人龚品文犯组织、领导黑社会性质组织罪,与其所犯开设赌场罪、寻衅滋事罪、非法拘禁罪等数罪并罚,决定执行有期徒刑二十年,剥夺政治权利二年,并处没收个人全部财产,罚金人民币十二万元;认定被告人刘海涛犯领导黑社会性质组织罪,与其所犯开设赌场罪、寻衅滋事罪、非法拘禁罪等数罪并罚,决定执行有期徒刑十八年,剥夺政治权利二年,并处没收个人全部财产,罚金人民币十一万元;对其他参加黑社会性质组织的成员亦判处了相应刑罚。一审宣判后,龚品文、刘海涛等人提出上诉。江苏省苏州市中级人民法院于2019年1月7日作出(2018)苏05刑终1055号刑事裁定:驳回上诉,维持原判。

裁判理由

法院生效裁判认为:

(一)关于组织特征。一是该犯罪组织的成长轨迹明确。龚品文与刘海涛二人于2007年左右先后至江苏省常熟市打工,后龚品文从少量资金起步,与刘海涛等人合作开设赌场并放高利贷,逐步积累经济实力,后其他组织成员相继加入，参股放贷。在高利放贷过程中，因互相占股分利，组织成员利益相互交织，关系日趋紧密，架构不断成熟，并最终形成了以龚品文为组织者、领导者，刘海涛为领导者，王海东、王德运、陈春雷、马海波、赵杰为积极参加者，崔海华、梁立志为一般参加者的较稳定的违法犯罪组织。二是该犯罪组织的行为方式和组织意图明确，该组织通过开设赌场和高利放贷聚敛非法财富，在讨债过程中，以滋扰纠缠、打砸恐吓、出场摆势、言语威胁、围堵拦截等"软暴力"方式为惯常行为手段，实施一系列违法犯罪活动，目的是实现非法债权，意图最大限度攫取经济利益。由于组织成员系互相占股出资及分利，故无论组织中哪些成员实施违法犯罪活动，相关非法利益的实现均惠及全体出资的组织成员，符合组织利益及组织意图，为组织不断扩大非法放贷规模，增强犯罪能力等进一步发展提供基础，创造条件。三是该犯罪组织的层级结构明确，该组织以龚品文、刘海涛为基础，龚品文吸收发展马海波、赵杰，刘海涛吸收发展王海东、王德运、陈春雷，形成二元层级关系，各被告人对所谓"替谁帮忙、找谁商量"均有明确认识。在具体违法犯罪活动中，以共同开设赌场并非法放贷为标志，两股势力由合作进而汇流，互相占股出资放贷，共同违法犯罪讨债，后期又吸收崔海华、梁立志加入，形成三元层级结构。在组织架构中，组织、领导者非常明显，积极参加者和骨干成员基本固定，人员规模逐渐增大，且本案后续所涉及的黑社会性质组织的其他犯罪均是由这些组织成员所为。四是该犯罪组织的行为规则明确，组织成员均接受并认同出资后按比例记公账分利、讨债时替组织出头等行为规则。这些规则不仅有组织成员供述，也与组织的实际运作模式和实际违法犯罪活动情况相吻合，相关行事规则为纠合组织成员，形成共同利益，保持组织正常运转起到重要作用。综上，该组织有一定规模，人员基本稳定，有明确的组织者、领导者，骨干成员固定，内部层次分明，符合黑社会性质组织的组织特征。

（二）关于经济特征。一是该犯罪组织通过违法犯罪活动快速聚敛经济利益。该组织以开设赌场、非法高利放贷为基础和资金来源，通过大量实施寻衅滋事、非法拘禁等违法犯罪活动保障非法债权实现，大量攫取非法经济利益。其中，开设赌场并实施非法高利放贷部分，有据可查的非法获利金额就达人民币300余万元，且大部分被继续用于非法放贷。在案查获的部分放贷单据显示该组织放贷规模已达人民币4000余万元，查实银行资金流水已过亿元，具有较强的经济实力。二是该犯罪组织以经济实力支持该组织的活动。该组织获得的经济利益部分用于支持为组织利益而实施的违法犯罪活动,该组织经济利益的获取过程也是强化组织架构的过程。综上,该组织聚敛大量钱财,又继续用于维系和强化组织生存发展,符合黑社会性质组织的经济特征。

(三)关于行为特征。该组织为争取、维护组织及组织成员的经济利益,利用组织势力和形成的便利条件,有组织地多次实施开设赌场、寻衅滋事、非法拘禁、强迫交易等不同种类的违法犯罪活动,违法犯罪手段以"软暴力"为主,并体现出明显的组织化特点,多人出场摆势、分工配合,并以"硬暴力"为依托,实施多种"软暴力"讨债等违法犯罪活动,软硬暴力行为交织,"软暴力"可随时向"硬暴力"转化。这些行为系相关组织成员为确立强势地位、实现非法债权、牟取不法利益、按照组织惯常的行为模式与手段实施的,相关违法犯罪行为符合组织利益,体现组织意志,黑社会性质组织的行为特征明显。

(四)关于危害性特征。该犯罪组织通过实施一系列违法犯罪活动,为非作恶,欺压、残害群众。在社会秩序层面上,该犯罪组织长期实施开设赌场、非法放贷、"软暴力"讨债等违法犯罪活动,范围波及江苏省常熟市多个街道,给被害人及其家庭正常生活带来严重影响,给部分被害人企业的正常生产经营带来严重破坏,给部分被害人所在机关学校的正常工作和教学秩序带来严重冲击。相关违法犯罪行为败坏社会风气,冲击治安秩序,严重降低群众安全感、幸福感,影响十分恶劣。在管理秩序层面上,该犯罪组织刻意逃避公安机关的管理、整治和打击,破坏了正常社会管理秩序。在社会影响层面上,这些违法犯罪活动在一定区域内致使多名群众合法权益遭受侵害,从在案证据证实的群众切身感受看,群众普遍感觉心里恐慌,安全感下降,群众普遍要求进行整治,恢复经济、社会生活秩序。

综上所述,本案犯罪组织符合黑社会性质组织认定标准。该组织已经形成了"以黑养黑"的组织运作模式,这一模式使该组织明显区别于一般的共同犯罪和恶势力犯罪集团。龚品文犯罪组织虽然未发现"保护伞",但通过实施违法犯罪行为,使当地群众产生心理恐惧和不安全感,严重破坏了当地的社会治安秩序、市场经济秩序。对黑社会组织的认定,不能仅根据一个或数个孤立事实来认定,而是要通过一系列的违法犯罪事实来反映。因为以"软暴力"为手段的行为通常不是实施一次就能符合刑法规定的犯罪构成,其单个的行为通常因为情节轻微或显著轻微、后果不严重而不作为犯罪处理或不能认定为犯罪,此时必须综合考虑"软暴力"行为的长期性、多样性来判断其社会影响及是否构成黑恶犯罪。黑社会性质组织犯罪的危害性特征所要求的"造成重大影响"是通过一系列的违法犯罪活动形成的,具有一定的深度和广度,而非个别的、一时的,特别是在以"软暴力"为主要手段的犯罪组织中,要结合违法犯罪活动的次数、时间跨度、性质、后果、侵害对象的个数、是否有向"硬暴力"转化的现实可能、造成的社会影响及群众安全感是否下降等因素综合判断,不能局限在必须要求具体的违法犯罪活动都要造成严重后果或者在社会上造成恶劣影响,也不能简单地以当地普通群众不知晓、非法控制不明显等,认为其危害性不严重。从本案中被告人非法放贷后通过"软暴力"讨债造成的被害人及其家庭、单位所受的具体影响和周边群众的切身感受等来看,社会危害性极其严重,构成了组织、领导、参加黑社会性质组织罪。

最高人民法院发布七起依法惩治网络暴力违法犯罪典型案例之五:汤某某、何某网上"骂战"被行政处罚案

——对尚不构成犯罪的网络暴力行为,依法予以治安管理处罚

【基本案情】

2023年2月,汤某某和何某因琐事多次发生冲突,未能协商解决。后双方矛盾日益激化,于同年6月在多个网络平台发布视频泄愤,相互谩骂。随着"骂战"升级,二人开始捏造对方非法持枪、抢劫、强奸等不实信息,引发大量网民围观,跟进评论、嘲讽、谩骂,造成不良社会影响。

【处理结果】

云南省玉溪市公安局红塔分局依法传唤汤某某、何某,告知双方在网络上发布言论应当遵守法律法规,侵犯他人名誉或扰乱社会正常秩序的,需要承担法律责任。据此,依法对汤某某、何某处以行政拘留五日的处罚,并责令删除相关违法视频。

【典型意义】

网络暴力行为类型复杂多样,危害程度差异较大。基于此,在依法严惩网络暴力犯罪的同时,要根据案件具体情况,做好行刑衔接工作,贯彻综合治理原则。《治安管理处罚法》第四十二条规定:"有下列行为之一的,处五日以下拘留或者五百元以下罚款;情节较重的,处五日以上十日以下拘留,可以并处五百元以下罚款:……(二)公然侮辱他人或者捏造事实诽谤他人的……(六)偷窥、偷拍、窃听、散布他人隐私的。"据此,对于实施网络诽谤、侮辱等网络暴力行为,尚不构成犯罪,符合《治安管理处罚法》等规定的,依法予以行政处罚。

本案即是网络暴力治安管理处罚案件,行为人实施网络"骂战",相互谩骂、诋毁,在损害对方名誉权的同时,破坏网络秩序,造成不良社会影响。公安机关依法予以治安管理处罚,责令删除违法信息,教育双方遵守法律法规,及时制止了网络暴力滋生蔓延和违法行为继续升级。

最高人民法院发布九起行政诉讼附带审查规范性文件典型案例之二:方才女诉浙江省淳安县公安局治安管理行政处罚案

(一)基本案情

2015年1月,浙江省淳安县公安局城区派出所(以下简称城区派出所)和淳安县公安消防大队(以下简称淳安消防大队)曾多次对方才女经营的坐落于淳安县千岛湖镇龙门路53弄11号出租房进行消防检查。同年2月11日,城区派出所和淳安消防大队再次对方才女的出租房进行消防检查。同年2月13日,城区派出所向方才女发出责令限期改正通知书,责令其改正消防安全违法行为。同日,淳安消防大队也向方才女发出责令限期改正通知书,其中认定的消防安全违法行为与淳安县公安局认定的基本相同,并责令方才女于2015年3月11日前改正。3月13日,城区派出所和淳安消防大队民警对涉案出租房进行复查,发现方才女对"四、五、六、七层缺少一部疏散楼梯,未按要求配置逃生用口罩、报警哨、手电筒、逃生绳等"违法行为未予改正。同年3月16日,城区派出所决定立案调查,次日,城区派出所民警向方才女告知拟处罚的事实、理由和依据。同日,淳安县公安局作出淳公行罚决字[2015]第1-0001号《行政处罚决定书》(以下简称被诉处罚决定),认定方才女的行为构成违反安全规定致使场所有发生安全事故危险的违法行为,根据《中华人民共和国治安管理处罚法》(以下简称《治安管理处罚法》)第三十九条的规定,对其决定行政拘留三日,并送淳安县拘留所执行。方才女不服诉至法院请求撤销被诉处罚决定,并对被诉处罚决定作出所依据的规范性文件,即行政程序中适用的《浙江省居住出租房屋消防安全要求》(以下简称《消防安全要求》)、《关于解决消防监督执法工作若干问题的批复》(以下简称《消防执法问题批复》)和《关于居住出租房屋消防安全整治中若干问题的法律适用意见(试行)》(以下简称《消防安全法律适用意见》)合法性进行一并审查。

(二)裁判理由

浙江省淳安县人民法院一审认为,方才女的出租房屋虽被确定为征迁范围,但其在征迁程序中仍用于出租,且出租房内未按要求配置逃生用口罩、报警哨、手电筒、逃生绳等消防设施。淳安县公安局根据《消防安全要求》《消防执法问题批复》和《消防安全法律适用意见》的规定,认定方才女的行为构成违反安全规定致使场所有发生安全事故危险的违法事实清楚。《消防安全要求》《消防执法问题批复》和《消防安全法律适用意见》均属于合法的规范性文件,淳安县公安局在行政程序中应参照适用。据此,一审判决驳回方才女的诉讼请求。方才女不服提出上诉。杭州市中级人民法院二审认为,根据对《消防安全要求》《消防执法问题批复》和《消防安全法律适用意见》的审查,淳安县公安局认定案涉居住出租房屋为《治安管理处罚法》第三十九条规定的"其他供社会公众活动的场所",定性准确。方才女提供的证据以及询问笔录均显示其负责案涉出租房屋日常管理,系案涉出租房屋的经营管理人员,依法应对案涉出租经营的房屋消防安全承担责任。方才女要求撤销被诉处罚决定的诉讼请求不能成立,依法应予驳回。据此,二审判决驳回上诉,维持原判。

(三)典型意义

本案争议的焦点在于,当事人申请附带审查的《消防安全要求》《消防执法问题批复》和《消防安全法律适用意见》是否对《治安管理处罚法》第三十九条规定的"其他供社会公众活动的场所"进行了扩大解释。《治安管理处罚法》第三十九条适用的对象是"旅馆、饭店、影剧院、娱乐场、运动场、展览馆或者其他供社会公众活动的场所的经营管理人员"。本案中，人民法院通过对案涉规范性文件条文的审查，明确了对居住的出租房屋能否视为"其他供社会公众活动的场所"这一法律适用问题。由于"其他供社会公众活动的场所"为不确定法律概念，其内容与范围并不固定。本案中，居住的出租房物理上将毗邻的多幢、多间（套）房屋集中用于向不特定多数人出租，并且承租人具有较高的流动性，已与一般的居住房屋只关涉公民私人领域有质的区别，已经构成了与旅馆类似的具有一定开放性的公共活动场所。对于此类场所的经营管理人员，在出租获利的同时理应承担更高的消防安全管理责任。因此，《消防安全要求》《消防执法问题批复》和《消防安全法律适用意见》所规定的内容并不与《治安管理处罚法》第三十九条之规定相抵触。

任某明诉江西省南昌市公安局西湖分局治安行政处罚案
——治安管理法定加重处罚情节下"情节特别轻微"之认定

关键词

行政　行政处罚　治安处罚　加重情节　显著轻微

基本案情

2021年3月29日，任某明在二七南路金辉家园小区内，向消防部门反映小区有消防通道被堵塞问题，刘某明等业主认为任某明非业主，与其发生口角，在争执过程中刘某明造成任某明右手食指扭伤。后经法医鉴定，任某明的右手食指被鉴定为轻微伤。任某明报案后，江西省南昌市公安局西湖分局经立案、调查，依据《治安管理处罚法》第四十三条第二款第二项"殴打、伤害六十周岁以上的人的，处十日以上十五日以下拘留，并处五百元以上一千元以下罚款"、第十九条"违反治安管理情节特别轻微的，减轻处罚或者不予处罚"之规定，对刘某明作出拘留五日的行政处罚。任某明不服,向南昌铁路运输法院提起行政诉讼。

裁判理由

法院生效判决认为,根据《治安管理处罚法》第十九条第一项规定,违反治安管理情节特别轻微的,减轻处罚或者不予处罚。对"情节特别轻微"的判断,应当从违法行为人违反治安管理行为年龄、身份,对违反治安管理行为所持态度,违反治安管理的目的、动机,采用的手段,造成的后果,认错的态度,改正的情况,造成的影响等方面进行综合考量。本案综合考虑刘某明与任某明在事发时均年满60岁,纠纷起因系邻里纠纷引发,在本案过程中刘某明主动配合调查,如实陈述违法行为,且致伤原因系二人推搡过程中造成,刘某明违法行为属情节特别轻微。因本案事实也符合《治安管理处罚法》第四十三条第二款规定的殴打、伤害六十周岁以上的人的违法情节较重情形,本该处十日以上十五日以下拘留,并处五百元以上一千元以下罚款。故南昌市公安局西湖分局对刘某明减轻处罚,处五日拘留符合规定。

裁判要旨

治安管理处罚中,殴打、伤害六十周岁以上的人的,符合《中华人民共和国治安管理处罚法》第四十三条第二款第二项规定的法定加重情节。然而,基于个案情况,从违法行为人年龄、身份、态度,违反治安管理的目的、动机,采用的手段,造成的后果,认错的态度,改正的情况等方面审慎考量,同时适用《中华人民共和国治安管理处罚法》第十九条第一项"违反治安管理情节特别轻微的,减轻处罚或者不予处罚"之规定对违法行为人进行量罚,更有利于体现行政处罚过罚相当原则,彰显行政处罚的教育意义。

关联索引

《中华人民共和国治安管理处罚法》第19条、第43条第2款第2项

一审:南昌铁路运输法院(2022)赣7101行初250号行政判决(2022年5月27日)

二审:南昌铁路运输中级法院(2022)赣71行终447号行政判决(2022年9月28日)

张某诉山东省桓台县公安局行政处罚案
——正当防卫与互殴行为的区别

关键词

行政　行政处罚　相互斗殴　反击行为　防卫行为　不予处罚

基本案情

原告张某系某美食饭店经营者。刘某酒后到其饭店内就餐时遇到朋友,在与其朋友寒暄聊天期间,随手拿起朋友桌上一瓶瓶装啤酒用桌子边沿磕碰啤酒瓶盖。饭店经营者张某怕酒瓶盖子磕坏木制桌面,遂口头进行制止,引起刘某不满。刘某先实施摔酒瓶和辱骂等行为,后又推搡张某,双方发生争执直至厮打。其间,张某两次扔出空啤酒瓶进行还击。最终二人均摔倒在地,二人起身后,刘某头部受伤流血。经鉴定,刘某构成轻微伤。被告山东省桓台县公安局认定双方构成互殴,分别进行了处罚。以寻衅滋事为由,给予刘某行政拘留六日的行政处罚;以殴打他人违法行为成立为由,给予张某行政拘留五日并处罚款人民币贰佰元的行政处罚(罚款已缴纳,拘留未执行)。张某不服对自己的行政处罚决定,遂提起本案行政诉讼,称其被刘某殴打后出于本能不自觉的从桌子上拿起啤酒瓶挥打,但是没有打到刘某,认为自己不存在过错,故请求法院撤销被告桓台县公安局对其作出的行政处罚决定书。

山东省桓台县人民法院于 2021 年 11 月 13 日作出(2021)鲁 0321 行初 64 号行政判决:驳回原告的诉讼请求。张某不服,提起上诉。山东省淄博市中级人民法院于 2022 年 3 月 28 日作出(2022)鲁 03 行终 9 号行政判决:驳回上诉,维持原判。张某不服,申请再审。山东省高级人民法院于 2022 年 10 月 12 日作出(2022)鲁行申 1233 号行政裁定:驳回张某的再审申请。张某不服,申请检察监督。山东省高级人民法院于 2024 年 4 月 2 日作出(2023)鲁行再 66 号行政判决:一、撤销淄博市中级人民法院 2022 年 3 月 28 日作出的(2022)鲁 03 行终 9 号行政判决;二、撤销桓台县人民法院 2021 年 11 月 13 日作出的(2021)鲁 0321 行初 64 号行政判决;三、撤销桓台县公安局2021年1月15日作出的桓公(马)行罚决字[2021]3号行政处罚决定。

裁判理由

本案的争议焦点为:张某用啤酒瓶殴打刘某致其头部受伤的事实是否清楚,张某反击行为的性质认定及是否应予以治安管理处罚。

一是关于张某反击行为的性质认定。《最高人民法院、最高人民检察院、公安部关于依法适用正当防卫制度的指导意见》(法发〔2020〕31号)第2条、第9条规定,区分防卫行为与相互斗殴要准确判断行为人的主观意图和行为性质。结合本案事实,可以综合考量以下几个方面:(一)从案发起因来看,刘某使用饭店的桌子开啤酒遭张某制止,而后刘某实施摔酒瓶、辱骂等行为,显属酒后惹是生非,情绪失控,明显过错在先。张某对冲突的发生没有预见和准备,利用随手拿到的身边物品进行还击,在冲突中一直处于防御状态。(二)从对冲突升级是否有过错来看,本案从刘某突然猛推到二人被扶起,前后大约40秒时间,极短时间内,冲突并不是逐渐升级,而是整个过程持续相对激烈。刘某突然连续三次猛推和掐压张某,导致张某身体先是趔趄,后是坐倒,最后被压倒,整个身体处于下风状态,综合本案冲突全部过程,张某对冲突升级并无过错。(三)从是否采用明显不相当的暴力来看,刘某系年轻男性,身高约1.8米;张某系中年女性,身高约1.6米,体型偏瘦。刘某在身高、体重、年龄、性别等方面均比张某具有明显优势。当刘某猛推打张某时,不法侵害行为已经实施,立足当时处境,张某利用随手拿到的身边物品进行还击,且两次拿起的酒瓶均未碎裂即甩飞,击打明显不具有攻击力,并未采取明显不当的暴力,未超过必要限度。由此,张某的反击行为不能与刘某构成相互斗殴行为。综合考虑本案的起因、主客观因素、对象、限度等条件,张某的反击行为属于免受正在进行的违反治安管理行为的侵害而采取的制止违法侵害行为,具有防卫性质,不属于违反治安管理行为。桓台县公安局认定张某用啤酒瓶殴打刘某致其头部受伤的事实,证据不足,且不能准确区分正当防卫和相互斗殴的差别。

二是关于被诉行政处罚决定适用法律问题。受害人为了免受正在进行的不法侵害而采取的制止行为,也有可能造成伤害他人身体的后果。《公安机关执行〈中华人民共和国治安管理处罚法〉有关问题的解释(二)》(公通字〔2007〕1号)第一条规定:"为了免受正在进行的违反治安管理行为的侵害而采取的制止违法侵害行为,不属于违反治安管理行为。但对事先挑拨、故意挑逗他人对自己进行侵害,然后以制止违法侵害为名对他人加以侵害的行为,以及互相斗殴的行为,应当予以治安管理处罚。"因此,公安机关在对当事人作出治安处罚时,不能仅看损害后果,还应当综合考虑案件的形成原因和损害发生过程。本案中,本次冲突产生的直接原因是刘某酒后寻衅滋事,率先发动攻击行为,再审申请人张某为了免受刘某正在进行的不法侵害而采取随手拿起身边物品进行反击的行为,是为了制止违法侵害行为,不属于违反治安管理行为,应当不予治安管理处罚。桓台县公安局适用《中华人民共和国治安管理处罚法》第四十三条第一款规定,给予张某行政处罚,属认定事实不清,适用法律错误,依法应予撤销。

裁判要旨

受害人为了免受正在进行的不法侵害而采取的制止行为,也有可能造成伤害他人身体的后果。防卫行为与相互斗殴具有外观上的相似性,准确区分两者要坚持主客观相统一原则,不能仅看他人身体的伤害后果就将行为人的伤害行为认定为违反《治安管理处罚法》第四十三条第一款的行为,给予行政处罚,而应当通过综合考量案发起因、对冲突升级是否有过错、是否使用或者准备使用凶器、是否采用明显不相当的暴力、是否纠集他人参与打斗等客观情节,准确判断行为人的主观意图和行为性质。

关联索引

《中华人民共和国治安管理处罚法》第7条第1款、第43条第1款

《公安机关执行〈中华人民共和国治安管理处罚法〉有关问题的解释(二)》(公通字〔2007〕1号)第1条

《最高人民法院、最高人民检察院、公安部关于依法适用正当防卫制度的指导意见》(法发〔2020〕31号)第2条、第9条

一审:山东省桓台县人民法院(2021)鲁0321行初64号行政判决(2021年11月13日)

二审:山东省淄博市中级人民法院(2022)鲁03行终9号行政判决(2022年3月28日)

其他审理程序:山东省高级人民法院(2022)鲁行申1233号行政裁定(2022年10月12日)

再审:山东省高级人民法院(2023)鲁行再66号行政判决(2024年4月2日)

本案例文本已于2025年5月21日作出调整。

郭某兰诉宾阳县公安局行政处罚案
——治安处罚案件中"正当防卫"与"互殴"的区分

关键词

行政　行政处罚　行政拘留　治安处罚　正当防卫　互殴

基本案情

原告郭某兰的丈夫、第三人黄某东及另外两名女子在奶茶店外喝奶茶打牌,其间,原告郭某兰进店买奶茶。因怀疑郭某兰进店时偷拍现场视频,黄某东要求原告交出手机并删除偷录的视频,原告否认偷录视频并拒绝交出手机。黄某东动手推搡原告头部,紧接着又朝原告的头部扇了一巴掌,同时也使原告手上拿着的奶茶飞溅出去。原告遂顺势将手中奶茶扔向第三人。紧接着黄某东抱住原告的身体往下压并且进行打击,原告则咬了黄某东的手指。经医院诊断,原告为创伤性牙齿脱落、左面部挫伤、左耳廓挫伤等身体伤害。黄某东为左手无名指软组织挫裂伤。原告报警,广西壮族自治区宾阳县公安局在调查后对原告及黄某东作出了相同的行政处罚,即拘留五日、罚款二百元。原告诉至法院,要求撤销对其的行政处罚决定并提出行政赔偿请求。广西壮族自治区南宁市兴宁区人民法院于2023年10月12日作出(2023)桂0102行初109号行政判决:驳回原告郭某兰的诉讼请求。宣判后,郭某兰提出上诉。二审审理过程中,宾阳县公安局自行撤销其对郭某兰的行政拘留处罚,上诉人郭某兰以其诉讼目的已经达到为由,向广西壮族自治区南宁市中级人民法院申请撤回上诉、撤回起诉。广西壮族自治区南宁市中级人民法院于2024年1月30日作出(2023)桂01行终248号行政裁定:一、准许上诉人郭某兰撤回上诉;二、准许上诉人郭某兰撤回起诉;三、广西壮族自治区南宁市兴宁区人民法院(2023)桂0102行初109号行政判决视为撤销。

裁判理由

法院生效裁判认为,本案的争议焦点主要在于原告扔奶茶杯及咬第三人手指的行为是否成立正当防卫。防卫行为与相互斗殴具有外观上的相似性,准确区分两者要坚持主客观相统一原则,通过综合考量案发起因、对冲突升级是否有过错、是否使用或者准备使用凶器、是否采用明显不相当的暴力、是否纠集他人参与打斗等客观情节,准确判断行为人的主观意图和行为性质。因琐事发生争执,双方均不能保持克制而引发打斗,对于有过错的一方先动手且手段明显过激,或者一方先动手,在对方努力避免冲突的情况下仍继续侵害的,还击一方的行为一般应当认定为正当防卫。判断原告行为是否成立正当防卫,可以从以下三个方面进行分析:

首先,从整个事件的起因来看,原告并无过错。本案的引发是第三人黄某东怀疑原告偷录了与其生活相关的视频遂要求原告交出手机,原告否认偷录并拒绝交出手机。本案中,公安机关并没有查明原告是否存在偷录行为这一事实,在没有明确证据证明原告存在偷录行为的情况下,黄某东要求原告交出手机并不合理,原告面对黄某东不合理的怀疑,拒绝提供其手机,是基于保护自身隐私的需要,并无过错。

其次,从冲突的升级来看,第三人黄某东存在明显过错。原告拒绝向黄某东提供其手机时处于克制状态,并未对黄某东采取主动攻击行为。相反,黄某东先动手推搡了原告的头部,紧接着又朝原告的头部扇了一巴掌,同时也使原告手上拿着的奶茶飞溅出去。黄某东先采取了过激的暴力行为,对原告造成了实质性的伤害。针对黄某东持续的威胁和攻击,原告才实施了扔奶茶的行为。紧接着黄某东抱住原告的身体往下压,原告才实施了咬对方手指的行为。从上述过程来看,黄某东存在明显过错,其引发了此次冲突且造成了此次冲突的升级。

最后,原告行为属于面对当前紧急威胁的合理反应,且其反应的手段亦在适度的范围内。原告扔奶茶和咬手指的行为均是对黄某东突然的暴力行为的合理反抗,其目的是自卫,而非主动寻求对他人造成过度伤害。实际上,该行为也未导致对方遭受严重伤害,符合合理的防卫目标。

综上所述,第三人黄某东在无证据证明的情况下,怀疑原告存在偷录行为,要求原告交出手机予以检查遭拒后,对原告采取过激暴力行为。为使自己免受侵害,原告所采取的扔奶茶和咬手指的行为属于正当防卫,而非故意伤害他人身体。宾阳县公安局在二审过程中自行撤销其行政处罚决定,原告申请撤诉,予以准许。故法院依法作出如上裁判。

裁判要旨

在当事人因琐事引发争执、导致双方动手的案件中,应当准确区分互殴和正当防卫的界限,避免简单机械地将任何形式的肢体冲突都认定为互殴。在区分时,需要全面考量案件的各种客观情节,包括事情的起因、对冲突的升级是否有过错、是否采取了明显不相当的暴力等情节。一方当事人在无过错的情况下,面对他人不合理怀疑和过激攻击,采取的反应手段在适度范围内,情节和损害后果等方面没有超过合理限度,属于正当防卫的范畴。

关联索引

《中华人民共和国治安管理处罚法》(2012年修正)第43条第1款

一审:广西壮族自治区南宁市兴宁区人民法院(2023)桂0102行初109号行政判决(2023年10月12日)

二审:广西壮族自治区南宁市中级人民法院(2023)桂01行终248号行政裁定(2024年1月30日)

刘某侵害方志敏烈士名誉权公益诉讼案

——涉英烈人格利益保护民事公益诉讼,应在准确查明事实、依法认定行为性质基础上进行调解

关键词

民事　名誉权　侵害英烈名誉　社会公共利益　公益诉讼

基本案情

公益诉讼起诉人江西省南昌市人民检察院诉称:2018年4月28日,被告刘某用其在百度贴吧网站注册使用的账号对当日其看到的"新闻联播花6分钟的时间缅怀他——方志敏"的帖子进行回帖,回帖中使用侮辱、诽谤语言侵害方志敏烈士的名誉。后被江西省安义县公安局网络安全监察大队发现,该局于同年7月9日传唤刘某,查实相关事实,遂依据《中华人民共和国治安管理处罚法》对刘某处以行政拘留15日的处罚。同日,刘某在公安机关的见证下对其在百度贴吧发表的有关侮辱方志敏烈士的帖子进行删除,并于行政拘留期满释放后第二天,即7月25日到方志敏烈士陵园向方志敏烈士墓敬献花圈和鲜花。2018年8月2日20时59分,刘某在百

度贴吧发布《致方志敏烈士家属的道歉信》,并将其祭拜方志敏烈士的照片发布在该贴吧。公益诉讼起诉人认为,刘某的行为已违反《中华人民共和国英雄烈士保护法》第二十二条第二款的规定,依法应当承担民事责任。虽然刘某已经删帖并在百度贴吧及方志敏烈士墓碑前对方志敏烈士道歉,但该行为仍不足以消除其对方志敏烈士名誉造成的恶劣影响,尚不足以弥补其对方志敏烈士及其亲属造成的情感伤害,且颠覆了中国广大人民群众对方志敏烈士的崇高敬仰之情,损害社会公共利益。为加强对英雄烈士的法律保护,传承和弘扬英雄烈士精神、爱国主义精神,培育和践行社会主义核心价值观,检察机关依据《中华人民共和国英雄烈士保护法》第二十五条第二款、《中华人民共和国民法总则》第一百七十九条第一款第十项、第十一项和《最高人民法院、最高人民检察院关于检察公益诉讼案件适用法律若干问题的解释》第五条第一款的规定,履行了诉前公告程序,因无法律规定的组织或个人提起诉讼,故向法院提起民事公益诉讼,请求依法判令:刘某在全国范围内发行的有影响力的报刊媒体上公开对方志敏烈士道歉,消除不良言论造成的恶劣社会影响,恢复方志敏烈士的名誉。

被告刘某对公益诉讼起诉人所提出的诉讼请求及案件事实予以确认,并表示愿意遵照起诉书的诉讼请求履行。

法院经审理查明:2018年4月28日,被告刘某用其在百度贴吧网站注册使用的账号对当日其看到的"新闻联播花6分钟的时间缅怀他——方志敏"的帖子进行回帖,回帖中使用侮辱、诽谤语言侵害了方志敏烈士的名誉。后经教育,刘某对其在百度贴吧发表的有关侮辱方志敏烈士的帖子进行了删除。江西省南昌市人民检察院遂依据相关法律规定,认为刘某侵害方志敏烈士的名誉,损害社会公共利益,向法院提起名誉侵权民事公益诉讼。

江西省南昌市中级人民法院于2019年10月9日作出(2019)赣01民初236号民事调解书:刘某于本调解书生效后十日内在全国范围发行的报刊媒体刊登侵害方志敏烈士名誉权的公开道歉函(内容经江西省南昌市中级人民法院确认),消除社会影响,恢复方志敏烈士的名誉。2019年10月30日,刘某履行民事调解书确定的法律义务。

调解结果

《中华人民共和国英雄烈士保护法》于2018年5月1日起实施。刘某发帖侮辱方志敏烈士的行为发生于2018年4月28日,虽早于该法实施时间,但该帖持续发布至该法施行后,直至2018年7月9日才被删除。在此期间,刘某侮辱方志敏烈士名誉的言论行为一直处于持续状态,故本案可适用《中华人民共和国英雄烈士保护法》。在提起诉讼前,检察机关已依法履行诉前公告程序,方志敏烈士的近亲属虽向检察机关举报线索但未提出起诉意愿,亦无法定组织或个人提起民事诉讼。检察机关依据该法规定,要求刘某承担民事责任于法有据。

《中华人民共和国英雄烈士保护法》第二十二条规定,禁止歪曲、丑化、亵渎、否定英雄烈士事迹和精神。英雄烈士的姓名、肖像、名誉、荣誉受法律保护。英雄烈士既包括为了人民利益英勇斗争而牺牲,堪为楷模的人,还包括在保卫国家和国家建设中作出巨大牺牲、建立卓越功勋,已经故去的人。方志敏的一生,是为民族的解放、人民的幸福,为共产主义事业英勇奋斗的一生。方志敏烈士是新中国家喻户晓的英雄烈士人物,是中央党建反腐倡导学习、宣传的英雄烈士典型。方志敏"英雄烈士""历史名人之一"的社会评价不容置疑。方志敏烈士的人格利益应当纳入英雄烈士人格利益保护范围。刘某作为中华人民共和国公民,应当崇尚、铭记、学习、捍卫英雄烈士,不得侮辱、诽谤英雄烈士的名誉。其在网络平台使用侮辱、诽谤语言回帖的行为,已对方志敏烈士名誉造成损贬,且主观上属明知,构成对方志敏的名誉侵权。同时,其作为长期使用互联网的成年人,应知其回帖一经发布即可被不特定人群查看,转发,但其仍然在网络平台上发布,构成对方志敏的名誉侵权,造成了恶劣的社会影响,损害了社会公共利益。虽刘某已删帖并到方志敏烈士墓前道歉,但仍不足以消除恶劣影响,且颠覆了广大人民群众对革命烈士的崇高敬仰之情,检察机关的诉讼请求明确为判令刘某在全国范围发行的有影响力的报刊媒体公开赔礼道歉,消除不良影响,依法应予支持。

本案审理过程中,法院经主持调解,刘某深刻认识到自己行为的危害性,愿意遵照公益诉讼起诉人诉请履行。公益诉讼起诉人认为刘某在互联网发布侮辱方志敏烈士的言论行为已造成了极大的社会危害后果,损害了社会公共利益,但因刘某已删帖并认识到自己的错误,且已提出调解意愿,同意遵照起诉书诉请履行,鉴于其提出的诉讼请求全部实现,同意调解结案。公益诉讼起诉人与刘某签署了《调解协议书》,刘某当庭提交了《公开致歉信》。法院于2019年8月28日将上述调解协议在《人民法院报》上进行了公告,公告期限为公告发布之日起三十日。公告期满后未收到关于该协议违反社会公共利益的意见或建议。法院认为,上述协议不违反法律规定和社会公共利益,予以确认。

调解指引

1.英雄烈士的事迹和精神是中华民族共同的历史记忆和宝贵的精神财富。加强对英烈姓名、肖像、名誉、荣誉的法律保护,对于促进社会公众尊崇英烈,扬善抑恶,弘扬社会主义核心价值观和爱国主义精神意义重大。行为人在互联网发布侮辱、诽谤英雄烈士的言论,不仅侵害了英烈本人的名誉,给英烈亲属造成精神痛苦,也伤害了社会公众的民族和历史感情,损害了社会公共利益,检察机关有权提起民事公益诉讼。

2.在民事公益诉讼过程中,虽然被告对公益诉讼起诉人提出的案件事实予以确认,愿意遵照起诉书的诉请履行,人民法院仍应对案件事实、证据、适用法律及程序等进行认真、全面、细致审查,依法准确认定行为人的行为性质,在不损害社会公共利益的前提下进行调解。

关联索引

《中华人民共和国民法典》第185条(本案适用的是2017年10月1日施行的《中华人民共和国民法总则》第185条)

《中华人民共和国英雄烈士保护法》第22条、第25条第2款、第26条

一审:江西省南昌市中级人民法院(2019)赣01民初236号民事调解书(2019年10月9日)

邓某某组织未成年人 进行违反治安管理活动案

——组织未成年人进行盗窃的性质认定

关键词

刑事 组织未成年人进行违反治安管理活动罪 盗窃 未成年人

基本案情

2010年8月至2011年2月,被告人邓某某先后在广东省翁源县城内多家宾馆开房给未成年人杨某某、林某某、张某某、刘某甲、李某某、刘某

乙、朱某某（年龄在12周岁至15周岁不等）住宿，并提供吃、玩等条件，多次组织、指使他们采取爬墙、踢门、撬门、撬锁等方式入室盗窃财物，具体如下：

1. 2010年8月8日19时许，在被告人邓某某的组织、指使下，杨某某、林某某采取威吓的方式迫使黄某某（12岁）带杨某某到自己家中，杨某某盗得黄某某爷爷房间抽屉里的现金200元及其四婶的金鹏牌手机一部（未估价）。后杨某某将现金和手机交给邓某某。

2. 2010年9月29日10时许，在被告人邓某某的组织、指使下，杨某某、林某某去到翁源县朝阳路刘某丙家，爬墙入室盗得黑色尼康牌相机一部（价值1200元）和手镯一只（未估价）。后两人将赃物交给邓某某。

3. 2011年1月6日16时许，在被告人邓某某的组织、指使下，张某某、刘某甲、朱某某、刘某乙到县城教育路何某某的住处，踢开木门入室盗得现金200多元及松下相机一部，诺基亚、三星、海尔牌手机各一部和香烟等物，赃物共计价值1900元。后何某某回到家中，张某某持菜刀对何某某进行威吓，并与同伙逃离现场，将上述物品交给邓某某。

4. 2011年1月12日10时许，在被告人邓某某的组织、指使下，张某某、刘某甲等人去到翁源县建设一路甘某某家，撬门入室盗得现金2900多元和组装电脑（价值2500元）等物，后将上述款物交给邓某某。

5. 2011年1月22日15时许，在被告人邓某某的组织、指使下，张某某、刘某甲、朱某某、李某某到翁源县龙英路黄某某家，撬门入室盗得佳能、索尼牌数码相机各一部，飞利浦、诺基亚牌手机各一部，劳力士手表一块及酒、茶叶等物一批，赃物共计价值4950元。后将茶叶、手表交给邓某某，酒、相机、手机被朱某某、张某某另外处理。

广东省韶关市翁源县人民法院于2011年9月16日作出刑事判决，以被告人邓某某犯组织未成年人进行违反治安管理活动罪，判处有期徒刑四年，并处罚金人民币二千元；犯敲诈勒索罪（事实略），判处有期徒刑三年零九个月，并处罚金人民币二千元，决定执行有期徒刑七年零六个月，并处罚金人民币四千元。宣判后，在法定期限内未上诉、抗诉，判决已发生法律效力。

裁判理由

法院生效判决认为：被告人邓某某采取为未成年人开房、提供吃、住、玩等方式，笼络7名未满16周岁的未成年人追随自己，并多次指使上述未成年人进行盗窃,其行为已构成组织未成年人进行违反治安管理活动罪;邓某某还以非法占有为目的,伙同他人采取威胁的方法强行索取他人财物,其行为又构成敲诈勒索罪,应依法予以并罚。邓某某多次组织多名未成年人进行入户盗窃,情节严重,所犯敲诈勒索罪,数额巨大,均应依法惩处。邓某某在组织杨某某等人在黄某某家盗窃财物时未满18周岁,依法可以对其此次犯罪从轻处罚。故一审法院依法作出如上判决。

裁判要旨

组织未成年人进行盗窃、诈骗、抢夺、敲诈勒索等违反治安管理活动的,构成组织未成年人进行违反治安管理活动罪。上述所说的盗窃、诈骗、抢夺、敲诈勒索行为,是未成年人实施的,违反治安管理,不构成犯罪的行为。

丁某诉上海铁路公安局上海公安处、上海铁路公安局行政处罚及行政复议案
——强行冲闯火车站检票口行为的性质认定

关键词

行政 行政处罚 行政复议 治安管理处罚 扰乱公共场所秩序

基本案情

2018年12月6日,丁某持当日上海南站至嘉兴站列车车票至上海南站候车室,到达检票口时该次列车已停止检票。在铁路工作人员告知列车已停检且应到售票处改签的情况下,丁某不听劝阻强行闯入检票口,在检票通道内对在岗值勤检票员及前来劝阻的铁路工作人员反复纠缠、拉扯。上述行为挤占了进站通道,造成部分旅客未经检票而进站,并引发他人聚集围观,拉扯过程中一名铁路工作人员的手部受伤。上海铁路公安局上海南站派出所接到报警后指派民警到场,传唤丁某到所接受调查。

经调查,上海铁路公安局上海公安处(以下简称上海铁路公安处)于2018年12月6日作出对丁某行政拘留五日的行政处罚决定。丁某不服,向上海铁路公安局申请行政复议。上海铁路公安局经复议审查于2019年

3月29日作出行政复议决定,维持上海铁路公安处所作对丁某行政拘留五日的处罚决定。丁某起诉至法院,请求判令撤销上述行政处罚决定和行政复议决定,上海铁路公安处对其进行行政赔偿。

上海市闵行区人民法院于2019年7月24日作出(2019)沪0112行初392号行政判决:驳回原告丁某的全部诉讼请求。丁某不服,提起上诉。上海市第三中级人民法院于2019年12月13日作出(2019)沪03行终558号行政判决:驳回上诉,维持原判。

裁判理由

法院生效裁判认为,根据《中华人民共和国治安管理处罚法》第二十三条第一款第二项的规定,扰乱车站、港口、码头、机场、商场、公园、展览馆或者其他公共场所秩序的,处警告或者二百元以下罚款;情节较重的,处五日以上十日以下拘留,可以并处五百元以下罚款。本案中,根据铁路公安机关对丁某及相关在场人员的询问笔录、现场监控视频资料等证据材料,可以证明丁某在明知所乘车次已经停检并被告知应到售票处改签的情况下,强行冲闯上海南站候车室检票口,对在岗值勤和前来劝阻的工作人员反复纠缠、拉扯,以致发生挤占进站通道、检票岗位失控、客运作业漏检等结果,干扰了车站正常作业程序和旅客进站秩序。丁某所称其不具有强闯检票口的主观意图,亦未造成车站秩序混乱的辩解意见,与在案证据证明的事实不符。上海铁路公安处据此认定丁某有扰乱公共场所秩序的违法行为,认定事实清楚、证据充分。综合考量丁某的具体行为及造成的违法后果等因素,上海铁路公安处认定丁某属于违法情节较重的情形,并依照上述法律规定对其处以行政拘留五日的处罚,适用法律正确,处罚适当。故法院依法作出如上裁判。

裁判要旨

1. 火车站候车厅和检票口属于供不特定人群停留、等候的公共场所,进入该场所的人员应当自觉遵守车站管理秩序,听从工作人员指挥和安排。故意违反安检规定,不听从工作人员现场指挥,造成公共秩序混乱的,属于《中华人民共和国治安管理处罚法》第二十三条规定的"扰乱公共场所秩序"的行为。2. 认定扰乱公共场所秩序"情节较重",可以从行为方式和危害结果等方面综合考虑。从行为方面看,采用推搡、拉扯等方式试图冲闯关卡,与工作人员发生肢体碰撞,手段和方式较为激烈的;从结果方面来看,引起通道挤占、岗位瘫痪,导致车站秩序失控,社会影响恶劣的,应当认定为扰乱公共场所秩序"情节较重"的情形。

关联索引

《中华人民共和国行政诉讼法》(2017年修正)第69条、第79条

《中华人民共和国治安管理处罚法》(2012年修正)第23条第1款第2项

一审:上海市闵行区人民法院(2019)沪0112行初392号行政判决(2019年7月24日)

二审:上海市第三中级人民法院(2019)沪03行终558号行政判决(2019年12月13日)

曾某龙诉淄博市公安局临淄分局、淄博市临淄区人民政府行政处罚及行政复议案
——正当防卫在治安管理行政处罚中的认定

关键词

行政　行政处罚　行政复议　行政拘留　治安管理处罚　正当防卫　现实合理性

基本案情

在案外人徐某青家中,曾某龙与边某健发生争吵,后边某健用啤酒瓶将曾某龙头部打伤。后曾某龙和边某健二人夺曾某龙手中的手机,在夺手机过程中,曾某龙抓伤边某健面部、前胸、后背并咬边某健手部一下。后淄博市公安局临淄分局接警后依法受理了案件,对各方进行询问调查并制作了询问笔录。后经法医鉴定,曾某龙额骨骨折、右侧眶上壁骨折,伤情构成轻伤二级。边某健不要求进行伤情鉴定而未做伤情鉴定。后边某健因致曾某龙轻伤,检察机关向法院提起公诉。法院经审理后判决边某健犯故意伤害罪,判处有期徒刑六个月,缓刑一年。

对于曾某龙在本案中的行为,淄博市公安局临淄分局于2019年12月5日作出临公行罚决字[20××]×××号行政处罚决定书,认定:"20××年×月×日××时许,在徐某青家中,曾某龙与同事边某健因说话惹恼了发

生争吵,后边某健用啤酒瓶将曾某龙额头打伤。后双方夺曾某龙手中的手机,在夺手机过程中,曾某龙用手抓了边某健的面部、前胸、后背几下,曾某龙张嘴咬了边某健右手一下。边某健未做伤情鉴定,曾某龙伤情已构成轻伤二级(另案处理)。以上事实有曾某龙、边某健的陈述和申辩,证人证言、现场照片、伤情照片等证据证实。"淄博市公安局临淄分局综上认定曾某龙殴打他人的违法行为成立,并根据《治安管理处罚法》第四十三条第一款之规定,决定给予曾某龙行政拘留五日的行政处罚。

曾某龙不服上述处罚决定,向淄博市临淄区人民政府申请行政复议。淄博市临淄区人民政府于2020年2月7日作出临政复〔20××〕××号行政复议决定,认为淄博市公安局临淄分局作出的行政处罚决定认定事实清楚,适用依据正确,程序合法,内容适当,决定维持淄博市公安局临淄分局作出的临公行罚决字[20××]×××号行政处罚决定书。曾某龙仍不服,认为边某健受伤不是其故意行为所致,是边某健阻止其报警抢夺手机过程中导致,其是正当防卫,故向法院提起本案行政诉讼要求撤销涉案行政处罚决定和行政复议决定。

一审庭审中,淄博市公安局临淄分局明确表示:该案可以分成两个阶段,曾某龙和边某健二人争夺手机前为第一阶段,二人争夺手机为第二阶段,其中第一阶段即争夺手机前曾某龙和边某健二人是否存在相互殴打行为不能认定,但第二阶段即争夺手机过程中曾某龙和边某健都详细阐述了存在相互抓、咬对方的违法行为,存在相互殴打的违反治安管理行为。

山东省淄博市临淄区人民法院于2021年7月29日作出(2021)鲁0305行初73号行政判决:驳回曾某龙的诉讼请求。曾某龙不服一审判决,提出上诉。山东省淄博市中级人民法院于2021年11月26日作出(2021)鲁03行终243号行政判决:一、撤销淄博市临淄区人民法院(2021)鲁0305行初73号行政判决;二、撤销淄博市公安局临淄分局临公行罚决字[20××]×××号行政处罚决定;三、撤销淄博市临淄区人民政府临政复〔20××]×××号行政复议决定。

裁判理由

法院生效裁判认为:根据《治安管理处罚法》第四十三条第一款的规定,故意伤害他人身体是违反治安管理的行为,违法行为人应受到相应的治安管理处罚。但受害人为了免受正在进行的不法侵害而采取的制止不法侵害的行为,亦有可能造成伤害他人身体的后果。此情形下受害人对违法行为人造成伤害的,公安机关在处理时应当审查判断其行为是否属于正当防卫。受害人为了制止正在进行的违反治安管理行为而伤害了违法行为人,只要不是事先挑拨、故意挑逗他人对自己进行侵害,且损害在必要限度内,受害人的伤害行为即属于正当防卫,而非违法行为,其不应再因此受到治安管理处罚。故公安机关在对治安案件进行认定时,不能仅看他人身体的伤害后果就将行为人的伤害行为定性为违反《治安管理处罚法》第四十三条第一款的行为而给予行政处罚,而应当根据治安案件所查明的事实,充分考虑伤害行为的起因和伤害发生的过程,综合判断该伤害行为系正当防卫行为还是故意伤害他人身体的违法行为。

本案中,根据淄博市公安局临淄分局在临公行罚决字[20××]×××号行政处罚决定书中认定的事实(也是本案中能够认定的事实),本案并不能认定且淄博市公安局临淄分局在涉案行政处罚决定中亦未认定第一阶段曾某龙和边某健互相殴打的事实,但能认定且淄博市公安局临淄分局在涉案行政处罚决定中亦已认定第一阶段曾某龙被边某健用啤酒瓶打伤额头。在此情况下,曾某龙系在之后的第二阶段即双方夺曾某龙手中手机的过程中对边某健造成的伤害。而曾某龙对边某健造成伤害的起因实际系边某健抢夺其手机。而在曾某龙已被边某健用啤酒瓶打伤头部后,曾某龙欲用手机报警是正当行为,并不属于事先挑拨或故意挑逗他人对自己进行侵害的行为。且涉案手机系曾某龙个人合法财产,无论边某健是否出于阻止曾某龙报警的目的,在未经涉案手机物权人曾某龙的允许下,边某健均无法定或约定的抢夺曾某龙手机的权力,边某健在此情况下抢夺曾某龙的手机显然属于不法侵害行为。故曾某龙作为涉案手机的财产所有权人,其不让边某健夺走其手机而在边某健与其夺手机过程中将边某健致伤,明显属于为使其本人财产权利免受正在进行的不法侵害而采取的制止不法侵害的行为范畴。

因此,综合本案案情,根据涉案行政处罚决定和本案认定的事实,曾某龙在其与边某健双方夺自己手中手机的过程中对边某健造成伤害属于正当防卫行为,不属于违反治安管理的行为,不应受到治安管理的行政处罚。淄博市公安局临淄分局根据《治安管理处罚法》第四十三条第一款的规定决定给予曾某龙行政拘留五日的行政处罚,系法律定性和适用法律错误,明显不当,依法应当予以撤销。淄博市临淄区人民政府在复议决定中认定淄博市公安局临淄分局根据《治安管理处罚法》第四十三条第一款的规定决定给予曾某龙行政拘留五日的行政处罚系适用依法正确和处罚适当,显属错误,其决定维持临公行罚决字[20××]×××号行政处罚决定亦属错误,依法应当一并予以撤销。

裁判要旨

1. 根据《治安管理处罚法》第四十三条第一款的规定,故意伤害他人身体是违反治安管理的行为,违法行为人应受到相应的治安管理处罚。但受害人为了免受正在进行的不法侵害而采取的制止不法侵害的行为亦有可能造成伤害他人身体的后果。此情形下受害人对违法行为人造成伤害的,公安机关在认定时,不能仅看他人身体的伤害后果就将行为人的伤害行为定性为违反《治安管理处罚法》第四十三条第一款的行为而给予行政处罚,而应当根据治安案件所查明的事实,充分考虑伤害行为的起因和伤害发生的过程,综合判断该伤害行为是否构成正当防卫。

2. 为了使国家利益、社会公共利益、本人或他人的人身、财产和其他合法权益免受正在进行的不法侵害,而在必要限度内采取的制止不法侵害的行为,对不法侵害人造成损害的,应当认定为正当防卫行为,而不应认定为违反治安管理行为,更不应因此给予治安管理行政处罚。故受害人为了制止正在进行的违反治安管理行为而伤害了违法行为人,其不是事先挑拨、故意挑逗他人对自己进行侵害且损害在必要限度内的,对受害人的伤害行为应认定为正当防卫行为,而不应认定为治安违法行为而予以行政处罚。

关联索引

《中华人民共和国治安管理处罚法》第43条第1款

《最高人民法院、最高人民检察院、公安部关于依法适用正当防卫制度的指导意见》第6条、第9条

一审:山东省淄博市临淄区人民法院(2021)鲁0305行初73号行政判决(2021年7月29日)

二审:山东省淄博市中级人民法院(2021)鲁03行终243号行政判决(2021年11月26日)

本案例文本已于2025年1月15日作出调整。

周某某袭警案

——驾驶机动车逃避抓捕的行为的认定

关键词

刑事　袭警罪　驾驶机动车撞击　逃避抓捕

基本案情

2022年4月6日13时许,辽宁省阜新蒙古族自治县沙拉镇林业站护林员吴某某、白某某在沙拉镇境内巡逻过程中发现被告人周某某在其自家房屋后果树地烧杂草,三人将火熄灭后,护林员要求被告人周某某到辽宁省阜新蒙古族自治县沙拉镇林业站接受教育并书写保证书,被告人周某某拒不配合。护林员吴某某将情况汇报给辽宁省阜新蒙古族自治县沙拉镇林业站站长卢某某后,卢某某与辽宁省阜新蒙古族自治县沙拉镇副镇长白某来到现场。四位工作人员对被告人周某某进行教育,并要求其到辽宁省阜新蒙古族自治县沙拉镇政府书写保证书并再次接受教育,被告人周某某仍拒不配合,白某电话报警。同日14时许,辽宁省阜新蒙古族自治县公安局沙拉派出所民警马某某带领辅警齐某某、韩某某来到被告人周某某家口头传唤被告人周某某到公安机关接受调查,辅警韩某某、齐某某进入被告人周某某家大门后,被告人周某某驾驶其JX＊＊＊＊银灰色某某牌小型轿车突然向辅警韩某某撞去,韩某某躲开后,被告人周某某驾车冲出自家大门并向民警马某某撞去,马某某躲开后,被告人周某某驾车逃离现场。2022年4月7日,辽宁省阜新蒙古族自治县公安局沙拉派出所民警在被告人周某某家中将其抓获。另查明,在审判阶段被告人周某某经传唤拒不到庭,辽宁省阜新蒙古族自治县人民法院依法决定对其逮捕,后经公安机关列为网逃后,于2022年9月28日被新疆维吾尔自治区昌吉回族自治州公安局准东经济技术开发区分局抓获到案。

辽宁省阜新蒙古族自治县人民法院于2022年12月26日作出(2022)辽0921刑初118号刑事判决:被告人周某某犯袭警罪,判处有期徒刑三年。宣判后,被告人周某某不服提出上诉。辽宁省阜新市中级人民法院于2023

年2月19日作出(2023)辽09刑终13号刑事裁定:驳回上诉,维持原判。

裁判理由

法院生效裁判认为:关于被告人周某某及其辩护人提出的周某某没有袭击警察的故意,也没有造成危害后果,不构成袭警罪的辩护意见。经查,被告人周某某具有逃避治安管理的动机,但不能以此否认其对治安管理秩序及对人民警察人身安全法益产生的侵害,被告人周某某驾驶机动车冲撞正在执行职务的人民警察,对是否危及治安管理秩序及人民警察的人身安全,持希望及放任的态度,主观上具有袭击人民警察的故意。

关于被告人周某某及其辩护人提出的办案单位伪造执法记录录像,制造假现场的辩护意见。经查,案件执法记录仪录制的内容,是出警的人民警察现场录制的,是案发时真实情况的反映,与证人证言能够相互印证,因案件没有进行现场勘查,也没有现场照片,不存在被告人周某某及其辩护人所述的伪造现场一说,故被告人周某某及其辩护人所提的辩护意见,不能成立。

综上,被告人周某某故意驾驶机动车冲撞正在执行职务的人民警察,严重危及民警人身安全,其行为已构成袭警罪,依法应予惩处。故一、二审法院依法作出如上裁判。

裁判要旨

1. 暴力袭击正在依法执行职务的人民警察和配合人民警察执行职务的辅警,同时符合袭警罪和妨害公务罪的,可以按照吸收犯的处理原则,以袭警罪从重处罚,不实行数罪并罚。

2. 在驾驶机动车逃跑过程中撞击人民警察和辅警,严重危及人民警察人身安全的,属于《刑法》第二百七十七条第五款规定的"以驾驶机动车撞击,严重危及人身安全"。

关联索引

《中华人民共和国刑法》第277条第5款

一审:辽宁省阜新蒙古族自治县人民法院(2022)辽0921刑初118号刑事判决(2022年12月26日)

二审:辽宁省阜新市中级人民法院(2023)辽09刑终13号刑事裁定(2023年2月19日)

本案例文本已于2024年2月26日作出调整。

最高人民检察院检例第 173 号：惩治组织未成年人进行违反治安管理活动犯罪综合司法保护案

【关键词】

组织未成年人进行违反治安管理活动罪　有偿陪侍　情节严重　督促监护令　社会治理

【要旨】

对组织未成年人在 KTV 等娱乐场所进行有偿陪侍的，检察机关应当以组织未成年人进行违反治安管理活动罪进行追诉，并可以从被组织人数、持续时间、组织手段、陪侍情节、危害后果等方面综合认定本罪的"情节严重"。检察机关应当针对案件背后的家庭监护缺失、监护不力问题开展督促监护工作，综合评估监护履责中存在的具体问题，制发个性化督促监护令，并跟踪落实。检察机关应当坚持未成年人保护治罪与治理并重，针对个案发生的原因开展诉源治理。

【基本案情】

原审被告人张某，女，1986 年 11 月出生，个体工商户。

自 2018 年开始，张某为获取非法利益，采用殴打、言语威胁等暴力手段，以及专人看管、"打欠条"经济控制、扣押身份证等限制人身自由的手段，控制 17 名未成年女性在其经营的 KTV 内提供有偿陪侍服务。张某要求未成年女性着装暴露，提供陪酒以及让客人搂抱等色情陪侍服务。17 名未成年被害人因被组织有偿陪侍而沾染吸烟、酗酒、夜不归宿等不良习惯，其中吴某等因被组织有偿陪侍而辍学，杜某某等出现性格孤僻、自暴自弃等情形。

【检察机关履职过程】

刑事案件办理。2019 年 6 月 27 日，山东省某市公安局接群众举报，依法查处张某经营的 KTV，7 月 14 日张某到公安机关投案。同年 11 月，某市人民检察院以组织未成年人进行违反治安管理活动罪对张某提起公诉。

2020年4月,某市人民法院作出判决,认定张某具有自首情节,以组织未成年人进行违反治安管理活动罪判处张某有期徒刑二年,并处罚金十万元。一审宣判后,张某以量刑过重为由提出上诉,某市中级人民法院以"积极主动缴纳罚金"为由对其从轻处罚,改判张某有期徒刑一年六个月,并处罚金十万元。

同级检察机关认为二审判决对张某量刑畸轻,改判并减轻刑罚理由不当,确有错误,按照审判监督程序提请山东省人民检察院抗诉。2021年2月,山东省人民检察院依法向山东省高级人民法院提出抗诉,省高级人民法院依法开庭审理。原审被告人张某及其辩护人在再审庭审中提出本罪"情节严重"目前无明确规定,从有利于被告人角度出发,不应予以认定,且张某构成自首,原审判决量刑适当。省人民检察院派员出庭发表意见:一是侵害未成年人犯罪依法应予严惩,本案查实的未成年陪侍人员达17名,被侵害人数众多;二是张某自2018年开始组织未成年人进行有偿陪侍活动,持续时间较长;三是张某采用殴打、言语威胁、扣押身份证、强制"打欠条"等手段,对被害人进行人身和经济控制,要求陪侍人员穿着暴露,提供陪酒以及让客人搂抱、摸胸等色情陪侍服务,对被害人身心健康损害严重;四是17名被害人因被组织有偿陪侍,沾染吸烟、酗酒、夜不归宿等不良习惯,部分未成年人出现辍学、自暴自弃、心理障碍等情况,危害后果严重。综合上述情节,本案应认定为"情节严重"。此外,张某虽自动投案,但在投案后拒不承认其经营KTV的陪侍人员中有未成年人,在公安机关掌握其主要犯罪事实后才如实供述,依法不应认定为自首。2021年11月29日,山东省高级人民法院依法作出判决,采纳检察机关意见,改判张某有期徒刑五年,并处罚金三十万元。

制发督促监护令。检察机关办案中发现,17名未成年被害人均存在家庭监护缺失、监护不力等问题,影响未成年人健康成长,甚至导致未成年人遭受犯罪侵害。检察机关对涉案未成年人的生活环境、家庭教育、监护人监护履责状况等进行调查评估,针对不同的家庭问题,向未成年被害人的监护人分别制发个性化督促监护令:针对监护人长期疏于管教,被害人沾染不良习气及义务教育阶段辍学问题,督促监护人纠正未成年被害人无心向学、沉迷网络等不良习惯,帮助其返校入学;针对监护人教养方式不当,导致亲子关系紧张问题,督促监护人接受家庭教育指导,改变简单粗暴或溺爱的教养方式,提高亲子沟通能力;针对被害人自护意识、能力不足的问题,督促监护人认真学习青春期性教育知识,引导孩子加强自我防护等。检察机关还与公安机关、村委会协作联动,通过电话回访、实地走访等方式推动督促监护令落实。对落实不力的监护人,检察机关委托家庭教育指导师制定改进提升方案,并协调妇联、关工委安排村妇联主席、"五老"志愿者每周两次入户指导。通过上述措施,本案未成年被害人家庭监护中存在的问题得到明显改善。

制发检察建议。针对办案中发现的KTV等娱乐场所违规接纳未成年人问题,2020年9月,检察机关向负有监督管理职责的市文化和旅游局等行政职能部门制发检察建议,督促依法履职。收到检察建议后,相关行政职能部门组织开展了娱乐场所无证无照经营专项整治、校园周边文化环境治理等专项行动,重点对违规接纳未成年人、未悬挂未成年人禁入或者限入标志等违法经营行为进行查处,共检查各类经营场所80余家次,查处整改问题20余个,关停4家无证经营歌舞娱乐场所。针对多名被害人未完成义务教育的情形,2020年12月,检察机关向市教育和体育局制发检察建议,督促其履行职责,市教育和体育局组织全面排查工作,劝导78名未成年人返回课堂,完善了适龄入学儿童基础信息共享、入学情况全面核查、辍学劝返、教师家访全覆盖、初中毕业生去向考核等义务教育阶段"控辍保学"机制。针对本案17名被害人均来自农村,成长过程中法治教育和保护措施相对缺乏,检察机关延伸履职,主动向市委政法委专题报告,推动将未成年人保护纳入村域网格化管理体系。在市委政法委的统一领导下,检察机关依托村级活动站建立未成年人检察联系点,择优选聘915名儿童主任、村妇联主席协助检察机关开展法治宣传、社会调查、督促监护、强制报告、公益诉讼线索收集等工作,共同织密未成年人保护工作网络。

【指导意义】

(一)准确把握组织未成年人有偿陪侍行为的定罪处罚,从严惩处侵害未成年人犯罪。《刑法修正案(七)》增设组织未成年人进行违反治安管理活动罪,旨在加强未成年人保护,维护社会治安秩序。《娱乐场所管理条例》将以营利为目的的陪侍与卖淫嫖娼、赌博等行为并列,一并予以禁止,并规定了相应的处罚措施,明确了该行为具有妨害社会治安管理的行政违法性。处于人生成长阶段的未成年人被组织从事有偿陪侍服务,不仅败坏社会风气,危害社会治安秩序,更严重侵害未成年人的人格尊严和身心健康,构成组织未成年人进行违反治安管理活动罪。检察机关办理此类案件,可以围绕被组织人数众多、犯罪行为持续时间长、采用控制手段的强制程度、色情陪侍方式严重损害未成年人身心健康等情形,综合认定为"情节严重"。

(二)聚焦案件背后的问题,统筹使用督促监护令、检察建议等方式,以检察司法保护促进家庭、社会、政府等保护责任落实。在办理涉未成年人案件过程中,检察机关应当注重分析案件暴露出的家庭、社会等方面的问题,结合办案对未成年人的生活环境、家庭教育、监护人监护履责状况等进行调查评估,制定个性化督促监护方案,并跟踪落实,指导、帮助和监督监护人履行监护职责。检察机关应当依法能动履行法律监督职能,督促相关职能部门加强管理、落实责任。检察机关还可以加强与相关部门的协作联动,形成整体合力,积极促进区域未成年人保护制度完善和社会综合治理,更好保护未成年人合法权益和公共利益。

【相关规定】

《中华人民共和国刑法》(2020年修正)第262条之二

《中华人民共和国刑事诉讼法》(2018年修正)第254条

《中华人民共和国未成年人保护法》(2020年修订)第7条、第118条

《中华人民共和国家庭教育促进法》(2022年施行)第49条

《娱乐场所管理条例》(2020年修订)第3条、第14条